中国民法典适用大全

商事卷·保险法

最高人民法院民法典贯彻实施工作领导小组 编著

人民法院出版社

图书在版编目（CIP）数据

中国民法典适用大全．商事卷．保险法／最高人民法院民法典贯彻实施工作领导小组编著．－－北京：人民法院出版社，2022.12
ISBN 978-7-5109-3587-9

Ⅰ．①中… Ⅱ．①最… Ⅲ．①民法－法典－法律适用－中国②保险法－法律适用－中国 Ⅳ．①D923.05

中国版本图书馆CIP数据核字(2022)第170851号

中国民法典适用大全（商事卷·保险法）

最高人民法院民法典贯彻实施工作领导小组　编著

策划编辑	陈建德　李安尼
责任编辑	巩　雪　赵芳慧　张　艺
执行编辑	沈洁雯
装帧设计	天平文创视觉设计
出版发行	人民法院出版社
地　　址	北京市东城区东交民巷27号（100745）
电　　话	（010）67550667（责任编辑）　67550558（发行部查询） 65223677（读者服务部）
客服QQ	2092078039
网　　址	http://www.courtbook.com.cn
E-mail	courtpress@sohu.com
印　　刷	天津嘉恒印务有限公司
经　　销	新华书店
开　　本	787毫米×1092毫米　1/16
字　　数	628千字
印　　张	37.25
版　　次	2022年12月第1版　2022年12月第1次印刷
书　　号	ISBN 978-7-5109-3587-9
定　　价	128.00元

版权所有　侵权必究

"民法典适用大全"小程序使用图示

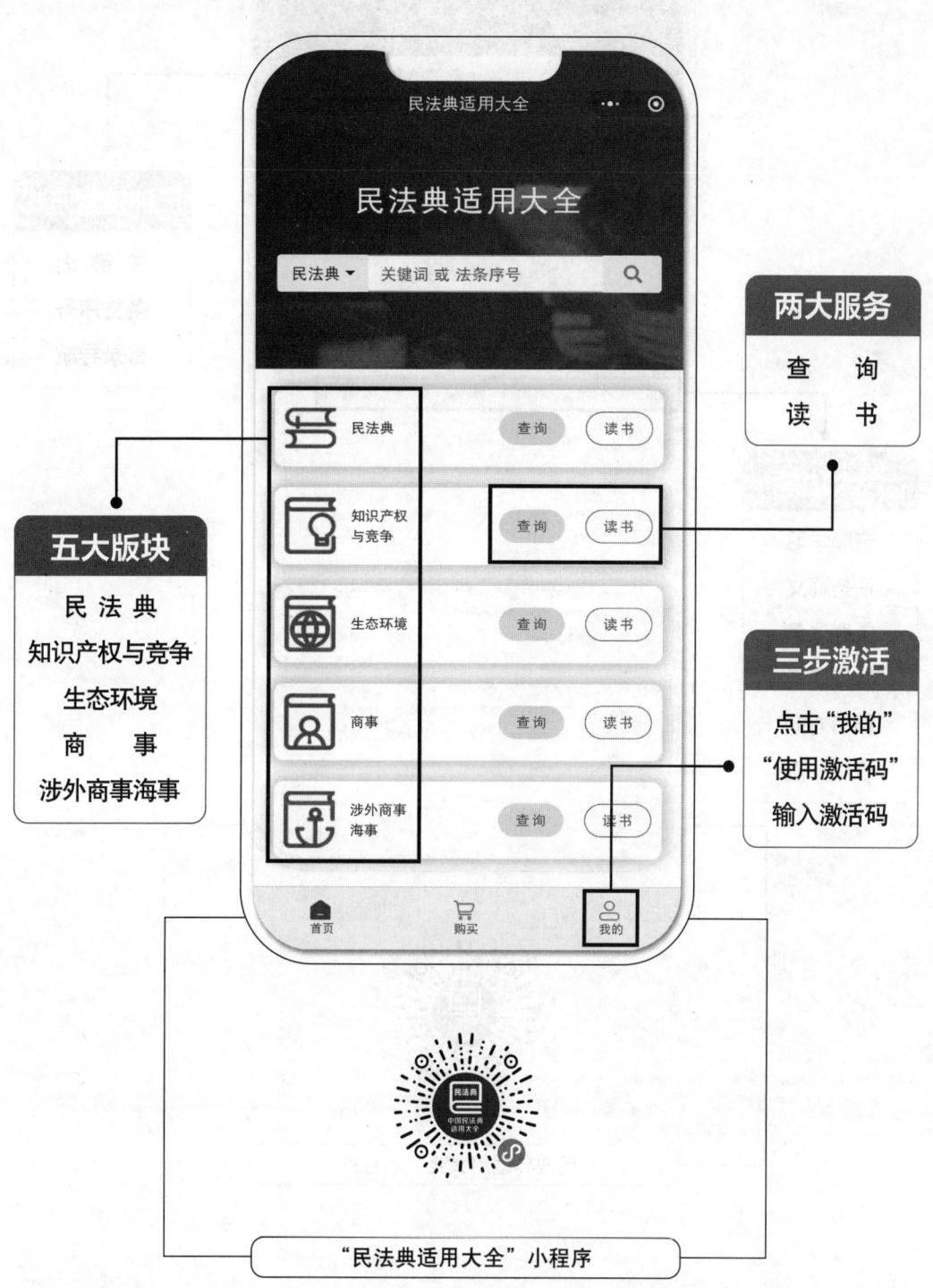

"民法典适用大全"小程序

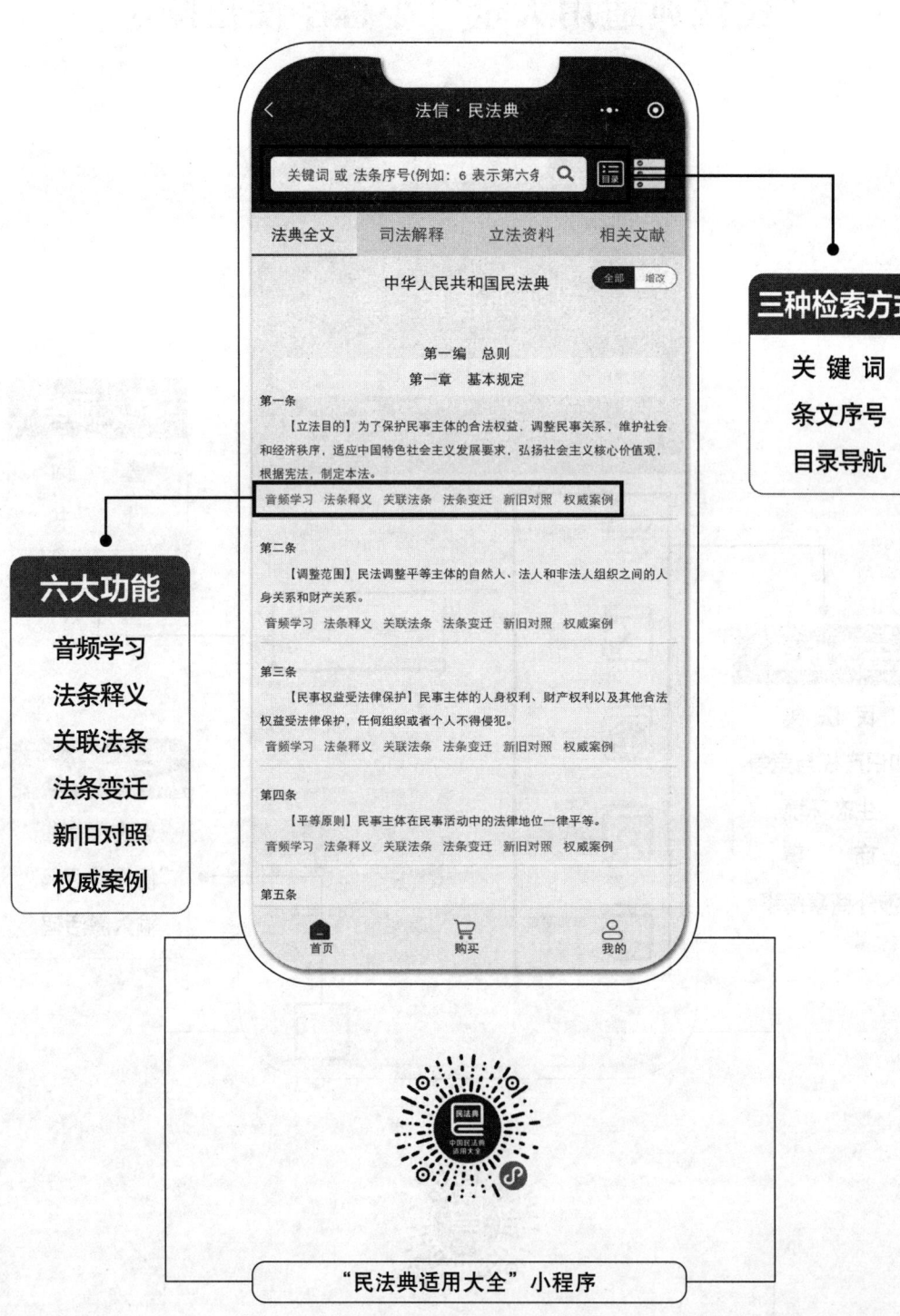

最高人民法院
民法典贯彻实施工作领导小组

组　　　长	周　强
常务副组长	贺　荣
副　组　长	陶凯元　杨万明　杨临萍　贺小荣　刘贵祥
成　　　员	（按机构排序）

　　　　　　　郭竞坤　董文濮　钱晓晨　郑学林　林文学
　　　　　　　林广海　王淑梅　刘竹梅　于厚森　韩维中
　　　　　　　孔　玲　何东宁　郭　锋　赵晋山　李广宇
　　　　　　　胡仕浩　祝二军　马　岩　陈宜芳　郝银钟
　　　　　　　高晓力　郜中林　孙晓勇

办 公 室

主　　　任	杨万明　刘贵祥
副　主　任	郭　锋　杨永清
成　　　员	丁广宇　周伦军　陈龙业

《中国民法典适用大全（商事卷·保险法）》

执 行 编 委	林文学　郭　锋　杨永清　周伦军
编　　　审	付金联　刘崇理　梅　芳　李晓云　张　颖
	苏　蓓　唐荣娜　汪自洁　卞　杰　辛　野

全面深化民法典贯彻实施
为推进中国式现代化提供有力司法服务

民法典是中华人民共和国成立以来第一部以"法典"命名的法律,是党的十八大以来全面推进依法治国的标志性立法成果,在中国特色社会主义法律体系中具有重要地位。以习近平同志为核心的党中央高度重视民法典贯彻实施工作,作出一系列重大部署。2020年5月29日,十九届中央政治局就"切实实施民法典"举行第二十次集体学习,习近平总书记主持学习时强调,全党要切实推动民法典实施,以更好推进全面依法治国、建设社会主义法治国家,更好保障人民权益,指出"各级司法机关要秉持公正司法,提高民事案件审判水平和效率。要加强民事司法工作,提高办案质量和司法公信力。要及时完善相关民事司法解释,使之同民法典及有关法律规定和精神保持一致,统一民事法律适用标准。要加强涉及财产权保护、人格权保护、知识产权保护、生态环境保护等重点领域的民事审判工作和监督指导工作,及时回应社会关切"。习近平总书记的重要讲话为贯彻实施民法典指明了方向,提供了根本遵循。党的二十大报告明确指出,必须更好发挥法治固根本、稳预期、利长远的保障作用,在法治轨道上全面建设社会主义现代化国家,并对统筹法律立改废释纂、严格公正司法提出明确要求,对深入贯彻实施民法典具有重要指导意义。

最高人民法院坚持以习近平新时代中国特色社会主义思想为指

导,深入贯彻习近平法治思想,认真学习贯彻习近平总书记关于切实实施民法典的重要论述,深刻领悟"两个确立"的决定性意义,增强"四个意识"、坚定"四个自信"、做到"两个维护",全面落实党中央决策部署,深刻理解和把握民法典的核心要义和重要制度,积极推动贯彻实施好民法典。在前期成立最高人民法院民法典编纂工作研究小组的基础上,专门成立民法典贯彻实施工作领导小组,党组书记、院长周强担任组长,研究制定一系列措施,就贯彻实施民法典提出具体要求。全国各级人民法院严格依据民法典公正审理案件,深入研究民法典司法适用理论和实践问题,分析总结典型案例,推动民法典贯彻实施取得显著成效。

为深入学习宣传贯彻党的二十大精神,贯彻党中央关于坚持全面依法治国、推进法治中国建设的重大决策部署,系统反映人民法院贯彻实施民法典举措成果,全面总结新时代民商事审判经验,最高人民法院民法典贯彻实施工作领导小组组织编写了《中国民法典适用大全》(以下简称《适用大全》),为学习宣传贯彻民法典、推进法治中国建设提供权威审判指导。

一、《适用大全》的编辑背景

民法典颁布后,人民法院深入推动民法典学习宣传和贯彻实施,取得一系列经验成果,为《适用大全》的编辑出版提供了丰富素材,奠定了坚实基础。

一是全面清理已有司法解释。最高人民法院完成中华人民共和国成立以来最为全面系统规范的司法解释清理工作,对中华人民共和国成立以来至 2020 年 5 月 28 日有效的全部 591 件司法解释逐一清理,废止 116 件,修改 111 件。其中,直接废止司法解释 89 件,另有 27 件废止后重新整合出台新的司法解释;修改的司法解释包括民事类 27 件、商事类 29 件、知识产权类 18 件、民事诉讼类 19 件、执行类

18 件。完成清理工作后，作出司法解释废止、修改决定，自 2021 年 1 月 1 日起与民法典同步施行。

二是及时制定配套司法解释。最高人民法院坚持以问题为导向、以审判执行需求为出发点、以准确理解和适用法律为原则，构建多层次民法典配套司法解释。制定适用民法典时间效力的解释，整合制定民法典物权编解释、担保制度解释、婚姻家庭编解释、继承编解释、建设工程施工合同解释、劳动争议解释等，出台民法典总则编解释、人脸识别解释、生态环境侵权惩罚性赔偿解释等，有力配合民法典贯彻实施。

三是广泛开展学习宣传。最高人民法院统筹部署全国各级人民法院学习培训宣传工作。举行"人民法院大讲堂"活动，分层次、全覆盖培训干警 120 余万人次。以人民群众喜闻乐见的方式开展民法典普法宣传，会同中宣部等组织开展"美好生活·民法典相伴"主题宣传，推出"一分钟带你了解民法典"系列普法动漫等栏目。发挥典型案件示范引领作用，配合民法典总则编解释颁布，同步发布第一批 13 件人民法院贯彻实施民法典典型案例。

据统计，自 2021 年 1 月 1 日至 2022 年 9 月 30 日，全国各级人民法院根据民法典及相关司法解释的规定，共审结一审民商事案件 2737 万件。人民法院统一法律适用工作成效更加彰显，人民群众司法获得感、满意度持续提升。尤其是根据民法典新规，办理人格权侵害禁令、人身安全保护令案件 8067 件，让人民生活更加安全、更有尊严；审结环境侵权类案件 3502 件，促进发展更加和谐、更可持续。

二、《适用大全》的重大意义

《适用大全》是人民法院深入学习贯彻党的二十大精神，深入贯彻习近平法治思想，切实贯彻实施民法典、确保民法典统一正确适用，推动新时代新征程人民法院民事审判工作高质量发展的最新成果和重要举措,编辑出版《适用大全》意义重大。

第一,编辑出版《适用大全》是人民法院深入学习贯彻党的二十大精神、深入贯彻习近平法治思想的实际行动。党的二十大报告对坚持全面依法治国、推进法治中国建设作出专题论述、专门部署。民法典作为党的十八大以来全面推进依法治国的标志性立法成果,体现社会主义性质、符合人民利益和愿望、顺应时代发展要求,闪耀着习近平法治思想的光芒。编辑出版《适用大全》,有利于各级人民法院深入贯彻落实党的二十大精神,严格公正司法,深化司法体制综合配套改革,全面准确落实司法责任制,加快建设公正高效权威的社会主义司法制度,努力让人民群众在每一个司法案件中感受到公平正义,确保习近平总书记关于切实实施民法典的重要讲话和重要指示精神不折不扣落到实处,以正确贯彻实施民法典的生动实践坚定不移推进法治中国建设。

第二,编辑出版《适用大全》是人民法院正确贯彻实施民法典,推进司法为民、公正司法的应有之义。人民性是中国特色社会主义司法制度的本质属性,实现好、维护好、发展好最广大人民根本利益是我国司法工作的出发点和落脚点。编辑出版《适用大全》,有利于各级人民法院正确理解掌握民法典的核心精神、基本原则和具体制度,切实把民法典对生命健康、财产安全、交易便利、生活幸福、人格尊严等各方面权利的平等保护贯彻落实到审判执行工作的全过程、各方面,不断提高运用民法典维护人民权益、化解矛盾纠纷、促进社会和谐稳定的能力和水平,更好地满足和保障人民美好生活需要。

第三,编辑出版《适用大全》是人民法院提高司法能力,服务全面建设社会主义现代化国家、以中国式现代化全面推进中华民族伟大复兴的必然要求。民法典将庞大的民事法律规范按照完整逻辑体系予以整合,健全充实了民事权利种类,充分展现我国多年来关于市场经济体制改革的一系列重要制度成果,积极回应新时代人民司法关切,是高质量发展的助推器和法治保障。编辑出版《适用大全》,有利于各级人民法院统一裁判尺度，完整、准确、全面贯彻新发展理念，构建新发展格局，助力营造稳定公平透明、可预期的法治化营商环境；有利于各级人民法院围绕满足人民群众多元司法需求，深化司法体制综合配套改革和智慧法院建设，全面准确落实司法责任制，推进审判体系和审判能力现代化，充分发挥审判职能作用，服务全面建设社会主义现代化国家、以中国式现代化全面推进中华民族伟大复兴。

三、《适用大全》的编辑目标

《适用大全》作者群体主要为最高人民法院法官，同时吸收部分地方法院法官和高等院校中青年学者参加。编辑基本要求是以民法典条文为中心，体系化编辑相关法律法规、司法解释、司法指导性文件、权威释义、指导性案例、典型案例等内容，并基于我国民商合一的立法模式，将有关商事、知识产权、涉外民事关系等法律的具体适用纳入其中，形成民法典司法适用的逻辑体系，方便法律适用参考和普法宣传。通过编辑《适用大全》，力图实现以下目标：

一是推动民商事案件裁判尺度统一。向广大法官阐释好民法典关于坚持主体平等、保护财产权利、便利交易流转、维护人格尊严、促进家庭和谐、追究侵权责任等基本要求，阐释好民法典关于见义勇为、紧急救助、好意同乘、高空抛物、情势变更、保理合同等一系列创新性规定，指引广大法官强化法典化体系化思维，准确把握基本原则与具体规定、总则与分则、民法典与民商事特别法之间的适用关系，不断提升法律适用的系统性、科学性、准确性。

二是总结新时代民商事审判经验。系统梳理相关司法解释和司法指导性文件，深入挖掘民事案例"富矿"，全面总结和展示新时代各级人民法院坚持以习近平新时代中国特色社会主义思想为指导，深入贯彻习近平法治思想，认真履行司法职能，推进全面依法治国探索形成的新经验、新举措、新成就，为人民法院服务保障中国式现代化奠定坚实基础。

三是助力更高水平的法治中国建设。整理汇编相关规定、释义、案例,既帮助广大法官准确理解民法典条文的精神要义,准确把握司法适用中的重点难点问题,提高办案质量和司法公信力,又帮助人民群众提高找法用法效率,促进民法典普法宣传和贯彻实施。

四、《适用大全》的体例结构

《适用大全》共计12卷33册,分为三大部分:

第一部分为法典卷。以民法典七编制结构为基础,分为总则卷、物权卷、合同卷、人格权卷、婚姻家庭卷、继承卷、侵权责任卷(含附则)。本部分将民法典的1260个条文全部收录,并围绕每一个条文编辑关联规定、条文释义、典型案例等内容。

第二部分为扩展卷。在法典卷的基础上增加知识产权与竞争卷、生态环境卷、商事卷、涉外商事海事卷。本部分主要是针对相关法律中与审判工作密切相关的条文开展编辑工作。

第三部分为索引卷。本部分旨在方便检索查阅(平装版不设索引卷)。

在体例安排上,以民法典具体条文为中心,设置关联规定、条文释义、适用指引、指导案例、典型案例、类案检索等栏目。其中,关联规定栏目主要收录与民法典或有关法律条文密切相关的法律、行政法规、司法解释、部门规章及司法指导性文件。条文释义栏目主要介绍目标条文的条文主旨、条文演变和条文解读。适用指引栏目侧重分析目标条文在审判实践中的重点难点问题。指导案例栏目主要收录目标条文涉及的相应指导性案例。典型案例栏目主要收录党的十八大以来最高人民法院的公报、工作报告中列举的案例,以及最高人民法院各部门发布评选的典型案例、优秀案例。类案检索主要收录其他相关案例。全书共收录案例3000余件,包括指导性案例、典型案例800余件。

全面深化民法典贯彻实施 为推进中国式现代化提供有力司法服务

五、《适用大全》的指导价值及其他说明事项

《适用大全》是一部服务审判执行、普法宣传、研究教学、生产经营、社会生活的法律适用工具书。各级人民法院和法官在阅读参考《适用大全》时，主要用途有三：一是可以民法典条文为基础，一揽子查找到相应的法律规定、司法解释、典型案例等，快速全面了解相关法律规定和政策精神，更加准确把握民法典立法精神、条款含义。二是可借鉴《适用大全》汇集的理论成果、关联规定、裁判观点，结合具体实际总结典型案例，提炼裁判规则。三是可利用《适用大全》提供的丰富素材，组织业务培训和普法宣传，弘扬社会主义法治精神，推动尊法学法守法用法在全社会蔚然成风。

广大法官在使用《适用大全》时，应当注意以下两方面问题：一是严格遵守裁判文书引用法律、法规、司法解释的规定。本书关联规定部分收录的法律、行政法规、司法解释、部门规章及司法指导性文件等，旨在帮助法官掌握相关法律规定、政策精神。其中司法指导性文件、部门规章等不能作为裁判依据援引。裁判文书在引用法律、法规等规范性文件时，应当严格遵照《最高人民法院关于裁判文书引用法律、法规等规范性法律文件的规定》。二是区别使用参考案例。本书收录的指导性案例应严格参照适用，典型案例可作为裁判适用参考，类案检索中的案例仅在于提示法官有相关裁判存在，便于检索查找。

各级人民法院要坚持以习近平新时代中国特色社会主义思想为指导，深入学习贯彻党的二十大精神，深入贯彻习近平法治思想，切实把思想和行动统一到习近平总书记关于切实实施民法典的重要论述精神上来，深刻领悟"两个确立"的决定性意义，增强"四个意识"、坚定"四个自信"、做到"两个维护"，以学好用好《适用大全》为抓手，全面深化民法典贯彻实施，增强服务保障高质量发展的司法能

力,夯实推进审判体系和审判能力现代化的实践基础,服务大局、司法为民、公正司法,在坚持全面依法治国、推进法治中国建设的伟大实践中不断开辟司法事业发展新天地,为全面建设社会主义现代化国家、以中国式现代化全面推进中华民族伟大复兴提供有力司法服务!

本书的编辑出版得到了各级人民法院、有关单位和社会各界的大力支持。在此,向为本书编辑出版提供帮助支持的全国人大常委会法工委、最高人民检察院、司法部,其他有关中央和国家机关、法学理论界的专家学者,以及广大人民群众、新闻媒体和社会各界表示衷心的感谢!

最高人民法院民法典贯彻实施工作领导小组

二○二二年十一月二十八日

凡 例

一、本书有关条文释义和典型案例中法律、行政法规名称一般用简称，例如《中华人民共和国保险法》简称《保险法》。

二、本书有关条文释义和典型案例中下列行政法规、司法解释、部门规章及司法指导性文件一般也使用简称：

文件全称	简称	相关信息
《机动车交通事故责任强制保险条例》	《交强险条例》	发文字号：中华人民共和国国务院令第462号 公布日期：2006年3月21日 施行日期：2006年7月1日 修正施行日期：2019年3月2日
《最高人民法院关于适用〈中华人民共和国保险法〉若干问题的解释（二）》	《保险法解释（二）》	发文字号：法释〔2013〕14号 公布日期：2013年5月31日 施行日期：2013年6月8日 修正施行日期：2021年1月1日
《最高人民法院关于适用〈中华人民共和国保险法〉若干问题的解释（三）》	《保险法解释（三）》	发文字号：法释〔2015〕21号 公布日期：2015年11月25日 施行日期：2015年12月1日 修正施行日期：2021年1月1日
《最高人民法院关于适用〈中华人民共和国保险法〉若干问题的解释（四）》	《保险法解释（四）》	发文字号：法释〔2018〕13号 公布日期：2018年7月31日 施行日期：2018年9月1日 修正施行日期：2021年1月1日

文件全称	简称	相关信息
《金融控股公司监督管理试行办法》	《金控办法》	发文字号：中国人民银行令〔2020〕第4号 公布日期：2020年9月11日 施行日期：2020年11月1日
《全国法院民商事审判工作会议纪要》	《民商审判会议纪要》	发文字号：法〔2019〕254号 公布日期：2019年11月8日 施行日期：2019年11月8日

三、本书部分案例中引用的法律法规、司法解释等为案件审理当时所适用，在参照过程中应注意以法律法规、司法解释等文件的最新规定为准。

目 录

《保险法》（部分）

第一章 总 则

第一条【立法目的】 1
第二条【调整范围】 6
第三条【地域效力的范围】 11
第四条【守法和公序良俗原则】 16
第五条【诚实信用原则】 18
第六条【商业保险业务的经营主体】 24
第七条【境内保险业务的保险人限定】 30
第八条【保险业与其他金融业实行分业经营、分业管理】 32
第九条【保险业监督管理机构】 37

第二章 保险合同

第一节 一般规定

第十条【保险合同、保险合同当事人和保险合同关系人的定义】 42
第十一条【订立保险合同的基本原则】 57

第十二条【保险利益】..65
第十三条【保险合同的成立和生效】..77
第十四条【保险合同成立后的基本权利与义务】......................................85
第十五条【投保人和保险人的合同解除权】..97
第十六条【投保人的如实告知义务】..107
第十七条【保险人对格式条款的提示与说明义务】................................118
第十八条【保险合同的内容】..140
第十九条【保险合同中格式条款无效的情形】..150
第二十条【保险合同的变更】..166
第二十一条【出险后的通知义务】..177
第二十二条【提供索赔损失证明资料的义务】..186
第二十三条【保险人核定理赔的程序】..192
第二十四条【保险人拒赔的时限及理由说明义务】................................206
第二十五条【保险人先行赔付】..210
第二十六条【被保险人或者受益人索赔的诉讼时效】............................215
第二十七条【保险欺诈行为的民事责任】..221
第二十八条【再保险的定义及再保险分出人的告知义务】....................228
第二十九条【再保险合同与原保险合同的关系】....................................236
第 三 十 条【对用保险人提供的格式条款订立的保险合同的解释原则】......239

第二节 人身保险合同

第三十一条【人身保险的保险利益】..252
第三十二条【申报被保险人年龄不真实的法律后果】............................260
第三十三条【对无民事行为能力人投保死亡险的限制】........................266
第三十四条【死亡保险合同的特殊规定】..271
第三十五条【保险费支付】..277

第三十六条【逾期支付当期保险费的法律后果】......284

第三十七条【保险合同效力恢复及效力中止后的合同解除】......290

第三十八条【禁止通过诉讼要求支付人寿保险保险费】......299

第三十九条【指定受益人】......301

第 四 十 条【受益人的人数、受益顺序和受益份额】......310

第四十一条【变更受益人】......314

第四十二条【保险金作为遗产的情形】......319

第四十三条【投保人故意制造保险事故的后果及受益人丧失受益权的法定情形】......326

第四十四条【被保险人自杀情形下保险责任的承担】......331

第四十五条【保险人因被保险人免除保险责任的情形】......342

第四十六条【保险代位权不适用于人身保险】......356

第四十七条【人身保险合同解除的时限及保险单现金价值的退还】......367

第三节　财产保险合同

第四十八条【财产保险的保险利益认定时点】......383

第四十九条【保险标的转让】......391

第 五 十 条【货物运输保险合同和运输工具航程保险合同不得解除】......399

第五十一条【维护保险标的安全义务】......407

第五十二条【危险程度增加的通知义务】......413

第五十三条【保险人降低保险费的情形】......420

第五十四条【投保人要求解除合同时保险费的退还】......425

第五十五条【保险价值、保险金额与赔偿数额】......431

第五十六条【重复保险】......441

第五十七条【被保险人的减损义务】......452

第五十八条【保险财产损失获得赔偿后保险合同的终止】......467

第五十九条【保险标的残值所有权的归属】......472
第 六 十 条【保险人的代位求偿权】......476
第六十一条【被保险人影响保险人行使代位求偿权的法律后果】......498
第六十二条【保险代位求偿权的行使限制】......504
第六十三条【被保险人在保险人行使代位求偿权时的协助义务】......510
第六十四条【保险人承担保险事故损失相关费用】......519
第六十五条【责任保险】......523
第六十六条【责任保险诉讼及仲裁费用的负担原则】......559

索引......561
后记......575

第一章 总 则

第一条 为了规范保险活动，保护保险活动当事人的合法权益，加强对保险业的监督管理，维护社会经济秩序和社会公共利益，促进保险事业的健康发展，制定本法。

▶ 关联规定

法律、行政法规、司法解释

1.《中华人民共和国社会保险法》

第一条 为了规范社会保险关系，维护公民参加社会保险和享受社会保险待遇的合法权益，使公民共享发展成果，促进社会和谐稳定，根据宪法，制定本法。

2.《中华人民共和国军人保险法》

第一条 为了规范军人保险关系，维护军人合法权益，促进国防和军队建设，制定本法。

3.《工伤保险条例》

第一条 为了保障因工作遭受事故伤害或者患职业病的职工获得医疗救治和经济补偿，促进工伤预防和职业康复，分散用人单位的工伤风险，制定本条例。

4.《失业保险条例》

第一条 为了保障失业人员失业期间的基本生活，促进其再就业，制定本条例。

5.《机动车交通事故责任强制保险条例》

第一条 为了保障机动车道路交通事故受害人依法得到赔偿，促进道路交通安全，根据《中华人民共和国道路交通安全法》、《中华人民共和国保险法》，制定本条例。

6.《农业保险条例》

第一条 为了规范农业保险活动,保护农业保险活动当事人的合法权益,提高农业生产抗风险能力,促进农业保险事业健康发展,根据《中华人民共和国保险法》《中华人民共和国农业法》等法律,制定本条例。

7.《存款保险条例》

第一条 为了建立和规范存款保险制度,依法保护存款人的合法权益,及时防范和化解金融风险,维护金融稳定,制定本条例。

▶ 条文释义

一、本条主旨

本条是关于《保险法》立法目的的规定。

二、条文演变

1995年《保险法》第1条规定:"为了规范保险活动,保护保险活动当事人的合法权益,加强对保险业的监督管理,促进保险事业的健康发展,制定本法。"2009年修订增加了"维护社会经济秩序和社会公共利益"的规定。其后的两次修正均未涉及本条。

三、条文解读

(一)规范保险活动

何为保险?保险,其意义在于汇集个人之力量,成立危险共同团体,于成员发生事故需要补偿时提供经济资助,以分散及消化其危险。其精神,在于发挥人性中"自助助人,人溺己溺""有福同享,有难同当"之高贵情操;其功能,在于免除个人经济生活之忧虑,进而扩展人生目标追求之多元化,以达社会之安定、和谐与进步。"保险为人类文明发展至此最佳之制度"① 实为不虚。

---

① 江朝国:《保险法基础理论》,中国政法大学出版社2002年版,自序。

保险源于风险的存在。意外事故和自然灾害都具有不确定性，我们称之为风险。造成损失的事件称为风险事件，隐藏于风险事件背后的、可能造成损失的因素，称为风险因素。保险的本质是一种社会化安排，是面临风险的人们通过保险人组织起来，从而使个人风险得以转移、分散，由保险人组织保险基金，集中承担。当被保险人发生损失，则可从保险基金中获得补偿。[1]

《保险法》第2条明确，《保险法》所称保险是指商业保险行为，故如无特别说明，《保险法》所说保险指的是商业保险。而制定《保险法》的基本目的是确立商业保险活动的基本规则。《保险法》集调整保险合同关系的法律规范和保险业管理的法律规范于一体，总结我国保险业发展的实践经验，研究借鉴国外的保险立法例，对从事保险合同活动应遵循的基本原则、保险合同当事人的权利义务、保险公司及保险中介机构的设立条件及基本行为规范、保险经营规则、对保险业的监督管理，以及违反《保险法》行为的法律责任等作了明确规定，确立了从事保险活动和对保险业实施监督管理应遵循的基本法律规范。[2]

（二）保护保险活动当事人的合法权益

保险活动必然涉及投保人、保险人、被保险人，有的还涉及保险代理人、保险经纪人。但保险活动一般都是围绕保险合同展开，《保险法》第二章专章对保险合同订立、履行、变更、解除过程中当事人的权利义务作了明确规定，明确了保险合同有别于普通合同的一些特别规则。如《保险法》第12条第1款及第2款规定的"人身保险的投保人在保险合同订立时，对被保险人应当具有保险利益。财产保险的被保险人在保险事故发生时，对保险标的应当具有保险利益"，以及第12条第6款规定的"保险利益是指投保人或者被保险人对保险标的具有的法律上承认的利益"。有无保险利益，直接影响保险合同的效力。"无保险利益者无保险。"该规定对于防范道德风险、防止保险欺诈都有重要意义。

---

[1] 马永伟主编：《保险知识读本》，中国金融出版社2000年版，第2页。
[2] 安建主编：《中华人民共和国保险法（修订）释义》，法律出版社2009年版，第21页。

(三) 加强对保险业的监督管理

确立保险业监管的基本法律制度，依法对保险业实施监督管理，是《保险法》的重要立法目的之一。《保险法》通过确立严格的商业保险行业准入条件，规范保险公司及保险中介机构的经营行为，强化对保险公司偿付能力监管等为主要内容的保险业监督管理的基本规则，规定了对保险业的监管原则、监管内容、监管机构和监管措施，为加强对保险业的监督管理提供了明确的法律依据。

(四) 维护社会经济秩序和社会公共利益，促进保险事业的健康发展

商业保险作为风险管理的重要手段，对社会的稳定和经济的健康发展，对企业的持续经营和扩大再生产，对保障个人及其家庭的财产安全、生活安定、人身健康，都有重要意义。随着保险业的不断发展，保险规模的不断扩大，保险公司集中了投保人以保险费形式交付的大量资金。对保险资金的管理，涉及广大投保人、被保险人和受益人的切身利益。保险资金运用不当，造成保险公司偿付不能，直接损害广大投保人、被保险人、受益人的利益，甚至引起社会动荡。同时，保险业作为金融业的重要组成部分，其健康发展直接影响我国金融业的稳健发展。制定《保险法》，依法规范保险活动，加强对保险业的监督管理，对于促进保险业健康发展，对于维护社会经济秩序和社会公共利益，具有重要意义。①

我国的保险立法是随着保险业的发展逐步发展的。早在清光绪三十三年至宣统三年期间，修订法律馆拟定了《保险业章程草案》，《大清商律草案》在第二编商行为项下第七章损害保险营业中设置50条条文，在第八章生命保险营业中设置11条条文，是保险业法的雏形。清政府被推翻后，该商律亦随清朝的覆灭而寿终正寝。1912年中华民国成立后，北洋政府曾拟定《保险契约法草案》。1917年，北洋政府农商部拟定了《保险业法案》。后因北洋政府的解体，这个法案未公布。1927年，国民政府在南京成立后，即着令有关部门草拟《保险法》。1928年9月，国民政府金融管理局制定了《保险条例（草

---

① 安建主编：《中华人民共和国保险法（修订）释义》，法律出版社2009年版，第22页。

案)》。1929年12月24日，国民政府立法院第68次会议通过了《保险法》。同年由政府明令公布。该法公布后，众议纷纭。1937年1月11日，国民政府同时公布了修正后的《保险法》《保险业法》和《保险业法施行法》。国民政府于1935年5月10日公布《简易人寿保险法》。①

中华人民共和国成立后，中国人民银行总行组织成立了法规编审委员会，开始对有关金融法令章则的研究和审查工作。委员会内分7个小组，其中保险章则小组由新成立的中国人民保险公司组织。考虑到我国设立保险学系的唯一大学是国立上海商学院。国内私营保险公司又多集中在上海。为了广泛征求各方面专家意见，中国人民保险公司又要求华东区公司组织法规研究委员会。华东区于1949年10月26日召开保险法规研究会，会上产生了保险法和保险业法两个研究小组。此后由于种种原因，保险法部分工作不久就被搁置，工作没有进行下去。保险业法方面，1950年3月29日，中国人民银行总行下发原《私营保险业暂行管理办法草案》和原《保险代理处保险经纪人及保险公证人暂行管理办法草案》。这两个管理办法因客观形势的变化，没有对外正式公布，但是其中的基本精神，对各地管理私营保险业的工作起到了统一政策的作用。②

1979年，国务院决定全面恢复办理国内保险业务，大力发展涉外保险业务，保险立法工作被提上议事日程。1981年12月13日，我国颁布了原《经济合同法》，其中对财产保险合同作了原则规定。成为以后制定相关条例的法律依据。1983年9月1日，国务院颁布了原《财产保险合同条例》。这个条例是原《经济合同法》中有关财产保险合同原则规定的实施细则，是中华人民共和国成立以后，第一部财产保险合同方面的规范性法律文件。1985年3月3日，国务院又颁布了原《保险企业管理暂行条例》。这个条例共6章24条，是中华人民共和国成立后第一部保险业法方面的规范性法律文件。该条例规定，中国人民银行为国家保险管理机关。③

---

① 中国保险学会《中国保险史》编审委员会编：《中国保险史》，中国金融出版社1998年版，第99~103页。
② 中国保险学会《中国保险史》编审委员会编：《中国保险史》，中国金融出版社1998年版，第254~256页。
③ 中国保险学会《中国保险史》编审委员会编：《中国保险史》，中国金融出版社1998年版，第494~495页。

> **第二条** 本法所称保险，是指投保人根据合同约定，向保险人支付保险费，保险人对于合同约定的可能发生的事故因其发生所造成的财产损失承担赔偿保险金责任，或者当被保险人死亡、伤残、疾病或者达到合同约定的年龄、期限等条件时承担给付保险金责任的商业保险行为。

▶ 关联规定

法律、行政法规、司法解释

1.《中华人民共和国社会保险法》

第二条 国家建立基本养老保险、基本医疗保险、工伤保险、失业保险、生育保险等社会保险制度，保障公民在年老、疾病、工伤、失业、生育等情况下依法从国家和社会获得物质帮助的权利。

2.《中华人民共和国军人保险法》

第二条 国家建立军人保险制度。

军人伤亡保险、退役养老保险、退役医疗保险和随军未就业的军人配偶保险的建立、缴费和转移接续等适用本法。

3.《机动车交通事故责任强制保险条例》

第二条 在中华人民共和国境内道路上行驶的机动车的所有人或者管理人，应当依照《中华人民共和国道路交通安全法》的规定投保机动车交通事故责任强制保险。

机动车交通事故责任强制保险的投保、赔偿和监督管理，适用本条例。

第三条 本条例所称机动车交通事故责任强制保险，是指由保险公司对被保险机动车发生道路交通事故造成本车人员、被保险人以外的受害人的人身伤亡、财产损失，在责任限额内予以赔偿的强制性责任保险。

4.《农业保险条例》

第二条 本条例所称农业保险，是指保险机构根据农业保险合同，对被保险人在种植业、林业、畜牧业和渔业生产中因保险标的遭受约定的自然灾害、意外事故、疫病、疾病等保险事故所造成的财产损失，承担赔偿保险金责任的保险活动。

本条例所称保险机构，是指保险公司以及依法设立的农业互助保险等保险组织。

5.《存款保险条例》

第三条 本条例所称存款保险，是指投保机构向存款保险基金管理机构交纳保费，形成存款保险基金，存款保险基金管理机构依照本条例的规定向存款人偿付被保险存款，并采取必要措施维护存款以及存款保险基金安全的制度。

▶ 条文释义

一、本条主旨

本条是关于《保险法》调整范围的规定。

二、条文演变

1995年《保险法》第2条规定："本法所称保险，是指投保人根据合同约定，向保险人支付保险费，保险人对于合同约定的可能发生的事故因其发生所造成的财产损失承担赔偿保险金责任，或者当被保险人死亡、伤残、疾病或者达到合同约定的年龄、期限时承担给付保险金责任的商业保险行为。"2009年修订时，在"达到合同约定的年龄、期限后"增加了"等条件"。其他三次修正未涉及本条。

三、条文解读

保险作为专门的经济术语，其本来含义是指商业保险。商业保险是投保人与保险人在自愿的基础上，以保险合同方式建立保险关系，集合多个主体的风险，合理计收保险费，建立保险基金，以对特定的灾害事故造成的财产损失或人身伤亡，提供资金补偿或保障的经济活动。本条以给《保险法》所称保险下定义的方式，规定了《保险法》调整范围是商业保险活动中的相关关系。属于社会保障性质的社会保险，不适用《保险法》规定，应由专门的社会保险法律调整。①

前文述及,除商业保险外,我国还有社会保险和政策性保险。商业保险与其他保险最大的区别就是商业保险是以营利为目的的保险形式。商业保险,是指按商业原则经营,以营利为目的的保险形式,由专门的保险企业经营。所谓商业原则,就是保险公司的经济补偿以投保人交付保险费为前提,具有有偿性、公开性和自愿性,并力图在损失补偿后有一定的盈余。社会保险,是指在既定的社会政策的引导下,由国家通过立法手段对公民强制征收保险费,形成保险基金,用以对其中因年老、疾病、生育、工伤和失业而导致丧失劳动能力或失去工作机会的成员提供基本生活保障的一种社会保障制度。社会保险不以营利为目的,运行中若出现赤字,国家财政将会给予支持。为了体现一定的国家政策,如产业政策、国际贸易政策等,国家通常会以国家财政为后盾,设立一些不以营利为目的的保险。由国家投资设立的公司经营,或由国家委托商业保险公司代办。这些保险所承保的风险一般损失程度较高,但出于种种考虑而收取较低保费,若经营者发生经营亏损,将由国家财政给予补偿。这类保险被称为政策性保险。常见的政策性保险有出口信用保险和农业保险等。出口信用保险是为鼓励和扩大出口而开办的,农业保险对种植业、养殖业在生产、哺育、成长过程中遭受的由自然灾害或意外事故所造成的经济损失提供经济补偿。农业保险经营难度大,几乎不可能取得利润。商业保险公司出于利润最大化的考虑,通常不会主动经营农业保险。但农业保险客观上又十分必要,只能采用政策性保险的办法。②

▶ 适用指引

关于保险活动的理解

《保险法》第2条已经明确,《保险法》所称保险是指商业保险行为,故本条所说保险活动是指商业保险活动。以中国船东互保协会向其会员提供的保险服务为例说明。该协会是经国务院批准,于1984年1月1日在北京成

---

① 安建主编:《中华人民共和国保险法(修订)释义》,法律出版社2009年版,第22~23页。
② 马永伟主编:《保险知识读本》,中国金融出版社2000年版,第16~18页。

立的船东互助非营利组织,其宗旨是根据国际公约、国际惯例和法律法规,维护与保障会员的信誉和利益。协会接受交通运输部的业务指导,并根据国务院《社会团体登记管理条例》在民政部注册登记,享有社团法人资格。协会能够向会员提供保赔险（P&I）、互助船舶险（Hull&Machinery）、抗辩险（FD&D）、租船人险（Charterers' Cover）、战争险（War Risks）等多险种的一站式海上互助保障和专业服务。① 这些险种均非商业保险,不适用《保险法》。

湖北省高级人民法院曾就中国船东互保协会与南京宏油船务有限公司海上保险合同纠纷上诉一案有关适用法律问题向最高人民法院请示。2004年5月26日,最高人民法院作出《最高人民法院关于中国船东互保协会与南京宏油船务有限公司海上保险合同纠纷上诉一案有关适用法律问题的请示的复函》答复如下:"中国船东互保协会不属于我国《保险法》规定的商业保险公司。中国船东互保协会与会员之间签订的保险合同不属于商业保险,不适用我国《保险法》规定,应当适用我国《合同法》等有关法律的规定。"

▶ 类案检索

焉某某与中国船东互保协会、交通运输部北海救助局保赔保险合同纠纷案

关键词: 保赔保险合同纠纷　保险法　合同法

裁判摘要: 交通运输部北海救助局（以下简称北海救助局）与中国船东互保协会（以下简称中船保）签订《入会证书》,形成保赔保险合同关系。中船保是经国务院批准成立的船东互相保险的组织,是非营利性的社团法人,不属于《保险法》规定的商业保险公司,其与会员之间签订的保险合同不属于商业保险合同,不适用《保险法》的规定。依据《入会证书》的约定,中船保承保的风险包括"对任何入会船船员的伤、病或死亡支付赔偿金或补偿费的责任",故案涉保赔保险的标的是北海救助局对生某某的死亡支付赔偿金或补偿费的责任,是保险人对被保险人承担的责任进行保赔的一种保险,并

---

① 参见中国船东互保协会官网,https://www.chinapandi.com/index.php/cn/about-cpi/cpi-intro,最后访问时间:2022年1月12日。

非人身保险。

【案　　号】（2017）最高法民申3702号
【审理法院】最高人民法院

第三条 在中华人民共和国境内从事保险活动，适用本法。

▶ 关联规定

法律、行政法规、司法解释

1.《中华人民共和国保险法》

第一百八十一条 保险公司以外的其他依法设立的保险组织经营的商业保险业务，适用本法。

第一百八十二条 海上保险适用《中华人民共和国海商法》的有关规定；《中华人民共和国海商法》未规定的，适用本法的有关规定。

第一百八十三条 中外合资保险公司、外资独资保险公司、外国保险公司分公司适用本法规定；法律、行政法规另有规定的，适用其规定。

第一百八十四条 国家支持发展为农业生产服务的保险事业。农业保险由法律、行政法规另行规定。

强制保险，法律、行政法规另有规定的，适用其规定。

2.《中华人民共和国海洋环境保护法》

第六十六条 国家完善并实施船舶油污损害民事赔偿责任制度；按照船舶油污损害赔偿责任由船东和货主共同承担风险的原则，建立船舶油污保险、油污损害赔偿基金制度。

实施船舶油污保险、油污损害赔偿基金制度的具体办法由国务院规定。

3.《中华人民共和国出境入境管理法》

第八十九条 本法下列用语的含义：

出境，是指由中国内地前往其他国家或者地区，由中国内地前往香港特别行政区、澳门特别行政区，由中国大陆前往台湾地区。

入境，是指由其他国家或者地区进入中国内地，由香港特别行政区、澳门特别行政区进入中国内地，由台湾地区进入中国大陆。

外国人，是指不具有中国国籍的人。

4.《农业保险条例》

第三条 国家支持发展多种形式的农业保险,健全政策性农业保险制度。农业保险实行政府引导、市场运作、自主自愿和协同推进的原则。

省、自治区、直辖市人民政府可以确定适合本地区实际的农业保险经营模式。

任何单位和个人不得利用行政权力、职务或者职业便利以及其他方式强迫、限制农民或者农业生产经营组织参加农业保险。

第十六条 本条例对农业保险合同未作规定的,参照适用《中华人民共和国保险法》中保险合同的有关规定。

第三十二条 保险机构经营有政策支持的涉农保险,参照适用本条例有关规定。

涉农保险是指农业保险以外、为农民在农业生产生活中提供保险保障的保险,包括农房、农机具、渔船等财产保险,涉及农民的生命和身体等方面的短期意外伤害保险。

5.《最高人民法院关于适用〈中华人民共和国保险法〉若干问题的解释(一)》

第一条 保险法施行后成立的保险合同发生的纠纷,适用保险法的规定。保险法施行前成立的保险合同发生的纠纷,除本解释另有规定外,适用当时的法律规定;当时的法律没有规定的,参照适用保险法的有关规定。

认定保险合同是否成立,适用合同订立时的法律。

第二条 对于保险法施行前成立的保险合同,适用当时的法律认定无效而适用保险法认定有效的,适用保险法的规定。

第三条 保险合同成立于保险法施行前而保险标的转让、保险事故、理赔、代位求偿等行为或事件,发生于保险法施行后的,适用保险法的规定。

第四条 保险合同成立于保险法施行前,保险法施行后,保险人以投保人未履行如实告知义务或者申报被保险人年龄不真实为由,主张解除合同的,适用保险法的规定。

第五条 保险法施行前成立的保险合同,下列情形下的期间自2009年10月1日起计算:

(一)保险法施行前,保险人收到赔偿或者给付保险金的请求,保险法施行后,适用保险法第二十三条规定的三十日的;

（二）保险法施行前，保险人知道解除事由，保险法施行后，按照保险法第十六条、第三十二条的规定行使解除权，适用保险法第十六条规定的三十日的；

（三）保险法施行后，保险人按照保险法第十六条第二款的规定请求解除合同，适用保险法第十六条规定的二年的；

（四）保险法施行前，保险人收到保险标的转让通知，保险法施行后，以保险标的转让导致危险程度显著增加为由请求按照合同约定增加保险费或者解除合同，适用保险法第四十九条规定的三十日的。

6.《最高人民法院关于审理海上保险纠纷案件若干问题的规定》

第一条 审理海上保险合同纠纷案件，适用海商法的规定；海商法没有规定的，适用保险法的有关规定；海商法、保险法均没有规定的，适用民法典等其他相关法律的规定。

第二条 审理非因海上事故引起的港口设施或者码头作为保险标的的保险合同纠纷案件，适用保险法等法律的规定。

第三条 审理保险人因发生船舶触碰港口设施或者码头等保险事故，行使代位请求赔偿权利向造成保险事故的第三人追偿的案件，适用海商法的规定。

7.《最高人民法院关于审理出口信用保险合同纠纷案件适用相关法律问题的批复》

对出口信用保险合同的法律适用问题，保险法没有作出明确规定。鉴于出口信用保险的特殊性，人民法院审理出口信用保险合同纠纷案件，可以参照适用保险法的相关规定；出口信用保险合同另有约定的，从其约定。

▶ 条文释义

一、本条主旨

本条是关于《保险法》地域效力范围的规定。

二、条文演变

现条文为1995年《保险法》制定时通过的条文，至今未作任何修改。

三、条文解读

按照本条规定，凡在我国境内从事商业保险活动，包括保险合同的订立、履行、变更、解除，保险活动各方当事人权利义务的确定，保险公司的设立和保险经营规则，保险中介机构的行业规范，政府保险业监督管理机构对保险业的监督管理活动等，适用《保险法》规定。我国香港和澳门两个特别行政区的保险活动，依照两个特别行政区基本法的相关规定，应适用特别行政区的相关法律规定，不适用《保险法》。①

▶ 适用指引

一、关于"境内"的理解

本条和《保险法》第7条均使用了"中华人民共和国境内"的表述，根据《出境入境管理法》第89条的规定，应是指中国内地，不包括我国香港特别行政区、澳门特别行政区和台湾地区。近年来，随着居民收入水平的提高和保险意识的增强，部分内地居民选择赴港购买保险产品。因我国香港特别行政区与内地保险业务在适用法律、监管政策以及保险产品等方面存在诸多差异，内地居民赴港购买保险产品存在一定风险。2016年，原中国保监会专门就此发布《关于内地居民赴港购买保险的风险提示》②，提示消费者知悉风险，谨慎投保。第一，我国香港特别行政区保单不受内地法律保护。明确提示内地居民投保我国香港特别行政区保单，需亲赴我国香港特别行政区投保并签署相关保险合同。内地居民投保我国香港特别行政区保险适用我国香港特别行政区法律。如果发生纠纷，投保人需按照我国香港特别行政区的法律进行维权诉讼。与内地相比，我国香港特别行政区诉讼费用较高，可能面临较高的时间和费用成本。第二，存在汇率风险和外汇政策风险。一方面，内地居民在我国香港特别行政区购买的保单，赔款、保险金给付以港币、美元等结算，消费者需自行承担汇

---

① 安建主编：《中华人民共和国保险法（修订）释义》，法律出版社2009年版，第23页。
② 参见银保监会官网，http://www.cbirc.gov.cn/cn/view/pages/ItemDetail.html?docId=357772&itemId=4100&generaltype=0，最后访问时间：2022年1月10日。

兑风险。另一方面，内地居民个人到境外购买人寿保险和投资返还分红类保险，属于金融和资本项下的交易，是现行的外汇管理政策尚未开放的项目，存在一定的政策风险。此外，如以期交保费方式购买长期寿险保单，也可能存在因外汇支付政策变化导致无法交纳续期保费的风险。此外，还包括保单收益存在不确定性、保单前期现金价值低、退保损失大等风险。

二、正确理解保险活动

本条规定的是本法的地域效力，保险活动包括与保险合同有关的活动，保险经纪、代理，保险监管等。后文所列案例中的保险公司以保险事故是在境外发生，不属我国《保险法》保护的范围为由拒赔，混淆了《保险法》的地域效力范围和保险事故发生地的概念。该保险合同当事人在中国境内签订合同，保险事故发生后，被保险人在境内治疗，后又在中国境内申请理赔。这些保险活动均发生在中国境内，应适用本法。保险事故的发生，只是保险合同履行中的一个事件，在合同没有将发生在境外的事故导致的责任排除在外的情况下，保险公司主张不承担责任的理由不成立。

▶ 类案检索

杨某某与中国保险公司人保乌苏支公司保险合同纠纷案

关键词： 保险合同纠纷　保险法地域效力　境外保险事故

裁判摘要： 作为中国公民，与中国境内的保险机构签订的保险合同，既然被法院确认为有效合同，那么就对双方均具有约束力，当然也受我国《保险法》的保护。被保险人在境外发生保险事故，与在境内发生保险事故，在性质上并没有什么不同，不能成为保险公司拒赔的理由。

【案　　号】（1999）塔经终字第74号
【审理法院】新疆维吾尔自治区塔城地区中级人民法院

> **第四条** 从事保险活动必须遵守法律、行政法规，尊重社会公德，不得损害社会公共利益。

▶ 关联规定

法律、行政法规、司法解释

《中华人民共和国民法典》

第八条　民事主体从事民事活动，不得违反法律，不得违背公序良俗。

▶ 条文释义

一、本条主旨

本条是关于保险活动应遵循的基本原则——守法和公序良俗原则的规定。

二、条文演变

1995年《保险法》第4条规定："从事保险活动必须遵守法律、行政法规，遵循自愿和诚实信用的原则。"2002年《保险法》修正，增加"尊重社会公德"，删除"和诚实信用的"，修改后条文内容为"从事保险活动必须遵守法律、行政法规，尊重社会公德，遵循自愿原则"。2009年《保险法》修订，删除"遵循自愿原则"，增加"不得损害社会公共利益"，修改后条文内容为"从事保险活动必须遵守法律、行政法规，尊重社会公德，不得损害社会公共利益"。此后《保险法》两次修正未涉及本条。

三、条文解读

（一）从事保险活动必须遵守法律、行政法规，这是对保险活动应当具有合法性的要求

保险当事人的投保行为或承担保险责任的行为，都必须是依法进行的合法

行为。《保险法》是我国保险活动所依据的基本法律。同时，由于保险活动涉及的范围较广，保险活动除必须遵守本法及与本法配套的行政法规以外，还应当遵守《民法典》《公司法》等民商事和行政管理的法律、行政法规的相关规定。①

（二）从事保险活动必须尊重社会公德，不得损害社会公共利益

公序良俗是民事活动的基本原则。不得违背公序良俗原则，就是不得违背公共秩序和善良习俗。公共秩序，是指政治、经济、文化等领域的基本秩序和根本理念，是与国家和社会整体利益相关的基础性原则、秩序和价值，在以往的民商事立法中被称为社会公共利益。善良习俗，是指基于社会主流道德观念的习俗，也被称为社会公共道德，是全体社会成员所普遍认可、遵循的道德准则。善良习俗具有一定的时代性和地域性，随着社会成员的普遍道德观念的改变而改变。公共秩序强调的是国家和社会层面的价值理念，善良习俗突出的则是民间的道德观念，二者相辅相成，互为补充。② 保险活动系民事活动之一，也应当遵守社会公德，不得损害社会公共利益，即不得违背公序良俗原则。

▶ 适用指引

有学者调查后发现，我国司法实践中法院运用公序良俗原则进行裁判的案件涉及多个方面，包括一般合同和涉及婚姻、继承等身份关系的合同、遗嘱等单方民事行为及劳动合同等效力的判断。但在保险合同领域，并未发现以该原则为依据认定保险合同无效从而判定保险人无须承担保险金给付责任的判决。

---

① 安建主编：《中华人民共和国保险法（修订）释义》，法律出版社2009年版，第23~24页。
② 黄薇主编：《中华人民共和国民法典总则编释义》，法律出版社2020年版，第32页。

> **第五条** 保险活动当事人行使权利、履行义务应当遵循诚实信用原则。

关联规定

法律、行政法规、司法解释

《中华人民共和国民法典》

第七条 民事主体从事民事活动，应当遵循诚信原则，秉持诚实，恪守承诺。

条文释义

一、本条主旨

本条是关于保险活动应遵循的基本原则——诚实信用原则的规定。

二、条文演变

1995年《保险法》第4条规定，从事保险活动必须遵守的三项原则为守法、自愿、诚实信用。2002年修正时，则将诚实信用原则独立成条，突出了诚实信用原则的重要性。现条文即为2002年修正增加，此后修改未涉及本条。

三、条文解读

诚实信用原则，又称为诚信原则，是民事主体从事民事活动必须遵循的基本原则之一。诚实信用原则要求所有民事主体在从事任何民事活动，包括行使民事权利、履行民事义务、承担民事责任时，都应该秉持诚实、善意，信守自己的承诺，这对建设诚信社会、规范经济秩序、引领社会风尚具有重要意义。① 各主体在从事保险活动时，也应遵循诚实信用原则。保险法律规范中许多内容都体现了这一原则。在保险活动中，投保人应当遵守诚实信用原则，依法对其投保的标的信息按保险人的询问如实告知。发生保险事故，保险标的的危险程度增加，投保人也应如实告知。保险人也应当遵守诚实信用原则，在承保时将保险合同的条款明确告知投保人；在发生约定的保险事故时，应当及时查明和确定保险事故的性质、原因和保险标的的损失程度，及时赔付保险金，不得拖延或逃避承担保险责任。②

▶ 适用指引

一、避免"向一般条款逃逸"

民法基本原则，体现民法蕴含的主要价值或者目标，是民事主体从事民事活动和司法机关进行民事司法活动应当遵循的基本准则。③ 但在民事审判活动中，应避免出现"向一般条款逃逸"的情况。即在有具体规则可供适用场合，裁判者不应当越过具体规则，直接依基本原则（一般条款）进行裁判。④

二、"诚信原则"与"最大诚信原则"

本条规定，保险活动当事人应当遵循诚实信用原则。由于保险合同的高度信息不对称性、射幸性、格式性等特点，保险人主要依据投保人对保险标的的告知和保证来决定是否承保和确定保险费，所以对诚实信用的要求更高。因而我国保险法理论界通说为，在保险活动中，当事人必须遵守最大诚实信用原则。该原则的内容包括保险人的说明义务、投保人或被保险人的告知义务、保证弃权和禁止反言等。国内保险法学界通说认为，最大诚信原则是保险法的基

---

① 黄薇主编：《中华人民共和国民法典总则编释义》，法律出版社2020年版，第27~28页。
② 安建主编：《中华人民共和国保险法（修订）释义》，法律出版社2009年版，第24页。
③ 韩世远：《民法基本原则：体系结构、规范功能与应用发展》，载《吉林大学社会科学学报》2017年第6期。
④ 韩世远：《民法基本原则：体系结构、规范功能与应用发展》，载《吉林大学社会科学学报》2017年第6期。

本原则。

有学者研究后提出了不同观点，认为最大诚信原则为保险法基本原则之一的依据不成立。理由是，从最大诚信原则的核心规则来看，无论是告知义务、说明义务，还是弃权与禁止反言，均不足以支撑其存在。这些制度在一般合同制度中均能找到相对应的制度或内容，其间的共同点多于其差异，不足以作为最大诚信原则存在的依据。最大诚信原则称谓及其在理论与实践层面所具有的潜在危害性，亟须国内法学界的关注与反思。①还有学者认为，保险法学说和理论不妨对"最大诚信原则"予以淡化和祛魅，因为该原则的普通法渊源并不明确，其与大陆法系民法中的诚信原则也并无历史关联，且已有学说和司法实践认为其语义浮夸误导，该原则在保险法上并非必要。②

虽然理论上有此争议，但从本条的表述来看，并未出现"最大"的字眼。在保险审判工作中，对此应予以注意。下文所列第二个案例体现了"最大诚信原则"。但这是一个涉外案件，该案双方当事人均同意适用《1906年英国海上保险法》，故该法为此案的准据法。根据《1906年英国海上保险法》的规定，保险合同的订立应遵循最大诚信原则。被保险人在发出要约、接受新的要约、作出承诺的整个过程中，都应依据最大诚信原则，向保险人如实告知其知道或者在通常业务中应当知道的、可能影响保险人作出是否承保与是否增加保险费决定的任何重要情况。

上海海事法院审理该案，是适用《1906年英国海上保险法》的规定，认为江苏外企公司违反了最大诚信原则，未尽如实告知义务，又援引英国判例，支持了上海丰泰保险公司关于保险合同无效的主张。该法律效果和本法规定并不一致，根据本法第16条规定，被保险人违反如实告知义务的法律后果并非保险合同无效，而是保险人可以解除合同或者不承担赔偿或给付保险金的责任。

值得注意的是，最大诚信原则起源于海上保险，且在法律制定时，保险市场只是基于由个人组成的小群体，市场很大程度上取决于合同双方面对面接触和社会纽带关系，在信息不对称的情况下，该规定有其合理性和必要性。但早期海上保险与现代保险的发展环境明显不同，这一规定对于当今的被保险人，

---

① 任自力：《保险法最大诚信原则之审思》，载《法学家》2010年第3期。
② 韩永强：《保险合同法"最大诚信原则"的祛魅》，载《甘肃政法学院学报》2011年第2期。

尤其是保险消费者而言过于严苛。我国《保险法》及司法解释关于诚信原则和与之密切相关的投保人告知义务的范围及法律后果的规定与《1906年英国海上保险法》不同，我国《保险法》第16条明确规定，订立保险合同，保险人就保险标的或者被保险人的有关情况"提出询问"的，投保人应当如实告知；《保险法解释（二）》第6条进一步强调，投保人的告知义务"限于保险人询问"的范围和内容。当事人对询问范围及内容有争议的，保险人负举证责任。

▶ 典型案例

一、刘某某与安邦财产保险公司保险合同纠纷案

关键词： 保险理赔　欺诈　撤销

裁判摘要： 保险事故发生后，保险公司作为专业理赔机构，基于专业经验及对于保险合同的理解，其明知或应知保险事故属于赔偿范围，而在无法律和合同依据的情况下，故意隐瞒被保险人可以获得保险赔偿的重要事实，对被保险人进行诱导，在此基础上双方达成销案协议的，应认定被保险人作出了不真实的意思表示，保险公司的行为违背诚信原则构成保险合同欺诈。被保险人请求撤销该销案协议的，人民法院应予支持。

基本案情： 2009年12月7日，原告刘某某在被告安邦公司处为其所有的车辆投保了机动车商业保险（简称商业险）和机动车交通事故责任强制保险（简称交强险），保险期间，刘某驾驶上述车辆发生交通事故，车上货物刮倒了路上的广播电视、电信线路以致线路、绿化带、路边房屋和一辆小型客车受损。原告申请理赔，被告认为上述车辆未在被告处投保货险且车辆所载货物超高，故该事故不在保险赔偿的范围。后被告又对原告进行了电话回访，双方就涉案事故达成了销案的协议。后刘某某以其系在被告误导下口头放弃向被告理赔，请求依法判令撤销因原告口头放弃向被告理赔而达成的销案协议。

宿迁市宿城区人民法院一审认为，原告在接到该拒赔通知后与被告达成的销案协议，显然违背了原告的真实意思表示，一审法院判决撤销原告刘某某与被告安邦公司就涉案保险事故达成的销案协议。

安邦公司不服一审判决，向宿迁市中级人民法院提起上诉。

宿迁市中级人民法院二审认为，本案中，从电话回访的内容分析，被上诉

人刘某某同意销案的原因是此前上诉人安邦公司拒绝理赔,致使其误以为因交通事故造成的损失将不能从安邦公司处获得赔偿。安邦公司作为专业保险公司,基于工作经验及对保险合同的理解,其明知或应知本案保险事故在其赔偿范围之内,在其认知能力比较清楚、结果判断比较明确的情况下,对被上诉人作出拒赔表示,有违诚实信用原则。在涉案销案协议订立过程中,安邦公司基于此前的拒赔行为,故意隐瞒被上诉人可以获得保险赔偿的重要事实,对被上诉人进行错误诱导,致使被上诉人误以为将不能从保险公司获得赔偿,并在此基础上作出同意销案的意思表示,该意思表示与被上诉人期望获得保险赔偿的真实意思明显不符。故安邦公司的行为构成欺诈,依照《合同法》第54条第2款之规定,该销案协议应予撤销,故判决驳回上诉,维持原判。

【审理法院】江苏省宿迁市中级人民法院

【来　　源】《最高人民法院公报》2013年第8期(总第202期)

二、江苏外企公司与上海丰泰保险公司海上货物运输保险合同纠纷案

关键词: 海上货物运输保险合同　最大诚信原则　如实告知　合同效力

裁判摘要: 被保险人在投保时至保险合同成立前,未向保险人告知其所知或者在通常业务过程中应知的、足以影响保险人作出是否承保以及如何确定保险费决定的一切重要情况,违反了最大诚信原则,保险人可以因此宣告保险合同无效。

基本案情: 1999年10月14日,江苏外企公司以传真方式向上海丰泰保险公司发出3份投保书,要求上海丰泰保险公司为上述由其购买、法国SETRAMAR公司承运的木材出具保险单,保险单签发日期倒签为1999年9月12日。10月14日下午,上海丰泰保险公司就江苏外企公司投保的业务作了内部出单登记。10月18日,上海丰泰保险公司制作出日期倒签为9月12日的3份保险单,保险单上记载的保险条件为伦敦协会货物条款(C)等条款,并载明了"WARRANTED THERE IS NO KNOW/OR REPORTED LOSS BEFORE14/10/1999"[保证1999年10月14日之前无已知或被报道(报告)的损失]的保证条款。

1999年10月14日,法国S公司向江苏外企公司发出传真,其中表明载货船已于10月14日在距南非德班港750海里处遇强烈暴风雨沉没,货物全损。11月8日,江苏外企公司向被告上海丰泰保险公司报案并要求理赔,上

海丰泰保险公司以江苏外企公司违反保险单正面载明的保证条款、未依最大诚信原则披露真实情况为由，宣布自己有权废止和终止保险合同，拒绝向江苏外企公司支付保险赔款。

原告提起本案诉讼请求判令被告支付保险赔偿金 1 248 452.29 美元和此款的利息损失。双方对依保险单背面条款的约定适用《1906 年英国海上保险法》解决本案纠纷均无异议。

上海海事法院经审理认为，本案保险合同最早的成立时间应当是 1999 年 10 月 18 日，本案所涉海损事故在保险合同保证条款"保证 1999 年 10 月 14 日之前无已知或被报道（报告）的损失"所指范围内。根据《1906 年英国海上保险法》的规定：被保险人履行如实告知义务的期限，应当自提出投保请求时开始，在双方协商过程中持续，直到保险合同成立时为止。在双方协商期间被保险人才了解到的重要情况，以及从不重要变为重要的情况，被保险人都有义务告知保险人。涉案货运船舶于 1999 年 9 月 12 日开航，同年 10 月 11 日据说因大量进水而被船员放弃，10 月 14 日遇强烈暴风雨沉没。作为货物买方，江苏外企公司在船舶开航一个月后，没有通过各种有效途径对货物现状进行必要了解，以至将已面临海损的货物投保，未尽到一个善意被保险人应当承担的恪尽职责合理查询并如实告知的义务。1999 年 10 月 14 日 20 点 38 分，江苏外企公司收到 S 公司发来的货损传真。此时，江苏外企公司虽然已向被告上海丰泰保险公司投保，但保险合同尚未成立。作为被保险人，江苏外企公司并未遵守最大诚信原则，在保险合同成立前将自己知道的这一足以影响保险合同成立的重要情况告知保险人。江苏外企公司以其投保时不知道发生货损为由，否认自己有如实告知这一情况的义务，理由不能成立。

综上，江苏外企公司未能以最大诚信原则订立保险合同，被告上海丰泰保险公司有权宣布保险合同无效，且不承担保险赔偿责任。

【审理法院】上海海事法院
【来　　源】《最高人民法院公报》2005 年第 11 期（总第 109 期）

> 第六条 保险业务由依照本法设立的保险公司以及法律、行政法规规定的其他保险组织经营，其他单位和个人不得经营保险业务。

关联规定

法律、行政法规、司法解释

1.《中华人民共和国保险法》

第六十八条 设立保险公司应当具备下列条件：

（一）主要股东具有持续盈利能力，信誉良好，最近三年内无重大违法违规记录，净资产不低于人民币二亿元；

（二）有符合本法和《中华人民共和国公司法》规定的章程；

（三）有符合本法规定的注册资本；

（四）有具备任职专业知识和业务工作经验的董事、监事和高级管理人员；

（五）有健全的组织机构和管理制度；

（六）有符合要求的营业场所和与经营业务有关的其他设施；

（七）法律、行政法规和国务院保险监督管理机构规定的其他条件。

第六十九条 设立保险公司，其注册资本的最低限额为人民币二亿元。

国务院保险监督管理机构根据保险公司的业务范围、经营规模，可以调整其注册资本的最低限额，但不得低于本条第一款规定的限额。

保险公司的注册资本必须为实缴货币资本。

第七十四条 保险公司在中华人民共和国境内设立分支机构，应当经保险监督管理机构批准。

保险公司分支机构不具有法人资格，其民事责任由保险公司承担。

第七十九条 保险公司在中华人民共和国境外设立子公司、分支机构，应当经国务院保险监督管理机构批准。

第八十条 外国保险机构在中华人民共和国境内设立代表机构，应当经国务院保险监督管理机构批准。代表机构不得从事保险经营活动。

第九十四条　保险公司，除本法另有规定外，适用《中华人民共和国公司法》的规定。

2.《中华人民共和国刑法》

第一百七十四条　未经国家有关主管部门批准，擅自设立商业银行、证券交易所、期货交易所、证券公司、期货经纪公司、保险公司或者其他金融机构的，处三年以下有期徒刑或者拘役，并处或者单处二万元以上二十万元以下罚金；情节严重的，处三年以上十年以下有期徒刑，并处五万元以上五十万元以下罚金。

伪造、变造、转让商业银行、证券交易所、期货交易所、证券公司、期货经纪公司、保险公司或者其他金融机构的经营许可证或者批准文件的，依照前款的规定处罚。

单位犯前两款罪的，对单位判处罚金，并对其直接负责的主管人员和其他直接责任人员，依照第一款的规定处罚。

第二百二十五条　违反国家规定，有下列非法经营行为之一，扰乱市场秩序，情节严重的，处五年以下有期徒刑或者拘役，并处或者单处违法所得一倍以上五倍以下罚金；情节特别严重的，处五年以上有期徒刑，并处违法所得一倍以上五倍以下罚金或者没收财产：

（一）未经许可经营法律、行政法规规定的专营、专卖物品或者其他限制买卖的物品的；

（二）买卖进出口许可证、进出口原产地证明以及其他法律、行政法规规定的经营许可证或者批准文件的；

（三）未经国家有关主管部门批准非法经营证券、期货、保险业务的，或者非法从事资金支付结算业务的；

（四）其他严重扰乱市场秩序的非法经营行为。

▶ 条文释义

一、本条主旨

本条是关于商业保险业务经营主体的规定。

二、条文演变

本条原为1995年《保险法》第5条,条文内容为"经营商业保险业务,必须是依照本法设立的保险公司。其他单位和个人不得经营商业保险业务"。2002年修正后条文顺序调整为第6条,内容未变。2009年修订为:"保险业务由依照本法设立的保险公司以及法律、行政法规规定的其他保险组织经营,其他单位和个人不得经营保险业务。"

三、条文解读

商业保险业务专业性很强,需要精通保险专业知识的经营人才、严密的企业组织形式和严格的管理制度,还需要有雄厚的资本。因此,商业保险业务只能由符合法律规定条件的特定商业组织进行经营。本法借鉴其他国家保险业监督管理的有益经验,结合我国实际情况,将商业保险业务的经营主体限定为依照本法设立的保险公司以及有关法律、行政法规规定的其他保险组织,禁止其他单位和个人经营商业保险业务,有利于保护投保人、被保险人和受益人的合法权益,维护保险市场的正常秩序,切实发挥保险的保障作用。

根据本条规定,依照本法设立的保险公司,包括依照《公司法》规定采取股份有限公司形式的保险公司和采取有限责任公司形式的保险公司,可以经营商业保险业务。此外,为给一些依法设立的政策性保险公司、保险合作社、相互保险组织经营商业保险业务留有余地,本条还规定,法律、行政法规规定的其他保险组织也可以经营商业保险业务。①

本条是对保险业务经营主体的原则性规定,本法还设专章对保险公司、保险经营规则、保险代理人和保险经纪人作了规定。按照本法第67条、第79条、第80条的规定,设立保险公司、保险公司在中华人民共和国境外设立子公司及分支机构、外国保险机构在我国境内设立代表机构,均应当经国务院保险监督管理机构批准。保险公司在我国境内设立分支机构,应当经保险监督管理机构批准。本法第68条规定了设立保险公司的法定条件,本法第69条规定,设立保险公司,其注册资本的最低限额为人民币2亿元,保险公司的注册

---

① 安建主编:《中华人民共和国保险法(修订)释义》,法律出版社2009年版,第24~25页。

资本必须为实缴货币资本。这些都有别于普通公司的设立条件。按照本法第70~73条的规定,设立保险公司要经过向国务院保险监督管理机构提出书面申请、国务院保险监督管理机构进行审查并作出批准或者不批准筹建的决定、筹建、开业申请、开业申请审查、颁发经营保险业务许可证、开业等较为复杂的程序。《保险法》第81条、第82条对保险公司的董事、监事和高级管理人员的任职条件也有相应规定。

保险公司的解散、破产有不同于普通公司的特别规则。按照本法第89条至第92条的规定,保险公司的解散、破产均应经国务院保险监督管理机构批准,经营有人寿保险业务的保险公司,除因分立、合并或者被依法撤销外,不得解散。破产财产的清偿顺序也与普通公司不同,赔偿或者给付保险金不属于保险公司的普通破产债权,应优先清偿。经营有人寿保险业务的保险公司被依法撤销或者被依法宣告破产的,其持有的人寿保险合同及责任准备金,必须转让给其他经营有人寿保险业务的保险公司;不能同其他保险公司达成转让协议的,由国务院保险监督管理机构指定经营有人寿保险业务的保险公司接受转让。

根据《保险法》的规定,保险代理人是根据保险人的委托,向保险人收取佣金,并在保险人授权的范围内代为办理保险业务的机构或者个人。保险代理机构包括专门从事保险代理业务的保险专业代理机构和兼营保险代理业务的保险兼业代理机构。保险经纪人是基于投保人的利益,为投保人与保险人订立保险合同提供中介服务,并依法收取佣金的机构。

▶ 适用指引

一、非法经营保险业务的核查

银保监会官网设有许可证信息查询页面,可以查询合法保险公司、保险中介机构的许可证,其网址是https://xkz.cbirc.gov.cn。保险许可证和保险专业中介许可证载明机构编码、机构名称、机构地址、邮政编码、发证日期、批准成立日期、发证机关、经营范围等内容。

2003年,有人以境外商业机构的名义,在国内部分地区销售所谓的"××保险基金"或"××保险契约",甚至采用国家明令禁止的传销手段组织培训并发展销售人员，非法经营保险业务或进行保险欺诈活动。这种行为违反了《保险法》，破坏了保险市场秩序。为保护消费者利益，原中国保监会发布了《中国保监会关于警惕非法经营保险业务活动的公告》。公告的主要内容包括："任何境外机构未经中国保监会批准，未在中国境内（不含港、澳、台地区）设立合法营业机构，在中国境内销售保险产品的行为，均属违法"，"如需购买保险，消费者应当购买经批准在中国境内设有合法营业机构的保险公司的产品，应当购买经过中国保监会批准或备案的产品，并且应当核实推销人员具有合法的展业资格"。

2009年，原中国保监会及部分保监局发现一些航空售票网点销售"恒亚迪保险股份有限公司"的"交通工具意外伤害保险"。为了打击非法经营保险业务的行为，保护投保人、被保险人利益，原中国保监会发布《中国保监会关于"恒亚迪保险股份有限公司"非法经营保险业务的公告》载明："1. 中国保监会从未批准设立'恒亚迪保险股份有限公司'；2. '恒亚迪保险股份有限公司'销售保险产品的行为属非法经营保险业务；3. '恒亚迪保险股份有限公司'通过一些航空售票网点销售的'交通工具意外伤害保险'保单为假保单。"

2012年，原广东保监局以《关于广州救援在线商务服务有限公司涉嫌非法经营保险业务案处理的请示》就非法经营保险业务问题请示原中国保监会。2012年2月，原中国保监会办公厅作出《中国保险监督管理委员会办公厅关于涉嫌非法经营保险业务问题的复函》，主要内容为："一、根据《保险法》第二条对保险的定义，保险包括投保人支付保险费，当被保险人死亡、伤残、疾病或者达到合同约定的年龄、期限等条件时，保险人承担给付保险金责任的商业保险。根据上述表述，原则上给付保险金条件并未仅限定为'死亡、伤残、疾病或者达到合同约定的年龄、期限'。二、实践中，符合商业保险特征，以保险费以外名义向社会公众收取费用，承诺履行的义务中含有保险金赔偿、给付责任或者其他类似风险保障责任的活动，可考虑认定为非法经营商业保险业务行为。是否认定，应结合案件具体情况予以明确。"

二、非法经营保险业务的行政及刑事责任

根据本法第67条的规定，设立保险公司应经国务院保险监督管理机构批准。如未经国家保险监督管理机构批准，擅自设立保险公司，则不仅违反了本法的规定，还可能构成《刑法》第174条第1款规定的擅自设立金融机构罪，

伪造、变造、转让保险公司经营许可证或者批准文件的，则可能构成《刑法》第174条第2款规定的伪造、变造、转让金融机构经营许可证、批准文件罪，承担相应的刑事责任。外国保险机构未经国务院保险监督管理机构批准，擅自在中华人民共和国境内设立代表机构的，按照本法第173条的规定，由国务院保险监督管理机构予以取缔。外国保险机构在中华人民共和国境内设立的代表机构从事保险经营活动的，由保险监督管理机构责令改正，没收违法所得，或承担其他行政责任，情节严重的，撤销其代表机构。未经国家保险监督管理机构批准，非法经营保险业务，扰乱市场秩序，情节严重的，构成非法经营罪。

> **第七条** 在中华人民共和国境内的法人和其他组织需要办理境内保险的，应当向中华人民共和国境内的保险公司投保。

条文释义

一、本条主旨

本条是关于我国境内的法人和其他组织办理境内保险的保险人的规定。

二、条文演变

本条原为1995年《保险法》第6条。2002年修正后条文序号变为第7条，内容未修改，以后历次修改也未涉及本条。

三、条文解读

本条是对中国境内的法人和其他组织办理境内保险的基本要求的规定。本条规定的"境内的法人"，包括依照我国法律设立的具有法人资格的公司、企事业单位、机关和社会团体；"其他组织"，是指依法成立的不具备法人资格的各类组织，包括合伙企业、个人独资企业、未取得法人资格的联营企业等。[①]《民法典》施行后，境内法人，是指《民法典》规定的包括有限责任公司、股份有限公司和其他企业法人在内的营利法人，还应包括事业单位、社会团体、基金会、社会服务机构等非营利法人，"其他组织"则应包括机关法人、基层群众性自治组织法人等特别法人和个人独资企业、合伙企业等非法人组织。"境内的保险公司"，是指依照我国法律在我国境内设立的内资保险公司、中外合资保险公司以及外国保险公司的分公司。上述境内的法人和其他组织在我国境内从事生产经营或其他活动，需要办理境内保险，应当按照本条规定向我国境内的保险公司投保。

---

① 安建主编：《中华人民共和国保险法（修订）释义》，法律出版社2009年版，第25页。

规定我国境内的法人和其他组织办理境内保险应向我国境内的保险公司投保，具有操作上的便利性，便于保险人及时对保险事故进行勘验理赔，有利于被保险人及时获得补偿。这是一项维护保险当事人权益的措施。①

▶ 适用指引

本条内容自1995年立法后未发生变化，在施行中，先后有两家外资保险公司请求原中国保监会解答相关问题。根据《立法法》的规定，法律解释权属于全国人民代表大会常务委员会，但原中国保监会作为国务院保险监督管理机构，也有权发表意见。2003年2月13日，东京海上火灾保险株式会社上海分公司请求解答相关问题，原中国保监会办公厅以《中国保险监督管理委员会关于对新〈保险法〉第七条释义的复函》予以回复。原中国保监会认为，对该条的理解应当把握两个方面：一是境内的法人和其他组织作为投保人，支付保险费；二是办理保险标的和风险在中国境内的保险。如果投保时符合上述情形，法律要求投保人向在中国境内合法经营的保险公司投保。如果国外的法人作为投保人并支付保险费，其在中国的分公司、办事处并不列支保险费作为营运成本，则可以向国外的保险公司投保。

此后，丘博保险（中国）有限公司又就该函和国外法人是否可为其在中国的子公司向国外的保险公司投保向原中国保监会请示。2009年4月20日，原中国保监会办公厅作出《中国保险监督管理委员会办公厅关于〈保险法〉第七条理解的复函》，认为国外法人与其在中国境内的子公司，属于相互独立的法人。《中国保险监督管理委员会关于对新〈保险法〉第七条释义的复函》中针对国外法人在中国的分公司、办事处的投保问题作出的答复，并不适用于国外法人在中国的子公司，并再次明确《保险法》要求应当向境内的保险公司投保的情况包含的两个条件：第一，投保人或被保险人是境内的法人或组织；第二，办理境内保险，主要指保险标的在境内的保险。对于符合上述条件的，应当向中华人民共和国境内的保险公司投保。

---

① 安建主编：《中华人民共和国保险法（修订）释义》，法律出版社2009年版，第26页。

> **第八条** 保险业和银行业、证券业、信托业实行分业经营、分业管理，保险公司与银行、证券、信托业务机构分别设立。国家另有规定的除外。

▶ 关联规定

法律、行政法规、司法解释

1.《中华人民共和国商业银行法》

第四十三条 商业银行在中华人民共和国境内不得从事信托投资和证券经营业务，不得向非自用不动产投资或者向非银行金融机构和企业投资，但国家另有规定的除外。

2.《中华人民共和国证券法》

第六条 证券业和银行业、信托业、保险业实行分业经营、分业管理，证券公司与银行、信托、保险业务机构分别设立。国家另有规定的除外。

3.《中华人民共和国保险法》

第九十五条 保险公司的业务范围：

（一）人身保险业务，包括人寿保险、健康保险、意外伤害保险等保险业务；

（二）财产保险业务，包括财产损失保险、责任保险、信用保险、保证保险等保险业务；

（三）国务院保险监督管理机构批准的与保险有关的其他业务。

保险人不得兼营人身保险业务和财产保险业务。但是，经营财产保险业务的保险公司经国务院保险监督管理机构批准，可以经营短期健康保险业务和意外伤害保险业务。

保险公司应当在国务院保险监督管理机构依法批准的业务范围内从事保险经营活动。

第九十六条 经国务院保险监督管理机构批准，保险公司可以经营本法第九十五条规定的保险业务的下列再保险业务：

（一）分出保险；

（二）分入保险。

第一百六十条 保险公司违反本法规定，超出批准的业务范围经营的，由保险监督管理机构责令限期改正，没收违法所得，并处违法所得一倍以上五倍以下的罚款；没有违法所得或者违法所得不足十万元的，处十万元以上五十万元以下的罚款。逾期不改正或者造成严重后果的，责令停业整顿或者吊销业务许可证。

▶ 条文释义

一、本条主旨

本条是关于保险业与其他金融业实行分业经营、分业管理的规定。

二、条文演变

本条为2009年本法修订时增加的条文，以后历次修改未涉及本条。

三、条文解读

保险业是金融业的重要组成部分。金融分业经营，是指银行、证券、保险、信托等金融业务实行相互分离经营。金融混业经营，是指金融业的混合、交叉经营。本条规定了我国金融业分业经营的原则。[①]

我国银行、证券、保险业经营经历了由混业经营到分业经营的过程。（1）在1993年之前，我国实行的是混业经营，商业银行是我国证券市场创立的初始参与者。1980年，国务院在颁布的原《国务院关于推动经济联合的暂行规定》中指出，在银行要试办各种信托业务，同年中国人民银行颁布了《关于积极开办信托业务的通知》。各家银行陆续以全资或参股形式开办了大量金融信托机构。20世纪80年代末，国家开创了证券的发行市场与流通市场，上海市的几家银行先后设立了证券部，之后各家银行和信托投资公司都成立了证

[①] 安建主编：《中华人民共和国保险法（修订）释义》，法律出版社2009年版，第26页。

券兼营机构。1990年年底上海证券交易所成立和1991年年初深圳证券交易所成立后,出现了独立于银行的专营证券商。在中国证券市场初步形成的过程中,银行在资金、技术、人员和组织管理上都发挥了巨大的作用。我国商业银行参与证券业务的主要形式是建立全资或参股的证券公司或信托投资公司证券部,从事的主要业务是企业证券的发行、代理买卖和自营。1992年下半年开始,社会上出现了房地产热和证券投资热,银行大量信贷资金通过同业拆借进入证券市场,导致了金融秩序的混乱,因此国家从1993年7月开始大力整顿金融秩序。①(2)分业经营、分业管理的规定最早见于1993年11月14日党的十四届三中全会通过的《中共中央关于建立社会主义市场经济体制若干问题的决定》。该决定明确提出"银行业与证券业实行分业管理"。1993年12月25日颁布的《国务院关于金融体制改革的决定》将"分业经营"进一步规定为"国有商业银行不得对非金融企业投资。国有商业银行对保险业、信托业和证券业的投资额,不得超过其资本金的一定比例,并要在计算资本充足率时从其资本额中扣除;在人、财、物等方面要与保险业、信托业的证券业脱钩,实行分业经营","要适当发展各类专业……非银行金融机构,对保险业、证券业、信托业和银行业实行分业经营"。②(3)1995年7月1日开始施行的原《商业银行法》第43条从法律层面明确银行分业经营的原则。1995~1997年,金融监管进入有法可依阶段。政府先后颁布原《外资金融机构管理条例》《金融机构管理规定》等金融监管法规,全国人大先后通过了《中国人民银行法》《商业银行法》《票据法》《保险法》和《全国人民代表大会常务委员会关于惩治破坏金融秩序犯罪的决定》等金融法律规定,我国金融监管开始走上依法监管的轨道。1997年至今为金融监管体制改革深化阶段。这一时期,金融分业经营、分业监管体制进一步完善,中国证监会、原中国保监会相继成立,银行与其所办的信托、证券业务相继脱钩。1999年,中国人民银行管理体制进行了重大改革,撤销了省级分行,建立了9个跨省区分行,中国人民银行依法履行金融监管职责的独立性得到了进一步增强。2003年3月,第十届全国人民代表大会第一次会议决定成立原中国银监会,依法对银行、金融资产管理公司、信托

---

① 宋逢明、杜莘:《关于商业银行和投资银行分业经营制度的再思考》,载《金融研究》2000年第1期。
② 宋逢明、杜莘:《关于商业银行和投资银行分业经营制度的再思考》,载《金融研究》2000年第1期。

公司以及其他存款类金融机构实施监督管理，形成了分工明确的金融分业监管体制。①

由于我国金融业发展还处于市场化改革的进程中，分业经营、分业管理有利于提高经营水平，有利于监督管理和控制风险，有利于经济的稳定发展。同时，随着我国金融体制改革不断深化和金融市场逐步对外开放，也要避免分业经营带来的市场管理高成本、低效率的不足，满足客户对金融产品的多元化需求，增强我国包括保险业在内的金融业在国际上的竞争力。为了有效防范金融风险，同时有利于金融创新，2009年修订本法时，根据实践发展的需要，在对保险业与其他金融业继续实行分业经营、分业管理的同时，增加规定"国家另有规定的除外"，以法律的形式为我国金融体制的进一步改革和保险市场的发展留有余地。②

近年来，我国金融控股公司发展较快，为满足各类市场主体多元化需求、服务经济发展发挥了积极作用。但也有少部分企业盲目向金融业扩张，风险不断累积。党中央、国务院高度重视，多次强调要规范金融综合经营和产融结合，统筹监管金融控股公司，补齐监管制度短板。2020年9月13日，国务院发布了《国务院关于实施金融控股公司准入管理的决定》，中国人民银行同步发布了《金融控股公司监督管理试行办法》（以下简称《金控办法》）。这两个文件的发布，是落实党中央、国务院决策部署，深化金融改革的重要举措，有利于规范金融控股公司的经营管理，防范风险交叉传染，规范金融市场秩序，有利于更好地服务实体经济，促进经济金融的良性循环。

《国务院关于实施金融控股公司准入管理的决定》授权人民银行对金融控股公司开展市场准入管理，实施监管。根据《国务院关于实施金融控股公司准入管理的决定》的规定，金融控股公司可以控股或者实际控制两个或者两个以上商业银行、信托公司、证券公司、保险公司等不同类型金融机构。《金控办法》遵循宏观审慎管理的理念，坚持总体分业经营为主的原则，以并表为基础，对金融控股公司实施全面、持续和穿透监管，从制度上隔离实业板块和金融板块，明确股东资质条件，加强资本管理，要求股权结构简明、清晰、可穿

---

① 吴思麒：《从分业经营到混业经营：对金融监管组织机构模式的研究》，载《经济研究参考》2004年第35期。

② 安建主编：《中华人民共和国保险法（修订）释义》，法律出版社2009年版，第26页。

透，规范关联交易，完善公司治理和风险管理等。继续实施金融业的总体分业经营。金融控股公司开展股权投资与管理，自身不直接从事商业性金融活动，由控股的金融机构来开展具体金融业务，分业经营，相互独立，建立风险防火墙。

中国人民银行有关负责人明确指出，《国务院关于实施金融控股公司准入管理的决定》出台并不意味着我国分业经营、分业监管的格局将来会有所改变。第一，我国金融业实行的是以分业经营、分业监管为主的架构。这种格局是在长期实践中探索形成的，符合我国经济金融发展的现状，应当予以坚持。第二，在国际上，主要的经济体也都大多采用金融控股公司的模式，由金融子公司实行分业经营。这种制度框架的安排，使股权结构和组织架构更加简单、明晰、可识别，有利于更好地隔离风险，加强集团整体公司治理和风险管控，也符合现代金融监管的要求。第三，《金控办法》的实施，实际上是对当前我国金融业以分业经营、分业监管为主的格局的完善和补充。在中国人民银行发布的《金控办法》中，都有一些明确的表述。根据《金控办法》第2条的规定，依法设立的金融控股公司可以控股或实际控制两个或两个以上不同类型金融机构，但自身仅能开展股权投资管理，而不能直接从事银行、保险等商业性经营活动。金融控股公司进行统一的股权投资与管理，其控股的金融机构经营具体金融业务，坚持分业经营。中国人民银行从宏观审慎管理的角度，对金融控股公司实施整体监管。金融管理部门按照职责分工，对金融控股公司所控股金融机构实施分业监管。从这些表述中可以很清楚地看到，《金控办法》的实施不改变我国现行金融业以分业经营、分业监管为主的格局，是对现行格局的完善和补充。中国人民银行也将与相关部门建立跨部门工作机制，加强监管协作与信息共享，形成监管合力，共同推动金融控股公司的规范健康发展。①

---

① 《我国金融业分业经营、分业监管的格局应予以坚持》，载中国政府网，http：//www.gov.cn/xinwen/2020-09/14/content_5543303.htm，最后访问时间：2022年1月4日。

> 第九条 国务院保险监督管理机构依法对保险业实施监督管理。
> 国务院保险监督管理机构根据履行职责的需要设立派出机构。派出机构按照国务院保险监督管理机构的授权履行监督管理职责。

▶ 关联规定

法律、行政法规、司法解释

《中华人民共和国保险法》

第六十七条 设立保险公司应当经国务院保险监督管理机构批准。

国务院保险监督管理机构审查保险公司的设立申请时，应当考虑保险业的发展和公平竞争的需要。

第一百五十八条 违反本法规定，擅自设立保险公司、保险资产管理公司或者非法经营商业保险业务的，由保险监督管理机构予以取缔，没收违法所得，并处违法所得一倍以上五倍以下的罚款；没有违法所得或者违法所得不足二十万元的，处二十万元以上一百万元以下的罚款。

第一百五十九条 违反本法规定，擅自设立保险专业代理机构、保险经纪人，或者未取得经营保险代理业务许可证、保险经纪业务许可证从事保险代理业务、保险经纪业务的，由保险监督管理机构予以取缔，没收违法所得，并处违法所得一倍以上五倍以下的罚款；没有违法所得或者违法所得不足五万元的，处五万元以上三十万元以下的罚款。

▶ 条文释义

一、本条主旨

本条是关于保险业监督管理机构的规定。

二、条文演变

1995年《保险法》第8条规定:"国务院金融监督管理部门依照本法负责对保险业实施监督管理。"2002年《保险法》修正时,条文序号改为第9条,并将"国务院金融监督管理部门"修改为"国务院保险监督管理机构"。2009年《保险法》修订时将第1款修改为"国务院保险监督管理机构依法对保险业实施监督管理",并增加第2款"国务院保险监督管理机构根据履行职责的需要设立派出机构。派出机构按照国务院保险监督管理机构的授权履行监督管理职责"的规定。以后历次修改未涉及本条。

三、条文解读

保险业是国民经济的重要组成部分,是重要的金融服务行业。国家必须对保险业实施严格的监督管理,以规范保险活动,保护保险活动当事人的合法权益,保护合法经营,制止违法经营,维护公平竞争的保险市场秩序。目前市场经济发达的国家一般对保险业都采取实体性监管原则,即通过法律授予政府中的专门机构对保险业进行实体性监督和管理的权利,政府主管部门不仅依法律规定的条件对保险公司的设立进行审批,而且对成立后的保险公司的市场行为和偿付能力进行监管。

我国对保险业一直实行严格的监督管理,早在1985年国务院发布的原《保险企业管理暂行条例》中就明确规定,国家保险管理机关是中国人民银行。1995年制定的《保险法》中进一步规定,国务院金融监督管理部门依照《保险法》负责对保险业实施监督管理。当时的《保险法》中所称的"金融监督管理部门",是指当时履行保险监管职责的中国人民银行。随着我国金融市场的细分和银行、证券、保险实行分业经营,国家确立了分业监管的金融监管体制。1998年国务院成立了原中国保险业监督管理委员会,作为独立的专业监管机构,履行对商业保险市场的监管职责,中国人民银行不再行使保险监管职能。据此,2002年《保险法》修正时将"金融监督管理部门"修改为"保险监督管理机构"。①

---

① 安建主编:《中华人民共和国保险法(修订)释义》,法律出版社2009年版,第27~28页。

本条规定的"国务院保险监督管理机构"，在 2009 年本法修订时指原中国保险监督管理委员会。原中国保监会作为全国保险业的监督管理机构，依照本法和国务院的规定对保险业实施监督管理。根据本条的规定，原中国保监会可以设立派出机构，派出机构根据原中国保监会的授权履行保险监管职责。

银行业与保险业分别监管的体制，存在监管职责不清晰、交叉监管和监管空白等问题。金融是现代经济的核心，必须高度重视防控金融风险、保障国家金融安全。为深化金融监管体制改革，解决前述监管体制存在的问题，强化综合监管，优化监管资源配置，更好统筹系统重要性金融机构监管，逐步建立符合现代金融特点、统筹协调监管、有力有效的现代金融监管框架，守住不发生系统性金融风险的底线，2018 年，国务院向全国人大提交《国务院机构改革方案》。方案中提出，将原中国银行业监督管理委员会和原中国保险监督管理委员会的职责整合，组建中国银行保险监督管理委员会，作为国务院直属事业单位。

2018 年 3 月 17 日，第十三届全国人民代表大会第一次会议通过《第十三届全国人民代表大会第一次会议关于国务院机构改革方案的决定》。根据该决定，组建中国银行保险监督管理委员会。将原中国银行业监督管理委员会和原中国保险监督管理委员会的职责整合，组建中国银行保险监督管理委员会，作为国务院直属事业单位。不再保留原中国银行业监督管理委员会、原中国保险监督管理委员会。将原中国银行业监督管理委员会和原中国保险监督管理委员会拟订银行业、保险业重要法律法规草案和审慎监管基本制度的职责划入中国人民银行。

《中国银行保险监督管理委员会职能配置、内设机构和人员编制规定》自 2018 年 8 月 14 日起施行。中国银行保险监督管理委员会贯彻落实党中央关于银行业和保险业监管工作的方针政策和决策部署，在履行职责过程中坚持和加强党对银行业和保险业监管工作的集中统一领导。主要职责是依法依规对全国银行业和保险业实行统一监督管理，维护银行业和保险业合法、稳健运行，对派出机构实行垂直领导等。

银保监会有多个内设机构，其中的财产保险监管部（再保险监管部）、人身保险监管部、保险中介监管部、保险资金运用监管部专门负责保险监管。财产保险部（再保险监管部）承担财产保险、再保险机构的准入管理，开展非现场监测、风险分析和监管评级，根据风险监管需要开展现场调查，提出个案风险监控处置和市场退出措施并承担组织实施具体工作。人身保险监管承担人身保险机构的准入管理，开展非现场监测、风险分析和监管评级，根据风险监管需要开展现场调查，提出个案风险监控处置和市场退出措施并组织实施具体工作。保险中介监管部承担保险中介机构的准入管理，制定保险中介从业人员行为规范和从业要求，检查规范保险中介机构的市场行为，查处违法违规行为。保险资金运用监管部承担建立保险资金运用风险评价、预警和监控体系的具体工作，承担保险资金运用机构的准入管理，开展非现场监测、风险分析和监管评级，根据风险监管需要开展现场调查，提出个案风险监控处置和市场退出措施并承担组织实施具体工作。保险业消费者保护工作由消费者权益保护局负责，该局负责调查处理损害消费者权益案件，组织办理消费者投诉，开展宣传教育工作。

银保监会派出机构及职责。目前银保监会已设立36个派出机构。除31个省级监管局外，还在大连、宁波、厦门、青岛、深圳设有监管局。《中国银行保险监督管理委员会派出机构监管职责规定》自2021年10月1日起施行。该规定明确，银保监会派出机构，是指银保监会派驻各省（自治区、直辖市）和计划单列市的监管局（以下简称银保监局）、派驻地市（州、盟）的监管分局（以下简称银保监分局）以及设在县（市、区、旗）的监管组。依法由银行保险监督管理机构监管的保险机构包括保险集团（控股）公司、保险公司、外国保险机构驻华代表机构、保险资产管理公司、保险代理机构、保险经纪机构、保险公估机构。银保监会对派出机构实行垂直领导。派出机构监管职责的确立，遵循职权法定、属地监管、分级负责、权责统一的原则。银保监局在银保监会的领导下，履行所在省（自治区、直辖市）和计划单列市银行业和保险业监督管理职能。银保监局根据银保监会的授权和统一领导，依法依规独立对辖内银行业和保险业实行统一监督管理。银保监分局在银保监局的领导下，履行所在地市银行业和保险业监督管理职能。银保监分局根据银保监会和省（自治区、直辖市）银保监局的授权和统一领导，依法依规独立对辖内银行业和保险业实行统一监督管理。县（市、区、旗）监管组在银保监局或银保监分局的授权和统一领导下，依法依规负责所在县市银行保险机构及其业务活动的监管工作，收集所在县市有关金融风险的信息并向上级机构报告，承担交办的其他工作。

银保监会依照法律法规统一监督管理全国银行业和保险业。银保监会可以根据实际需要,明确银保监会直接监管的机构,并在官方网站公布各银行保险机构法人的监管责任单位。银保监局、银保监分局根据法律、行政法规及银保监会的规定,负责辖内银行保险机构的直接监管,具体名单由银保监局、银保监分局公布。

银保监会对银保监局、银保监分局的授权包括:根据法律、行政法规和银保监会的规定,依法对辖内银行保险机构及其有关人员实施行政许可;依法对辖内银行保险机构的公司治理、风险管理、内部控制、资本充足、偿付能力、资产质量、业务活动、信息披露、信息科技、第三方合作等实施监督管理,具体监管事项依照法律、行政法规和银保监会的相关规定确定;依法对辖内银行保险机构实施现场检查、调查和非现场监管,参与防范和处置辖内银行保险机构有关风险;负责辖内银行业和保险业消费者权益保护工作,督促辖内银行保险机构健全消费者权益保护体制机制,规范经营行为,强化落实消费投诉处理主体责任,做好金融消费者教育宣传等工作;根据法律、行政法规和银保监会的规定,负责辖内信访、银行保险违法行为举报处理以及消费投诉督查等工作;依法负责本机构政府信息公开工作;根据法律、行政法规及银保监会的规定,负责辖内银行业和保险业重大风险事件处置、涉刑案件管理、反保险欺诈、反洗钱和反恐怖融资监督管理,督导银行保险机构做好安全保卫相关工作;依法督导银行保险机构做好非法集资可疑资金的监测工作,建立健全与非法集资之间的防火墙;依法查处辖内非法设立银行保险机构、非法以银行业金融机构名义从事业务以及非法经营保险业务的行为;负责辖内应急管理工作,督促银行保险机构落实突发事件信息报送首报责任,按规定组织开展应急演练,制定应急预案并向上级单位报备;等等。

本法第六章保险业监督管理,专门对相关问题进行了规定。从第133条至第157条,共计25个条文。规定的内容包括:保险监督管理的主体、监管对象、监管原则、监管目标;国务院保险监督管理机构有权制定并发布有关保险业监督管理的规章;保险条款和保险费率的审批、备案及监管措施;偿付能力监管;违法行为监管;对保险公司的整顿、接管、申请破产、撤销及其他监管措施;等等。

第二章 保险合同

第一节 一般规定

第十条 保险合同是投保人与保险人约定保险权利义务关系的协议。

投保人是指与保险人订立保险合同,并按照合同约定负有支付保险费义务的人。

保险人是指与投保人订立保险合同,并按照合同约定承担赔偿或者给付保险金责任的保险公司。

▶ **关联规定**

一、法律、行政法规、司法解释

1.《中华人民共和国民法典》

第一千二百一十三条 机动车发生交通事故造成损害,属于该机动车一方责任的,先由承保机动车强制保险的保险人在强制保险责任限额范围内予以赔偿;不足部分,由承保机动车商业保险的保险人按照保险合同的约定予以赔偿;仍然不足或者没有投保机动车商业保险的,由侵权人赔偿。

第一千二百一十五条 盗窃、抢劫或者抢夺的机动车发生交通事故造成损害的,由盗窃人、抢劫人或者抢夺人承担赔偿责任。盗窃人、抢劫人或者抢夺人与机动车使用人不是同一人,发生交通事故造成损害,属于该机动车一方责任的,由盗窃人、抢劫人或者抢夺人与机动车使用人承担连带责任。

保险人在机动车强制保险责任限额范围内垫付抢救费用的,有权向交通事故责任人追偿。

第一千二百一十六条 机动车驾驶人发生交通事故后逃逸,该机动车参加强制保险的,由保险人在机动车强制保险责任限额范围内予以赔偿;机动车不明、该机动车未参加强制保险或者抢救费用超过机动车强制保险责任限额,需要支付被侵权人人身伤亡的抢救、丧葬等费用的,由道路交通事故社会救助基金垫付。道路交通事故社会救助基金垫付后,其管理机构有权向交通事故责任人追偿。

2.《中华人民共和国民事诉讼法》

第二十五条 因保险合同纠纷提起的诉讼,由被告住所地或者保险标的物所在地人民法院管辖。

3.《中华人民共和国民用航空法》

第一百六十七条 保险人和担保人除享有与经营人相同的抗辩权,以及对伪造证件进行抗辩的权利外,对依照本章规定提出的赔偿请求只能进行下列抗辩:

(一)损害发生在保险或者担保终止有效后;然而保险或者担保在飞行中期满的,该项保险或者担保在飞行计划中所载下一次降落前继续有效,但是不得超过二十四小时;

(二)损害发生在保险或者担保所指定的地区范围外,除非飞行超出该范围是由于不可抗力、援助他人所必需,或者驾驶、航行或者领航上的差错造成的。

前款关于保险或者担保继续有效的规定,只在对受害人有利时适用。

第一百六十八条 仅在下列情形下,受害人可以直接对保险人或者担保人提起诉讼,但是不妨碍受害人根据有关保险合同或者担保合同的法律规定提起直接诉讼的权利:

(一)根据本法第一百六十七条第(一)项、第(二)项规定,保险或者担保继续有效的;

(二)经营人破产的。

除本法第一百六十七条第一款规定的抗辩权,保险人或者担保人对受害人依照本章规定提起的直接诉讼不得以保险或者担保的无效或者追溯力终止为由进行抗辩。

4.《中华人民共和国铁路法》

第十七条 铁路运输企业应当对承运的货物、包裹、行李自接受承运时起到交付时止发生的灭失、短少、变质、污染或者损坏,承担赔偿责任:

（一）托运人或者旅客根据自愿申请办理保价运输的，按照实际损失赔偿，但最高不超过保价额。

（二）未按保价运输承运的，按照实际损失赔偿，但最高不超过国务院铁路主管部门规定的赔偿限额；如果损失是由于铁路运输企业的故意或者重大过失造成的，不适用赔偿限额的规定，按照实际损失赔偿。

托运人或者旅客根据自愿可以向保险公司办理货物运输保险，保险公司按照保险合同的约定承担赔偿责任。

托运人或者旅客根据自愿，可以办理保价运输，也可以办理货物运输保险；还可以既不办理保价运输，也不办理货物运输保险。不得以任何方式强迫办理保价运输或者货物运输保险。

5.《中华人民共和国海商法》

第二百一十六条 海上保险合同，是指保险人按照约定，对被保险人遭受保险事故造成保险标的的损失和产生的责任负责赔偿，而由被保险人支付保险费的合同。

前款所称保险事故，是指保险人与被保险人约定的任何海上事故，包括与海上航行有关的发生于内河或者陆上的事故。

6.《农业保险条例》

第二条 本条例所称农业保险，是指保险机构根据农业保险合同，对被保险人在种植业、林业、畜牧业和渔业生产中因保险标的遭受约定的自然灾害、意外事故、疫病、疾病等保险事故所造成的财产损失，承担赔偿保险金责任的保险活动。

本条例所称保险机构，是指保险公司以及依法设立的农业互助保险等保险组织。

7.《最高人民法院关于适用〈中华人民共和国民事诉讼法〉的解释》

第二十一条 因财产保险合同纠纷提起的诉讼，如果保险标的物是运输工具或者运输中的货物，可以由运输工具登记注册地、运输目的地、保险事故发生地人民法院管辖。

因人身保险合同纠纷提起的诉讼，可以由被保险人住所地人民法院管辖。

二、部门规章及规范性文件

1.《中国保险监督管理委员会关于处理有关保险合同纠纷问题的意见》

一、对于被保险人与保险公司之间的保险合同争议，保监会及其派出机构不负责裁定，因此引起的投诉案件，保监会可以督促保险公司积极与被保险人协商解决；对于因保险合同引起的诉讼、仲裁等司法裁判程序，保监会及其派出机构不介入。

二、对于保险合同当事人关于具体保险合同纠纷的咨询或请示，保监会及其派出机构不做正式答复；对于法院、检察院、仲裁机构等司法裁判机关的司法协助请求或咨询，保监会及其派出机构应当进行配合。

三、对于保监会制定的基本保险条款和保险费率，保险合同当事人或法院、仲裁机构等部门请求咨询的，保监会相关业务部门应当作出解释答复；对于保险公司制定使用的保险条款和保险费率，保监会及其派出机构不负责解释。

四、保监会及其派出机构制定规章及其他规范性文件时，应当避免对被保险人与保险公司之间的民事法律关系构成不当干预；在制定、审批、备案保险条款和保险费率时，应当从保护被保险人利益出发，依据公平和诚实信用原则进行监督审查。

2.《中国保险监督管理委员会关于保险合同效力问题的复函》

大连海事法庭：

你院（1999）大海法商初字第378号《咨询函》收悉。关于交付部分保险费保险合同的效力问题，经研究，答复如下：

根据我国《保险法》，保险费的交付并不是保险合同生效的必要条件。函中所述《沿海、内河船泊保险条款》第十六条的规定，应视为当事人对保险合同的效力约定了附生效条件，即只有当被保险人一次交清保险费后，保险合同才生效。因此，如果被保险人只是交付了部分保险费，当事人又没有另外的书面约定，应认定为合同无效。但是如果从当事人的客观行为可以推定双方对保险费的交付问题作了变更或另行约定，则视具体情况，可以认定保险合同有效或部分有效。

以上意见，仅供参考。

三、司法指导性文件

1.《全国法院民商事审判工作会议纪要》

97.【未依约支付保险费的合同效力】当事人在财产保险合同中约定以投保人支付保险费作为合同生效条件,但对该生效条件是否为全额支付保险费约定不明,已经支付了部分保险费的投保人主张保险合同已经生效的,人民法院依法予以支持。

2.《最高人民法院关于保证保险合同纠纷案件法律适用问题的答复》

辽宁省高级人民法院:

你院《关于保证保险问题的请示报告》[〔2006〕辽高法疑字第4号] 收悉。经研究答复如下:

汽车消费贷款保证保险是保险公司开办的一种保险业务。在该险种的具体实施中,由于合同约定的具体内容并不统一,在保险公司、银行和汽车销售代理商、购车人之间会形成多种法律关系。在当时法律规定尚不明确的情况下,应依据当事人意思自治原则确定合同的性质。你院请示所涉中国建设银行股份有限公司葫芦岛分行诉中国人民保险股份有限公司葫芦岛分公司保证保险合同纠纷案,在相关协议、合同中,保险人没有作出任何担保承诺的意思表示。因此,此案所涉保险单虽名为保证保险单,但性质上应属于保险合同。同意你院审判委员会多数意见,此案的保证保险属于保险性质。

此复

3.《最高人民法院关于对四川省高级人民法院关于内江市东兴区农村信用合作社联合社与中国太平洋保险公司内江支公司保险合同赔付纠纷合同是否成立等请示一案的答复》

四川省高级人民法院:

你院〔2002〕川民终字第90号关于内江市东兴区农村信用合作社联合社与中国太平洋保险公司内江支公司(以下简称内江太保公司)保险合同赔付纠纷一案,保险合同是否成立等问题的请示收悉。经研究,答复如下:

一般保险合同只要双方签字盖章,或者保险人向投保人签发保险单或者其他保险凭证,该保险合同即应认定已经成立。内江太保公司在签发保险单时如投保人未提供借款合同,则该公司不应签发保险单。内江太保公司经审核向钟玉琪签发了保险单,故应认定所涉借款合同已报送内江太保公司。虽投保人提供的借款合同与保险条款中所列的消费借款合同种类不一致，但至出险前内江太保公司未提出异议，应视为内江太保公司认可了钟玉琪提交的商业贷款合同代替了保险合同中的消费贷款。故同意你院研究的第一种意见，应认定本案保险合同有效，内江太保公司依约承担保险责任。

此复

▶ 条文释义

一、本条主旨

本条是关于保险合同、投保人、保险人定义的规定。

二、条文演变

1983年颁布的原《财产保险合同条例》第1条规定：本条例依据《经济合同法》的有关规定制定。第2条规定：本条例所指的财产保险，包括财产保险、农业保险、责任保险、保证保险、信用保险等以财产或利益为保险标准的各种保险。本条例中的保险事故，是指发生保险合同责任范围内的事故。第3条规定：财产保险的投保方（在保险单或保险凭证中称被保险人），应当是被保险财产的所有人或者经营管理人或者是对保险标的有保险利益的人。投保方向保险方申请订立保险合同，负责交纳保险费的义务。

总结前述条例的规定，1995年制定的《保险法》第9条共有3款，第9条规定：保险合同是投保人与保险人约定保险权利义务关系的协议。投保人是指与保险人订立保险合同，并按照保险合同负有支付保险费义务的人。保险人是指与投保人订立保险合同，并承担赔偿或者给付保险金责任的保险公司。

2002年《保险法》修正时仅将前述条文序号由第9条改为第10条，内容未作更改。

2009年《保险法》修订时进行了内容修改，改动后的第10条规定："保险合同是投保人与保险人约定保险权利义务关系的协议。投保人是指与保险人订立保险合同，并按照合同约定负有支付保险费义务的人。保险人是指与投保人订立保险合同，并按照合同约定承担赔偿或者给付保险金责任的保险公司。"即在第3款关于保险人规定的基础上，在"承担赔偿或者给付保险金责任的保险公司"之前,增加规定了"并按照合同约定",其余无实质性修改。

此后2014年、2015年的两次修正,本条均未作修改。

三、条文解读

本条是关于保险合同及其主体的规定。第1款规定了保险合同,第2款和第3款则分别对投保人以及保险人的含义作出了界定。其中,投保人与保险人都是保险合同的当事人,是保险合同得以成立的必备要素。

(一)保险合同的概念与特征

从经济关系的角度,保险是一种分散危险、消化损失的经济补偿制度。它是以大数法则为基础,根据合理计算的原则,集聚保险费,建立保险基金,用于补偿自然灾害和意外事故所造成的损失,或者用于对个人死亡、伤残及到某一特定的期限的死亡而承担给付责任的经济制度。保险合同就是为保险的目的所订立的合同。

1. 保险合同是一种双务合同

双务合同即双方当事人均须互相承担义务、享受权利的合同,但保险合同这种双务性质与一般买卖合同的双务性质不同。在买卖合同中,双方的义务都是确定的,一方交钱,一方交货,但在保险合同中投保人的债务是确定的,保险费一定要支付,而保险人承担的债务(指保险金的赔偿或给付)是不确定的,取决于偶然事件的发生与否。实际上保险人的义务应该说是对投保人提供经济上的保障,这种经济上的保障,对投保人来说是一种期待的利益,投保人支付的保险费正是取得这种期待利益的对价。所以,保险合同也是一种保障性合同。

2. 保险合同是一种附合合同

保险合同与一般经过双方当事人协商,在意愿一致的基础上订立的协商性的经济合同不同,它是由保险人提出保险合同的主要内容,投保人只能在此基础上作出投保或不投保的决定。附合合同也叫格式合同或标准合同,保险合同的格式化、标准化,主要是为了适应保险事业的发展需要。

3. 保险合同是一种射幸合同

"射幸"即碰运气的意思,一般的经济合同,多是等价交换的合同。而保险合同则是射幸性的。在合同有效期内,若发生保险标的的损失,被保险人从保险人处得到远远超过其支付保险费价值的赔偿金额；反之，若无损失发生，被保险人只付出保费而无任何收入。保险人的情况则与此相反，当保险事故发生时，它所赔付的金额可能大于它所收缴的保费，而如果保险事故没有发生，则它只有收取保费的权利，而无赔付的责任。决定保险合同射幸性质的是事故发生的偶然性。当然，从所有保险合同的总体来看，保险总额应与所负赔偿债务相等，原则上收入与支出保持平衡，这不存在偶然性、射幸性。

4. 保险合同在性质上是最大诚信合同

诚信是一般合同的基本要求，而保险合同所要求的不是一般的相对的诚实守信，而是最大限度的诚实守信。

5. 保险合同是不要式合同

投保人与保险人订立保险合同，除法律与行政法规另有规定的外，可以采用当事人接受的任何形式，当然也包括口头形式、书面形式等。因此保险合同的成立时间是投保人与保险人意思表示达成一致之时，也即保险人同意承保之时，而不能确定为保险单等保险凭证作出之时。保险凭证的作出与否只具有证据效力，并不决定保险合同是否成立。

6. 人身保险的投保人在保险合同订立时必须对被保险人具有保险利益，财产保险的被保险人在保险事故发生时必须对保险标的具有保险利益

保险利益，是指投保人或者被保险人对保险标的具有的法律上承认的经济利益。保险利益必须是为法律所认可的利益，受到法律保护；同时保险利益必须是经济利益，即可以用货币计算与估价的利益。

（二）保险合同的分类

按照不同的分类标准，保险合同可以分为不同的类别。按照保险标的分类，保险合同可以分为人身保险合同和财产保险合同两种。人身保险合同，是以人的寿命和身体为保险标的的保险合同，与人身保险合同相对应，财产保险合同是以财产及有关利益为保险标的的保险合同。

1. 人身保险合同

人身保险合同是以被保险人的生、死、残疾为保险标的，以被保险人因意外事故、意外灾害、疾病、衰老等原因导致死亡、残疾或丧失劳动能力，或年老退休，或在保险期限届满仍生存时，保险人按照约定向被保险人或其受益人给付保险金或年金的合同。

人身保险合同具有以下特征：

（1）人身保险合同的主体具有自然属性。人身保险合同中的被保险人只能是自然人，并且保险标的只能是人的生命或身体。这种自然属性和财产保险合同所体现出来的属性显著不同，财产保险合同的被保险人除了自然人外还包括法人和其他经济组织，其保险标的只能是财产及相关利益。

（2）保险金额的确定不以保险标的的价值为依据。由于人的寿命和身体的价值不能用金钱来衡量，因此，人身保险合同就无法通过保险标的的价值确定保险金额。一般情况下，人身保险合同的保险金额由投保人根据被保险人对人身保险的需要和投保人的缴费能力，在法律允许的范围与条件下，与保险人协商确定，属于定额保险合同，不存在超额保险，也不存在不足额保险和重复保险。保险金额也不表明保险标的的价值。另外在很多人身保险合同中，只确定保险人在一定时期内给付保险金的数额，而不确定保险金额，也就是说不确定最高给付限额。如养老保险，由于被保险人生存期限无法确定，因此只约定每期领取金额，而一般不约定最高限额，领取保险金的次数及总额只有到被保险人死亡才能知道。

（3）人身保险合同是给付性合同。人身保险的标的是人的寿命和身体，而人的寿命和身体的价值无法用货币来计算。所以，人身保险中投保人（或被保险人）只能根据自己对保险保障的需要和自己缴付保险费的能力确定一个保障金额，并将此金额记明于保险合同中，当保险合同中订明的保险事故发生或约定的保险期限届满时，由保险人向被保险人或受益人给付保险金。此外，人身保险事故给人们带来的除经济上的损失外，还有精神上和心理上的创伤，这种创伤也无法用货币来衡量。由此可见，人身保险中保险人给予被保险人或受益人的保险金和财产保险中的赔偿金在意义上是完全不同的。

（4）人身保险合同保险利益是以人与人的关系来确定，而不是以人与物或责任的关系来确定。根据《保险法》的规定，人身保险合同主要是采取限制家庭成员关系范围并结合被保险人同意的方式对人身保险合同的保险利益加以明确。

（5）人身保险合同保险期间具有长期性。人身保险合同中，有相当一部分属于长期合同，特别是人寿保险合同，其保险期间通常在5年以上，有的险种则贯穿一个人的一生。保险期间可分为交费期、领取期两个阶段，有些情形交费期长，而领取期短，有可能交费30年而到期后一次领取全部保险金；有些情形交费期长，而领取期也长。有的险种无论是在交费期内，还是在领取期内，都给被保险人一定的保险保障；有些险种交费期就是保险保障期；而有些险种在交费期内没有保险保障，只有在领取期才享有保障。这都是由具体险种、不同的合同中的具体约定来确定的。

2. 财产保险合同

财产保险合同是以财产及其有关利益为保险标的的保险合同。财产保险合同所涉及的标的包括有形财产和无形财产，故而以有形的物质财产为合同标的的是有形财产保险合同，如企业财产保险合同等；以无形的财产为合同标的的是无形财产保险合同，如责任保险合同、信用保险合同等。

财产保险合同除以上的分类外，还可依不同的标准划分出很多其他的类型，通常有下列几种主要的分类：

（1）定值保险合同和不定值保险合同。这一分类是根据保险合同订立时是否确定保险价值进行的分类。定值保险合同，是指保险合同当事人将保险标的的保险价值事先约定并在合同中予以载明作为保险金额的保险合同。其特点如下：①无论保险标的的实际价值在发生保险事故时是怎样的，仅以保险合同约定的保险价值作为计算赔偿金的依据；②合同适用的对象通常为价值变化较大或不易确定价值的特定物，如字画、古玩或货物运输的标的物；③该合同突出的优点是减少理赔环节及减少纠纷的发生。不定值保险合同，是指只载明保险标的保险金额而未载明其保险价值的合同。在不定值保险合同中，仅载明保险金额，并以此作为赔偿的最高限额，至于保险标的的保险价值则处于不确定的状态。财产保险多采用不定值保险合同。一般而言，财产损失是以赔偿实际损失为原则，因此，不定值保险合同通常以保险标的的实际价值作为判定损失额的依据，其特点如下：①以保险事故发生时的当时、当地的市场价格为判断保险标的保险价值的根据；②当保险价值与保险金额一致时，产生足额保险，当保险价值与保险金额不一致时，则产生超额保险或不足额保险。

（2）特定风险保险合同和综合风险保险合同。这是按保险责任范围进行的分类。特定风险保险合同，是指承保一种或某几种风险责任的保险合同，该合同通常是以列举的方式进行，如地震险或战争险。综合风险保险合同，是指保险人对"责任免除"以外的任何危险造成的损害负承保责任的合同。该合同订立的特点是以列举"责任免除"的形式约定保险合同适用的险情。在现实生活中，综合风险性质的总括险保险合同的使用越来越广泛。

（3）特定式合同、总括式合同、流动式合同和预约合同。这是根据保险合同保障标的进行的分类。特定式合同，是指保险人只对事先商定的具体保险标的进行承保的保险合同。该保险合同对保险人而言，承保时相对烦琐，但保险标的发生损失时则有利于保险人。总括式合同，是指只规定保险人可以承保某种类别的保险标的，而对该类别保险标的不再分类的保险合同。该合同承保时较方便，但保险标的发生损失时的工作较复杂。流动式合同是一种适合变化比较频繁的财产的保险合同。该合同通常不规定保险金额，只规定保险人承担的最高责任限额，采用该合同的投保人通常是仓储性企业。预约合同又称开口合同（Open Policy），是保险人和投保人双方预先约定保险责任范围的长期性协议。在预约保单中，只事先载明保险、承保险别、保险标的、保险费率、保险责任和责任免除、保险费结算办法、每张保单或一个地点的最高保险金额，不规定财产的具体保险金额，而是由被保险人按期将财产价值报告保险人，在最高保险金额范围内，所保财产由保险人自动承保。这种保单的作用主要是为了减少财产经常变动时须办理批改手续的麻烦。按预约保单的约定，在货物发运时，由投保人向保险人对所有的货运发出起运通知书，保险人据此分别签发保险单或保险凭证，在预约保险范围内由保险人自动承保。预约保险单在货物运输保险中运用较广泛。

（三）保险合同的主体

1. 保险合同当事人

保险合同的当事人就是在保险合同中享有权利、承担义务的人，包括保险人和投保人。

（1）保险人。保险人，是指与投保人订立保险合同，并按照合同约定承担赔偿或者给付保险金责任的保险公司。保险人具有以下特点：①保险人是依法成立并有经营保险业务许可的法人，不仅成立合法，而且已申请保险业务经营许可证。②保险人是保险基金的组织、管理、使用人。保险人通过收取保险费建立保险基金，经营保险业务，保险基金的分配、使用、投资必须依法进行。③保险人承担在发生保险事故时给付保险金的义务。

（2）投保人。投保人，是指与保险人订立保险合同，并按照保险合同约定负有支付保险费义务的人。投保人应具有以下条件：①具有相应的权利能力和行为能力。根据《民法典》第一编第二章第一节关于自然人民事权利能力和民事行为能力的规定，18周岁以上的成年人，及16周岁以上但以自己的劳动收入为主要生活来源的未成年人，是完全民事行为能力人，可以成为保险合同的投保人；8周岁以上的未成年人及不能完全辨认自己行为的成年人是限制民事行为能力人，8周岁以下的未成年人及不能辨认自己行为的人是无民事行为能力人，均不能成为投保人。②投保人或者被保险人对保险标的具有保险利益。③投保人履行交付保险费的义务。

2. 保险合同的关系人

保险合同的关系人为被保险人和受益人。

（1）被保险人。被保险人，是指其财产或人身受保险合同保障，享有保险金请求权的人。被保险人必须具备下列条件：①其财产或人身受保险合同保障。②享有赔偿请求权。

为保护被保险人的利益，《保险法》明确规定，在人身保险合同中：①投保人不是被保险人时，投保人指定或变更受益人必须经过被保险人的同意。②以死亡为给付保险金条件的保险合同，投保人就保险金额必须取得被保险人的同意，否则保险合同无效，但父母为未成年子女投保的人身保险，不受此限。但是死亡给付保险金额总和不得超过国务院保险监管机构规定的限额。按照以死亡为给付保险金条件的保险合同所签发的保险单，转让或质押也必须经被保险人书面同意，否则不得转让和质押。

（2）受益人。受益人，是指人身保险合同中由被保险人或者投保人指定享有保险金请求权的人，投保人、被保险人均可以成为受益人。受益人必须具备下列条件：①受益人是享受保险金请求权的人。受益人享受保险合同的利益，领取保险金，但其并非保险合同当事人，且不负交付保险费的义务。②受益人是由投保人或被保险人在保险合同中指定的人。保险合同生效后，投保人或被保险人可以中途撤销或变更受益人，无须征得保险人的同意，但必须书面通知保险人，由保险人在保险单上作出批准后才能生效。如果投保人与被保险人不是同一人，投保人变更或撤销受益人时，需征得被保险人同意。如果投保人或被保险人没有在保险合同中指定受益人的，按照《保险法》第42条的规定，保险人依照《民法典》的规定履行给付保险金的义务，实践中则多由被保险人的法定继承人为受益人。

适用指引

一、正确把握保险合同的特征

保险合同为合同各类型中的一种，是投保人与保险人约定保险权利义务关系的协议，因此应具备普通合同所有的一般特性，同时由于保险事故发生的不确定性，保险合同又具有自身的特性，具有双务性、附合性、射幸性等特征。

二、完整理解投保人的定义

根据本条的定义，投保人，是指与保险人订立保险合同，并按照合同约定负有支付保险费义务的人。结合《保险法》第12条之规定，人身保险的投保人或财产保险的被保险人应对被保险人或保险标的具有相应的保险利益。投保人又称要保人。投保人可从以下方面理解：（1）投保人可以是自然人，也可以是法人，还可以是非法人组织；（2）投保人应具有完全民事行为能力；（3）投保人在人身保险中对作为保险标的的被保险人的寿命和身体须有保险利益；（4）投保人须依合同向保险人缴纳保险费，但保险费的缴纳与否，不是保险合同成立与否的条件，除非当事人另有约定；（5）保险合同中的投保人可以是单一的，也可以是多数人；（6）再保险合同的投保人必须是原保险中的保险人。

三、准确认识保险人

保险人是向投保人收取保险费，在保险合同规定的保险事故发生时，承担赔偿损失或者给付保险金责任的人。保险人需依法定程序申请批准，取得经营资格才可经营保险业务。此外，保险人必须在规定的经营范围内经营保险业务。

至于2009年《保险法》修订时在本条的第3款中增加规定了"按照合同约定"，其旨在强调保险人所履行的赔偿或者给付保险金责任实质上为合同义务，而并非法定义务。实际上强调了该条的关联法律法规应为当时原《合同法》的相关规定，《民法典》施行后应为《民法典》中的合同编的相关规定。①

---

① 参见国务院法制办公室编：《中华人民共和国保险法注解与配套》，中国法制出版社2014年版，第6页。

典型案例

云南福运物流有限公司与中国人寿财产保险股份公司曲靖中心支公司财产损失保险合同纠纷案

关键词：保险合同　保单　保险费

裁判摘要：保险合同以当事人双方意思表示一致为成立要件，即保险合同双方当事人愿意接受特定条件拘束时，保险合同即为成立。签发保险单属于保险方的行为，目的是对保险合同的内容加以确立，便于当事人知晓保险合同的内容，能产生证明的效果。根据《保险法》第13条第1款关于"投保人提出保险要求，经保险人同意承保，保险合同成立。保险人应当及时向投保人签发保险单或者其他保险凭证，并在保险单或者其他保险凭证中载明当事人双方约定的全部内容"之规定，签发保险单并非保险合同成立时所必须具备的形式。保险费是被保险人获得保险保障的对价。根据《保险法》第13条第3款关于"依法成立的保险合同，自成立时生效。投保人和保险人可以对合同的效力约定附条件或者附期限"之规定，保险合同可以明确约定以交纳保险费为合同的生效要件。如保险合同约定于交纳保险费后保险合同生效，则保险人对交纳保险费前所发生的损失不承担赔偿责任。

基本案情：福运公司采用手机电话投保了包括云AA7×××、云A1×××挂车在内的36辆汽车公路运输货物，由于客观原因，人寿财保曲靖公司的业务员曾某用笔记录了口述投保内容，后又作了补录。2011年8月18日，人寿财保曲靖公司向福运公司出具了保单尾号为16的《国内公路运输货物保险单》，其中约定，"投保人应当在保险合同成立时交付保险费。保险费未交清前发生的保险事故，保险公司不承担责任。保险责任开始后15天内投保人未交清保险费，保险人有权解除保险合同"，且在2011年8月29日开具了收取保险费7630.85元的发票。尾数为16号保单明细表中的云AA7×××、云A1×××挂车在启运的当天，因左后轮起火，致车辆和车上装载的660担（33 000公斤）2010阿根廷/bif片烟被烧毁，货物损失金额共计2 372 007元。人寿财保曲靖公司提交的《机动车辆保险报案记录（代抄单）》中记录了黄某报案时间为2011年8月16日22时54分06秒，该机动车和货物保险均在该保险公司，该保险公司应当同时知道货物被烧毁的事实。福运公司在事发后的第二天,即 2011 年 8 月 17 日 9 时 34 分才通过网上银行将保险费转入人寿财保曲靖公司业务员曾某的银行卡。福运公司未收到《公路货物运输保险条款》,以及未在尾数为 16 号的保单上签章,但该公司长期与人寿财保曲靖公司有保险业务,且实际收到了保单,应当知道《公路货物运输保险条款》和保单中的内容。

【案　　号】(2013)民申字第 1567 号

【审理法院】最高人民法院

【来　　源】《最高人民法院公报》2016 年第 7 期(总第 237 期)

类案检索

吴某与某保险公司江苏省分公司、第三人沈某人身保险合同纠纷案

关键词: 预约合同　强制缔约义务　投保人变更

裁判摘要: 保险合同是投保人与保险人约定保险权利义务关系的协议。投保人,是指与保险人订立保险合同,并按照合同约定负有支付保险费义务的人。依照法律规定,当事人一方经对方同意,可以将自己在合同中的权利和义务一并转让给第三人。吴某起诉主张解除案涉保险合同,但其起诉时已不是案涉保险合同的投保人。吴某主张案涉《保险合同变更申请书》并非其填写,而是由其丈夫沈某在未得到其授权的情况下代签,但吴某无法解释自 2009 年投保人变更至 2014 年双方就此产生争议前,其为何没有履行支付保险费的义务,亦无法解释其提交的 2011 年、2012 年保险费发票上载明投保人为沈某,为何其并未及时提出异议。鉴于吴某、沈某系夫妻关系,结合案涉合同的履行情况,原审法院认为即使沈某在填写案涉《保险合同变更申请书》时未得到吴某的授权,吴某也以事后的行为对此予以追认,该认定并无不当。投保人变更后,吴某不再负有支付保险费的义务,亦不再享有作为保险合同投保人享有的合同解除权,原审法院裁定驳回起诉,于法有据,应予维持。

【案　　号】(2016)苏 01 民终 2472 号

【审理法院】江苏省南京市中级人民法院

> **第十一条** 订立保险合同，应当协商一致，遵循公平原则确定各方的权利和义务。
>
> 除法律、行政法规规定必须保险的外，保险合同自愿订立。

▶ 关联规定

一、法律、行政法规、司法解释

1.《中华人民共和国民法典》

第五条 民事主体从事民事活动，应当遵循自愿原则，按照自己的意思设立、变更、终止民事法律关系。

第六条 民事主体从事民事活动，应当遵循公平原则，合理确定各方的权利和义务。

第一千二百一十三条 机动车发生交通事故造成损害，属于该机动车一方责任的，先由承保机动车强制保险的保险人在强制保险责任限额范围内予以赔偿；不足部分，由承保机动车商业保险的保险人按照保险合同的约定予以赔偿；仍然不足或者没有投保机动车商业保险的，由侵权人赔偿。

第一千二百一十六条 机动车驾驶人发生交通事故后逃逸，该机动车参加强制保险的，由保险人在机动车强制保险责任限额范围内予以赔偿；机动车不明、该机动车未参加强制保险或者抢救费用超过机动车强制保险责任限额，需要支付被侵权人人身伤亡的抢救、丧葬等费用的，由道路交通事故社会救助基金垫付。道路交通事故社会救助基金垫付后，其管理机构有权向交通事故责任人追偿。

2.《中华人民共和国道路交通安全法》

第十七条 国家实行机动车第三者责任强制保险制度，设立道路交通事故社会救助基金。具体办法由国务院规定。

第七十五条 医疗机构对交通事故中的受伤人员应当及时抢救，不得因抢救费用未及时支付而拖延救治。肇事车辆参加机动车第三者责任强制保险的，由保险公司在责任限额范围内支付抢救费用；抢救费用超过责任限额的，未参加机动车第三者责任强制保险或者肇事后逃逸的，由道路交通事故社会救助基金先行垫付部分或者全部抢救费用，道路交通事故社会救助基金管理机构有权向交通事故责任人追偿。

第七十六条 机动车发生交通事故造成人身伤亡、财产损失的，由保险公司在机动车第三者责任强制保险责任限额范围内予以赔偿；不足的部分，按照下列规定承担赔偿责任：

（一）机动车之间发生交通事故的，由有过错的一方承担赔偿责任；双方都有过错的，按照各自过错的比例分担责任。

（二）机动车与非机动车驾驶人、行人之间发生交通事故，非机动车驾驶人、行人没有过错的，由机动车一方承担赔偿责任；有证据证明非机动车驾驶人、行人有过错的，根据过错程度适当减轻机动车一方的赔偿责任；机动车一方没有过错的，承担不超过百分之十的赔偿责任。

交通事故的损失是由非机动车驾驶人、行人故意碰撞机动车造成的，机动车一方不承担赔偿责任。

第九十八条 机动车所有人、管理人未按照国家规定投保机动车第三者责任强制保险的，由公安机关交通管理部门扣留车辆至依照规定投保后，并处依照规定投保最低责任限额应缴纳的保险费的二倍罚款。

依照前款缴纳的罚款全部纳入道路交通事故社会救助基金。具体办法由国务院规定。

3.《中华人民共和国疫苗管理法》

第六十八条 国家实行疫苗责任强制保险制度。

疫苗上市许可持有人应当按照规定投保疫苗责任强制保险。因疫苗质量问题造成受种者损害的，保险公司在承保的责任限额内予以赔付。

疫苗责任强制保险制度的具体实施办法，由国务院药品监督管理部门会同国务院卫生健康主管部门、保险监督管理机构等制定。

4.《机动车交通事故责任强制保险条例》

第二条 在中华人民共和国境内道路上行驶的机动车的所有人或者管理人，应当依照《中华人民共和国道路交通安全法》的规定投保机动车交通事故责任强制保险。

机动车交通事故责任强制保险的投保、赔偿和监督管理，适用本条例。

第十条 投保人在投保时应当选择从事机动车交通事故责任强制保险业务的保险公司，被选择的保险公司不得拒绝或者拖延承保。

国务院保险监督管理机构应当将从事机动车交通事故责任强制保险业务的保险公司向社会公示。

5.《最高人民法院关于审理道路交通事故损害赔偿案件适用法律若干问题的解释》

第十三条 同时投保机动车第三者责任强制保险（以下简称交强险）和第三者责任商业保险（以下简称商业三者险）的机动车发生交通事故造成损害，当事人同时起诉侵权人和保险公司的，人民法院应当依照民法典第一千二百一十三条的规定，确定赔偿责任。

被侵权人或者其近亲属请求承保交强险的保险公司优先赔偿精神损害的，人民法院应予支持。

二、部门规章及规范性文件

《机动车登记规定》

第十二条 申请注册登记的，机动车所有人应当交验机动车，确认申请信息，并提交以下证明、凭证：

（一）机动车所有人的身份证明；

（二）购车发票等机动车来历证明；

（三）机动车整车出厂合格证明或者进口机动车进口凭证；

（四）机动车交通事故责任强制保险凭证；

（五）车辆购置税、车船税完税证明或者免税凭证，但法律规定不属于征收范围的除外；

（六）法律、行政法规规定应当在机动车注册登记时提交的其他证明、凭证。

不属于经海关进口的机动车和国务院机动车产品主管部门规定免予安全技术检验的机动车，还应当提交机动车安全技术检验合格证明。

车辆管理所应当自受理申请之日起二日内，查验机动车，采集、核对车辆识别代号拓印膜或者电子资料，审查提交的证明、凭证，核发机动车登记证书、号牌、行驶证和检验合格标志。

机动车安全技术检验、税务、保险等信息实现与有关部门或者机构联网核查的，申请人免予提交相关证明、凭证，车辆管理所核对相关电子信息。

三、司法指导性文件

1.《最高人民法院关于当前商事审判工作中的若干具体问题》

四、关于保险合同纠纷案件的审理问题

近年来，我国保险业发展迅速，保险合同纠纷案件数量逐年增加，各种新类型案件不断出现，审理难度大、争议多，裁判标准亟需统一。今年我们已公布了《保险法司法解释（三）》，明年还将研究制定《保险法司法解释（四）》。关于保险合同纠纷案件的审理，应注意以下问题。

第一，按照新的保险法司法解释规定，正确审理人身保险合同纠纷案件。各级法院应按照保险法和《保险法司法解释（三）》的精神和相关规定正确审理人身保险合同纠纷案件。

1.防范道德风险，维护最大诚信。人身保险合同涉及被保险人生命安全，故审理中应注重防范道德风险，防止不法分子故意制造保险事故骗取保险金。同时，要注意依法维持合同效力，防止不诚信的保险人与投保人通过主张保险合同无效来逃避责任。

2.理顺法律关系，处理好投保人、被保险人、受益人的关系。人身保险合同中，投保人是保险合同的当事人，被保险人、受益人一般不是保险合同当事人。解除保险合同、返回保险单现金价值等权利属于投保人，而不属于被保险人或者受益人。

第二，遵循合同法原理，正确审理机动车辆保险合同纠纷案件。机动车辆保险合同纠纷案件数量大，难点多，在审理中应注意以下问题：

1.区分第三者责任强制保险与第三者责任商业保险中的赔偿责任。第三者责任强制保险中，保险人是否承担责任应依据道路交通安全法以及相关法规、司法解释来判断。第三者责任商业保险中，保险人承担的是合同义务，保险人是否承担赔偿责任以及赔偿数额应根据保险合同的约定来认定。不能将第三者责任强制保险的相关规定直接适用于第三者责任商业保险。

2.区分第三者责任保险与意外伤害保险。第三者责任保险属于财产保险，适用损害填补原则。意外伤害保险属于人身保险，不适用损害填补原则。道路交通事故中受到伤害的第三人根据第三者责任保险获得赔偿后，仍可根据其自身的意外伤害保险向保险人申请理赔。

3.正确认定第三者责任保险中的"第三者"。应当按照合同法第一百二十五条第一款规定的合同解释方法来确定保险格式条款中"第三者"的范围。如仍存在两种以上解释的,应当按照保险法第三十条规定作出有利于被保险人的解释。

2.《最高人民法院关于在道路交通事故损害赔偿纠纷案件中机动车交通事故责任强制保险中的分项限额能否突破的请示的答复》

辽宁省高级人民法院:

你院〔2012〕辽民一他字第1号《关于在道路交通事故损害赔偿纠纷案件中,机动车交通事故责任强制保险中的分项限额能否突破的请示》已收悉,经研究,答复如下:

根据《中华人民共和国道路交通安全法》第十七条、《机动车交通事故责任强制保险条例》第二十三条,机动车发生交通事故后,受害人请求承保机动车第三者责任强制保险的保险公司对超出机动车第三者责任强制保险分项限额范围予以赔偿的,人民法院不予支持。

▶ 条文释义

一、本条主旨

本条是关于订立保险合同的基本原则的规定。

二、条文演变

1995年制定的《保险法》第10条规定,投保人和保险人订立保险合同,应当遵循公平互利、协商一致、自愿订立的原则,不得损害社会公共利益。除法律、行政法规规定必须保险的以外,保险公司和其他单位不得强制他人订立保险合同。2002年修正时,仅将前述条文序号由第10条改为第11条,内容未作更改。2009年修订时,对其进行了修改,改动后的第11条规定:订立保险合同,应当协商一致,遵循公平原则确定各方的权利和义务。除法律、行政法规规定必须保险的外,保险合同自愿订立。此后2014年、2015年《保险法》两次进行修正,均未对本条作修改。

三、条文解读

当事人订立保险合同是一种民事法律行为,我国民事法律中有关民事活动的基本原则的规定都应适用于订立保险合同的活动。如订立保险合同必须遵循合法性原则和诚信原则等。除此之外,根据保险合同的特点,为充分保障保险活动当事人的合法权益,本条特别对投保人和保险人订立保险合同应当遵循的以下几项基本原则作出明确规定:

第一,公平原则。2009年《保险法》修订前,公平原则表述为公平互利原则。公平互利原则是市场经济活动中等价交换原则在法律中的体现,是市场经济法律的基本原则之一。所谓公平就是等价和平等;互利就是在公平的基础上取得各自的利益。遵循公平互利原则也就是要求订立保险合同应当公平和兼顾双方利益,保险合同双方当事人在法律地位上一律平等,在订立保险合同时应当公平,不得采取不正当的竞争手段,牟取不正当的利益,保险合同当事人权利义务要对等,在保险合同中应当公平合理地确定双方的权利义务,做到互惠互利。2009年《保险法》在修订之时虽将本原则修改为"遵循公平原则确定各方的权利和义务",但基本的含义没有发生变化。

第二,协商一致原则。遵循协商一致原则要求保险合同当事人订立保险合同时应当通过协商的方式,双方当事人在自愿的基础上就订立保险合同充分表达自己的愿望和要求,并且都应当尊重对方的利益,任何一方不得把自己的意志强加给对方,双方经过友好协商最终就合同的内容达成一致的意见,共同决定相互之间的权利义务关系,从而签订保险合同。

第三,自愿订立原则。遵循自愿订立原则要求保险合同应当由双方当事人在法律许可的范围内和自愿的基础上自主订立,也就是由双方当事人以自己的意志来决定是否产生保险关系。除法律、行政法规规定必须订立保险合同的以外,任何单位和个人不得强制他人订立保险合同,更不得强迫他人订立保险合同。订立保险合同应当遵循自愿的原则,根据自愿原则参加的保险也就被称为自愿保险,但是除自愿参加的保险以外,还有一类保险是强制实施的,也就是强制保险。所谓强制保险,又称法定保险,是指由法律规定必须参加的保险,强制保险通常是对少数危险较广、影响人民利益较大的保险标的实施的保险。强制保险必须在法律、行政法规规定的范围内方得实施,也就是说只有法律、行政法规规定,才可以实施强制保险,法律、行政法规未作规定的,都应是自愿保险的范畴，由投保人自行决定是否参加，保险公司和其他单位不得强制他人订立保险合同。为此本条第2款明确规定，除法律、行政法规规定必须保险的外，保险合同自愿订立，即保险公司和其他单位不得强制他人订立保险合同。

由于强制保险是对合同自由原则的突破，多为满足国家的社会经济政策需要而设立，所以对其适用要有严格限制。依本条规定，只有法律和国务院的规定即法律和行政法规，才能对强制保险作出规定。地方和部门不能随意开设强制保险业务。在相当长的时期内，我国实施的强制保险只有机动车交通事故强制保险。《疫苗管理法》正式施行后，该法第68条规定，国家实行疫苗责任强制保险制度，疫苗责任强制保险制度的具体实施办法，由国务院药品监督管理部门会同国务院卫生健康主管部门、保险监督管理机构等制定。但该具体实施办法迄今尚未出台，国家药监局综合司2020年10月起草的《疫苗责任强制保险管理办法（征求意见稿）》目前仍未形成具有效力的正式规范。

▶ 适用指引

通过本条的规定，主要确定了保险合同的公平原则与自愿原则。

一、保险合同的公平原则

所谓公平原则，是指民事主体应本着公平正义的观念实施民事行为，司法机关应根据公平的观念处理民事纠纷，民事立法也应充分体现公平的观念。原《民法通则》第4条、原《合同法》第5条对此都有规定，《民法典》也确立了公平原则作为民事基本原则。

由此可见，我国保险法强调在保险合同订立的过程中，双方当事人应当遵循公平原则，实际上是对民法精神的贯彻与延伸。根据公平原则，在保险合同中，投保人与保险人的权利与义务基本对等，不应存在明显倾向于一方的情形，除非双方当事人发自内心地、真实地同意这种利益倾斜。

二、保险合同的自愿原则

自愿原则，也称为意思自治原则，是指民事主体依法享有在法定范围内的广泛的行为自由，并可以根据自己的意志产生、变更、消灭民事法律关系。原

《民法通则》第4条、原《合同法》第4条均有规定，《民法典》亦然。

由此可见，我国保险法中确立保险合同自愿原则实际上也是对民法基本原则的贯彻与深化。但同时，保险合同订立并非完全由双方当事人自愿，存在以下两种例外情形：第一，如果法律或行政法规另有规定的，保险合同必须订立。如果投保义务人不予投保或有资格的保险人不予承保的，该投保义务人或有资格的保险人需要承担相应的法律责任。第二，保险合同内容违反了法律中的强行性规范的，该内容应当无效，即使该条款是当事人双方"自愿"订立的。

▶ 类案检索

中国人民财产保险股份有限公司南昌市分公司、周某某机动车交通事故责任纠纷案

关键词：交强险　免除赔偿义务　追偿

裁判摘要：肇事人酒后开车，发生交通事故后逃逸。肇事车辆已投保交强险，保险人应在机动车强制保险责任限额范围内予以赔偿。保险人主张的追偿权，属于另外的事实法律关系，如有充分证据证明符合法律规定情形，应当在其承担赔偿责任后另行主张。

【案　　号】（2020）赣01民终1700号

【审理法院】江西省南昌市中级人民法院

第十二条　人身保险的投保人在保险合同订立时，对被保险人应当具有保险利益。

财产保险的被保险人在保险事故发生时，对保险标的应当具有保险利益。

人身保险是以人的寿命和身体为保险标的的保险。

财产保险是以财产及其有关利益为保险标的的保险。

被保险人是指其财产或者人身受保险合同保障，享有保险金请求权的人。投保人可以为被保险人。

保险利益是指投保人或者被保险人对保险标的具有的法律上承认的利益。

▶ 关联规定

一、法律、行政法规、司法解释

1.《最高人民法院关于适用〈中华人民共和国保险法〉若干问题的解释（二）》

第一条　财产保险中，不同投保人就同一保险标的分别投保，保险事故发生后，被保险人在其保险利益范围内依据保险合同主张保险赔偿的，人民法院应予支持。

第二条　人身保险中，因投保人对被保险人不具有保险利益导致保险合同无效，投保人主张保险人退还扣减相应手续费后的保险费的，人民法院应予支持。

2.《最高人民法院关于适用〈中华人民共和国保险法〉若干问题的解释（三）》

第三条　人民法院审理人身保险合同纠纷案件时，应主动审查投保人订立保险合同时是否具有保险利益，以及以死亡为给付保险金条件的合同是否经过被保险人同意并认可保险金额。

第四条 保险合同订立后，因投保人丧失对被保险人的保险利益，当事人主张保险合同无效的，人民法院不予支持。

二、司法指导性文件

1.《最高人民法院关于济宁九龙国际贸易有限公司与永安财产保险股份有限公司济宁中心支公司海上保险合同纠纷一案的请示的复函》

山东省高级人民法院：

你院〔2012〕鲁民四终字第7号《关于济宁九龙国际贸易有限公司与永安财产保险股份有限公司济宁中心支公司海上保险合同纠纷一案的请示》收悉。

经研究，同意你院审判委员会认为济宁九龙国际贸易有限公司（以下简称九龙公司）具有保险利益的少数意见。理由如下：依照《中华人民共和国保险法》（2002年）第十二条第三款的规定，保险利益是指投保人对保险标的具有的法律上承认的利益。只要投保人对保险标的具有法律上的经济利害关系，即可认定其具有保险利益。虽然九龙公司与国外买方口头约定货物出口的价款条件为FOB，但涉案货物买卖双方并没有严格按照FOB价格条件履行，主要表现为：货物运输险实际由卖方九龙公司投保；货物在运输途中发生损失后，九龙公司接受国外买方从货款中扣除货物损失，即实际承担了货物运输途中的损失。涉案货物买卖双方的实际履行表明其已经变更了FOB价格条件下由买方投保运输险和货物在装运港越过船舷后风险转移给买方的做法。九龙公司实际承担了货物运输途中的风险与损失，与货物具有法律上经济利害关系，因此应当认定其对货物具有保险利益。

至于保险人永安财产保险股份有限公司济宁中心支公司最终是否应当承担保险赔付责任，请你院在查明事实后依法认定。

此复

2.《第二次全国涉外商事海事审判工作会议纪要》

（三）保险利益

123. 订立保险合同时被保险人对保险标的不具有保险利益但发生保险事故时被保险人对保险标的具有保险利益的，保险人应当对被保险人承担保险赔偿责任；订立保险合同时被保险人对保险标的具有保险利益但保险事故发生时不具有保险利益的，保险人对被保险人不承担保险赔偿责任。

▶ 条文释义

一、本条主旨

本条是关于保险利益的规定。

二、条文演变

1983年原《财产保险合同条例》第3条规定，财产保险的投保方（在保险单或保险凭证中称被保险人），应当是被保险财产的所有人或者经营管理人或者是对保险标的有保险利益的人。投保方向保险方申请订立保险合同，承担交纳保险费的义务。

上述条例后被废止，相关内容规定到了《保险法》中。故，1995年《保险法》第11条规定，投保人对保险标的应当具有保险利益。投保人对保险标的不具有保险利益的，保险合同无效。保险利益是指投保人对保险标的具有的法律上承认的利益。保险标的是指作为保险对象的财产及其有关利益或者人的寿命和身体。第32条规定，财产保险合同是以财产及其有关利益为保险标的的保险合同。本节中的财产保险合同，除特别指明的外，简称合同。第51条规定，人身保险合同是以人的寿命和身体为保险标的的保险合同。本节中的人身保险合同，除特别指明的外，简称合同。

2002年《保险法》修正时，未修改内容，仅调整了序号，将第11条、第32条、第51条，分别调整为第12条、第33条、第52条。

2009年《保险法》修订时，将前述三条合并为第12条：人身保险的投保人在保险合同订立时，对被保险人应当具有保险利益。财产保险的被保险人在保险事故发生时，对保险标的应当具有保险利益。人身保险是以人的寿命和身体为保险标的的保险。财产保险是以财产及其有关利益为保险标的的保险。被保险人是指其财产或者人身受保险合同保障，享有保险金请求权的人。投保人可以为被保险人。保险利益是指投保人或者被保险人对保险标的具有的法律上承认的利益。

此后，2014年和2015年两次修正均未修改该条。

三、条文解读

本条是关于保险利益的规定。保险利益,是指投保人对保险标的具有的法律上承认的利益。构成保险利益应当具备三个条件:

第一,保险利益必须是合法的,是法律上承认并且可以主张的利益。由不法行为所产生的利益,不得作为保险利益。比如,以盗窃而来的财物投保财产险,保险合同是无效的。

第二,保险利益必须是确定的,是可以实现的利益。仅由投保人主观上认定存在,而在客观实际中并不存在的利益,不应作为保险利益。确定的保险利益包括投保人对保险标的的现有的利益和由现有利益产生的期待利益。现有的利益,是指投保人已经实际取得的经济利益,如投保人已购买的汽车、现有的机器设备和已经取得的知识产权等;期待利益,是指由现有利益产生的将来可以获得的利益,如出租房屋而预期可以获得的租金收入、维修设备而预期可以得到的修理费收入等。

第三,保险利益必须是可用货币形式计算的利益。无法用货币形式来计算其价值,发生损失无法用金钱给予补偿的利益,不能作为保险利益。

法律规定保险利益原则的意义在于:第一,遏制赌博行为的发生,因为如果允许没有保险利益的人用他人的财产或生命进行投保,这种保险必然带有赌博的性质,同时也会滋生道德风险;第二,可以限制保险人的赔偿责任,财产和责任保险合同具有补偿性,在保险事故发生以后保险人根据保险合同的约定对保险标的的损失负责赔偿,而保险人的赔偿责任正是以保险利益为依据确定的,当保险金额超过保险利益时,超过部分无效。①

以保险标的来划分,保险利益可以分为两大类:

第一类是财产保险的保险利益。一般情况下,凡因保险财产发生保险事故而可能遭受损失的主体,都对该财产具有保险利益。财产保险的保险利益具体表现为三种形态:一是财产上的现有利益;二是财产上的期待利益;三是依照法律规定所承担的民事赔偿责任,比如,商品生产者、销售者对商品质量所承担的保证责任,律师、会计师、公证员以及有关专业技术人员对因工作疏忽或

---

① 参见法律出版社法规中心编:《中华人民共和国保险法注释本》,法律出版社2007年版,第5~6页。

者过失使他人的人身受到伤害或财产遭受损失所承担的赔偿责任等。

第二类是人身保险的保险利益。在人身保险中，投保人因被保险人的健康和安全而保持生活安定，并能获得经济上的利益，就是具有保险利益。按照《保险法》的规定，投保人对下列人员具有保险利益：一是其本人；二是其配偶、子女和父母；三是与投保人有抚养、赡养或者扶养关系的家庭其他成员、近亲属；四是与投保人有劳动关系的劳动者；五是被保险人同意投保人为其订立保险合同的，视为投保人与保险人具有保险利益。

保险利益的存在节点因财产保险和人身保险而异。即在财产保险中，只要被保险人在保险事故发生时对保险标的具有保险利益，保险公司就应承担保险责任，不因投保时被保险人对保险标的不具有保险利益而免除保险人的赔付责任；在人身保险中，只要保险合同订立时有保险利益，保险合同就有效，保险公司就应承担保险责任。这改变了传统财产保险的利益要求——财产保险中，被保险人在投保时、保险事故发生时都应具有保险利益，否则保险公司就可以不承担保险责任。2009年修订后的《保险法》通过本条对保险利益存在节点进行明确的规定，去除了之前对保险利益的规定过于笼统且不科学的弊病，从而与国际接轨，应当说是很大的进步。在财产保险中，保险标的所对应的主体是被保险人而不是投保人，与2009年修订前《保险法》有较大区别。当然在绝大多数情况下，财产保险的投保人和被保险人是一致的。在人身保险中，保险标的是被保险人的生命或健康，相对应地拥有保险利益的主体只能是投保人。①

▶ 适用指引

在学理上，保险利益，是指投保人或被保险人对保险标的具有的法律上认可的利益，又称可保利益。保险利益产生于投保人或被保险人与保险标的物之间的经济联系。具体而言，本条第1款对人身保险的保险利益时间效力范围作出了规定。依据该款规定，人身保险的保险利益应存在于保险合同订立时。即在人身保险中，在保险事故发生时，不追究投保人或被保险人与保险标的间是否具有保险利益，即使不具有保险利益，保险合同仍然有效。如投保人为其配

---

① 参见周玉华编著：《最新保险法条文释义与案例解析》，人民法院出版社2009年版，第48~50页。

偶投保人身险，即使在保险期限内该夫妻离婚，保险合同依然有效，保险事故发生后，保险公司仍需按规定给付保险金。本条第 2 款对财产保险的保险利益时间效力范围作出了规定。依据该款规定，财产保险的被保险人在保险事故发生时，对保险标的应当具有保险利益。如果合同订立时具有保险利益，而当保险事故发生时不具有保险利益的，被保险人不得向保险人请求赔偿保险金。但如果订立合同时被保险人对保险标的不具有保险利益，但是发生保险事故时，又具有保险利益的，该保险合同仍然有效，保险人需要承担赔付保险金的责任。①

保险利益是保险法特有的制度，投保人或被保险人是否具有保险利益涉及保险合同的效力及保险人保险责任的承担。2009 年《保险法》将保险利益界定为"投保人或者被保险人对保险标的具有的法律上承认的利益"。该界定较为原则，实务界有代表建议司法解释对保险利益的内涵和外延作出较为一般性的界定，以提高保险利益原则的可操作性。考虑到保险利益的内涵伴随保险行业的发展不断变化，并非一成不变，且理论界与实务界对保险利益的分类尚未形成共识，《保险法解释（二）》没有采纳该建议，仅对实践中争议较大的问题进行规定，以解决人民法院对此类问题的执法依据问题。

保险利益的载体是保险的标的，保险产品的开发必须以保险利益为基础，故从鼓励保险创新和交易的角度来看，实践中应当从宽认定保险利益，其不仅包括法定利益、现有利益，也包括其他经济利益、期待利益；不仅财产所有人具有保险利益，财产经营管理人、保管人、承揽人、承运人、承租人和抵押权人等对财产也具有保险利益。当然，从宽认定保险利益并不是说在实践中一概认定被保险人具有保险利益。保险利益原则具有防范赌博和道德风险的重要功能，这直接关系社会公共利益问题，不允许当事人通过任何形式予以变更。这就要求在审判实践中要处理好鼓励保险交易与防范道德风险之间的关系。一般来说，应从宽认定保险利益，防止保险人以被保险人不具有保险利益为由逃避保险责任，保护被保险人的合法权益，更好地发挥保险制度的功能。当然，如该认定可能存在道德风险或者增加道德风险，则应严格适用保险利益原则，不允许任何当事人通过保险合同获得额外利益。

由于保险利益不限于所有权利益，故同一财产上可能存在不同保险利益。

---

① 参见法律出版社法规中心编：《中华人民共和国保险法注释本》，法律出版社 2014 年版，第 11~12 页。

需要注意的是，不同保险利益的内容并不相同，作为保险合同关系人的被保险人只能在各自的保险利益范围内获得赔偿。审判实践中，一定要正确认定不同保险利益的归属主体，并确定不同保险利益的数额。以机动车辆为例，所有权人、抵押权人、质权人等主体基于物权关系享有相应的保险利益，其中所有权人的保险利益相当于机动车的价值，抵押权人、质权人的保险利益则以其担保的债权为限。在机动车辆所有权人将该车租赁给他人或委托他人保管、运输等情况下，承租人、保管人以及承运人等主体基于合同关系享有相应的保险利益，该保险利益属于责任利益，以被保险人因保险事故发生可能需向机动车所有权人承担的赔偿数额为限。该机动车驾驶过程中，可能因发生保险事故造成他人损失，从而基于侵权责任产生相应的保险利益，该保险利益以被保险人对第三人承担的赔偿数额为限。

从理论上看，由于不同主体对于同一保险标的具有不同保险利益，保险公司在设计保险产品时，应当考虑不同性质的保险利益，确定不同险种。但从保险实务来看，保险市场上没有包容保险标的所承载之全部保险利益的产品，且不同性质的保险利益之间，可能在保险中相容，也可能在保险中互相冲突。因此，保险人设计的具体险种、险别，都针对某一种或数种性质的保险利益。这就需要审慎研究具体险种、险别的保险责任及责任免除等条款，以确定其包含哪些不同性质的保险利益。以机动车辆损失险为例，这个险种的目的是保障车辆所有人利益，车辆所有人是该险种的终极受益人，无论谁驾车出险，最终获得经济补偿的应当是车辆所有人。但是，任何人驾驶该车辆都可能出险，对第三人承担赔偿责任，故在第三者责任险中，被保险人为"被保险人或其允许的合法驾驶人"。再以家庭财产保险为例，该险种同样为房屋等家庭财产的所有人量身定做，房屋所有人为终极受益人。但房屋所有人与使用人分离的状况经常出现，作为房屋承租人，在租赁期间处于实际占有人地位，对房屋损毁负有管理责任，应当投保相应的责任保险，但租房期间，承租人通常搬进大量自有财物，也有投保家庭财产保险的需求。若仅以保险利益的外在结构审视，租赁人要分别投保两种保险，既烦琐又多花保费，显然不利于保险业务发展。于是，考虑到家庭房屋损毁的风险较小，不当得利的道德风险通过承保技术可以防止等种种因素，保险人在设计家庭财产保险时，将所有人、承租人均视为具有同一性质保险利益的被保险人。其保险责任条款中规定，被保险人自有、租用或代他人保管或者与他人共有而由被保险人负责保管的房屋建筑及室内财产损失，保险人都承担保险责任。这在一定程度上表明，不同性质的保险利益，经过保险技术的运用，可能被内在结构视为具有同一性质的保险利益。但是，并不是所有不同保险利益都可能被归属于其他性质保险利益中。例如，在类似的"货物运输保险"中，考虑到运输过程风险太大，承运人的责任保险利益被排除在具有所有权保险利益的被保险人之外，只能投保与责任利益匹配的承运人责任保险。

还有，保险利益如何界定？保险利益是投保人或者被保险人对保险标的具有的法律上承认的利益，即保险事故发生时，可能遭受的损失或失去的利益。保险利益原则是保险制度不同于普通民事合同的重要因素。保险制度中的投保人、被保险人或受益人存在为领取保险金而故意制造或扩大保险事故的道德风险，必须通过保险利益原则以及相关法律制度予以规制，不具有保险利益的相关人员不得利用保险合同获得不当利益，因此，保险合同效力可能因不存在保险利益受到影响。我国《保险法》第12条规定，保险利益是投保人或者被保险人对保险标的具有的法律上承认的利益。如何理解"法律上承认"？有观点认为，保险利益的适法性要求并不能理解为合法性，不能将保险利益与法律上认可的权益等同起来。根据该观点，有些利益虽不是合法权利，但仍然可能是可保利益，如违章建筑虽然不是合法财产，但所有权人在投保火灾险时对违章建筑仍具有可保利益。另一种观点认为，保险利益的适法性即合法性，所有不合法的财产都不能作为保险标的。根据该观点，违章建筑在任何情况下都不能作为保险标的物。此外，为了鼓励保险产品开发，司法解释承认不同投保人对同一保险标的具有不同性质保险利益的，可以在各自保险利益范围内投保。①

典型案例

广东琪田农药化工有限公司与中国人民财产保险股份有限公司深圳市分公司等保险合同纠纷案

关键词： 保险利益　非法产品　保险合同

裁判摘要： 我国实行严格的农药登记制度和生产许可制度，任何单位和个

---

① 参见最高人民法院民事审判第二庭编：《保险案件审判指导》，法律出版社2015年版，第45页。

人不得生产、经营、进口或者使用未取得农药登记证或者农药临时登记证的农药,目的是保护广大人民群众的生命和财产安全,保障粮食和蔬菜等基本生活资料符合健康标准。虽然在新农药的开发试验阶段,允许试用尚未取得农药登记证或者农药临时登记证的新农药,但也只限于在特定的试验场所使用,为科学研究提供依据。不能在此阶段大量生产以备市场销售,否则即为违法行为,生产的农药亦属于非法产品。如果将该非法生产的农药投保,则不具有保险利益,在发生保险事故时保险公司有权拒绝赔偿。

基本案情:琪田农药公司是港资中外合作经营企业,经营范围包括生产生物农药、复配农药、化学农药、添加剂、辅助剂及塑料包装制品等。2003年1月22日,琪田农药公司以339 250元购进98%晴菌唑粉剂46包1150千克,126 150元购进80%代森锰锌粉剂348包8700千克。同年3月6日,琪田农药公司又购进98%阿维菌素粉剂46包1150千克,花费1 633 000元。同月下旬,琪田农药公司将上述三种粉剂混合,按阿维菌素含10.2%、晴菌唑含10.2%、代森锰锌含63.2%配制成果保Ⅱ号可湿性粉剂共440包(每包25千克),用编织塑料袋包装后存放于其农药仓库中。同月31日,深圳保险公司与琪田农药公司订立保险合同,约定:琪田农药公司将其厂房、机器设备、装修及实用电器、原辅材料、在产品、产成品,价值共计1500万元,作为保险标的向深圳保险公司投保;保险期限自2003年4月2日零时起至2004年4月1日24时止;保险责任范围包括因飓风、台风、龙卷风等造成的损失,深圳保险公司按保险合同约定负责赔偿;深圳保险公司的代表有权在任何适当的时候对保险财产的风险情况进行现场查验。同日,琪田农药公司向深圳保险公司交了3万元保险费。合同订立后,深圳保险公司没有派代表对保险财产的风险情况进行现场查验,亦未要求琪田农药公司提供用以评估有关风险的详情和资料。

2003年9月2日,第13号强台风"杜鹃"正面袭击广东地区。次日凌晨2时左右,琪田农药公司的农药仓库二楼被台风刮倒,存放在仓库的果保Ⅱ号可湿性粉剂与各种农药、农药原材料等被砸坏、碾碎,再加上雨水淋湿,以致渗杂、板结而变质。当日上午,琪田农药公司将保险标的物出险情况电告深圳保险公司,要求深圳保险公司派员前来核对财产损失数量。当日下午,深圳保险公司派员到达出险地点与琪田农药公司一同清点损失财物数量,其中确认果保Ⅱ号可湿性粉剂的损失数量为"440包×25KG",共11吨。同月4日,琪田农药公司向深圳保险公司递交了出险情况报告,要求深圳保险公司对出险财物予以理赔。同年12月2日,深圳保险公司对琪田农药公司因本次台风受损失的除果保Ⅱ号可湿性粉剂以外的其他粉剂农药、瓶装农药、设备等给予50万元赔偿。

2004年2月19日,琪田农药公司与深圳保险公司达成一份协议书,主要内容包括:(1)双方同意进行模拟恢复性试验的最后一次确认工作,并化验分析出有效成分受水冲减和混合其他农药、助剂降解后情况,以此化验结果连同琪田农药公司提供的其他合法文件为依据,计算出损失金额;(2)双方共同确定模拟恢复性试验、化验方案及取样项目,并共同对提取样品封存及确定检验单位;(3)双方对化验结果认可,并以双方封存的样品作有效成分及含量的分析,所得结果作为定损的依据,并定于2004年3月10日前完成定损理赔工作。此后,琪田农药公司多次要求深圳保险公司对其投保的果保Ⅱ号可湿性粉剂予以理赔未果。

广东省高级人民法院二审另查明:2000年7月,琪田农药公司申请对果保Ⅱ号可湿性粉剂(配比为代森锰锌60%、晴菌唑2.5%、阿维粉剂2.5%)进行国内农药产品药效试验,广东省农药检定所、原农业部农药检定所先后在琪田农药公司递交的《国内农药产品登记药效试验申请表》上盖章批准。琪田农药公司于2001年8月20日即发布了《62.5%高效代森锰锌·晴菌唑·阿维粉剂(果保Ⅱ号粉剂)〈广东省企业产品标准〉》(同年9月20日实施),在该产品标准中,琪田农药公司将果保Ⅱ号粉剂产品定义为一种新型复合高渗高效广谱杀菌、治螨剂。该产品技术指标应符合:代森锰锌含量≥60.1%,晴菌唑含量≥2.5%,阿维菌素≥2.5%。2003年3月31日,深圳保险公司签发《保险单》给琪田农药公司,签发保险单时,琪田农药公司并未向深圳保险公司告知其农药仓库中存放有用编织塑料袋包装的果保Ⅱ号可湿性粉剂440包的情况。

琪田农药公司在一审交换证据时,提交了一份编号为LS030297的果保Ⅱ号农药临时登记证,以此证明其有资格生产果保Ⅱ号可湿性粉剂。深圳保险公司经向原农业部农药检定所书面查证,证实并无农药登记证号为LS030297的农药登记记录,原农业部农药检定所认为该农药临时登记证系伪造。一审法院当庭出示了测试中心给法院提供的琪田农药公司于2000年7月25日报送原农业部农药检定所关于果保Ⅱ号农药产品的《国内农药产品登记药效试验申请表》,对此深圳保险公司与琪田农药公司表示没有异议。该申请表载明：果保Ⅱ号农药产品有关成分配比为代森锰锌 60%、晴菌唑 2.5%、阿维菌素 2.5%。

最高人民法院再审又查明：编号为 LS030297 的果保Ⅱ号可湿性粉剂农药临时登记证，是琪田农药公司在保险事故之后索赔过程中向深圳保险公司提交的。在本案一审时，深圳保险公司将其作为证据提交给了法院。深圳保险公司经向原农业部农药检定所书面查证，证实并无农药登记证号为 LS030297 的农药登记记录，原农业部农药检定所认为该农药临时登记证系伪造。琪田农药公司从未就果保Ⅱ号可湿性粉剂向相关部门申请办理农药临时登记证或农药登记证。

【审理法院】最高人民法院

类案检索

烟台宏辉食品有限公司与中国平安财产保险股份有限公司莱阳支公司财产保险合同纠纷案

关键词：保险标的　保险金额　保险费　保险利益

裁判摘要：保险合同是投保人与保险人约定保险权利义务关系的协议。财产保险是以财产及其有关利益为保险标的的保险。保险标的是保险合同双方当事人权利义务指向的对象。保险标的是保险利益的载体，是确定保险金额的依据，也是计算保险费的关键因素。当事人在签订保险合同时，应当明确保险标的名称、范围、价值以及坐落地点。

本案是一起财产保险合同纠纷。当事人在签订保险合同时，应当明确保险标的名称、范围、价值以及坐落地点。2008 年 8 月，宏辉公司与平安莱阳公司签订的财产保险合同载明："保险项目标的地址：莱阳市经济开发区海河路北天回路（房产证隆茂街西、武当山北）；保险项目：房屋建筑。"但是，双方当事人对保险标的范围即房屋建筑范围的理解出现歧义。宏辉公司主张其向平安莱阳公司投保的为厂区内的全部房屋建筑。平安莱阳公司则主张保险标的仅为房产证所列三栋房屋建筑，并向一审法院提交了《财产保险综合险投保单》及《抵押物清单》一份。庭审过程中，宏辉公司对平安莱阳公司所提交的两份证据均不予认可，主张投保单有涂改，不能证明平安莱阳公司主张。而

《抵押物清单》当事人为宏辉公司与中国工商银行股份有限公司莱阳支行,《抵押物清单》与本案无直接联系。

本案所涉保险标的物范围应当根据当事人交易背景,综合全案证据加以判定。

关于案件的典型意义。财产保险合同条款中的保险价值分两种:一是投保人和保险人约定保险标的的保险价值并在合同中载明的,保险标的发生损失时,以约定的保险价值为赔偿计算标准;二是投保人和保险人未约定保险标的的保险价值的,保险标的发生损失时,以保险事故发生时保险标的的实际价值为赔偿计算标准。本案依照的是第一种即保险合同对保险价值有约定进行的理赔。

【案　　号】(2013)民提字第121号

【审理法院】最高人民法院

> 第十三条　投保人提出保险要求，经保险人同意承保，保险合同成立。保险人应当及时向投保人签发保险单或者其他保险凭证。
>
> 保险单或者其他保险凭证应当载明当事人双方约定的合同内容。当事人也可以约定采用其他书面形式载明合同内容。
>
> 依法成立的保险合同，自成立时生效。投保人和保险人可以对合同的效力约定附条件或者附期限。

关联规定

一、法律、行政法规、司法解释

1.《中华人民共和国民法典》

第四百六十九条　当事人订立合同，可以采用书面形式、口头形式或者其他形式。

书面形式是合同书、信件、电报、电传、传真等可以有形地表现所载内容的形式。

以电子数据交换、电子邮件等方式能够有形地表现所载内容，并可以随时调取查用的数据电文，视为书面形式。

第四百七十一条　当事人订立合同，可以采取要约、承诺方式或者其他方式。

第四百七十二条　要约是希望与他人订立合同的意思表示，该意思表示应当符合下列条件：

（一）内容具体确定；

（二）表明经受要约人承诺，要约人即受该意思表示约束。

第四百七十三条　要约邀请是希望他人向自己发出要约的表示。拍卖公告、招标公告、招股说明书、债券募集办法、基金招募说明书、商业广告和宣传、寄送的价目表等为要约邀请。

商业广告和宣传的内容符合要约条件的，构成要约。

第四百七十四条 要约生效的时间适用本法第一百三十七条的规定。

第四百七十五条 要约可以撤回。要约的撤回适用本法第一百四十一条的规定。

第四百七十六条 要约可以撤销，但是有下列情形之一的除外：

（一）要约人以确定承诺期限或者其他形式明示要约不可撤销；

（二）受要约人有理由认为要约是不可撤销的，并已经为履行合同做了合理准备工作。

第四百七十七条 撤销要约的意思表示以对话方式作出的，该意思表示的内容应当在受要约人作出承诺之前为受要约人所知道；撤销要约的意思表示以非对话方式作出的，应当在受要约人作出承诺之前到达受要约人。

第四百七十八条 有下列情形之一的，要约失效：

（一）要约被拒绝；

（二）要约被依法撤销；

（三）承诺期限届满，受要约人未作出承诺；

（四）受要约人对要约的内容作出实质性变更。

第四百七十九条 承诺是受要约人同意要约的意思表示。

第四百八十条 承诺应当以通知的方式作出；但是，根据交易习惯或者要约表明可以通过行为作出承诺的除外。

第四百八十一条 承诺应当在要约确定的期限内到达要约人。

要约没有确定承诺期限的，承诺应当依照下列规定到达：

（一）要约以对话方式作出的，应当即时作出承诺；

（二）要约以非对话方式作出的，承诺应当在合理期限内到达。

第四百八十三条 承诺生效时合同成立，但是法律另有规定或者当事人另有约定的除外。

第四百九十条 当事人采用合同书形式订立合同的，自当事人均签名、盖章或者按指印时合同成立。在签名、盖章或者按指印之前，当事人一方已经履行主要义务，对方接受时，该合同成立。

法律、行政法规规定或者当事人约定合同应当采用书面形式订立，当事人未采用书面形式但是一方已经履行主要义务，对方接受时，该合同成立。

第五百零二条 依法成立的合同，自成立时生效，但是法律另有规定或者当事人另有约定的除外。

依照法律、行政法规的规定，合同应当办理批准等手续的，依照其规定。未办理批准等手续影响合同生效的，不影响合同中履行报批等义务条款以及相关条款的效力。应当办理申请批准等手续的当事人未履行义务的，对方可以请求其承担违反该义务的责任。

依照法律、行政法规的规定，合同的变更、转让、解除等情形应当办理批准等手续的，适用前款规定。

2.《最高人民法院关于适用〈中华人民共和国保险法〉若干问题的解释（二）》

第四条 保险人接受了投保人提交的投保单并收取了保险费，尚未作出是否承保的意思表示，发生保险事故，被保险人或者受益人请求保险人按照保险合同承担赔偿或者给付保险金责任，符合承保条件的，人民法院应予支持；不符合承保条件的，保险人不承担保险责任，但应当退还已经收取的保险费。

保险人主张不符合承保条件的，应承担举证责任。

二、司法指导性文件

1.《全国法院民商事审判工作会议纪要》

97.【未依约支付保险费的合同效力】当事人在财产保险合同中约定以投保人支付保险费作为合同生效条件，但对该生效条件是否为全额支付保险费约定不明，已经支付了部分保险费的投保人主张保险合同已经生效的，人民法院依法予以支持。

2.《最高人民法院关于对四川省高级人民法院关于内江市东兴区农村信用合作社联合社与中国太平洋保险公司内江支公司保险合同赔付纠纷合同是否成立等请示一案的答复》

四川省高级人民法院：

你院〔2002〕川民终字第90号关于内江市东兴区农村信用合作社联合社与中国太平洋保险公司内江支公司（以下简称内江太保公司）保险合同赔付纠纷一案，保险合同是否成立等问题的请示收悉。经研究，答复如下：

一般保险合同只要双方签字盖章，或者保险人向投保人签发保险单或者其他保险凭证，该保险合同即应认定已经成立。内江太保公司在签发保险单时如投保人未提供借款合同，则该公司不应签发保险单。内江太保公司经审核向钟玉琪签发了保险单，故应认定所涉借款合同已报送内江太保公司。虽投保人提供的借款合同与保险条款中所列的消费借款合同种类不一致，但至出险前内江太保公司未提出异议，应视为内江太保公司认可了钟玉琪提交的商业贷款合同代替了保险合同中的消费贷款。故同意你院研究的第一种意见，应认定本案保险合同有效，内江太保公司依约承担保险责任。

此复

条文释义

一、本条主旨

本条是关于保险合同成立和生效的规定。

二、条文演变

1995 年《保险法》第 12 条规定："投保人提出保险要求，经保险人同意承保，并就合同的条款达成协议，保险合同成立。保险人应当及时向投保人签发保险单或者其他保险凭证，并在保险单或者其他保险凭证中载明当事人双方约定的合同内容。经投保人和保险人协商同意，也可以采取前款规定以外的其他书面协议形式订立保险合同。"

2002 年《保险法》修正时仅调整了条文序号，将第 12 条改为第 13 条。

2009 年《保险法》修订时第 13 条改为："投保人提出保险要求，经保险人同意承保，保险合同成立。保险人应当及时向投保人签发保险单或者其他保险凭证。保险单或者其他保险凭证应当载明当事人双方约定的合同内容。当事人也可以约定采用其他书面形式载明合同内容。依法成立的保险合同，自成立时生效。投保人和保险人可以对合同的效力约定附条件或者附期限。"之后 2014 年、2015 年两次修正均沿袭了前述规定，未作任何修改。

三、条文解读

（一）保险合同的成立与生效

订立保险合同是投保人与保险人的双方法律行为，保险合同的订立过程，是投保人和保险人意思表示趋于一致的过程,在双方意思表示一致的基础上,双方最终达成协议,保险合同才能成立。订立保险合同与其他合同一样要经过要约和承诺两个步骤,一方要约,另一方承诺,保险合同即告成立。在合同法上,要约是希望与他人订立合同的意思表示,该意思表示应当符合下列规定:(1)内容具体确定;(2)表明经受要约人承诺,要约人即受该意思表示约束。承诺是受要约人同意要约的意思表示。承诺的内容应当与要约的内容一致。承诺生效时合同成立。

由于保险活动与保险合同的特殊性,在订立保险合同过程中,要约通常由投保人提出,而由保险人承诺给予保险保障。具体来讲,保险人为便于业务开展,印就了各种保险险种的投保单,投保人在认可保险人设计的保险费率和保险条款的前提下,将投保单交付给保险人,便构成要约,保险人经过对投保单签章,便构成承诺,这时保险合同即告成立,对此本条第1款已作出明确规定,投保人提出保险要求,经保险人同意承保,保险合同成立。保险人应当及时向投保人签发保险单或者其他保险凭证,并在保险单或者其他保险凭证中载明当事人双方约定的合同内容。依法成立的保险合同,自成立时生效。投保人和保险人可以对保险合同的效力约定条件或者期限。

(二)保险合同的形式

保险合同属于非即时清结合同,其有效期往往比较长,而且内容比较复杂,在采用书面形式的基础上,保险合同的具体形式可以多种多样,主要有以下几种:(1)保险单。保险单是投保人与保险人之间订立的正式保险合同的书面凭证,它由保险人签发给投保人,是最基本的保险合同形式。(2)保险凭证。保险凭证是保险人签发给投保人以证明保险合同业已生效的文件,它是一种简化的保险单,与保险单具有同样的作用和效力。(3)投保单。投保单是投保人向保险人递交的书面要约,为准确迅速处理保险业务,投保单的格式和项目都由保险人设计,并以规范的形式提出。在保险人出具正式保险单后,投保单成为保险合同的组成部分。(4)暂保单。暂保单是在正式保险单出具之前先给予投保人的一种临时保险凭证,它具有与正式保险单同等的法律效力,并于正式保险单交付时自动失效。

在订立保险合同过程中,由于保险标的的特殊性,不能采用标准的保险单时,投保人与保险人需要就保险标的及保险保障的一些问题进行具体的协商,经双方协商同意可以在保险合同中增加新的内容或对部分合同内容进行修改,如保险人在保险合同之外出具批单,以注明保险单的变动事项,或者在保险合同上记载附加条款,以增加原保险合同的内容。按照本条第2款的规定,经投保人和保险人协商同意,也可以采取前款规定以外的其他书面协议形式订立保险合同。这里所讲的其他书面协议形式,也就是指前述四种形式之外的诸如批单和附加保险条款等其他一些保险合同形式,它们也构成保险合同的一部分。只要经投保人和保险人协商同意,法律也允许采取这些书面协议形式来订立保险合同。①

▶ 适用指引

一、保险合同的成立时间与形式

本条第1款对保险合同的成立时间作出了明确规定。保险合同成立于保险人同意承保时,保险单以及其他保险凭证的签发只是保险合同成立后,保险人应当履行的法定义务而已,并不是保险合同成立的标志与时间点。

保险合同成立后,保险人应当及时向投保人签发保险单或者其他保险凭证。由此可见,保险人对保险凭证等书面证明材料的签发并不是保险合同成立或生效的必备要件,只是保险合同成立之后,保险人为证明保险合同之存在,明确双方当事人的权利义务关系而履行法定义务所作出的证明材料。因此保险合同应是不要式合同,而并非要式合同。

二、保险单等保险凭证的性质

根据本条第2款的规定,保险单等保险凭证应当载明双方当事人约定的内容,即载明保险合同的内容,也即投保人与保险人的权利与义务。由此可见,保险单等保险凭证只是保险合同的载体之一,并且是书面形式的载体。因此,保险单等保险凭证只是作为证明保险合同内容的证明材料,在无特别约定的情形下,对保险合同的成立与生效并不产生影响。

---

① 参见周玉华编著:《最新保险法条文释义与案例解析》,人民法院出版社2009年版,第54~57页。

三、保险合同的生效时间

《保险法》与《民法典》对保险合同的生效时间规定一致,在法律、行政法规没有特别规定的情形下,保险合同自成立时生效。即如无其他例外情形,保险合同自成立时即产生法律约束力,双方当事人必须按照合同的约定履行义务。投保人必须履行交付保险费的义务,保险人必须提供承担事故风险损失或满足条件时给付保险金的义务。如果双方当事人中有人不按约定履行自己的义务,即构成违约。

但保险合同的生效时间也可以因为法定或约定而有所变化。如果法律、行政法规规定保险合同必须要办理批准、登记手续后才能生效的,该保险合同必须依法办理相应的手续后才发生效力。在此之前,保险合同不具有法律约束力,投保人或保险人均不需要按照保险合同约定的内容承担义务。保险合同如果附生效条件的,只有在该条件成就之后,保险合同才能生效,保险合同的双方当事人才需要按照保险合同的约定履行各自的义务;如果条件没有成就的,保险合同只是成立,但并没有生效,双方当事人也不必按照保险合同的约定承担义务。当事人也可约定保险合同附始期,保险合同附始期的效力与保险合同附停止条件的效力完全相同。[①]

▶ 类案检索

秦某与某财产保险股份有限公司保险合同纠纷案

关键词: 保险合同 保险单

裁判摘要: 作为保险合同关系存在及保险合同主要权利义务内容的证明,保险单具有特定的法律地位,保险单上的特别约定条款效力应当根据具体条款内容区分认定。保险公司在保险单上就特别约定内容采用加大、加粗字体的方式打印以提示投保人注意,投保人虽称其并不清楚且保险公司也未明确告知上述条款,但投保人在取得保险单后的合理期间内,从未就此表示过异议,且数

---

① 参见法律出版社法规中心编:《中华人民共和国保险法注释本》,法律出版社2014年版,第12~13页。

次依保险单向保险公司索赔,应推定其自行放弃异议的权利并同意保险单内上述记载内容(含特别约定)。

【来　　源】《最高人民法院关于保险法司法解释(二)理解与适用》

第十四条　保险合同成立后，投保人按照约定交付保险费，保险人按照约定的时间开始承担保险责任。

关联规定

一、法律、行政法规、司法解释

1.《中华人民共和国民法典》

第四百八十三条　承诺生效时合同成立，但是法律另有规定或者当事人另有约定的除外。

第四百九十条　当事人采用合同书形式订立合同的，自当事人均签名、盖章或者按指印时合同成立。在签名、盖章或者按指印之前，当事人一方已经履行主要义务，对方接受时，该合同成立。

法律、行政法规规定或者当事人约定合同应当采用书面形式订立，当事人未采用书面形式但是一方已经履行主要义务，对方接受时，该合同成立。

第四百九十一条　当事人采用信件、数据电文等形式订立合同要求签订确认书的，签订确认书时合同成立。

当事人一方通过互联网等信息网络发布的商品或者服务信息符合要约条件的，对方选择该商品或者服务并提交订单成功时合同成立，但是当事人另有约定的除外。

第五百零二条　依法成立的合同，自成立时生效，但是法律另有规定或者当事人另有约定的除外。

依照法律、行政法规的规定，合同应当办理批准等手续的，依照其规定。未办理批准等手续影响合同生效的，不影响合同中履行报批等义务条款以及相关条款的效力。应当办理申请批准等手续的当事人未履行义务的，对方可以请求其承担违反该义务的责任。

依照法律、行政法规的规定，合同的变更、转让、解除等情形应当办理批准等手续的，适用前款规定。

2.《最高人民法院关于适用〈中华人民共和国保险法〉若干问题的解释（二）》

第三条 投保人或者投保人的代理人订立保险合同时没有亲自签字或者盖章，而由保险人或者保险人的代理人代为签字或者盖章的，对投保人不生效。但投保人已经交纳保险费的，视为其对代签字或者盖章行为的追认。

保险人或者保险人的代理人代为填写保险单证后经投保人签字或者盖章确认的，代为填写的内容视为投保人的真实意思表示。但有证据证明保险人或者保险人的代理人存在保险法第一百一十六条、第一百三十一条相关规定情形的除外。

第四条 保险人接受了投保人提交的投保单并收取了保险费，尚未作出是否承保的意思表示，发生保险事故，被保险人或者受益人请求保险人按照保险合同承担赔偿或者给付保险金责任，符合承保条件的，人民法院应予支持；不符合承保条件的，保险人不承担保险责任，但应当退还已经收取的保险费。

保险人主张不符合承保条件的，应承担举证责任。

3.《最高人民法院关于适用〈中华人民共和国保险法〉若干问题的解释（三）》

第七条 当事人以被保险人、受益人或者他人已经代为支付保险费为由，主张投保人对应的交费义务已经履行的，人民法院应予支持。

第八条 保险合同效力依照保险法第三十六条规定中止，投保人提出恢复效力申请并同意补交保险费，除被保险人的危险程度在中止期间显著增加外，保险人拒绝恢复效力的，人民法院不予支持。

保险人在收到恢复效力申请后，三十日内未明确拒绝的，应认定为同意恢复效力。

保险合同自投保人补交保险费之日恢复效力。保险人要求投保人补交相应利息的，人民法院应予支持。

4.《最高人民法院关于适用〈中华人民共和国保险法〉若干问题的解释（四）》

第五条 被保险人、受让人依法及时向保险人发出保险标的转让通知后，保险人作出答复前，发生保险事故，被保险人或者受让人主张保险人按照保险合同承担赔偿保险金的责任的，人民法院应予支持。

二、部门规章及规范性文件

《旅行社责任保险管理办法》

第七条 旅行社投保旅行社责任保险的,应当与保险公司依法订立书面旅行社责任保险合同(以下简称保险合同)。

第十条 保险合同成立后,旅行社按照约定交付保险费。保险公司应当及时向旅行社签发保险单或者其他保险凭证,并在保险单或者其他保险凭证中载明当事人双方约定的合同内容,同时按照约定的时间开始承担保险责任。

三、司法指导性文件

《全国法院民商事审判工作会议纪要》

97.【未依约支付保险费的合同效力】当事人在财产保险合同中约定以投保人支付保险费作为合同生效条件,但对该生效条件是否为全额支付保险费约定不明,已经支付了部分保险费的投保人主张保险合同已经生效的,人民法院依法予以支持。

▶ 条文释义

一、本条主旨

本条是关于保险合同成立后基本权利与义务的规定。

二、条文演变

1995年《保险法》第13条即规定:"保险合同成立后,投保人按照约定交付保险费;保险人按照约定的时间开始承担保险责任。"

该条在2002年修正时调整序号为第14条。之后《保险法》历次修正、修订文字上均未修改。

三、条文解读

保险合同成立后,投保人的基本义务是按照保险合同的约定交付保险费,保险人的义务是按照保险合同约定的时间开始承担保险责任。投保人须支付保险费作为换取保险人承担危险的对价，如果保险合同没有保险费的约定，保险合同没办法发生效力。保险费在其计算上分为两部分：一为纯保险费，是备作保险事故发生给付保险金之用，根据危险率计算；二为附加保险费，是指各种营业费用、资本利息或预计的利润等。二者相加，即为保险费。按照我国《保险法》的规定，支付保险费是投保人必须履行的义务。保险费债务原则上在保险人同意承保时才成立。保险合同订立后，投保人即负有支付保险费的义务，但如果当事人对于保险费率的意思表示尚不能达成一致时，即使在形式上投保人已经提出投保申请，保险人已经签发保险单，也不得认为保险合同已经有效成立，从而责令投保人交付保险费。在讨论投保人交付保险费义务之前须重申的是，保险合同为有偿合同，但非要物合同。即保险合同，除非当事人之间有特别约定，否则依保险法的概念，并不是以交付保险费为生效要件。理由为，保险合同是债权合同，只要双方当事人约定，一方负交付保险费的义务，另一方在保险事故发生时负有给付保险赔偿的义务，则保险合同即为有效成立。对保险人而言，在保险合同成立后，保费债务即成为可以请求履行的债权，如果投保人不履行，保险人可以诉讼方式请求投保人履行，这不仅适用于财产保险，也适用于人身保险。但我国《保险法》第38条明文规定，寿险的保险费不能以诉讼方式请求，有人据此主张在人寿保险中，保险费的交付为保险合同生效要件，以平衡双方法律上的地位。但从该条的宗旨来看，应是就第二期以后的保费而言的，对于第一期的保费，保险人在保险合同成立后仍可以诉讼方式请求投保人支付，否则按照《保险法》第38条的规定，仅强调保险人对人寿保险的保险费不得用诉讼方式要求投保人支付，同时又认定保险合同已有效成立保险人需承担保险责任，则保险合同双方的权利义务明显不对等。因此保险费的交付，一般而言，仅为保险合同生效后，投保人需要履行的义务而已，不是保险合同生效要件。同理，如果保险合同未成立，保险人对投保申请书未作出承诺，那么投保人即使预先支付保费，保险合同也不因此提前生效。保险费交付为投保人履行保险合同所应尽的义务，而不是保险合同生效的要件，如果将保险费的交付规定为合同生效要件，视保险合同为要物合同，是不对的。但实务中大多数保单规定有"只有当被保险人一次交清保险费（产险）或者投保人交纳第一期保费（寿险）后，保险合同才生效"的条款，这应视为当事人对保险合同的效力约定了生效条件。因此如果投保人未交纳长期保费或被保险人只交付了部分保费，当事人又没有另外书面约定，应认定为合同未生效。保险费未付的效果本应遵循一般合同不履行的规定。但人寿保险的保险费性质特殊，所以我国《保险法》在第 35 条至第 36 条特别规定其陆续到期保险费未付的效果而排除民法一般规定的适用，自应遵循。这是就保险合同当事人无特别约定时而言的，如果有，就须视其内容决定其效力。以下仅就财产保险及人寿保险费不付的情形分别加以说明。

（一）财产保险

实务上财产保险都约定以一次交付保费为原则，但也有例外约定分期交付的。关于保费未付的效果，可以将一次交付保费和分期交付保费中的第一期保费视为同类，陆续到期保费为另一类。保险合同不以保险费的交付为生效要件。保险合同成立后，投保人对于一次交付或第一期保险费迟延给付时，保险人可以依一般债的关系，以诉讼方式请求交付或解除合同，而不影响合同的效力。但保险合同当事人在订立保险合同时，约定以一次交付或第一期保险费的交付为合同的生效要件的例外。如果无约定，则依保险合同为非要物的本质，不得强行以保费交付为合同生效的要件。此外，在财产保险中如果约定以分期方式交付保险费，陆续到期的保费即为确定的债务，投保人对之有履行的义务。至于未履行的效果如何，我国《保险法》并未作特别规定，所以须依民法的规定讨论。据此，陆续到期保险费未交付的，保险人可以诉讼方式请求交付，且投保人须负迟延支付的责任，但不影响合同的效力。但在实务上，保险合同对于陆续到期保险费未付的效果几乎都有特别规定，如"不按期付保费，本保单自动失效"，或"保险费到期未交付的，本合同的效力及时中止"等，从而有拘束当事人的效力。依此，在保险合同效力丧失或中止之后，保险人不再受该保险合同的约束，但也同时丧失其后保险费的请求权。但需注意的是，保险单上附有保费到期未付，保险合同效力自动中止、终止或失效的条款的，其效力如何，依目前我国保险法的概念，颇值探讨。

（二）人寿保险

人寿保险费大多都以分期方式交付。第一期保险费未付的效果应和财产保险第一期或一次交付保险费未付的效果相同，不再赘述。人寿保险第二次以后分期保险费到期未交付的效果，比较复杂。我国《保险法》第 36 条首先规定合同约定分期支付保险费，投保人支付首期保险费后，除合同另有约定外，投保人自保险人催告之日起超过30日未支付当期保险费，或者超过规定的期限60日未支付当期保险费的，合同的效力中止或者由保险人按照合同约定的条件减少保险金额；第37条又规定效力已经中止的合同经保险人与投保人协商达成协议，投保人补足保险费及其他费用后，合同恢复效力。这项规定为保护投保人或被保险人而设，在于避免因一期保费未付而丧失以前所缴保费所产生的利益。除中止保险合同效力之外，在宽限期限届满之后，保险人也可以按照合同约定的条件减少保险金额。自合同效力中止之日起两年内双方未达成协议的，保险人有权解除合同，解除合同应当按照合同约定退还保险单的现金价值。在合同具有现金价值的情况下，投保人可以按照合同约定选择保费自动垫交或减额交清保险。总之，人寿保险保险费不像财产保险中的保险费只为保险人承担危险的对价，兼具有储蓄的性质，所以关于其分期交付第二期以后陆续到期保险费未付效果的立法原则须和一般债务不履行不同；而且人寿保险合同都为长期继续性合同，在此期间投保人可能因资力发生困难或其他因素而不愿继续交付到期的保险费。如果依一般债的原则，保险人对之可以提起诉讼上的请求，继续维持合同的效力，这不啻强迫投保人储蓄，所以《保险法》禁止人寿保险保险人以诉讼方式请求交付，只赋予中止效力（可在保险费及其他费用清偿后恢复），或减少保险金额或年金的效果。但需注意的是，我国《保险法》第36条虽规定陆续到期的人寿保险保险费"除合同另有规定外"，投保人自保险人催告之日起超过30日未支付当期保险费，或者超过规定的期限60日仍不交付当期保险费时，保险合同的效力中止，但此所谓"除合同另有规定"，是指合同的规定不得严于本条款的规定，否则即违背保护投保人或被保险人的立法宗旨，该约定应属无效。

在分期给付保险费的人身保险合同中，由于我国《保险法》规定第二期以后的保费不得以诉讼方式请求支付，因此第36条和第37条有关于这种保险的特殊效力的规定。原则上，保险合同在投保人未依约支付保费，超过规定的期限后仍未交付，合同效力中止。投保人如欲恢复合同的效力，就必须待与保险人达成协议并交付保费后，才能克尽全功。若自中止之日起两年内未达成协议，保险人有权解除保险合同。

▶ 适用指引

本条是对保险合同中投保人与保险人主要义务的规定，投保人的主要义务是在合同成立生效后交付保险费，而保险人的主要义务则是在保险合同成立生效后依约定承担保险责任。

保险责任，是指保险人承担的经济损失补偿或人身保险金给付的责任。即保险合同中约定由保险人承担的危险范围，在保险事故发生时所负的赔偿责任，包括损害赔偿、责任赔偿、保险金给付、施救费用、救助费用、诉讼费用等。

保险费，是指投保人为取得保险保障，按合同约定向保险人支付的费用。保险费的主要特性在于：（1）保险费的必须性。如果投保人不按照保险合同约定的义务缴纳保险费，保险基金池就无法形成，保险人当然也就无法按照约定承担保险责任，保险的作用自然无法实现。（2）保险费的保障性。由于保险事故的发生具有或然性，因此投保人支付保险费后，并不必然地获得保险金的赔付。但被保险人所获得的是承诺，即只要遇到约定的保险事故或达到约定标准，就肯定能依照保险合同的约定获得保险人支付的保险金。

依照《保险法》第13条第3款的规定，保险合同只要依法成立，如无特别约定，在成立时即依法产生效力。依照本条的规定，保险合同成立且同时生效，之后保险合同的双方当事人，即投保人与保险人需要按照保险合同的约定承担各自的义务。投保人的义务是按照约定支付保险费，保险人的义务是按照约定的时间承担保险责任。从本条立法上看，支付保险费与承担保险责任是两个平行的义务，两者没有任何的交叉，支付保险费义务的履行或不履行不会影响到保险责任的承担，也不会反过来对合同的成立与生效产生特别的影响。

但是，例外之处有两点：（1）当事人可以在保险合同中通过约定的方式，将保险责任的承担与否以及承担时间与保险费的支付与否以及支付时间联系起来。由于这种约定并不违反强行法的规范，因此该约定有效，当事人间的义务按照该特别约定处理。（2）如果投保人不支付保险费的，保险人可以依照《民法典》第525条或第526条的规定，主张同时履行抗辩权或顺序履行抗辩权，中止履行，待投保人交付保险费后再行履行自己的义务。[1]

---

[1] 参见法律出版社法规中心编：《中华人民共和国保险法注释本》，法律出版社2014年版，第14~15页。

另外,《保险法解释(二)》第 4 条第 1 款规定:"保险人接受了投保人提交的投保单并收取了保险费,尚未作出是否承保的意思表示,发生保险事故,被保险人或者受益人请求保险人按照保险合同承担赔偿或者给付保险金责任,符合承保条件的,人民法院应予支持;不符合承保条件的,保险人不承担保险责任,但应当退还已经收取的保险费。"从保险合同法的法理分析,保险人按照保险合同承担赔偿或者给付保险金责任的前提条件,应当是保险合同有效成立。因此,关于保险人收取保险费后、承保前发生保险事故应如何处理的问题,理论上实质涉及的是如何看待保险费的收取与保险合同成立的关系问题。从我国保险合同立法来看,对于"保险费的收取"与"保险合同的成立"二者之间的顺序问题,一直坚持"合同成立在前、保险费交付在后"的立场。最早的规定见于 1983 年 9 月 1 日国务院发布的原《财产保险合同条例》,该条例第 5 条规定:"投保方提出投保要求,填具投保单,经与保险方商定交付保险费办法,并经保险方签章承保后,保险合同即告成立,保险方并应根据保险合同及时向投保方出具保险单或者保险凭证。"第 12 条规定:"投保方应当按照约定的期限,交付保险费,如不按期交付保险费,保险方可以分别情况要求其交付保险费及利息或者终止保险合同。保险方如果终止合同,对终止合同前投保方欠交的保险费及利息,仍有权要求投保方如数交足。"1995 年实施的《保险法》第 12 条规定:"投保人提出保险要求,经保险人同意承保,并就合同的条款达成协议,保险合同成立。保险人应当及时向投保人签发保险单或者其他保险凭证,并在保险单或者其他保险凭证中载明当事人双方约定的合同内容。经投保人和保险人协商同意,也可以采取前款规定以外的其他书面协议形式订立保险合同。"第 13 条规定:"保险合同成立后,投保人按照约定交付保险费;保险人按照约定的时间开始承担保险责任。"2002 年《保险法》修正时,对于上述两条未作任何变动,只是条文序号调整为第 13 条、第 14 条。2009 年《保险法》修订时,对 2002 年《保险法》第 13 条作了完善,但基本内容未变,该条规定:"投保人提出保险要求,经保险人同意承保,保险合同成立。保险人应当及时向投保人签发保险单或者其他保险凭证。保险单或者其他保险凭证应当载明当事人双方约定的合同内容当事人也可以约定采用其他书面形式载明合同内容。依法成立的保险合同,自成立时生效。投保人和保险人可以对合同的效力约定附条件或者附期限。"对于 2002 年《保险法》第 14 条则未作实质性变动,仍然规定:"保险合同成立后,投保人按照约定交付保险费,保险人按照约定的时间开始承担保险责任。"根据现行《保险法》第13条关于"投保人提出保险要求，经保险人同意承保，保险合同成立"的规定，只要保险人未同意承保，保险合同不成立，保险人对在此之前发生的保险事故无须承担保险责任。而根据《保险法》第14条关于"保险合同成立后，投保人按照约定交付保险费，保险人按照约定的时间开始承担保险责任"的规定，投保人交付保险费的时间应当位于合同成立之后。对照《保险法》第13条与第14条，就会产生一个疑问，那就是，在保险人收取了保险费但尚未作出是否承保意思表示的情况下，如果发生了保险事故，保险人是否应当承担保险责任？对此，《保险法》没有给出进一步的回答。前述《保险法解释（二）》第4条的规定回答了这一问题，弥补了这一空白。

对该条司法解释的理解，首先，要正确认识该条解释的规范属性。就该条司法解释的规范属性而言，属相对强制规范。绝对强制规定，如保险利益、重复保险、超额保险等禁止性规定，不得以契约变更之，无论是否对被保险人有利。所谓相对强制规定，其法意原为保护被保险人所设，原则上不得变更，但若有利于被保险人者不在此限。此类规定，不能以一般私法上原则判断，而是以法条规定内容是否对被保险人为有利为据。换言之，此种规定为最低之契约内容标准，防止保险人以契约之方式剥夺被保险人权益。因此，对于保险法规范的判断，不能囿于民法的一般观点。保险法上条文有"契约另有约定外"等类似语句之规定，从民法之观点看属于任意性规定，但在保险法上，仍应探讨其实质之内容，若其实质内容在于保护投保人或被保险人，基于保障弱势投保人和被保险人之立场，该类规定应解释为仅能为更有利于被保险人或投保人特别约定之"相对强制规定"。其次，"符合承保条件"，是指符合客观可保条件而非保险人的主观标准。正确解读"符合承保条件"应当注意从以下两方面加以把握：一是在举证责任的承担方面实行倒置。实践中，承保条件属于保险公司的内部标准，不同保险公司有不同的风险偏好，承保条件并不统一，非保险公司内部人员难以知晓，更不用说举证证明。如将该举证责任分配由被保险人承担对被保险人负担过重，不合理，也不符合便于举证原则。故对是否符合承保条件的举证责任进行倒置，将其分配给保险人承担。二是"承保条件"限于客观可保条件。单就"符合承保条件"的文义而言可从主客观两方面加以理解。承保的主体是保险人，保险人可能会以此为由主张"符合承保条件"具有主观性，其为是否"符合承保条件"的判断主体。对此，不应支持。否则，保险人动辄可以其认为"不符合承保条件"为由拒赔，将使本条司法解释的规制目标落空。最后，关于保险人承担保险责任后保险合同未终止的，保险责任期间应于何时届满问题。根据该条司法解释的规定，在保险人接受了投保人提交的投保单并收取了保险费后、作出同意承保的意思表示前，发生保险事故的，如符合承保条件，则认定保险合同于保险人作出是否承保的意思表示前即已成立生效，保险人应当按照保险合同承担赔偿或者给付保险金的责任。问题在于，保险人承担保险责任后保险合同未终止的，保险责任期间应于何时届满？最高人民法院司法解释的立场是，保险合同双方当事人的权利义务应当一致，保险期间（如1年）是个固定值，保险人因预先收取了保险费导致其保险责任开始时间（即保险期间起算日）提前，则保险期间届满时间亦应相应提前。否则，等于变相延长了保险期间，加大了保险人的责任，对保险人有失公正。

▶典型案例

中国太平洋财产保险股份有限公司宁夏分公司与贺兰九天源橡胶有限公司财产保险合同纠纷案

关键词： 财产保险　保险费　免赔情形

裁判摘要： 合同签订后，九天源公司已履行了支付保险费的义务，保险事故发生后，若无充分证据证明存在约定的免赔情形，则太平洋保险公司应当承担相应的保险赔偿责任。

基本案情： 2010年5月26日，九天源公司与太平洋保险公司签订两份财产综合险保险合同。2010年5月28日，九天源公司向太平洋保险公司分别缴纳了保险费38 400元及15 993.60元。2010年9月20日凌晨5时许，位于银川市贺兰县的大卓公司发生火灾。另查明，2010年10月20日，九天源公司委托中铁青岛分公司对被保险人设立在银川市德胜路13号轮胎仓库火灾的损失进行评估。中铁青岛分公司出具了公估报告，结论为：（1）根据《太平洋财产保险股份有限公司财产综合险条款》保险责任之规定，火灾属于保险责任范围，保险人应负赔偿责任，保险人在赔偿之后取得代位追偿权。（2）根据保单特别约定绝对免赔额为人民币3000元或损失金额的10%，两者以高者为准，最终理算金额为：42 360 986.04元×（1-10%）= 38 124 887.44元。

2016年6月17日，太平洋保险公司委托大华公司对被保险人设立在银川市德胜路13号轮胎仓库火灾的损失进行评估。大华公司出具的公估报告结论为：核定损失金额为4 124 022.15元，残值10 672元，每次事故免赔率10%；理算金额为（4 124 022.15元–10 672元）×（1–10%）=3 702 015.14元。

【案　　号】（2018）最高法民终1194号
【审理法院】最高人民法院

类案检索

谢某与信诚保险公司人寿保险合同纠纷案

关键词： 合同成立　预交款项　追溯保险

裁判摘要： 1. 保险合同的成立、生效与签发保险单和收取保险费的关系问题。保险合同成立，是指保险合同的当事人对保险合同的主要条款达成一致。保险合同具备了成立要件将宣告成立，但已经成立的合同必须符合一定的生效要件，才能产生法律约束力。也就是说，即使保险合同已经成立，如果不符合保险合同规定的生效要件，仍然不能产生法律效力。保险合同生效要件是指已经成立的保险合同发生法律效力所应具备的法律条件。保险合同具备生效要件的，一般自成立时生效。当然，保险合同当事人对保险合同的效力可以约定附条件和约定附期限。附生效条件的保险合同，自条件成就时生效；附生效期限的保险合同，自期限届至时生效。在保险合同中，当事人可以约定以支付保险费或其他事实作为合同生效之条件。如果保险合同约定以支付保险费为生效要件，在投保人支付全部或者第一期保险费前，保险合同不生效，也谈不上承担保险责任的问题。我国《保险法》第14条规定："保险合同成立后，投保人按照约定交付保险费；保险人按照约定的时间开始承担保险责任。"一审法院认为"将重复使用于不特定投保人的格式合同条款，没有约定信诚将在何时同意承保、用什么方式承保，表述不清，实属不明确，依法应作出有利于投保人谢某的解释，即认定保险合同成立并生效"，有一定的道理。因为投保人与保险代理人共同签署了《投保书》，该《投保书》已列明当事人的权利和义务，且投保人已于签署上述投保书的次日向上诉人交付了首期保费，已履行了其作为投保人在保险合同成立后应负的主要义务，此时可以认为投保人与保险人之间的保险合同及其附加合同成立。对于这一点，我国《合同法》第36条与《保险法》的规定相一致："法律、行政法规规定或当事人约定采取书面形式订立合同的，当事人未采用书面形式，但一方当事人已经履行了主要义务，对方接受的，合同成立。"该项条款十分明确地肯定了当事人可以以客观行为作为达成合意的方式，或者说当事人的客观行为也可以成为合同成立的标志。

2. 预收款项的性质和保险合同成立、生效的关系问题。在人身保险合同的订立过程中，经常会出现保险人没有接受投保人的投保，但提前收取款项的情况。如果投保人和保险人在收取款项时明确了该款项的性质，如约定在保险公司同意未承保并签发保险单的情况下，该款项属于保管性质不是保险费，应确立尊重当事人的"意思自治"的原则，认定该种约定的有效性，不应认定为保险费并反过来证明保险合同成立。因此，在保险人明确约定了收取款项不是保险费的情况下，如果发生保险事故，保险公司原则上不承担保险责任。因为从合同订立的角度分析，实质上保险公司没有对投保人提出的订立合同的要约进行承诺。也就是说，保险合同没有成立，更谈不上承担保险责任的问题，但若保险人违反了及时签发保险单的法定义务，则应承担缔约过失责任。若没有约定预收款项的性质，则另当别论。从我国《保险法》规定看，保险合同成立是交付保险费的前提。若保险合同不成立，保险公司当然无权收受作为合同对价的保险费。而且，我国《保险法》并未规定投保单和保险费一起构成要约。因此，若认定收取的款项为保险费，就应认定保险合同成立并生效。

【审理法院】广东省广州市中级人民法院

> **第十五条** 除本法另有规定或者保险合同另有约定外，保险合同成立后，投保人可以解除合同，保险人不得解除合同。

▶ 关联规定

一、法律、行政法规、司法解释

1.《中华人民共和国民法典》

第五百六十五条 当事人一方依法主张解除合同的，应当通知对方。合同自通知到达对方时解除；通知载明债务人在一定期限内不履行债务则合同自动解除，债务人在该期限内未履行债务的，合同自通知载明的期限届满时解除。对方对解除合同有异议的，任何一方当事人均可以请求人民法院或者仲裁机构确认解除行为的效力。

当事人一方未通知对方，直接以提起诉讼或者申请仲裁的方式依法主张解除合同，人民法院或者仲裁机构确认该主张的，合同自起诉状副本或者仲裁申请书副本送达对方时解除。

2.《最高人民法院关于适用〈中华人民共和国保险法〉若干问题的解释（二）》

第七条 保险人在保险合同成立后知道或者应当知道投保人未履行如实告知义务，仍然收取保险费，又依照保险法第十六条第二款的规定主张解除合同的，人民法院不予支持。

第八条 保险人未行使合同解除权，直接以存在保险法第十六条第四款、第五款规定的情形为由拒绝赔偿的，人民法院不予支持。但当事人就拒绝赔偿事宜及保险合同存续另行达成一致的情况除外。

3.《最高人民法院关于适用〈中华人民共和国保险法〉若干问题的解释（三）》

第二条 被保险人以书面形式通知保险人和投保人撤销其依据保险法第三十四条第一款规定所作出的同意意思表示的，可认定为保险合同解除。

第十七条　投保人解除保险合同，当事人以其解除合同未经被保险人或者受益人同意为由主张解除行为无效的，人民法院不予支持，但被保险人或者受益人已向投保人支付相当于保险单现金价值的款项并通知保险人的除外。

二、部门规章及规范性文件

《保险公司管理规定》

第五十条　保险机构不得劝说或者诱导投保人解除与其他保险机构的保险合同。

三、司法指导性文件

《全国法院民商事审判工作会议纪要》

三、关于合同纠纷案件的审理

会议认为，合同是市场化配置资源的主要方式，合同纠纷也是民商事纠纷的主要类型。人民法院在审理合同纠纷案件时，要坚持鼓励交易原则，充分尊重当事人的意思自治。要依法审慎认定合同效力。要根据诚实信用原则，合理解释合同条款、确定履行内容，合理确定当事人的权利义务关系，审慎适用合同解除制度，依法调整过高的违约金，强化对守约者诚信行为的保护力度，提高违法违约成本，促进诚信社会构建。

……

（二）关于合同履行与救济

在认定以物抵债协议的性质和效力时，要根据订立协议时履行期限是否已经届满予以区别对待。合同解除、违约责任都是非违约方寻求救济的主要方式，人民法院在认定合同应否解除时，要根据当事人有无解除权、是约定解除还是法定解除等不同情形，分别予以处理。在确定违约责任时，尤其要注意依法适用违约金调整的相关规则，避免简单地以民间借贷利率的司法保护上限作为调整依据。

……

46.【通知解除的条件】审判实践中，部分人民法院对合同法司法解释（二）第24条的理解存在偏差，认为不论发出解除通知的一方有无解除权，只要另一方未在异议期限内以起诉方式提出异议，就判令解除合同，这不符合合同法关于合同解除权行使的有关规定。对该条的准确理解是，只有享有法定或者约定解除权的当事人才能以通知方式解除合同。不享有解除权的一方向另一方发出解除通知，另一方即便未在异议期限内提起诉讼，也不发生合同解除的效果。人民法院在审理案件时，应当审查发出解除通知的一方是否享有约定或者法定的解除权来决定合同应否解除，不能仅以受通知一方在约定或者法定的异议期限届满内未起诉这一事实就认定合同已经解除。

47.【约定解除条件】合同约定的解除条件成就时，守约方以此为由请求解除合同的，人民法院应当审查违约方的违约程度是否显著轻微，是否影响守约方合同目的实现，根据诚实信用原则，确定合同应否解除。违约方的违约程度显著轻微，不影响守约方合同目的实现，守约方请求解除合同的，人民法院不予支持；反之，则依法予以支持。

48.【违约方起诉解除】违约方不享有单方解除合同的权利。但是，在一些长期性合同如房屋租赁合同履行过程中，双方形成合同僵局，一概不允许违约方通过起诉的方式解除合同，有时对双方都不利。在此前提下，符合下列条件，违约方起诉请求解除合同的，人民法院依法予以支持：

（1）违约方不存在恶意违约的情形；

（2）违约方继续履行合同，对其显失公平；

（3）守约方拒绝解除合同，违反诚实信用原则。

人民法院判决解除合同的，违约方本应当承担的违约责任不能因解除合同而减少或者免除。

49.【合同解除的法律后果】合同解除时，一方依据合同中有关违约金、约定损害赔偿的计算方法、定金责任等违约责任条款的约定，请求另一方承担违约责任的，人民法院依法予以支持。

双务合同解除时人民法院的释明问题，参照本纪要第36条的相关规定处理。

条文释义

一、本条主旨

本条是关于投保人的合同解除权和保险人的合同解除权的规定。

二、条文演变

1995年制定的《保险法》第14条规定:"除本法另有规定或者保险合同另有约定外,保险合同成立后,投保人可以解除保险合同。"第15条规定:"除本法另有规定或者保险合同另有约定外,保险合同成立后,保险人不得解除保险合同。"

2002年修正时,仅将前述条文序号由第14条、第15条改为第15条、第16条,内容未作更改。

2009年修订时,将前述两条合并为一条,即第15条:"除本法另有规定或者保险合同另有约定外,保险合同成立后,投保人可以解除合同,保险人不得解除合同。"

此后2014年、2015年的两次修正,本条均未作修改。

三、条文解读

(一)解除的概念

保险合同的解除,是指保险合同当事人因保险合同成立后的法定或者约定事由,行使解除权而使保险合同效力终止的法律行为。保险公司或者投保人均享有解除保险合同的权利,称之为解约权。保险合同的解除具有如下法律性质:

第一,解除的对象必须是有效成立的保险合同,对于欠缺有效要件的无效保险合同则不存在解除的问题,而是须由仲裁机关或人民法院确认后,该无效的合同关系溯及既往地消灭。但"有效成立的保险合同"并非指保险责任已经开始的合同。换句话说,在保险合同生效之前,当事人亦可解除合同。在保险实践中,保险合同虽然已具备有效要件,但当事人往往约定在某一时间或给付保险费之后方能生效,在此期间内,保险人可解除合同。

第二,解除必须具备解除条件。保险合同解除的条件可以由当事人约定,也可以由法律直接规定,前者称为约定解除,后者称为法定解除。

第三,解除须有解除行为。保险合同的解除行为有两种:其一是合同双方当事人经协商达成协议;其二是享有解除权的一方当事人为解除的意思表示。第一种类型学者们称之为协议解除;第二种称为单方解除。在保险立法中规定的解除条件大多适用于单方解除。

第四,解除的效果是消灭合同关系。保险合同因解除而消灭有两种情况,一种是保险合同溯及既往地消灭;另一种是保险合同的消灭仅向将来发生。有的学者认为第一种情况为保险合同的解除,而第二种情况则为保险合同的终止。

(二)解除的条件

保险合同的解除条件有的是由当事人在合同中约定的,有的是由法律直接规定。约定解除习惯上又称"协议解除",约定条件具备时,当事人一方或双方有权解除保险合同。各国保险立法规定的保险合同解除条件一般有以下几项:

一是违反告知义务。在保险合同订立时,因隐匿、遗漏或不实告知足以影响保险人对危险的正确估计或保险费的计算信息的,保险人有权解除保险合同。

二是违反通知义务。当事人一方依合同规定负有通知义务而不为通知者,除因不可抗力而无法通知外,无论是否有过错,另一方当事人有权解除合同。

三是违反保证条款。保险合同当事人一方违背保证条款的规定,他方当事人即可依此解除合同。

四是投保人违反保险费给付义务。给付保险费是投保人的主要义务,如果其未如期给付,保险人有权解除合同。在人身保险合同中,保险人必须在投保人复效请求期限届满后,方能解除合同。

五是退保。各国法律一般允许投保人中途退保。我国《海商法》规定,保险责任开始前,被保险人可以要求解除合同(退保),但应当向保险人支付手续费。

(三)解除方法

1. 协议解除的方法

协议解除的方法,是指当事人经过协商一致,将所订立的合同加以解除的方法。其特点在于合同是否解除取决于当事人双方意思表示一致,而不是基于当事人一方的意思表示,也可以认为此种情况下不需要法定的或者约定的解除权,完全是以一个新的合意来解除原保险合同,协议解除要经过要约和承诺两个阶段，这里的要约是一方当事人向另一方当事人所为的解除合同的意思表示，承诺即为对上述要约完全同意的意思表示。要约和承诺一般应以书面形式为之。虽然，协议解除一经当事人意思表示一致即发生效力，但法律有特别规定或当事人有特别约定的，以法定或约定为准。

2. 行使解除权的方法

解除权行使的方法，是指享有解除权的当事人以一方的意思表示解除保险合同的方法。解除权是一种形成权，只要有解除权人一方的意思表示即发生合同解除的效力。解除权因法律规定或合同约定而发生，有时仅一方当事人享有解除权，有时双方当事人都享有解除权。

（四）解除的效果

保险合同一经解除，当事人之间的权利义务关系即随之消灭。在溯及既往消灭的场合，保险人负有返还保险费的义务。如果保险合同的解除是因投保人的不当行为所致，返还保险费反而不利于行使解除权的保险人，有时法律或合同明确规定，上述情况下，保险人无须返还保险费。我国《海商法》规定，投保人故意不为告知者，保险人有权解除合同，并不退还保险费。在保险合同仅向将来发生消灭的场合，保险人应将自合同消灭时起至合同期限届满时止所收保险费返还给投保人，而对合同消灭前所收的保险费，不予返还。另外，投保人对合同消灭前应交付而未交付的保险费，仍应按规定予以履行。根据我国法律的有关规定，合同解除不排斥损害赔偿责任。所以当事人一方因过错造成他方损失的，应负担赔偿责任，不能因合同解除而免除。

▶ 适用指引

合同解除权，是指在法律规定或合同约定的合同解除条件成就时，当事人一方或双方所享有的可以单方解除合同的权利。解除权行使之后发生合同解除的效果。解除权的行使不需要对方当事人的同意，只需要解除权一方通知对方即可，通知到达时合同被解除。

依据本条的规定，在一般情形下，投保人可以任意解除保险合同，即投保人的保险合同解除权基本上是不受限制的。但本法对投保人的任意解除权作出了缓和规定，即如果立法有特别规定或当事人有特别约定的时候，投保人不得行使该任意解除权。按照本法第 50 条的规定，货物运输保险合同和运输工具航程保险合同，保险责任开始后，合同当事人不得解除合同。货物运输保险合同和运输工具航程保险合同的投保人，在保险责任开始后就不能解除保险合同，这是由这两种保险合同的性质和特点决定的。另外，如果保险合同已明确约定某些特殊情况下不得解除保险合同，那么在出现约定的这些情况时，投保人也不得任意解除合同。

投保人行使任意解除权，必须是在保险合同成立后，且必须要有行使解除权的行为。一般而言，解除权的行使需以通知的方式进行。在解除合同的通知到达保险人时，通知生效，合同被解除。①

▶ 典型案例

吴某某、毛某 1 等与中国太平洋人寿保险股份有限公司人身保险合同纠纷案

关键词：人身保险合同　继承权　保险合同的解除权

裁判摘要：虽然目前相关法律并未对投保人死亡之后其权利义务的继承问题作出明确的规定，但是依据《继承法》的有关规定，继承人继承的遗产范围应当包括被继承人财产上的权利及相应的义务。因此，投保人的继承人依法享有继承保险合同的权利，并享有保险合同的解除权。

基本案情：投保人毛某 2 系吴某某之夫，亦系毛某 1、毛某 3 之父。2015 年 1 月 16 日，投保人毛某 2 在太保人寿保险公司为其子毛某 1、其女毛某 3 分别投了人寿保险，并与太保人寿保险公司签订了两份合同即《东方红·少年智年金保险（分红型）B 款合同书》及《附加财富管家年金保险（万能型）2013 版合同书》。合同约定：被保险人为毛某 1、毛某 3，每年共交纳保费 40 000 元，交费方式以交满 10 年为限。2018 年 2 月 19 日，投保人毛某 2 因病死亡，三原告法定代理人以投保人毛某 2 妻子吴某某属智力二级残废，两个年幼儿女尚未成年又在校读书，家里已无经济收入来源，现为农村低保对象，无能力再行续保为由，向太保人寿保险公司提出解除保险合同，要求返还已交

---

① 参见法律出版社法规中心编：《中华人民共和国保险法注释本》，法律出版社 2014 年版，第 14~15 页。

纳保费160 000元和应得保险金。后因双方协调未果，三原告遂诉至法院，提出诉讼请求：（1）请求依法判令解除毛某2与太保人寿保险公司签订的两份合同《东方红·少年智年金保险（分红型）B款合同书》及《附加财富管家年金保险（万能型）2013版合同书》，并返还保险费160 000元；（2）请求依法判令太保人寿保险公司支付至2018年11月20日止的保险金38 192.65元；（3）由太保人寿保险公司负担本案的诉讼费用。

法院另查明：（1）投保人毛某2在人寿保险合同中分别指定了被保险人为毛某1、毛某3，保险单记载身故受益人及分配方式为法定；（2）截至起诉之日止，投保人毛某2已交纳4年保费共计160 000元，并在太保人寿保险公司共计贷款40 000元；（3）被继承人毛某2的父亲毛某、母亲郭某某自愿放弃对本案保险合同利益的继承，并表示不参与本案诉讼。

法院认为，依法成立的合同应受法律保护。关于本案中太保人寿保险公司主张的投保人解除权不能继承的问题，虽然目前相关法律并未对投保人死亡之后其权利义务的继承问题作出明确的规定，但是依据《继承法》的有关规定，继承人继承的遗产范围应当包括被继承人财产上的权利及相应的义务。因此，被继承人毛某2的继承人依法享有继承保险合同的权利，并享有保险合同的解除权。在诉讼中，继承人毛某、郭某某表示自愿放弃对本案保险合同利益的继承，符合《继承法》相关规定，故由被继承人毛某2其他继承人吴某某、毛某1、毛某3提出解除合同的请求于法有据，予以支持。关于保险合同解除后是应退还保单现金价值，还是退还给投保人实际交纳的保险费160 000元。《保险法》第30条规定，采用保险人提供的格式条款订立的合同，保险人与投保人、被保险人或者收益人对合同条款有争议的，应当按照通常理解予以解释。对合同条款有两种以上解释的，人民法院或者仲裁机构应当作出有利于被保险人和受益人的解释。法院认为，原、被告双方在本案中均无过错和违约，保险合同的无法履行只是由于投保人毛某2死亡，继承人又都无能力继续履行合同所致。这一客观情况发生也都是双方当事人所无法预见的重大变化，如果继续履行合同对于一方当事人明显不公平或者不能实现合同的目的。因此，考虑到合同情势变更情况及根据公平原则，在扣除太保人寿保险公司因商业活动需支付的手续费用（酌定10 000元）外，退还三原告保险费150 000元。至于投保人毛某2以被保险人毛某1、毛某3保单在太保人寿保险公司贷款的40 000元，因与本案保险合同具有关联性，故应在退保时一并予以核减40 000元为宜。综上，判决：（1）解除投保人毛某2与被告中国太平洋人寿保险股份有限公司签订的两份合同即《东方红·少年智年金保险（分红型）B款合同书》及《附加财富管家年金保险（万能型）2013版合同书》；（2）被告中国太平洋人寿保险股份有限公司返还三原告吴某某、毛某1、毛某3保险费110 000元；（3）驳回三原告吴某某、毛某1、毛某3其他诉讼请求。

【案　　号】（2018）鄂1127民初3359号

【审理法院】湖北省黄冈市黄梅县人民法院

类案检索

一、中国太平洋财产保险股份有限公司深圳分公司与郑某某财产保险合同纠纷案

关键词： 预约合同　强制缔约义务　任意解除权

裁判摘要： 保险公司在全额收取车险保费后，才能向投保人出具保单和开具保费发票，投保人享有单方的任意解除权。

【案　　号】（2010）西民初字第690号

【审理法院】广东省阳江市阳西县人民法院

二、王某与中国平安人寿保险股份有限公司人身保险合同纠纷案

关键词： 人身保险　解除合同　履约不当

裁判摘要： 如果保险合同没有另外的约定，则投保人可以解除合同，且不论投保人缴纳保险费的时间长短，法院均应当判令保险人退还保险单的现金价值。本案王某与保险公司之间订立的保险合同合法有效，双方应自觉履行合同义务，享有合同权利。王某在合同订立后的第一年、第二年依约交纳了保费，保险公司向王某出具了《人身保险费交纳对账单》，承担了保险责任。现双方对收款凭证的形式出现争议，保险公司抗辩称，《保险费自动转账付款协议书》约定，续期保费收款凭证按保险合同内所载的最后通讯地址邮寄或由服务人员转交至投保人王某，保险公司邮寄的对账单即为保险公司的收款凭证，合同条款未约定必须以发票作为付款凭证。法院认为，保险合同为保险公司订立的格

式条款,合同对续期保费收款凭证的形式未作约定。《保险法》规定,对于保险合同条款,保险人与投保人、被保险人有争议时,应当作有利于被保险人和受益人的解释;《发票管理办法》第19条明确规定,销售商品、提供服务以及从事其他经营活动的单位和个人,对外发生经营业务收取款项,收款方有义务向付款方开具发票。所以本案王某就收款凭证的形式出现争议,王某坚持要求保险公司提供发票,理由正当。关于保险公司未向王某提供收款发票的法律后果。保险公司虽未向王某提供收款正式发票,但是保险公司自始认可其已收取了王某第二年的续期保费,并承担了保险责任。王某称保险公司不开具正式发票,对账单不具法律效力,其缴费行为得不到法律上的认可,有理由怀疑保险公司是否能履行保险合同约定的保险义务,法院认为王某的怀疑缺乏事实依据,故不予采信。保险合同保险人的主要义务是在保险事故发生后承担理赔保险金的责任,现保险公司未向王某开具发票,存在履约不当,但并非不履行或迟延履行主要合同义务,并不能导致王某的合同目的无法实现,不构成法律规定的一方过错导致合同不能履行因而解除合同的条件,保险公司在王某交纳保险费的2年内,已承担了保险义务,王某要求退还全部保险费,缺乏依据,法院不予支持。《保险法》规定,除《保险法》另有规定或保险合同另有约定外,保险合同成立后,投保人可以解除保险合同,现王某要求解除保险合同,保险公司亦认可,法院不持异议。

【审理法院】北京市西城区人民法院

第十六条　订立保险合同，保险人就保险标的或者被保险人的有关情况提出询问的，投保人应当如实告知。

投保人故意或者因重大过失未履行前款规定的如实告知义务，足以影响保险人决定是否同意承保或者提高保险费率的，保险人有权解除合同。

前款规定的合同解除权，自保险人知道有解除事由之日起，超过三十日不行使而消灭。自合同成立之日起超过二年的，保险人不得解除合同；发生保险事故的，保险人应当承担赔偿或者给付保险金的责任。

投保人故意不履行如实告知义务的，保险人对于合同解除前发生的保险事故，不承担赔偿或者给付保险金的责任，并不退还保险费。

投保人因重大过失未履行如实告知义务，对保险事故的发生有严重影响的，保险人对于合同解除前发生的保险事故，不承担赔偿或者给付保险金的责任，但应当退还保险费。

保险人在合同订立时已经知道投保人未如实告知的情况的，保险人不得解除合同；发生保险事故的，保险人应当承担赔偿或者给付保险金的责任。

保险事故是指保险合同约定的保险责任范围内的事故。

▶ 关联规定

一、法律、行政法规、司法解释

1.《中华人民共和国民法典》

第七条　民事主体从事民事活动，应当遵循诚信原则，秉持诚实，恪守承诺。

2.《中华人民共和国海商法》

第二百二十二条　合同订立前，被保险人应当将其知道的或者在通常业务中应当知道的有关影响保险人据以确定保险费率或者确定是否同意承保的重要情况，如实告知保险人。

保险人知道或者在通常业务中应当知道的情况，保险人没有询问的，被保险人无需告知。

第二百二十三条 由于被保险人的故意，未将本法第二百二十二条第一款规定的重要情况如实告知保险人的，保险人有权解除合同，并不退还保险费。合同解除前发生保险事故造成损失的，保险人不负赔偿责任。

不是由于被保险人的故意，未将本法第二百二十二条第一款规定的重要情况如实告知保险人的，保险人有权解除合同或者要求相应增加保险费。保险人解除合同的，对于合同解除前发生保险事故造成的损失，保险人应当负赔偿责任；但是，未告知或者错误告知的重要情况对保险事故的发生有影响的除外。

3.《最高人民法院关于适用〈中华人民共和国保险法〉若干问题的解释（二）》

第五条 保险合同订立时，投保人明知的与保险标的或者被保险人有关的情况，属于保险法第十六条第一款规定的投保人"应当如实告知"的内容。

第六条 投保人的告知义务限于保险人询问的范围和内容。当事人对询问范围及内容有争议的，保险人负举证责任。

保险人以投保人违反了对投保单询问表中所列概括性条款的如实告知义务为由请求解除合同的，人民法院不予支持。但该概括性条款有具体内容的除外。

第七条 保险人在保险合同成立后知道或者应当知道投保人未履行如实告知义务，仍然收取保险费，又依照保险法第十六条第二款的规定主张解除合同的，人民法院不予支持。

4.《最高人民法院关于适用〈中华人民共和国保险法〉若干问题的解释（三）》

第五条 保险合同订立时，被保险人根据保险人的要求在指定医疗服务机构进行体检，当事人主张投保人如实告知义务免除的，人民法院不予支持。

保险人知道被保险人的体检结果，仍以投保人未就相关情况履行如实告知义务为由要求解除合同的，人民法院不予支持。

5.《最高人民法院关于审理海上保险纠纷案件若干问题的规定》

第四条 保险人知道被保险人未如实告知海商法第二百二十二条第一款规

定的重要情况，仍收取保险费或者支付保险赔偿，保险人又以被保险人未如实告知重要情况为由请求解除合同的，人民法院不予支持。

二、部门规章及规范性文件

《中国保监会关于提醒人身保险投保人正确履行如实告知义务有关事项的公告》

为了维护广大投保人的合法权益，提醒人身保险投保人正确履行如实告知义务，现就有关事项公告如下：

一、如实告知不仅是投保人的义务，也是投保人维护自身合法权益的前提和基础。投保人应当按照《保险法》的规定和保险合同的约定履行如实告知义务。

二、投保单以及健康证明书、重要事项告知书、批单、产品说明书等有关单证是保险合同的重要组成部分，投保人在投保时应当仔细阅读投保单及有关单证的有关内容。投保人需要向保险公司如实告知的事项以投保单及有关单证提示的范围为准，并以书面方式履行告知义务。

三、由于投保人的签名具有相应的法律效力，在推销人员代投保人填写投保单及有关单证时，投保人在签署投保单以前应当确认推销人员代为填写的内容是否属实。

四、如果投保人发现推销人员的宣传与投保单的内容不一致，请向保险公司作详细咨询，核实以后再签署投保单。

五、投保人在购买包含死亡赔付责任的人身保险产品时，必须经被保险人书面同意该项保险并认可保险金额。

三、司法指导性文件

《第二次全国涉外商事海事审判工作会议纪要》

117. 保险人知道或者应当知道被保险人故意不履行《中华人民共和国海商法》第二百二十二条第一款规定的如实告知义务，仍继续收取保险费或者支付保险赔款的，不得再以被保险人未如实告知重要情况为由行使《中华人民共和国海商法》第二百二十三条规定的解除合同的权利。

▶ 条文释义

一、本条主旨

本条是关于保险合同中投保人的如实告知义务的规定。

二、条文演变

1995年制定的《保险法》第16条规定：订立保险合同，保险人应当向投保人说明保险合同的条款内容，并可以就保险标的或者被保险人的有关情况提出询问，投保人应当如实告知。投保人故意隐瞒事实，不履行如实告知义务的，或者因过失未履行如实告知义务，足以影响保险人决定是否同意承保或者提高保险费率的，保险人有权解除保险合同。投保人故意不履行如实告知义务的，保险人对于保险合同解除前发生的保险事故，不承担赔偿或者给付保险金的责任，并不退还保险费。投保人因过失未履行如实告知义务，对保险事故的发生有严重影响的，保险人对于保险合同解除前发生的保险事故，不承担赔偿或者给付保险金的责任，但可以退还保险费。保险事故是指保险合同约定的保险责任范围内的事故。

2002年《保险法》修正时该条未作更改，仅调整序号为第17条。

2009年《保险法》修订时作了改动，序号调整为第16条，规定：订立保险合同，保险人就保险标的或者被保险人的有关情况提出询问的，投保人应当如实告知。投保人故意或者因重大过失未履行前款规定的如实告知义务，足以影响保险人决定是否同意承保或者提高保险费率的，保险人有权解除合同。前款规定的合同解除权，自保险人知道有解除事由之日起，超过30日不行使而消灭。自合同成立之日起超过二年的，保险人不得解除合同；发生保险事故的，保险人应当承担赔偿或者给付保险金的责任。投保人故意不履行如实告知义务的，保险人对于合同解除前发生的保险事故，不承担赔偿或者给付保险金的责任，并不退还保险费。投保人因重大过失未履行如实告知义务，对保险事故的发生有严重影响的，保险人对于合同解除前发生的保险事故，不承担赔偿或者给付保险金的责任，但应当退还保险费。保险人在合同订立时已经知道投保人未如实告知的情况的，保险人不得解除合同；发生保险事故的，保险人应当承担赔偿或者给付保险金的责任。保险事故是指保险合同约定的保险责任范围内的事故。

此后 2014 年、2015 年的两次修正，本条均未作修改。

三、条文解读

本条是关于如实告知义务的规定。如实告知义务是诚信原则在《保险法》中的具体体现。

（一）如实告知义务的主体

我国《保险法》第 16 条第 1 款仅规定了投保人负有如实告知义务，但对被保险人是否负有告知义务则没有作出明确的规定。通常认为既然法律和司法解释均未要求，则负有如实告知义务的主体仅为投保人，被保险人不是如实告知义务的义务主体。但也有观点认为，因投保人和被保险人有时并非同一人，财产保险合同中的被保险人对保险标的物的状况及发生的危险情况往往最为了解，而人身保险合同中的被保险人对自己身体的了解情况也比投保人更为清楚和透彻，如果被保险人不负有如实告知义务，不利于保险人全面掌握保险标的情况，也有悖于告知义务制度设计的目的和诚信原则。因此，应对《保险法》第 16 条第 1 款作扩张解释，如实告知义务的主体应该理解为包括投保人和被保险人。从《最高人民法院关于审理海上保险纠纷案件若干问题的规定》第 4 条所规定的"保险人知道被保险人未如实告知海商法第二百二十二条第一款规定的重要情况，仍收取保险费或者支付保险赔偿，保险人又以被保险人未如实告知重要情况为由请求解除合同的，人民法院不予支持"来看，最高人民法院至少在对待海上保险的态度上似将被保险人也作为了如实告知义务的主体。

（二）如实告知义务的履行

1. 如实告知的方式

国际上关于如实告知义务的履行方式有两种立法模式，分别是无限告知主义和询问告知主义。无限告知要求投保人（包括被保险人）需要告知的事项不以询问为限，只要是与保险标的或被保险人有关的任何重要事实，投保人都有义务告知保险人，这种告知方式对投保人的要求过于严格，使投保人承担过多的责任，有悖于民法中的公平原则。所以，目前为大多数国家所采用的是询问告知主义模式。询问告知又称主观告知，即投保人的告知范围仅限于保险人询问的问题,对于保险人没有询问的事项不需要告知。我国采取的也是询问告知模式,询问告知主义有利于维护投保人的利益,防止保险人动辄以投保人未履行告知义务主张合同无效或拒绝承担赔偿责任。对于告知的具体形式,我国《保险法》没有明确规定,实践中一般认为,采用书面形式履行告知义务,可以缩小投保人告知义务的范围,同时也能避免因口头询问导致的举证困难。

2. 如实告知义务的内容

根据《保险法》的规定,投保人告知的应当是足以影响保险人决定是否同意承保或者提高保险费率的事实,该项规定表明告知义务的内容应是"重要事项"而不是有关保险标的的所有事项。在保险实务中,认定是否属"重要事项",应结合保险利益情况、保险标的物的性质状况及保险标的物安全方面的情况来认定,同时还应注意以下两点:一是保险人应对投保人进行引导。对于哪些是与保险标的有关的重要事项,对投保人而言难以判断,而保险人在保险关系中居于有利地位,作为具有保险专业知识的人员,保险人具有丰富的经验,故保险人应制定出书面询问表或在投保书列出询问项目,由投保人进行填写,以使投保人履行重要事项告知义务。二是重要事项应是投保人所明知或应知的。有些情况虽然对保险人是否接受投保或提高保险费率至关重要,但投保人不知道或无法知道,若要求其告知的情况与客观情况事实完全一致,对投保人来说是不公平的。投保人明知,是指投保人通过某种方法、手段实际了解到了相关情况或事实。当前审判实践中,对投保人是否明知的争议主要集中于人身保险合同纠纷案件中。在该类案件中,投保人投保时,可能在风险询问表中对是否曾患相关疾病等问题作否认回答,但在理赔中,保险公司通过调查被保险人的病历本、病程记录、住院病志、入出院记录等相关材料发现,被保险人在保险合同订立前已经患有相关疾病,此时保险公司会以投保人违反如实告知义务为由拒赔,于是双方就会对投保人对被保险人的疾病是否明知以及投保人是否违反如实告知义务产生争议。对于此类案件中投保人是否明知的审查,应区分以下两个层次:(1)应审查被保险人客观上是否患有相关疾病,即是否存在应当告知的重要事项;(2)应审查投保人对被保险人的疾病是否明知,即投保人主观上是否知道该重要事项。实践中,保险人通常以被保险人相关病历、住院记录等作为证据来证明投保人明知相关疾病,但并不是所有这些证据材料都可以得出投保人明知相关疾病的结论。有些病历虽记载被保险人所患疾病,但其可能仅是推测,或者所记载疾病非常模糊,甚至与其他相关证据材料所记载内容相矛盾,此时不能仅以该病历认为被保险人患有相关疾病。因此,具体案件审理中,应当综合考量所有相关证据,结合案件具体情况,准确认定投保人是否明知,防止保险公司随意以投保人违反告知义务为借口逃避责任。对于这类案件,实践中还应注意防范保险欺诈行为。有些被保险人明知自己存在不符合承保条件的疾病,但却故意隐瞒自身的健康状况为虚假陈述,或者在保险公司安排的体检中隐瞒事实、误导体检医生,或者通过他人代为投保,以规避如实告知义务制度,以骗取保险公司的承保,这是一种典型的保险欺诈行为。在具体案件审理中,我们应结合被保险人的相关病历、治疗状况、投保过程等相关材料,审查投保人的投保动机,注意防范保险欺诈行为。[1]

(三)违反如实告知义务的构成要件

1.主观要件

主观要件指义务人未告知或作不实的告知,是否为故意或过失所致。依照我国《保险法》的规定,可知我国立法对违反告知义务的主观归责性采过错归责原则,即投保人的主观过错为故意和重大过失。在法理上和审判实践中,根据法律规范对行为人应当注意和能够注意程度的要求,将过失划分为重大过失和一般过失。我国《保险法》修订后对过失的程度加以区分,由于投保人不具备保险专业知识,故对其注意程度不能要求过高。

2.客观要件

违反如实告知义务的客观要件须具备三个要素,即有未告知或告知不实的事实存在、未告知或告知不实的事实属于重要事实以及未告知或告知不实的事实与保险事故发生有因果关系。投保人未如实履行告知义务的事项和保险事故的发生如果无因果关系,保险人是否可以解除合同,免负保险赔偿责任,目前主要有两种观点:因果关系说和非因果关系说。因果关系说主张,投保人未如实告知的事项与保险事故的发生有因果关系的,保险人才能解除合同而免除赔偿义务。非因果关系说认为,投保人只要有违反如实告知义务的事实,无论其与保险事故的发生是否有因果关系,保险人都可以解除合同,免负保险赔偿责任,故非因果关系说又称危险估计说。另外还有折中说认为,原则上,保险事故发生后,投保人未如实告知的重要事项与保险事故的发生有因果关系的,保

---

[1] 参见最高人民法院民事审判第二庭编著:《最高人民法院关于保险法司法解释(二)理解与适用》,人民法院出版社2015年版,第150~151页。

险人可以解除合同。若无因果关系的，保险人不得解除合同，只有在能证明保险人于订立合同时知道该事实，依一般承保原则即不会承保的，保险人才可以解除合同。若存在保险人通过增加保费能够承保的且无因果关系的情形，保险人不能主张解除合同，只得增收保费。通常认为折衷说考虑到了保险人和投保人双方利益的平衡和公正，故一般认为采用此观点较为科学和合理。而鉴于我国《保险法》第 16 条第 2 款规定，投保人故意或者因重大过失未履行前款规定的如实告知义务，足以影响保险人决定是否同意承保或者提高保险费率的，保险人有权解除合同。故我国《保险法》与折衷说又有所区别，在只能增收保费之外赋予了保险人解除权。

（四）违反如实告知义务的法律后果

对于投保人违反如实告知义务的法律后果，我国《保险法》赋予了保险人解除权，同时也规定保险人可放弃解除权，通过增收保费或改变保险条件等方式使保险合同继续履行。《保险法》针对投保人违反如实告知义务的不同情况作出了具体规定，即"投保人故意不履行如实告知义务的，保险人对于合同解除前发生的保险事故，不承担赔偿或者给付保险金的责任，并不退还保险费。投保人因重大过失未履行如实告知义务，对保险事故的发生有严重影响的，保险人对于合同解除前发生的保险事故，不承担赔偿或者给付保险金的责任，但应当退还保险费"。从以上规定可以看出，投保人故意和重大过失未履行如实告知义务的，分别采用非因果关系说和因果关系说，投保人只要故意违反了该义务，保险人对保险事故的发生就不承担责任，而在投保人过失违反如实告知义务的情况下，只有在其未告知的重要事项对保险事故的发生有严重影响的，保险人才不负赔偿责任。投保人固然要因未履行如实告知义务而承担不利后果，但判定投保人是否因违反如实告知义务而应该受到惩罚时，还应结合保险人的有关事实情况进行考察，如果投保人有未履行如实告知义务的情形，但保险人对此是明知或应该知道的，即使该情形足以影响保险人决定是否承保或改变保险条件，保险人也不能行使解除权。

需要注意的是，解除权的期限问题。我国 2009 年修订《保险法》时借鉴了外国保险法中有关不可抗辩条款的规定，规定了解除权的除斥期间。抗辩期为 2 年。即第 16 条第 3 款。

适用指引

本条不仅对投保人的告知义务及其法律后果作出了较为详尽、科学的规定，同时也对保险合同中保险人的不可抗辩条款作出了规定。

一、投保人的如实告知义务

本条第1款对如实告知义务的履行方式及告知范围均作出了规定。

保险法中的告知，一般包括：（1）足以使保险危险增加的事实；（2）为特殊动机而投保的，有关此种动机的事实；（3）表明被保险危险特殊性质的事实；（4）显示投保人在某方面非正常的事实。在告知方式上，投保人只需如实回答保险人对保险标的的风险状况提出的询问即可，对保险人没有询问的事项，投保人无须主动告知。在实践中，保险人的询问方式通常采用书面形式，通过要求投保人如实填写投保单的方式履行告知义务。

二、投保人不履行告知义务的具体情形及其法律后果

对于保险人的询问，投保人必须如实回答告知，如果投保人违反上述义务的，保险合同将产生如下后果。

（一）投保人故意不履行如实告知义务

在投保人故意不告知上述重要事实的情形下，保险人享有保险合同解除权。

如果在法定的除斥期间内保险人行使解除权，解除保险合同的，该保险合同因被解除而失去效力且自始无效。如果在法定的除斥期间内保险人不行使合同解除权，期间经过之后，该解除权消灭，保险人不得再要求解除保险合同，保险合同将继续有效。在保险合同的有效期内如果发生保险事故的，保险人应当按照保险合同的约定承担赔偿或给付保险金的责任。

（二）投保人因重大过失不履行如实告知义务

重大过失，是指行为人不但没有遵守法律规范对其所作的较高要求，甚至连人们都应当注意并能注意到的一般标准也未达到，因而所具有的过失。《保险法解释（二）》第5条规定，保险合同订立时，投保人明知的与保险标的或

者被保险人有关的情况,属于《保险法》第16条第1款规定的投保人"应当如实告知"的内容。第6条第1款规定,投保人的告知义务限于保险人询问的范围和内容。当事人对询问范围及内容有争议的,保险人负举证责任。通过上述两条规定,进一步明确了投保人因重大过失不履行如实告知义务的司法判断标准。

三、保险人的弃权

弃权,是指行为人有意识地放弃某项已知的权利,在保险法中则是指保险合同的一方当事人放弃其在合同中的某项权利。保险法中的弃权一般是针对保险人故意放弃合同解除权与抗辩权而言的。

依本条第6款规定,如果保险人在合同订立时已经知道投保人未如实告知的,无论投保人是因为故意还是因为重大过失而未如实告知,保险人均视为同意承保且已放弃合同解除权,在保险合同成立之后,保险人不得再解除合同。发生保险事故的,保险人应当承担赔偿或者给付保险金的责任。①

▶ 典型案例

陆某某与泰康人寿保险股份有限公司上海分公司人身保险合同纠纷案

关键词: 如实告知义务 合同解除权 保险合同

裁判摘要: 保险告知义务指投保人在订立保险合同时,有将保险标的的重大情况如实向保险人披露的义务。保险告知义务并非将搜集风险评估信息的责任完全施以投保人,投保人如实告知义务的范围以"询问"和"明知"为限,对于"明知"应从主观、客观两方面进行审查。

基本案情: 2014年6月,原告向被告投保泰康全能保B款两全保险,附加险为泰康附加全能保B款重大疾病保险。后者的基本保险金额为20万元,保费为1580元,交费年限为20年。原告填写《个人寿险投保单》,投保单"询问事项"第4项询问原告"是否在过去2年内做过以下一项或几项检查(若是,在备注栏告知检查项目、时间、原因、地点及结果)……",原告勾选

---

① 参见法律出版社法规中心编:《中华人民共和国保险法注释本》,法律出版社2012年版,第16~18页。

"是"；第7项G栏询问原告"是否患有、被怀疑患有或接受治疗过以下一种或几种疾病，如甲状腺或甲状旁腺疾病等"，原告勾选"否"。"备注及特别约定栏"载明："被保人备注：单位每年年检，指标正常。2013年10月26日体检医院：瑞慈张江。"被保险人为原告本人。2014年6月27日，被告签发涉案保险单，合同生效日为同年6月28日。2015年1月26日，第二军医大学第二附属医院出具的出院记录载明，原告出院诊断为右侧甲状腺癌。2015年2月9日，原告向被告申请理赔。2015年3月10日，被告发出理赔通知书，认为原告投保前已经患有右侧甲状腺结节，而在投保时未告知，严重影响被告承保决定，故终止保险合同并退还原告缴纳的保费5060元。投保单中备注的体检情况为，2013年10月26日，上海瑞宁门诊部对原告出具的体检报告关于甲状腺外科检查中表述为"未见异常"，而在超声波诊断中载明："超声提示：甲状腺右叶结节。建议定期复查，外科随诊。"

法院生效裁判认为，《保险法》规定投保人的如实告知义务不在于将搜集风险评估有关的信息完全施加于投保人，而是让其协助保险人搜集相关重要信息，以弥补信息的不对称。保险人仍应当承担信息搜集和审查义务，该义务并不因投保人承担如实告知义务而免除。一方面，根据《个人寿险投保单》的备注栏可知，被告在与原告签订保险合同时，应当知道存在2013年10月26日的体检报告，被告作为谨慎的保险人，应当尽到一定的审查义务。被告在保单中设置对检查事项的询问，主要目的就是进一步核实投保人所作陈述。备注栏的内容即是被告保险代理人与原告对询问事项中体检事宜的进一步明确，被告保险代理人在操作过程中，只需审查体检报告，也没有不合理增加被告的负担。另一方面，体检报告外科检查与超声波检查两部分对"甲状腺"的结论表述不明确，原告在询问事项的判断上可能难以把握，若以外科检查为准，亦无法认定原告存在未如实告知的情况。同时，原告已经主动告知被告体检事宜，可见原告并无隐瞒之意，而被告疏于作出适当的核实，就作出承保决定，使原告产生合理期待。因此，被告不得解除合同，现在原告发生保险事故，被告应当承担给付保险金的责任。被告已经退还的保费5060元，应当予以扣除。据此，判决被告泰康人寿赔付原告保险金194 940元。

【案　　号】（2015）沪一中民六（商）终字第605号
【审理法院】上海市第一中级人民法院

> 第十七条　订立保险合同，采用保险人提供的格式条款的，保险人向投保人提供的投保单应当附格式条款，保险人应当向投保人说明合同的内容。
>
> 对保险合同中免除保险人责任的条款，保险人在订立合同时应当在投保单、保险单或者其他保险凭证上作出足以引起投保人注意的提示，并对该条款的内容以书面或者口头形式向投保人作出明确说明；未作提示或者明确说明的，该条款不产生效力。

▶ 关联规定

一、法律、行政法规、司法解释

1.《中华人民共和国民法典》

第四百九十六条　格式条款是当事人为了重复使用而预先拟定，并在订立合同时未与对方协商的条款。

采用格式条款订立合同的，提供格式条款的一方应当遵循公平原则确定当事人之间的权利和义务，并采取合理的方式提示对方注意免除或者减轻其责任等与对方有重大利害关系的条款，按照对方的要求，对该条款予以说明。提供格式条款的一方未履行提示或者说明义务，致使对方没有注意或者理解与其有重大利害关系的条款的，对方可以主张该条款不成为合同的内容。

2.《最高人民法院关于适用〈中华人民共和国保险法〉若干问题的解释（二）》

第九条　保险人提供的格式合同文本中的责任免除条款、免赔额、免赔率、比例赔付或者给付等免除或者减轻保险人责任的条款，可以认定为保险法第十七条第二款规定的"免除保险人责任的条款"。

保险人因投保人、被保险人违反法定或者约定义务，享有解除合同权利的条款，不属于保险法第十七条第二款规定的"免除保险人责任的条款"。

第十条 保险人将法律、行政法规中的禁止性规定情形作为保险合同免责条款的免责事由，保险人对该条款作出提示后，投保人、被保险人或者受益人以保险人未履行明确说明义务为由主张该条款不成为合同内容的，人民法院不予支持。

第十一条 保险合同订立时，保险人在投保单或者保险单等其他保险凭证上，对保险合同中免除保险人责任的条款，以足以引起投保人注意的文字、字体、符号或者其他明显标志作出提示的，人民法院应当认定其履行了保险法第十七条第二款规定的提示义务。

保险人对保险合同中有关免除保险人责任条款的概念、内容及其法律后果以书面或者口头形式向投保人作出常人能够理解的解释说明的，人民法院应当认定保险人履行了保险法第十七条第二款规定的明确说明义务。

第十二条 通过网络、电话等方式订立的保险合同，保险人以网页、音频、视频等形式对免除保险人责任条款予以提示和明确说明的，人民法院可以认定其履行了提示和明确说明义务。

第十三条 保险人对其履行了明确说明义务负举证责任。

投保人对保险人履行了符合本解释第十一条第二款要求的明确说明义务在相关文书上签字、盖章或者以其他形式予以确认的，应当认定保险人履行了该项义务。但另有证据证明保险人未履行明确说明义务的除外。

3.《最高人民法院关于适用〈中华人民共和国保险法〉若干问题的解释（四）》

第二条 保险人已向投保人履行了保险法规定的提示和明确说明义务，保险标的受让人以保险标的转让后保险人未向其提示或者明确说明为由，主张免除保险人责任的条款不成为合同内容的，人民法院不予支持。

二、部门规章及规范性文件

1.《保险公司管理规定》

第四十六条 保险机构对保险合同中有关免除保险公司责任、退保、费用扣除、现金价值和犹豫期等事项，应当依照《保险法》和中国保监会的规定向投保人作出提示。

2.《中国保险监督管理委员会关于〈机动车辆保险条款〉的性质等有关问题的批复》

二、《中华人民共和国保险法》和《中华人民共和国合同法》在规定有关说明义务的同时,并没有具体规定说明义务的履行方式,但一般来说,仅仅采用将保险条款送交投保人阅读的方式,不构成对说明义务的履行。保险公司应当根据保险合同签订的具体情况,采用适当、充分的方式明确提示投保人,尽量使其明确合同中责任免除条款的内容,确保投保人的利益不受损害。保险公司的行为是否构成了对说明义务的履行,由司法机关或仲裁机构依法认定。

三、司法指导性文件

1.《全国法院贯彻实施民法典工作会议纪要》

7. 提供格式条款的一方对格式条款中免除或者减轻其责任等与对方有重大利害关系的内容,在合同订立时采用足以引起对方注意的文字、符号、字体等特别标识,并按照对方的要求以常人能够理解的方式对该格式条款予以说明的,人民法院应当认定符合民法典第四百九十六条所称"采取合理的方式"。提供格式条款一方对已尽合理提示及说明义务承担举证责任。

2.《最高人民法院研究室关于对〈保险法〉第十七条规定的"明确说明"应如何理解的问题的答复》

《中华人民共和国保险法》第十七条规定:"保险合同中规定有保险责任免除条款的,保险人应当向投保人明确说明,未明确说明的,该条款不发生法律效力。"这里所规定的"明确说明",是指保险人在与投保人签订保险合同之前或者签订保险合同之时,对于保险合同中所约定的免责条款,除了在保险单上提示投保人注意外,还应当对有关免责条款的概念、内容及其法律后果等,以书面或者口头形式向投保人或其代理人作出解释,以使投保人明了该条款的真实含义和法律后果。

3.《最高人民法院关于"〈保险法解释二〉第九条适用"问题的答复》

《保险法解释二》第九条是对《保险法》第十七条中"免除保险人责任的条款(以下简称"免责条款")"的解释。《保险法》第十七条分为两款:第一款是对保险人提供的格式条款的一般说明义务,第二款是保险合同中免除保险人责任的条款的提示和明确说明义务。第二款的理解应以第一款的规定为前提,故第二款中的"免责条款"应指保险人提供的格式条款中的"免责条款",

不包括非格式条款中的"免责条款"。因此，保险合同中的比例赔付条款如不是格式条款，则不属于《保险法司法解释二》第九条规定的"免除保险人责任的条款"，因为非格式条款往往是当事人双方协商的结果，根据《保险法》第十七条的立法本意，保险人对非格式条款不具有提示和说明义务。以上意见供参考。

▶ 条文释义

一、本条主旨

本条是关于保险人对格式条款的提示与说明义务的规定。

二、条文演变

1995年颁布的《保险法》第17条规定："保险合同中规定有关于保险人责任免除条款的，保险人在订立保险合同时应当向投保人明确说明，未明确说明的，该条款不产生效力。"规定了保险人的明确说明义务，以及违反的法律后果，但规定较为简单。2002年修正时，《保险法》沿袭该规定，只是条文顺序有变，规定在第18条。2009年修订时，条文顺序变为第17条，且在原有保险人明确说明义务的基础上增加了保险人的提示义务，并对保险人说明义务的规定从形式到内容均进行了修改。从形式上，将《保险法》分两条规定的对一般保险条款的说明义务与责任免除条款的明确说明义务统一为一个条文分为两款进行规定。从内容上，第1款将保险人负有一般说明义务的对象由修改前的所有保险条款变更为格式条款，并要求保险人给投保人提供的投保单应附格式条款；第2款对保险人负有明确说明义务的说明对象，由修改前的"保险人责任免除条款"的表述变更为"免除保险人责任的条款"，并增加了保险人的提示义务，明确了履行明确说明义务的形式。此后，均未作修改，沿用至今。

可见，《保险法》区分保险合同一般条款以及免除责任条款对保险人承担的说明义务分别进行规定，即对一般条款，保险人承担说明义务；对免除责任条款，保险人要承担更高的说明义务，要达到明确说明的标准。也即保险人的说明义务可分为一般说明义务和明确说明义务：一般说明义务的对象是保险人提供的格式条款，义务内容是说明；明确说明义务的对象是保险人提供的格式条款中免除保险人责任的条款，义务内容是提示及明确说明。

三、条文解读

保险人的提示与说明义务是《保险法》的核心条款，是指保险人在订立保险合同之前，应向投保人提示、说明保险合同格式条款的真实含义。由于保险业务具有高度的专业性和技术性，一般投保人对于保险合同中保险术语的含义不甚了解。加之保险合同多以保险人提供的格式条款订立，投保人对于保险合同条款内容的理解可能存在偏差、误解，导致被保险人、受益人在保险事故发生后得不到预期的保险保障。基于公平原则和最大诚信原则，拥有专业技术优势的保险人应当对涉及对方当事人重大利益的条款进行说明，以使最终成立的保险合同建立在双方充分理解合同条款含义的基础之上。①

根据保险业的惯例，保险合同中一般都有在特定情况下免除保险人责任的条款。在不违反公平原则的前提下，是为法律所允许的。根据本条第 1 款规定，如果保险人与投保人采用保险人提供的格式条款订立保险合同的，保险人在向投保人提供投保单的同时必须附上格式条款，便于弱势一方的投保人及时了解格式条款的内容，以决定是否投保。保险人有义务向投保人说明合同的内容。根据本条第 2 款规定，保险人需要对免责条款的内容以书面或者口头形式向投保人作出明确说明；未作明确说明的，该条款不产生效力。② 需要说明的是，第 2 款要求的说明效果较第 1 款对格式条款的说明更加严格，要求保险人对免责条款向投保人作出"明确"说明。

保险人说明义务的理论基础，主要有最大诚信原则之要求、信息不对称的要求、保险合同合意的要求以及附合合同的要求等观点。③

（一）保险人的说明义务

1. 保险人说明义务的特点

（1）法定性。说明义务是保险人的法定义务，保险人不得以合同条款等形式予以限制、排除。

---

① 参见安建主编：《中华人民共和国保险法（修订）释义》，法律出版社 2009 年版，第 46~48 页。
② 《民法典》实施后，应认定为不成为合同内容，对此将在下文阐述。
③ 最高人民法院民事审判第二庭编著：《最高人民法院关于保险法司法解释（二）理解与适用》，人民法院出版社 2015 年版，第 246 页。

（2）先合同性。说明义务的履行时间是在订立保险合同之前，在双方当事人对合同磋商的阶段。这是因为保险人的说明义务在本质上是一种基于诚信原则而产生的附随义务。如果保险合同成立后才进行说明，就失去了法律设定该制度的意义。关于履行说明义务的时间，在特殊情形下有特殊的表现形式。例如，在保险合同成立后，如果保险人意图增加或者变更保险合同内容，须在增加或者变更保险合同内容时履行说明义务。在转换保险合同的情形下，即在保险合同成立之后，须解除该保险合同将其转换为新的保险合同，如新的保险合同增加了新的格式条款内容，则在转换时，保险人对新增的内容仍须履行说明义务。

（3）主动性。相较《民法典》第496条关于"按照对方的要求，对该条款予以说明"的询问说明主义，《保险法》的规定采主动说明主义，保险人说明义务的履行不以投保人的询问为前提，系主动义务。

2. 关于"说明"与"明确说明"的区别

关于说明的程度及标准，《保险法》第17条区分说明对象进行了不同规定，即第1款规定，对一般格式条款，保险人承担说明义务；第2款规定，对免除责任格式条款，保险人承担明确说明义务。

关于"说明"与"明确说明"的差异，我们认为"说明"的目的在于使投保人或被保险人知晓格式条款是保险合同的主要内容，并了解其含义，侧重于保险合同的整体性；而"明确说明"的目的则是使被保险人充分了解，对于保险合同中免除保险人责任条款这一足以影响投保人或被保险人缔约意思的重要事项的真实含义以及法律后果。因此保险人在对自己的免责条款作出说明时，必须达到使投保人对免责条款清晰明白、确定不移的程度。

3. 保险人明确说明义务的范围

2009年《保险法》将保险人明确说明的对象由原来的"保险人责任免除条款"变更为"免除保险人责任的条款"。关于何为"免除保险人责任的条款"，在《保险法》起草过程中存在争议。主要争议点在于是仅局限于"责任免除"部分的条款，还是也包括一些散落于各章节的限制或者免除保险人责任的条款。基于立法目的和文义，"免除保险人责任条款"在解释上理解为包括二者。

此外，《保险法解释（二）》第9条规定："保险人提供的格式合同文本中的责任免除条款、免赔额、免赔率、比例赔付或者给付等免除或者减轻保险人责任的条款,可以认定为保险法第十七条第二款规定的'免除保险人责任的条款'。保险人因投保人、被保险人违反法定或者约定义务,享有解除合同权利的条款,不属于保险法第十七条第二款规定的'免除保险人责任的条款'。"《保险法解释(二)》将实践中争议较大的部分免责条款明确列为应当明确说明的对象,同时将解除权条款排除在免除保险人责任条款之外。

需要注意的是,并不是所有与保险责任相关的条款均是免除保险人责任的条款。所谓免责,以当事人应承担责任为前提,如保险人无须承担保险责任,则不存在免除一说,故保险人提供的格式条款中用于确定保险责任范围的条款不属于免除保险人责任的条款。

对于"说明",应该注意以下问题:(1)保险合同中即使对条款本身已经有详尽的描述,也不能视为保险人已经尽了说明义务。(2)保险人设计专门的"已作说明条款"是有效的,投保人如果在该栏中签名的,可以视作保险人对合同内容已作说明。但是投保人如果能另外举出证据证明其实保险人并未尽说明义务的,应当认定保险人未尽说明义务。

4. 明确说明的方式和判断标准

对此,理论上可以区分为形式判断标准和实质判断标准。形式判断标准是以保险人说明义务的履行方式、形式进行判断。实质判断标准,是指以投保人对免除责任条款真实含义的实际理解为基准进行判断。

关于明确说明的判断标准,《最高人民法院研究室关于对〈保险法〉第十七条规定的"明确说明"应如何理解的问题的答复》规定:"这里所规定的'明确说明'是指保险人在与投保人签订保险合同之前或者签订保险合同之时,对于保险合同中所约定的免责条款,除了在保险单上提示投保人注意外,还应当对有关免责条款的概念、内容及其法律后果等,以书面或者口头形式向投保人或其代理人作出解释,以使投保人明了该条款的真实含义和法律后果。"根据该规定,保险人的说明只有达到使投保人明了保险条款的真实含义和法律后果才能认定为尽到履行明确说明义务,采纳的是实质标准。

对于如何理解"使投保人明了该条款的真实含义和法律后果",实践中也存在争议。有观点认为,说明应达到一般人能够理解的程度,即客观标准。另有观点认为,保险人履行说明义务所达到的标准应是达到特定投保人能够理解的程度,即主观标准。为减少争议,《保险法解释(二)》第11条第2款规定,保险人对保险合同中有关免除保险人责任条款的概念、内容及其法律后果的说明，必须达到常人能够理解的程度，即须使通常的投保人理解免除保险人责任条款的含义。该条规定采取实质判断标准，同时采用客观标准为主、主观标准为辅的原则判断保险人是否履行了说明义务。即原则上应达到使具备普通智识能力的社会主体能够理解的程度即可，但应兼顾智力欠缺、盲人、文盲等消费者的特殊情况。

5. 正确认定明确说明义务的履行

关于明确说明义务的履行，可从以下几方面加以理解：

（1）说明的内容。不仅要对免除保险人责任条款的概念、内容进行说明，对法律后果也要进行明确说明。

（2）说明的形式。保险人的说明，可采取书面形式和口头形式。除传统的书面或口头形式外，保险人还可能借助电子信箱、在线交谈、在线传输等网络形式进行说明。当然，无论何种方式的说明，保险人都必须对其履行说明义务承担举证责任。

（3）说明的程度。保险人的说明应达到通常人所能理解的程度，即使具有一般知识与智力水平的保险外行人能够理解。

（4）说明的判断。第一，应结合明确说明的内容。如说明内容简单明晰、通俗易懂，普通人能够轻易理解的，保险人无须过于复杂地说明；如说明内容术语众多、概念晦涩、句式复杂，普通人难以理解的，保险人需深入说明。第二，应结合说明的对象。如说明对象属普通投保主体，则保险人只需作出达到一般理性人所能理解的说明；如投保人的认知能力、专业素养高于或者低于普通人，则保险人明确说明的举证责任可适当放宽或从严。

（二）保险人的提示义务

1. 提示义务为独立义务

提示义务是2009年《保险法》修订时新增的义务。对于该提示义务是否具有独立的法律意义，存在争议。一种观点认为，提示义务与说明义务是并列的两项义务；另一种观点认为，提示义务并无独立法律地位。我们认为，提示义务虽然是明确说明义务的前置义务，但具有独立地位，是一项独立义务。提示义务是保险人通过特定的方式提醒投保人注意免除保险人责任条款存在的义务，明确说明义务则是保险人对免除保险人责任条款进行解释，以使投保人理解免责条款的义务，二者具有不同的功能。审判实践中，保险人只有先证明其已经尽到提示义务,才能表明其可能已经进行明确说明。

2. 提示义务的履行

《保险法解释（二）》第 11 条第 1 款规定："保险合同订立时,保险人在投保单或者保险单等其他保险凭证上,对保险合同中免除保险人责任的条款,以足以引起投保人注意的文字、字体、符号或者其他明显标志作出提示的,人民法院应当认定其履行了保险法第十七条第二款规定的提示义务。"根据该规定,提示义务的履行可以从以下几个方面理解：

（1）提示的载体。提示的载体包括投保单、保险单等所有保险凭证,只要该保险凭证上存在需要提示的内容。也就是说,任何保险凭证只要包含免除保险人责任的格式条款,就应当在该凭证上进行提示。实践中,有些保险公司在展业时并没有按照《保险法》第 17 条第 1 款的规定附上保险格式条款,既然格式条款都没有提供,保险人显然无法对格式条款上的免责条款进行提示。

（2）提示的方法。提示的方法包括文字、字体、符号或其他明显标识,例如采取较大字号、特殊字体、黑体加粗、加框印制、特殊颜色等方法,使得被保险人能够识别应当注意的条款。如保险公司将免除保险人责任条款集中单独印刷,也应认为其履行了提示义务。

（3）提示的程度。提示必须达到足以使投保人注意的程度,此处的投保人应理解为理性投保人,即处于同一条件下的投保人如果能够注意到,应认为保险人已经尽到提示义务。保险人的提示义务是主动义务。保险人对免除保险人责任的条款采取特殊标识后,还应主动向投保人出示该条款,提醒投保人注意,否则投保人难以知悉该条款的存在。因此,保险人在投保单或相关保险凭证上通过特别标识对免除保险人责任的条款进行特定化后,应向投保人出示该条款,并提醒其注意免责条款。

（三）网络销售、电话销售中提示及明确说明义务的履行

1. 网络销售中提示及明确说明义务的履行

《保险法解释（二）》第 12 条规定："通过网络、电话等方式订立的保险合同,保险人以网页、音频、视频等形式对免除保险人责任条款予以提示和明确说明的,人民法院可以认定其履行了提示和明确说明义务。"该条对网络销售、电话销售中,保险人对免除保险人责任条款的提示和明确说明义务如何履行进行了规定。

以网络方式订立的保险合同，保险人通常通过电脑网页的操作程序来履行提示和明确说明义务，投保人拟通过网络投保的，必须按照保险人的指示，按顺序阅读网页，并点击"同意"予以确认。上述规定虽认可保险人以网页形式履行提示和明确说明义务，但提示及明确说明义务的履行必须符合《保险法解释（二）》第11条的相关规定。如提示及明确说明不符合该条规定的标准，则相关免除保险人责任的条款不成为合同的内容。

实践中，有些保险公司所设计的投保程序，在投保人如实填写相关信息，履行如实告知义务，点击下一步后，并不是主动弹出保险条款的页面，而是直接出现"1.本人认可并接受网上投保方式，愿以此种方式与保险公司签订保险合同；2.本人已详细阅读投保须知和保险条款，对各项保险责任和除外责任均已了解并同意"内容的投保人声明页，引导投保人直接点击同意进入下一步。投保人如要阅读保险条款，需要点击该页面所链接的保险条款。应当说，以这种方式来履行提示和明确说明义务并不符合要求。投保人只有主动点击才会出现保险格式条款，实际上类似于保险人根据投保人的请求提供格式条款，不符合《保险法》第17条规定。

此外，还有些保险公司所设计的网页虽会主动弹出保险格式条款供投保人阅读，但只有投保人点击网页底部的投保声明页的"同意"时，才进入下一步，而且其网页所载格式条款的所有内容在形式上完全一致，并未采用特殊字体、颜色或者符号等特别标识对免除保险人责任条款进行提示，这种情况下应认为保险人未尽到提示义务。

2. 电话销售中提示及明确说明义务的履行

网络销售有网络页面作为格式条款的载体，故其提示和明确说明义务的履行可依据《保险法》第17条规定进行判断。电话销售与网络销售不同，保险合同是通过电话方式订立，保险人通过电话沟通之后才向投保人发送保险单，此时如何判断保险人提示与明确说明义务的履行？一般而言，保险人会对电话销售过程进行录音，保险人是否履行了提示与明确说明义务可根据电话录音判断。

（四）关于以禁止性规定情形作为免责事由的免责条款的提示和说明

对于以法律、行政法规中的禁止性规定情形作为免责事由的免责条款，保险人具有提示和说明义务，但说明义务的举证责任可适当减轻。有观点认为，禁止性规定为法律的强制性规定，即便保险人对该免责条款未尽提示或明确说明义务，被保险人也不能以此作为抗辩。该观点忽视了禁止性规定与法定免责条款的区别。法定免责条款是法律、行政法规明确规定的不承担责任的情形，行为人违反法律规定的法律后果是保险人不承担保险责任。禁止性规定是禁止当事人为一定行为的法律规定，行为人违反禁止性规定，应根据该规定的立法目的受到相应的行政处罚或者刑事处罚。如保险合同未将禁止性规定作为免责事由，并不会直接产生保险人免除保险责任的法律效果。因此，保险人如将禁止性规定作为免责条款的免责事由的，仍应向投保人进行提示和说明。

当然，尽管保险人仍须进行提示和说明，但明确说明义务的举证责任可以适当减轻。因为禁止性规定属于法律强制性规范，应推定投保人对禁止性规定的概念和内容是知道的，只是不知道被保险人违反禁止性规定将导致保险人免责的后果，故如果保险人就上述后果通过充分的提示使得投保人知道违反禁止性规定与保险人免责之间的直接关联性，则保险人的上述行为就已经符合《保险法解释（二）》第11条的要求，《保险法》第17条第2款的立法目的即可实现，此时投保人、被保险人或者受益人不得再以保险人对该条款的概念、内容等未进行明确说明为由主张抗辩。以酒后驾驶为例，保险人应提示投保人根据保险条款规定，酒后驾驶将导致保险人不承担责任。

如果法律明确规定在特定情况下"保险人不承担给付保险金责任"，即使保险人未就该类免责条款提示和明确说明，保险人仍可依据法律规定拒绝承担保险责任。需要强调的是，此处的法定免责条款不包括保险监管机构制定或者批准的保险免责条款。实践中，出于对社会公共利益的考虑，一些险种的保险条款与保险费率是由保险监管机构制定或由保险公司拟订后经过监管机关批准。保险监管部门审批或者制定的保险条款不属于法定免除保险人责任条款，保险人对这些条款的说明义务不能减轻，理由在于保险监管机构所制定或审批的保险条款，在效力上并不属于法律、行政法规，甚至不属于部门规章。

为防止不当扩大禁止性规定适用范围，应对法律、行政法规作严格理解，《保险法解释（二）》第10条中的"禁止性规定"，是指全国人大及其常委会制定的法律、国务院制定的行政法规中的禁止性规定。

（五）违反提示、说明义务的法律后果

《保险法》第17条第1款仅规定一般说明义务，但对违反一般说明义务的法律后果未作规定。第 2 款规定，对于免除保险人责任的条款，如果保险人违反提示、说明义务，未提示或明确说明的条款不产生效力。保险人违反明确说明义务，通常有三种情形：（1）不实说明，即保险人对合同中免除保险人责任的条款进行错误说明或夸大说明；（2）应说明而未说明；（3）说明程度达不到"明确"。

应予注意的是，《民法典》第 496 条第 2 款规定，提供格式条款的一方未履行提示或者说明义务，致使对方没有注意或者理解与其有重大利害关系的条款的，对方可以主张该条款不成为合同的内容。根据该规定，格式条款提供方未履行提示或者说明义务的，即使对方对合同已经签字确认，但基于对方没有注意或者理解，仍然可以视为双方当事人未就这些条款达成合意，也即将格式条款提供方未履行提示或者说明义务的法律效果问题归属于合同订立的范畴。"不成为合同内容"相当于"视为未订入合同"。① 这与《保险法》规定的"不产生效力"存在差异，前者属于合同成立阶段，后者属于合同效力阶段。可见，《民法典》对违反此项义务的法律后果规定更为严苛。由于《民法典》属于新法，且属于基本法，故《民法典》施行后，根据法律适用位阶规则，应当从新，适用《民法典》规定。由此，对于免除保险人责任的条款，如果保险人违反提示、说明义务，该条款不成为保险合同内容。此外，根据立法者解读，《民法典》规定的"该条款不成为合同的内容"，只能由相对方主张，格式条款提供方无权主张，这也是从制度设计上对相对方所作的倾斜性保护。② 因此，保险人无权提出"该条款不成为合同的内容"，只能由投保人提出。

关于保险人未尽一般说明义务，违反的法律后果应当如何认定。有观点认为，投保人可基于重大误解请求撤销保险合同；有观点认为，可运用不利解释的方法对格式条款的内容予以明确；也有观点认为，应赋予投保人合同解除权，要求保险人退还保险费；还有观点认为，由于保险人未尽一般说明义务，投保人与保险人未能就该条款达成合意。

我们认为，在依据通常解释对于未尽说明义务的格式条款仍有两种解释的情形下，如果投保人仍愿意让该保险条款有效存在，其运用不利解释原则对

---

① 黄薇主编：《中华人民共和国民法典释义（中）》，法律出版社 2020 年版，第 955 页。

② 黄薇主编：《中华人民共和国民法典释义（中）》，法律出版社 2020 年版，第 955 页。

格式条款的内容进行有利于自己的解释,让保险人继续履行保险合同更有利于保护自己的权利。如保险人虽未尽一般说明义务,但依据通常解释只有一种解释,显然不适用不利解释原则。在该情形下,应视该条款是否影响合同目的的实现、是否造成当事人意思表示不真实、是否导致显失公平的后果等情形,并结合投保人的诉求依据个案予以处理。

实践中,应注意区分《保险法》第17条所指免除保险人责任的条款与第19条所规定的无效格式条款。《保险法》第17条和第19条都是对保险格式条款的规制,但二者属于不同层次:前者是对格式条款订入的规制,后者是对格式条款效力的规制。保险人提供的格式条款即使符合第17条订入规范,但如存在第19条规定情形,则该条款是无效的。① 可见,免除保险人责任的条款不同于无效的免责条款,前者范围更广。例如,保险条款中的除外责任条款和免赔条款,属于第17条规定的"免除保险人责任的条款",保险人在订立合同时需对这些条款进行明确说明,但这些条款并不当然是第19条规定的无效免责条款。

实践中,应先判断相关格式条款是否属于《保险法》第17条的免除保险人责任条款。如果相关格式条款属于免除保险人责任条款,则需判断保险人是否进行提示和明确说明;如保险人未提示或明确说明,则该条款不成为保险合同内容,不存在依据《保险法》第19条判断是否有效的问题。

(六)保险人举证责任承担

《保险法解释(二)》第11条第2款规定,保险人对免除保险人责任条款的明确说明,应达到常人能够理解的程度。保险人如认为其已经明确说明,必须承担举证责任。实践中,对保险人提交的具有投保人签章的投保声明书是否足以证明其已经履行明确说明义务存在不同认识,故该解释第13条第2款规定:"投保人对保险人履行了符合本解释第十一条第二款要求的明确说明义务在相关文书上签字、盖章或者以其他形式予以确认的,应当认定保险人履行了该项义务。但另有证据证明保险人未履行明确说明义务的除外。"对于该规定的适用,应注意以下几个方面:

第一,投保人确认保险人已经履行明确说明义务的,则应认为保险人已经

---

① 参见最高人民法院民事审判第二庭编著:《最高人民法院关于保险法司法解释(二)理解与适用》,人民法院出版社2015年版,第237~238页。

尽到举证责任。投保人的确认通常是以书面形式，即在保险人提供的投保声明书上签字或盖章，该投保声明书一般载有"投保人兹声明保险人已对免除保险人责任的条款的概念、内容和法律效果进行明确说明，投保人已理解保险合同条款及责任免除条款内容，并同意以本投保单作为订立保险合同的依据"等。投保人的签字或盖章必须亲自为之，保险人或其代理人代为签字或盖章的，不能视为投保人对保险人履行明确说明义务的确认。值得注意的是，如果投保人签字确认的内容仅为"保险人已经向投保人履行了对免责条款的明确说明义务"，则尚不足以认定保险人履行了明确说明义务。投保人在"投保人声明书"或"投保人声明栏"等相关文书上签章确认的内容，应当包括其表示"对免责条款的概念、内容及其法律后果，均因保险人的明确说明而已经明了"。①

第二，投保人的确认可以被推翻。保险人虽提交具有投保人亲自签字或盖章的投保声明书，或包含投保人声明栏的相关文书，但如投保人能够提供其他证据证明保险人确实未履行明确说明义务的，则相关免除保险人责任的条款仍不生效。例如，如有保险业务人员证明，其在办理该业务时并未就相关条款进行说明，投保人只是在其劝说甚至是诱导之下在投保人声明栏后面签字或盖章的，则不能认为保险人已经履行明确说明义务。

第三，举证责任在一定情形下可转移。在投保人于相关文书上对保险人履行明确说明义务予以签字或盖章认可的情形下，已有初步证据表明保险人已履行明确说明义务，此时投保人或被保险人如主张保险人未履行明确说明义务，则举证责任转移于投保人或被保险人。如果投保人或被保险人能够证明保险人存在未说明、不实说明或说明程度达不到"明确"的情况，则可以推翻投保人在相关文书上签字的证据效力。

▶ 适用指引

一、正确理解免除保险人责任条款

保险责任条款是确定保险人承保范围的条款，只有保险人依据保险责任条款需要承担保险责任，才可能存在免除保险人责任条款的问题。保险人责任条

---

① 最高人民法院民事审判第二庭编著：《最高人民法院关于保险法司法解释（二）理解与适用》，人民法院出版社2015年版，第308页。

款是确定免除保险人责任条款的前提,不属于免除保险人责任条款。关于《保险法》第17条第2款规定的免除保险人责任条款如何理解,实践中存在较大争议。为此,《保险法解释(二)》第9条第1款规定,保险人提供的格式合同文本中的责任免除条款、免赔额、免赔率、比例赔付或者给付等免除或者减轻保险人责任的条款,可以认定为免除保险人责任的条款。该条规定所列举的免除保险人责任的条款并不是封闭的,除了以上所列举的几种情况外,仍可能存在其他免除保险人责任的情形。故对格式条款中的其他条款是否必须经保险人明确说明,需要结合保险条款的相关内容判断是否实质上减轻或免除保险人责任。例如,保险合同中的释义条款,虽是针对保险合同中所含有的专业词汇或者其他需要解释和说明的事项所约定的条款,但因释义条款所解释的专业术语或事项可能与保险责任密切相关,释义条款也将直接影响保险责任的承担与范围。因此,如果释义条款可能涉及限制或免除保险人应当承担的责任的,也应经过明确说明才能认定为订入合同。当然,订入合同与有效并不是一个概念,经过保险人明确说明的条款,如果存在《保险法》第19条规定的情形,则该条款无效。

需要思考的是,保险人是否应当对保险合同中所有免除或减轻保险人责任条款负有明确说明义务?对此,答案显然是否定的。理由在于:第一,免除保险人责任条款的界定应符合保险原理。免除保险人责任的条款免除的是保险人承担的责任,免除是以保险人承担责任为前提,故确定保险人责任的条款不属于免除保险人责任条款。第二,要求保险人对过多条款进行明确说明可能无助于保险说明义务制度的立法目的。因保险条款内容复杂,可能涉及保险责任的条文众多,如要求保险人对所有这些条款都进行明确说明,可能分散投保人的注意力,使其不能专注于对其利益产生实质影响的重要条款。第三,要求保险人承担过重的说明义务会增加保险人的运营成本,可能不利于督促其真正履行说明义务。如保险人履行说明义务的负担过重,则可能会产生守法的成本高于违法成本的情形,这不利于激励保险人履行明确说明义务,也就违背了设置保险人明确说明义务制度的初衷。正是基于此,《保险法解释(二)》第9条将审判实践中经常产生争议的部分条款作为明确说明的对象,同时将一些条款排除在外。同时,考虑到免除保险人责任条款的内容众多,难以穷尽,而且其范围因保险产品不同而有区别,并随保险产品的创新而变化,故在"责任免除条款、免赔额、免赔率、比例赔付或给付"后增加"等"字作为兜底条款,以应对审判实践所遇问题的多样性。

二、解除权条款不属于免除保险人责任条款

根据《保险法解释（二）》第9条第2款规定，保险人因投保人、被保险人违反法定或者约定义务，享有解除合同权利的条款，虽也可能导致保险人不承担保险责任，但这是保险人解除保险合同的法律后果，而不是直接免除保险人的保险责任，故不属于免除保险人责任的条款。值得注意的是，保险合同中关于保险合同解除的条款应当符合《保险法》的规定，否则可根据《保险法》第19条规定认定无效。

三、特别约定条款中的免责条款是否应尽说明义务问题

特别约定条款中的免责条款是投保人和保险人经平等协商、在自愿基础上就所商讨内容达成合意的条款，因此，不存在格式条款的不平等性、预先先决性、非协商性的问题。在双方当事人平等协商过程中，保险人已对条款的概念、内容和法律效果等进行了说明，故保险人不负说明义务。《最高人民法院关于"〈保险法解释二〉第九条适用"问题的答复》明确《保险法》第17条第2款中的"免除保险人责任的条款"即"免责条款"应指保险人提供的格式条款中的"免责条款"，不包括非格式条款中的"免责条款"。当然，如果在保险合同中虽载明为特约条款，但该特约条款实质为保险人以格式条款的形式提供的，并不具有平等协商性，则保险人仍应负说明义务。

四、投保人再次签订同种类保险合同，保险人对相同的免除保险人责任条款的说明义务问题

关于投保人曾签订同种类保险合同，且当时的保险人已经就相关免除保险人责任条款进行了明确说明的，投保人再次签订同种类保险合同，保险人对相同的免除保险人责任条款是否仍需要进行明确说明。在该情形下，因当事人相同，保险契约相同或者同类，故投保人对保险条款的含义以及法律后果具有相当了解程度，在该情形下，较之首次签订保险合同的投保人而言，保险人履行的说明义务可以适当减轻。具体到司法实务中，由法院依据个案酌情裁量。

五、保险人在投保单中书面提醒客户注意阅读保险条款，投保人在投保单上签字的，是否足以证明保险人尽到说明义务

实践中，一些保险公司拟定的投保单中书面载明提醒客户注意阅读保险条款，如"请您在仔细阅读保险条款，充分理解保险责任、责任免除、解除合同等合同条款，权衡保险需要和交费能力后，再作出投保决定"。这种情形下，投保人在投保单上签字能否证明保险公司已尽到说明义务？我们认为，保险人履行说明义务的目的在于使投保人真正了解保险条款的内容和法律后果，以实现实质的意思自治。而该提示条款只是提醒投保人注意阅读保险条款，而非对保险条款进行说明，故不能认定保险人履行了说明义务。

六、投保人未在犹豫期提出退保或者未在异议期提出异议，不能视为保险人已经履行了明确说明义务

实践中，一些人身保险合同载明，保险合同成立后，赋予投保人若干天的"犹豫期"；一些财产保险的保险单上也提示，投保人在收到保险单后应仔细阅读保险条款，如果有异议，可在一定时间内向保险公司提出异议，否则视为无异议。如果在上述犹豫期或者异议期投保人未请求退保或者提出异议，是否可以视为保险人已经履行了明确说明义务？

我们认为，明确说明义务是法定义务，而上述犹豫期、异议期的内容并不符合法定明确说明义务的内涵，不能以投保人未在犹豫期内提出退保或者未在异议期内提出异议就认定保险人已经履行明确说明义务。

七、保险标的转让时是否需要再次履行提示和明确说明义务

《保险法解释（四）》第2条规定："保险人已向投保人履行了保险法规定的提示和明确说明义务，保险标的受让人以保险标的转让后保险人未向其提示或者明确说明为由，主张免除保险人责任的条款不成为合同内容的，人民法院不予支持。"根据该条规定，保险标的转让时保险人不再负有提示和明确说明义务。

保险标的转让后，保险人之所以无须再向保险标的的受让人履行提示和明确说明义务，是因为受让人只是承继被保险人在保险合同中的权利义务，仅保险合同主体发生变更，权利义务内容没有改变，免除保险人责任的条款也没有

发生改变。保险人的提示和明确说明义务只在保险合同初次订立时有特别存在的必要。在保险合同转让过程中,转让方和受让方地位平等,协商充分,如无改变保险合同免责条款内容的情形,受让人应当受到免责条款的约束。当然,如果保险人同意再次提示和明确说明,那么应当符合法律规定,完成提示和明确说明义务,并承担相应后果。但存在这样一种可能,即出现《保险法》第49条第3款规定的"因转让导致保险标的危险程度显著增加"的情况,保险人可以按照保险合同的约定增加保险费或者解除合同,或者与保险标的受让人协商变更保险合同条款,特别是其中的免除保险人责任条款。此时,不再是单纯的合同主体变更,而涉及合同内容的变更。合同变更需要双方达成一致,相当于双方就变更的免除保险人责任条款重新磋商缔约,这时,保险人的缔约相对人成了保险标的受让人,保险人不能以对投保人已经履行过提示和明确说明义务为由,对抗保险标的受让人,而是应当重新按照《保险法》第17条第2款的规定,对保险标的受让人履行提示和明确说明发生变化的免除保险人责任条款的义务。①

▶ 典型案例

一、段某某与中国人民财产保险股份有限公司南京市分公司保险合同纠纷案

关键词: 免责条款 明确说明 效力

裁判摘要: 根据2002年修正的《保险法》第17条第1款、第18条②的规定,订立保险合同,保险人应当向投保人说明保险合同的条款内容。保险合同中约定有关于保险人责任免除条款的,保险人在订立保险合同时应当向投保人明确说明,未明确说明的,该条款不产生效力。据此,保险人有义务在订立保险合同时向投保人就责任免除条款作出明确说明,前述义务是法定义务。如果保险合同当事人对保险人是否履行该项告知义务发生争议,保险人应当提供

---

① 参见最高人民法院民事审判第二庭编著:《最高人民法院关于保险法司法解释(四)理解与适用》,人民法院出版社2018年版,第46页。

② 《保险法》2009年修订时,将原第17条、第18条合并为一条,即第17条,下文不再注明。

其对有关免责条款内容作出明确解释的相关证据,否则该免责条款不产生效力。①

基本案情: 2008年3月24日,段某某为其拖拉机在中国人民财产保险股份有限公司南京市分公司(以下简称人保南京分公司)处投保了机动车第三者责任保险,保险金额为20万元。保险合同第6条第7项第2款约定:"驾驶人驾驶的被保险机动车与驾驶证载明的准驾车型不符的,则不论任何原因造成的对第三者的损害赔偿责任,保险人均不负责赔偿。"第9条第1项约定:"保险人在依据本保险合同约定计算赔款的基础上,在保险单载明的责任限额内,按下列免赔率免赔……负全部事故责任的免赔率为20%。"第25条第2款约定:"保险人按照国家基本医疗保险的标准核定医疗费用的赔偿金额。"该保险投保单的投保人声明处载明:"保险人已将投保险种对应的保险条款(包括责任免除部分)向本人作了明确说明,本人已充分理解,上述所填写的内容均属实,同意以此投保单作为订立保险合同的依据。"段某某在投保人声明栏签字确认。

2008年9月11日,段某某驾驶拖拉机与案外人王某驾驶的二轮助力车相撞,造成两车损坏、王某受伤的交通事故。交警部门认定段某某负事故全部责任。王某遂向法院起诉,法院判决人保南京分公司在段某某另行投保的交强险责任限额内赔偿王某111 075元,段某某连带赔偿王某55 923.68元。判决生效后,段某某向人保南京分公司要求理赔被拒绝。

另查明:段某某在该起事故中未获保险公司理赔的损失有垫付的医疗费14 500元、连带赔偿款55 923.68元、抢救医疗费2402.30元,合计72 825.98元。

法院经审理认为,关于涉案保险合同的争议条款能否理解为"医保外用药不予理赔"的问题。涉案保险合同约定:"保险人按照国家基本医疗保险的标准核定医疗费用的赔偿金额",对于该约定,段某某与人保南京分公司有不同的理解。人保南京分公司认为,该条约定的含义是"医保外用药"不予理赔;段某某认为,该条款中的"国家基本医疗保险的标准"并无明确具体的含义,人保南京分公司将其定义为"医疗用药的范围"无法律依据。在涉案保险合同争议条款的涵义不明确的情况下,应当作出不利于人保南京分公司的解释。

即使涉案保险合同的争议条款可以被理解为"医保外用药不予理赔",该

---

① 按照《民法典》规定,现应认定为不成为合同的内容,下文不再注明。

条款的效力也应当结合有关保险合同的相关法律规定全面加以分析。从保险合同的性质来看，保险合同是最大诚信合同，保险合同的免责条款决定着投保人的投保风险和投保根本利益，对于投保人是否投保具有决定性的影响。根据《保险法》第17条第1款、第18条的规定，保险人应当向投保人说明保险合同的条款内容，保险合同中规定有关于保险人责任免除条款的，保险人在订立保险合同时应当向投保人明确说明，未明确说明的，该条款不产生效力。据此，保险人在订立保险合同时必须向投保人就责任免除条款作明确说明，前述义务是法定义务，也是特别告知义务，这种义务不仅是指经过专业培训而具有从事保险资格的保险人在保险单上提示投保人特别注意，更重要的是要对有关免责条款内容作出明确解释，如合同当事人对保险人就保险合同的免责条款是否明确说明发生争议，保险人应当负有证明责任，即保险人还必须提供其对有关免责条款内容作出明确解释的相关证据。本案中，人保南京分公司为证明已经尽到告知义务而提供的证据是涉案保险投保单的投保人声明以及段某某的签名，但该段声明的内容并没有对争议条款的具体内容作出明确的解释，不能证明人保南京分公司已经向段某某陈述了该条款包含"医保外用药不予理赔"即部分免除保险人责任的涵义。因此，即使该条款可以被理解为"医保外用药不予理赔"，也不能发生相应的法律效力。

【案　　号】（2010）江宁商初字第5号
【审理法院】江苏省南京市江宁区（县）人民法院
【来　　源】《最高人民法院公报》2011年第3期（总第122期）

二、吴某某与某保险公司财产保险合同纠纷案

关键词：免责条款　认定　明确说明义务

裁判摘要：保险人提供的格式合同文本中的责任免除条款、免赔率条款、比例赔付条款，可以认定为《保险法》第17条第2款规定的"免除保险人责任的条款"，保险人应当尽到提示和明确说明义务。该说明义务应为一种积极的作为义务，不能仅凭保险单正本上的"明示告知"证明保险人已经履行了明确说明义务。

基本案情：2004年11月17日，吴某某就其所有的汽车向某保险公司投保了车损险、主险不计免赔特约险、车上人员责任险等。保险合同载明：（1）家庭自用汽车损失保险条款，约定保险车辆用于营运收费性商业行为期间的任何

损失和费用，保险公司不负责赔偿。(2)机动车辆第三责任保险条款，约定保险公司根据保险车辆驾驶人员在事故中所负责任比例，承担相应的赔偿责任，并在保险单载明的责任限额内按约定的免赔率免赔。

2005年5月31日，吴某某驾驶被保险车辆与案外人胡某某驾驶的拖拉机相碰，导致车辆受损及吴某某和同乘人员于某、吕某某受伤。交警大队作出交通事故认定书，认定吴某某、胡某某负事故同等责任。经法院判决，于某各项损失为28 887元，吕某某各项损失为955.30元，胡某某与吴某某连带赔偿上述损失。吴某某向保险公司申请理赔，保险公司认为，吴某某将其车用于营业收费，根据保险条款约定，保险公司无须赔偿，对于于某、吕某某的损失，同意根据保险条款约定的比例进行赔偿。吴某某认为保险公司在签订保险合同时，未向其交付保险条款，亦未就保险条款中关于保险公司不予理赔和按比例理赔所依据的免责条款进行必要的解释和说明。吴某某诉至法院，要求保险公司赔偿全部损失。

法院经审理认为：本案的争议焦点为保险公司提供的保险条款中所约定的免赔事由及免赔率是否属于免责条款。保险公司提供的保险条款中关于免除保险人责任的约定，应当属于保险人责任免除的条款。虽然保险单正本上"明示告知"一栏中提醒被保险人详细阅读有关保险条款，但由于保险合同的格式化，使得保险人订立保险合同时居于优于投保人的地位，其所拟定的保险条款若含有限制或免除保险人责任的规定，投保人往往会对之不甚了解，况且保险条款本身字句冗长且专业性极强，并非具备普通阅读能力的常人即能准确理解条款的含义，为平衡投保人与保险人的利益，法律才特别要求保险人对保险合同中规定的限制和免除保险人责任的条款，在订立合同时向投保人明确说明。该说明义务应为一种积极的作为义务。而提示投保人阅读相关合同条款与向投保人就有关条款进行解释说明，两者在履行义务的主动性和程度上有所区别，不能仅凭保险单正本上的"明示告知"证明保险人已经履行了明确说明义务。

【来　　源】2013年6月7日最高人民法院公布的三起保险合同纠纷典型案例

类案检索

森勃运输公司与阳光财险重庆分公司财产保险合同纠纷案

关键词： 免责条款　提示　明确说明义务

裁判摘要： 投保人仅在投保单上签字并不当然证明保险人对免责条款已尽到提示和明确说明义务。阳光财险重庆分公司未尽到提示和明确说明义务。第一，《机动车综合商业保险示范条款》所附的《投保人声明》页内容表明，该页系保险公司针对保险合同中的免责条款，为履行法律规定的提示和明确说明义务而专门设置，保险公司履行提示和明确说明义务后，由投保人按照要求填写相应内容并签章确认。该页为可撕取页，按照工作流程，在投保人填写完毕后理应由保险公司撕取留存。阳光财险重庆分公司在举证期限内并未举示投保人已填写的《投保人声明》，仅举示了示范文本，不足以证明其已向投保人就保险合同中的相应免责条款作出了提示和明确说明。第二，虽然投保人在投保单的投保人声明栏、投保人签章处签章确认，但结合保险条款所附的《投保人声明》，以及投保人投保时本应在投保单上签章确认投保事项且投保单并未设置其他签章位置的事实，足以认定投保人在投保单上的签章并非对保险公司就免责条款已履行提示和明确说明义务的确认，而是对保险种类、保险金额等主要投保事项的确认。

【案　　号】（2019）渝0192民初13397号

【审理法院】重庆自由贸易试验区人民法院

【来　　源】《中国法院2021年度案例》

第十八条　保险合同应当包括下列事项：

（一）保险人的名称和住所；

（二）投保人、被保险人的姓名或者名称、住所，以及人身保险的受益人的姓名或者名称、住所；

（三）保险标的；

（四）保险责任和责任免除；

（五）保险期间和保险责任开始时间；

（六）保险金额；

（七）保险费以及支付办法；

（八）保险金赔偿或者给付办法；

（九）违约责任和争议处理；

（十）订立合同的年、月、日。

投保人和保险人可以约定与保险有关的其他事项。

受益人是指人身保险合同中由被保险人或者投保人指定的享有保险金请求权的人。投保人、被保险人可以为受益人。

保险金额是指保险人承担赔偿或者给付保险金责任的最高限额。

▶ 关联规定

法律、行政法规、司法解释

1.《中华人民共和国民法典》

第四百七十条　合同的内容由当事人约定，一般包括下列条款：

（一）当事人的姓名或者名称和住所；

（二）标的；

（三）数量；

（四）质量；

（五）价款或者报酬；

（六）履行期限、地点和方式；

（七）违约责任；

（八）解决争议的方法。

当事人可以参照各类合同的示范文本订立合同。

2.《最高人民法院关于适用〈中华人民共和国保险法〉若干问题的解释（二）》

第十四条　保险合同中记载的内容不一致的，按照下列规则认定：

（一）投保单与保险单或者其他保险凭证不一致的，以投保单为准。但不一致的情形系经保险人说明并经投保人同意的，以投保人签收的保险单或者其他保险凭证载明的内容为准；

（二）非格式条款与格式条款不一致的，以非格式条款为准；

（三）保险凭证记载的时间不同的，以形成时间在后的为准；

（四）保险凭证存在手写和打印两种方式的，以双方签字、盖章的手写部分的内容为准。

▶ 条文释义

一、本条主旨

本条是关于保险合同内容的规定。

二、条文演变

1995年颁布实施的《保险法》第18条规定："保险合同应当包括下列事项：（一）保险人名称和住所；（二）投保人、被保险人名称和住所，以及人身保险的受益人的名称和住所；（三）保险标的；（四）保险责任和责任免除；（五）保险期间和保险责任开始时间；（六）保险价值；（七）保险金额；（八）保险费以及支付办法；（九）保险金赔偿或者给付办法；（十）违约责任和争议处理；（十一）订立合同的年、月、日。"第19条规定："投保人和保险人在前条规定的保险合同事项外，可以就与保险有关的其他事项作出约定。"2002年《保险法》修正时，条文内容未变，只是将条文顺序调整为第19条、第20条。2009年《保险法》修订时，合并第19条和第20条为一条即第18条，并增加了"投保人和保险人可以约定与保险有关的其他事项"。同时,在保险合同基本内容中删除了"保险价值"规定。因为保险价值是财产保险合同的特有概念,即保险标的在投保或者出险时的实际价值。而人的生命无法用金钱来衡量其价值,因而人身保险合同中不存在保险价值。因此通用的保险合同内容中删除了该项。此外,还新增受益人和保险金额定义的规定。此后,《保险法》在2014年、2015年修正时,均未作修改,沿用至今。

三、条文解读

(一)保险合同基本条款

保险合同当事人的权利和义务关系作为保险合同的内容是以保险合同条款的形式表现。明确保险合同的内容,在发生争议时,可以有效地确定合同是否成立以及当事人之间的权利义务、责任主体和责任范围。按照本条规定,保险合同应当包括下列事项。

1. 保险人的名称和住所

保险人是保险合同的主要当事人,因此,保险合同需载明保险人的名称以明确权利与义务的主体,以便于投保人、被保险人、受益人行使权利、履行义务。由于《保险法》规定保险人是保险公司,而保险公司又是法人,所以保险人应当使用经过工商行政管理机关核准登记的名称,并以其主要办事机构所在地为住所。我国《民事诉讼法》第25条规定,因保险合同纠纷提起的诉讼,由被告住所地或者保险标的物所在地人民法院管辖。因此,在保险人为被告的保险合同纠纷中,保险人的住所地往往决定着管辖法院。

2. 投保人、被保险人的姓名或者名称、住所,以及人身保险的受益人的姓名或者名称、住所

上述主体均为保险活动的主体,因此,保险合同应明确其名称与住所,以明确权利义务的主体。所谓受益人,按照本条第3款的规定,是指人身保险合同中由被保险人或者投保人指定的享有保险金请求权的人。但在理论中,有观点认为,在财产保险合同中也应有受益人的概念。在司法实务中,也存在在财产保险合同中约定受益人的情形。投保人、被保险人以及人身保险的受益人作为保险活动的当事人,对其名称和住所加以记载是履行保险合同的需要。确定投保人、被保险人的姓名和住所对管辖法院的选择具有重大意义。投保人、被

保险人、受益人为自然人的，应当使用身份证或者户口簿所记载的姓名，并以其户籍所在地为住所，经常居住地与住所不一致的，以经常居住地为住所。

3. 保险标的

保险法所规定的保险标的，是指作为保险对象的财产及其有关利益或者人的寿命和身体，实际意指保险标的物。作为保险对象的财产，可以是有形的，也可以是无形的。作为保险对象的人是自然人，其可以是一个人，也可以是一个特定团体中的所有的人。保险标的既是确定危险程度和保险利益的重要依据，也是决定保险种类、确定保险金额和选定保险费率的依据。订立保险合同时，保险标的必须明确记载于保险合同中，这样一方面可以认定投保人是否具有保险利益，另一方面可以确定保险人对哪些承保对象承担保险责任。

4. 保险责任和责任免除

保险责任，是指保险人按照合同约定，对于可能发生的事故因其发生所造成的财产损失或者当被保险人死亡、伤残、疾病或者达到合同约定的年龄、期限等条件时承担的赔偿或者给付保险金的责任。在保险合同中，保险责任条款具体规定了保险人所承担的风险范围，但因保险种类不同，保险责任也不相同。在规定风险范围的同时，保险合同通常还约定责任免除条款，即保险人不负赔偿或者给付保险金责任的情形。该内容是保险合同的核心内容，也是发生纠纷时当事人争议的焦点问题。

5. 保险期间和保险责任开始时间

保险期间，是指合同约定的保险合同的效力期间，即保险合同从生效到终止的期间。保险期间是计算保险费的依据，也是保险人履行保险责任的依据，是订立保险合同不可缺少的条款。保险责任开始时间，是指保险人开始承担保险责任的时间。我国《保险法》第14条规定："保险合同成立后，投保人按照约定交付保险费，保险人按照约定的时间开始承担保险责任。"由上述规定可见依据当事人的约定，保险期间和保险责任开始时间存在着起始时间不一致的可能性。在保险实务中，财产保险通常采用"零时起保制"，即以约定起保日的零时为保险责任的开始时间，以合同期满日的24时为保险责任的终止时间。

6. 保险金额

保险金额，是指保险人承担赔偿或者给付保险金责任的最高限额。保险金额既是计算保险费的依据，也是保险合同双方当事人享有权利、承担义务的重要依据，对此应在保险合同中载明。依据保险法损失补偿的基本原则，一般而言，保险金额与保险标的实际价值相等。但由于保险财产的构成较为复杂，受专业知识的局限以及市场价格波动的影响，在保险业务中，对于每笔保险合同的标的进行精确估计存在难度。而且，在保险合同成立后，由于保险标的的实际价值具有变动性，故在保险合同的履行过程中不断地调整保险金额以使其与保险标的的实际价值相平衡也存在不现实性和非经济性。再有，也存在着被保险人基于节约保费等考虑，自愿以低于保险标的实际价值投保的情形。综上，《保险法》规定当事人可以自主约定保险金额。根据保险金额与保险标的实际价值是否相等，保险金额可分为三类，即足额保险（或称全额保险或等额保险）、不足额保险、超额保险。财产保险的保险金额不得超过保险价值，超过保险价值的，超过的部分无效。

7. 保险费以及支付办法

保险费，是指投保人支付的作为保险人承担保险责任的对价。保险费的多少是由保险金额的大小、保险费率的高低以及保险期限等因素决定的，保险费是保险基金的来源。依据保险费交付是否影响保险合同的有效成立，各国主要有两种立法例：一种是将保险合同规定为非要物合同、诺成合同，保险费支付与否不作为合同有效成立的要件；另一种是将保险合同规定为要物合同、实践合同，保险费支付与否将影响保险合同的有效成立。依据我国《保险法》第13条、第14条的规定，我国采用的是第一种模式，保险费支付与否不作为合同有效成立的要件。但交纳保险费是投保人的基本义务，在投保人未依约交纳保险费的情形下，保险人可提起违约之诉。保险合同中应明确约定保险费的支付办法以避免产生纠纷，如是以现金方式还是以支票方式交纳，是一次性交纳还是分期交纳，交纳的具体时间，交纳的币种等。

8. 保险金赔偿或者给付办法

保险金赔偿或者给付办法，是指保险人在保险事故发生造成保险标的损失时，保险人向被保险人或受益人赔偿或给付保险金的方式和时间等，应由投保人和保险人依法约定，并在保险合同中载明。发生保险事故后，保险人负有依法依约赔偿或者给付保险金的义务。在财产保险中表现为支付赔偿款，在人身保险合同中表现为给付保险金。关于赔偿款或者给付保险金的币种、形式、时间，当事人也应该在保险合同中约定。

9. 违约责任和争议处理

违约责任，是指合同当事人因其过错致使合同不履行或者不完全履行时，基于法律规定或者合同约定应当承担的法律后果。争议处理，是指保险合同当事人在合同履行过程中发生争议时的处理办法，包括协商、调解、仲裁、诉讼等，投保人和保险人应当在保险合同中约定，以利于争议的解决。

10.订立合同的年、月、日

保险合同应当记载订立合同的时间，这对于确定投保人是否具有保险利益、保险合同是否有效、保险责任的开始时间以及计算保险期间等具有重要作用。

（二）保险合同特约条款

本条第2款是对投保人和保险人可以就与保险有关的其他事项作出约定的规定。保险合同的条款，有的是法律规定必须列入的，有的则是由保险合同当事人双方约定的，前者称为保险合同的基本条款，后者称为保险合同的特约条款。本条第1款规定了保险合同应当包括的具体内容，也就是保险合同的基本条款，这些法定记载事项是构成一般保险合同的必备条件。由于保险种类很多，每一个保险人的保险业务方式也不尽相同，因此保险合同除法定记载事项外，投保人和保险人还可以就与保险有关的其他事项作出约定，这些针对其他事项所作的约定也就是保险合同的特约条款，本条第2款就是对保险合同特约条款的规定。

所谓保险合同的特约条款，是指保险合同当事人于基本条款之外，自由约定的履行义务的条款，其实质是对基本条款的修正或者限制。在保险实务中保险合同的特约条款具体包括：（1）协会条款。协会条款仅见于海上保险合同中，并且是专指伦敦保险人协会根据实际需要而拟定颁布的有关船舶保险和货运保险条款的总称，它是目前国际保险市场通用的特约条款。（2）附加条款。保险合同当事人双方常常根据需要，在保险单基本条款的基础上，附加一些补充条文，用以扩大或者限制原基本条款中所规定的权利和义务，这些补充就是附加条款。（3）保证条款。保证条款是指保险人要求被保险人保证做或者不做某事，或者保证某事态存在或者不存在，否则就是违背保证。保证如被违背，保险人自被保险人违背保证之日起即有权不承担合同责任，因此，保证条款实际上是一种消极性的特约条款。

按照本条第2款规定，投保人和保险人在本条前款规定的保险合同事项外，可以就与保险有关的其他事项作出约定。通常这些约定形成的保险条款主要有防灾防损条款、危险增加条款、保证条款、退赔条款、无赔偿优惠条款、保险事故通知条款、索赔期限条款、代位求偿条款、保险标的条款及保险标的的过户和保险单的转让条款中的贷款条款、自杀条款、误报年龄条款、年龄限制条款、弱体保险条款等。①

（三）受益人界定

按照本条第3款规定，受益人在保险合同中由被保险人或投保人指定。受益人是人身保险特有的概念。例如，投保人以被保险人的身体或者生命为保险标的，约定在保险事故发生后，由保险人向被保险人的亲属支付保险金，该亲属即该保险的受益人。当然，投保人和被保险人也可以投保以自己为受益人的保险。如果投保人或被保险人未指定受益人，则他的法定继承人为受益人。受益人在被保险人死亡后领取的保险金，不得作为死者遗产用来清偿死者生前的债务，受益人以外的他人无权分享保险金。在保险合同中，受益人只享受权利，不承担缴付保险费的义务。受益人的受益权以被保险人死亡时受益人尚生存为条件，若受益人先于被保险人死亡，则受益权应回归给被保险人，或由投保人或被保险人另行指定新的受益人，而不能由受益人的继承人继承受益权。

受益人具有以下法律地位和特征：第一，受益人应当由被保险人或者投保人在投保时指定，并在保险合同中载明。第二，受益人是享有保险金请求权的人，如果发生给付纠纷，受益人可以独立行使诉讼权利，请求得到给付。第三，受益人无偿享受保险利益，受益人不负交付保险费的义务，保险人也无权向受益人追索保险费。第四，受益人权利的行使时间必须在保险事故发生后，如果受益人在保险事故发生前死亡，受益权随之消灭；如果受益人为牟取保险金而杀害被保险人，其受益权即被剥夺。②

（四）保险金额界定

按照本条第4款规定，保险金额，是指保险人承担赔偿或者给付保险金责任的最高限额，这是对保险金额的定义的规定。保险金额既是计算保险费的依

---

① 周玉华编著：《最新保险法条文释义与案例解析》，人民法院出版社2009年版，第118~119页。
② 安建主编：《中华人民共和国保险法（修订）释义》，法律出版社2009年版，第51页。

据,也是保险合同双方当事人享有权利承担义务的重要依据。因此,必须在保险合同中明确规定。财产保险的保险金额根据保险价值确定,不能超过投保人保险标的的保险价值,如果投保人以保险价值全部投保,保险金额与保险价值相等,如果投保人以保险价值中的一部分投保,保险人赔付时一般是以保险金额与保险价值的比例赔偿,也就是损失发生时保险人最高的给付金额不得超过保险金额,所以说,保险金额是保险人承担赔偿或者给付保险金责任的最高限额。人寿保险的保险金是由投保人和保险人双方约定的,法律一般不作限制,只受投保人本身支付保险费能力的制约,因此,在人寿保险中不存在保险价值,保险金额是人寿保险事件出现时保险人实际支付的金额。

▶ 适用指引

当事人签订的保险合同并没有具备本条规定的全部条款,是否应认定合同未成立

这实质涉及本条规定的全部条款是否属于成立保险合同所必须具备的条件以及本条规定的性质问题。从本条规定的全部条款是否属于成立保险合同所必须具备的条件角度分析,我们认为,为明确当事人间成立何种合同法律关系,一些内容是合同中必备的,学理上称之为"必备条款""主要条款"或者"常素",本条规定的十项条款并不都是决定合同成立的必要条款,有些条款没有规定,不影响合同的成立。正因为此,原《最高人民法院关于适用〈中华人民共和国合同法〉若干问题的解释(二)》第1条对此进行了明确规定,即"当事人对合同是否成立存在争议,人民法院能够确定当事人名称或者姓名、标的和数量的,一般应当认定合同成立。但法律另有规定或者当事人另有约定的除外。对合同欠缺的前款规定以外的其他内容,当事人达不成协议的,人民法院依照合同法第六十一条、第六十二条、第一百二十五条等有关规定予以确定"。关于上述规定的理解,应予注意两方面内容:第一,一般情形下,合同的必要条款应为哪些;第二,特殊情形下,应依法或者依约确定合同的必要条款。依据民法法理,民事法律行为的有效要件是当事人、标的(内容)及意思表示真实,因此,除意思表示真实外,当事人、标的应为合同的必要条款。但对于当事人有特殊约定的内容,遵循当事人意思自治原则,我们也应认定其为合同的必要条款。由于某些合同法律关系具有特殊性，故存在特别法律对合同必要条款进行了特别规定的情形，在该情形下，合同的必要条款以该法律的特殊规定为准。

保险法律关系具有特殊性，对于保险合同条款，本条作出了特别规定。但该规定的内容是否均为保险合同的必要条款，理论界对此存在争议。综观各国立法例，无论是大陆法系国家还是英美法系国家均持否定观点，即认为规定内容并非均为保险合同的必要条款。所谓合同的主要条款，是指合同必须具备的条款。欠缺它，合同就不成立。它决定着合同的类型，决定当事人各方权利义务的质与量。因此，关于保险合同必要条款的考量，需结合其合同法律关系的特征进行研究。依上述标准，《保险法》第18条所列事项，并非全部与保险合同的主要特征有关，并非均为必要条款。在非必要条款欠缺的情形下，如对于保险金给付方式未作约定的，可以参考原《最高人民法院关于适用〈中华人民共和国合同法〉若干问题的解释（二）》第1条的规定予以明确。

从法律规范的性质角度进行分析，我们认为，本条规定实质为倡导性规范，是提倡和劝导当事人采取特定行为的法律规范。该规范为当事人提供了行为准则，希望当事人按照该规范提倡的行为模式从事民商事法律行为，以明确权利义务关系，减少法律纠纷。

尽管有些倡导性法律规范也表述为"应当"，但其并非强制性规范，根据立法本意，其解释为"最好"更为适宜，而非"必须"。《德国民法典》即区分"应该的规定"与"必须的规定"，如该法典第57条第2款规定，社团的名称应该明显地区别于在同一地点或者同一市镇内现存的已登记社团的名称。有学者认为该款规定即属于"应该的规定"。此类规定虽然对通常的情况规定了作为或者不作为的义务，但只是原则性规定，并不具有强制性。违反此类规定，并不当然地导致法律上的事实或者行为无效，从而明显区别于"必须的规定"。因此，一般而言，在当事人未按照该行为模式从事法律行为时，对于当事人间法律行为的效力并不产生影响。"合同的条款非常重要，但并不是说当事人签订的合同中缺了其中任何一项就会导致合同的不成立或者无效。主要条款的规定只具有提示性与示范性。"①

在价值取向上，倡导性规范以尊重当事人的自主决定为前提，是对当事人

---

① 黄薇主编：《中华人民共和国民法典释义（中）》，法律出版社2020年版，第903页。

间利益冲突的法律安排,因此,在没有足够充分且正当的理由的情况下,原则上不能因不具备倡导性法律规范的行为规范而否定合同的成立与效力。当然,如果欠缺了足以认定是否成立保险合同的主要条款,则不能认定合同成立。

▶ 类案检索

中国人民财产保险股份有限公司项城支公司与项城市城市管理局保险纠纷案

关键词: 保险合同 投保人 保险人 合同必要要素

裁判摘要: 项城支公司与项城管理局通过招投标程序为案涉车辆购置相应保险。案涉《项城市城市管理局车辆保险购置合同》没有约定承保的具体期间。根据《保险法》第18条第1款、第2款规定:"保险合同应当包括下列事项:(一)保险人的名称和住所;(二)投保人、被保险人的姓名或者名称、住所,以及人身保险的受益人的姓名或者名称、住所;(三)保险标的;(四)保险责任和责任免除;(五)保险期间和保险责任开始时间;(六)保险金额;(七)保险费以及支付办法;(八)保险金赔偿或者给付办法;(九)违约责任和争议处理;(十)订立合同的年、月、日。投保人和保险人可以约定与保险有关的其他事项。"该合同欠缺保险合同必要要素,不具备保险合同成立的要件。

【案　　号】(2019)豫民再640号
【审理法院】河南省高级人民法院

> 第十九条　采用保险人提供的格式条款订立的保险合同中的下列条款无效：
> （一）免除保险人依法应承担的义务或者加重投保人、被保险人责任的；
> （二）排除投保人、被保险人或者受益人依法享有的权利的。

▶ 关联规定

法律、行政法规、司法解释

1.《中华人民共和国民法典》

第四百九十六条　格式条款是当事人为了重复使用而预先拟定，并在订立合同时未与对方协商的条款。

采用格式条款订立合同的，提供格式条款的一方应当遵循公平原则确定当事人之间的权利和义务，并采取合理的方式提示对方注意免除或者减轻其责任等与对方有重大利害关系的条款，按照对方的要求，对该条款予以说明。提供格式条款的一方未履行提示或者说明义务，致使对方没有注意或者理解与其有重大利害关系的条款的，对方可以主张该条款不成为合同的内容。

第四百九十七条　有下列情形之一的，该格式条款无效：

（一）具有本法第一编第六章第三节和本法第五百零六条规定的无效情形；

（二）提供格式条款一方不合理地免除或者减轻其责任、加重对方责任、限制对方主要权利；

（三）提供格式条款一方排除对方主要权利。

第五百零六条　合同中的下列免责条款无效：

（一）造成对方人身损害的；

（二）因故意或者重大过失造成对方财产损失的。

2.《最高人民法院关于适用〈中华人民共和国保险法〉若干问题的解释（三）》

第十九条 保险合同约定按照基本医疗保险的标准核定医疗费用，保险人以被保险人的医疗支出超出基本医疗保险范围为由拒绝给付保险金的，人民法院不予支持；保险人有证据证明被保险人支出的费用超过基本医疗保险同类医疗费用标准，要求对超出部分拒绝给付保险金的，人民法院应予支持。

第二十条 保险人以被保险人未在保险合同约定的医疗服务机构接受治疗为由拒绝给付保险金的，人民法院应予支持，但被保险人因情况紧急必须立即就医的除外。

▶ 条文释义

一、本条主旨

本条是关于不公平格式条款无效的规定。

二、条文演变

关于保险合同格式条款的效力认定，1995年颁布实施的《保险法》及2002年修正的《保险法》均只是通过保险人说明义务条款进行规定，并没有规定本条内容。2009年《保险法》修订时，为了与当时的原《合同法》有关格式条款的无效规定相衔接，遂新增本条规定，有利于督促保险人公平、合理地制定保险合同格式条款，进一步保护投保人、被保险人的利益。

三、条文解读

格式条款，又称为标准条款，是当事人为了重复使用而预先拟定，并在订立合同时未与对方协商的条款。格式条款具有以下特点：一是作为要约，其对象具有广泛性。要约向公众发出，任何人只要同意要约就可以签订合同。二是条款具有持久性。格式条款一般是经过认真研究拟定的，在一个相当长的时期内不会改变。三是条款由商品或者服务的提供者提出。使用格式条款的好处是简捷、省时、方便、降低交易成本，但其弊端在于，提供商品或者服务的一方往往利用其优势地位，制定有利于自己而不利于交易对方的条款，因此，必须在立法上予以限制。

本条规定与《保险法》第17条提示和明确说明义务、第30条不利解释规则一起，构成保险法对格式条款的整体立法规范，目的在于从立法上对格式条款可能存在的不公平现象进行预防和纠正，防止格式条款的滥用，实现契约自由与实质公平的协调一致。《保险法》第19条是以内容的合理性和公平性为基本标准，对格式化保险条款进行效力评价，从而实现对格式化保险合同的规范和调整。

（一）法理基础

格式条款的拟定方具有强势地位，格式条款具有单方意志性。因此，尽管从表面看来，格式条款是双方当事人约定的条款，但究其实质却具有实质不平等性，有违契约自由原则。由于其具有先决性，基于私主体的单方逐利性，对于拟定格式条款的一方当事人而言，其不可避免地会在拟定的格式条款中作出有利于自己的规定，也即格式条款使用方基于对自己利益的保护，利用格式条款不公平地限制对方的某些权利或者减轻、免除自己的部分义务，这有违公平原则。因此，原《合同法》规定拟定格式条款一方的公平拟定义务、提示义务和说明义务，对于不公平的格式条款，法律规定其为无效条款。《民法典》通过后，延续了原《合同法》规定。本条规定拓展了对格式条款效力的规范范围，对合同相对人的保护更为有利。

关于格式条款的效力评价，一般考虑以下几个因素：

第一，是否违反法律的强制性规定。强制规定具有不得通过当事人的自主约定排除和变更适用的特点。因此，如果格式条款违反了法律的强制性规定，应认定为无效，即使当事人双方对此达成了合意也不影响其效力的认定。关于《保险法》保险合同部分的性质，一般认为除少数明确允许保险合同另有约定的外，其余内容可理解为强制性规定或半强制性规定，格式条款如作出与之不同约定，该约定无效，除非该约定有利于投保人、被保险人或者受益人。例如，有的格式条款载明，被保险人或受益人在保险事故发生后应及时通知保险人，未及时通知保险人的，保险人不承担保险责任。该内容与《保险法》第21条的规定不一致，且不利于被保险人，属无效条款。

第二，是否符合公平原则。确定当事人之间权利义务的格式条款实质是当事人双方对风险进行分配的约定。在其约定仅关系当事人之间的利益安排，且符合保险人公平合理发展的需要，不损害被保险人利益，不造成双方权利义务严重失衡，不违反公平的原则下，应认可其效力。格式条款的存在与保险费率的高低具有密切的关系，保险费率的高低又以危险损害概率为依据，危险损害概率又以是否排除某些危险类型为依据。因此，在各国保险法实务中，保险费率的核定是与法定免责事由和约定免责事由的存在相联系的。免责事由的存在有其合理性，对促进保险公司的合理经营和保护被保险人的利益均有益处。但如果保险人对免责条款的设定违反合理经营的需要，导致其与被保险人和投保人之间的利益严重失衡，违反公平原则，则不能认可其效力。

第三，是否违反诚实信用原则、损害社会公共利益。保险合同是以经营风险为对象的合同，为射幸合同，较之于一般合同而言，其对当事人的诚实信用程度有着更为严格的要求。最大诚信原则是保险合同的基本原则。最大诚信原则，是指保险合同双方当事人在订立及履行保险合同的过程中，必须以最大的诚信全面而完整地履行自己应尽的义务，互不欺骗和隐瞒有关保险标的的重要情况，严格遵守保险合同的约定和承诺。如果格式条款违反诚实信用原则，损害了社会公共利益，则应否定其效力。因此，在追求社会正义及实质契约自由之理念下，若保险条款内容和一般法律之规定有所偏离，且依诚实信用原则对被保险人产生不合理之利时，其条款无效。

判断免责条款是否符合诚信原则，主要应考量合同目的是否因免责条款的存在而不能实现。对于保险格式条款也可以依据该标准进行判断：如果该免责条款的存在将导致合同目的不能实现，则该免责条款无效。例如，在机动车辆损失险中，有条款约定："保险车辆发生道路交通事故，保险人根据驾驶人在交通事故中所负事故责任比例相应承担赔偿责任。"该约定根据驾驶员的损失来判断保险公司是否承担责任，如驾驶员没有过错的，则保险公司无需承担赔偿责任，这与投保人的投保目的相违背，故可认定无效。再例如，有些机动车辆保险条款约定："保险车辆发生保险责任范围内的损失应由第三方负责赔偿的，被保险人应当向第三方索赔。如果第三方不予支付，被保险人应提起诉讼，经法院立案后，保险人根据被保险人提出的书面赔偿请求，应按照保险合同予以部分或全部赔偿，但被保险人必须将向第三方追偿的权利全部或部分转让给保险人，并协助保险人向第三方追偿。"该条款实际上剥夺了《保险法》规定的被保险人直接向保险人求偿的权利，免除了保险人直接给付保险金的义务，违反公平原则，可认定为无效。

关于格式条款效力的规制，综观各国立法例，主要有三种模式：一是采取列举方式，即明确规定某些格式条款绝对无效；二是采取概括方式，即明确规定确认格式条款无效的一般原则；三是采取弹性规制方式，即明确列举某些格式条款须经法院判断才能决定其有效性。本条依据原《合同法》规定，根据保险合同的特点，也采取列举的方式明确规定具有本条内容的格式条款无效。

（二）条文具体理解

1.关于"免除保险人依法应承担的义务或者加重投保人、被保险人责任的"条款的理解

本条规定与《民法典》第497条规定的表述并不相同，后者表述为："有下列情形之一的，该格式条款无效：（一）具有本法第一编第六章第三节和本法第五百零六条规定的无效情形；（二）提供格式条款一方不合理地免除或者减轻其责任、加重对方责任、限制对方主要权利；（三）提供格式条款一方排除对方主要权利。"本条规定采用了"免除保险人依法应承担的义务"的表述方法。

《保险法》第19条则强调免除保险人"依法应承担"的义务和排除被保险人等相对方"依法享有"的权利的条款无效。此处的"依法"应解释为依据保险法或者其他法律，而且有关该项权利或义务的规定应为强制性规范，该项权利或义务不得由当事人约定排除或变更。

应当认识到，《保险法》第19条规定有深厚的法理基础，也是司法实践经验的总结，有强烈的现实针对性。我国保险业处于初级发展阶段，保险产品存在较多问题，其中格式化保险条款晦涩难懂，一些内容不够合理甚至违反法律法规，社会公众较多批评，影响到保险行业的整体形象。《保险法》第19条对改进保险产品设计，完善保险条款，保护投保人、被保险人合法权益均有重要意义。同时，我们也应当认识到，保险条款有其特殊性，危险承担为其本质属性，其核心内容为风险责任承担与除外的约定。其中除外责任或责任免除内容、免赔额等保险人责任限制或除外等条款，符合保险原理，为行业普遍存在。如果认识不到这一点，本条在实践中容易被扩大适用。保险人的免责或者除外责任约定，除法定免责条件外，更多是基于不同险种的不同风险考量而作的技术安排。但在投保人看来，获得保险赔偿是其主要权利，任何除外责任或免责条款都将可能被认为是对其"应享有的权利"的排除。如果此类条款都被

认定为无效，则保险合同中的主体内容都将处于无效状态，影响缔结保险合同的基础，这与立法目的大相径庭。在司法实践中，应当注意要充分尊重保险合同的特殊性和规律。[1]

免除保险人法定义务的条款之所以无效，是因为"一般合同条款中约定限制基于合同之本质而生之基本权利或义务，致使该合同目的之达成有危害者，有疑义时，推定其有不合理之利益，因而无效"。[2] 例如，依据《保险法》规定，保险合同成立后，保险人不得随意解除保险合同，只有依法律规定，投保人或被保险人违反法定或约定的义务，保险人才有权解除合同。但若保险人不及时行使，则视为放弃权利，日后不得再主张此种权利，此为弃权和禁反言义务。但如果保险人在保险合同中约定即使过了法定的行使解除权的期间，其仍享有解除权，则上述约定应因免除其依法应承担的上述义务而被认定为无效。再如，保险条款中写明，被保险人同意保险合同中的所有内容，保险人无需对免责条款进行提示和明确说明，则该条款因免除了保险人的法定明确说明义务而应被认定为无效。所谓"加重投保人、被保险人责任"是指格式条款中含有通常情形下投保人、被保险人不应承担的责任的内容。如保险合同中约定，投保人需主动告知其身体疾病情形，如不主动告知，发生保险事故的，保险人免责。该约定实质上是苛加了投保人的主动告知义务，而我国《保险法》采用的是询问告知模式，上述约定加重了投保人的责任，应被认定为无效。

2. 关于"排除投保人、被保险人或者受益人依法享有的权利"的理解

关于权利主体的范围，本条规定为投保人、被保险人或者受益人。关于权利的范围，本条规定为依法享有的权利，这里的法，除包括《保险法》外，也应包括《民法典》等法律。应注意的是，格式条款应为保险人提供的格式条款。根据本条规定，采用保险人提供的格式条款订立的保险合同中具有前述内容的应被认定为无效，如果是投保人、被保险人提供的格式条款则不适用于本条规定。

---

[1] 吴定富主编：《〈中华人民共和国保险法〉释义》，中国财政经济出版社2009年版，第57~58页。

[2] 参见《德国一般合同条款法》第9条第2款。

适用指引

一、减轻保险人依法应承担的义务的免责条款的效力认定

本条规定"免除保险人依法应承担的义务"的格式条款无效,在司法实务中,存在着减轻保险人依法应承担的义务的格式条款,能否根据本条规定认定无效呢?第一种观点认为,既然我国《保险法》关于格式条款无效的规定采用了列举的方式,因此,格式条款是否应被认定为无效,主要看其是否符合法律的规定。法律有规定的,则被应认定为无效,法律无规定的,则不能被认定为无效。既然本条规定的是免除保险人依法应承担的义务的格式条款无效而未规定减轻保险人依法应承担的义务的格式条款无效。那么,我们不能突破法律的规定认定减轻保险人依法应承担的义务的格式条款无效。第二种观点认为,本条规定的立法宗旨是禁止不公平的格式条款,以避免损害投保人、被保险人、受益人的合法权利,因此,如果减轻保险人依法应承担义务的格式条款违反了公平原则,也应当被认定为无效。①

我们赞同第二种观点,理由是根据《民法典》第497条第2项规定,如果提供格式条款方不合理减轻其责任的,该格式条款无效。按照《民法典》立法机关解读,免除或者减轻其责任、加重对方责任、限制对方主要权利,没有超出合理的范围,没有违背公平原则,这种情况下就不宜认定格式条款无效。如果有关条款超出合理范围或者违反公平原则,应该被认定为无效。②

二、格式条款效力认定的具体审判路径

根据《保险法》第17条以及《民法典》有关规定,结合本条规定,判断免责的格式条款是否有效,可分两步走:

首先,审查保险人是否履行提示及明确说明义务。如果保险人未履行该义务,根据《民法典》第496条规定,该约定不成为合同的内容,也即相当于未订入合同。在尚未成立合同内容的情形下,当然谈不上合同有效、无效的效力

---

① 最高人民法院保险法司法解释起草小组编著:《〈中华人民共和国保险法〉保险合同章条文理解与适用》,中国法制出版社2010年版,第134~135页。
② 黄薇主编:《中华人民共和国民法典释义(中)》,法律出版社2020年版,第956页。

认定问题。

其次，如果保险人履行了提示及说明义务，进一步审查格式条款是否遵循公平原则确定当事人之间的权利义务，是否存在无效情形。具体而言：

第一，是否存在其他民事法律行为通用的无效情形。即，根据《民法典》第497条第1项规定，审查是否具有《民法典》总则编第六章第三节和合同编中的第506条规定的无效情形。总则编第六章第三节对民事法律行为的无效情形作了总括性规定，包括无民事行为能力人实施的民事法律行为，限制民事行为能力人超出其年龄、智力、精神健康状况实施的民事法律行为，以虚假意思表示实施的民事法律行为，违反法律、行政法规的强制性规定的民事法律行为，违背公序良俗的民事法律行为等。如果格式条款具有总则编第六章第三节规定的民事法律行为的无效情形，则该格式条款无效。合同编中的第506条是对合同中免责条款无效情形的规定，如果合同中有免除"造成对方人身损害的"或者"因故意或者重大过失造成对方财产损失的"责任的条款，则该条款无效。格式条款如果具有第506条规定的情形，则当然也是无效的。

第二，是否存在格式条款特有的无效情形，也即是否存在《保险法》第19条规定的情形。《民法典》第497条第2项规定的"不合理地免除或者减轻其责任、加重对方责任、限制对方主要权利"以及第3项规定的"提供格式条款一方排除对方主要权利"，均属于违背公平原则的情形，该格式条款无效。该规定是在原《合同法》的基础上修改而来的。原《合同法》第40条规定，提供格式条款一方"免除其责任、加重对方责任、排除对方主要权利的"，该条款无效。《民法典》根据实践需求，在增加"减轻其责任""限制对方主要权利"的同时，还对无效情形作了区分性规定，对于"免除或者减轻其责任、加重对方责任、限制对方主要权利"的情形加上了限定词"不合理地"。

那么如何理解《保险法》与《民法典》规定不一致，如何认定保险合同格式条款的效力呢？我们认为，一方面《民法典》与《保险法》是一般法和特别法的关系，另一方面又是新法与旧法的关系。如前所述，《保险法》在2009年修订时，为了与原《合同法》有关格式条款无效规定相衔接，遂新增本条规定，但本条规定与原《合同法》规定不尽相同，内容是借鉴原《合同法》第40条关于格式条款中特定部分无效的规定而来，其立法精神是从保护投保人、被保险人利益角度，强化对保险条款内容的公平性和合法性要求。因此，对于

《民法典》沿用原《合同法》的规定，即使《民法典》规定与《保险法》不一致，在适用上还是《保险法》特别规定优先；对于《民法典》新增"减轻其责任""限制对方主要权利"之内容，则是为了保护投保人、被保险人权益，在适用上应当从新规定，即如果保险人提供的格式条款含有这些内容的，如果认为是不合理、不公平的，则应当被认定为无效。

实践中，保险人在保险合同中设置的诸如"投保单与保险单不一致的，即便未经保险人说明，亦应以保险单载明的内容为准""本公司对保险合同条款拥有最终解释权"等规定，属于免除保险人依法承担的义务或者排除投保人、被保险人或者受益人的权利的情形，应依法被认定为无效。

当然，格式条款无效，并不意味着含有格式条款的合同整体无效，格式条款无效不影响合同其他部分效力的，其他部分仍然有效。

三、人身保险合同中指定定点医院条款的效力认定

所谓指定定点医院条款，是指实务中有不少意外伤害险、健康险等人身保险合同约定被保险人应当在保险合同约定的医疗服务机构中就医，否则不予赔付。人身保险合同中，保险公司为控制风险，往往会在保险合同中约定被保险人必须到指定的医院就医，否则不予赔付。比如有些医疗保险条款会在合同中载明指定医院的名录或在网站上公布各地定点医院名录。也有医疗保险条款约定就医医院的等级，比如某医疗保险条款中约定，医院为卫生部医院分类中二级合格或二级合格以上的医院，不包括主要作为康复护理、疗养、戒酒、戒毒或相类似的医疗机构。

保险事故发生后，被保险人申请理赔，保险人以被保险人未在保险合同约定的医疗服务机构网点中进行医疗为由拒绝给付保险金。这里就涉及保险格式条款中指定定点医院条款的效力问题，也即涉及保险合同中格式条款的效力认定。

对于指定定点医院条款的效力问题，存在有效说和无效说两种观点。有效说认为，被保险人与医院串通骗取保险金的情况在实践中时有发生，指定医院条款有助于减少这些不诚信行为，对其效力应予认可。无效说则认为，此类条款实质是保险人为被保险人设定了特定义务，属于隐藏性义务条款，该条款将保险人控制风险的责任转嫁于被保险人，加重了被保险人法定义务，属于无效条款。

为减少争议,《保险法解释(三)》第20条规定:"保险人以被保险人未在保险合同约定的医疗服务机构接受治疗为由拒绝给付保险金的,人民法院应予支持,但被保险人因情况紧急必须立即就医的除外。"该规定采折中观点,原则上认可指定定点医院条款的效力,同时规定例外情况。其认可保险合同关于指定定点医院条款的效力,认为保险人以被保险人未在保险合同约定的医疗服务机构中进行医疗为由拒绝给付保险金的,人民法院应予支持。同时,作出例外规定,被保险人因情况紧急必须立即就医而导致未能在保险合同约定的医疗服务机构中进行医疗的,保险人应给付保险金。

之所以采该立场,主要理由如下:

一是认可指定定点医院条款的效力,有利于防范保险欺诈。"指定行为"的目的在于控制不合理的赔付风险,维护保险的精算基础。因为医疗保险产品的定价是建立在平均风险发生率(疾病和住院发生率)和风险程度(住院天数和住院费用)数据基础上的,如果外部经营环境失控,使得实际的保险事故发生率和严重程度与定价基础数据偏离太大,必然会导致保险经营的重大困难。比如在我国,由于缺乏统一、明细的医疗诊治行业标准,不同的医院之间,对同一疾病的诊治措施、收费标准和住院天数等就会产生差异。而且,医院和患者在利益的驱动下,往往出现医疗服务过度提供和使用的现象。若对此不进行控制,商业医疗保险将会沦为少数人投机牟利的工具,这将损害大多数诚实客户的利益,也完全违背了保险的经营主旨。[①]实践中,被保险人与医院工作人员串通骗取保险金的情况时有发生,保险欺诈的手段多种多样,比如投保人1月2日投保,而医院的情况显示客户生病可能是1月4日、1月5日等,但被保险人实际查出患病时间可能是1月1日。除此,被保险人可能会"挂床住院"就医、要求医院开具本人不必要的诊疗项目或药品等。从医疗机构来看,使用的方式主要有伪造、变造以及提供虚假病历、处方、疾病诊断证明和医疗费票据,以达到虚假住院、虚假治疗、违规收费的目的或向参保人提供不必要的或过度的医疗服务。保险公司通过指定定点医院或维修点,将其承保的风险交由可以信赖的单位协助把关,以有效控制过度医疗、维修行为,有助于保险公司控制风险,减少保险欺诈行为。

二是对于指定定点医院条款的效力认定,应当考虑以下几个因素:第一,

---

① 张绍阳:《保险公司"指定行为"之法律性质研究》,载《保险研究》2003年第6期。

是否违反法律强制性规定。法律强制性规定具有不得通过当事人的自主约定排除和变更适用的特性。因此，如果格式条款违反了法律的强制性规定，应认定无效。《保险法》第2条规定："本法所称保险，是指投保人根据合同约定，向保险人支付保险费，保险人对于合同约定的可能发生的事故因其发生所造成的财产损失承担赔偿保险金责任，或者当被保险人死亡、伤残、疾病或者达到合同约定的年龄、期限等条件时承担给付保险金责任的商业保险行为。"保险人对被保险人承担的保险责任除非有法律明确规制之外，主要由保险合同约定。现行法律并未规定保险人在人身保险合同项下，对于被保险人在任何医疗机构就医的医疗费用一律承担保险责任的内容，故该条款并未违反法律规定。第二，是否符合公平原则。确定当事人之间权利义务的格式条款实质是当事人双方对风险进行分配的约定。该约定须符合权利义务相对等的原则，不损害被保险人利益，不造成双方利益失衡。虽然，指定定点医院条款相较于未作约定的情况，在一定程度上加重了被保险人的责任（需要到约定的医疗服务机构中就医），但保险人设计保险产品将被保险人在约定医疗服务机构就医等因素作为保险精算的基础，与所收保费是相适应的，符合权利义务对等的原则。第三，是否符合诚实信用原则、损害社会公共利益。最大诚信原则是保险合同的基本原则。保险人应当就指定定点医院条款向投保人尽到提示和明确说明义务，以使投保人、被保险人充分了解条款内容和法律后果。未尽到提示和明确说明义务的，该条款不生效。

三是基本能够满足被保险人的医疗需求。原卫生部发布的《医院分级管理办法（试行）》规定，医院按功能、任务不同划分为一、二、三级：一级医院是直接向一定人口的社区提供预防、医疗、保健、康复服务的基层医院、卫生院。二级医院是向多个社区提供综合医疗卫生服务和承担一定教学科研任务的地区性医院。三级医院是向几个地区提供高水平专科性医疗卫生服务和执行高等教学、科研任务的区域性以上的医院。各保险机构提供的医疗服务机构网络涵盖范围越来越广，基本上能够满足被保险人就医的需要。

四是考虑到被保险人在一些紧急情况下可能无法到指定医院就医，故增加例外条款，如被保险人因情况紧急必须立即就医的，则即使在定点医院之外就医，保险公司仍需赔付。由于人身保险合同关系被保险人的身体健康甚至生命，在制度设计上需从人道主义出发。如果被保险人因一些紧急情况必须立即就医的，保险人不得以此为由拒赔。

四、关于医保标准条款的效力认定

在人身保险合同和责任保险合同中,往往存在诸如"保险人按照国家基本医疗保险的标准核定医疗费用的赔偿金额"的保险条款,实务中一般简称为"医保标准条款"。医保标准条款尽管只是保险合同的一项约定,但因其涉及被保险人或责任事故受害人的切身利益、保险的精算基础、保险的对价平衡、投保人的合理期待等深层问题,且广泛存在于各保险公司设计的保险合同中,具有相当的普遍性,因此,关于医保标准条款的适用问题广受关注。我国立法没有针对该问题作出具体规定。

由于缺乏立法上的明确规定,在处理具体的医保标准条款纠纷时,存在着多种不同的理解,至少有以下几种意见:第一种意见认为,约定合法有效,应当按照约定的医保范围给付保险金;第二种意见认为,应当被认定为无效;第三种意见认为,医保标准条款系免责条款,如未明确说明,则不发生法律效力。

医疗费用保险属于商业保险,医保标准是保险人厘定保险费率的基础,如果对医保标准条款完全不认可,判令保险人对医保标准之外的医疗费用亦全部赔付,会导致双方当事人之间的对价不平衡,且保险人需要赔付的范围无法控制,保险人将缺乏厘定保险费的基础,认定该条款无效亦缺乏充足的依据。但如果完全按照保险人的理解仅判令保险人给付医保范围内的医疗费用,则不符合对价平衡原则,亦有违投保人的合理期待,对投保人一方有失公平。

因此,为减少争议,统一法律适用,根据合理期待原则和对价平衡原则,《保险法解释(三)》第19条规定:"保险合同约定按照基本医疗保险的标准核定医疗费用,保险人以被保险人的医疗支出超出基本医疗保险范围为由拒绝给付相应保险金的,人民法院不予支持;保险人有证据证明被保险人支出的费用超过基本医疗保险同类医疗费用标准,要求对超出部分拒绝给付保险金的,人民法院应予支持。"如此处理,既保护了被保险人利益,又未从实质上损害保险人利益。在具体适用上述规定时,需要注意两个问题。

(一)医保标准条款已经保险人明确说明而产生法律效力是适用的前提

有意见认为,保险条款通常将基本医保条款设置在"赔偿处理"项下,故该条款在保险合同中当属上述"保险金赔偿或者给付办法"条款，而非责任免除条款。我们认为，医保标准条款虽非无效条款，但符合免责条款的特征。对于免责条款的认定，应从实质上进行把握，免责条款并不仅限于在保险条款中以"责任免除"或"免责条款"名义出现的条款，还包括散落于各章节的部分或全部免除保险责任的条款。只要是保险合同中载明的保险人不负责赔偿或者给付保险金责任的条款，本质上均系免责条款。因此，医保标准条款虽设置于保险合同的"理赔处理"章节，并没有放置于"除外或免责条款"章节中，但从其文义及作用来看，对保险公司在赔偿限额内的责任又进行了限定，即保险公司对国家基本医疗保险标准以外的医疗费用不予赔付，该条款应当属于限制保险公司赔偿责任的责任免除条款。既然属于责任免除条款，则根据《保险法》第17条第2款关于"对保险合同中免除保险人责任的条款，保险人在订立合同时应当在投保单、保险单或者其他保险凭证上作出足以引起投保人注意的提示，并对该条款的内容以书面或者口头形式向投保人作出明确说明；未作提示或者明确说明的，该条款不产生效力"的规定，保险人未对医保标准条款履行明确说明义务的，该条款不产生法律效力。既然不产生法律效力，也就不存在对其效力和内容进行评判的依据和基础。

（二）对"医疗费用标准"及"保险人有证据证明"两项要件的把握

要把握住两个关键点。第一个关键点是"超过基本医疗保险同类医疗费用标准"。"医疗费用标准"并非"医疗费用范围"，因此，不能将"超过基本医疗保险同类医疗费用标准"理解为"超过基本医疗保险用药范围"。对于基本医疗保险范围外的医疗项目支出，保险人应当按照基本医疗保险范围内的同类医疗费用标准赔付。比如，使用了医保范围外的药品，而医保范围中有同种类或者同功能可使用的药品，则应按医保范围内同种类或者同功能药品的标准予以赔付。第二个关键点则是"保险人有证据证明"。诉讼中保险人主张被保险人支出的费用超过基本医疗保险同类医疗费用标准，但不能提供相关证据证明的，由保险人承担不利的法律后果，明确将举证责任分配给了保险人。

典型案例

王某某与中国人寿保险公司淮安市楚州支公司保险合同纠纷案

关键词：格式条款　免除责任　无效

裁判摘要：保险公司以保险合同格式条款限定被保险人患病时的治疗方式，既不符合医疗规律，也违背保险合同签订的目的。被保险人有权根据自身病情选择最佳的治疗方式，而不必受保险合同关于治疗方式的限制。保险公司不能以被保险人没有选择保险合同指定的治疗方式而免除自己的保险责任。

基本案情：2009年7月30日，王某某、中国人寿保险公司淮安市楚州支公司（以下简称人寿保险楚州支公司）签订保险合同一份，合同约定：险种名称为康宁终身保险合同（2007修订版），保费金额为2万元，保险为终身。康宁终身保险条款（2007修订版）第5条第1款约定：被保险人于合同生效之日起180日后，初次发生本合同所指的重大疾病，本公司按基本保险金的2倍给付重大疾病保险。第23条规定的重大疾病的名称及定义如下："10 主动脉手术指为治疗主动脉疾病，实际实施开胸或开腹进行的切除、置换、修补病损主动脉血管的手术，主动脉胸主动脉和腹主动脉，不包括胸主动脉和腹主动脉的分支血管，动脉血管形成术不在保障范围内。"合同签订后，王某某缴纳保费。2011年2月12日，王某某经淮安市第一人民医院确诊为主动脉夹层（StanfordB型），并建议转上级医院继续治疗。2011年2月17日至2011年3月4日，王某某在江苏省人民医院行主动脉夹层覆膜支架隔绝术。王某某要求给付保险金，但人寿保险楚州支公司以王某某所患疾病（手术）不符合合同约定的保险责任范围拒不给付保险金，王某某遂起诉。

江苏省淮安市淮安区人民法院一审认为：原、被告签订的康宁终身保险合同，系双方真实意思表示，且不违反法律、行政法规强制性规定，应认定为合法有效，对双方当事人具有法律约束力，双方当事人应当严格按照合同的约定行使权利并履行义务。本案中，原、被告对双方之间存在的保险合同关系及原告所患的主动脉疾病均无异议，只是对原告没有采取开胸而是行主动脉夹层覆膜支架隔绝术治疗疾病是否属保险责任范围产生争议。原、被告双方订立的保险合同已明确约定重大疾病的保险范围有"主动脉手术"，该合同第23条第10款项目是对医疗术语"主动脉手术"的解释和描述，以进一步明确保险责任范围,"主动脉手术"指为治疗主动脉疾病的手术,主动脉指胸主动脉和腹主动脉,不包括胸主动脉和腹主动的分支血管。由此可见,胸主动脉和腹主动脉疾病应属原、被告签订的康宁终身保险合同约定重大疾病的保险责任范围。按通常理解,重大疾病并不会与某种具体的治疗方式相联系。对于被保险人来说,其在患有重大疾病时,往往会结合自身身体状况,选择具有创伤小、死亡率低、并发症发生率低的治疗方式而使自己所患疾病得到有效治疗,而不会想到为确保重大疾病保险金的给付而采取保险人限定的治疗方式。保险人以限定治疗方式来限制原告获得理赔的权利,免除自己的保险责任,根据《保险法》第19条的规定,该条款应被认定为无效。保险公司不能因为被保险人没有选择合同指定的治疗方式而拒绝理赔。据此,判决人寿保险楚州支公司给付王某某保险金4万元。

人寿保险楚州支公司不服一审判决,提起上诉。

江苏省淮安市中级人民法院二审认为:2009年7月30日,人寿保险楚州支公司与王某某签订的保险合同系其真实意思表示,且未违反法律、行政法规的禁止性规定,合法有效。双方均应按照保险合同约定履行相应的义务。因双方签订的康宁终身保险合同(2007修订版)保险条款第23条是人寿保险楚州支公司以限定治疗方式来限制王某某获得理赔的权利,免除自己的保险责任,根据《保险法》第19条规定,该条款无效,且人寿保险楚州支公司对王某某所患疾病属于主动脉疾病并无异议。人寿保险楚州支公司称王某某所患疾病不属于保险合同赔付保险金情形的上诉理由不能成立,不予采信。

【审理法院】江苏省淮安市中级人民法院(原江苏省淮阴市中级人民法院)
【来　　源】《最高人民法院公报》2015年第12期(总第230期)

▶ 类案检索

王某某与泰康人寿保险股份有限公司北京分公司人身保险合同纠纷案

关键词: 格式条款　无效认定

裁判摘要: 我国《保险法》规定投保人和保险人可以协商变更合同内容。据此变更保险合同应是投保人和保险人协商一致的结果,任何一方不得单方对合同作出变更。本案中的保险合同文本是由保险公司提供的格式合同，其中"保留对定点医院进行变更的权利"的条款实质上赋予了保险公司单方面变更合同的权利，同时也排除了投保人的权利，该条款应当被认定为无效。

【案　　号】（2014）朝民初字第 3962 号

【审理法院】北京市朝阳区人民法院

> **第二十条** 投保人和保险人可以协商变更合同内容。
>
> 变更保险合同的，应当由保险人在保险单或者其他保险凭证上批注或者附贴批单，或者由投保人和保险人订立变更的书面协议。

▶ 关联规定

法律、行政法规、司法解释

1.《中华人民共和国民法典》

第五百四十三条 当事人协商一致，可以变更合同。

第五百四十四条 当事人对合同变更的内容约定不明确的，推定为未变更。

2.《最高人民法院关于适用〈中华人民共和国保险法〉若干问题的解释（二）》

第十四条 保险合同中记载的内容不一致的，按照下列规则认定：

（一）投保单与保险单或者其他保险凭证不一致的，以投保单为准。但不一致的情形系经保险人说明并经投保人同意的，以投保人签收的保险单或者其他保险凭证载明的内容为准；

（二）非格式条款与格式条款不一致的，以非格式条款为准；

（三）保险凭证记载的时间不同的，以形成时间在后的为准；

（四）保险凭证存在手写和打印两种方式的，以双方签字、盖章的手写部分的内容为准。

▶ 条文释义

一、本条主旨

本条是关于保险合同变更的规定。

二、条文演变

1995年颁布实施的《保险法》第20条第1款规定:"在保险合同有效期内,投保人和保险人经协商同意,可以变更保险合同的有关内容。变更保险合同的,应当由保险人在保险单或者其他保险凭证上批注或者附贴批单,或者由投保人和保险人订立变更的书面协议。"2002年《保险法》修正时内容未作修改,仅条文序号改为第21条。2009年《保险法》修订时,基本延续原规定,删除了"在保险合同有效期内的时间限制",内容更加合理。只要投保人和保险人协商同意,即使不在保险合同有效期内,如保险合同尚未开始生效,双方也可变更合同内容,以尊重当事人意思自治。此外,条文序号修改为第20条。2014年、2015年修正《保险法》时,未对本条进行修改。

三、条文解读

(一)保险合同变更的概念

保险合同依法成立,即具有法律约束力,当事人双方都应当全面履行合同约定的义务,不得擅自变更。但是在保险合同订立以后,保险合同有效期届满之前,由于保险合同当事人的主观和客观情况的变化,有时也需要对已经订立的保险合同作必要的变更。世界各国保险法一般都允许保险合同在必要的情况下得以变更,我国《保险法》也作了相同规定。

合同的变更有广义和狭义之分。狭义的合同变更,是指合同法律关系客体和内容的变更;广义的合同变更,是指合同法律关系主体、客体和内容三要素中任何一个要素的变更。与民法上合同变更的概念相对应,保险合同变更也分为广义的保险合同变更和狭义的保险合同变更。广义的保险合同变更,是指合同的主体、客体或者内容发生变化,狭义的保险合同变更,仅指保险合同内容的变更。保险合同主体的变更在保险法上称为保险合同的转让,《保险法》第49条的规定涉及保险合同的转让。由于保险合同客体即保险标的是保险利益的载体,保险标的变更则意味着原保险合同的终止和新保险合同的产生,亦不属于狭义的保险合同变更。本条所称保险合同变更为狭义的保险合同变更,是指在保险合同有效期内,双方当事人经协商一致,并经法定程序对保险合同内容予以修改或者补充。

对于变更保险合同，当事人可以订立保险合同时一次性作出约定，也可以在每次变更时进行协商。如果投保人要变更保险合同，可以先向保险人提出需要变更的事项，并提交有关资料，再由保险人审查核定；如果保险人要修改保险合同条款，应当事先通知投保人、被保险人或者受益人，征得其同意，双方协商一致，即可对保险合同作出变更。①

如前所述，《保险法》上的合同变更不包括合同主体的变更，但保险合同关系人的变更则属于保险合同变更的范畴。在财产保险合同中，有不少情况会引起被保险人的变更，如保险标的转让的，保险标的受让人承继被保险人的权利和义务。而在人身保险合同中，被保险人的寿命和身体是人身保险合同的保险标的，被保险人变更，必然引起保险标的变更。保险标的变更属于成立新的保险合同，因此，在人身保险实务中，保险人一般不允许个人保险的被保险人发生变更。根据法律规定，受益人变更除应满足保险合同变更的一般条件和程序外，还应当经被保险人同意。《保险法》第41条规定，被保险人或者投保人可以变更受益人并书面通知保险人。保险人收到变更受益人的书面通知后，应当在保险单或者其他保险凭证上批注或者附贴批单。同时规定了投保人变更受益人时须经被保险人同意。

除上述事项外，保险合同变更还包括保险期限、保险费缴纳、保险责任、保险金额以及合同当事人通讯地址、联络方式等事项的变更。

（二）保险合同变更的条件

一是保险合同变更须以有效保险合同存在为前提。合同有效是合同变更的前提，如果保险合同未成立，则不存在合同变更的问题。双方当事人如果对基本条款的修改达成一致，则成立了一个新的保险合同，而非合同变更。如果保险合同被确认无效、被撤销或者被解除，则合同效力已终止，也不存在合同变更的问题。

二是保险合同变更需经双方当事人协商一致。双方当事人达成合意，是保险合同变更的实质性条件。在保险实务中，保险人通常通过在保险单上作批注的方式变更合同条款或者对合同条款作出补充。如果投保人知悉该变更内容并且未提出异议，则应当视为双方达成合意、产生保险合同变更的法律效果。

---

① 周玉华编著：《最新保险法条文释义与案例解析》，人民法院出版社2009年版，第123页。

三是合同变更须符合法定形式的要求。保险合同内容的变更会影响到保险合同当事人的权益及保险风险的大小,因此,保险合同的变更应当采用法定形式。根据本条规定,变更保险合同的可采取三种形式:在保险单或者其他保险凭证上附贴批单、批注以及订立变更的书面协议。保险批单,是指在保险合同有效期内,投保人有权变更受益人保险金额、缴费方式等内容,每次在接到投保人的变更通知书后,保险公司所作出的附在保险单后的一种单证,批单需由保险人签署。保险批注即"背书"。批注通常采用附贴、打字或手写的方式。保险协议书,是指投保人与保险人约定保险权利义务关系的书面协议。保险合同的协议变更,实际上是通过双方当事人的新协议变更旧协议。在批单中,需要列明所变更条款的具体内容,一般将其粘贴在原保险单或者其他保险凭证上。实务中,保险合同的变更一般都是投保人根据主客观情况的变化提出申请,经保险人审查同意,对原保险单或其他保险凭证进行批注或者签发批单,变更方为有效,本条第2款即体现了这一程序要求。

(三)保险人违反书面变更的证明材料后果

依本条第2款规定,变更保险合同的,保险人有义务在保单等保险凭证上批注或附贴批单,或者与投保人订立变更的书面协议。可见作出书面的变更证明材料,是保险人的一项义务,而并不是保险合同被变更的原因。如果保险人没有及时作出批注、批单,或者由于当事人一方的原因,没有按约定及时签订变更协议,导致对方当事人遭受损害的,不履行义务一方需要承担赔偿责任,另一方当事人可以依据本条第2款的规定,强制对方当事人补上该书面形式。

(四)保险合同变更的效力

依据合同法原理,保险合同变更是在保持原合同关系的基础上,对合同内容进行修改,实质是以变更后的合同取代了原合同关系。因此保险合同变更后,双方当事人应按照变更后的合同履行,否则将构成违约。如果双方对于变更未达合意,则仍应按原合同履行。合同变更原则上不发生溯及力,仅向将来发生效力,未变更的权利义务继续有效,已经履行的债务不因保险合同的变更而失去合法性。造成合同变更的原因是多种多样的,有的是基于法律规定,有的是基于双方当事人的约定,如果因变更保险合同造成当事人损失,提出变更的一方当事人对对方当事人因此所受的损失应负赔偿责任。①

适用指引

一、保险关系人能否变更保险合同？有权变更保险合同的主体为谁？被保险人、受益人是否有权变更保险合同

投保人和保险人为保险合同的主体，自有权变更合同。在投保人、被保险人、受益人并非同一人时，保险合同的被保险人、受益人是否有权变更保险合同？根据合同法原理，只有合同当事人才有权变更合同，因此，只有投保人有权变更合同，被保险人、受益人无权变更合同。被保险人、受益人在无投保人授权的情况下对合同条款作出变更且未经投保人认可的，该变更对投保人不发生效力。如果投保人死亡，谁有权对合同作出变更？对此，许多国家没有明文规定，我国《保险法》对此也未作规定。多数观点认为，投保人的继承人有权变更合同，被保险人无权变更合同。对此我们表示赞同。根据继承法，保险合同属于可继承的财产范围，投保人死亡后，投保人的继承人继承保险合同后成为保险合同一方主体，其有权对合同作出变更。

二、投保单与保险单或者其他保险凭证不一致，能否认定投保单的内容被变更

保险人签发的保险单或者其他保险凭证与投保人填写的投保单不一致的，应以投保单为准还是保险单或者其他保险凭证为准，保险单或者其他保险凭证是否变更了投保单的内容？根据《保险法解释（二）》第14条第1项的规定，投保单与保险单或者其他保险凭证不一致的，以投保单为准。但不一致的情形系经保险人说明并经投保人同意的，以投保人签收的保险单或者其他保险凭证载明的内容为准。

由于签发保险单或者其他保险凭证是保险人在合同成立后的义务，不能当然认为签发保险单或者其他保险凭证构成承诺或者反要约。鉴于保险条款具有专业性和复杂性，能够完全理解保险条款的内容以及相关变化并及时提出异议

---

① 最高人民法院保险法司法解释起草小组编著：《〈中华人民共和国保险法〉保险合同章条文理解与适用》，中国法制出版社2010年版，第139~140页。

的投保人相当有限,如果一律以保险单或者其他保险凭证为准认定保险合同内容,不利于投保人利益的保护。保险人需要变更投保单的内容的,应当对变更的内容向保险人进行说明,在投保人知悉变更内容并签字确认后,才能认为保险单或者其他保险凭证改变了投保单的内容,才能以保险单或者其他保险凭证为准确定保险合同的内容。

需要注意的是,根据《保险法解释(二)》第14条第1项规定,如果保险单或其他保险凭证的内容与投保单不一致时,保险人应当主动就不同之处向投保人作出说明。通过保险人的主动说明,使得投保人明了保险单或其他保险凭证哪些内容与投保单相比有了变化。投保人在知道这些变化的情况下仍然不提异议,签收保险单或其他保险凭证,表明投保人认可将上述变化后的内容纳入保险合同。这样一来,保险单或其他保险凭证上载明的变化后的内容亦体现投保人最终的真实意思。换言之,这些变化后的内容纳入了保险合同之中。因此,在保险人履行了上述说明程序并得到投保人同意的情况下,才能视为保险单或者其他保险凭证变更了投保单内容。

实践中,有的保险人在保险单中印制"投保人有核对保险条款义务,超过规定时限(如规定48小时)通知则视为投保人无异议"等内容。因缺乏保险人的主动说明和提醒,投保人往往注意不到上述印制的内容;即便注意到了上述印制的内容,在保险人不就不一致之处特别提醒的情况下,投保人也难以发现保险单与投保单的不一致之处,尤其是在投保单往往由保险人保管、投保人手中并无投保单的情况下更是如此。鉴于此种限时要求投保人阅读的方式起不到让投保人明了保险单与投保单不一致之处的效果,则保险单中与投保单不一致的内容不能视为纳入保险合同之中,也就不能约束投保人,不能视为对合同内容进行了变更。

三、能否以非格式条款对格式条款内容进行变更

实践中,有的保险展业人员在与投保人签订保险合同时会就一些具体内容进行协商订立一些非格式条款,这些非格式条款可能与保险人预先制定的格式条款不一致。还有一种情况,保险人在保险单或者其他保险凭证中以"特别约定"方式对保险格式条款作出改变,而出险后投保人对"特别约定"并不认可。对于以上情形应当如何处理,存在不同认识。

保险业界认为,格式条款都是报银保监会审批或备案的,银保监会明确规

定不得私自变更。如银保监会于2021年发布了新修订的《财产保险公司保险条款和保险费率管理办法》，第23条规定："财产保险公司及其分支机构应当严格执行经批准或者备案的保险条款和保险费率，不得违反本办法规定以任何方式改变保险条款或者保险费率。"第24条规定："财产保险公司及其分支机构使用的保险条款或者保险费率被发现违反法律、行政法规或者本办法第七条、第八条、第九条规定的，由银保监会或其省一级派出机构责令停止使用、限期修改；情节严重的，可以在一定期限内禁止申报新的保险条款和保险费率。"《人身保险公司保险条款和保险费率管理办法》第35条规定："保险公司变更已经审批或者备案的保险条款和保险费率，改变其保险责任、险种类别或者定价方法的，应当将保险条款和保险费率重新报送审批或者备案。"根据上述规定，其认为不应当允许保险展业人员与投保人订立不同于格式条款的其他内容，否则保险展业人员可能会与投保人串通损害保险人的利益。

也有观点认为，根据《民法典》第498条规定，格式条款和非格式条款不一致的，应当采用非格式条款，故当特约条款与格式条款内容不一致的情况下，特约条款具有优先适用的效力。

根据合同订立的一般原理，当事人之间可以作出不同于格式条款的约定。而且，由于非格式条款是由当事人在格式条款之外临时商议的结果，变更了格式条款约定，能够比格式条款更加真实地代表双方当事人的意思表示，自然应当具有优先于格式条款的效力。银保监会的规定是对保险公司的管理性规范，不应影响保险合同内容的认定。

当然，非格式条款体现投保人的真实意思，是"非格式条款与格式条款不一致的，以非格式条款为准"的适用前提之一。非格式条款在保险单或其他保险凭证上常以"特别约定"条款的面目出现。既然称之为"特别约定"，则应当是缔约双方当事人经过磋商后特别作出的约定，应当最能体现当事人的真实意思，也正因为此，特别约定条款才具有了优于其他条款的效力之正当性基础。但保险实务中，一些保险人向投保人出具的保险单或其他保险凭证以"特别约定"的方式对保险格式条款的相关内容单方作出变更，以限制被保险人权利、限缩保险人义务。出具保险单或其他保险凭证系保险合同成立后保险人应当履行的义务。保险单或其他保险凭证应当忠实地反映双方当事人缔约过程中协商一致的内容。除非保险人能够举证证明"特别约定"征得了投保人的同意，否则这种"特别约定"有名无实，仅是保险人一方意思的体现，实质而言，其并非"约定"，并未被纳入保险合同之中。既然不属于保险合同的内容，自然不发生变更的法律效力。即使发生变更的法律效力，是否有效，还需要法院审查。

四、保险凭证的内容记载时间或者记载方式不一致问题

关于合同中后陈述的条款与先陈述的条款何者优先的问题，有的认为基于承诺、禁止反悔的原则，推定先陈述的条款效力优先；有的认为后陈述的条款是为对在先陈述条款的修正，在后陈述条款效力优先。对此，《保险法解释（二）》第14条第3项明文规定，保险凭证记载的时间不同的，以形成时间在后的为准。理由是不同保险凭证形成时间不一致的，形成时间在后的视为对形成在前的保险凭证内容的变更，故应以形成时间在后的为准。保险合同中打印部分通常是一方当事人事先提供的，双方签章的手写部分则一般是经过双方协商确定的，可以对打印部分进行变更。从手写到打印，外力介入的程度依次递增，当事人的注意力依次递减。手写条款以最简单的工具、最直接的方式作成，最能接近当事人的内心意思。故双方签章的手写部分效力高于打印部分。

五、投保人收存的保险单上载明的标的与投保人在投保单上填写的标的不一致的，应据实认定保险合同的内容

投保人的真实意思表示反映在其填写的投保单中，并对其投保单填写的内容负责。保险人接受投保人的投保申请后，即负有依投保人填写的投保单内容向投保人出具相应保险单的义务，不经投保人同意，无权变更投保人填写的投保单上反映出的投保人的意思表示。如投保人收存的保险单上载明的标的与投保人在投保单上填写的标的不一致，则不应简单地以保险单为准，而应据实认定保险合同的内容。

▶ 典型案例

一、刘某某与某保险股份有限公司人寿保险合同纠纷案

关键词： 保险单　保险条款　抵触

裁判摘要： 保险单记载事项与保险条款约定相抵触时的，由于保险公司以

出具记载有不同内容保险单的方式单方变更了双方已商定的合同内容,并未得到投保人的明示同意,不能发生法律效力。

基本案情:1997年3月15日,刘某某向保险公司投保88型终身保险,投保单载明:投保人(被保险人)为刘某某,受益人为马某某、刘某某。保险期限自1997年3月16日起算,缴费期为20年,缴费方式为年缴,保险费为40 480元,附加费为3000元,合计43 480元。声明处记载:兹向贵公司投保上述保险,对保险条款的各项规定均已了解并同意遵守,且投保单所填各项及健康告知均属真实,如有隐瞒或与事实不符,贵公司可依法解除本保险合同。投保人(被保险人)签名处有刘某某签字。

1997年4月16日,保险公司签发了88型终身保险单及保险条款,保险单载明:缴费期为20年,缴费方式为年缴。保险费为40 480元,附加费为3000元,合计43 480元。保险份数为80份,普通保险金金额为800 000元,生存保险金金额为809 600元。保险条款第7条约定本保险每份保险单的普通保险金金额为10 000元,缴费期满生存保险金为累计缴纳保险费额。第8条第6款约定被保险人生存至缴费期满的保险单年生效对应日,保险人给付生存保险金,保险责任继续有效。刘某某按约缴纳保费20年,每年缴费金额为43 480元,共计缴纳保费为869 600元。2017年4月1日,保险公司向刘某某给付生存保险金809 600元。后因双方对应给付生存保险金是809 600元还是869 600元发生争议,诉至法院。

江苏省无锡市滨湖区人民法院经审理认为:刘某某与保险公司订立的88型终身保险,合法有效。《保险法》第13条规定,投保人提出保险要求,经保险人同意承保,保险合同成立。保险人应当及时向投保人签发保险单或者其他保险凭证。保险单或者其他保险凭证应当载明当事人双方约定的合同内容……当事人也可以约定采用其他书面形式载明合同内容。由此可见,保险单作为保险合同内容的载体,应当按订约过程中双方已达成的合意内容载明合同双方各自的权利和义务。本案中,从投保单反映的订约过程可见,双方未就生存保险金金额明确计算,仅就保险条款进行告知和说明,而按照保险条款约定,缴费期满生存保险金为累计缴纳保险费额。但保险公司以出具记载有不同内容保险单的方式单方面变更了双方已商定的合同内容,即减少生存保险金金额为809 600元,并未得到刘某某的明示同意,对刘某某没有法律约束力。故保险公司还应按照保险条款的约定支付刘某某生存保险金60 000元。据此,判决保险公司支付刘某某生存保险金 60 000 元。

二审法院认可一审法院说理意见，判决驳回上诉，维持原判。

【案　　号】（2017）苏 02 民终 5547 号

【审理法院】江苏省无锡市中级人民法院

【来　　源】《中国法院 2020 年度案例》

二、张某某与新华人寿保险股份有限公司北京分公司人身保险合同纠纷案

关键词： 合同变更　意思自治

裁判摘要： 对于因政策原因，导致保险合同原有条款无法继续履行，在双方均无过错的情况下，原告或被告单方面变更合同条款，均损害对方的合法权益，双方应协商解决，法院无权替代当事人签订合同或变更合同条款。

基本案情： 原告于 1998 年 5 月 2 日购买被告所售保险，其中《递增养老年金保险条款》明示了"可以凭保险单向本公司进行借款""本合同所述利息以计息当日中国人民银行个人储蓄存款五年定期利率计算"。原告于 2015 年 10 月 22 日向被告申请贷款，但当时中国人民银行已经不再公布个人储蓄存款五年定期利率，被告告知原告决定以 7.5% 作为初始贷款利率、以 8.5% 作为逾期贷款利率。原告认为被告私自更改利率的行为违反了该保险条款对客户的承诺，侵害了原告的权益，虽然中国人民银行已经不再公布个人储蓄存款五年定期利率，但应当参照其他几大商业银行的五年期整存整取的基准利率作为贷款利率，保险条款应当作出有利于被保险人和受益人的解释。请求法院判令被告以借款日当日的中国银行的五年期整存整取存款的基准利率作为本保险合同的借款利率，并按确定的利率作为初始贷款利率和逾期贷款利率，在不修改原规则的前提下保证持续向投保人提供保单借款的服务。

北京铁路运输法院经审理认为：本案的争议焦点为在中国人民银行不公布个人储蓄存款五年定期利率的情况下如何处理涉案条款"贷款利率履行"的问题。本案中，鉴于中国人民银行不再公布五年期定期存款基准利率，客观上无法依据合同条款"所述利息以计息当日中国人民银行个人储蓄存款五年定期利率计算"履行合同。第一，本案中导致不能按照约定利率条款履行的原因是中国人民银行不再公布个人储蓄存款五年定期利率，是政策原因导致，合同双方当事人均无过错。第二，依据《合同法》第 3 条。合同当事人的法律地位平

等,一方不得将自己的意志强加给另一方。《合同法》第8条第1款规定,依法成立的合同,对当事人具有法律约束力。当事人应当按照约定履行自己的义务,不得擅自变更或者解除合同。在双方均无过错的情况下,原告或被告单方面变更合同条款,均损害对方的合法权益,一方不得将自己的意志强加给另一方,双方应协商解决,故本案中原告不能将中国银行利率标准强加给被告,被告亦不能将自行核定的利率标准强加给原告。第三,意思自治和合同自由是民法及民事活动的基本原则,法院要充分尊重当事人的合同自由权利。法院只能为当事人强制执行一份合同,但不能替代当事人签订一份合同或变更合同条款。本案中,合同双方在约定的合同条款因客观原因无法继续履行时,双方应当在协商一致的基础上进行变更,在原、被告协商不一致的情形下法院强制划定一个利率标准,违反了民事合同自愿、意思自治的原则。故对原告主张以中国银行的五年期存款利率作为涉案条款适用的标准不予支持。第四,涉案保险条款"中国人民银行个人储蓄存款五年定期利率"的约定具体明确,不存在两种以上的解释,故法院对原告主张依据《保险法》第30条解释的主张不予支持。遂判决驳回原告张某某的诉讼请求。

【案　　号】(2016)京7101民初字第20号

【审理法院】北京铁路运输法院

【来　　源】《中国法院2018年度案例》

> 第二十一条 投保人、被保险人或者受益人知道保险事故发生后，应当及时通知保险人。故意或者因重大过失未及时通知，致使保险事故的性质、原因、损失程度等难以确定的，保险人对无法确定的部分，不承担赔偿或者给付保险金的责任，但保险人通过其他途径已经及时知道或者应当及时知道保险事故发生的除外。

关联规定

法律、行政法规、司法解释

《中华人民共和国民法典》

第五百零九条 当事人应当按照约定全面履行自己的义务。

当事人应当遵循诚信原则，根据合同的性质、目的和交易习惯履行通知、协助、保密等义务。

当事人在履行合同过程中，应当避免浪费资源、污染环境和破坏生态。

条文释义

一、本条主旨

本条是关于出险后投保人、被保险人、受益人的通知义务的规定。

二、条文演变

1995年颁布实施的《保险法》第21条规定："投保人、被保险人或者受益人知道保险事故发生后，应当及时通知保险人。被保险人是指其财产或者人身受保险合同保障，享有保险金请求权的人，投保人可以为被保险人。受益人是指人身保险合同中由被保险人或者投保人指定的享有保险金请求权的人，投保人、被保险人可以为受益人。"

《保险法》2002年修正时，内容未发生变化，只是条文顺序发生变化，变为第22条。由于前述规定对该义务的具体行使标准，尤其是违反该义务的法律后果未予以规定，导致司法实践中出现很多分歧。

2009年《保险法》修订时，在保留旧法对出险通知义务确示规定的基础上，增加规定投保方违反出险通知义务的法律后果，明确投保方违反出险通知义务时，保险人对无法确定的部分，不承担赔偿或给付保险金责任。同时，为平衡双方当事人利益，从三方面对责任的免除进行了规定：（1）主观条件。只有因故意或者重大过失未及时通知，致使保险事故的性质、原因、损失程度等难以确定的，保险人才不承担赔偿或给付保险金的责任。（2）行使范围。明确规定保险人只对无法确定的部分，不承担赔偿或者给付保险金的责任，对于可以确定的损失部分，仍然要承担赔偿责任。（3）例外情形。保险人通过其他途径已经及时知道或者应当及时知道保险事故发生的，不能免除责任。此外，条文序号修改为第21条。《保险法》在2014年、2015年修正时，该条内容均未作修改，沿用至今。①

三、条文解读

（一）出险通知义务人

根据本条规定，出险通知义务人为投保人、被保险人以及受益人。投保人为保险合同一方主体，自然负有出险通知义务。被保险人为保险合同关系人，是保险事故发生时直接受损失之人，对于保险标的状况最为了解，且具有保险金给付请求权，因此，亦负有该义务。由于在财产保险中，保险给付的功能旨在填补损失，并不存在受益人制度，因此，此处负有出险通知义务的受益人仅指人身保险合同的受益人。投保人、被保险人或者受益人，只要其中一人或多人将出险情况通知了保险人，即视为该出险通知义务已经履行。

投保人、被保险人、受益人履行出险通知义务的前提是知道保险事故的发生。如果义务人并不知道保险事故的发生，则无法履行该通知义务。关键是如何证明义务人知道保险事故的发生，对此应当作扩大解释，"知道"包括"应当知道"的情形。在实践中，应针对不同情况作不同的判断，比如在车损险纠

---

① 最高人民法院保险法司法解释起草小组编著：《〈中华人民共和国保险法〉保险合同章条文理解与适用》，中国法制出版社2010年版，第144页。

纷中，被保车辆发生碰撞，即使通知义务人主张其不知道保险事故的发生，多数情况下也应认定被保险人知晓保险事故的发生。

（二）出险通知期限

关于出险通知期限，目前有两种立法例：一是明确规定出险通知时间。二是不规定具体时限，仅规定义务人应从速及时通知保险人。我国《保险法》采取第二种做法，仅规定义务人应及时通知保险人，但未规定具体时限。法律明确规定义务人的通知时限，对于义务人过于严苛，而且过于僵化，难以适应具体情况。不规定具体时限虽然不够明确，但是可以灵活适应于不同类型的险种以及各种情况，同时赋予当事人就此进行约定的权利。在我国保险实务中，保险合同大多设有专门条款明确约定具体的出险通知时限。

对于"及时通知"，目前有两种判断标准。一种是主观标准，认为判断通知是否及时，应当结合投保人、被保险人、受益人的注意义务和对于保险事故的反应能力进行综合考虑。另一种是客观标准，也可以称之为结果标准，认为判断通知是否及时应当以通知义务的履行是否导致保险事故的性质、原因、损失程度难以确定作为标准。[1]《保险法》采纳的是客观标准，即只在由于未及时通知导致保险事故的性质、原因、损失程度难以确定的情况下，保险人才对无法确定的部分不承担赔偿责任。客观标准降低了保险人的举证难度，可操作性更强。

（三）出险通知方式和通知事项

《保险法》对于出险通知的方式未作规定，这意味着义务人可以以书面、口头等任何方式通知保险人。义务人应当通知的事项为保险人承担保险责任范围内的保险事故，而不是保险责任范围内的其他事故，即保险事故发生和造成损失的情况，具体一般包括出险时间、地点、原因、受损标的种类、范围以及损失程度等。只要将保险事故发生的事实告知保险人，即应认定投保人等已尽到了该通知义务。

---

[1] 詹昊编著：《新保险法实务热点详释与案例精解》，法律出版社2010年版，第152页。

（四）违反出险通知义务的法律后果

关于违反出险通知义务法律后果的规定，目前主要有四种立法例：一是保险人获得损害赔偿请求权和合同解除权；二是保险人获得免于赔付的权利，如德国；三是对于因违反义务导致的扩大损失，保险人就扩大部分的损失不承担责任，如韩国；四是区分当事人主观状况，保险人享有不同权利，如意大利。

对于《保险法》关于违反出险通知义务法律后果的规定，应从如下几方面予以把握：

一是只有义务人故意或因重大过失未及时通知的，保险人才有权不承担赔偿或者给付保险金的责任。对于通知义务人因一般过失或不可抗力未及时通知的，保险人仍应当承担赔偿责任。

二是只有义务人未履行及时通知义务，致使保险事故的性质、原因、损失程度等难以确定的，保险人才有权不承担赔偿或者给付保险金的责任。立法设置出险通知义务的主要目的之一即便于进行查勘定损，收集保存证据材料，有利于理算和确定损失数额。虽然义务人未及时通知保险人出险情况，但并不影响对保险事故原因和损失确定的，保险人仍应当承担保险责任。

三是保险人仅对不能确定的部分不承担赔偿或者给付保险金的责任。义务人违反及时通知义务，致使保险事故的性质、原因、损失程度等难以确定的，保险人并非免除所有的保险责任，而是仅对不能确定的部分不承担责任，对于能够确定的部分，仍应承担责任。

四是保险人承担责任的例外。出险通知义务的本意主要是为了保险人能够及时查勘定损，防止损失扩大。如果保险人通过其他途径已经及时知道或者应当及时知道保险事故发生的，应主动及时进行查勘定损，不应等待义务人的通知。即使义务人未尽到及时通知义务导致保险事故的性质、原因、损失程度等难以确定的，保险人仍应承担保险责任。

▶ 适用指引

一、保险合同中约定投保人、被保险人或受益人违反出险通知义务，保险人免除保险金赔付义务的格式条款的效力如何认定

在保险实务中，有些保险合同约定，如果投保人、被保险人等未在规定时间内履行及时通知义务，则保险人有权拒赔。比如"保险车辆发生保险事故后被保险人应当在24小时内通知保险人，被保险人不履行规定义务的，保险人有权拒绝赔偿""当发生保险事故时，被保险人应当在5日内通知保险人，被保险人不履行该义务的，保险人不承担赔偿责任"。关于如何认定该类条款的效力，有观点认为，该类条款为当事人约定的合法有效条款，被保险人未按约定履行通知义务，应当承担不利的法律后果。另有观点认为，此类条款属于免责条款，保险人只有履行了对免责条款的提示和说明义务，该条款才有效。还有观点认为，此类条款属于《保险法》第19条规定的格式条款，应为无效。

德国保险学界将保险法上的强制性规定分为"绝对强制规定"和"相对强制规定"。所谓绝对强制规定，如保险利益、重复保险、超额保险等禁止性规定不得以契约变更之，无论是否对被保险人有利。所谓相对强制规定，其立法意图原为保护被保险人所设，原则上不得变更，但若有利于被保险人者则不在此限。此类规定，不能以一般私法上的原则判断，而应以法条规定的内容是否对被保险人有利为据。换言之，此种规定为最低之契约内容标准，防止保险人以附合契约的方式剥夺被保险人权益。按照此种界定，《保险法》关于出险通知义务的规定在一定意义上属于相对强制性规定，排除适用低于对被保险人法定保护程度的约定。比如前述列举投保人、被保险人等未在规定的时间内履行及时通知义务，则保险人有权拒赔的格式条款，其对被保险人的保护程度明显低于法律对被保险人保护的程度，应属无效。但是如果合同约定的条款对于被保险人有利，比如双方约定无论出险通知义务是否履行，保险人均负有保险金给付责任，则为有效。

根据《保险法》第19条关于无效格式条款的规定，此类格式条款属于排除投保人、被保险人或者受益人依法享有的权利的情形，如果完全按照合同约定，则限制了投保人、被保险人及受益人获得保险赔偿这一法定权利。在实践中，很多被保险人在出险后往往由于各种主客观原因未能及时通知保险人，本着保护被保险人利益的原则,应区分不同情况对待,不能因为合同有约定而一概否定被保险人的赔偿请求权。当然,如果由于未及时履行出险通知义务导致保险事故的原因、性质及损失难以确定的,则对于难以确定的部分,保险人可以不承担责任。

二、未依照约定及时通知对保险事故的性质和原因具有法定认定职能的部门,是否属于违反危险通知义务,从而免除保险人责任

实践中,存在大量被保险人依保险合同约定的时限向保险人通知保险事故,而未向相关职能部门通知,导致保险事故的性质、原因或损失程度无法确定的情况。比如,车辆损失险中约定,应在保险事故发生后5天内通知保险人。在保险事故发生4天后,被保险人通知了保险人,此时,保险人再通知交警,也无法查清被保险人是否属于酒后驾驶、是否更换了驾驶员等。被保险人尽管依约履行了通知义务,但其未依法向相关职能部门通知,对于此种情况如何处理,法律未予规定。对此,我们认为,合同约定投保人、被保险人或受益人在出险后应当及时通知相关职能部门,目的在于可以及时确定事故性质、发生原因以及损失程度。如果投保人等未及时通知,不影响事故定损的,保险人仍应承担赔偿责任。如果因未及时通知导致事故的性质、原因以及损失程度无法确定的,保险人对无法确定的部分可以不承担责任。虽然法律并未将出险后及时通知相关职能部门作为法定义务规定下来,但是保险事故发生后,投保人一方为获得保险赔偿,对于保险事故以及所受损失负有举证责任,如果因未及时通知导致事故的性质、原因以及损失程度无法确定的,属于投保人、被保险人或受益人举证不能,应当由其承担不利的法律后果。

▶ 典型案例

一、清西大道建设工程指挥部与中国人民财产保险股份有限公司清远市分公司、清远市清新区清西道路工程建设有限公司责任保险合同纠纷案

关键词: 保险事故 未通知 责任不明 不赔偿
裁判摘要: 保险事故发生后,投保人、被保险人知道保险事故发生后,应

当及时通知保险人。但是投保人及被保险人没有及时报警报险,致使事故的性质、原因和损失程度难以确定,保险公司不负赔偿责任。

基本案情: 清西大道建设工程指挥部(以下简称指挥部)与清远市清新区清西道路工程建设有限公司(以下简称路政公司)系发包方与承包方的关系。指挥部以其为投保人和被保险人,在中国人民财产保险股份有限公司清远市分公司(人保清远公司)投保了建筑工程一切险,被保险工程名称为S354线清新太平镇至三坑段一级公路(二期)扩建工程、工程地址为清远市清新区太平镇、三坑镇,保障项目含物质损失及第三者责任,其中第三者责任项下人身伤亡保险金额为30万元/人,保险期间为2013年9月3日起至2015年3月2日。2014年4月27日,案外人杨某某在涉案工程围蔽路段因路政公司施工人员开车掉头被撞倒在地。事故发生时,指挥部认为杨某某受伤并不严重,所以未及时报警保险。后因杨某某病情严重,其子邓某某于2014年7月2日到清远市公安局三坑派出所报警。此后,路政公司与杨某某及其近亲属达成书面协议,支付了杨某某973 000元的赔偿款。指挥部依据保险合同向人保清远公司索赔30万元,但人保清远公司以指挥部未及时报警为由拒绝赔付。指挥部遂诉至法院,要求人保清远公司赔偿保险金30万元。广东省清远市清城区人民法院经审理认为:保险事故发生后,指挥部作为投保人及被保险人,理应按照保险条款约定履行及时通知的义务。本案事故发生在2014年4月27日,而公安部门接到报案的时间是2014年7月2日,在此长达两个月的期间内,指挥部既未通知公安部门,又未向人保清远公司报险,导致公安部门及保险公司均无法查实事故发生时的真实情况,也无法对事故发生的原因、性质及造成的损失进行认定。根据我国保险法及双方保险合同的规定,投保人、被保险人知道保险事故发生后,应当及时通知保险人。指挥部认为事故发生时杨某某的伤情并不严重而没有报警、报险的说法,不能对抗被保险人及时通知保险人的法定义务,故人保清远公司对于指挥部所主张的损失30万元不承担赔偿责任。判决驳回指挥部的诉讼请求。指挥部不服一审判决,提出上诉。广东省清远市中级人民法院经审理认为:指挥部虽提供了清远市公安局三坑派出所的《证明》《协议书》《事故调查笔录》《无法认定保险责任通知书》为证,但该《证明》只是证实受害人杨某某之子邓某某到派出所报警所陈述的情况,并无派出所对事故进行调查核实的内容,无法证明事故发生的性质、原因和经过;《协议书》只是路政公司与杨某某签署的一份文件,未经人保清远公司确认,对其不产生约束力；上述《事故调查笔录》是 2015 年 5 月 8 日制作，距事发已有一年多，不足以证明事发的经过；《无法认定保险责任通知书》也不能证明本案事故是保险责任事故。又因事故双方当事人没有及时报警报险，致使本案事故的性质、原因和损失程度难以确定，故指挥部要求人保清远公司支付保险金 30 万元没有事实和法律依据。判决驳回上诉，维持原判。

【案　　　号】（2016）粤 18 民终 1727 号
【审理法院】广东省清远市中级人民法院
【来　　　源】《中国法院 2019 年度案例》

二、杨某某与太平财产保险有限公司阳江中心支公司财产损失保险合同纠纷案

关键词：保险事故　通知　责任承担

裁判摘要：投保人在事故发生后，未及时报警亦未及时通知保险公司，存在明显的重大过失，致使事故的性质、原因、损失承担等难以确定，根据《保险法》第 21 条规定，保险人不承担赔偿责任。

基本案情：杨某某于 2017 年 5 月 18 日 5 时许驾驶轿车在某路段碰撞路边房屋围墙，致车辆及房屋围墙损坏。事故发生后，杨某某没有立即报警，也没有立即向太平财产保险有限公司阳江中心支公司（以下简称太平财保阳江公司）报案，其是在 2017 年 5 月 18 日中午才报警并向太平财保阳江公司报案。交警部门在当天 13 时左右到达事故现场勘查。对本次事故，交警出具了一份证明，载明："2017 年 5 月 18 日 5 时许，杨某某驾驶轿车在我队辖区某路段碰撞路边房屋围墙，致车辆及房屋围墙损坏。因杨某某未及时报警，该事故事实及成因无法查清，根据《道路交通事故处理程序规定》第 50 条规定，特此证明。"杨某某称其在事故发生后没有立即报警是因为事故发生时天还没有亮，其没有这方面的经验。经评估，轿车交通事故损失价格为 28 682 元。

广东省阳江市阳东区人民法院经审理认为：杨某某为其名下的轿车向太平财保阳江公司投保了机动车损失保险（保险金额 68 835 元，不计免赔），双方之间依法成立了保险合同关系，双方均应履行各自的合同义务。《保险法》第 21 条规定："投保人、被保险人或者受益人知道保险事故发生后，应当及时通知保险人。故意或者因重大过失未及时通知，致使保险事故的性质、原因、损失程度等难以确定的，保险人对无法确定的部分，不承担赔偿或者给付保险金

的责任，但保险人通过其他途径已经及时知道或者应当及时知道保险事故发生的除外。"本案中，杨某某在事故发生后无正当理由未及时报警，也未及时通知太平财保阳江公司，导致交警部门及太平财保阳江公司对本次事故的事实及成因无法查清，杨某某对此应承担相应的法律后果。判决驳回杨某某的诉讼请求。

杨某某不服一审判决，提起上诉。广东省阳江市中级人民法院经审理认为：杨某某在本次事故发生后，未及时报警，亦未及时通知太平财保阳江公司，存在明显的重大过失，致使本次事故的性质、原因、损失承担等难以确定。判决驳回上诉，维持原判。

【案　　号】（2019）粤17民终122号

【审理法院】广东省阳江市中级人民法院

【来　　源】《中国法院2020年度案例》

> **第二十二条** 保险事故发生后，按照保险合同请求保险人赔偿或者给付保险金时，投保人、被保险人或者受益人应当向保险人提供其所能提供的与确认保险事故的性质、原因、损失程度等有关的证明和资料。
>
> 保险人按照合同的约定，认为有关的证明和资料不完整的，应当及时一次性通知投保人、被保险人或者受益人补充提供。

关联规定

法律、行政法规、司法解释

《中华人民共和国民法典》

第五百零九条 当事人应当按照约定全面履行自己的义务。

当事人应当遵循诚信原则，根据合同的性质、目的和交易习惯履行通知、协助、保密等义务。

当事人在履行合同过程中，应当避免浪费资源、污染环境和破坏生态。

条文释义

一、本条主旨

本条是关于提供索赔损失证明资料义务的规定。

二、条文演变

1995年颁布实施的《保险法》第22条规定："保险事故发生后，依照保险合同请求保险人赔偿或者给付保险金时，投保人、被保险人或者受益人应当向保险人提供其所能提供的与确认保险事故的性质、原因、损失程度等有关的证明和资料。保险人依照保险合同的约定，认为有关的证明和资料不完整的，应当通知投保人、被保险人或者受益人补充提供有关的证明和资料。"《保险法》在2002年修正时，内容未发生变化，只是条文顺序调整为第23条。《保险法》实施过程中，常常发生保险人利用法律规定的漏洞给投保人、被保险人、受益人申请赔偿制造障碍的情况。例如，有的保险人为了故意拖延赔偿的时间，反复让投保人、被保险人、受益人补充提供资料；有的保险人在投保人、被保险人、受益人提交资料之后，以资料不全为借口故意拖延时间；还有的保险人让投保人、被保险人、受益人提供其不能提供的资料。

针对这一现象，2009年《保险法》修订时，在保留对投保人、被保险人或受益人提供保险事故证明和资料的义务规定的基础上，增加了对于需要补充材料的，保险人应当"及时一次性通知"的义务。对此，在2009年《保险法》修订过程中是有争议的，有人建议取消"一次性"要求，因为在实践中，某些重大、复杂案件特别是涉及诉讼的案件随着案情的发展变化，其所需要的证明和材料也会发生变化，保险人无法达到"一次性通知"的要求。但是立法者为了更好地保护投保人方的利益，避免出现保险人借故拖延理赔的情况发生，还是选择增加此规定。

在2009年《保险法》修订征求意见稿中，曾有"保险人依照保险合同的约定，认为有关的证明和资料不完整的，应当及时一次性书面通知投保人、被保险人或者受益人补充提供"的规定，但是遭到了反对，原因在于：（1）在实践中，保险公司通知补充材料的阶段比较灵活，比如在查勘现场时就可以通知补充材料；而一次性书面通知时效性差，保险公司可能会等所有资料都梳理完毕后再集中书面通知，反而会拖延时间，不利于快速理赔。（2）书面通知增加了书面单据的数量和传递过程，使理赔过程更加烦琐。因此，保险人不论采用书面形式还是口头方式，只要按照合同约定，及时一次性通知到投保人、被保险人或受益人即可。

2009年《保险法》修订时，除作了以上内容上的调整，条文序号也改为第22条。此后，《保险法》在2014年、2015年修正时，本条内容和序号均未作修改，沿用至今。

三、条文解读

本条规定包含两部分内容：一是投保人、被保险人或受益人提供保险事故证明和资料的义务；二是保险人通知投保人、被保险人或受益人补充材料的义务。投保人、被保险人或受益人提供保险事故证明和资料的义务,是指保险事故发生后,为请求保险人赔偿或者给付保险金,投保人、被保险人或者受益人负有向保险人提供其所能提供的与确认保险事故的性质、原因、损失程度等有关的证明和资料的义务。保险人的通知补充义务,是指保险人按照合同的约定,认为有关的证明和资料不完整的,应当及时一次性通知投保人、被保险人或者受益人补充提供。

(一)投保人、被保险人或者受益人提供保险事故证明和资料的义务

一是该义务发生于保险索赔环节。保险索赔,是指保险事故发生后,根据保险合同的约定,投保人、被保险人或受益人向保险人要求履行赔偿或者给付保险金的行为。在保险事故发生后,投保人、被保险人或受益人为了获得保险赔偿金需证明其与保险人之间存在保险合同关系且发生了保险合同约定的保险事故并给其造成了损失,这是保险理赔的前提。

二是投保人、被保险人或者受益人应当向保险人提供与确认保险事故的性质、原因、损失程度等有关的证明和资料。根据本条规定,投保人方提供的资料与证明必须与确认保险事故的性质、原因、损失程度等有关,超出该范围的,投保人方有权拒绝提供。这里所讲的"有关的证明和资料"主要是指:(1)保险单或者保险凭证的正本;(2)已支付保险费的凭证;(3)账册、收据、发票、装箱单、运输合同等有关保险财产的原始单据;(4)身份证、工作证、户口簿或者其他有关人身保险的被保险人姓名、年龄、职业等情况的证明材料;(5)确认保险事故的性质、原因、损失程度等的证明和资料,如调查检验报告、出险证明书、损害鉴定、被保险人死亡证明或者丧失劳动能力程度鉴定、责任案件的结论性意见等;(6)索赔清单,如受损财产清单、各种费用清单以及其他要求保险人给付的详细清单等。[①] 在保险实务中,多数保险合同都会对投保人、被保险人及受益人应当提供的证明和资料予以列明。

三是资料与证明的提供须以投保人、被保险人及受益人能够提供为限。保险人要求投保人方提供的证明和资料不能超出投保人、被保险人以及受益人的能力范围。该义务的设定是以投保人一方在占有保险事故发生方面的信息具有优势为前提的,如果有些证明和资料投保人一方很难甚至不可能获得,则不需

---

① 周玉华编著:《最新保险法条文释义与案例解析》,人民法院出版社2009年版,第141页。

要提供。对该义务附加以上两个限制条件，是为了避免保险人滥用权利，以投保人方提供的资料不全为借口拒绝赔付。

（二）保险人及时一次性通知补充材料的义务

根据本条第1款规定，投保人、被保险人或受益人应当提供保险事故证明和资料，如果保险人按照合同的约定，认为有关的证明和资料不完整的，不能以此为由拒绝赔付，而应当通知投保人、被保险人或者受益人一次性补充提供。保险的最终目的是受损时能得到补偿，因此，索赔成功有赖于及时地把保险事故发生的时间、地点和原因以及有关保险单证的号码、保险标的、保险期限等事项一并告知保险人，特别是应当向保险人提供其所能提供的与确认保险事故的性质、原因、损失程度等有关的证明和资料，而且这些证明和资料应当是真实、准确和完整的。如果保险人依照保险合同的约定，认为投保人、被保险人或者受益人提供的有关证明和资料是不完整的，应当及时一次性通知补充提供，以便于保险人迅速调查核实确认保险事故，做好理赔工作。

虽然《保险法》在2009年修订时增加"及时一次性通知"的内容存在争议，但保险合同大多对投保人方需要提供的证明和资料有明确的约定，因此，保险人判断投保人方提供的资料是否符合合同约定，并非难事。法律要求保险人及时一次性通知投保人方补充提供材料，也非过于严苛。至于有些重大、复杂的保险事故，如果定损理赔需要投保人方提供的证明和资料随着情势发生变化，超出了保险合同的约定，则不受该"一次性"的约束，保险人认为确有必要且在合理范围的，仍可要求投保人方提供。

▶ 适用指引

本条规定了投保人方提供保险事故证明和资料的义务，但并未规定违反该义务的法律后果。在保险实务中，很多保险合同约定如果不能提供合同约定的证明和资料，则保险人有权解除合同或者免于赔付保险金。该类条款的效力如何？对此，我们认为，应当视情况区别对待。

一、保险人不能仅以投保人未按合同约定提供相关证明和资料为由解除保险合同或不予赔偿

有学者认为,保险事故发生后,资料提供或告知义务存在的理由无非是使保险人可以正确估计损害范围及确定事故的发生原因,或掌握时间保护其法益。所以,保险人在投保人或被保险人未依约定期限提供或告知有关资料时,不得解除契约或主张不负保险赔偿责任,而只能请求因此而产生的损害赔偿。① 在美国,判断保单是否得到履行的标准是比较宽松的,各地法院都坚持用"实质性履行"的标准来判断损失证明是否足够。如果被保险人没有办法提交损失证明,法院此时的态度和对通知义务的态度一致,都不会让保险人以此为由拒绝赔付。②

我们同意以上观点,法律规定投保人在保险事故发生后有提供保险事故证明和资料的义务,目的在于使保险人能够及时准确查勘定损,保存证据材料。其立法目的与《保险法》第22条规定的出险通知义务类似。因此,即使投保人方未能按照保险合同约定提供证明和资料,只要不影响保险事故的原因、性质以及损失程度的判定,则仍应对投保人方给予赔偿,保险人不能以此为由解除合同或者拒绝赔付。

但是,如果由于投保人方未提供完整资料导致保险事故性质、原因、损失等无法确定,此时应认定投保人方未尽到证明责任,保险人可拒绝赔付,但其拒绝赔付的范围仅限于不能确定损失的部分,对可以确定的损失部分,仍应赔付。即使在保险合同中有类似"投保人方如果不能提供合同约定的证明和资料,则保险人有权解除合同或者免于赔付保险金"的格式条款,投保人方亦可依据《保险法》第19条关于无效格式条款的规定,主张该条款无效。

---

① 江朝国:《保险法基础理论》,我国台湾地区瑞兴图书股份有限公司2009年版,第333页。
② [美]小罗伯特·H·杰瑞、[美]道格拉斯·R·里士满:《美国保险法精解》,李之彦译,北京大学出版社2009年版,第287~288页。

二、投保人、被保险人或受益人提供虚假证明和资料的，应属保险欺诈

主要分为两种情况：一是保险事故未发生，投保人、被保险人或受益人提供虚假证明和资料，谎称保险事故发生。在此种情形下，根据《保险法》第27条第1款规定，保险人有权解除合同，并不退还保险费。二是保险事故发生后，投保人、被保险人或受益人以伪造、变造的有关证明材料，编造保险事故原因或者夸大损失程度，企图获得超额赔付。在此种情形下，保险人对其虚报的部分不承担赔偿或者给付保险金的责任，因此致使保险人支付保险金或者支出费用的，应当退回或者赔偿。

综上，不同情况下投保人方违反提供保险事故证明和资料的义务将会产生不同的法律后果，这样既符合立法本意，又能与《保险法》其他条款衔接，能够较好地平衡双方当事人利益。

> 第二十三条 保险人收到被保险人或者受益人的赔偿或者给付保险金的请求后,应当及时作出核定;情形复杂的,应当在三十日内作出核定,但合同另有约定的除外。保险人应当将核定结果通知被保险人或者受益人;对属于保险责任的,在与被保险人或者受益人达成赔偿或者给付保险金的协议后十日内,履行赔偿或者给付保险金义务。保险合同对赔偿或者给付保险金的期限有约定的,保险人应当按照约定履行赔偿或者给付保险金义务。
>
> 保险人未及时履行前款规定义务的,除支付保险金外,应当赔偿被保险人或者受益人因此受到的损失。
>
> 任何单位和个人不得非法干预保险人履行赔偿或者给付保险金的义务,也不得限制被保险人或者受益人取得保险金的权利。

▶ **关联规定**

法律、行政法规、司法解释

《最高人民法院关于适用〈中华人民共和国保险法〉若干问题的解释(二)》

第十五条 保险法第二十三条规定的三十日核定期间,应自保险人初次收到索赔请求及投保人、被保险人或者受益人提供的有关证明和资料之日起算。

保险人主张扣除投保人、被保险人或者受益人补充提供有关证明和资料期间的,人民法院应予支持。扣除期间自保险人根据保险法第二十二条规定作出的通知到达投保人、被保险人或者受益人之日起,至投保人、被保险人或者受益人按照通知要求补充提供的有关证明和资料到达保险人之日止。

▶ 条文释义

一、本条主旨

本条是关于保险人核定理赔程序的规定。

二、条文演变

1995年颁布实施的《保险法》第23条规定:"保险人收到被保险人或者受益人的赔偿或者给付保险金的请求后,应当及时作出核定;对属于保险责任的,在与被保险人或者受益人达成有关赔偿或者给付保险金额的协议后十日内,履行赔偿或者给付保险金义务。保险合同对保险金额及赔偿或者给付期限有约定的,保险人应当依照保险合同的约定,履行赔偿或者给付保险金义务。保险人未及时履行前款规定义务的,除支付保险金外,应当赔偿被保险人或者受益人因此受到的损失。任何单位或者个人都不得非法干预保险人履行赔偿或者给付保险金的义务,也不得限制被保险人或者受益人取得保险金的权利。保险金额是指保险人承担赔偿或者给付保险金责任的最高限额。"2002年《保险法》修正时,除条文序号改为第24条外,内容上增加了"将核定结果通知被保险人或者受益人",其余规定未作修改。从立法目的而言,上述规定是授权法院依个案具体情况自由裁量保险人有无迟延履行核定义务。

由于没有规定时限,而且理赔程序复杂,保险人拖赔等现象时有发生,使得保险人拖延理赔有法律上的借口,乃至成为恶意拒赔的技巧性抗辩工具,导致保险理赔是最易引起保险纠纷的环节之一,"投保容易理赔难"是保险消费大众与社会舆论对保险业界的最大诟病。而且,"及时"这一弹性的概念,由站在不同利益角度的被保险人与保险人看来,含义截然不同。被保险人、受益人往往认为,及时就是极短的时间,一般不应超过3天。而保险人则往往主张,核定的内容较多,除了确定损失金额外,保险公司还需要审查事故受损者是否属于保险标的,事故发生时间是否在保险合同责任期间内,是否有责任免除的情形,保险事故与损失之间是否存在相当因果关系等。所以,只要保险人不是故意拖延,在合理期限内走完全部内部审查流程均属于及时。2009年《保险法》修订时,立法者认识到:"目前实践中产生的保险纠纷以及理赔难的问题,与现行保险法合同部分的一些规定不够明确有较大关系。"为实现

"进一步明确保险活动当事人的权利、义务,加强对保险人利益的保护"的目的,①《保险法》对原规定的"及时"进行了补充规定,即保险人在收到保险人或者受益人的赔偿或给付保险金的请求后,应当立即派员查验,了解事故情况及原因,对事故及时作出核定。对情形复杂的,应当在30日内作出核定。同时立法者考虑到实践中的情况差别很大,有的事故可能在30日难以作出核定。所以在"及时""30日"法定要求之外,又规定保险合同对核定期限可以另作约定。同时,《保险法》第23条明确规定,保险人违反上述期限的,应承担相应的违约责任,赔偿被保险人或受益人因此受到的损失。同时,还删除了"保险金额是指保险人承担赔偿或者给付保险金责任的最高限额"之规定。此外,条文序号修改为第23条。《保险法》2014年、2015年修正时,均未作修改,沿用至今。

通过明确和规范保险公司理赔的程序和时限,对理赔程序作出时间限制,能够督促保险人尽快理赔,明确保险人审核的法定期限,可以避免保险人借故拖延核定时间,能够提高理赔效率,有效解决"投保容易理赔难"的问题。

三、条文解读

"投保容易理赔难"一直是保险业的难点所在,也是社会反映比较集中的问题。保险理赔,是指保险人收到被保险人或受益人的索赔请求后,依据法律和保险合同,对有关损害事实进行调查核实、核定保险责任并进行保险金赔偿或给付的行为,是保险人履行保险合同义务的体现。保险理赔是保险人履行保险合同义务的一个关键环节和具体表现。保险理赔程序一般包括:受理索赔申请,审核保险单证和有关证明资料,查勘现场评估损失,核定责任,确定保险金额并进行保险金实际赔偿或给付。出险后第一时间拿到理赔金,这是被保险人、受益人最为期盼的事情。

(一)设定保险理赔程序和时限的立法目的

保险理赔关乎被保险人投保之目的及其权益之实现,保险的一个基本目标是为被保险人遭受的损失提供补偿,这一功能是在理赔过程中实现的。因此,如何通过立法有效规制保险人理赔问题,是保险法的一个重大课题。

---

① 吴定富:《关于〈中华人民共和国保险法(修订草案)〉的说明》,载安建主编:《中华人民共和国保险法(修订)释义》,法律出版社2009年版,第287页。

为促进公平、及时理赔政策目标之实现，一些大陆法系保险立法设置了相应的保险理赔程序和时限。在规范结构上，无论域外立法，还是我国《保险法》，大致可以区分"赔偿金额的确定"与"赔偿金额确定后的给付"两个阶段。从保险合同法理而言，这样区分是存在一定合理性的。因为损失金额的确定，是保险人履行保险金给付义务的先决条件；如果损失金额不确定，保险人也就无从履行给付义务。在大多数情形之下，损失金额的确定须经历一个烦琐而复杂的过程。综观国内外保险业的实务，主要包括以下四步相对固定的程序：损失通知、调查勘估、损失证明之提交、赔付与否之决定。其中，损失调查勘估是确定损失金额的核心，损失通知、损失证明的提交则仅是辅助保险人调查勘估的主要要素，赔付与否的决定则是调查勘估完结后所作之结论。因此，保险法理上又将损失金额的确定称为损失调查勘估，只不过损失金额之确定为目的、损失调查勘估为手段而已。与此同时，为实现及时理赔的政策目标，立法上又设计了保险理赔的时限。所谓"时限"问题，系指保险人应当在多长时期内确定损失金额，以及在损失金额确定后何时应为保险金之给付。至于究竟多长时期为宜，取决于立法者依据其政策或者立场所为的具体考量。

至于法律设定核定的目的，通常认为，调查核定是防范保险欺诈之必经环节和有效措施。虽然保险合同于签订时约定了保险金额，但保险金额仅是事先约定的保险人应负保险金责任的"法定上限"，至于事故发生后保险人实际应当给付多少保险金，则应当视保险合同的性质究竟属于损失补偿性保险抑或定额给付性保险而定。如果属于定额给付性保险的金额，则约定多少给付多少；如属于损失补偿性保险，当视是部分损失还是全部损失，是部分保险还是全部保险，是单保险还是复保险等具体情况而定，应负责任的范围与给付金额的多少往往需经繁杂之调查与估算过程方可确定。概言之，保险人给付义务的前提条件就是"应给付之金额确定"，而调查、勘估与核定，则是确定保险金额的主要方式。

（二）核定的含义和性质

通说认为，我国《保险法》第23条称所指的"核定"，是指调查保险事故的性质、原因，勘估保险标的之损失程度，确定保险人应负给付责任之范围。

在保险实务中，核定系保险人进行保险给付前的一个内部程序，是保险人为了正确进行保险理赔，防范道德风险而实施的一种行为。该行为的性质犹如附条件买卖合同中出卖人审核出卖条件是否成就，彩票中心审查彩民是否中奖。对被保险人和受益人而言，获取保险赔偿金是其合同主要权利。

我国《保险法》在保险赔付义务履行期限之外，为保险人设定了一个"核定期限"，而且对违反"核定期限"规定了相应的赔偿责任。部分学者据此认为，核定是保险人的一项法定义务，与保险给付义务、明确说明义务等构成保险人义务群。① 我们认为，此种观点值得商榷。核定程序本身只是保险人在履行保险给付义务之前所进行的一项内部程序，保险人从业务经营、风险管控等角度如何规范其内部的核定流程，法律并无加以特别规制的必要。但是，不论经过怎样的核定流程，最终作出的审核结果，即是否属于保险责任范围、应否给付保险金、给付多少数额的保险金、何时给付保险金等才对被保险人、受益人具有重大意义，会对保险金请求权人的权利产生直接影响。所以，法律规制核定是否及时作出、是否妥当合法，并非直接针对保险人的内部核定过程本身，而是针对审核结果作出后是否及时通知了权利人。如同《保险法》第13条第1款有关保险合同成立的规定，投保人提出保险要求，经保险人同意承保，保险合同即告成立，法律之所以要特别规定保险人应当及时向投保人签发保险单或者其他保险凭证，关键并不在于规范保险人内部的核保程序，而是要求保险人将核保的结果，即同意承保的意思表示及时告知投保人。所以，《保险法》第23条为保险人设定的法定义务重点并非进行核定的流程，而是将审核结果在一定期限内告知权利人的及时通知义务。法律评价核定是否及时作出、是否妥当合法，并不是直接针对保险人的内部审核过程，而是针对审核结果的通知。只有当保险人将其内部的审核结果表达出来后，法律才有加以评价和审查的可能。

至于及时通知核定结果的性质，应属法定义务、附随义务。保险人的主要合同义务为支付保险赔偿金或保险费，但保险人依诚信原则，仍需要负担其他各种附随义务。《保险法》第23条规定的保险人及时通知核定结果义务，目的在于实现保险金给付结果，使该合同主要义务的实现不被拖延，所以它是一种由诚信原则而生的附随义务。通知核定结果，与被保险人、受益人实现保险金给付存在密切的关联。

---

① 孙玉荣、李记华：《保险理赔法定程序解构》，载贾林青主编：《海商法保险法评论》（第三卷），知识产权出版社2010年版，第278页。

（三）核定、理赔的时限要求

1. 对保险人核定事故期限的规定

保险人在收到被保险人或者受益人的赔偿或者给付保险金的请求后，应当立即派人查验，了解事故情况及原因，对事故及时作出核定。根据本条第1款的规定，对保险人核定期限的要求是"及时"，应当理解为"合理且尽可能快"。要注意区分具体情形的不同，因为考虑到实践中保险业务类型多样，理赔难度彼此间差异很大，"一刀切"的期限不切合实际。对情形复杂的，应当在30日内作出核定。同时，考虑到实践中的情况差别很大，有的事故可能在30日内难以作出核定，所以本条在对法定的核定时间作出规定的同时，又规定保险合同对核定期限可以另作约定。在根据上述规定"及时""三十日内"或者"依照约定"对事故作出核定后，保险人应当将核定结果通知被保险人或者受益人。

2. 对保险人履行赔偿或者给付保险金期限的规定

保险人对事故进行核定后，对属于保险合同约定的保险责任的，应当与被保险人或者受益人就赔偿或者给付保险金的数额进行协商，并在达成协议后10日内履行赔偿或者给付保险金的责任。实务中，保险人确定的保险金赔付额常常得不到被保险人或受益人的认可，因此，所谓10日内完成赔付的要求，必须以保险人与被保险人或受益人就保险赔付金额达成一致为前提。但对保险人与被保险人、受益人应当何时达成协议并没有时间限制。被保险人、受益人经常会对投保人提出的理赔方案持否定态度，如果双方就协议赔偿事项始终无法达成一致，理赔就会一直拖下去，直至双方达成协议为止，为此花费的时间可能会非常长。对此问题的处理，我们认为，保险人应根据本条第2款的规定，及时履行和被保险人、受益人达成赔偿协议的义务，此处的"及时"应当理解为"合理且尽可能快"；对于保险人与被保险人、受益人始终不能达成协议的，应认为属于保险人对其给付保险金的数额不能确定的情形，根据《保险法》第25条的规定作出处理，即保险人应自收到给付保险金的请求和有关证明、资料之日起60日内，根据已有证明和资料可以确定的数额先予支付，或者保险人应先予支付已经协商确定的数额。同时，考虑到实践中的情况各不相同，本条在对赔偿或者给付保险金的期限作出规定的同时，允许合同另行约定。如果合同对此有约定，保险人应当按照合同约定履行赔偿或者给付保险金的义务。

（四）30日核定期间应当如何起算

以文义解释《保险法》第23条，该法对核定的期限存在三个不同层面的要求：（1）当事人对核定期限有特别约定的按约定；（2）没有约定的；保险人应当尽可能快地作出核定；（3）没有约定，且情形复杂的，应在30日作出核定。

但该条所指的30日，应从何日开始起算？是从被保险人一方告知保险事故发生时就开始起算，还是从被保险人提出保险赔付请求开始起算？依据《保险法》第22条的规定，被保险人一方在提出赔付请求后，负有提交证明和资料义务，如资料不齐影响核定的，保险人还负有一次性通知补齐资料义务。保险人通知补齐后，等待被保险人补齐资料的期间是否仍应计算在30日之内？

《保险法》对此语焉不详，以致实务中出现了各种不同理解与做法。实践中存在四种观点。第一种观点是被投保人、被保险人或受益人出险后首次通知保险人之日就开始起算；第二种观点核定通知的起算点应当自保险人收到被保险人或受益人赔偿或给付保险金的请求开始起算；第三种观点认为30日的起算点应自保险人初次收到被保险人或者受益人索赔请求及有关证明或者资料之日起算；第四种观点，认为起算日应当自保险人初次收到被保险人或者受益人索赔请求起算，但因为被保险人或者受益人提交的材料不齐，补交资料期间应当予以扣除。

为减少争议，《保险法解释（二）》第15条规定："保险法第二十三条规定的三十日核定期间，应自保险人初次收到索赔请求及投保人、被保险人或者受益人提供的有关证明和资料之日起算。保险人主张扣除投保人、被保险人或者受益人补充提供有关证明和资料期间的，人民法院应予支持。扣除期间自保险人根据保险法第二十二条规定作出的通知到达投保人、被保险人或者受益人之日起，至投保人、被保险人或者受益人按照通知要求补充提供的有关证明和资料到达保险人之日止。"

作出如此规定的理由主要为：

一是出险情况复杂程度差异较大，对复杂、重大的保险事故而言，以出险通知为起算点，要求过分苛刻。工程责任保险、火灾险等险种金额巨大，事故原因复杂，一旦发生重大事故，仅查明事故原因可能就需要数月。而且，有时事故调查是由国家相关主管部门（如消防、公安、质检等）主持，保险人根本无从进行核定。甚至火灾事故中，在消防部门作出火灾原因和火灾责任认定前，保险人都无法进入现场进行查勘。如按第一种观点，要求保险人在出险通知后的30日内核定，有悖常理。从法理和实务上进行分析，虽然保险人于保险事故发生后收到通知时起就可以主动开始调查、估算，但关于保险事故发生的原因和损失范围的情况，被保险人一方应较为清楚。所以，对于被保险人未提出这些证明文件之前不应开始期间的进行。而且，即使是在以事故通知为起算点的德国，虽然乍看之下，似乎对保险人较为不利，但由于其规定了"如果由于投保人之过错导致事故损失无法确定，则上述时间界限应停止计算"。所以，其实两种立法模式的立法原则和效果实质上差异不大。

二是《保险法》就理赔程序规定的诸义务之间存在时间上的先后顺序。根据《保险法》相关规定，被保险人的出险通知义务、提交相应理赔材料义务和保险人的一次性补齐通知义务均应当在核定作出前履行。在核定后提交材料，对已完成的核定就起不到任何作用，《保险法》以数条规定这些义务也就失去了存在的必要和意义。所以，我们认为，根据我国《保险法》有关理赔程序的规定，核定程序的起算点在时间上必然应当是在被保险人一方履行了提交相应理赔材料义务之后。

三是提交相应理赔材料是保险人核定得以顺利、及时开展的前提。以最为常见的车险为例，被保险人申请理赔至少需要提交保单、车辆行驶证、驾驶证等证明资料。如被保险人仅提出赔付申请，却不提交这些材料，要求保险人在30日完成核定，显然不合理。所以，我们认为，仅考虑被保险人一方是否提出了赔付请求，却不考虑其是否提交了必要资料，有所欠妥。核定的期限时间应当自保险人初次收到被保险人或者受益人索赔请求及有关证明或者资料之日起算。

四是法定补齐通知义务防止了双方因资料齐全产生扯皮的可能。有部分学者担心，如将被保险人一方提交证明材料作为期限的起算点，很可能导致保险人拖延核定。我们认为，《保险法》第22条规定的通知一次性资料补齐义务完全可以防止这种问题。根据该条规定，即使被保险人仅提出赔付请求，不提交任何资料或提交资料不齐的，保险人也只能一次通知补交，被保险人一方补交资料后，即使保险人仍认为资料不完备的，也必须在期限内进行核定。

五是补齐期间由于完全由被保险人一方掌握，故应当在核定期限内扣除。

核定期间因被保险人一方索赔请求及提交有关证明或者资料之日起算后,如保险人认为资料欠缺的,有义务一次性通知补齐。被保险人一方收到通知后可能立即予以补齐,也有可能拖延很长时间才补齐或表示不能补齐。补齐期间的长短完全有赖于被保险人一方的意志和行为,保险人对之完全无法掌控。如采用第三种观点,一旦被保险人或受益人因故意或过失导致补齐资料超过了30日,完全无过失的保险人却需为迟延核定承担违约赔偿责任,显然不合情理。因此,如果保险人履行了一次补齐通知义务的,补齐期间应当在30日以内扣除。

(五)保险人通常的理赔程序

1. 立案检验,现场勘查

保险人接到出险通知后,应立即查对保险单,无论应否赔付,都应当编号立案。立案时,应将被保险人姓名、保险单号码、出险的时间、地点、原因以及损失约数等详细记录下来,并由被保险人填写出险通知书。根据被保险人报送的出险通知,抄录有关保险单副本和批单一份,以便在查勘前了解承保的有关情况。

对出险案件,保险人首先应查明索赔人是否有保险单;其次是核查其他单证,如损失证明、所有权证明、商业单据、运输单证等。检查的主要内容有:对保险合同的真实性及有效性进行检查,对索赔请求人的资格及保险标的进行检查,对出险的时间、地点及原因进行检查。检查后如果发现所发生的保险事故不在承保范围之内,或出险地点并非保险单规定的地点,或发现要求赔偿者根本无权提出此项要求的,保险人应中断其理赔工作。

接到出险通知后,在审查各种单证的基础上,保险人一般应及时派员至出险现场查勘,详细了解损失情况、受损程度及其原因。只有进行实地查勘,掌握第一手证据,才能作出正确的判断,为以后的责任确定及赔偿范围奠定基础。

2. 责任核定

责任核定是理赔工作的主要内容。保险人根据投保人、被保险人提供的证明和资料以及自己掌握的情况,全面评估损失、进行责任分析认定,确定该保险事故是否属于保险合同约定的保险责任范围。责任核定一般应考虑:发生的事故是否属为保险标的;保险事故是否为除外责任,即造成损失的原因是否属于保险人承保的保险事故;事故发生时间是否在保险期间内;保险事故与损失间的因果关系，即保险人须承担补偿责任的损失必须与其承担的危险有因果关系。保险人认为不属于保险责任的，可以拒赔或者拒付，从而中断理赔程序。《保险法》第24条规定："保险人依照本法第二十三条的规定作出核定后，对不属于保险责任的，应当自作出核定之日起三日内向被保险人或者受益人发出拒绝给付保险金通知书，并说明理由。"

3. 保险人履行赔偿或给付义务

经过核定后，无论保险事故是否属于保险责任，保险人都应将核定结果通知被保险人或受益人。在查证损失原因确属保险责任范围后，保险人就要确定具体的保险赔偿或给付金额，需对保险标的本身损失以及用于施救、检验、诉讼的各项费用一一核实。实践中，具体损失的评估和保险赔付金额的估算往往需要借助专业技术，评估保险事故造成的实际损失，结合保险合同对于保险金额、保险价值、免赔额等的约定，确定最终保险金赔偿额或给付数额。保险人的理赔案件签批人对以上各环节工作进行复核。

经过签批环节，确定赔偿或给付金额后，保险人应当及时履行赔付义务，通知被保险人或受益人携带相关身份证明及关系证明，前来办理领款手续。为使保险人准确、迅速地联系相关被保险人或受益人，索赔申请书上应填写准确的电话号码及联系地址。

（六）保险人不及时履行理赔义务的法律后果

赔偿或给付保险金是保险人主要和基本的保险合同义务，也是保险行为的基本功能。保险人不履行或不适当履行此义务，应当承担相应的违约责任。本条第2款规定："保险人未及时履行前款规定义务的，除支付保险金外，应当赔偿保险人或者受益人因此受到的损失。"此处的"损失"，一般理解为因保险人迟延履行保险金赔偿或给付义务而给被保险人或受益人造成的直接损失，比如交通费用的额外支出、被保险人或者受益人应当获得赔偿或者保险金之日起至保险人实际给付之日止的利息等。同时，保险人不及时履行理赔义务的，保险人及其直接主管人员还将面临监管部门处罚的风险。

（七）保险理赔是履行保险合同义务，不受任何非法干预

本条第3款特别规定，具有一定的针对性，强调保险人依合同理赔和被保险人依合同受领保险金不受任何单位和个人非法干预。表明立法上对保险合同当事人、参与人的合同自由、意思自治以及经济利益的尊重和维护。

适用指引

一、正确理解30日的起算时间点的双重要件

《保险法解释（二）》第15条在《保险法》第23条将"赔偿或者给付保险金的请求"作为开始起算核定期间的要件基础上增加了"有关证明和资料"，而且使用了"及"这个连词。所以，只有当两个要件都得到满足，核定期间才开始起算。如被保险人一方仅提出赔付请求，而没有提交任何相关资料的，保险人可以提示被保险人一方履行资料提交义务，核定期间并不因此起算。

之所以强调资料提交义务，因为它作为一项法定义务，有其重要的功能和意义。前面对此已有所论及。《保险法》第22条之所以设定该义务，乃因提交相应理赔材料是保险人控制危险及损失的方法之一，是保险人防范欺诈，维护保险共同体利益的最简单、最有成效的一项措施。

二、正确扣除补充提供有关证明和资料的期间

在计算核定期间扣除时，需要注意两点问题：

一是均采"到达主义"。就意思表示和意思通知的生效期限有两种主流观点：一种是发信主义，即行为人将意思表示置于自己控制范围之外时，意思表示即告生效。英美法系国家多采该观点；另一种则是到达主义，即意思表示需到达对方才发生效力。大陆法系国家则多采此观点。《保险法解释（二）》第15条采用"到达主义"，一来是延续合同法的主流观点，二来是考虑到《保险法》第23条第1款第1项表述为"保险人收到"，采用的也是"到达主义"。

二是补充资料原则上应一次完成，除非被保险人要求分批次补充。如被保险人一方分批提交资料，对保险人而言就无从知晓何时资料提交完毕，可以进入核定程序。即使勉强先行核定，后续提交的资料可能影响核定结果，也会导致不经济。所以，当保险人通知一次性补齐资料后，被保险人应当按通知一次予以补齐，除非被保险人说明自己需要分批提交。

三、正确分配期限起算和扣除的举证责任

当事人可能还会对起算时间和扣除期限的事实认定发生争执。对哪一日应视为通知到达日、资料提交日等事实问题一旦发生争执的,法院就需要通过证据加以判断,在当事人举证不能时,法院将依法判令负担证明责任的一方当事人承担不利的法律后果。这就会涉及谁应当对核定期限起算、扣除期限的起算和截止的事实负担证明责任的问题。上述问题可以根据证明责任理论进行处理。如前所述,核定期限的起算的要件是提出赔付请求和提交任何相关资料;而保险人提出发出一次性补齐通知的,核定期间将暂停计算;被保险人一方(被保险人及其受益人)补齐资料的,则核定期间将恢复计算。

由此可知,核定期间的起算、暂停和恢复计算完全取决于当事人履行《保险法》上这些法定义务。根据我国法律规定,主张自己已履行合同义务的一方当事人对该履行义务的事实负有证明责任。根据上述基本的证明责任分配规则,可以推导出以下结论:(1)被保险人一方主张保险人应当承担逾期核定的违约责任的,应当对自己于何时向保险人提出赔付请求和提交资料的事实负担证明责任;(2)保险人主张在核定期间因补齐资料而需要暂停计算的,由保险人对自己于何时向被保险人一方发出一次性补齐通知的事实负担证明责任;(3)被保险人一方主张核定期限暂停后应恢复计算的,由被保险人一方对自己于何时将补齐资料送达保险人处的事实负担证明责任。当然,上述所指证明责任均为客观证明责任,对方当事人可以提供反驳证明或反证。

四、关于理赔核定期限的规定

我们认为,对保险人没有在法定期限内作出核定的,应允许被保险人、受益人进行选择,即诉请保险人在一定期限内作出核定,或直接诉请保险人履行赔偿或者给付保险金义务。如果保险人未按照《保险法》第23条规定及时作出核定的,或者未及时将核定结果通知被保险人、受益人的,或者未在达成赔偿或者给付保险金协议后10日内履行义务的,被保险人或者受益人既可以单独诉请保险人赔偿因此受到的损失,也可以一并要求保险人赔偿或给付保险金。

五、财产保险中，投保房屋因发生保险事故进行维修而产生的租金损失，出租汽车因发生保险事故进行维修、停运而发生的管理费支出、租金损失等，应当由谁承担的问题

对此，实践中经常产生争议。这涉及损失补偿原则的理解和适用问题。损失补偿原则是保险的基本原则，是指保险合同生效后，当保险标的发生保险责任范围内的损失时，被保险人有权按照保险合同的约定，获得全面、充分的赔偿以弥补被保险人由于保险标的遭受损失而失去的经济利益，但被保险人不能因保险赔偿而获得额外的利益。损失补偿原则包括两层含义：一是损失补偿以发生保险责任范围内的损失为前提条件；二是损失补偿以弥补被保险人的实际损失为限，而不能使其获得额外的利益。因此，上述的租金损失、费用支出是否应由保险人承担，首先要考虑是否属于保险责任范围，在属于保险责任范围的前提下，保险人应以实际损失为限，以保险金额为限进行理赔。

六、关于保险事故发生后被保险人或者受益人未经理赔程序直接起诉保险人的，人民法院是否应该受理的问题

保险事故发生后，被保险人或者受益人未向保险人提出赔偿或者给付保险金的请求，并不能影响其诉讼权利的行使，因为保险人的理赔程序不是属于民事纠纷范畴的保险合同纠纷诉讼的必经前置程序，只是在案件审理过程中，人民法院应根据《保险法》第22条、第23条第1款、第24条等的规定，注意保障保险人在理赔程序中的权利和期限利益。

▶ 类案检索

中国太平洋财产保险股份有限公司、中国太平洋财产保险股份有限公司厦门分公司与图途（厦门）户外用品有限公司财产保险合同纠纷案

关键词：保险金　支付不及时　赔偿

裁判摘要：根据《保险法》第23条规定，保险人未及时履行保险金支付义务的，除支付保险金外，应当赔偿被保险人或者受益人因此受到的损失。本案中，因保险人拒绝支付保险金，被保险人无法及时取得保险金，以恢复正常

生产经营。为了弥补被保险人未及时获得保险赔款的损失，一审判决根据被保险人诉请，判令保险人按照中国人民银行同期贷款基准利率[①]1.5 倍支付保险赔款利息并无不当。

【案　　号】（2020）最高法民终 226 号
【审理法院】最高人民法院

---

① 现为全国银行间同业拆借中心公布的贷款市场报价利率（LPR）。

第二十四条　保险人依照本法第二十三条的规定作出核定后，对不属于保险责任的，应当自作出核定之日起三日内向被保险人或者受益人发出拒绝赔偿或者拒绝给付保险金通知书，并说明理由。

▶ 条文释义

一、本条主旨

本条是关于保险人拒赔的时限及理由说明义务的规定。

二、条文演变

1995年颁布实施的《保险法》第24条规定："保险人收到被保险人或者受益人的赔偿或者给付保险金的请求后，对不属于保险责任的，应当向被保险人或者受益人发出拒绝赔偿或者拒绝给付保险金通知书。"2002年《保险法》修正时，沿用该规定内容，只是顺序调整为第25条。由于对于保险人拒绝赔偿或者拒绝给付保险金通知书的发出期限没有明确规定，导致理赔难。理赔难的表现形式既包括理赔程序烦琐、无正当理由拒赔，也表现为无正当理由拖赔。实践中会有这种现象，如被保险人或受益人提出索赔并提交有关证明材料后，保险人迟迟不予答复，对保险责任的承担未置可否，一味拖延搪塞，使得一个简单的赔偿案旷日持久，严重影响被保险人、受益人的权益。

审判实践中，有的保险人不恰当地利用了这一点，对一些拟作拒赔处理的案件而又感到拒赔理由不充分时，就会采取拖延出具拒赔通知书的做法，既不给付保险金或保险赔款，又不明确表示拒绝承担保险责任。当被保险人或受益人发现向保险人索赔无望并决定起诉保险人时，往往已时过境迁，案件的事实及证据已变得模糊不清，使被保险人或受益人在行使权利时受到重重阻碍。因此，《保险法》于2009年修订时，明确规定拒绝赔偿通知期限，规定为"自作出核定之日起三日内"，并增加了保险人拒赔理由的说明义务。此次修订后，一是将保险人的拒赔起点与《保险法》第23条的核定紧密结合起来；二是设定拒赔通知的法定发出期限；三是必须说明拒赔理由。这三方面的强制性要求，有利于解决实务中保险人无故拖延不予理赔的问题。此外，条文序号也修改为第 24 条。《保险法》于 2014 年、2015 年修正时，均未作修改，沿用至今。

三、条文解读

保险人在接到被保险人或受益人的赔偿请求以及投保人、被保险人或受益人提供的与确认保险事故性质、原因、损失程度等有关的证据和资料后，依照《保险法》第 23 条的规定，通过对受损原因、保险事故发生期间、损失数额等进行审核，对属于保险责任的，应当按照《保险法》第 23 条规定履行赔偿或者给付保险金的义务；认为不属于保险责任范围的，应当向被保险人或受益人发出拒绝赔偿通知，实务中称为"拒赔通知"。根据本条规定，此拒赔通知属于义务性规定，且应满足三个条件：书面通知；必须有拒赔理由；拒赔通知应当自作出核定结果之日起 3 日内发出。这些要求，一方面有利于被保险人或受益人及时行使抗辩权或者寻求司法救济；另一方面有利于证据保存，促使保险纠纷的有效解决。

保险责任，是指保险人按照合同约定，对于可能发生的事故因其发生所造成的财产损失，或者当被保险人死亡、伤残、疾病或者达到合同约定的年龄、期限时承担的赔偿或者给付保险金的责任。在保险合同中，保险责任条款具体规定了保险人所承担的风险范围，在规定风险范围的同时，保险合同还要规定责任免除条款，即保险人不予赔偿或者不给付保险金责任的范围。保险人依照法律和保险合同的约定，如果可以确定赔偿或者给付保险金的请求不属于保险责任的，或者属于责任免除范围的，就有权拒绝赔偿或者拒绝给付保险金，这时保险人应当向被保险人或者受益人发出拒绝赔偿或者拒绝给付保险金通知书。①

虽然现在很多保险公司在拒赔通知书上注明了不赔付的理由，但一般都非常简略，几乎都是直接引用法律规定，如"没有如实告知，解除保险合同，不予支付保险金"等简要说明，但对案件事实没有进行任何评述，更没有告知没有履行如实告知的具体内容，导致不必要的诉讼增多。

---

① 周玉华编著：《最新保险法条文释义与案例解析》，人民法院出版社 2009 年版，第 156 页。

对不属于保险责任范围的事故，如果保险人未按照《保险法》第 24 条的规定的在 3 日内向被保险人或者受益人发出拒绝赔偿或者拒绝给付保险金通知书，被保险人、受益人因此产生的诸如交通费用、诉讼费用等损失，保险人是否承担赔偿责任的问题，本条款没有作出规定。因《保险法》第 23 条第 1 款"保险人应当将核定结果通知被保险人或者受益人"调整的是"属于保险责任"的情形，所以对不属于保险责任的情形，不能当然适用《保险法》第 23 条第 2 款的规定。对此类问题，应该通过民法上的一般原则进行处理，并有待司法解释作出明确规定。

▶ 适用指引

一、保险人对本属于保险责任的事故发出拒赔通知书，被保险人为进一步查明、核实保险事故的原因和性质，所支出的必要的、合理的费用，应否由保险人承担的问题

《保险法》第 64 条规定："保险人、被保险人为查明和确定保险事故的性质、原因和保险标的的损失程度所支付的必要的、合理的费用，由保险人承担。"但是关于支付费用的时间并未作出限定。另外，因保险人疏于及时、审慎地调查，对属于保险责任的索赔申请，以错误理由发出拒赔通知或不完全赔偿、给付保险金，致使被保险人支出的用于进一步调查等的合理费用，基于诚实信用原则和公平原则，也应当由保险人承担赔偿责任。但保险人可以对被保险人发生的此项费用进行必要性及合理性审查，或进行抗辩。

二、关于保险人未在法定期限内出具拒绝给付保险金通知书的，是否应当承担法律责任的问题

一种意见认为，应视为保险人同意给付保险金。理由是，保险人在法定期限内核定是否属于保险责任是其法定义务，如果不给予赔款或者保险金，则必须向被保险人或者受益人出具拒绝赔偿或者拒绝给付保险金的书面通知，否则视为同意赔偿或者给付保险金。另一种意见认为，不属于保险责任的情况下，是通融理赔也好，是保险人弃权也好，如果视为保险人同意赔偿或给付保险金，应有保险人明确承担赔偿或给付保险金的意思表示或积极的行为。保险人

未在法定期限内出具拒绝给付保险金通知书的,应当由监管部门进行行政处罚而不是承担赔偿或者给付保险金的民事责任;但对被保险人、受益人因保险人怠于履行拒赔通知义务而支出的合理费用,则应由保险人负担。我们倾向于同意第二种意见。

第二十五条　保险人自收到赔偿或者给付保险金的请求和有关证明、资料之日起六十日内，对其赔偿或者给付保险金的数额不能确定的，应当根据已有证明和资料可以确定的数额先予支付；保险人最终确定赔偿或者给付保险金的数额后，应当支付相应的差额。

条文释义

一、本条主旨

本条是关于保险人先行赔付的规定。

二、条文演变

1995年颁布实施的《保险法》第25条规定："保险人自收到赔偿或者给付保险金的请求和有关证明、资料之日起六十日内，对其赔偿或者给付保险金的数额不能确定的，应当根据已有证明和资料可以确定的最低数额先予支付；保险人最终确定赔偿或者给付保险金的数额后，应当支付相应的差额。"《保险法》于2002年修正时，文字部分未作修改，仅将条文序号修改为第26条。2009年《保险法》修订时，删除了给付"最低"限额的要求，更符合制度本意，更具人性化。此外，条文序号修改为第25条。此后，《保险法》在2014年、2015年修正时，均未作修改，沿用至今。

三、条文解读

（一）先行赔付制度的积极意义

保险人收到被保险人或者受益人的索赔请求后，结合有关的证明和资料，分析事故原因，核定保险责任，估算损失程度，确定具体保险赔付金额，然后履行保险金赔付责任。在保险人理赔的过程中，对于一些虽然已经确定属于保险责任范围内的理赔请求，由于与索赔申请人不能达成赔偿或者给付保险金数额的协议，或者因保险事故复杂、损失较大等原因，有时会出现保险人对其赔偿或者给付保险金的数额难以确定的情况，这样往往会影响到赔偿或者给付保险金义务的及时履行，对于被保险人或者受益人来说，常常使他们在遭受了损失之后，又面临不能及时得到补偿的情况，给恢复生产和安排生活带来许多困难，如果这个问题不解决，会使一部分被保险人或者受益人的合法权益得不到应有的保障。因此，为了保障被保险人或者受益人的合法权益，使他们在遭受了损失或者损害之后能够及时获得一定的补偿，本条设定了先行赔付制度。即保险人经过核定，认为属于保险责任范围，但是保险金赔偿给付的具体数额尚不能最后确定的，保险人应当按照当下可以确定的数额向被保险人或受益人先予支付，以督促保险人尽快履行其赔偿或者给付保险金的义务。

（二）先行赔付的期限要求和数额要求

保险赔付数额不能最终确定，称为"赔款之未决"，或因有关证明材料不够充分，或尚未查明出险原因，或因损失金额尚在调查核实，或对标的残值有待商榷等。但是既然已经认定属于保险责任，在有关事实已确认的基础上，应可以确定部分的赔付责任。对这些"已决"部分，应当先行赔付给被保险人或受益人，使得其遭受的损害尽量减轻和降低。为达到立法目的，保险人先行赔付应当在一个合理期限内作出，否则就失去该制度设计的意义。依据本条，此合理期限为60日，即"自收到赔偿或者给付保险赔偿金的请求和有关证明、材料之日起六十日内"。既然是先行支付，则在赔偿或者给付保险金的最终数额确定后，保险人应当继续履行最终金额与先行赔付金额之间的差额的义务。

具体来讲，先予支付保险金的条件如下：（1）属于保险责任范围内的索赔请求；（2）收到索赔申请和有关证明、资料之日起已满60日；（3）保险人的赔偿或者给付保险金的数额不能确定。符合上述条件的，保险人根据已有证明和资料可以确定数额的，应先予支付赔偿或者给付保险金。这个"可以确定的数额"，应当是保险人与索赔申请人已经认定的数额，如果双方没有达成共识，保险人也可以根据有关证明和资料自行确定一个先予支付的数额，待最终确定赔偿或者给付保险金的数额后，保险人再向被保险人或者受益人支付最终确定的数额与已经先予支付数额之间的差额。

此外，根据《保险法》第23条的规定，保险合同对赔偿或给付保险金的期限有约定的，保险人应当按照约定履行赔偿或给付保险金义务。但本条关于

60日内不能确定给付保险金的数额需先予支付可确定数额的规定,保险人仍应执行,因为这是法定义务,当事人不可通过约定排除。

(三)理赔程序规制

我国《保险法》对理赔程序是通过第21条至第25条条文来加以规制的。其条文排列是按理赔流程的时间顺序而定,具体如下:(1)事故发生后的通知义务。保险事故发生后,被保险人一方依第21条产生及通知保险人的义务。这是整个保险理赔启动的首要步骤,是保险人知悉保险事故发生,开启理赔程序的首要步骤。(2)提交证明和资料义务。被保险人一方由于保险事故发生随即产生保险给付请求权,其行使该项请求权时,依第22条负有提交证明和资料义务。(3)一次性通知补齐资料义务。由于保险人作出正确核定,除需要勘验现场外,还依赖于被保险人一方提交的有关标的物权属、价格等相关材料。如保险人收到被保险人一方提交的资料后,认为存在欠缺,无法核定的,依第22条应一次性通知被保险人予以补齐。(4)及时通知核定结果。保险人核定是否属于保险责任后,应当将结果及时通知被保险人一方。(5)发出拒赔通知义务。对不属于保险责任的,保险人应当在作出核定之日起在3日内向被保险人发出拒赔通知。(6)及时赔付义务。对属于保险责任的,保险人应当在与被保险人一方达成赔偿协议后的10日内履行保险给付义务。

由此可见,《保险法》有关理赔程序规定的诸义务之间存在时间上的先后顺序。被保险人一方的出险通知义务和提交相应理赔材料义务,在时间上均应当在保险人的一次性补齐通知义务之前,否则,补齐通知义务也就没有了存在的必要和意义。同样地,被保险人的出险通知义务、提交相应理赔材料义务和保险人的一次性补齐通知义务也均应当在核定作出前履行,否则,核定后提交的材料对已完成的核定就起不到任何作用。

如核定结果为属于保险责任的,保险人即有义务及时与被保险人、受益人达成赔偿协议,及时作出保险给付;反之,不属于保险责任的,保险人应在3日内发出拒赔通知并说明理由。被保险人、受益人进而可以提起诉讼或仲裁。

▶ 适用指引

一、保险人未按照本条规定根据已有证明和资料可以确定的数额先予支付的，保险人对被保险人、受益人因此产生的损失是否应当承担赔偿责任的问题

本条关于保险人"应当根据已有证明和资料可以确定的数额先予支付"的规定，属于保险人的法定义务，保险人不履行此项义务的，对被保险人、受益人因此受到的损失应承担相应的赔偿责任。

二、关于保险责任核定的起算点问题

本条款规定为"收到赔偿或者给付保险金的请求和有关证明、资料之日"。实务中，请求与有关证明、资料往往并不是同时收到，一般是先收到请求再收到有关证明、资料；而且，证明、资料往往不是一次性提交完整。因此，应以被保险人、受益人最后提交证明、资料的日期为起算时间。但保险人作出核定的时间应包括保险人通知被保险人或受益人补充提供资料的时间。

中国保险行业协会推荐使用的《人身保险产品条款部份条目示范写法》的类似规定为"收到保险金给付申请书及合同约定的证明和资料后"，此规定可以理解为当事人之间的保险合同可以对起算时间另有约定。

▶ 类案检索

樊某某与中国平安财产保险股份有限公司北京分公司财产损失保险合同纠纷案

关键词： 拒绝赔偿　通知

裁判摘要：《保险法》第25条"保险人自收到赔偿或者给付保险金的请求和有关证明、资料之日起六十日内，对其赔偿或者给付保险金的数额不能确定的，应当根据已有证明和资料可以确定的数额先予支付"的规定，仅明确保险人在60日内对有初步证据支持的赔偿请求，应当先予支付。保险人关于在支

付保险赔偿金时享有60日的宽限期,且该期限内不计算利息的主张缺乏法律依据。

【案　　号】(2015)鄂民四终字第00058号

【审理法院】湖北省高级人民法院

> **第二十六条** 人寿保险以外的其他保险的被保险人或者受益人，向保险人请求赔偿或者给付保险金的诉讼时效期间为二年，自其知道或者应当知道保险事故发生之日起计算。
>
> 人寿保险的被保险人或者受益人向保险人请求给付保险金的诉讼时效期间为五年，自其知道或者应当知道保险事故发生之日起计算。

▶ 关联规定

一、法律、行政法规、司法解释

1.《中华人民共和国民法典》

第一百八十八条 向人民法院请求保护民事权利的诉讼时效期间为三年。法律另有规定的，依照其规定。

诉讼时效期间自权利人知道或者应当知道权利受到损害以及义务人之日起计算。法律另有规定的，依照其规定。但是，自权利受到损害之日起超过二十年的，人民法院不予保护，有特殊情况的，人民法院可以根据权利人的申请决定延长。

2.《中华人民共和国海商法》

第二百六十四条 根据海上保险合同向保险人要求保险赔偿的请求权，时效期间为二年，自保险事故发生之日起计算。

3.《最高人民法院关于运用〈中华人民共和国保险法〉若干问题的解释（四）》

第十八条 商业责任险的被保险人向保险人请求赔偿保险金的诉讼时效期间，自被保险人对第三者应负的赔偿责任确定之日起计算。

二、部门规章及规范性文件

1.《中国保险监督管理委员会关于对〈保险法〉有关索赔时限理解问题的批复》

中国太平洋保险公司:

你公司《关于对〈保险法〉中索赔时限理解问题的请示》(太保〔2000〕172号)收悉。经研究,批复如下:

一、《保险法》第二十六条规定的索赔时限,是一种权利消灭时效。在我国其他民商事法律中,类似的问题一般是定为诉讼时效(消灭时效的一种),因此在司法实践中,上述规定往往作为诉讼时效来对待。退一步讲,即使不视为诉讼时效,作为一种消灭时效,也是法律的强制性规定,当事人不得以约定的方式排除其适用或对其进行更改。

二、某些保险条款中关于索赔时限、通知期限等诸如此类的规定,不是一种时效规定,应当理解为是合同当事人约定的一项合同义务。投保人或被保险人违反此项义务的责任应当根据合同的约定及其违约所造成实际后果来确定,并不必然导致保险金请求权的丧失或放弃;此外,保险条款中的此类约定不得与法律关于诉讼时效或权利消灭时效的强制性规定相抵触,尤其不能违反公平原则。

2.《中国保险监督管理委员会关于〈机动车辆保险条款〉解释的函》

北京保监办:

你办《关于转报中国平安保险股份有限公司北京分公司要求对车险条款进行解释的请示》(保监京发〔2001〕131号)收悉。经研究,现批复如下:

《机动车辆保险条款》(1996年版)是由中国人民银行制订和颁布的。其第二十条"被保险人自保险车辆修复或交通事故处理结案之日起三个月内不提交本条款第十条规定的各种必要单证……,即作为自愿放弃权益。"是保险公司理赔程序中对被保险人约定的一个提交相关证明和资料的期限。仅仅从这种义务约定看,该条款与1995年10月1日起实施的《中华人民共和国保险法》第二十六条关于索赔时效的规定不是同一个法律期限,并不冲突。

1999年10月1日《中华人民共和国合同法》实施后,对格式条款作出了新规定。第四十条"……提供格式条款一方免除其责任、加重对方责任、排除对方主要权利的,该条款无效。"为适应新的法律要求,中国保监会在2000年对《机动车辆保险条款》进行修改时，遵循最大诚信与公平原则，删除了原条款（1996年版）第二十条。

此复

三、司法指导性文件

《全国法院民商事审判工作会议纪要》

99.【直接索赔的诉讼时效】商业责任保险的被保险人给第三者造成损害，被保险人对第三者应当承担的赔偿责任确定后，保险人应当根据被保险人的请求，直接向第三者赔偿保险金。被保险人怠于提出请求的，第三者有权依据《保险法》第65条第2款的规定，就其应获赔偿部分直接向保险人请求赔偿保险金。保险人拒绝赔偿的，第三者请求保险人直接赔偿保险金的诉讼时效期间的起算时间如何认定，实务中存在争议。根据诉讼时效制度的基本原理，第三者请求保险人直接赔偿保险金的诉讼时效期间，自其知道或者应当知道向保险人的保险金赔偿请求权行使条件成就之日起计算。

▶ 条文释义

一、本条主旨

本条是关于被保险人或者受益人索赔诉讼时效的规定。

二、条文演变

1995年制定的《保险法》第26条规定："人寿保险以外的其他保险的被保险人或者受益人，对保险人请求赔偿或者给付保险金的权利，自其知道保险事故发生之日起二年不行使而消灭。"人寿保险的被保险人或者受益人对保险人请求给付保险金的权利，自其知道保险事故发生之日起五年不行使而消灭。"2002年修正的《保险法》在第27条对此作了规定，但其内容与1995年《保险法》第26条相同。2009年修订的《保险法》第26条对索赔时效期限规定作了进一步完善，即将"二年""五年"索赔时效的性质明确为"诉讼时效"。同时，将索赔时效的起算时间界定为"自其（指被保险人或者受益人）知道或者应当知道保险事故发生之日"，其中"应当知道保险事故发生之日"

为新增内容，加强了对被保险人或受益人的保护力度。2014年、2015年修正《保险法》时，未对本条作出修改。

三、条文解读

（一）关于保险索赔时效

为督促当事人行使权利，维持交易秩序，尽早解决民事纷争，民法设有时效制度。保险索赔时效，是指被保险人向保险人提出请求赔偿或给付保险金的期间，也即被保险人行使请求权的期间。在保险合同中，当保险事故发生或者保险合同约定的年龄、期限届满时，被保险人或者受益人有权向保险人提出保险金赔付的请求，这一请求权应当在一定的期限内行使，否则被保险人或者受益人将失去该项权利。保险法律之所以设定被保险人和受益人的索赔时效，也是为了督促权利行使，利于及时、顺利定损理赔，尽快补偿经济损失，稳定社会关系。鉴于财产保险以及意外伤害等非寿险的人身保险一般属于短期保险合同，而人寿保险大多属于长期合同。这两种保险合同当事人的索赔时效因而有所不同。财产保险及非寿险人身保险的索赔时效较短，人寿保险的索赔时效则较长。

（二）诉讼时效和除斥期间的主要区别

本条款将保险索赔时效明确规定为诉讼时效。

除斥期间，是指权利人行使权利的法定和约定期间。其与诉讼时效的区别表现在：第一，对象不同。除斥期间的对象原则上为形成权，而诉讼时效原则上适用于请求权。第二，前提不同。除斥期间的前提是权利人行使权利，除斥期间内只要权利人行使该权利，则除斥期间丧失效力，而后适用诉讼时效；而诉讼时效期间的前提是债权人怠于行使权利。第三，效力不同。除斥期间期满，形成权灭失，法庭可以主动援引该抗辩。而诉讼时效届满之后，债权人权利仍然存在，债务人仅产生抗辩权；债务人不提出抗辩的，法庭无权主动行使此种抗辩。第四，开始时间的计算方法不同。计算除斥期间一般不考虑权利人的主观状态，不适用中止、中断和延长。而诉讼时效从权利人主观上知道或应该知道其享有该请求权起算，因此适用中止、中断和延长。

▶ 适用指引

关于责任保险的索赔时效起算问题

《保险法》第26条规定了被保险人或者受益人保险金请求权诉讼时效期间自其知道或者应当知道保险事故发生之日起计算。但在责任保险中,如何确定该诉讼时效起算点,存在颇多争议。《保险法解释(四)》第18条规定,商业责任险的被保险人向保险人请求赔偿保险金的诉讼时效期间,自被保险人对第三者应负的赔偿责任确定之日起计算。《民商审判会议纪要》第99条规定,商业责任保险的被保险人给第三者造成损害,被保险人对第三者应当承担的赔偿责任确定后,保险人应当根据被保险人的请求,直接向第三者赔偿保险金。被保险人怠于提出请求的,第三者有权依据《保险法》第65条第2款的规定,就其应获赔偿部分直接向保险人请求赔偿保险金。

关于第三者请求保险人直接赔偿保险金的诉讼时效期间的起算点问题,实践中存在不同观点。一种观点认为,应当从第三者知道或者应当知道责任事故发生之日起算,理由是根据《保险法》第26条的规定,人寿保险以外的其他保险的被保险人或者受益人,向保险人请求赔偿或者给付保险金的诉讼时效期间自其知道或者应当知道保险事故发生之日起计算;另一种观点认为,《保险法》第26条规定的是被保险人或者受益人保险金请求权诉讼时效起算点,并未对第三者直接赔偿请求权诉讼时效问题作出规定,因此,第三者保险金赔偿请求权应当适用《民法典》关于诉讼时效的规定。

《民法典》第188条规定,向人民法院请求保护民事权利的诉讼时效期间为3年。法律另有规定的,依照其规定。这一规定改变了原《民法通则》关于普通诉讼时效期间为2年的规定。《保险法》第26条规定,人寿保险以外的其他保险的被保险人或者受益人,向保险人请求赔偿或者给付保险金的诉讼时效期间为2年,自其知道或者应当知道保险事故发生之日起计算。由于保险法对责任保险中第三者的诉讼时效问题未作规定,因此,应当直接适用《民法典》关于诉讼时效期间为3年的规定。

《保险法》第65条规定了不同情形的第三者保险金给付请求权,而《民商审判会议纪要》规定,第三者请求保险人直接赔偿保险金的诉讼时效期间,自其知道或者应当知道向保险人的保险金赔偿请求权行使条件成就之日起计算。

在具体案件中，仍需要结合不同情形加以判断。司法实践中，在适用诉讼时效制度时，如果存在既可以作有利于权利人的理解也可以作有利于义务人的理解的情形，在不违背法律规定和基本法理的基础上，应当从宽掌握，作出有利于权利人即受害第三者的理解。

▶ 类案检索

中国大地财产保险股份有限公司天津分公司与苏黎世财产保险（中国）有限公司财产保险合同纠纷案

关键词： 保险合同关系人　重复保险　诉讼时效

裁判摘要： 关于大地天津分公司起诉是否超过诉讼时效和索赔时效的问题。经查，大地天津分公司系于2017年8月3日向该院提起本案诉讼，登记编号为（2017）沪收33号，该院审查后于2017年10月11日立案。《保险法》第26条规定，被保险人或者受益人向保险人请求赔偿或者给付保险金的诉讼时效期间自其知道或者应当知道保险事故发生之日起计算。案涉货物运输保险单载明：被保险人提出保险索赔的时效为2年，自被保险人知道或者应当知道保险事故发生之日起算。案涉事故发生于2015年8月12日晚，故大地天津分公司知道保险事故发生应不早于该日。据此，大地天津分公司于2017年8月3日提起本案诉讼，既未超过法律规定的诉讼时效，也未超过案涉货物运输保险单载明的索赔时效。

【案　　号】（2020）最高法民终1262号
【审理法院】最高人民法院

《保险法》(部分) | 第二章 保险合同 | 第二十七条

> 第二十七条 未发生保险事故,被保险人或者受益人谎称发生了保险事故,向保险人提出赔偿或者给付保险金请求的,保险人有权解除合同,并不退还保险费。
>
> 投保人、被保险人故意制造保险事故的,保险人有权解除合同,不承担赔偿或者给付保险金的责任;除本法第四十三条规定外,不退还保险费。
>
> 保险事故发生后,投保人、被保险人或者受益人以伪造、变造的有关证明、资料或者其他证据,编造虚假的事故原因或者夸大损失程度的,保险人对其虚报的部分不承担赔偿或者给付保险金的责任。
>
> 投保人、被保险人或者受益人有前三款规定行为之一,致使保险人支付保险金或者支出费用的,应当退回或者赔偿。

▶ **关联规定**

一、法律、行政法规、司法解释

1.《中华人民共和国海商法》

第二百二十三条 由于被保险人的故意,未将本法第二百二十二条第一款规定的重要情况如实告知保险人的,保险人有权解除合同,并不退还保险费。合同解除前发生保险事故造成损失的,保险人不负赔偿责任。

不是由于被保险人的故意,未将本法第二百二十二条第一款规定的重要情况如实告知保险人的,保险人有权解除合同或者要求相应增加保险费。保险人解除合同的,对于合同解除前发生保险事故造成的损失,保险人应当负赔偿责任;但是,未告知或者错误告知的重要情况对保险事故的发生有影响的除外。

2.《中华人民共和国刑法》

第一百九十八条 有下列情形之一,进行保险诈骗活动,数额较大的,处五年以下有期徒刑或者拘役,并处一万元以上十万元以下罚金;数额巨大或者有其他严重情节的，处五年以上十年以下有期徒刑，并处二万元以上二十万元以下罚金；数额特别巨大或者有其他特别严重情节的，处十年以上有期徒刑，并处二万元以上二十万元以下罚金或者没收财产：

（一）投保人故意虚构保险标的，骗取保险金的；

（二）投保人、被保险人或者受益人对发生的保险事故编造虚假的原因或者夸大损失的程度，骗取保险金的；

（三）投保人、被保险人或者受益人编造未曾发生的保险事故，骗取保险金的；

（四）投保人、被保险人故意造成财产损失的保险事故，骗取保险金的；

（五）投保人、受益人故意造成被保险人死亡、伤残或者疾病，骗取保险金的。

有前款第四项、第五项所列行为，同时构成其他犯罪的，依照数罪并罚的规定处罚。

单位犯第一款罪的，对单位判处罚金，并对其直接负责的主管人员和其他直接责任人员，处五年以下有期徒刑或者拘役；数额巨大或者有其他严重情节的，处五年以上十年以下有期徒刑；数额特别巨大或者有其他特别严重情节的，处十年以上有期徒刑。

保险事故的鉴定人、证明人、财产评估人故意提供虚假的证明文件，为他人诈骗提供条件的，以保险诈骗的共犯论处。

二、司法指导性文件

《最高人民法院关于当前商事审判工作中的若干具体问题》

1.防范道德风险，维护最大诚信。人身保险合同涉及被保险人生命安全，故审理中应注重防范道德风险，防止不法分子故意制造保险事故骗取保险金。同时，要注意依法维持合同效力，防止不诚信的保险人与投保人通过主张保险合同无效来逃避责任。

▶ 条文释义

一、本条主旨

本条是关于保险欺诈行为民事责任的规定。

二、条文演变

1995年《保险法》第27条规定:"被保险人或者受益人在未发生保险事故的情况下,谎称发生了保险事故,向保险人提出赔偿或者给付保险金的请求的,保险人有权解除保险合同,并不退还保险费。投保人、被保险人或者受益人故意制造保险事故的,保险人有权解除保险合同,不承担赔偿或者给付保险金的责任,除本法第六十四条第一款另有规定外,也不退还保险费。保险事故发生后,投保人、被保险人或者受益人以伪造、变造的有关证明、资料或者其他证据,编造虚假的事故原因或者夸大损失程度的,保险人对其虚报的部分不承担赔偿或者给付保险金的责任。投保人、被保险人或者受益人有前三款所列行为之一,致使保险人支付保险金或者支出保险费用的,应当退回或者赔偿。"2009年《保险法》修订时删除了本条第2款的"受益人"。一是因为本条属于一般规定,同时适用于财产保险和人身保险;二是本法第二章第二节人身保险合同中,第43条将"受益人故意制造保险事故,保险人不承担保险金责任的情形"排除在外,为保持条文内容前后的呼应和一致性,修订时作了相应的调整。本条的立法目的意在表明受益人如有故意制造保险事故的情形,从基于保护投保人、被保险人的利益出发,保险人仍应按法律规定向投保人、被保险人承担赔偿或给付保险金的责任,但受益人依法丧失受益权。同时,条文序号由第65条修改为第63条。2014年、2015年修正《保险法》时,未对本条作修改。

三、条文解读

(一)关于保险欺诈

本条款所称的保险欺诈,是指投保人、被保险人、受益人以骗取保险金为目的,采取虚构保险标的、编造保险事故的发生或保险事故发生的原因、夸大损失程度、故意制造保险事故等手段，致使保险人陷于错误认识而向其支付保险金的行为。保险欺诈的构成要件包括两方面：一是欺诈一方在主观上出于故意。故意的构成须具备两个条件，即欺诈人明知其欺瞒行为可能使保险人陷于错误的认识，并且欺诈人希望保险人因陷于错误认识而实现保险金的赔偿或者给付。二是欺诈一方客观上实施了欺诈行为。保险欺诈行为只能是积极的行为，根据本条规定，包括未发生保险事故，谎称发生了保险事故的行为；故意制造保险事故的行为；保险事故发生后，以伪造、变造的有关证明、资料或者其他证据，编造虚假的事故原因或者夸大损失程度的行为。

（二）保险欺诈的民事责任

保险欺诈的民事责任，是指投保人、被保险人、受益人在从事保险活动时，违反我国法律和法规的相关规定，实施了保险欺诈行为，依法应承担的民事上的法律后果。根据本条规定，具体情形包括以下几种：

1. 在未发生保险事故的情况下，被保险人、受益人谎称发生了保险事故，向保险人提出索赔的，保险人有权解除保险合同，并不退还保险费。

2. 投保人、被保险人故意制造保险事故的，被保险人有权解除保险合同不承担赔偿或者给付保险金的责任，除《保险法》第43条规定情形外，也不退还保险费。

3. 发生保险事故后，投保人、被保险人或者受益人以伪造、变造的有关证明、资料或其他证据，虚报事故原因，夸大保险标的损失程度的，保险人对其虚报的部分不承担赔偿或者给付保险金的责任。

4. 投保人、被保险人或者受益人有上述保险欺诈行为之一的，应当退还保险人因此支付的保险金或支出的费用。

（三）保险金和费用的退还

投保人、被保险人或者受益人有欺诈行为致使保险人支付保险金或者支出费用的，属于违反保险人真实意思表示的行为，对其支付的保险金或支出的费用应当予以退回或者赔偿。

适用指引

一是本条第 2 款的规定不包括受益人故意制造保险事故的情形,此种情形下,保险人不当然免除保险责任。受益人故意制造保险事故的,应直接适用《保险法》第 43 条的规定,即"受益人故意造成被保险人死亡、伤残、疾病的,或者故意杀害被保险人未遂的,该受益人丧失受益权"。因此,因受益人故意导致保险事故发生,如致被保险人死亡、伤残或疾病的,只导致该受益人受益权的丧失,而不应作为保险人的法定除外责任。

二是关于因被保险人或受益人的保险欺诈行为,导致保险人在不知情的情况下进行了正常的理赔,保险人为查明和确定保险事故的性质、原因和保险标的的损失程度而支付的必要合理费用,是否应由投保人、被保险人或受益人承担问题。实践中,存在不同的认识:一种意见认为,法律上没有作出明确规定,不应由投保人、被保险人或受益人承担;另一种意见认为,此种情况应适用本条第 4 款的规定,保险人支出的相关费用应当由投保人、被保险人或者受益人退回或者赔偿。我们倾向于第二种意见。

类案检索

中国人民财产保险股份有限公司北京市大兴支公司与孙某某保险纠纷案

关键词: 保险合同 诚实信用原则 虚假事故

裁判摘要: 关于孙某某是否违反诚实信用原则,编造虚假事故。《保险法》第 4 条规定,从事保险活动必须遵守法律、行政法规,尊重社会公德,不得损害社会公共利益。该法第 5 条规定,保险活动当事人行使权利、履行义务应当遵循诚实信用原则。上述法律规定的立法精神在于,在保险法律关系中,各方当事人从事的行为不得违背公序良俗,遵守诚实信用原则,依法履行各自的权利和义务。诚实信用原则作为民商法中的帝王原则,其要求各方当事人在从事具体的法律行为中,特别是行使权利和履行义务时,主观上应出于善意,且意思表达真实、合法,恪守诺言,注重信誉,不应以损人利己的主观意图,违反实事求是的基本要求,不信守自身承诺。特别是对于保险合同而言,因该类合同自身属性系射幸合同，投保人支付保险费的义务虽在合同成立时已经确定，但保险人承保的风险或者保险合同约定的给付保险金的条件是否发生，均具有不确定性，即若发生保险事故，被保险人或者受益人可以取得高于保险费的保险金；若不发生保险事故，则保险人不负有给付保险金的义务，却可以取得投保人支付的保费利益。正是基于此，投保人和保险人之间的利益得失，表现为一种机会合同，且保险合同的利益增长是呈多倍数的，而付出成本明显低于因投保所付出的保险利益，故此类合同在实际履行中更易引发道德风险，由此引入诚实信用原则对该类合同具有更加重要的意义。诚实信用原则在保险法中体现的就是最大诚信，该原则贯穿于整个保险活动之中，并且在我国保险法的具体条款中亦得以具体体现，其要求投保人、被保险人、保险人、甚至受益人都应遵循最大诚信原则。在双方当事人订立及履行保险合同的过程中，必须以最大的诚信全面而完整地履行自己应尽的义务，互不欺骗和隐瞒有关保险标的重要情况，严格遵守保险合同的约定和承诺。应该说，保险法将诚实信用原则作为其基本原则之一，既是为了确保保险行业能够健康、有序地运行与发展，也是为了避免因法律制定的不周延性，而使某种特定违反不诚信原则的行为免于法律可责性的情形出现，也为司法的适用预留了合法裁量的空间。因此，从保险合同订立、缴费、合同变更、赔偿到合同终止等各个环节均应遵循诚实信用原则，从而确定双方当事人的权利与义务内容，司法的适用更应体现该原则。

我国保险法正是基于对诚实信用原则的考量，故在《保险法》第27条第3款中规定，保险事故发生后，投保人、被保险人或者受益人以伪造、变造的有关证明、资料或者其他证据，编造虚假的事故原因或者夸大损失程度的，保险人对其虚报的部分不承担赔偿或者给付保险金的责任。根据在案证据，通过经验法则及生活常识可知，孙某某应当知悉涉案交通事故实际驾驶人的可能性较大，显然存在并未如实向人保大兴公司进行报案，故意编造虚假事故的情形。原审判决仅依据孙某某并未在案发现场，即认定其不存在故意编造虚假事故的情形，显然并未全面分析本案各行为所发生的先后时间关系，各方当事人所表现的行为内容，以及本案当事人自述内容的不合理之处。

特别需要指出的是，涉案的交通事故造成了二人死亡的严重后果，且实际驾驶人强某某存在事故发生后弃车逃逸的情形，无论从社会危害性，还是确保保险市场健康、有序发展的角度考量，若法律对孙某某此种故意编造虚假事故的行为不予制止，对明显违反诚实信用原则的行为不予规制，将会导致、甚至引导公众通过不诚信的行为获取较大保险利益的行为出现，使遵守诚实信用者的信用成本所产生的对价明显不符，也对不诚信的违法行为明显放任，将有可能导致社会公众通过较低的违法成本获取较大的保险利益，明显不利于我国保险市场的有序发展。因此，孙某某应承担其违反诚实信用原则，不如实告知保险事故，故意编造虚假事故的法律责任。原审判决对此认定错误，应予纠正。人保大兴公司此部分上诉理由具有事实及法律依据，法院予以支持。

【案　　号】（2016）京02民终3486号

【审理法院】北京市第二中级人民法院

> 第二十八条 保险人将其承担的保险业务，以分保形式部分转移给其他保险人的，为再保险。
>
> 应再保险接受人的要求，再保险分出人应当将其自负责任及原保险的有关情况书面告知再保险接受人。

▶ 关联规定

部门规章及规范性文件

《再保险业务管理规定》

第二条 本规定所称再保险，是指保险人将其承担的保险业务，部分转移给其他保险人的经营行为。

本规定所称直接保险，也称原保险，是相对再保险而言的保险，由投保人与保险人直接订立保险合同的保险业务。

本规定所称转分保，是指再保险接受人将其分入的保险业务，转移给其他保险人的经营行为。

本规定所称合约分保，是指保险人与其他保险人预先订立合同，约定将一定时期内其承担的保险业务，部分向其他保险人办理再保险，再保险接受人需按照约定分保条件承担再保险责任的经营行为。

本规定所称临时分保，是指保险人临时与其他保险人约定，将其承担的保险业务，部分向其他保险人逐保单办理再保险，再保险接受人需逐保单约定分保条件并承担再保险责任的经营行为。

本规定所称比例再保险，是指以保险金额为基础确定再保险分出人自留额和再保险接受人分保额的再保险方式。

本规定所称非比例再保险，是指以赔款金额为基础确定再保险分出人自负责任和再保险接受人分保责任的再保险方式。

第三条 本规定所称再保险分出人，是指将其承担的保险业务，部分转移给其他保险人的保险人；本规定所称再保险接受人，是指承接其他保险人转移的保险业务的保险人。

本规定所称分出业务，是指再保险分出人转移出的保险业务；本规定所称分入业务，是指再保险接受人接受分入的保险业务。

本规定所称直接保险公司，也称原保险公司，是相对再保险人而言，是指直接与投保人订立保险合同的保险人。

本规定所称保险联合体，是指为了处理单个保险人无法承担的特殊风险或者巨额保险业务，或者按照国际惯例，由两个或两个以上保险人联合组成、按照其章程约定共同经营保险业务的组织。

本规定所称保险经纪人，是指接受再保险分出人委托，基于再保险分出人利益，为再保险分出人与再保险接受人办理再保险业务提供中介服务，并按约定收取佣金的保险经纪机构。

第十五条 再保险分出人应当及时将影响再保险定价和分保条件的重要信息向再保险接受人书面告知；再保险合同成立后，再保险分出人应当及时向再保险接受人提供重大赔案信息、赔款准备金等对再保险接受人的偿付能力计算、准备金计提及预期赔付有重大影响的信息。

第三十二条 保险人办理再保险业务，应当按照精算的原理、方法，评估各项准备金，并按照银保监会有关规定准确、足额提取和结转各项准备金。

对于同一笔寿险业务，在有关精算规定责任准备金下，再保险接受人与再保险分出人在评估准备金时，应采用一致的评估方法与假设。

▶ 条文释义

一、本条主旨

本条是关于再保险的定义及再保险分出人告知义务的规定。

二、条文演变

再保险合同也称分保合同，是相对于原保险合同而言的一种保险合同。它是指原保险人将自己接受的保险业务的全部或者一部分向其他保险人投保以求减轻自己保险责任的保险合同。

在保险业务中，如果保险人承保的直接保险业务金额较大，负担的保险责任过重或危险过于集中，其就有可能将自己负担的保险责任向其他保险人转移，以分散其承保风险，保证保险业务的正常经营和健康发展。因此，再保险是保险公司分散风险以及各保险公司之间共谋发展的重要制度。

我国再保险的发展历程比较短。1979年我国国内恢复保险业务以后，在近十年的时间里，只有中国人民保险公司一家保险公司，不存在"再保险市场"概念。1988年3月和1991年4月，在深圳、上海两地相继成立平安和太平洋两家保险公司，同时开始实行法定再保险制度，即保险公司需要将其每笔业务的30%向中国人民保险公司办理再保险。与此相适应，1995年《保险法》第28条和第29条对再保险进行了规定。其中第28条规定："保险人将其承担保险业务，以承保形式，部分转移给其他保险人的，为再保险。应再保险接受人的要求，再保险分出人应当将其自负责任及原保险的有关情况告知再保险接受人。"此后，我国再保险业务虽然不断发展，但该规定一直延续到现在。除了个别文字进行调整，没有任何变化。具体来说，2002年《保险法》修正时，将"承保"改为"分保"，条文序号由原来的第28条改为第29条；2009年《保险法》修订时，仅将条文序号改为第28条；2014年、2015年《保险法》修正时，本条未作修改。

三、条文解读

本条分为两款：第1款是关于再保险合同的界定，第2款是关于再保险合同当事人权利义务的规定。

（一）再保险合同的界定

1. 再保险合同的含义

再保险合同有广义和狭义之分。广义的再保险合同，是指保险人将其承保的全部或部分保险责任转移给其他保险人而订立的合同。狭义的再保险合同，是指保险人将其承保的部分保险责任转移给其他保险人而订立的合同。我国《保险法》采用的是狭义的再保险合同概念，即保险人只能将其承担的部分保险业务转移给其他保险人。

2. 再保险合同的主体

再保险合同的主体包括作为合同当事人双方的再保险人和原保险人。原保险人又称为再保险业务的分出人，是与再保险人签订再保险合同并接受再保合同保障的人。原保险人通常是依据《保险法》设立的经营保险业务的保险公司。原保险人是原保险合同的承保人,也是再保险合同的投保人或被保险人。再保险人又称为再保险业务的接受人,是指收取再保险费用并按照再保险合同承担原保险人赔偿责任的人。再保险人通常是专门经营再保险业务的再保险公司,也可以是同时经营直接保险业务和再保险业务的保险公司。再保险人是再保险合同的承保人,其与原保险合同不存在直接的法律关系。

3. 再保险合同的种类

根据保险责任转移方式的不同,再保险合同可以分为临时再保险合同和合约再保险合同。临时再保险合同,是指保险公司临时与其他保险公司约定,将其承担的保险业务向其他保险公司办理再保险的合同。合约再保险合同,是指保险公司与其他保险公司预先订立合同,约定将一定时期内承担的保险业务,向其他保险公司办理再保险的合同。

根据保险责任分配方式的不同,再保险合同可以分为比例再保险合同和非比例再保险合同。比例再保险合同,是指以原保险金额为基础,约定再保险接受人分担原保险责任比例的再保险合同。按照比例再保险合同的约定,原保险人将收取的保险费的一定比例转移给再保险接受人,危险事故发生后,再保险接受人则承担与其接受保险费相同比例的保险责任。非比例再保险合同,是指以原保险人的赔付金额或赔付率为基础,确定保险人自负责任和再保险接受人分担责任的再保险合同,包括险位超额赔偿再保险、事故超额赔款再保险和超额赔付率再保险。①

根据再保险实施形式的不同,再保险合同可以分为法定再保险合同和自愿再保险合同。法定再保险合同,是指国家通过强制性法律规定,原保险人必须将其承保的责任部分向国家再保险公司或者指定的再保险公司分保而订立的再保险合同。自愿再保险合同,是指原保险人基于自身利益考虑,将其承保的业务分保给再保险人而订立的保险合同。

4. 再保险合同的性质

关于再保险合同的性质,存在同种保险合同说、财产损失保险合同说、合

---

① 温世扬主编:《保险法》,法律出版社2003年版,第326~327页。

伙合同说、责任保险合同说几种观点,① 我国保险法当前通说为责任保险合同说。该说认为,再保险合同是以原保险合同中原保险人对原被保险人的补偿或给付责任为基础,并以填补这种责任为目的而与再保险人协商一致订立的合同。根据该说,再保险合同的标的不是原保险合同的保险标的,而是原保险人承担的损失补偿或给付责任。再保险合同的保险事故不是原保险合同标的毁损或灭失,而是原保险人对被保险人损失补偿或赔偿责任的发生,是保险合同约定的保险责任范围内的责任事故。该说是当前的通说。

(二)再保险合同的内容

1. 再保险合同的基本条款

在再保险实务中,不同类型的再保险合同有不同的规定,即使相同类型的再保险合同,其再保险合同条款也可能因各国保险监管机构对保险监管要求的不同而存在差异。大型再保险公司通常有一套完整的再保险合同标准文本,以适用于不同要求的再保险业务。但是,不管再保险公司和保险公司的要求如何,也无论再保险的方式有何不同,各种再保险合同均有一些基本条款。这些基本条款一般包括:

(1)再保险合同双方当事人的名称。原保险人和再保险人的名称、地址、联系方式等。

(2)再保险合同的期限,非比例再保险合同通常以1年为期限,而比例再保险通常是不定期的。

(3)再保险业务条款。该条款包括再保险方式、再保险业务的种类(水险、火险、货物运输险等)、区域范围(全球、本国或者本地区)。

(4)除外责任条款。该条款明确规定了再保险人不接受的危险和责任。

---

① 关于再保险合同的性质,还存在以下几种观点:一是同种保险合同说。该说认为,再保险合同继承原保险合同而来,是原保险合同的变形,其性质由原保险合同的性质决定。因此,同种保险合同说又称为继承说或原保险合同说。根据该说,原保险合同为人身保险合同的,再保险合同亦为人身保险合同;原保险合同为财产保险合同的,再保险合同亦为财产保险合同。二是财产损失保险合同说。该说认为,再保险合同的标的是原保险人对原保险合同标的所负担的责任,当原保险合同约定的保险事故发生,原保险人即对原保险合同标的承担给付或赔偿责任,再保险接受人则应填补原保险人所遭受的这种损害。故再保险合同与约定保险标的发生保险事故而遭受损失则由保险人承担赔偿责任的财产损失保险合同相同。三是合伙合同说。该说认为,再保险合同是原保险人与再保险人以分散风险、分担责任为目的而设立的一种合伙合同。

（5）共命运条款。该条款规定有关保险费的收取、赔款赔付、对受损标的物的施救、损余的收回、向第三人追偿、避免诉讼、提起诉讼等事项，授权由原保险人为维护共同利益作出决定，或者出面签订协议。

（6）错误与遗漏条款。该条款规定原保险人因过失造成错误、遗漏或者延迟，应立即通知再保险人，并及时纠正错误。

（7）再保险费条款。该条款详细规定了再保险费的计算方式和基础，以及再保险人需要支付给保险人的税款和其他费用。

（8）再保险手续费条款。该条款规定了再保险人向原保险人支付手续费以及计算手续费的方法。

（9）再保险赔付条款。该条款规定原保险人处理直接保险中被保险人的保险赔偿之后，应及时通知再保险人；如果发生巨额赔款，规定原保险人可以要求再保险人进行现金摊付。

（10）账务条款。该条款规定分保账务的编制、寄送以及账务结算事项。

（11）仲裁条款。该条规定提交仲裁的范围、仲裁的地点、仲裁机构、仲裁程序和仲裁的效力等事项。

（12）再保险合同终止条款。该条款规定了终止再保险合同的程序和方法。

2. 再保险合同当事人的权利义务

（1）原保险人的义务。一是交付再保险费的义务。再保险合同实际上是原保险人向再保险人投保而订立的保险合同，原保险人必须向再保险人支付一定的保险费，作为再保险人接受分保业务的对价。原保险人应当按照再保险合同约定的数额、时间、地点和方法向再保险人交纳保险费。二是告知义务。本条第2款规定，应再保险接受人的要求，再保险分出人应当将其自负责任及原保险的有关情况书面告知再保险接受人。本义务是投保人告知义务在再保险合同中的体现。原保险人在订立再保险合同时，在再保险人要求告知的情况下，应当将与原保险有关的情况告知再保险人。告知的内容主要包括原保险人的自负责任情况和与原保险有关的重要事项。如原保险人自负责任的比例、数额和限额，原保险合同的投保人、被保险人或者受益人的情况，原保险标的、保险价值、保险金额、保险费、保险期间、保险责任以及责任免除、保险金及其给付以及违约责任等。[①] 三是附随义务。再保险合同成立后，再保险业务的危险发

---

① 吴定富主编：《〈中华人民共和国保险法〉释义》，中国财政经济出版社2009年版，第73~74页。

生显著变化的，原保险人应当及时通知再保险人。原保险人在得知原保险合同约定的保险事故发生的，应当及时通知再保险人。这是风险增加通知义务、保险事故发生通知义务在再保险合同中的体现。

（2）再保险人的义务。一是给付保险金的义务。原保险人与再保险人签订再保险合同的目的在于在保险事故发生时，由再保险人向其给付赔偿金，以弥补其对原被保险人承担赔偿或者给付责任所造成的损失。因此，给付义务是再保险人承担的主要义务。二是给付佣金的义务。在比例再保险合同中，再保险人还必须向原保险人支付再保险佣金。再保险佣金分为分保佣金和盈余佣金。分保佣金又称为再保险手续费，是再保险人根据再保险费支付给原保险人的，作为基于双方共同利益处理相关直接保险业务的费用。盈余佣金又称为利润手续费，是再保险业务获得盈利时，再保险人支付给原保险人的一部分盈利，作为报酬。

此外，再保险人办理再保险业务时，还应承担一定的附随义务，其中最为主要的是保密义务、即再保险人对其接触、了解或者掌握的原保险人的业务或者财产的有关情况，应当承担保密义务。

▶ 适用指引

一、再保险合同纠纷通常会涉及司法管辖权的问题

因为再保险合同的双方当事人都是专业经营保险业务的保险公司和再保险公司，在订立再保险合同时往往会根据商业惯例约定仲裁条款。因此，一旦发生纠纷，首先就需要确定仲裁条款的效力以及人民法院的司法管辖权。

二、再保险合同纠纷一般会涉及准据法的选择

再保险具有一定的国际性，发生纠纷的再保险合同双方当事人有可能不在同一国家，因而，就必然涉及选择何种法律作为准据法的问题。

三、再保险合同纠纷当适用专属管辖

根据《民事诉讼法》第25条规定，因保险合同纠纷提起的诉讼，由被告

住所地或者保险标的物所在地人民法院管辖。再保险合同与原保险合同虽有不同，但本质上仍然属于保险合同，因而再保险合同纠纷在民事案由上被列为较保险合同纠纷低一个层级的纠纷类型。当事人基于再保险合同纠纷提起的诉讼，应当由被告住所地人民法院管辖。当然，再保险合同的标的物不能与原保险合同的标的物混为一谈，再保险合同所分担的是原保险人所承担的风险，故不能以原保险合同的标的物所在地确定再保险合同的管辖法院。

四、2009年《保险法》对再保险业务的经营政策作了重大调整

2002年修正的《保险法》第103条规定的"保险公司需要办理保险分出业务的，应当优先向中国境内的保险公司办理"和第104条规定的"保险监管理机构有权限制或者禁止保险公司向中国境外的保险公司办理再保险分出业务或者接受中国境外再保险分入业务"，在2009年修订的《保险法》中已被删除，这意味着长期以来的"境内优先分保"将不复存在。"境内优先分保"的做法已经执行多年，原中国保监会2005年颁布的《再保险业务管理规定》也明确要求：直接保险公司办理合约分保和临时分保的，应当优先向中国境内至少两家专业再保险公司发出要约。但这一做法随着中国加入世贸组织而受到广泛的质疑，境内优先分保的规定与入世承诺不符，因此，2009年修订的《保险法》删去了2002年修正的《保险法》第103条和第104条规定。在《保险法》和原保监会相关行业规定修改之前完成的再保险业务应当符合当时法律和法规的规定，在此之后的，则应当按照2009年修订后《保险法》的规定执行。

> 第二十九条　再保险接受人不得向原保险的投保人要求支付保险费。
>
> 原保险的被保险人或者受益人不得向再保险接受人提出赔偿或者给付保险金的请求。
>
> 再保险分出人不得以再保险接受人未履行再保险责任为由，拒绝履行或者迟延履行其原保险责任。

▶ 条文释义

一、本条主旨

本条是关于再保险合同与原保险合同关系的规定。

二、条文演变

再保险合同是原保险人与再保险人订立的以原保险人承担保险责任为保险事故的合同，其当事人是作为分保人或者投保人的原保险人与作为承保人的再保险人。原保险合同是原保险人与投保人订立的以被保险人遭受损失为保险事故的合同，其当事人是投保人与作为承保人的原保险人。再保险合同与原保险合同是相互独立的两个合同，其权利义务关系也是相互独立的。这也是合同相对性原则的体现。1995年《保险法》第29条规定："再保险接受人不得向原保险的投保人要求支付保险费。原保险的被保险人或者受益人，不得向再保险接受人提出赔偿或者给付保险金的请求。再保险分出人不得以再保险接受人未履行再保险责任为由，拒绝履行或者迟延履行其原保险责任。"该条以法律形式确立了再保险合同与原保险合同相互独立的原则，有利于减少争议和纠纷。2009年修订的《保险法》对此条内容未作修改，只是变更为第28条。2014年、2015年修正《保险法》时，未对本条作修改。

三、条文解读

再保险合同基于原保险合同的成立而存在,再保险合同一般不能脱离原保险合同独立存在,二者关系密切。首先,在原保险合同约定的保险事故发生时,保险人才向原保险合同的被保险人承担给付保险金的责任,其也才可以向再保险人请求给付保险金;其次,再保险合同所承保的责任,属于原保险合同所承保责任的一部分,原保险合同无效、解除或终止的,再保险合同也产生同样的效果;最后,再保险合同期间,当事人无约定的,应认定其存续期间与原保险合同相同,即于原保险责任开始时,为再保险责任期间开始之日,于原保险责任期间届满时,再保险责任期间亦应终止。①

尽管如此,再保险合同与原保险合同毕竟是两个相互独立的合同,再保险合同当事人的权利义务与原保险合同的权利义务原则也是相互独立的。

(一)再保险人不得向原保险的投保人要求支付保险费

再保险人基于再保险合同享有收取保险费的权利,其义务主体是作为再保险合同另一方当事人的原保险人。原保险的投保人是原保险合同的当事人,其所承担支付保险费的义务是基于原保险合同对原保险人承担的义务,与再保险人没有关系。因此,再保险人不得向原保险的投保人要求支付保险费。同理,原保险合同的保险人也不可以原保险的投保人没有及时支付保险费或者拒绝支付保险费为由,拒绝履行应该向再保险人承担的支付保险费义务。

(二)原保险的被保险人或者受益人不得向再保险人提出赔偿或者给付保险金的请求

原保险合同的保险事故发生后,原保险的被保险人或者受益人只能向原保险人请求赔偿或者给付保险金。原保险人向原被保险人、受益人赔偿或者给付保险金之后,才可以再保险合同被保险人的身份,请求再保险人给付保险金。因此,原保险的被保险人或者受益人不得向再保险人提出赔偿或者给付保险金的请求。当然,从国际再保险业务的发展来看,也可以约定当原保险人因破产、清算或其他原因不能履行保险合同责任的,原保险的被保险人或者受益人

---

① 梁宇贤:《保险法新论》,中国人民大学出版社2004年版,第166页。

可以直接向再保险人请求赔偿或者给付保险金。根据合同自由原则,该约定应该认为有效。

(三)原保险人不得以再保险人未履行再保险责任为由,拒绝履行或者迟延履行其原保险责任

在保险事故发生后,原保险人应当按照原保险合同的约定向原保险的被保险人或者受益人承担保险责任,给付保险金,这是原保险人根据原保险合同应当承担的义务。再保险人是否向原保险人履行保险责任,给付保险金,对原保险人应当承担的保险责任没有影响。因此,原保险人不得以再保险人未履行再保险责任为由,拒绝履行或者迟延履行其原保险责任。

▶ 适用指引

再保险人履行再保险责任,给付保险金之后,符合代位求偿权的行使条件时,是否可以行使代位求偿权

我国学者认为,再保险与保险具有相似原理,是原保险人在原保险合同的解除上将其所承保的风险和责任向其他保险人进行保险的行为。再保险公司同样以约定的份额承担责任,理应享有代位权。[1] 我们同意以上观点,即再保险人在承担保险责任后,符合本法第60条规定的,应当可以行使代位求偿权,这也是符合再保险合同的责任保险属性的。[2]

---

[1] 吴定富主编:《〈中华人民共和国保险法〉释义》,中国财政经济出版社2009年版,第75页。
[2] 在实践中,再保险人行使代位权十分困难,因此,一般由原保险人行使此项损害赔偿请求权,向第三者取得赔偿金后,再返回再保险人,由此所产生的管理和委托费用,由再保险人承担。吴定富主编:《〈中华人民共和国保险法〉释义》,中国财政经济出版社2009年版,第75页。

第三十条　采用保险人提供的格式条款订立的保险合同，保险人与投保人、被保险人或者受益人对合同条款有争议的，应当按照通常理解予以解释。对合同条款有两种以上解释的，人民法院或者仲裁机构应当作出有利于被保险人和受益人的解释。

关联规定

法律、行政法规、司法解释

1.《中华人民共和国民法典》

第四百九十六条　格式条款是当事人为了重复使用而预先拟定，并在订立合同时未与对方协商的条款。

采用格式条款订立合同的，提供格式条款的一方应当遵循公平原则确定当事人之间的权利和义务，并采取合理的方式提示对方注意免除或者减轻其责任等与对方有重大利害关系的条款，按照对方的要求，对该条款予以说明。提供格式条款的一方未履行提示或者说明义务，致使对方没有注意或者理解与其有重大利害关系的条款的，对方可以主张该条款不成为合同的内容。

第四百九十八条　对格式条款的理解发生争议的，应当按照通常理解予以解释。对格式条款有两种以上解释的，应当作出不利于提供格式条款一方的解释。格式条款和非格式条款不一致的，应当采用非格式条款。

2.《最高人民法院关于适用〈中华人民共和国保险法〉若干问题的解释（二）》

第十一条　保险合同订立时，保险人在投保单或者保险单等其他保险凭证上，对保险合同中免除保险人责任的条款，以足以引起投保人注意的文字、字体、符号或者其他明显标志作出提示的，人民法院应当认定其履行了保险法第十七条第二款规定的提示义务。

保险人对保险合同中有关免除保险人责任条款的概念、内容及其法律后果以书面或者口头形式向投保人作出常人能够理解的解释说明的，人民法院应当认定保险人履行了保险法第十七条第二款规定的明确说明义务。

第十四条 保险合同中记载的内容不一致的，按照下列规则认定：

（一）投保单与保险单或者其他保险凭证不一致的，以投保单为准。但不一致的情形系经保险人说明并经投保人同意的，以投保人签收的保险单或者其他保险凭证载明的内容为准；

（二）非格式条款与格式条款不一致的，以非格式条款为准；

（三）保险凭证记载的时间不同的，以形成时间在后的为准；

（四）保险凭证存在手写和打印两种方式的，以双方签字、盖章的手写部分的内容为准。

第十七条 保险人在其提供的保险合同格式条款中对非保险术语所作的解释符合专业意义，或者虽不符合专业意义，但有利于投保人、被保险人或者受益人的，人民法院应予认可。

▶ 条文释义

一、本条主旨

本条是关于对用保险人提供的格式条款订立的保险合同解释原则的规定。

二、条文演变

由于语言的多义性、表述上的有限性和非目的性，往往会导致对合同用语理解上的歧义，这就需要运用合同解释的方法明确其真实涵义。关于保险合同的解释方法，我国1995年颁布实施的《保险法》第30条规定了不利解释原则，即"对于保险合同的条款，保险人与投保人、被保险人或者受益人有争议时，人民法院或者仲裁机关应当作有利于被保险人和受益人的解释"。2002年修正的《保险法》将其变更为第31条，对其内容并未进行修改。

应予注意的是，不利解释规则存在的目的在于运用实质正义的价值目标平衡处于不平等地位的保险合同双方的权益，以实现双方权益的公平，因此，对于地位平等、基于自主意志确定保险合同的双方当事人而言，其签订的保险合同就没有适用不利解释原则的必要性。2009年修改前的《保险法》关于不利解释原则的规定过于笼统和原则化，仅从文义上进行分析，常易使人产生只要保险人与被保险人就保险合同条款发生争议，法官就可以作出不利于保险人的解释的认识，这与立法本意是不符的。

近年来，在保险业逐渐发展、成熟的过程中，人们的法律素质逐步提高，对于经济实力雄厚的大企业投保人，其在签订保险合同时与保险人处于平等地位，完全可以通过平等自愿协商拟定保险条款，对于这些特约条款自无适用不利解释原则的必要。再有，随着现代保险业的发展，保险中介服务逐渐成熟，一些保险经纪公司为适应顾客的需要，自拟保险单或者代表投保人与保险人进行协商，此时的保险合同就是非附和合同，因此，对这些保险合同的理解发生争议时，就不能绝对适用不利解释规则，否则将矫枉过正，损害保险人的合法利益，可能给保险公司造成巨大的经营风险。正因如此，2009年修订的《保险法》根据当时我国原《合同法》第41条的规定。对适用不利解释原则规定了适用条件，限定了适用的范围，不再简单按照《保险法》第31条的文义，即只要保险纠纷当事人就保险条款的理解产生争议就适用不利解释规则，而是依据当时原《合同法》第41条对保险条款适用不利解释规则设置必要的前提条件，即在对保险条款按照通常解释产生两种以上合理解释时，才适用不利解释规则，从而保证了法律适用的准确性。

较之2002年修正的《保险法》，2009年修订的《保险法》在以下两点存在不同：第一，将适用本条规定解释原则的合同条款，限定为采用保险人提供的格式条款订立的保险合同中的格式条款，换言之，对于当事人经过充分协商拟定的条款不适用于本条规定；第二，适用不利解释原则的前提是适用通常解释原则仍对合同条款有两种以上解释的情形。此外，条文序号修改为第30条。

2014年、2015年《保险法》修正时未对本条进行修改。

三、条文解读

（一）适用范围

在保险法起草过程中，有观点认为，不利解释原则是为了适应保险合同格式化的趋势而形成的合同条款解释原则，其目的在于平衡保险合同起草者与保险合同接受者之间的利益，因此，不利解释原则应该只适用于格式条款，对于非格式条款、尤其是投保人自身参与订立或者提供格式的保险合同中，不应适用不利解释原则。经讨论，《保险法》将本条合同解释方法的适用范围限定为采用保险人提供的格式条款订立的保险合同,详言之,原则上,本条不适用于非采用保险人提供的格式条款订立的保险合同的条款解释,也无须适用当事人通过自主协商报定的特约条款的解释。

(二)解释的对象

所谓合同解释,是指运用各种解释规则和方法确定合同条款的真意,以探究当事人的效果意思,消除纷争的方式。[①] 在保险合同条款用语明确、清晰、内容完备、权利义务约定明确,当事人之间不存在理解上的歧义时,无须适用合同解释方法予以解释。根据本条规定,在保险人与投保人、被保险人或者受益人对合同条款确有疑义时,应当适用本条所规定的解释方法。本条规定解释方法的解释对象为确有疑义的合同条款。应考虑当事人是否"诚信地对其含义产生歧义"。[②] 值得注意的是,该疑义合同条款应为有效条款。如条款无效,则无解释的必要。

(三)解释主体

本条规定,对合同条款有两种以上解释的,人民法院或者仲裁机构应当作出有利于被保险人和受益人的解释。由此可见,人民法院或者仲裁机关有权根据不利解释原则对争议保险条款进行解释。那么,其他主体能否运用本条规定的方法进行解释呢?有观点认为,既然本条规定人民法院或者仲裁机关应依据本条规定的方法进行解释,故解释主体只能是人民法院或者仲裁机关。反对观点认为,在当事人的争议诉至法院或者申请仲裁的情形下,上述机构当然可以适用不利解释原则进行解释。但在未诉至法院或者申请仲裁的情形下,当事人之间或者其他调解组织也可依据本条规定进行不利解释。应当说,不利解释原则是对格式条款(包括保险合同格式条款)的特殊解释原则,在发生争议时,各主体都有权运用该解释原则进行解释,仅将解释主体限定为人民法院或者仲裁机关似不够妥当。

(四)关于通常解释方法的运用

根据本条规定,在出现争议时,应先按照通常理解予以解释。《民法典》

---

① 李国光主编:《合同法解释与适用(上)》,新华出版社1999年版,第518页。
② 江朝国:《保险法基础理论》,中国政法大学出版社2002年版,第40页。

第498条对格式条款的解释方法进行了规定，即"对格式条款的理解发生争议的，应当按照通常理解予以解释。对格式条款有两种以上解释的，应当作出不利于提供格式条款一方的解释。格式条款和非格式条款不一致的，应当采用非格式条款"。所谓"按照通常理解予以解释"又称为通常解释、客观解释方法，是指依据具有一般知识能力的正常人的理解进行的解释。

《民法典》第466条规定："当事人对合同条款的理解有争议的，应当依据本法第一百四十二条第一款的规定，确定争议条款的含义。合同文本采用两种以上文字订立并约定具有同等效力的，对各文本使用的词句推定具有相同含义。各文本使用的词句不一致的，应当根据合同的相关条款、性质、目的以及诚信原则等予以解释。"由此可见，该条规定了文义解释、整体解释、目的解释、习惯解释和诚信解释的解释方法。

所谓文义解释，是指按照合同使用的词句的文义确定该条款的真实意思。应予注意的是，在司法实践中，适用文义解释原则时，关于合同词句的文义，一般应按照通常理解进行解释，但如果其在法律或者特殊领域有特殊含义的，则应视其情况按照特殊含义进行解释。对于保险合同中的专业术语的专门含义已被明确表述的，且保险人已履行说明义务时，应依其文义进行解释。

所谓整体解释，又称为体系解释，是指将合同争议的条款或者词句视为合同的一个有机组成部分，放在整个合同体系中来加以理解和解释，从而合理地、正确地确定当事人的真实意思。此外，也有观点认为，整体解释不限于将合同的全部词句、条款进行体系结合，还包括将与含有争议内容的合同和与该合同有关的其他合同、会谈纪要、信函、电报、传真及电子邮件等文件进行整体解释，以确定争议文义或者条款的真实含义。

所谓目的解释，是指根据订立保险合同时双方当事人的真实意图或目的进行解释。在司法实务中，目的解释一般适用于以下几种情形：第一，在合同文义或者条款可以有两种以上解释时，应当采用最符合合同目的的解释。第二，在合同内容不明时，根据合同目的予以填补。第三，在合同文字的表述不符合合同目的时，根据合同目的予以纠正。第四，在采用两种以上文字订立并约定具有同等效力、各文本使用的词句不一致的情形下，应当根据合同目的予以解释（当事人约定以某个文本为准的情形除外）。

另外，一般认为，如果有两种解释时，一种解释使合同无效，另一种解释使合同有效的，则应采纳使合同有效的解释。原因在于使合同有效的解释，才符合双方当事人的目的。

所谓习惯解释，指合同所使用的文字词句有疑义时，应参照交易习惯进行解释。

所谓诚信解释，是指解释合同应遵循诚信的原则。

（五）关于不利解释原则的运用

不利解释原则，又称疑义利益解释原则，是指当事人对格式条款发生争议时，应作出不利于提供格式条款一方的解释。对于保险合同而言，不利解释是指当事人对格式条款发生争议时，应作出不利于保险人、有利于被保险人和受益人的解释。

不利解释原则的存在有其法理基础。与一般合同相比，保险合同具有自身的特性，其典型地体现为基于社会化大生产情形下保险人的强势地位，保险合同条款大多由保险人事先拟定，投保人只能决定接受或者不接受，造成了实质上的非平等性、非自愿性和非协商性。正因为此，格式保险合同条款多存在权利失衡、不公平性的问题。此外，由于保险行业的专业性特征，保险合同条款也多由专业人士拟定，诸多保险专业术语晦涩难懂，对于涉及专业性和技术性问题的条款普通投保人很难准确理解，难以对合同条款达成真正的合意。为实现实质公正，在合同法领域，意思自治被相对弱化，法官开始运用社会理念、公平的价值目标对当事人的真实意思进行探究，对格式合同条款予以衡平，注意区分具体交易环境中当事人财力、信息等方面的差别，重视弱势群体利益的保护。在保险合同法律关系中，为维护处于弱者地位的投保人、被保险人与受益人的合法权益，客观上要求人民法院或仲裁机关在当事人之间出现争议时作出对格式合同的制定方不利的解释。

由于2002年修正的《保险法》对保险合同条款的解释方法只规定了不利解释原则。因此，在司法实务中。只要出现条款争议就适用不利解释原则，使该方法被扩大化，甚至被滥用。因此，在2009年修订《保险法》过程中，倾向观点认为，应对不利解释原则的适用条件进行明确限定。

通说认为，不利解释原则应为第二位合同解释方法，即只有在"通常解释"无法解决争议的情况下，才可以将不利解释规则作为一种辅助手段进行解释。《北京市高级人民法院关于审理保险纠纷案件若干问题的指导意见（试行）》第17条即规定，保险人自行制定的保险合同条款，具有格式条款的性质，在保险合同当事人对条款内容发生争议且已穷尽其他解释原则的情况下，对保险人应当适用不利解释原则。

此外，还应指出的是，《民法典》第498条关于格式合同的不利解释原则是格式条款的特殊解释规则，本条的不利解释原则也是对保险合同的特殊解释原则，其均属于强制性法律规定，不允许当事人以约定排除其适用。因此，保险人在保险合同中所谓保留最终解释权的规定，因违反强制性规定，应认定无效。

（六）不利解释的受益主体

本条规定，对合同条款有两种以上解释的，人民法院或者仲裁机构应当作出有利于被保险人和受益人的解释。因此，不利解释的受益主体为被保险人和受益人。

▶ 适用指引

关于对保险合同中使用的非保险术语应如何解释。《保险法解释（二）》第17条规定：保险人在其提供的保险合同格式条款中对非保险术语所作的解释符合专业意义，或者虽不符合专业意义，但有利于投保人、被保险人或者受益人的，人民法院应予认可。

一、保险人在其提供的保险合同格式条款中对非保险术语所作的解释应具有确定性，如有歧义且产生了两种以上合理解释，适用不利解释原则

本条司法解释表述的"保险人在其提供的保险合同格式条款中对非保险术语所作的解释符合专业意义"，是指对非保险术语作出了内涵明确、在专业上不存在歧义的解释。如果对非保险术语作了解释但解释后仍然内涵不明确且引发了两种以上的合理解释，则其解释效果类似于未作出解释，这种情形应当适用不利解释原则。

二、保险合同对保险人提供的格式条款中使用的非保险术语未作出解释的，适用不利解释原则

如前所述，根据本条司法解释的规定，保险人在其提供的保险合同格式条

款中对非保险术语所作的解释符合专业意义的,人民法院应当予以认可。进而理解,人民法院应当予以认可非保险术语的专业意义的前提,是保险人在其提供的保险合同格式条款中对非保险术语作了解释且该解释符合专业意义。因此,如果保险合同对保险人提供的格式条款中使用的非保险术语未作出解释,则不应当直接认可该术语的专业意义,亦即应当适用不利解释原则,这亦是从本条司法解释规定中可以得出的符合逻辑的结论。此外,上述结论具有充足的法理依据。因为保险合同对非保险术语未作出解释的,投保人难以理解其专业含义,对于某些既是专业术语又在日常生活中被广泛使用的词汇,投保依据日常生活经验对该术语所作的理解往往与专业含义大相径庭,例如,"暴风""暴雨"等。对于不具有气象学专业知识的普通公众而言,"暴风"的概念就是"特别大的风","暴雨"的概念就是"降水量非常大的雨"。这一通行认知使投保人对于保险合同的保障功能可以抱有如下利益期待,即因"特别大的风"或"降水量非常大的雨"所造成的保险标的的损失,保险人将给予赔偿。投保人依据其对术语的上述理解及抱有的上述期待签订了保险合同,亦即投保人将其对该术语的理解纳入了其决定是否缔约的考虑因素范围。在这样的情况下,由于保险人未就非保险术语作出专业解释,则当投保人的理解符合了非专业的普通公众的通常理解时,应当适用不利解释规则,以保护投保人的合理信赖,维护保险合同的实质公平。

三、对于保险术语,适用不利解释原则

根据本条司法解释的规定,人民法院应当径行避开不利解释原则的适用而直接认可术语之专业意义的情形,限于"保险人在其提供的保险合同格式条款中对非保险术语所作的解释符合专业意义"。进一步思考,这其中包含着三项条件:(1)须为非保险术语;(2)须对非保险术语作了解释;(3)所作的解释须符合专业意义。上述三项条件须同时满足,缺一不可。反过来理解,可以得出结论:保险术语在解释规则方面与普通词语并无区别,无论保险人是否在保险格式条款中就保险术语的含义作出了解释,均适用不利解释原则。但这并不意味着适用不利解释原则得出的结论一定对保险人不利,因为适用不利解释原则前应当先寻求对该术语的通常理解;亦不意味着保险人预先在保险格式条款中就保险术语的含义作出解释的努力没有价值,因为在寻求对该术语的通常理解时,保险人是否就保险术语的含义在条款中进行了清晰通俗易懂的解释,有

时也是辅助判断因素之一。

四、关于法律术语的特殊解释规则

法律术语的解释有其特殊性,一般应依相关法律的界定为准解释,但该法律术语在理论或实践中存在合理争议时,如果保险格式条款未就该法律术语作确定性解释,则应适用不利解释原则。当双方对保险条款中的法律术语有不同理解时,应当考察相关法律对争议用语是否已有界定。需要强调的是,这时所指的法律一定是与保险条款"相关"的法律,能够在相同的语境下理解。如果相关法律已有明确界定,应当以法律的界定为准。

▶ 指导案例

指导案例52号:海南丰海粮油工业有限公司与中国人民财产保险股份有限公司海南省分公司海上货物运输保险合同纠纷案

(最高人民法院审判委员会讨论通过 2015年4月15日发布)

关键词:海上货物运输 保险合同 一切险 外来原因

裁判要点:海上货物运输保险合同中的"一切险",除包括平安险和水渍险的各项责任外,还包括被保险货物在运输途中由于外来原因所致的全部或部分损失。在被保险人不存在故意或者过失的情况下,由于相关保险合同中除外责任条款所列明情形之外的其他原因,造成被保险货物损失的,可以认定属于导致被保险货物损失的"外来原因",保险人应当承担运输途中由该外来原因所致的一切损失。

相关法条:

《中华人民共和国保险法》第三十条

基本案情:1995年11月28日,海南丰海粮油工业有限公司(以下简称丰海公司)在中国人民财产保险股份有限公司海南省分公司(以下简称海南人保)投保了由印度尼西亚籍"哈卡"轮(HAGAAG)所运载的自印度尼西亚杜迈港至中国洋浦港的4999.85吨桶装棕榈油,投保险别为一切险,货价为3 574 892.75美元,保险金额为3 951 258美元,保险费为18 966美元。投保后,丰海公司依约向海南人保支付了保险费,海南人保向丰海公司发出了起运通知，签发了海洋货物运输保险单，并将海洋货物运输保险条款附于保单之后。根据保险条款规定，一切险的承保范围除包括平安险和水渍险的各项责任外，海南人保还"负责被保险货物在运输途中由于外来原因所致的全部或部分损失"。该条款还规定了5项除外责任。上述投保货物是由丰海公司以CNF价格向新加坡丰益私人有限公司（以下简称丰益公司）购买的。根据买卖合同约定，发货人丰益公司与船东代理梁国际代理有限公司（以下简称梁国际）签订一份租约。该租约约定由"哈卡"轮将丰海公司投保的货物5000吨棕榈油运至中国洋浦港，将另1000吨棕榈油运往香港。

1995年11月29日，"哈卡"轮的期租船人、该批货物的实际承运人印度尼西亚PT.SAMUDERA INDRA公司（以下简称PSI公司）签发了编号为DM/YPU/1490/95的已装船提单。该提单载明船舶为"哈卡"轮，装货港为印度尼西亚杜迈港，卸货港为中国洋浦港，货物唛头为BATCH NO.80211/95，装货数量为4999.85吨，清洁、运费已付。据查，发货人丰益公司将运费支付给梁国际，梁国际已将运费支付给PSI公司。1995年12月14日，丰海公司向其开证银行付款赎单，取得了上述投保货物的全套（3份）正本提单。1995年11月23日至29日，"哈卡"轮在杜迈港装载31 623桶、净重5999.82吨四海牌棕榈油启航后，由于"哈卡"轮船东印度尼西亚PT.PERUSAHAAN PELAYARAN BAHTERA BINTANG SELATAN公司（以下简称BBS公司）与该轮的期租船人PSI公司之间因船舶租金发生纠纷，"哈卡"轮中止了提单约定的航程并对外封锁了该轮的动态情况。

为避免投保货物的损失，丰益公司、丰海公司、海南人保多次派代表参加"哈卡"轮船东与期租船人之间的协商，但由于船东以未收到租金为由不肯透露"哈卡"轮行踪，多方会谈未果。此后，丰益公司、丰海公司通过多种渠道交涉并多方查找"哈卡"轮行踪，海南人保亦通过其驻外机构协助查找"哈卡"轮。直至1996年4月，"哈卡"轮走私至中国汕尾被我国海警查获。根据广州市人民检察院穗检刑免字（1996）64号《免予起诉决定书》的认定，1996年1月至3月，"哈卡"轮船长埃里斯·伦巴克根据BBS公司指令，指挥船员将其中11 325桶、2100多吨棕榈油转载到属同一船公司的"依瓦那"和"萨拉哈"货船上运走销售，又让船员将船名"哈卡"轮涂改为"伊莉莎2"号（ELIZA II）。1996年4月，更改为"伊莉莎2"号的货船载剩余货物20 298桶棕榈油走私至中国汕尾，4月16日被我国海警查获。上述20 298桶棕榈油已被广东省检察机关作为走私货物没收上缴国库。1996年6月6日丰海公司向海南人保递交索赔报告书，8月20日丰海公司再次向海南人保提出书面索赔申请，海南人保明确表示拒赔。丰海公司遂诉至海口海事法院。

丰海公司是海南丰源贸易发展有限公司和新加坡海源国际有限公司于1995年8月14日开办的中外合资经营企业。该公司成立后，就与海南人保建立了业务关系。1995年10月1日至同年11月28日（本案保险单签发前）就发生了4笔进口棕榈油保险业务，其中3笔投保的险别为一切险，另1笔为"一切险附加战争险"。该4笔保险均发生索赔，其中有因为一切险范围内的货物短少、破漏发生的赔付。

裁判结果：海口海事法院于1996年12月25日作出（1996）海商初字第096号民事判决：一、海南人保应赔偿丰海公司保险价值损失3 593 858.75美元；二、驳回丰海公司的其他诉讼请求。宣判后，海南人保提出上诉。海南省高级人民法院于1997年10月27日作出（1997）琼经终字第44号民事判决：撤销一审判决，驳回丰海公司的诉讼请求。丰海公司向最高人民法院申请再审。最高人民法院于2003年8月11日以（2003）民四监字第35号民事裁定，决定对本案进行提审，并于2004年7月13日作出（2003）民四提字第5号民事判决：一、撤销海南省高级人民法院（1997）琼经终字第44号民事判决；二、维持海口海事法院（1996）海商初字第096号民事判决。

裁判理由：最高人民法院认为：本案为国际海上货物运输保险合同纠纷，被保险人、保险货物的目的港等均在中华人民共和国境内，原审以中华人民共和国法律作为解决本案纠纷的准据法正确，双方当事人亦无异议。

丰海公司与海南人保之间订立的保险合同合法有效，双方的权利义务应受保险单及所附保险条款的约束。本案保险标的已经发生实际全损，对此发货人丰益公司没有过错，亦无证据证明被保险人丰海公司存在故意或过失。保险标的的损失是由于"哈卡"轮船东BBS公司与期租船人之间的租金纠纷，将船载货物运走销售和走私行为造成的。本案争议的焦点在于如何理解涉案保险条款中一切险的责任范围。

二审审理中，海南省高级人民法院认为，根据保险单所附的保险条款和保险行业惯例，一切险的责任范围包括平安险、水渍险和普通附加险（即偷窃提货不着险、淡水雨淋险、短量险、沾污险、渗漏险、碰损破碎险、串味险、受潮受热险、钩损险、包装破损险和锈损险），《中国人民银行关于〈海洋运输货物保险"一切险"条款解释的请示〉的复函》亦作了相同的明确规定。可见,丰海公司投保货物的损失不属于一切险的责任范围。此外,鉴于海南人保与丰海公司有长期的保险业务关系,在本案纠纷发生前,双方曾多次签订保险合同,并且海南人保还作过一切险范围内的赔付,所以丰海公司对本案保险合同的主要内容、免责条款及一切险的责任范围应该是清楚的,故认定一审判决适用法律错误。

根据涉案"海洋运输货物保险条款"的规定,一切险除了包括平安险、水渍险的各项责任外,还负责被保险货物在运输过程中由于各种外来原因所造成的损失。同时保险条款中还明确列明了五种除外责任:(1)被保险人的故意行为或过失所造成的损失;(2)属于发货人责任所引起的损失;(3)在保险责任开始前,被保险货物已存在的品质不良或数量短差所造成的损失;(4)被保险货物的自然损耗、本质缺陷、特性以及市价跌落、运输迟延所引起的损失;(5)本公司海洋运输货物战争险条款和货物运输罢工险条款规定的责任范围和除外责任。从上述保险条款的规定看,海洋运输货物保险条款中的一切险条款具有如下特点:(1)一切险并非列明风险,而是非列明风险。在海洋运输货物保险条款中,平安险、水渍险为列明的风险,而一切险则为平安险、水渍险再加上未列明的运输途中由于外来原因造成的保险标的的损失。(2)保险标的的损失必须是外来原因造成的。被保险人在向保险人要求保险赔偿时,必须证明保险标的的损失是因为运输途中外来原因引起的。外来原因可以是自然原因,亦可以是人为的意外事故。但是一切险承保的风险具有不确定性,要求是不能确定的、意外的、无法列举的承保风险。对于那些预期的、确定的、正常的危险,则不属于外来原因的责任范围。(3)外来原因应当限于运输途中发生的,排除了运输发生以前和运输结束后发生的事故。只要被保险人证明损失并非因其自身原因,而是由于运输途中的意外事故造成的,保险人就应当承担保险赔偿责任。

根据保险法的规定,保险合同中规定有关于保险人责任免除条款的,保险人在订立合同时应当向投保人明确说明,未明确说明的,该条款仍然不能产生效力。据此,保险条款中列明的除外责任虽然不在保险人赔偿之列,但是应当以签订保险合同时,保险人已将除外责任条款明确告知被保险人为前提。否则,该除外责任条款不能约束被保险人。

关于中国人民银行的复函意见。在保监委成立之前,中国人民银行系保险行业的行政主管机关。1997年5月1日，中国人民银行致中国人民保险公司《关于〈海洋运输货物保险"一切险"条款解释的请示〉的复函》中，认为一切险承保的范围是平安险、水渍险及被保险货物在运输途中由于外来原因所致的全部或部分损失。并且进一步提出：外来原因仅指偷窃、提货不着、淡水雨淋等。1998年11月27日，中国人民银行在对《中保财产保险有限公司关于海洋运输货物保险条款解释》的复函中，再次明确一切险的责任范围包括平安险、水渍险及被保险货物在运输途中由于外来原因所致的全部或部分损失。其中外来原因所致的全部或部分损失是指11种一般附加险。鉴于中国人民银行的上述复函不是法律法规，亦不属于行政规章。根据《中华人民共和国立法法》的规定，国务院各部、委员会、中国人民银行、审计署以及具有行政管理职能的直属机构，可以根据法律和国务院的行政法规、决定、命令，在本部门的权限范围内，制定规章；部门规章规定的事项应当属于执行法律或者国务院的行政法规、决定、命令的事项。因此，保险条款亦不在职能部门有权制定的规章范围之内，故中国人民银行对保险条款的解释不能作为约束被保险人的依据。另外，中国人民银行关于一切险的复函属于对保险合同条款的解释。而对于平等主体之间签订的保险合同，依法只有人民法院和仲裁机构才有权作出约束当事人的解释。为此，上述复函不能约束被保险人。要使该复函所作解释成为约束被保险人的合同条款，只能是将其作为保险合同的内容附在保险单中。之所以产生中国人民保险公司向主管机关请示一切险的责任范围，主管机关对此作出答复，恰恰说明对于一切险的理解存在争议。而依据保险法第三十一条的规定，对于保险合同的条款，保险人与投保人、被保险人或者受益人有争议时，人民法院或者仲裁机关应当作有利于被保险人和受益人的解释。作为行业主管机关作出对本行业有利的解释，不能适用于非本行业的合同当事人。

综上，应认定本案保险事故属一切险的责任范围。二审法院认为丰海公司投保货物的损失不属一切险的责任范围错误，应予纠正。丰海公司的再审申请理由依据充分，应予支持。

第二节　人身保险合同

> 第三十一条　投保人对下列人员具有保险利益：
> （一）本人；
> （二）配偶、子女、父母；
> （三）前项以外与投保人有抚养、赡养或者扶养关系的家庭其他成员、近亲属；
> （四）与投保人有劳动关系的劳动者。
> 除前款规定外，被保险人同意投保人为其订立合同的，视为投保人对被保险人具有保险利益。
> 订立合同时，投保人对被保险人不具有保险利益的，合同无效。

▶ **关联规定**

法律、行政法规、司法解释

《最高人民法院关于〈中华人民共和国保险法〉若干问题的解释（三）》

第九条　投保人指定受益人未经被保险人同意的，人民法院应认定指定行为无效。

当事人对保险合同约定的受益人存在争议，除投保人、被保险人在保险合同之外另有约定外，按以下情形分别处理：

（一）受益人约定为"法定"或者"法定继承人"的，以民法典规定的法定继承人为受益人；

（二）受益人仅约定为身份关系，投保人与被保险人为同一主体的，根据保险事故发生时与被保险人的身份关系确定受益人；投保人与被保险人为不同主体的，根据保险合同成立时与被保险人的身份关系确定受益人；

（三）约定的受益人包括姓名和身份关系，保险事故发生时身份关系发生变化的,认定为未指定受益人。

▶ 条文释义

一、本条主旨

本条是关于人身保险的保险利益的规定。

二、条文演变

保险利益,是指投保人或者被保险人对保险标的具有的法律上承认的利益。人身保险的保险利益,是指投保人对于被保险人的生命或身体所具有的利害关系。[①]

一般认为,人身保险的保险利益原则具有两个功能:一是为防止赌博行为。所谓赌博,是指单凭偶然事件,以决输赢而图不正当利益的行为。[②] 保险与赌博的最根本区别在于保险合同中的当事人和关系人对保险标的具有保险利益。如果不规定保险利益原则,就意味着投保人可以任意以他人的人身作为保险标的进行投保,并基于保险事故的发生获得不当得利,使保险成为纯粹的赌博行为。二是为防止道德风险。所谓道德风险,是指投保人、被保险人或受益人为领取保险金而故意制造或扩大保险事故的潜在风险。如果不规定保险利益原则,投保人不因保险事故的发生遭受损害,而仍然可以获得保险赔偿,则一些投保人就可能为了谋取不法利益,人为制造保险事故,甚至谋害他人生命。保险利益原则的产生,直接目的在于防止赌博行为。随着保险业的发展,防止道德危险也成为保险利益原则的另一个重要目的。这也是我国人身保险利益原则的出发点。

我国最早关于保险利益原则的立法见于1983年原《财产保险合同条例》第3条,但该条仅限于财产保险。人身保险的保险利益原则则最早规定于1995年《保险法》。该法第52条规定:"投保人对下列人员具有保险利益:(一)本人;(二)配偶、子女、父母;(三)前项以外与投保人有抚养、赡养

[①] 温世扬主编:《保险法》,法律出版社2003年版,第37页。
[②] 梁宇贤:《保险法新论》,我国台湾地区瑞兴图书股份有限公司2007年版,第83页。

或者扶养关系的家庭其他成员、近亲属。除前款规定外，被保险人同意投保人为其订立合同的，视为投保人对被保险人具有保险利益。"该规定确立了我国人身保险利益的立法原则——利益、同意兼顾原则，即判断人身保险的保险利益是否存在，或者以投保人与被保险人相互间是否存在金钱或其他利害关系为判断标准，或者以投保人是否已经取得被保险人的同意为判断标准。2002 年修正的《保险法》将本条由第 52 条变更为第 53 条，具体内容没有任何变化。

保险实践中，用人单位为劳动者投保通常是以团体保险形式出现，需要征得每位劳动者的同意，操作上较为烦琐，很大程度上阻碍了用人单位为劳动者投保的意愿。且实务中普遍存在没有经过劳动者同意的团体保险，若简单否定其合法效力，则不利于劳动者利益的保护。因此，2009 年《保险法》修订时，增加规定了第 1 款第 4 项，认可投保人对与其有劳动关系的劳动者存在保险利益。同时，鉴于《保险法》第 12 条对人身保险的保险利益对合同效力的影响没有规定，本条第 3 款增加规定："订立合同时，投保人对被保险人不具有保险利益的，合同无效。"此外，条文序号修改为第 31 条。2014 年、2015 年《保险法》修正时，未对本条作修改。

三、条文解读

（一）人身保险利益的分类

根据本条规定，人身保险的投保人，对下列人员具有保险利益。

1. 本人

投保人对自己的寿命和身体具有最大的利害关系，当然具有保险利益。而且，投保人对自己的寿命和身体的保险利益是一种无限的利益，不能用金钱进行衡量。

2. 配偶、子女、父母

配偶、子女、父母与投保人具有亲属、血缘以及经济上的利害关系，是投保人的直系亲属，相互之间具有保险利益。配偶，是指与投保人具有合法婚姻关系的另一方，夫妻互为配偶。投保人的子女包括投保人的婚生子女、非婚生子女、养子女和有抚养关系的继子女。父母包括生父母、养父母和有赡养关系的继父母。①

3. 与投保人有抚养、赡养或者扶养关系的家庭其他成员、近亲属

根据本条规定，家庭成员、近亲属之间存在抚养、赡养或者扶养关系的，相互具有保险利益。家庭其他成员、近亲属主要包括投保人的祖父母、外祖父母、孙子女以及外孙子女等直系血亲；投保人的亲兄弟姐妹、养兄弟姐妹、有扶养关系的继兄弟姐妹等旁系血亲。投保人对家庭其他成员、近亲属有保险利益必须以投保人与家庭其他成员、近亲属之间存在抚养关系、赡养关系或者扶养关系为前提。抚养是指长辈对晚辈生活来源的供给；赡养是晚辈对长辈生活来源的供给；扶养是同辈人之间对生活来源的供给。

4. 与投保人有劳动关系的劳动者

本条所称的劳动关系，是《劳动合同法》调整的劳动关系，即中华人民共和国境内的企业、个体经济组织、民办非企业单位等组织与劳动者通过劳动合同建立的劳动关系。

5. 同意人为其投保的被保险人

该内容是同意原则的体现，不论投保人与被保险人相互间有无利害关系，只要被保险人同意。投保人即有保险利益。该同意可以是书面同意，也可以是其他形式的同意。

（二）保险利益的存在主体与时间

从保险利益原则的功能来看，只有投保人在订立合同时具有保险利益才能防止赌博的产生，但由于投保人不是受益人，其没有实施道德风险的动机，因此并没有必要要求其在保险事故发生时有保险利益。而且，实践中，人身保险合同周期较长，如果以投保人事后没有保险利益为由否定合同效力，则不利于被保险人或者受益人的保护。被保险人是保险承保的对象，原则上在整个合同存续期间都有保险利益，这也是被保险人概念的应有之义。② 至于受益人，尽管其存在实施道德风险的动机，但由于其是由投保人与被保险人指定的，一般来说应认为该道德风险可以得到一定的减少。此外，各国立法都规定，受益人

---

① 吴定富主编：《〈中华人民共和国保险法〉释义》，中国财政经济出版社2009年版，第85页。
② 有观点认为，对人身保险合同而言，被保险人对自己的生命、身体所具有的利益是其固有的、事实上的利益，无须法律的规制，不是保险法上所称的保险利益。

故意制造保险事故的，则丧失受益权，该项规定已经可以防范受益人的道德风险。从这个角度来看，没有必要单独规定受益人必须具有保险利益。从立法来看，我国采纳的是投保人在合同订立时有保险利益即可的观点。

（三）违反保险利益原则的后果

关于违反保险利益原则的后果，原有各国立法一般都规定，欠缺保险利益的合同无效，其理由在于，从保险利益原则的演变来看，要求保险合同具备保险利益是公共政策的要求；保险合同不具备保险利益违反了公共政策的要求，应属无效。但从当今世界立法来看，这种当然无效主义的立法模式已经逐渐缓和，欠缺保险利益的保险合同并不当然无效。修订后的《保险法》也顺应了该种发展趋势，对欠缺保险利益的合同当然无效的原则有所缓和，但也仅适用于财产保险，即在财产保险合同中，被保险人在保险事故发生时不具有保险利益的，被保险人不得请求赔偿保险金。但对于人身保险合同，仍然坚持合同当然无效的原则，投保人在订立保险合同时不具有保险利益的，合同无效。

▶ 适用指引

一、投保人在保险合同成立后对被保险人丧失保险利益的，保险合同是否无效？

根据本条规定，在人身保险合同中，投保人对被保险人具有保险利益必须以投保人与被保险人之间具有特定的利益关系、血缘关系为基础，或者必须征得被保险人的同意。由于人身保险合同的存续期间都比较长，在其存续期间内，投保人与被保险人之间的利益关系或者血缘关系很可能会发生变化，例如，夫妻离婚、用人单位与劳动者解除劳动关系等，被保险人也可能在保险合同成立后不愿意投保人为其订立人身保险合同，投保人对被保险人的保险利益原则上也随之消失。在此情况下，保险合同是否因之失其效力？

2002年修正的《保险法》第12条第2款规定，投保人对保险标的不具有保险利益的，保险合同无效。根据该规定，不管是在人身保险还是在财产保险中，投保人在整个保险合同期间都必须存在保险利益，否则保险合同无效。因此，投保人如果在订立保险合同后丧失对被保险人的保险利益，则保险合同应归于无效。但根据 2009 年修订后的《保险法》，人身保险合同中，投保人只要在合同订立时存在保险利益即可，合同成立后投保人丧失保险利益的，原则上不应影响保险合同的效力。这也是符合人身保险合同的特点的。正如学者所言，人身保险，尤其是人寿保险，具有储蓄及投资的性质，到期后所受领的保险金额为其自己所支付保险费及利息的累积款，或甚至少于此种累计额。投保人本于善意，为被保险人投保人寿保险，其后，纵因人事变迁，致投保人对被保险人失去保险利益，而不影响其合同所享有的权益，否则，多年的储蓄及投资，并因其自己之过失而落空，不但对投保人显失公平，且有违保险之目的。[1] 也就是说，在人身保险合同中，投保人在保险合同成立后丧失保险利益的，保险合同仍然继续有效。

二、保险合同的受让人和继承人是否需要具有保险利益？

在为他人利益的人身保险合同中，投保人是否可以将保险合同转让给不具有保险利益的受让人？从理论上看，人身保险，尤其是人寿保险具有投资和储蓄的性质，人身保险的保单具有现金价值，为了实现投资利润的最大化，应该允许保单的自由流动。但从另一方面看，如果允许投保人将保险合同转让给没有保险利益的受让人，则当事人很容易通过保险合同的转让来规避保险利益原则。

从我国现有规定来看，《保险法》第 34 条第 2 款规定，按照以死亡为给付保险金条件的合同所签发的保险单，未经被保险人书面同意，不得转让或者质押。但对于并非以死亡为给付保险金条件的保险单，其转让是否需要被保险人同意，或者受让人必须具有保险利益，没有明确规定。人寿保险具有投资和储蓄性质，从鼓励投资的角度来看，应该允许保单自由转让。而且，尽管允许保单自由转让可能会给当事人逃避法律关于保险利益的规定创造机会，但由于《保险法》第 41 条第 3 款规定，投保人变更受益人时须经被保险人同意，因此，保单受让人并不能任意变更受益人。从这个角度来看，允许投保人将保单转让给不具有保险利益的受让人，并不会增加道德危险。

综上，由于《保险法》已经通过比较完善的制度对保险合同转让中可能导致的道德风险进行了防范，在符合法律规定的条件下，可以允许投保人将保单

---

[1] 梁宇贤：《保险法新论》，中国人民大学出版社 2004 年版，第 88 页。

转让给不具有保险利益的受让人,以更好地发挥人身保险中保单的投资功能,促进人身保险业务的发展。

人身保险合同的存续期间较长,投保人在此期间死亡的,其投保人地位应由其继承人来承继。关于投保人的继承人在承继投保人地位时是否必须具有保险利益,有观点认为,根据保险利益原则,能够继承投保人权利义务的继承人必须对保险标的具有保险利益。① 根据 2009 年修订前的《保险法》的规定,保险利益应该在保险合同存续期间存在,因此认定继承人继承被继承人的投保人地位必须具有保险利益是没有问题的,但根据 2009 年修订后的《保险法》的规定,人身保险合同中,保险利益是否存在以保险合同订立时为判断时点,并不要求保险利益在整个保险合同存续期间都存在。而从《保险法》的相关规定来看,对被保险人的保护是比较全面的,由不具有保险利益的继承人承继投保人的地位并不会增加被保险人可能遭遇的道德危险,因此,投保人的继承人即使不具有保险利益,也仍然可以继承投保人地位,成为保单持有人。

类案检索

中国平安财产保险股份有限公司贵港中心支公司与梁某某等人身保险合同纠纷案

关键词: 雇员　保险合同　保险利益

裁判摘要:《保险法》第 31 条规定:"投保人对下列人员具有保险利益……(四)与投保人有劳动关系的劳动者。"第 39 条规定,人身保险的受益人由被保险人或者投保人指定。投保人指定受益人时须经被保险人同意。投保人为与其有劳动关系的劳动者投保人身保险,不得指定被保险人及其近亲属以外的人为受益人。本案中,保险公司与大众船厂签订的《平安雇主责任保险合同》是当事人的真实意思表示,没有违反法律、行政法规强制性规定,亦没有损害国家、集体和第三人的利益,为合法有效的合同。该合同第 17 条约定,投保人应在投保时列明被保险人雇员名单,保险人不承担对发生保险事故时未

---

① 王静:《人身保险合同解除所引起的若干问题解析——以投保人死亡后其继承人的解除为中心》,载李劲夫主编:《保险法评论》(第一卷),中国法制出版社 2008 年版,第 314 页。

列入名单的雇员的经济赔偿责任。大众船厂在保单所附的雇员名单中，有梁某某的名字及身份证号码，保险公司审核后予以盖章认可并收取了保险费，应视为保险公司认可梁某某为大众船厂的雇员，故保险公司再审主张梁某某不是大众船厂的雇员的理由不成立。事故发生前，梁某某是在大众船厂场地范围内从事电焊工作，因此，一、二审法院结合本案事故车辆压倒大众船厂宿舍造成梁某某死亡的实际情况，认定保险公司应依合同约定赔偿80万元死亡赔偿金给被申请人并无不当。

【案　　号】（2021）桂民申6857号
【审理法院】广西壮族自治区高级人民法院

> 第三十二条　投保人申报的被保险人年龄不真实，并且其真实年龄不符合合同约定的年龄限制的，保险人可以解除合同，并按照合同约定退还保险单的现金价值。保险人行使合同解除权，适用本法第十六条第三款、第六款的规定。
>
> 投保人申报的被保险人年龄不真实，致使投保人支付的保险费少于应付保险费的，保险人有权更正并要求投保人补交保险费，或者在给付保险金时按照实付保险费与应付保险费的比例支付。
>
> 投保人申报的被保险人年龄不真实，致使投保人支付的保险费多于应付保险费的，保险人应当将多收的保险费退还投保人。

条文释义

一、本条主旨

本条是关于投保人未如实申报被保险人年龄的法律后果的规定。

二、条文演变

在人身保险合同中，被保险人的年龄对于保险人是否同意承保以及确定保险费率具有重要的意义。一般来说，保险公司根据人身保险的特点，按照概率计算，确定承保年龄的最高上限，对超过这一年龄的，不予承保。同时，保险公司要以被保险人的年龄为参照值，根据生命表等计算出死亡概率，确定被保险人在不同年龄段投保时应缴纳保险费的费率。[1] 因此，有必要对人身保险合同中投保人未如实申报被保险人年龄的法律后果进行专门规定。

1995年《保险法》第53条规定："投保人申报的被保险人年龄不真实，并且其真实年龄不符合合同约定的年龄限制的，保险人可以解除合同，并在扣除手续费后，向投保人退还保险费，但是自合同成立之日起逾二年的除外。投

---

[1] 安建主编：《中华人民共和国保险法（修订）释义》，法律出版社2009年版，第65页。

保人申报的被保险人年龄不真实，致使投保人支付的保险费少于应付保险费的，保险人有权更正并要求投保人补交保险费，或者在给付保险金时按照实付保险费与应付保险费的比例支付。投保人申报的被保险人年龄不真实，致使投保人实付保险费多于应付保险费的，保险人应当将多收的保险费退还投保人。"2002年修正的《保险法》与1995年《保险法》第16条关于投保人告知义务的一般规定相比，区分了不如实告知年龄对保险人的影响，分别规定不同的法律后果：被保险人的真实年龄超过合同约定的年龄限制的，则保险人可以解除合同；投保人不如实告知被保险人年龄影响保险人确定保险费率的，则保险人可以要求投保人补交保险费或者调整保险金。此外，该规定还有一个特点：对保险人解除保险合同规定了不可抗辩期间，自保险合同成立起逾两年的，保险人不得解除保险合同。2002年《保险法》修正时保留了本条的内容，将条文顺序改为第54条。

2009年修订的《保险法》第16条也引入了不可抗辩条款，对投保人的告知义务进行较为全面的完善。据此，本条删除了2002年修正的《保险法》第54条第1款中"但是自合同成立之日起逾二年的除外"的规定，改为保险人行使合同解除权适用《保险法》第16条第2款、第6款的规定。同时将解除合同的法律后果由原来的"在扣除手续费后，向投保人退还保险费"修改为"按照合同约定退还保险单的现金价值"。同时，条文序号修改为第32条。此后，2014年、2015年《保险法》修正时，未对本条作出修改。

三、条文解读

本条根据投保人申报被保险人年龄不真实对保险人的不同影响分别作出规定：投保人申报被保险人年龄不真实影响保险人是否同意承保的，保险人可以解除合同；投保人申报被保险人年龄不真实导致保险人少收保险费的，保险人有权更正并要求投保人补交保险费，或者调整保险金；投保人申报被保险人年龄不真实导致投保人多交保险费的，保险人应将多收的保险费退还投保人。

（一）被保险人的真实年龄不符合合同约定的年龄限制的情形

在人寿保险合同中，如果投保人申报的年龄不真实，被保险人的真实年龄不符合合同约定的年龄限制的，不仅将破坏保险合同的对价平衡原则，而且给保险人的经营带来风险。在此情况下，保险人可以解除保险合同。值得注意的是，本条第1款规定的保险人的解除权与第16条所规定的解除权的构成要件和法律后果都存在一定的区别：

第一，在构成要件上，根据第16条规定，保险人解除保险合同必须以投保人在主观上存在"故意或者重大过失"为条件，而且，投保人未如实告知必须足以影响保险人决定是否同意承保或者提高保险费率，保险人才可以解除保险合同。但根据本条规定，投保人未如实告知真实年龄的，只要该年龄超过合同约定的年龄限制，保险人就可以解除保险合同，不要求投保人在主观上存在故意或者重大过失。

第二，在法律后果上，关于保险人对保险合同解除前发生的保险事故是否应该承担责任，第16条根据投保人违反告知义务的主观过错程度的不同设定了不同的处理规则：投保人故意不履行如实告知义务的，保险人不承担赔偿或者给付保险金的责任；投保人因重大过失未履行如实告知义务，对保险事故的发生有严重影响的，保险人不承担赔偿或者给付保险金的责任。本条对此没有明确规定。此外，对于保险合同解除后保险费的返还，第16条区分故意和重大过失分别作出规定：投保人故意不履行如实告知义务的，保险人无须退还保险费；投保人因重大过失未履行如实告知义务，保险人应当退还保险费。① 本条则没有对投保人的主观过错进行区分，统一规定保险人应按照合同约定退还保险单的现金价值。②

根据本条第1款第2句的规定，保险人行使解除权，应适用《保险法》第16条第3款和第6款的规定。根据第16条第3款规定，保险人享有的解除

---

① 严格依据文义解释，《保险法》第16条第4款和第5款是对发生保险事情况下解除保险合同法律后果的规定。对于尚未发生保险事故而保险合同已经解除的，保险费超过是否应当返还，第16条并没有直接作出规定。但从理念上看，第16条第4款和第5款区分主观过错来决定保险费用是否应当返还具有一定的合理性。于保险事故尚未发生情况下的保险合同解除，其保险费的返还可以适用第16条第4款和第5款的规定。

② 立法机关对此的解释为：保险单具有现金价值，是人身保险与财产保险的不同之处。人身保险尤其是长期寿险，兼有储蓄和投资的作用。寿险对应的保险费由两部分组成：一是危险保险费；二是储益保险费。危险保险费是根据每年的危险保险金额计算出来的自然保险费；储蓄保险费则是投保人的储金，是用于积存起来作为责任准备金的。作为责任准备金的这部分保险费就是保险单的现金价值，它相当于投保人放在保险人处的储蓄存款，最后会以保险金的形式给付受益人。在人身保险合同解除后，合同效力虽然不存在了，但是在投保人长期支付保险费基础上积攒起来的现金价值却不因此而消失。保险人不能据为己有，现当退还投保人。参见安建主编：《中华人民共和国保险法（修订）释义》，法律出版社2009年版，第66页。

权,自其知道有解除事由之日起,超过30日不行使而消灭;自合同成立之日起超过2年的,保险人不得解除合同。这就是所谓的不可抗辩条款,即保险人必须在其知道解除事由之日起30日内或者保险合同成立之日起2年内行使解除权。根据第16条第6款规定,保险人在合同订立时已经知道投保人未如实告知的情况的,保险人不得解除合同。这就是所谓弃权原则,即保险人如果在合同订立时已经知道投保人未如实告知的,则视为其对基于该事由享有权利的放弃,其后不得再行使解除权。

（二）因投保人申报年龄不实导致投保人少支付保险费的情形

投保人申报年龄不实导致投保人少支付保险费的,保险人有权更正并要求投保人补交保险费,或者在给付保险金时按照实付保险费与应付保险费的比例支付。这就是所谓的比例原则,即投保人没有履行如实告知义务的,按查明事实真相后的应然保险费,于保险事故发生后按相应比例调整保险人应当给付的保险金额。

根据《保险法》第16条的规定,投保人违反如实告知义务,保险人可以解除保险合同或者拒绝理赔,投保人不能获得任何赔偿;保险人不能解除保险合同或不能拒绝理赔的,投保人则应获得全部赔偿。这种"全赔或全不赔"模式具有一定的局限性。[①]因此,对于投保人告知义务违反的法律后果,出现了比例原则说。[②]本条第2款的规定,从理论上看,是对我国投保人告知义务制度的一个突破。

（三）因投保人申报年龄不实导致投保人多支付保险费的情形

因投保人申报年龄不实导致投保人多支付保险费的,保险人应当将多收的

[①] 投保方对某一重要事实作了错误陈述或不告知,当然要承担相应的法律后果,但因"一招不慎而致满盘皆输"的调整方法并非完全可取。从保险制度所担负的社会功能来看,投保方因一次错误而丧失保险合同下的全部利益,这与保险制度应当承担的社会经济保障功能不相符;并且,从技术上讲,保险合同订立时未曾预计之危险,保险事故发生后仍可以准确测算,进而能计算出应予增加的保险费,保险事业的发达使保险精算日臻成熟,几乎所有种类的危险和相应的费率均可借助精算确定,每一种危险一般都能通过精算找到一个相对应的保险费率。参见樊启荣:《保险契约告知义务制度论》,中国政法大学出版社2004年版,第241~242页。

[②] 例如,澳大利亚保险合同法采纳了该观点。详见樊启荣:《保险契约告知义务制度论》,中国政法大学出版社2004年版,第242页。

保险费退还投保人。投保人申报年龄不实导致多支付保险费的，保险人当然不能解除保险合同或者拒绝理赔。根据对价平衡原理，保险人应当退还多收的保险费。

▶ 适用指引

一、保险人因被保险人不符合约定年龄限制解除保险合同后的法律效果

因被保险人年龄不符合约定年龄限制，保险人解除保险合同后，对保险合同解除前发生的保险事故是否应当承担保险责任。本条对此没有直接规定。有观点认为，对于保险人因投保人违反如实告知义务解除合同前发生的保险事故，《保险法》第16条区分投保人的过错程度设定了不同的处理规则，本条对此并没有明确规定。而由于年龄是计算死亡概率的重要依据，对保险事故的发生有严重影响，本条应解释为对于合同解除前发生的保险事故，不区分过错程度，保险人都不承担赔偿或者给付保险金的责任。①从理论上看，人身保险合同是继续性合同，该合同的解除一般来说没有溯及力，仅对将来发生效力，保险人对于保险合同解除前的保险事故仍应承担赔偿责任。而且，如果不区分投保人未如实申报年龄的主观过错程度，且不要求未如实申报与保险事故之间存在因果关系，只要投保人客观上未如实申报年龄，保险人即可解除保险合同，并对之前发生的保险事故不承担责任，则对投保人的惩罚可能过重。因此，对于保险人对合同解除前发生的保险事故是否应当承担责任，是类推适用《保险法》第16条第4款和第5款的规定进行处理，还是根据反对解释，不区分投保人的主观过错，保险人一律不承担保险责任，这需要进一步研究。

对于保险合同解除的保险费返还，2009年修订前的《保险法》规定的是"在扣除手续费后，向投保人退还保险费"。但由于实务中保险公司收取的手续费不同，并且在合同中无法明确手续费的具体数额，使得手续费成为保险纠纷的多发问题。为了解决该问题，2009年修订时将其修改为"按照合同约定退

---

① 吴定富主编：《〈中华人民共和国保险法〉释义》，中国财政经济出版社2009年版，第88~89页。

还保险单的现金价值"。应该说,这样规定确实有助于减少纠纷。但是,对于保险单现金价值的返还,完全由当事人自由约定恐怕也不尽合理。保险手续费应当是保险人在保险业务中支出的必要费用,对于这些费用的计算应当有合理的标准,如果任由当事人进行约定,有些保险公司可能会将其自身经营成本都记入到手续费中,从而在应当返还的保险费中予以扣除,这实际上也是有违保险合同解除的初衷的。因此,对于保险公司应当收取的手续费的标准,有待进一步探讨。

二、被保险人的真实年龄应以户籍登记等书面记载为准,还是以实际年龄为准

在审判实践中,当事人提供户籍登记簿、身份证、出生证明、工作证明等所记载的出生日期可能不完全一致,应以哪个出生日期作为判断真实年龄的标准?此外,由于我国户籍登记管理制度起步较晚,在户籍登记管理方面尚不完善,有些地方仍不是很规范;而且出于各方面的原因,有的人在户籍登记时虚报年龄,造成户籍簿登记的年龄与实际年龄不一致的情形。在这种情况下,被保险人的真实年龄是应以户籍登记的为准,还是以实际年龄为准?这有待进一步明确。

对于这个问题,刑事案件审理做法或许可以作为参考。在一般情况下,认定被告人的实际年龄应当以户口登记为基本依据。对被告人实际年龄有异议或者疑义时,审查被告人实施被指控的犯罪时是否达到相应的法定责任年龄,应当根据户籍证明、出生证明文件、学籍卡、人口登记普查、无利害关系人的证言和其他有关资料等证据综合判断。如果有足够证据认定户口登记册上记载的年龄有误,就应以查明的实际年龄来认定。对于没有充分证据证明被告人实施指控的犯罪时已经达到规定刑事责任年龄且确实无法查明的,应当推定其没有达到法定刑事责任年龄。相关证据足以证明被告人实施被指控的犯罪时已经达到法定刑事责任年龄,但是无法准确查明被告人具体出生日期的,应当认定其达到相应法定刑事责任年龄。

---

① 吴定富主编:《〈中华人民共和国保险法〉释义》,中国财政经济出版社2009年版,第89页。

> **第三十三条** 投保人不得为无民事行为能力人投保以死亡为给付保险金条件的人身保险，保险人也不得承保。
> 　　父母为其未成年子女投保的人身保险，不受前款规定限制。但是，因被保险人死亡给付的保险金总和不得超过国务院保险监督管理机构规定的限额。

▶ 关联规定

法律、行政法规、司法解释

《最高人民法院关于〈中华人民共和国保险法〉若干问题的解释（三）》

第六条 未成年人父母之外的其他履行监护职责的人为未成年人订立以死亡为给付保险金条件的合同，当事人主张参照保险法第三十三条第二款、第三十四条第三款的规定认定该合同有效的，人民法院不予支持，但经未成年人父母同意的除外。

第二十四条 投保人为被保险人订立以死亡为给付保险金条件的保险合同，被保险人被宣告死亡后，当事人要求保险人按照保险合同约定给付保险金的，人民法院应予支持。

被保险人被宣告死亡之日在保险责任期间之外，但有证据证明下落不明之日在保险责任期间之内，当事人要求保险人按照保险合同约定给付保险金的，人民法院应予支持。

▶ 条文释义

一、本条主旨

本条是关于对无民事行为能力人投保死亡险的限制性规定。

二、条文演变

无民事行为能力人因认知能力的限制,不能辨认自己的行为,缺乏自我保护的能力,容易遭受危险。如果允许为无民事行为能力人投保死亡保险,有些投保人可能会为了获取不当利益,以无民事行为能力人为被保险人进行投保,并将其杀害,以获得保险金。为了保护无民事行为能力人,防止道德危险的发生,1999年《保险法》就明确禁止投保人为无民事行为能力人投保死亡险。该法第54条规定:"投保人不得为无民事行为能力人投保以死亡为给付保险金条件的人身保险,保险人也不得承保。父母为其未成年子女投保的人身保险,不受前款规定限制,但是死亡给付保险金额总和不得超过金融监督管理部门规定的限额。"2002年修正的《保险法》将该条第2款中的"金融监督管理部门"修改为"保险监督管理机构";同时,条文序号修改为第54条。2009年修订的《保险法》将其改为"国务院保险监督管理机构";同时,条文序号改为第33条。2014年、2015年修正《保险法》时,未对本条作出修改。

三、条文解读

本条第1款确定了禁止为无民事行为能力人投保死亡险的一般原则。此处的无民事行为能力人应该结合民法的相关规定予以界定。

根据《民法典》第20条、第21条的规定,无民事行为能力人包括不满8周岁的未成年人和不能辨认自己行为的成年人。对于限制行为能力人和完全行为能力人,投保以其死亡为给付保险金条件的人身保险,则不受本条限制。以死亡为给付保险金条件的人身保险,是指以被保险人的死亡作为保险事故,在被保险人死亡时由保险人向受益人支付保险金的人身保险。该类保险不仅指仅以被保险人死亡为保险事故的生命险,还包括其他含有以死亡为给付保险金条件条款的险种。对于违反该规定的保险合同,如果其是仅仅以被保险人死亡为保险事故的生命险合同,则整个保险合同无效;如果其并非单纯以死亡为保险事故的生命险合同,而是混合保险合同或者综合保险合同,以死亡为保险金给付条件的保险条款无效不影响合同其他部分的效力,其他部分仍然有效。此外,不得为无民事行为能力人订立以死亡为保险金给付条件的保险合同的义务主体,不仅是投保人,还包括保险人。如果有投保人申请为无民事行为能力人投保死亡险的,保险人应当拒绝承保。

本条第 2 款是对第 1 款的例外规定，父母可以为其未成年子女投保以死亡为给付保险金条件的人身保险，但是保险金额应受到限制。之所以对第 1 款规定的禁止性原则作例外规定，是考虑到父母与子女之间具有特殊的血缘关系，父母在一般情况下是不会为了赚取保险金而故意杀害自己的子女，制造保险事故。

父母可以为子女投保死亡险，但在保险金额上应当受到一定的限制，即保险金总和不得超过国务院保险监督管理机构规定的限额。《中国保监会关于父母为其未成年子女投保以死亡为给付保险金条件人身保险有关问题的通知》规定："为保护未成年人的合法权益，根据《中华人民共和国保险法》第三十三条规定，现就规范父母作为投保人为其未成年子女投保以死亡为给付保险金条件人身保险的有关问题通知如下：一、对于父母为其未成年子女投保的人身保险，在被保险人成年之前，各保险合同约定的被保险人死亡给付的保险金额总和、被保险人死亡时各保险公司实际给付的保险金总和按以下限额执行：（一）对于被保险人不满 10 周岁的，不得超过人民币 20 万元。（二）对于被保险人已满 10 周岁但未满 18 周岁的，不得超过人民币 50 万元。"

▶ 适用指引

一、投保人在多家保险公司为其未成年子女投保，保险金总和超过银保监会规定的上限，应该如何处理

如果投保人为其未成年子女在多家保险公司投保死亡险，每份保险的保险金额均没有超过银保监会规定的上限，但各份保险合同的保险金额总和相加超过银保监会规定的上限的，应该如何处理？对此，《中国保监会关于父母为其未成年子女投保以死亡为给付保险金条件人身保险有关问题的通知》特别规定："二、对于投保人为其未成年子女投保以死亡为给付保险金条件的每一份保险合同，以下三项可以不计算在前款规定限额之中：（一）投保人已交保险费或被保险人死亡时合同的现金价值；对于投资连结保险合同、万能保险合同，该项为投保人已交保险费或被保险人死亡时合同的账户价值。（二）合同约定的航空意外死亡保险金额。此处航空意外死亡保险金额是指航空意外伤害保险合同约定的死亡保险金额，或其他人身保险合同约定的航空意外身故责任

对应的死亡保险金额。（三）合同约定的重大自然灾害意外死亡保险金额。此处重大自然灾害意外死亡保险金额是指重大自然灾害意外伤害保险合同约定的死亡保险金额，或其他人身保险合同约定的重大自然灾害意外身故责任对应的死亡保险金额。三、保险公司在订立保险合同前，应向投保人说明父母为其未成年子女投保以死亡为给付保险金条件人身保险的有关政策规定，询问并记录其未成年子女在本公司及其他保险公司已经参保的以死亡为给付保险金条件人身保险的有关情况。各保险合同约定的被保险人死亡给付的保险金额总和已经达到限额的，保险公司不得超过限额继续承保；尚未达到限额的，保险公司可以就差额部分进行承保，保险公司应在保险合同中载明差额部分的计算过程。四、保险公司应在保险合同中明确约定因未成年人死亡给付的保险金额，不得以批单、批注（包括特别约定）等方式改变保险责任或超过本通知规定的限额进行承保。"

二、未成年人的其他监护人，如祖父母、学校等是否可以为未成年人投保死亡险

根据本条规定，只有父母可以为其未成年子女投保死亡险，但在实践中，未成年人的监护人并不一定是其父母。根据《民法典》第27条第2款规定，未成年人的父母已经死亡或者没有监护能力的，其监护人可以是祖父母、外祖父母，兄、姐以及其他愿意担任监护人的个人或者组织，但是须经未成年人住所地的居民委员会、村民委员会或者民政部门同意。在此情况下，未成年人的监护人是否可以为未成年人投保死亡险？

在我国，由于各方面的原因，祖父母与未成年人之间的关系并不比父母与未成年人的关系单薄，有些未成年人更是长期与其祖父母或者外祖父母生活在一起，祖父母或者外祖父母是否能够为未成年人投保死亡险？

严格根据本条的文义解释，除了父母之外，其他任何人均不得为未成年人投保死亡险。但从立法目的来看，禁止为未成年人投保死亡险是为了保护未成年人免遭伤害。而未成年人的监护人一般与未成年人具有特定的关系，并且在法律上承担保护被监护人人身、财产及其他合法权益的责任。从这个角度来看，允许监护人为未成年人投保死亡险并不违反本条的立法目的。祖父母与未成年人之间的关系的情感联系并不亚于父母子女之间的关系，允许祖父母为未成年人投保死亡险一般来说也并不会增加未成年人遭受伤害的危险。实践中，

也存在祖父母为未成年人投保死亡险的案例。对于此类问题，司法解释有待进一步明确。

类案检索

陆某1与中国人寿保险股份有限公司无锡市分公司人身保险合同纠纷案

关键词： 人身保险　保险合同当事人　合同效力

裁判摘要： 法院认为，《保险法》第33条规定：除父母以外的其他投保人不得为无民事行为能力人投保以死亡为给付保险金条件的人身保险，保险人也不得承保。第34条又规定：以死亡为给付保险金条件的合同，未经被保险人同意并认可保险金额的，合同无效。上述立法的本意是为保护未成年人的生命安全。本案中，5959号保险合同的投保人是无民事行为能力人陆某1的祖父陆某2，但该合同已经过陆某1父亲的同意，因此，投保的道德风险已被防范，符合《保险法》的立法本意。再者，此保险合同经过被保险人的法定监护人的同意，即可视为经被保险人同意，故应属有效。综上，对无锡市人民检察院及陆某1提出的该合同因违反《保险法》第33条的规定而无效的理由及主张，法院不予采纳。对保险公司提出的"此类人身保险，只要征得其父母同意，应当有效"的答辩意见，法院予以采纳。原审判决认定事实清楚，适用法律正确，应予维持。

【案　　号】（2014）锡商再提字第00004号

【审理法院】江苏省无锡市中级人民法院

第三十四条　以死亡为给付保险金条件的合同，未经被保险人同意并认可保险金额的，合同无效。

按照以死亡为给付保险金条件的合同所签发的保险单，未经被保险人书面同意，不得转让或者质押。

父母为其未成年子女投保的人身保险，不受本条第一款规定限制。

▶ 关联规定

法律、行政法规、司法解释

《最高人民法院关于〈中华人民共和国保险法〉若干问题的解释（三）》

第一条　当事人订立以死亡为给付保险金条件的合同，根据保险法第三十四条的规定，"被保险人同意并认可保险金额"可以采取书面形式、口头形式或者其他形式；可以在合同订立时作出，也可以在合同订立后追认。

有下列情形之一的，应认定为被保险人同意投保人为其订立保险合同并认可保险金额：

（一）被保险人明知他人代其签名同意而未表示异议的；

（二）被保险人同意投保人指定的受益人的；

（三）有证据足以认定被保险人同意投保人为其投保的其他情形。

第三条　人民法院审理人身保险合同纠纷案件时，应主动审查投保人订立保险合同时是否具有保险利益，以及以死亡为给付保险金条件的合同是否经过被保险人同意并认可保险金额。

第六条　未成年人父母之外的其他履行监护职责的人为未成年人订立以死亡为给付保险金条件的合同，当事人主张参照保险法第三十三条第二款、第三十四条第三款的规定认定该合同有效的，人民法院不予支持，但经未成年人父母同意的除外。

▶ 条文释义

一、本条主旨

本条是关于以死亡为给付保险金条件的合同的特殊规定。

二、条文演变

以死亡为给付保险金条件的保险合同,其所可能诱发的道德风险以侵害人的生命为对象,生命对每一个人来说都是最为宝贵的,因此,有必要对以死亡为给付保险金条件的保险合同专门进行规定,以更好地保障每一个人的生命安全。

1995年《保险法》第55条规定:"以死亡为给付保险金条件的合同,未经被保险人书面同意并认可保险金额的,合同无效。依照以死亡为给付保险金条件的合同所签发的保险单,未经被保险人书面同意,不得转让或者质押。父母为其未成年子女投保的人身保险,不受第一款规定限制。"该条实际上包括两个部分内容:一是以死亡为给付保险金条件的合同的生效条件;二是以死亡为给付保险金的合同的转让与质押限制。2002年修正的《保险法》承继了该规定的内容。

由于保险实践中,有不少以死亡为给付保险金条件的合同,尽管被保险人知悉该合同存在并以其他形式表示认可,但由于被保险人未作书面确认,保险人经常以被保险人没有书面同意,违反强制性法律规定为由拒绝理赔,使得被保险人、受益人的权利无法得到保护,有失公平。于是,2009年修订的《保险法》将第1款中的"书面同意"改为"同意",以更好地保护被保险人、受益人的权利。此外,修改了部分文字,即"依照"改为"按照","不受第一款"改为"不受本条第一款"。条文序号由第56条改为第34条。2014年、2015年《保险法》修正时,未作修改。

三、条文解读

(一)以死亡为给付保险金条件的保险合同的特殊生效条件

保险合同的生效,除了要符合普通商事合同的生效条件外,还应具备存在危险、符合保险利益原则、保险人对保险条款的明确说明等法定生效要件。根据《保险法》第13条第3款规定，当事人还可以对保险合同的效力约定附条件或附期限。而在以死亡为给付保险金条件的保险合同中，除了应具备以上要件外，还应符合本条第1款的条件，即必须经过被保险人同意并认可保险金额。

以死亡为给付保险金条件的保险不仅包括单纯的死亡保险，即仅以死亡为保险事故的人寿保险，还包括包含以死亡为给付保险金条件的保险条款的其他险种。实践中，单纯的死亡保险在人身保险业务总量中所占的比重较小，但大部分人身保险合同承保事故中包含死亡，实际上是死亡保险与其他种类的人身保险相结合的险种，如生死两全险、意外伤害险等。[①] 不管是在单纯的以死亡为给付保险金条件的人寿保险，还是包含以死亡为给付保险金条件的保险条款的生死两全险、意外伤害保险等险种，都需要被保险人的同意并认可保险金额，否则无效。也就是说，无论何种险种，只要该险种包含以死亡为给付保险金条件的条款，就应当取得被保险人的同意和其对保险金额的认可。

关于被保险人同意的方式，2002年修正的《保险法》规定必须以"书面"形式为之。这种书面形式要求并不利于真正保护被保险人、受益人的利益。在保险实践中，有些被保险人对以死亡为给付保险金条件的保险条款知悉并且认可，但由于各方面的原因，甚至是因为被保险人无法写字或不识字，没有书面签字或者盖章，保险人仍以该合同未经被保险人书面同意为由拒绝理赔。因此，2009年修订后的《保险法》删除了"书面"要求，这也是符合当时的立法趋势。

本条第3款是对第1款的例外规定，即父母为其未成年子女投保的人身保险，无须取得子女的同意和认可。一般来说，父母不可能为了谋取保险金谋害未成年子女的生命；而且，未成年子女一般都是无民事行为能力人或者限制行为能力人，不能独立从事民事行为，或者只能从事与其年龄、智力相适应的民事活动，其他民事活动只能由其法定代理人代理进行。根据《民法典》的规定，父母是未成年人的法定代理人。在此情况下，为未成年人投保以死亡为给付保险金条件的保险，仍要求被保险人同意并认可，乃是多此一举，没有任何实际意义。

---

① 吴定富主编：《〈中华人民共和国保险法〉释义》，中国财政经济出版社2009年版，第92页。

以死亡为给付保险金条件的保险合同，未经被保险人同意或者认可的，该保险合同无效。根据《民法典》第156条的规定，民事法律行为部分无效，不影响其他部分效力的，其他部分仍然有效。因此，未经被保险人同意或认可而无效的条款不影响合同其他部分效力的，其他部分继续有效。具体来说，单纯以死亡为给付保险金条件的人身保险合同，如果未经被保险人书面同意并认可保险金额的，该合同无效；含有死亡、疾病、伤残以及医疗费用等保险责任的综合性人身保险合同如果未经被保险人同意并认可死亡责任保险金额，该合同死亡给付部分无效；如果无效部分不影响其他部分效力的，其他部分仍然有效。

（二）以死亡为给付保险金条件的保险单的转让和质押

1. 以死亡为给付保险金条件的保险单的转让

保险单，简称保单，又称保险证券，是指保险合同成立后，保险人向投保人签发的保险合同的正式书面凭证。从性质上看，保险单是双方当事人经过口头或书面形式协商一致达成的保险合同的正式凭证或证明。保险单具有证券的性质，保单所有人享有保险合同的权利。

一般来说，投保人是保单的所有人，享有保单上的权利，承担相应的义务。① 投保人应该承担交纳保险费以及保险法规定的如实告知风险增加、保险事故发生等义务。我国《保险法》对投保人与被保险人权利义务的配置与其他国家相似，投保人享有的权利主要包括任意解除合同权利、领取保险费或者保险单现金价值的权利、指定受益人的权利等权利；承担的义务主要包括交纳保险费义务、如实告知义务、风险维持义务、风险增加通知义务、保险事故发生通知义务、相关资料提供义务、防止和减少损害义务以及复保险通知义务等。也就是说，保险事故发生后取得保险金的权利在我国不属于保单权利，而属于被保险人的权利。因此，可以认为，在保险事故发生前，作为保单持有人的投保人可以转让保单，其转让的保单权利主要包括变更受益人的权利、对现金价值的权利以及以保单担保贷款的权利等。在保险事故发生后，投保人一般不再

---

① 由于保单所有人一般都是投保人，保单所有人的权利实际上也就是投保人的权利。在为自己利益保险合同中，投保人与被保险人是同一人，投保人享有保单上的所有权利，这是没有异议的。但在为他人利益保险合同中，投保人与被保险人并不是同一人，保单上权利义务在投保人与被保险人之间如何分配，实际上涉及投保人与被保险人的利益衡量问题。

享有任何权利,被保险人和受益人享有对保险人请求给付保险金的权利,因此,此时的投保人不得再转让保单。①

由于以死亡为给付保险金条件的保险合同直接关系到被保险人的生命安全,该保险单的转让可能会增加被保险人遭受道德风险的概率,因此,本条第2款要求,以死亡为给付保险金条件的保险单的转让,必须经过被保险人同意,否则转让无效,以保护被保险人的利益。

2. 以死亡为给付保险金条件的保险单的质押

一般来说人身保险的保险单具有储蓄价值,保单所有人可以通过退保收取保单的现金价值,也可以通过转让获取保单的交换价值。因此,从理论上看,人身保险的保险单可以作为质押的标的。我国澳门特别行政区商法典第1053条规定,保险单之出质,得透过附加文件,或属指示式保险单时透过担保凭证之背书,又或按照一般法律之规定为之。

从我国当前的保险实践来看,保单质押,尤其是人寿保单质押业务是得到了保险监督管理部门的承认的。《中国人民银行关于人寿保险中保单质押贷款问题的批复》对保单质押贷款的适用范围、条件、期限、利率等作了具体规定。原中国保监会《关于寿险保单质押贷款业务有关问题的复函》明确指出,在监管实践中,一直将保单质押贷款条款视为保险合同当事人的约定,属于意思自治,监管政策上也是允许的。

与以死亡为给付保险金条件的保险单的转让相类似,该保险单的出质可能会增加被保险人遭遇道德风险的概率,因此,本条第2款要求,以死亡为给付保险金条件的保险单的出质,必须经过被保险人书面同意。

▶ 类案检索

刘某、余某等与某保险公司人身保险合同纠纷案

关键词: 追认 人身保险 合同有效

裁判摘要: 案涉合同主要内容是在被保险人生存的不同阶段给予定期的利

---

① 许崇苗、李利:《人身保险合同转让有关法律问题探析》,载《保险研究》2001年第6期。该观点还认为,此时的被保险人和受益人可以转让作为合同债权的保险金请求权。

益分配,与以死亡为条件的人身保险存在明显区别;案涉合同中的身故保险金的内容是对投保人所交保费或保单现金价值作出基本等额的返还处理,不足以改变整个年金保险合同以生存为给付条件的特征;被保险人余某本人至保险公司办理了案涉保险合同下累积生息账户的注销及变更,同时领取了案涉保险合同中已经产生的相应利益,即使案涉保险合同中被保险人处签名并非其本人所签,从其积极作为中,应当认定其对该份保险合同进行了追认。综上,案涉保险合同并非无效。

【案　　号】(2019)苏0282民初12840号

【审理法院】江苏省宜兴市人民法院

> **第三十五条** 投保人可以按照合同约定向保险人一次支付全部保险费或者分期支付保险费。

关联规定

一、法律、行政法规、司法解释

1.《中华人民共和国海商法》

第二百三十四条 除合同另有约定外,被保险人应当在合同订立后立即支付保险费;被保险人支付保险费前,保险人可以拒绝签发保险单证。

2.《机动车交通事故责任强制保险条例》

第十二条 签订机动车交通事故责任强制保险合同时,投保人应当一次支付全部保险费;保险公司应当向投保人签发保险单、保险标志。保险单、保险标志应当注明保险单号码、车牌号码、保险期限、保险公司的名称、地址和理赔电话号码。

被保险人应当在被保险机动车上放置保险标志。

保险标志式样全国统一。保险单、保险标志由国务院保险监督管理机构监制。任何单位或者个人不得伪造、变造或者使用伪造、变造的保险单、保险标志。

3.《最高人民法院关于适用〈中华人民共和国保险法〉若干问题的解释(二)》

第四条 保险人接受了投保人提交的投保单并收取了保险费,尚未作出是否承保的意思表示,发生保险事故,被保险人或者受益人请求保险人按照保险合同承担赔偿或者给付保险金责任,符合承保条件的,人民法院应予支持;不符合承保条件的,保险人不承担保险责任,但应当退还已经收取的保险费。

保险人主张不符合承保条件的,应承担举证责任。

4.《最高人民法院关于适用〈中华人民共和国保险法〉若干问题的解释（三）》

第七条 当事人以被保险人、受益人或者他人已经代为支付保险费为由，主张投保人对应的交费义务已经履行的，人民法院应予支持。

5.《最高人民法院关于审理海上保险纠纷案件若干问题的规定》

第五条 被保险人未按照海商法第二百三十四条的规定向保险人支付约定的保险费的，保险责任开始前，保险人有权解除保险合同，但保险人已经签发保险单证的除外；保险责任开始后，保险人以被保险人未支付保险费请求解除合同的，人民法院不予支持。

二、部门规章及规范性文件

1.《人身保险业务基本服务规定》

第十三条 保险公司通过银行扣划方式收取保险费的，应当就扣划的账户、金额、时间等内容与投保人达成协议。

第二十一条 对于约定分期支付保险费的保险合同，保险公司应当向投保人确认是否需要缴费提示。投保人需要缴费提示的，保险公司应当在当期保费缴费日前向投保人发出缴费提示。

保险合同效力中止的，保险公司应当自中止之日起10个工作日内向投保人发出效力中止通知，并告知合同效力中止的后果以及合同效力恢复的方式。

2.《人身保险新型产品信息披露管理办法》

第十七条 保险公司开发的投资连结保险赋予投保人在犹豫期内将保险费转入投资账户选择权的，应当在投保单和保险条款中载明。保险公司应当提示投保人在投保单上注明是否在犹豫期内将合同约定的保险费转入投资账户。

选择在犹豫期内将保险费转入投资账户的投保人，在犹豫期内解除合同的，除保单工本费和资产管理费以外，保险公司应当退还账户余额以及其他收取的各项费用；选择犹豫期满后将保险费转入投资账户的投保人，在犹豫期内解除合同的，保险公司应当退还除保单工本费以外的其他全部保险费。

三、司法指导性文件

《全国法院民商事审判工作会议纪要》

97.【未依约支付保险费的合同效力】当事人在财产保险合同中约定以投

保人支付保险费作为合同生效条件，但对该生效条件是否为全额支付保险费约定不明，已经支付了部分保险费的投保人主张保险合同已经生效的，人民法院依法予以支持。

▶ 条文释义

一、本条主旨

本条是关于保险费支付的规定。

二、条文演变

1995年《保险法》第56条分两款对人身保险合同的保险费支付方式作出规定，其中第1款规定："投保人于合同成立后，可以向保险人一次支付全部保险费，也可以按照合同约定分期支付保险费"；第2款规定："合同约定分期支付保险费的，投保人应当于合同成立时支付首期保险费，并应当按期支付其余各期的保险费。"2002年《保险法》修正时，对上述条文内容未作修改，仅将条文位序从原来的第56条调整为第57条。2009年修订时删除了第2款，并删除了第1款中"于合同成立后"的规定，由原来第二章保险合同第三节人身保险合同项下的规定调整为第二章保险合同项下的规定，位序调整为第35条。2014年、2015年《保险法》修订时未对本条进行修改。

三、条文解读

（一）保险费的构成

支付保险费是投保人的合同义务，是保险人承诺承担保险责任的对价，也是投保人转移风险的对价。保险费的多少与险种、保险金额及保险期限等有关。保险费由以下几部分构成：一是纯保险费，其是通过大数法则统计所得出的风险概率计算出来的，用于保险人赔偿或者给付保险金；二是附加保险费，用于补偿保险人在损失赔付之外管理项目的成本。不仅包括固定的成本，如办公开支、管理人员的工资、经营场所的租金等，也包括活动成本，如代理人佣金、由于损失的提前发生导致的利息损失、由于逆选择因素导致的高死亡率以及未能预计到的偶发事件所造成的附加费用等。

（二）保险费的交付方式

保险合同中应约定保险费及支付方式。一般来说，财产保险合同多采用一次付清保险费的方式，而人身保险合同一般按险种决定保险费支付方式。健康保险和意外伤害保险一般是短期保险，大多在合同签订时一次性支付，人寿保险的保险期间较长，大多采用分期支付的方式。

▶ 适用指引

一、关于见费出单

所谓见费出单，是指保险公司先收保险费后签发保单，这是保险业界的行规。由于很多保险公司将签发保单作为保险合同成立的条件，故保险公司对签发保单前发生的保险事故通常不承担保险责任。这种行规不符合权利对等原则，也不利于督促保险公司尽快承保。为此，《保险法解释（二）》第4条规定："保险人接受了投保人提交的投保单并收取了保险费，尚未作出是否承保的意思表示，发生保险事故，被保险人或者受益人请求保险人按照保险合同承担赔偿或者给付保险金责任，符合承保条件的，人民法院应予支持；不符合承保条件的，保险人不承担保险责任，但应当退还已经收取的保险费。保险人主张不符合承保条件的，应承担举证责任。"对该条规定的适用应注意以下两个方面：一是该规定仅适用于保险人已经收取保险费的情形。根据权利义务对等原则，保险人享有的权利与承担的义务应当对等，收取了保险费，就应承担相应的责任；如未收取保险费，要求其承担相应的责任缺乏依据。二是保险人对作出是否同意承保意思表示前发生的保险事故承担保险责任，应以保险标的或被保险人符合承保条件为前提。保险人认为其不应承担保险责任的，应对保险标的或被保险人不符合承保条件承担举证责任。[①]

[①] 最高人民法院保险法司法解释起草小组：《解读关于适用〈中华人民共和国保险法〉若干问题的解释（二）》，载《人民司法·应用》2013年第13期。

二、关于第三人代交保险费

保险合同的交费义务主体是投保人。人身保险合同中,投保人与被保险人、受益人经常为不同主体,作为交费义务主体的投保人可能因交费能力不足或者与被保险人、受益人关系恶化而没有继续交纳保险费,此时被保险人、受益人可能基于自身的利益代为交付保险费。这种行为从合同法角度来看属于第三人代为履行,应予准许。实践中,有些保险公司收取了他人代交的保险费,但却在保险事故发生时以投保人未交付保险费为由主张保险合同效力中止,甚至要求解除保险合同,并拒绝承担给付保险金的责任。针对这种不诚信行为,《保险法解释(三)》第7条规定,当事人以被保险人、受益人或者他人已经代为支付保险费为由,主张投保人对应的交费义务已经履行的,人民法院应予支持。

对于第三人代为支付保险费的理解,应注意以下几个方面:第一,保险人不得随意拒绝第三人代为支付保险费。被保险人、受益人代为支付保险费的,投保人与保险人原则上不得拒绝。无利害关系人以自己名义代交保险费,且投保人拒绝代交的,保险人可以拒绝收取。第二,保险人收取第三人代为支付的保险费后,投保人交费义务因清偿而消灭,保险人不能再以投保人交费义务未履行主张保险合同效力中止或者解除保险合同。第三,第三人代为支付保险费后,可否向投保人进行追偿,要区分不同情况区别对待。在没有保险单现金价值的保险产品中,被保险人、受益人交付的保险费是保险人承保风险的对价,而保险事故发生时取得保险金的是受益人或者被保险人的继承人,投保人并未因被保险人、受益人交付保险费获得利益,故不应允许被保险人或者受益人向投保人进行追偿,防止强制投保人投保。存在保险单现金价值的保险产品中,被保险人、受益人交付的保险费如转化为投保人的保险单现金价值的,投保人因被保险人、受益人交付保险费的行为获得利益,应该允许被保险人、受益人向投保人进行追偿。保险事故发生前,投保人解除保险合同的,被保险人、受益人可向投保人进行追偿。投保人未解除保险合同的,被保险人、受益人如何追偿有待进一步研究。保险事故发生后,保险单现金价值转化为保险金,而受益人是保险金的真正受益人，此时不得再向投保人进行追偿。①

典型案例

纪某某与中国人寿保险股份有限公司徐州市分公司解除合同纠纷案

关键词：人寿保险合同　分期交纳　催告

裁判摘要：人寿保险合同分期交纳保险费的，投保人和保险人未就保险费交纳时间和方式明确约定，保险人也未就交费进行催告，投保人未交费，保险人不得以投保人交费超过法定期限不可续保为由解除保险合同。

基本案情：1997年6月20日，原告纪某某在被告处投保个人养老金保险，并交纳了1997年6月至1998年5月的保险费1200元。第二年8月21日，原告交纳保险费1200元，后于2000年5月29日交纳保险费3600元，于2004年7月28日交纳至2007年5月的保险费6000元。2009年11月30日，原告再次向被告交纳保险费时，被告告知其保险合同已解除。

原告纪某某起诉称：原告在被告处投保时，被告只让原告交纳了1200元保险费，没有交付保险合同和保险单，也没有告知缴费日期，只说保险费每年1200元，可以一次交几年，也可以几年交一次。原告在交纳后续保险费时也是这样做的。2009年11月30日，原告再次去交保险费时，被告拒收保费，并告知原告已超过2年60天未交纳保险费，其已将保险合同解除。原告据此请求法院判令被告将保险合同复效，继续履行缴费义务。

被告保险公司辩称：依约交纳保费是投保人应尽的义务，投保人不按时交纳续期保费，自约定交纳保险费的次日起60日内为宽限期，在宽限期后投保人仍未交纳保险费，则保险合同效力中止，自保险合同中止之日起满2年保险人有权解除合同。原告未交纳保险费已超过2年60天，被告行使合同解除权有法律依据，请求驳回原告的诉讼请求。

法院经审理认为：原告提供的投保单及保险费收据上无有关保险费交纳方式和缴纳时间的记载，被告提供的证据也不是原告投保时双方共同形成的资料，不是保险合同的组成部分，应认定双方对交纳保险费的方式和时间未明确

---

① 杨临萍、刘竹梅、林海权：《关于适用〈中华人民共和国保险法〉若干问题的解释（三）的理解与适用》，载《人民司法·应用》2016年第1期。

约定。从双方履行保险合同的方式来看，存在长期、间断及不在固定日期交纳保险费的习惯。在此情况下，由于被告没有在原告未交纳保险费时对其进行催告，该催告亦得对原告权利障碍及对被告义务免除以及法律后果加以告知释明，被告单方解除保险合同不符合法律规定。遂判决双方继续履行保险合同。

【案　　号】（2010）云商初字第547号
【审理法院】江苏省徐州市云龙区人民法院
【来　　源】《人民法院案例选》2010年第1辑（总第75辑）

第三十六条 合同约定分期支付保险费，投保人支付首期保险费后，除合同另有约定外，投保人自保险人催告之日起超过三十日未支付当期保险费，或者超过约定的期限六十日未支付当期保险费的，合同效力中止，或者由保险人按照合同约定的条件减少保险金额。

被保险人在前款规定期限内发生保险事故的，保险人应当按照合同约定给付保险金，但可以扣减欠交的保险费。

关联规定

一、法律、行政法规、司法解释

《最高人民法院关于适用〈中华人民共和国保险法〉若干问题的解释（三）》

第八条 保险合同效力依照保险法第三十六条规定中止，投保人提出恢复效力申请并同意补交保险费，除被保险人的危险程度在中止期间显著增加外，保险人拒绝恢复效力的，人民法院不予支持。

保险人在收到恢复效力申请后，三十日内未明确拒绝的，应认定为同意恢复效力。

保险合同自投保人补交保险费之日恢复效力。保险人要求投保人补交相应利息的，人民法院应予支持。

二、部门规章及规范性文件

《人身保险业务基本服务规定》

第二十一条 对于约定分期支付保险费的保险合同，保险公司应当向投保人确认是否需要缴费提示。投保人需要缴费提示的，保险公司应当在当期保费缴费日前向投保人发出缴费提示。

保险合同效力中止的，保险公司应当自中止之日起10个工作日内向投保人发出效力中止通知，并告知合同效力中止的后果以及合同效力恢复的方式。

▶ 条文释义

一、本条主旨

本条是关于逾期支付当期保险费的法律后果的规定。

二、条文演变

1995 年《保险法》第 57 条规定："合同约定分期支付保险费，投保人支付首期保险费后，除合同另有约定外，投保人超过规定的期限六十日未支付当期保险费的，合同效力中止，或者由保险人按照合同约定的条件减少保险金额。"2002 年《保险法》修正时未对本条内容进行修改，仅将条文序号由原来的第 57 条调整为第 58 条。2009 年《保险法》修订时将上述条文内容修改为现条文内容，由原来第二章保险合同第三节人身保险合同项下调整至第二章保险合同项下，条文序号由原来的第 58 条调整为第 36 条，由原来的一款修改为两款，同时在第 1 款中增加了"投保人自保险人催告之日起超过三十日未支付当期保险费"的规定，明确了在缴费宽限期内保险人仍须承担保险责任，但可以扣减投保人欠交的保险费。2014 年、2015 年《保险法》修正时未对本条进行修改。

三、条文解读

保险合同约定分期支付保险费的，必然应约定分期支付的时间和金额，投保人应按约支付保险费。如投保人在支付首期保险费之后，未按约支付后续保险费，包括未按约定时间和未按约定金额两种情况，则投保人违约。投保人违约后，双方应按合同约定处理后续事宜；如保险合同未约定投保人逾期支付保险费的后果，则按《保险法》本条规定处理。对本条的理解应注意两个问题。

（一）关于宽限期

投保人未按合同约定支付当期保险费的，法律给予投保人交费宽限期，即在时间上给予投保人一定优惠，便于投保人在一定期限内补交保险费。在分期支付保险费的合同中，投保人可能因为疏忽或者遭遇经济困难未能及时支付保险费，如果没有交费宽限期的规定，很多合同会因此失效，既非出于投保人的本意，对保险人的稳定经营也有影响，所以宽限期是对保险合同双方都有利的制度设计。宽限期的产生方式有两种：一种是合同约定，一种是法律规定，法律规定的宽限期是自保险人催告之日起30日内，或者双方约定的交费期限届满之日起60日内。

如投保人在宽限期内仍未支付保险费，则可能承担的法律后果有两种：一是合同效力中止，即合同效力暂时停止，此时若发生保险事故，保险人不再承担赔偿或给付保险金的义务。二是保险人可按照合同约定的条件减少保险金额。所谓保险金额，是指保险人承担赔偿或者给付保险金责任的最高限额，至于达到怎样的条件才能减少保险金额，以及可以减少多少保险金额等，应按合同约定。上述两种法律后果的选择权属于保险人，即保险人可以选择让合同效力中止，也可以让合同效力继续。

本条第2款规定："被保险人在前款规定期限内发生保险事故的，保险人应当按照合同约定给付保险金，但可以扣减欠交的保险费。"此处的"前款规定期限内"是指宽限期内。宽限期内合同效力未中止，保险人仍应按合同约定履行义务，若发生保险事故，保险人应当按合同约定赔偿或给付保险金，但无论从公平角度还是从债务相互抵销的角度，保险人都可以扣减投保人欠付的保险费。

（二）关于催告

"自保险人催告之日起超过三十日"中的催告指的是当期保险费履行期届满之后的催告，而不是履行期届满之前的通知。保险人在履行期届满之前通知投保人支付保险费，目的是提醒和督促，不发生本条规定的法律后果。此外，在分期支付保险费的保险合同中，除非当事人另有约定，否则保险人不负有定期通知投保人按时交付保险费的义务。

▶ 典型案例

陆某某与中国人寿保险股份有限公司太仓支公司保险合同纠纷案

关键词：保费缴纳方式　投保人　保单失效

裁判摘要：人寿保险合同未约定具体的保费缴纳方式，投保人与保险人之间长期以来形成了较为固定的保费缴纳方式的,应视为双方成就了特定的交易习惯。保险公司单方改变交易习惯,违反最大诚信原则,致使投保人未能及时缴纳保费的,不应据此认定保单失效,保险公司无权中止合同效力并解除保险合同。

基本案情:1997年2月13日,原告陆某某向保险公司投保了少儿一生幸福保险,被保险人为董某,缴费期15年,缴费方式为年缴,保险费每年720元。保险条款"关于缴费、失效、复效的规定"载明:"按年缴纳保险费的缴费期限为保险单每年生效对应日所在的月;缴费期限的次月为宽限期,宽限期内保险人仍负保险责任。如果在宽限期内仍未缴纳保险费,保险单自动失效,保险人不负保险责任;在保险单失效后的两年内,投保人及被保险人如果仍符合本条款第三条规定的投保条件,可以向保险人申请复效。经保险人审核同意后,投保人补缴失效期间的保险费及利息,保险单方能恢复效力。"

陆某某投保时缴纳了第一年保费,之后有保险公司业务员每年上门向其收取保费。2000年开始保险公司委托邮政部门向陆某某发送缴费通知单,至2008年陆某某每年按照缴费通知单的提示在保险公司指定的银行缴纳保费,在银行直接领取保费收据。2009年保险公司仍委托邮政部门发送缴费通知单,但陆某某称未收到缴费通知单。2010年后保险公司终止了委托邮政部门发送缴费通知书的业务。2011年5月,陆某某得知因自己未按期缴纳保费已使保单失效,当月向保险公司申请复效。保险公司拒绝复效。

原告陆某某起诉保险公司,要求被告恢复保单效力、继续收取保费,赔偿原告为保单复效的损失2000元。

被告保险公司答辩称,缴纳保险费是投保人的义务,催缴保险费不是保险人的法定义务,《保险法》规定人身保险合同超过两年未缴费的永久失效,本案保险合同已超过两年未缴费,合同已经失效,请求法院驳回原告的诉讼请求。

一审法院经审理认为:涉讼保险合同依法成立并生效,原、被告在履行合同时应按照《合同法》的规定遵循诚实信用原则,根据合同交易习惯履行通知、协助、保密等义务。原告应在每年2月份缴纳当年保险费,这是投保人应履行的合同义务,但保险条款中并未约定具体的缴纳方式,双方在合同履行过程中已成就了特定的交易习惯。2009年被告虽委托邮政部门向原告发送缴费通知书,但邮政部门是否按约发送,被告并未提供证据证明。2010年在缴费期间即将届满之时，被告不再委托邮政部门发送缴费通知书，致使原告未能及时缴纳保费。投保人两年内未能缴费的责任应由保险公司承担，保险公司无权依《保险法》的规定和保险条款的规定中止合同效力并解除保险合同。原告要求被告继续履行合同的诉讼请求，应予支持，原告要求赔偿损失的诉讼请求，由于其未能提供证据证明，不予支持。遂判决原、被告继续履行保险合同，被告应收取原告2009年及之后应缴纳的保险费。

被告保险公司不服一审判决，提起上诉。二审法院经审理认为：当事人应当按照约定全面履行自己的合同义务，根据已经查明的事实，双方已经就缴纳保费形成了一定的交易习惯，且保险公司在合同履行过程中亦曾要求投保人变更缴费方式，在此情况下，投保人无法确认每年缴费方式是否相同，保险公司应负有每年通知投保人缴费及告知缴费方式的义务。保险公司无证据证明其于2009年向投保人送达了缴费通知书，2010年后也未向投保人发送缴费通知书，造成投保人两年未缴费的主要责任在于保险公司，保险公司无权中止合同效力并主张解除合同。一审判决认定事实清楚，适用法律正确，实体处理亦无不当。遂驳回上诉，维持原判。

【案　　号】（2013）苏中商终字第0067号

【审理法院】江苏省苏州市中级人民法院

【来　　源】《最高人民法院公报》2013年第11期（总第205期）

类案检索

王某某与中国人寿保险股份有限公司光山支公司保险合同纠纷案

关键词： 人身保险合同　保险费　效力中止

裁判摘要：《保险合同》第7条第2款规定："如未按上述规定日期交付保险费的，至次日起六十日为宽限期；在宽限期内发生保险事故公司仍负保险责任；逾宽限期间仍未交付保险费的，如本合同当时具有现金价值，且现金价值扣除保险费及利息后的余额足以垫交到期应交保险费时，本公司将自动垫交该项欠交保险费使本合同继续有效；当本合同当时的现金价值余额不足以垫交到期应交的保险费时，或前项垫交的费及利息达到本合同现金价值时，本合同效力中止。"

原告未按约于 2012 年 8 月 15 日交纳保险费，但原告已连续交纳 4 年保险费，根据保险合同中的现金价值表，已交足 4 年的每 1000 元保险费的现金价值是 497 元，即当时保单的现金价值是 9184.56 元（4620 元／年 ×4 年 ÷1000 元 ×497 元），远远超出原告当期应交纳的保险费 4620 元。保险公司按约应垫交原告欠付的保险费，使合同继续有效，且原告已于同年 10 月 24 日交纳了当期保险费并支付了迟延利息。因此，涉讼保险合同自生效之日起一直有效，被保险人涂某于 2014 年 5 月 5 日发生保险事故，保险公司应予赔偿。

【案　　号】（2014）光民初字第 01095 号

【审理法院】河南省光山县人民法院

> **第三十七条** 合同效力依照本法第三十六条规定中止的，经保险人与投保人协商并达成协议，在投保人补交保险费后，合同效力恢复。但是，自合同效力中止之日起满二年双方未达成协议的，保险人有权解除合同。
>
> 保险人依照前款规定解除合同的，应当按照合同约定退还保险单的现金价值。

▶ 关联规定

一、法律、行政法规、司法解释

1.《中华人民共和国保险法》

第四十四条 以被保险人死亡为给付保险金条件的合同，自合同成立或者合同效力恢复之日起二年内，被保险人自杀的，保险人不承担给付保险金的责任，但被保险人自杀时为无民事行为能力人的除外。

保险人依照前款规定不承担给付保险金责任的，应当按照合同约定退还保险单的现金价值。

2.《最高人民法院关于适用〈中华人民共和国保险法〉若干问题的解释（三）》

第八条 保险合同效力依照保险法第三十六条规定中止，投保人提出恢复效力申请并同意补交保险费，除被保险人的危险程度在中止期间显著增加外，保险人拒绝恢复效力的，人民法院不予支持。

保险人在收到恢复效力申请后，三十日内未明确拒绝的，应认定为同意恢复效力。

保险合同自投保人补交保险费之日恢复效力。保险人要求投保人补交相应利息的，人民法院应予支持。

二、部门规章及规范性文件

《人身保险业务基本服务规定》

第二条 保险公司、保险代理人及其从业人员从事人身保险产品的销售、承保、回访、保全、理赔、信息披露等业务活动，应当符合本规定的要求。

本规定所称保全，是指人身保险合同生效后，为了维持合同持续有效，保险公司根据合同约定或者投保人、被保险人、受益人的要求而提供的一系列服务，包括但不限于保险合同效力中止与恢复、保险合同内容变更等。

第二十一条 对于约定分期支付保险费的保险合同，保险公司应当向投保人确认是否需要缴费提示。投保人需要缴费提示的，保险公司应当在当期保费缴费日前向投保人发出缴费提示。

保险合同效力中止的，保险公司应当自中止之日起 10 个工作日内向投保人发出效力中止通知，并告知合同效力中止的后果以及合同效力恢复的方式。

条文释义

一、本条主旨

本条是关于保险合同效力恢复及效力中止后合同解除的规定。

二、条文演变

1995 年《保险法》在第 58 条第 1 款规定："依照前条规定合同效力中止的，经保险人与投保人协商并达成协议，在投保人补交保险费后，合同效力恢复。但是，自合同效力中止之日起二年内双方未达成协议的，保险人有权解除合同。"第 2 款规定："保险人依照前款规定解除合同，投保人已交足二年以上保险费的，保险人应当按照合同约定退还保险单的现金价值；投保人未交足二年保险费的，保险人应当在扣除手续费后，退还保险费。"2002 年《保险法》修正时对上述条文内容未作修改。2009 年《保险法》修订时对条文内容进行了部分修改，并将条文序号调整为第 37 条，保留了第 1 款，将第 2 款修改为"保险人依照前款规定解除合同的，应当按照合同约定退还保险单的现金价值"。条文修改后，不再区分投保人是否已交足二年保险费，而是对保险人解除保险合同后统一规定为退还保险单的现金价值，更便于实际操作。2014年、2015年《保险法》修正时未对本条进行修改。

三、条文解读

（一）保险合同复效制度的积极意义

保险合同的复效，即保险合同效力的恢复，是指在投保人未按约交付保险费导致保险合同效力中止的情况下，投保人和保险人通过履行一定程序，使被中止的合同效力得以恢复。复效制度是强制性规定，保险人不得在合同中约定排除该规定的适用。

对于投保人而言，复效制度为其提供了更加充分的法律保护。按照合同法的一般原理，当事人一方迟延履行主要债务，经催告后在合理的期限内仍未履行的，另一方有权解除合同。依此规则，投保人未按期交付保险费，在宽限期内仍未补交的，保险人享有解除合同的权利。复效制度在一定程度上突破了此规则，通过限制保险人的合同解除权，使投保人一方获得更多补救机会。合同效力只是中止而非终止，投保人在一定期限内可以要求恢复合同效力，这样不仅在程序上比重新投保更简便、快捷，还享有其他益处，主要有：（1）保险人往往根据风险的大小来收取首期保险费，复效可以避免一次性交付更多的首期保险费；（2）保险人可能给予首次投保的投保人优惠，投保人再次投保则不享有这种优惠；（3）复效后原来的保单准备金继续积累；（4）保险合同效力中止或失效后，被保险人可能已经超过投保年龄，不能再重新投保，只有恢复原合同效力，才能继续享有保险保障。

对于保险人而言，如果只要投保人逾期不履行交付保险费义务，保险人就解除保险合同的话，保险人就失去了既有的保险业务。投保人可能因为一时疏忽或暂时困顿未及时交付保险费，如果"放弃"这些客户，让合同效力终止，那么投保人以后可能不再继续投保，或者选择另一家保险公司投保，投保人将失去此类客户。因此，复效制度虽然在一定程度上限制了保险人解除保险合同的权利，但也为其带来稳定客户、维续保费的效果，是一项投保人和保险人双赢的制度。

（二）保险合同复效的条件

保险合同复效只能适用于效力中止的合同，一般应同时具备以下条件：

一是投保人应当向保险人提出合同复效的请求。投保人不提出复效申请的，保险合同的效力不能自行恢复。至于复效请求何时提出，保险合同有约定的从其约定，没有约定的，可以在保险合同效力中止后、保险人决定解除保险合同之前的任何时间点提出。本条规定的二年仅是保险人可以解除保险合同的期限，超过二年投保人是否可以提出复效申请，存在两种情形：其一，保险人已经解除保险合同，合同效力已经终止，无从恢复；其二，保险人尚未解除保险合同，合同效力仍然处于停止状态，如无相反约定，投保人仍旧可以向保险人提出复效申请。

二是保险人与投保人达成恢复合同效力的协议，或者在收到复效申请后的30日内未明确拒绝。保险合同效力中止后，并不是投保人补交保险费即可恢复效力，也不因投保人恢复合同效力的单方意思表示而自行恢复效力，而是要经与保险人协商并达成协议。如果保险人在收到投保人复效申请后，未明确拒绝，则根据《保险法解释（三）》第8条第2款的规定，认定保险人同意恢复效力。

三是投保人应当补交保险费。投保人没有按照约定支付保险费是引起合同效力中止的事由，只有补交保险费才能消除中止事由。补交的保险费包括在保险合同效力中止前未交的保险费以及中止期间应当支付的保险费。

此外，根据《保险法解释（三）》第8条第1款的规定，投保人提出恢复效力申请并同意补交保险费的，除被保险人的危险程度在中止期间显著增加外，保险人应予恢复效力。换言之，即便保险人不同意保险合同复效，但如果被保险人的危险程度在保险合同效力中止期间没有显著增加，那么保险合同效力亦应当恢复。

（三）保险合同复效的法律后果

一是保险合同效力继续。保险合同复效是原保险合同效力的继续，不是重新订立保险合同，投保人和保险人按照合同约定继续履行，承担义务或享有权利。

二是复效后被保险人在二年内自杀的，保险人不承担给付保险金责任，但被保险人自杀时是无民事行为能力人的除外。被保险人自杀一般属于保险人的除外责任，主要是为了防范道德风险，避免蓄意自杀者通过投保来获取保险金。但是考虑到人寿保险需要保障受益人的利益，且即使有人在投保时有自杀意图，经过一段期间也可能改变主意，因此法律规定保险人对被保险人自杀承担给付保险金责任附有一定期限。但对于保险合同效力中止又复效的，所附期限是否重新计算，各国、各地区立法例有不同的规定。我国《保险法》原来对保险合同复效后所附期限是否重新计算没有明确规定。保险实务中，保险人拟定的人身保险条款中，多采取重新计算的方法。2009年《保险法》修订时对此问题进行了明确规定，即第44条第1款规定："以被保险人死亡为给付保险金条件的合同，自合同成立或者合同效力恢复之日起二年内，被保险人自杀的，保险人不承担给付保险金的责任，但被保险人自杀时是无民事行为能力人的除外。"

（四）保险单的现金价值

本条第2款规定，保险合同解除后，保险人应当按照合同约定退还保险单的现金价值。

何谓保险单的现金价值？根据保险精算原理，保险单的现金价值是投保人所交保险费在扣除保险人各种经营费用后所剩余额按照预定利率计算出的现值。保险费的计算本应依据损失概率的大小来决定，称为"自然保险费"，但在长期人身保险尤其是寿险业务中，由于交费期长，随着被保险人年龄增大，事故发生率提高，保险费率也必然逐渐上升。因此，人寿保险费通常采用平准保险费，即通过计算将投保人需要交付的全部保险费均摊至整个交费期，使投保人在保险单有效期内每期负担相同数额的保险费。被保险人年轻时，由于出险概率低，投保人所交保险费比实际所需要的多，多交的保险费将由保险公司逐年积累；当被保险人年老时，投保人当期交付的保险费不足，不足的部分将由被保险人年轻时交付的保险费予以弥补。这部分多交的保险费连同其产生的收益，每年以保险人责任准备金的形式积累，形成保险单的现金价值。传统寿险的现金价值计算可以简化为：保单的现金价值＝投保人已交付的保费－保险人的管理费用开支在该保单上分摊的金额－保险人因为该保单向推销人员支付的佣金－保险人已经承担该保单保险责任所需要的纯保费＋剩余保费所生利息。目前根据监管机关的要求，保险人应在保险合同中提供现金价值表。

为什么是退还保险单的现金价值而不是退还保险费？保险合同属继续性合同，合同解除后，保险合同效力终止指向将来而不溯及既往，因此保险人不必返还全部保险费，而是可以扣除已经过期间保险人承担风险的对价后将剩余保险费退还，也就是将保险单的现金价值退还。从保险单现金价值的来源可知，其所有权属于投保人，投保人对现金价值的所有权不因保险合同效力的变化而丧失。如果有权领取现金价值的投保人死亡，保险人仍应将该现金价值返还给投保人的继承人。

▶ 适用指引

一、投保人申请保险合同复效时，仍然负有如实告知义务

合同效力中止期间，可能发生使合同基础动摇、丧失或者严重影响保险费率的重大事项，投保人在申请复效时仍要承担如实告知义务，使保险人可以对被保险人的风险重新评估，以决定是否继续承保或者提高保险费率，避免风险与收益失衡。如投保人不如实告知，亦将承担与最初投保时不如实告知相同的法律后果。当然，如果保险合同免除了投保人复效时的如实告知义务，则按保险合同执行。

二、被保险人的危险程度在中止期间显著增加的，保险人可以不同意复效

危险程度显著增加，应以危险变化达到影响保险人决定是否同意承保或提高保险费率为标准，其客观判断因素大致有两大类：一类是被保险人自身危险增加的情形，如被保险人的职业变为危险职业、健康状况恶化等；另一类是可能存在道德风险的情形，如被保险人的财务状况欠佳却投保巨额保险者。危险程度显著增加的判断，应采取理性保险人标准，即在同一事实状态下，处于同一地位的一般保险人对投保人提出可保证明的判断，如果一般保险人认为投保人提交的可保证明符合复效的标准，则保险合同可以复效，反之则不能复效。判断被保险人的危险程度是否显著增加，应当限定在效力中止期间。如果被保险人的危险程度在合同效力中止之前即已显著增加，则其申请复效不会增加逆

选择的风险,保险人拒绝恢复效力缺乏正当性。①

三、投保人提出复效申请的时间限制

本条第1款规定,自合同效力中止之日起满二年,投保人和保险人未达成协议的,保险人有权解除合同。二年期间是投保人提出复效申请的保留期间,保留期间经过后,如保险人解除了保险合同,投保人即丧失复效请求权。但是,如果保险人超过二年没有解除保险合同,并愿意接受投保人的复效申请,则合同仍然可以复效。本条只是规定了保险人行使解除权的期限,并未限制投保人复效申请的时间。

▶ 典型案例

邹某某与中国人寿保险股份有限公司扬中支公司保险合同纠纷案

关键词: 保险合同复效 免责条款 合同解释

裁判摘要: 当事人投保的主险和附加险,是两份既相互联系又相对独立的保险合同。保险合同复效后,被保险人被确诊为附加险保险范围内的重大疾病,保险人对此是否应承担赔付责任,涉讼主险合同和附加险合同存在不同约定。投保人已补交保险费并支付迟延交纳利息,按照合同约定合同效力已恢复。保险人认为复效应当从2011年6月21日起计算并自此计算观察期的抗辩意见是错误的,合同效力恢复不是重新订立保险合同,附加险的保险条款未对复效进行解释,应当以主险合同的约定为准。保险人在保险合同条款中对有可能导致保险人不承担赔付义务的相关条款未进行特别提示,且保险合同对复效的约定存在歧义,应作不利于保险人的解释。

基本案情: 2009年3月2日,朱某某与人保扬中支公司签订保险合同,为其妻子邹某某投保国寿瑞鑫两全保险(分红型)和国寿附加瑞鑫提前给付重大疾病保险,保险期间38年,交费日期为每年的3月14日。

合同签订后,朱某某按约支付了两年保险费。2011年3月14日,朱某某没有按时交纳当期保险费。同日,保险公司工作人员通过电话提醒他最晚应

---

① 杨临萍、刘竹梅、林海权:《〈关于适用保险法若干问题的解释(三)〉的理解与适用》,载《人民司法·应用》2016年第1期。

在60日宽限期即2011年5月13日前交纳保险费以免保单失效。同年6月21日，朱某某交纳了2011年3月14日至2012年3月13日的保险费及自2011年5月14日起至6月21日止的利息。2012年3月15日，朱某某按约交纳了当期保险费。

2012年5月11日，邹某某被诊断为CML（慢性髓细胞白血病）。同年6月初，邹某某向保险公司申请给付重大疾病保险金。保险公司以保险合同目前仍处于复效观察期内为由，拒绝赔付保险金。邹某某起诉，要求人保扬中支公司立即支付重大疾病保险金110 660.28元。

被告保险公司辩称：邹某某患有慢性白血病是事实，但其患病时间是在保险合同规定的复效观察期内，按照保险合同第6条的约定，复效观察期内患有本合同约定的重大疾病，不属于责任范围，保险公司不应承担保险责任。

一审法院经审理认为：投保人朱某某每年缴纳保险费的时间是3月14日，根据保险合同约定，保险公司给予投保人60日宽限期，即至5月13日为最后缴费期限，否则保险合同效力则处于中止状态。2011年3月14日，因朱某某未缴纳当年保险费，保险公司通过电话回访形式提醒朱某某最晚应于当年5月13日缴纳保险费。同年6月21日，朱某某交纳了2011年3月14日至2012年3月13日的保险费及自2011年5月14日至6月21日止的利息，保险合同于当日恢复效力，恢复的是因未及时交费而被中止的保险合同的效力。由于保险人收取的是2011年3月14日至2012年3月13日的保险费，故被恢复的保险合同的效力期间应当是2011年3月14日至2012年3月13日。保险公司在国寿瑞鑫两全保险（分红型）的第七条责任免除条款第七项特别约定了180日的复效观察期，但在国寿附加瑞鑫提前给付重大疾病保险的第七条责任免除条款中却没有约定复效观察期限，而是在第六条保险责任中以"被保险人于本附加合同生效（或最后复效）之日起一年后……"的形式进行了约定，该约定从合同相对人视觉审阅效果上不醒目。另外，保险公司要求投保人朱某某签署的投保提示书第7条仅约定"……复效时要重新计算保险合同观察期……"，并未明确观察期为1年，而且保险公司在2011年3月14日的电话回访中，也未告知复效观察期问题。当对格式条款的理解发生争议时，对格式条款有两种以上解释的，应当作出不利于提供格式条款一方的解释。保险公司未尽到特别提示义务，双方签订的保险合同中关于国寿附加瑞鑫提前给付重大疾病保险复效观察期，应按照180日的约定。被保险人邹某某于2012年5月11日经医院查出患有CML（慢性髓细胞白血病），发生在180日的复效观察期之后，不属于被告免责范围，保险公司理应按照合同约定赔付重大疾病保险金。遂判决被告人保险公司向原告邹某某支付重大疾病保险金110 660.28元。

保险公司不服一审判决，提起上诉。二审法院经审理认为，原审判决认定事实清楚，判决结果正确，应予维持。遂裁定驳回上诉，维持原判。

【案　　号】（2013）镇商终字第73号
【审理法院】江苏省镇江市中级人民法院
【来　　源】《江苏省高级人民法院公报》2013年第5辑（总第29辑）

> **第三十八条** 保险人对人寿保险的保险费，不得用诉讼方式要求投保人支付。

条文释义

一、本条主旨

本条是关于人寿保险的保险费不得用诉讼方式要求投保人支付的规定。

二、条文演变

1995年《保险法》第59条规定："保险人对人身保险的保险费，不得用诉讼方式要求投保人支付。"2002年《保险法》修正时，对上述条文内容未进行修改，仅将条文序号调整为第60条。由于人身保险包括人寿保险、健康保险、意外伤害保险等保险业务，而健康保险和意外伤害保险的保险费与财产保险的保险费在性质上并无差异，若一概规定人身保险的保险费不能以诉讼方式要求支付，缺乏合理性，故在2009年《保险法》修订时，对原条文中的"人身保险"进行限缩，修改为"人寿保险"，并将条文序号调整为第38条。2014年、2015年《保险法》修正时未对本条进行修改。

三、条文解读

保险合同是双务、有偿合同，支付保险费是投保人的主要合同义务，收取保险费也是保险人的合同权利。保险合同也是诺成合同，不以保险费的支付作为合同成立或生效要件，除非法律有特别规定或者当事人有约定。

在财产保险合同中，除当事人另有约定，保险合同成立后，保险人按照合同约定承担保险责任，而无论投保人是否交纳保险费，保险费是保险人的既得债权，如投保人没有按约定支付保险费，保险人当然可以通过诉讼要求被保险人支付。但人寿保险合同不同，人寿保险的保险费由危险保险费和储蓄保险费两部分组成，前者是根据每年的危险保险金额计算得出的保险费，后者是投保人的储蓄金，以责任准备金的形式积存。人寿保险的保费中具有储蓄性质的储蓄保险费，在保险人承担给付保险金义务时以保险金的形式返还给受益人，或在合同解除时保险人以现金价值的形式返还给投保人。如果保险人可以通过诉讼主张人寿保险的保险费，无异于强制储蓄，有违合同法的自愿原则。而且，人寿保险期限一般较长，投保人按约须持续支付保险费，在投保人经济状况恶化时，如果强令其交纳，势必增加其负担，甚至可能影响其基本生活保障。

▶ 适用指引

一、保险人不得以诉讼方式要求投保人支付的保险费，仅限于人寿保险，而非所有人身保险

根据原中国保监会颁布的《人身保险公司保险条款和保险费率管理办法》，人身保险分为人寿保险、年金保险、健康保险、意外伤害保险。人寿保险是人身保险的一种，是以人的寿命为保险标的的人身保险。人寿保险又分为定期寿险、终身寿险、两全保险等。保险人不得以诉讼方式要求投保人支付保险费的保险，仅限于人寿保险，不包括年金保险、健康保险和意外伤害保险。

二、保险人对人寿保险的保险费，也不得以仲裁方式要求投保人支付

仲裁具有类诉讼的性质，既然不能对人寿保险的保险费以诉讼这种强制方式要求交纳，自然也不能以仲裁方式强制交纳。

> 第三十九条 人身保险的受益人由被保险人或者投保人指定。
>
> 投保人指定受益人时须经被保险人同意。投保人为与其有劳动关系的劳动者投保人身保险，不得指定被保险人及其近亲属以外的人为受益人。
>
> 被保险人为无民事行为能力人或者限制民事行为能力人的，可以由其监护人指定受益人。

关联规定

法律、行政法规、司法解释

1.《中华人民共和国民法典》

第十九条 八周岁以上的未成年人为限制民事行为能力人，实施民事法律行为由其法定代理人代理或者经其法定代理人同意、追认；但是，可以独立实施纯获利益的民事法律行为或者与其年龄、智力相适应的民事法律行为。

第二十条 不满八周岁的未成年人为无民事行为能力人，由其法定代理人代理实施民事法律行为。

第二十一条 不能辨认自己行为的成年人为无民事行为能力人，由其法定代理人代理实施民事法律行为。

八周岁以上的未成年人不能辨认自己行为的，适用前款规定。

第二十二条 不能完全辨认自己行为的成年人为限制民事行为能力人，实施民事法律行为由其法定代理人代理或者经其法定代理人同意、追认；但是，可以独立实施纯获利益的民事法律行为或者与其智力、精神健康状况相适应的民事法律行为。

2.《中华人民共和国保险法》

第十二条 人身保险的投保人在保险合同订立时，对被保险人应当具有保险利益。

财产保险的被保险人在保险事故发生时，对保险标的应当具有保险利益。

人身保险是以人的寿命和身体为保险标的的保险。

财产保险是以财产及其有关利益为保险标的的保险。

被保险人是指其财产或者人身受保险合同保障，享有保险金请求权的人。投保人可以为被保险人。

保险利益是指投保人或者被保险人对保险标的具有的法律上承认的利益。

第十八条 保险合同应当包括下列事项：

（一）保险人的名称和住所；

（二）投保人、被保险人的姓名或者名称、住所，以及人身保险的受益人的姓名或者名称、住所；

（三）保险标的；

（四）保险责任和责任免除；

（五）保险期间和保险责任开始时间；

（六）保险金额；

（七）保险费以及支付办法；

（八）保险金赔偿或者给付办法；

（九）违约责任和争议处理；

（十）订立合同的年、月、日。

投保人和保险人可以约定与保险有关的其他事项。

受益人是指人身保险合同中由被保险人或者投保人指定的享有保险金请求权的人。投保人、被保险人可以为受益人。

保险金额是指保险人承担赔偿或者给付保险金责任的最高限额。

3.《最高人民法院关于适用〈中华人民共和国保险法〉若干问题的解释（三）》

第九条 投保人指定受益人未经被保险人同意的，人民法院应认定指定行为无效。

当事人对保险合同约定的受益人存在争议，除投保人、被保险人在保险合同之外另有约定外，按以下情形分别处理：

（一）受益人约定为"法定"或者"法定继承人"的，以民法典规定的法定继承人为受益人；

（二）受益人仅约定为身份关系，投保人与被保险人为同一主体的，根据保险事故发生时与被保险人的身份关系确定受益人；投保人与被保险人为不同主体的，根据保险合同成立时与被保险人的身份关系确定受益人；

（三）约定的受益人包括姓名和身份关系，保险事故发生时身份关系发生变化的，认定为未指定受益人。

第十条　投保人或者被保险人变更受益人，当事人主张变更行为自变更意思表示发出时生效的，人民法院应予支持。

投保人或者被保险人变更受益人未通知保险人，保险人主张变更对其不发生效力的，人民法院应予支持。

投保人变更受益人未经被保险人同意的，人民法院应认定变更行为无效。

第十一条　投保人或者被保险人在保险事故发生后变更受益人，变更后的受益人请求保险人给付保险金的，人民法院不予支持。

▶ 条文释义

一、本条主旨

本条是关于指定受益人的规定。

二、条文演变

1995年《保险法》第60条有3款，第1款规定，"人身保险的受益人由被保险人或者投保人指定"，第2款规定，"投保人指定受益人时须经被保险人同意"，第3款规定，"被保险人为无民事行为能力人或者限制民事行为能力人的，可以由其监护人指定受益人"。2002年《保险法》修正时，未对上述条文内容进行修改，仅将条文序号调整为第61条。2009年《保险法》修订时，对上述条文内容进行了完善，并将条文顺序调整为第39条，仍为3款，保留第1款和第3款，将第2款修改为"投保人指定受益人时须经被保险人同意。投保人为与其有劳动关系的劳动者投保人身保险，不得指定被保险人及其近亲属以外的人为受益人"。2014年、2015年《保险法》修正时未对本条进行修改。

三、条文解读

（一）受益人资格

受益人，是指人身保险合同中由被保险人或者投保人指定的享有保险金请求权的人，投保人、被保险人可以为受益人。任何自然人、法人和其他组织均可以成为受益人，胎儿也可以被指定为受益人，如出生时不是活体，受益权自然消灭。确定某自然人是否具有受益人资格，只需考虑其民事权利能力，不考虑民事行为能力。

（二）被保险人有权指定受益人

人身保险合同中，投保人的订约目的是使被保险人获得物质保障，被保险人发生死亡、伤残或者患病等保险事故，或者被保险人生存至保险合同约定的年纪，保险人按约承担给付保险金的义务，向被保险人提供保险救济或者保险保障，因此保险金请求权当然属于被保险人。被保险人将原本属于自己的保险金请求权让与他人，受让保险金请求权的人即是受益人。同时，由于人身保险的保险事故与被保险人的身体健康或生命安全相关，保险事故又是保险人承担给付保险金义务的前提，因此，指定受益人时必须考虑可能存在的道德风险，受益人是否会为了获取保险金制造保险事故，被保险人有最直接的感知和判断。基于以上原因，指定受益人的权利应当属于被保险人。

（三）投保人经被保险人同意，有权指定受益人

投保人是订立保险合同的当事人，以支付保险费为代价使被保险人获得保险保障，因此对于指定受益人这一重要事项，投保人可以参与，如向被保险人提出受益人的人选建议，但决定权属于被保险人，经被保险人同意，投保人也可以享有指定受益人的权利。当然，如果投保人坚持以某人为受益人订立保险合同而被保险人不同意，投保人可以拒绝投保。被保险人对投保人指定受益人表示同意，有以下几种具体的方法：

一是投保人在指定受益人之前，向被保险人提出拟指定某人为受益人，被保险人对该被指定的受益人人选表示认可。

二是在投保人指定受益人之前，被保险人授权投保人可以指定受益人，既可以授权投保人任意指定受益人,也可以授权投保人在某一特定范围内指定受益人。

三是投保人指定受益人之前虽然未获得被保险人的授权,但其指定受益人的行为获得了被保险人的追认,在此情形下投保人的指定也是合法的。

(四)被保险人是无民事行为能力人或者限制民事行为能力人的,可以由被保险人的监护人指定受益人

被保险人是无民事行为能力或限制民事行为能力人的,指定受益人显然超出其认知能力范围,应由其监护人代为指定。监护人行使上述权利时不得损害被保险人的利益,否则无效。被保险人的监护人按照以下规定确定:

1. 未成年人的监护人

根据《民法典》第27条规定父母是未成年子女的监护人。未成年人的父母已经死亡或者没有监护能力的,由下列有监护能力的人按顺序担任监护人:(1)祖父母、外祖父母;(2)兄、姐;(3)其他愿意担任监护人的个人或者组织,但是须经未成年人住所地的居民委员会、村民委员会或者民政部门同意。

2. 非完全民事行为能力的成年人的监护人

无民事行为能力或者限制民事行为能力的成年人,由下列有监护能力的人按顺序担任监护人:(1)配偶;(2)父母、子女;(3)其他近亲属;(4)其他愿意担任监护人的个人或者组织,但是须经被监护人住所地的居民委员会、村民委员会或者民政部门同意。

(五)投保人以与其有劳动关系的劳动者为被保险人订立人身保险合同的,指定受益人的范围只能是被保险人及其近亲属

所谓"近亲属",根据《民法典》第1045条的规定,包括以下人员:配偶、子女、父母、兄弟姐妹、祖父母、外祖父母、孙子女、外孙子女。

(六)指定受益人违反规定的法律后果

违反《保险法》的规定指定受益人,主要有两种情形:一是投保人指定受益人未经被保险人同意;二是投保人为与其有劳动关系的劳动者投保人身保险、(投保人或被保险人)所指定的受益人不是被保险人或其近亲属。在上述两种情形下,指定受益人的行为和结果均无效,被指定的受益人不享有保险金请求权。

▶ 适用指引

一、受益人的指定与变更

受益人是人身保险合同中特有的一类主体，是基于投保人或者被保险人的指定享有保险金请求权的人。实践中，受益人的指定一般都是由保险合同格式条款提前拟定，由投保人或者被保险人进行选择。由于保险合同格式条款不够明确以及被保险人身份关系的变化，受益人如何确定在实务中存在争议。针对实践中存在争议突出的情形，《保险法解释（三）》第9条规定，当事人对保险合同约定的受益人存在争议，除投保人、被保险人在保险合同之外另有约定外，按照以下情形分别处理：（1）受益人约定为"法定"或者"法定继承人"的，以《民法典》规定的法定继承人为受益人；（2）受益人仅约定为身份关系，投保人与被保险人为同一主体的，根据保险事故发生时与被保险人的身份关系确定受益人，投保人与被保险人为不同主体的，根据保险合同成立时与被保险人的身份关系确定受益人；（3）受益人的约定包括姓名和身份关系，保险事故发生时身份关系发生变化的，认定为未指定受益人。

对于该规定的适用，应注意以下几个方面的问题：

第一，以《民法典》规定的法定继承人为受益人，不仅要考虑《民法典》规定的法定继承人范围，还应考虑法定继承人顺序，按照《民法典》规定的法定继承人顺序和范围确定受益人。有第一顺序继承人的，由第一顺序继承人作为受益人；没有第一顺序继承人的，才可由后顺序的继承人作为受益人。

第二，受益人约定为身份关系的，应以被保险人的身份关系为依据来确定受益人，而不是以投保人的身份关系为依据确定受益人。

第三，保险合同所约定受益人虽存在争议，但投保人或者被保险人在保险合同之外存在其他约定，而根据其他约定能够消除争议、准确确定受益人的，则不适用本规定。例如，投保人与被保险人在离婚协议中对受益人明确约定的，则应根据离婚协议的约定确定受益人。①

---

① 杨临萍、刘竹梅、林海权：《〈关于适用保险法若干问题的解释（三）〉的理解与适用》，载《人民司法·应用》2016年第1期。

二、如何理解本条第 2 款规定

在保险实务中，对于本条第 2 款"投保人为与其有劳动关系的劳动者投保人身保险，不得指定被保险人及其近亲属以外的人为受益人"，存在两种不同的理解：

第一种理解：投保人为与其有劳动关系的劳动者投保人身保险，由投保人指定受益人的，不得指定被保险人及其近亲属以外的人为受益人，由被保险人指定受益人的，不受上述规定的限制。

第二种理解：投保人为与其有劳动关系的劳动者投保人身保险，投保人及被保险人均不得指定被保险人及其近亲属以外的人为受益人。

我们认为第二种理解更符合立法本意，理由如下：本条第 2 款是 2009 年《保险法》修订时新增的内容，其立法本意在于，消除用人单位优势地位的影响，保障劳动者的权益。用人单位与劳动者在劳动关系中处于不平等地位，用人单位可能利用其所占据的优势地位使劳动者作出违背真实意思的表示，如果允许作为被保险人的劳动者指定用人单位为受益人，则会出现用人单位诱导或者强迫作为被保险人的劳动者指定其为受益人，以规避《保险法》的强制性规定。为了避免这种情形，应将本条第 2 款理解为"投保人为与其有劳动关系的劳动者投保人身保险，投保人与被保险人均不得指定被保险人及其近亲属以外的人为受益人"，如果被保险人本人指定用人单位为受益人，该指定无效。

▶ 典型案例

蒋某等五人与中国平安财产保险股份有限公司淮安中心支公司保险合同纠纷案

关键词：团体人身保险　合同效力　受益人指定

裁判摘要：受益人指定的效力问题是本案争议焦点之一。《保险法》规定，投保人为与其有劳动关系的劳动者投保人身保险，不得指定被保险人及其近亲属以外的人为受益人。本案中，声明书载明高速公路养护公司是受益人，而被保险人蒋某与高速公路养护公司存在劳动关系，虽然声明书的签名真伪难以认定，不排除是蒋某所书的可能，但即便声明书上的签名是蒋某本人所书，也因其指定的受益人违反法律的强制性规定而无效,视为没有指定受益人。

基本案情: 蒋某是第三人高速公路养护公司员工。2007年2月1日,第三人江苏高速公路工程养护有限公司(以下简称高速公路养护公司)为包括蒋某在内的10名员工在被告保险公司处投保了平安附加意外伤害团体医疗保险、平安团体意外伤害保险和平安附加意外伤害住院收入保障保险。投保前,第三人高速公路养护公司对员工进行了宣传并要求集中投保。

2007年11月3日,蒋某等三名员工在公路上施工时被撞,蒋某经抢救无效死亡。第三人高速公路养护公司与蒋某的亲属达成补偿协议,约定由高速公路养护公司在交通事故处理赔付之前先行垫付蒋某人身损害、工伤保险赔偿款,共计572 634元。

事故发生后,第三人高速公路养护公司向保险公司报案,要求依据保单及《同意购买人身保险声明》(以下简称声明书)进行理赔。声明书的内容为:"经过双方友好协商,本人就江苏高速公路工程养护有限公司为本人购买人身保险事宜声明如下:(1)本人同意养护公司为本人投保人身保险,包括养护公司以本人名义或以其自身名义订立、变更保险合同以及退保。(2)本人认可养护公司订立保险合同时所确定的保险金额,养护公司可以转让或者质押保险合同。(3)本人同意指定养护公司作为受益人,也同意养护公司为本人指定受益人或者变更受益人,日后如养护公司变更受益人的,由其直接办理即可,本人皆认可……"在声明人处有蒋某的签名。被告保险公司已向高速公路养护公司给付保险金30万元。

蒋某的法定继承人蒋某某等五人起诉,要求保险公司支付意外伤害保险金30万元。

被告保险公司辩称: 被告依据保险合同的约定和受益人高速公路养护公司的理赔请求,已将相应的保险金赔付给受益人。第三人未经蒋某同意为其投保人身保险,第三人不具有保险利益,且以死亡为给付保险金条件的人身保险合同,如果未经蒋某书面同意并认可保险金额,合同也无效。

第三人高速公路养护公司辩称: 第三人为包括蒋某在内的员工投保了团体人身意外伤害险,此保单蒋某在生前已经作了处分,其权益不属于原告继承的范围,且第三人已与蒋某的家属达成补偿协议,先行垫付了57万余元赔款,受益人为第三人并无不当。

一审法院经审理认为: 第三人高速公路养护公司为蒋某在保险公司处投保

的意外伤害保险合同合法有效。被保险人蒋某与第三人高速公路养护公司存在劳动关系，即便声明书上的签名是蒋某所签，其指定高速公路养护公司为受益人的行为也应认定无效，视为没有指定受益人，保险金应作为被保险人的遗产，由保险人向被保险人的法定继承人履行给付保险金的义务。原告要求被告给付30万元保险金，应予支持。至于被告已赔付给第三人的保险金，因第三人并非指定的受益人，故其应予返还。遂判决：被告平安保险淮安公司支付原告蒋某某等五人保险金30万元，第三人高速公路养护公司应返还被告平安保险淮安公司30万元。

第三人高速公路养护公司不服一审判决提起上诉。二审法院经审理认为：第三人高速公路养护公司对蒋某具有保险利益，一审法院认定保险合同有效并无不当。因蒋某在声明中的签名真实性不能认定，故不能认定蒋某同意指定第三人为受益人。遂裁定驳回上诉，维持原判。

【案　　号】（2010）淮中商终字第135号
【审理法院】江苏省淮安市中级人民法院（原江苏省淮阴市中级人民法院）
【来　　源】《人民法院案例选》2012年第2辑（总第80辑）

> **第四十条** 被保险人或者投保人可以指定一人或者数人为受益人。
>
> 受益人为数人的，被保险人或者投保人可以确定受益顺序和受益份额；未确定受益份额的，受益人按照相等份额享有受益权。

▶ 关联规定

法律、行政法规、司法解释

《最高人民法院关于适用〈中华人民共和国保险法〉若干问题的解释（三）》

第十二条 投保人或者被保险人指定数人为受益人，部分受益人在保险事故发生前死亡、放弃受益权或者依法丧失受益权的，该受益人应得的受益份额按照保险合同的约定处理；保险合同没有约定或者约定不明的，该受益人应得的受益份额按照以下情形分别处理：

（一）未约定受益顺序和受益份额的，由其他受益人平均享有；

（二）未约定受益顺序但约定受益份额的，由其他受益人按照相应比例享有；

（三）约定受益顺序但未约定受益份额的，由同顺序的其他受益人平均享有；同一顺序没有其他受益人的，由后一顺序的受益人平均享有；

（四）约定受益顺序和受益份额的，由同顺序的其他受益人按照相应比例享有；同一顺序没有其他受益人的，由后一顺序的受益人按照相应比例享有。

▶ 条文释义

一、本条主旨

本条是关于受益人人数、受益顺序和受益份额的规定。

二、条文演变

1995年原《保险法》第61条规定:"被保险人或者投保人可以指定一人或者数人为受益人。受益人为数人的,被保险人或者投保人可以确定受益顺序和受益份额;未确定受益份额的,受益人按照相等份额享有受益权。"2002年原《保险法》修正时,未对条文内容进行修改,仅将条文序号调整为第62条。2009年原《保险法》修订时,将条文序号调整为第40条。此后《保险法》修正时未再对本条文进行修改。

三、条文解读

1. 投保人或被保险人指定的受益人可以为一人或数人。前文已述,受益人所享有的受益权的实质是被保险人让与的保险金请求权,被保险人在处分上述权利时,既可以将保险金请求权让与一人,也可以将保险金请求权让与数人。

2. 受益人为数人的,投保人或被保险人可以确定各受益人的受益份额。基于相同理由,被保险人在处分保险金请求权时,既可以按照相同份额将保险金请求权让与各受益人,也可以按照不同比例将保险金请求权让与各受益人。

3. 受益人为数人的,投保人或被保险人可以确定各受益人的受益顺序。基于相同理由,被保险人在处分保险金请求权时,既可以确定各受益人在同一受益顺序中享有保险金请求权,也可以确定各受益人按照先后次序享有保险金请求权。受益人的受益顺序,并不限于第一顺位与第二顺位,投保人或被保险人可以确定两个以上的受益顺序。受益顺序在先的受益人,享有全部保险金请求权;受益顺序在后的受益人,只有当受益顺序在先的受益人死亡、放弃受益权或者依法丧失受益权的情形下,才可以行使保险金请求权。

4. 如果投保人或者被保险人指定了数人为受益人,但没有明确受益顺序,基于平等原则,应当推定各受益人处于同一受益顺位。如果投保人或被保险人指定了数人为受益人,但未明确各受益人的受益份额,同样应当认定各受益人的受益份额相同。

5. 投保人确定受益人的受益顺序及受益份额应当经过被保险人同意。按照《保险法》第39条的规定,投保人指定受益人时须经被保险人同意。对上述规定中的"指定"应当作广义的理解,既包括受益人的人选,也包括受益人的受益顺序和受益份额。投保人未经被保险人同意而擅自确定受益人的受益顺序与受益份额的，应被认定为无效。

▶ 适用指引

关于"生存保险金"与"死亡保险金"的不同受益人。保险实务中，保险人在订立保险合同时，经常将保险金区分为"生存保险金"和"死亡保险金"，并且针对上述两种保险金要求投保人或被保险人指定不同的受益人，即将"生存保险金受益人"指定为被保险人自己，将"死亡保险金受益人"指定为被保险人以外的其他人。实际上，《保险法》中并未引入"生存保险金"和"死亡保险金"这两个概念，二者在性质上并无本质不同，都是保险人的给付义务，区别之处仅在于保险人应当履行给付义务时，被保险人是否生存。按照私法意思自治的原则，当事人有权区别被保险人是否生存的不同状态，分别确定不同情形下保险金请求权的归属。因此，投保人或被保险人指定"生存保险金受益人"和"死亡保险金受益人"的行为，虽然与《保险法》所规定的"确定受益顺序和受益份额"的含义并不完全相符，但鉴于上述行为并不违反《保险法》的强制性规定，故应当认定上述行为有效。

▶ 类案检索

冯某某与泰康人寿保险有限责任公司北京分公司人身保险合同纠纷案

关键词： 人身保险合同　受益人　受益比例

裁判摘要： 根据《保险法解释（三）》规定，受益人约定为"法定"或者"法定继承人"的，以《继承法》规定的法定继承人为受益人。本案中，涉讼保险合同约定身故保险金受益人为"法定继承人"，被保险人的父亲冯某某和母亲莫某都属于《继承法》规定的第一顺位继承人，因此二人均为身故保险金的受益人。受益人的确定，与受益人是否离婚、孩子归谁抚养以及是否支付抚养费等无关。在涉讼保险合同未约定受益顺序和受益份额的情况下，各受益人按照同等份额享有受益权，即各享有50%。原告作为被保险人的法定继承人之一，有权要求被告给付保险金，但按照受益份额其仅享有50%的保险金。

【案　　号】（2019）京0105民初15407号

【审理法院】北京市朝阳区人民法院

> **第四十一条** 被保险人或者投保人可以变更受益人并书面通知保险人。保险人收到变更受益人的书面通知后,应当在保险单或者其他保险凭证上批注或者附贴批单。
>
> 投保人变更受益人时须经被保险人同意。

▶ 关联规定

法律、行政法规、司法解释

《最高人民法院关于适用〈中华人民共和国保险法〉若干问题的解释（三）》

第十条 投保人或者被保险人变更受益人,当事人主张变更行为自变更意思表示发出时生效的,人民法院应予支持。

投保人或者被保险人变更受益人未通知保险人,保险人主张变更对其不发生效力的,人民法院应予支持。

投保人变更受益人未经被保险人同意的,人民法院应认定变更行为无效。

第十一条 投保人或者被保险人在保险事故发生后变更受益人,变更后的受益人请求保险人给付保险金的,人民法院不予支持。

▶ 条文释义

一、本条主旨

本条是关于变更受益人的规定。

二、条文演变

1995年《保险法》第62条规定："被保险人或者投保人可以变更受益人并书面通知保险人。保险人收到变更受益人的书面通知后,应当在保险单上批注。投保人变更受益人时须经被保险人同意。"2002年《保险法》修正时，未对条文内容进行修改，仅将条文序号调整为第63条。2009年《保险法》修订时，将条文序号调整为第41条，对原条文内容予以保留，并增加了"附贴批单"这一保险人标记受益人变更的方法，更符合客观需要。此后《保险法》修正过程中，该条内容未修改过。

三、条文解读

（一）变更受益人的权利依然属于投保人和被保险人

变更受益人的实质是受益权的重新确定，既然指定受益人的权利属于被保险人和投保人，那么变更受益人的权利也应当属于被保险人和投保人。投保人变更受益人时，应当获得被保险人的同意。投保人未经被保险人同意擅自变更受益人的，其变更受益人的行为无效。此外，被保险人为无民事行为能力人或者限制民事行为能力人的，由被保险人的监护人指定受益人，同样也应由监护人进行受益人的变更。

（二）变更受益人的具体情形

对于"变更受益人"应当广义理解，不仅仅是受益人由此人变更为彼人，还应该包括增加受益人、减少受益人、变更受益顺序、变更受益份额以及取消原受益人的受益权且不再指定新的受益人等情况。

（三）变更受益人应当书面通知保险人

受益人发生变化，保险人给付保险金的对象即发生变化。因此，投保人或者被保险人变更受益人，应当通知保险人，且应当以书面形式通知保险人，这是因为最初指定受益人是以保险合同条款这一书面方式载明的，变更受益人亦应以同种方式作出更改的意思表示，既是变更合同内容的需要，也是留存证据的需要。

（四）保险人应当对受益人的变更办理批注或者附贴批单

投保人或被保险人变更受益人，既不需要经过原来指定的受益人同意，也不需要经过保险人同意。保险人就受益人的变更作出批注，既不是对变更受益人进行审查批准，也不是就此与投保人或者被保险人达成合意，而是对受益人发生变更这一事实作出客观记录并保留证据，以备将来给付保险金时确定支付对象。保险人批注受益人的变更，可以在保险单或其他保险凭证上添加内容，也可以另行制作保险批单附贴于保险单或保险凭证之上。

有观点认为，投保人或者被保险人变更受益人应当征得保险人同意，并且在保险人办理批注后才产生效力。这种观点不符合受益人变更是单方法律行为的特征，不利于投保人或被保险人变更受益人，甚至将导致投保人和被保险人无法通过遗嘱变更受益人。鉴于此，《保险法解释（三）》第10条对此进行了明确："投保人或者被保险人变更受益人，当事人主张变更行为自变更意思表示发出时生效的，人民法院应予支持。投保人或者被保险人变更受益人未通知保险人，保险人主张变更对其不发生效力的，人民法院应予支持。投保人变更受益人未经被保险人同意的，人民法院应认定变更行为无效。"

▶ 适用指引

一、受益人的变更

对于受益人的变更，应注意以下几个方面：

第一，变更受益人的意思表示无需保险人与原受益人同意，为无须受领的意思表示，故只要被保险人或投保人完成变更受益人的表示行为，变更行为即产生效力，无须到达保险人。

第二，受益人的变更，原则上应以明示的方式，被保险人或投保人可以口头方式发出变更的意思表示，也可以书面形式发出变更的意思表示。以口头形式变更受益人的，容易产生争议，诉讼中认定以口头方式变更受益人的，应有充分的证据证明。变更受益人原则上应以明示方式，但也不排除在特殊情况下可以从被保险人或投保人的行为中间接推知其有变更受益人的意思表示。对于默示方式进行的变更，实践中的认定应更为慎重，需要全面审查证据材料，结合相关案件事实综合进行判断。

第三，投保人或被保险人可以遗嘱方式变更受益人。受益人指定或变更属于投保人或被保险人单方自主行为，投保人、被保险人可以选择指定或者变更的方式，可以在订立保险合同时，也可以在保险合同订立后变更；可以在生前进行指定或者变更并通知保险人，也可以通过遗嘱的方式进行指定或者变更，待遗嘱生效后由遗嘱继承人通知保险人。当然，以遗嘱方式变更受益人，需要遵循遗嘱生效规则，只有在遗嘱产生效力时受益人的指定和变更才发生效力。根据本条规定，投保人指定和变更受益人，需要经过被保险人同意。投保人遗嘱指定、变更如未得到被保险人同意，则指定和变更行为不产生效力。

第四，投保人或被保险人变更受益人，虽然不需要保险人的同意，但需要通知保险人才能对抗保险人。对于通知的主体，只有有权变更受益人的主体作出的通知才是有效的。投保人变更受益人需要经过被保险人的同意，投保人单方通知保险人变更受益人，保险人应当审查该变更是否取得被保险人同意。

第五，受益人享有的受益权根据保险事故是否发生具有不同性质。保险事故发生前，受益权是从属于保险合同的期待利益，投保人或被保险人可以变更受益人；保险事故发生后，受益权则从期待权变为确定性的权利，投保人与被保险人均不得变更受益人。需要注意的是，保险事故发生后，不得变更的是该次业已发生保险事故所生保险金请求权对应之受益权。如果存在数份保险合同，投保人或被保险人仍可变更尚未发生保险事故的保险合同受益人。如果保险合同约定的保险事故发生后，保险合同并不终止的，保险人则仍可以就将来发生的事故变更受益人，只是此次事故对应的保险金仍归原受益人。①

二、投保人或者被保险人变更受益人未履行通知义务的后果

1. 投保人或者被保险人变更受益人未履行通知义务的，不能对抗保险人。投保人或被保险人作出了变更受益人的决定后未通知保险人，保险事故发生，原受益人向保险人请求支付保险金，保险人按照保险合同载明的受益人给付保险金是履约行为，变更后的受益人要求保险人给付保险金没有合同依据。

2. 投保人或者被保险人变更受益人后未通知保险人，可能导致原受益人与保险人、变更后的受益人与保险人，或者原受益人与变更后的受益人之间发生纠纷：

第一种情形，原受益人尚未获得保险金。投保人或者被保险人决定变更受益人而未通知保险人，此后保险事故发生，原受益人向保险人提出了给付保险金的请求，在保险人尚未向其给付保险金的情况下，变更受益人的通知到达保

---

① 杨临萍、刘竹梅、林海权：《〈关于适用保险法若干问题的解释（三）〉的理解与适用》，载《人民司法·应用》2016年第1期。

险人,在此情况下,保险人应当向投保人或被保险人核实变更受益人的确切时间,保险人此时的作为对预防发生后续纠纷或者对纠纷的处理起着重要作用。如查明变更受益人在保险事故发生之前,则保险人应拒绝原受益人给付保险金的请求,向变更后的受益人给付保险金,理由是,投保人或者被保险人变更受益人,是在行使自己的权利,变更行为自变更意思表示发出时生效,而不以变更通知到达保险人为生效条件,未及时通知保险人的后果,仅为不能对抗善意的保险人。

第二种情形,原受益人已经获得保险金。投保人或者被保险人决定变更受益人而未通知保险人,此后保险事故发生,原受益人申请赔付后保险人向其给付保险金,则可能发生变更后的保险人向保险人申请赔付的情况,在双方之间形成纠纷。

▶ 类案检索

辜某某与中国人寿保险股份有限公司上海市分公司等人身保险合同纠纷案

关键词: 人身保险合同 受益人变更

裁判摘要: 系争保险合同受益人的变更并非被保险人黄某或投保人辜某某亲自办理,而是由第三人贝某某代为办理。现辜某某对代办行为不认可,被告保险公司不能证明代办行为得到了辜某某的授权,也无法证明辜某某对代办行为知情。被保险人黄某已经去世,而被告保险公司提交的变更申请书中被保险人黄某的签名经鉴定系由贝某某代写,因此也难以认定变更受益人系黄某的真实意思表示。由于贝某某与黄某、辜某某存在亲属关系,仅凭持有身份证件这一事实难以推定贝某某系受托办理保单受益人变更。从保险公司提供的操作规程来看,保险公司对变更申请书的内容及签名的真实性不作实质审查,难以确保受益人变更系投保人或被保险人真实意思表示。因此,即使被告的变更过程符合保险公司自身操作规程,也难以认定该变更系投保人或被保险人真实意思表示,故受益人变更应被认定为无效。

【案　　号】(2017)沪02民终4574号

【审理法院】上海市第二中级人民法院

第四十二条 被保险人死亡后,有下列情形之一的,保险金作为被保险人的遗产,由保险人依照《中华人民共和国继承法》的规定履行给付保险金的义务:

(一)没有指定受益人,或者受益人指定不明无法确定的;

(二)受益人先于被保险人死亡,没有其他受益人的;

(三)受益人依法丧失受益权或者放弃受益权,没有其他受益人的。

受益人与被保险人在同一事件中死亡,且不能确定死亡先后顺序的,推定受益人死亡在先。

▶ 关联规定

法律、行政法规、司法解释

1.《中华人民共和国民法典》

第一千一百二十一条第二款 相互有继承关系的数人在同一事件中死亡,难以确定死亡时间的,推定没有其他继承人的人先死亡。都有其他继承人,辈份不同的,推定长辈先死亡;辈份相同的,推定同时死亡,相互不发生继承。

第一千一百二十三条 继承开始后,按照法定继承办理;有遗嘱的,按照遗嘱继承或者遗赠办理;有遗赠扶养协议的,按照协议办理。

第一千一百二十七条 遗产按照下列顺序继承:

(一)第一顺序:配偶、子女、父母;

(二)第二顺序:兄弟姐妹、祖父母、外祖父母。

继承开始后,由第一顺序继承人继承,第二顺序继承人不继承;没有第一顺序继承人继承的,由第二顺序继承人继承。

本编所称子女,包括婚生子女、非婚生子女、养子女和有扶养关系的继子女。

本编所称父母,包括生父母、养父母和有扶养关系的继父母。

本编所称兄弟姐妹，包括同父母的兄弟姐妹、同父异母或者同母异父的兄弟姐妹、养兄弟姐妹、有扶养关系的继兄弟姐妹。

2.《最高人民法院关于适用〈中华人民共和国保险法〉若干问题的解释（三）》

第十四条 保险金根据保险法第四十二条规定作为被保险人的遗产，被保险人的继承人要求保险人给付保险金，保险人以其已向持有保险单的被保险人的其他继承人给付保险金为由抗辩的，人民法院应予支持。

第十五条 受益人与被保险人存在继承关系，在同一事件中死亡且不能确定死亡先后顺序的，人民法院应根据保险法第四十二条第二款的规定推定受益人死亡在先，并按照保险法及本解释的相关规定确定保险金归属。

▶ 条文释义

一、本条主旨

本条是关于被保险人死亡后如何履行给付保险金义务的规定。

二、条文演变

1995年《保险法》第63条规定："被保险人死亡后，遇有下列情形之一的，保险金作为被保险人的遗产，由保险人向被保险人的继承人履行给付保险金的义务：（一）没有指定受益人的；（二）受益人先于被保险人死亡，没有其他受益人的；（三）受益人依法丧失受益权或者放弃受益权，没有其他受益人的。"2002年《保险法》修正时，未对条文内容进行修改，仅将条文序号调整为第64条。2009年《保险法》修订时，将条文序号调整为第42条，对原条文内容予以保留，并增加了部分内容：一是明确了符合本条规定的情形，由保险人按照原《继承法》的规定履行给付保险金的义务；二是在原第1项"没有指定受益人"之后，增加了"受益人指定不明无法确定的"情形；三是增加了一款，即"受益人与被保险人在同一事件中死亡，且不能确定死亡先后顺序的，推定受益人死亡在先"，作为本条第2款。需要注意的是，2021年1月1日《民法典》施行后，原《继承法》已失效，保险人应当按照《民法典》继承编的规定履行给付保险金的义务。

三、条文解读

（一）保险金成为被保险人的遗产的情形

1. 投保人、被保险人没有指定受益人

或者虽然指定了受益人但指定的受益人不明确，无法确定受益人的确切人选。所谓"没有指定受益人"，应当作出广义的理解，既包括投保人或被保险人没有指定受益人的情形，也包括虽然指定了受益人，但指定受益人的行为和结果无效的情形。例如，投保人虽然指定了受益人，但其指定受益人未经被保险人同意，故其指定受益人为无效指定，也属于没有指定受益人的情形。所谓"受益人指定不明无法确定"，是指投保人或被保险人虽然就指定受益人作出了某些意思表示，但其意思表示的含义不清，无法依据其意思表示判断受益人究竟是谁。

2. 受益人先于被保险人死亡，且没有其他受益人

按照保险的一般原理，受益人行使保险金请求权以其在保险事故发生时尚且生存为前提条件，受益人在保险事故发生时已经死亡的，受益权自然灭失且不能由受益人的继承人继承。因此，如果保险合同仅指定了一名受益人且该受益人先于被保险人死亡，在保险事故发生、被保险人死亡的情况下，也属于没有受益人的情形，保险金也应当成为被保险人的遗产。需要说明的问题是，"受益人死亡"既包括受益人自然死亡，也包括受益人被宣告死亡。如果受益人的死亡宣告被依法撤销，该受益人的受益权应当被恢复，其他当事人基于该受益人被宣告死亡而获得的保险金应当返还该受益人。

3. 受益人依法丧失受益权或者放弃受益权且没有其他受益人

根据《保险法》第43条第2款规定，受益人故意造成被保险人死亡、伤残、疾病的，或者故意杀害被保险人未遂的，该受益人丧失受益权。此外，按照"财产权利可以放弃"的一般民法原理，受益人可以放弃受益权。但是，受益人为无民事行为能力人或者限制民事行为能力人的，其监护人不得代其放弃受益权。受益人的受益权依法丧失或者被放弃，如果没有其他受益人，也属于没有受益人的情形，保险金应当成为被保险人的遗产。

（二）当保险金成为被保险人的遗产时，保险人应当按照《民法典》继承编的规定向被保险人的继承人履行给付保险金的义务

具体包括以下几方面的内容：（1）有遗赠抚养协议的，按照协议办理。（2）有遗嘱的，按照遗嘱继承或者办理遗赠。（3）如果被保险人既未订立遗赠抚养协议，也没有遗嘱的，保险人按照《民法典》中有关法定继承的规定履行给付保险金的义务。保险人在此过程中应当注意以下问题：一是正确认定继承人的范围，既不能遗漏继承人，也不能使没有继承权的人获得保险金，如依法丧失继承权的人即无权获得保险金；二是正确认定继承人的继承顺序；三是正确认定同一继承顺序的各继承人的继承份额。

（三）受益人和被保险人在同一事件中死亡，且无法查明死亡先后顺序的，应当推定受益人死亡在先

推定死亡是在真实死亡顺序无法确切查明的情况下，为了妥善解决有关民事权益而设立的一种法律制度。在真正的死亡顺序可以确切查明的情况下，应当按照真实的死亡顺序处理相关民事权益，而不能采取推定的方法认定死亡顺序。本条规定使得长期困扰保险实务的问题得以化解，较为简便地解决了被保险人与受益人在同一事件中死亡，且死亡时间无法确定的情况下保险金归属的问题。其法律后果是，如果有其他受益人的，保险金按照受益顺序和受益份额由其他受益人受领，没有其他受益人的，保险金成为被保险人的遗产，由被保险人的继承人受领。

▶ 适用指引

关于本条与《民法典》继承编相关规定如何适用的问题

本条规定，受益人与被保险人在同一事件中死亡，且不能确定死亡先后顺序的，推定受益人死亡在先。《民法典》第1121条第2款规定："相互有继承关系的数人在同一事件中死亡，难以确定死亡时间的，推定没有其他继承人的

人先死亡。都有其他继承人，辈份不同的，推定长辈先死亡；辈份相同的，推定同时死亡，相互不发生继承。"

人身保险中的受益人与被保险人通常都是近亲属，存在继承关系，如二人在同一事件中死亡，且不能确定死亡先后顺序的，根据《保险法》的规定与根据《民法典》的规定，可能得出不同结论。《保险法》第42条第2款是为了解决被保险人与受益人均死亡时保险金的性质问题，而《民法典》第1121条第2款是为了解决继承人与被继承人均死亡的情况下，被继承人的遗产如何分配问题，鉴于两部法律各有适用范围和立法宗旨，在确定保险金性质时应根据《保险法》第42条第2款推定受益人先死亡，并根据《保险法解释（三）》第12条的规定来确定其受益份额归谁所有。没有其他受益人的，保险金作为被保险人的遗产。在保险金作为被保险人遗产进行分配时，则根据《民法典》第1121条第2款处理。

▶ 典型案例

王某某、李某与众安在线财产保险股份有限公司意外伤害保险合同纠纷案

关键词： 人身保险合同　受益人　收养　继承人

裁判摘要： 涉讼保险合同载明被保险人的身故受益人为《继承法》规定的法定继承人，保险事故发生后，被保险人无其他继承人，根据相关法律规定并结合被保险人投保时的主观意愿、原告对被保险人实际抚养的事实及公序良俗，可以认定两原告构成《继承法》第14条规定的对被继承人扶养较多的人，两原告可以作为遗产继承人获得身故保险金。

基本案情： 王某系王某某、李某于1999年抱养的弃儿，生父母不详。王某某和李某于2001年为王某办理了户籍入户手续，登记为"养女"。因办理收养手续需要出生证，故一直未能办理收养登记手续。王某接受过普通高中教育、职业技术教育，并已参加工作。王某在网上投保了被告保险公司的《个人综合意外保障》，被保险人为其本人，意外身故保险金额为50万元，"身故受益人"一栏勾选"法定受益人"。后王某因交通事故身亡，其父王某某、其母李某向被告报案后遭拒赔。王某某、李某诉至法院，要求保险公司支付意外身

故保险金。被告保险公司认为，两原告未办理收养登记，与王某未构成合法收养关系，并非合同约定的"法定受益人"。

一审法院经审理认为：涉讼保险为个人综合意外保障险，系以被保险人因意外事故而导致身故、残疾为给付保险金条件的人身保险，其目的多出于为家庭生活预留保障。案涉保险为王某本人以自己的生命为标的投保，被保险人王某享有当然的受益人指定权。王某出生即被抱养，1岁多时户口登记为两原告的养女，亲生父母无法查找，在此情况下，其投保的保障对象应认定为抚养其长大、与其共同生活的养父母，这符合王某投保时的真实意愿，也符合一般社会价值。涉讼保险合同上载明的身故受益人为"法定受益人"，根据《保险法》的相关司法解释，应以《继承法》规定的法定继承人为受益人。本案被保险人王某死亡时未婚，未生育子女，亲生父母不详，在出生不久即被原告夫妇抱养，虽未办理收养手续，但其所在基层组织以及户籍登记机关均可证明王某系原告养女，王某属于"继承人以外的对被继承人扶养较多的人"，在王某无其他继承人的情况下，两原告可以作为王某的继承人。遂判决被告保险公司支付原告保险金500 000元。

一审判决后，保险公司提出上诉。二审法院经审理，认为一审判决认定事实清楚，适用法律正确，应予维持，遂裁定驳回上诉，维持原判。

【案　　号】（2020）沪74民终1251号
【审理法院】上海金融法院

类案检索

余某某等与中国人寿保险股份有限公司江苏省分公司保险合同纠纷案

关键词：人身保险合同　被保险人死亡　受益人死亡

裁判摘要：本案系保险合同纠纷，确定的是保险金的归属问题，应当适用《保险法》的规定。根据《保险法》的规定，受益人与被保险人在同一事件中死亡，且不能确定死亡先后顺序的，推定受益人死亡在先。保险与继承是不同性质的法律关系，在两份保险合同所建立起的两个相互独立的法律关系范围内，可以对同一事件的有关事实作出不同的推定。本案中，被保险人顾某与受益人余某在同一起交通事故中死亡,保险金属于谁的遗产尚且存在争议,不存在适用《继承法》的司法解释的条件,应当适用《保险法》的规定推定受益人余某先死亡。《继承法》的司法解释解决继承权问题,该司法解释只是规定了在继承过程中相互有继承关系的几个人在同一事件中死亡的情况下遗产处理的一般原则,而对于相互有继承关系的几个人在同一事件中死亡、其中两人还存在被保险人与受益人这一特殊情况的,《保险法》已作出了推定受益人先死亡的特殊规定,应当适用《保险法》。

【案　　号】(2013)宁商终字第167号
【审理法院】江苏省南京市中级人民法院

> **第四十三条** 投保人故意造成被保险人死亡、伤残或者疾病的，保险人不承担给付保险金的责任。投保人已交足二年以上保险费的，保险人应当按照合同约定向其他权利人退还保险单的现金价值。
>
> 受益人故意造成被保险人死亡、伤残、疾病的，或者故意杀害被保险人未遂的，该受益人丧失受益权。

关联规定

法律、行政法规、司法解释

1.《中华人民共和国保险法》

第二十七条 未发生保险事故，被保险人或者受益人谎称发生了保险事故，向保险人提出赔偿或者给付保险金请求的，保险人有权解除合同，并不退还保险费。

投保人、被保险人故意制造保险事故的，保险人有权解除合同，不承担赔偿或者给付保险金的责任；除本法第四十三条规定外，不退还保险费。

保险事故发生后，投保人、被保险人或者受益人以伪造、变造的有关证明、资料或者其他证据，编造虚假的事故原因或者夸大损失程度的，保险人对其虚报的部分不承担赔偿或者给付保险金的责任。

投保人、被保险人或者受益人有前三款规定行为之一，致使保险人支付保险金或者支出费用的，应当退回或者赔偿。

2.《最高人民法院关于适用〈中华人民共和国保险法〉若干问题的解释（三）》

第十六条 保险合同解除时，投保人与被保险人、受益人为不同主体，被保险人或者受益人要求退还保险单的现金价值的，人民法院不予支持，但保险合同另有约定的除外。

投保人故意造成被保险人死亡、伤残或者疾病，保险人依照保险法第四十三条规定退还保险单的现金价值的，其他权利人按照被保险人、被保险人继承人的顺序确定。

▶ 条文释义

一、本条主旨

本条是关于投保人故意制造保险事故的后果及受益人丧失受益权的法定情形的规定。

二、条文演变

1995年《保险法》第64条第1款规定："投保人、受益人故意造成被保险人死亡、伤残或者疾病的，保险人不承担给付保险金的责任。投保人已交足二年以上保险费的，保险人应当按照合同约定向其他享有权利的受益人退还保险单的现金价值。"第2款规定："受益人故意造成被保险人死亡或者伤残的，或者故意杀害被保险人未遂的，丧失受益权。"2002年《保险法》修正时未对本条进行修改，仅将条文序号调整为第6条。2009年修订前《保险法》的上述规定存在前后矛盾等问题，第1款规定受益人故意造成被保险人死亡、伤残或者疾病的，保险人不承担保险责任，第2款又规定受益人故意造成被保险人死亡或者伤残的，丧失受益权，言外之意保险人在该种情形下依然要承担保险责任。此外，如果除了故意制造保险事故的受益人之外，被保险人没有指定其他受益人，那么保险人应向谁退还保险单的现金价值，或此时保险单的现金价值如何处理，均未明确。2009年《保险法》修订时，将原有规定修改为现条文内容，解决了原来存在的问题，更加完善。

三、条文解读

（一）投保人故意造成被保险人死亡、伤残或者疾病的，保险人不承担给付保险金的责任

1. 保险人因投保人造成被保险人死亡、伤残或者疾病而免除保险责任，投保人的行为必须是故意行为，而不能是过失行为。如果投保人由于过失造成被保险人死亡、伤残或者疾病，保险人不能据此拒绝承担保险责任。所谓投保人

的故意行为，既包括直接故意，也包括间接故意；既包括积极的作为，也包括负有义务前提下的消极不作为；既包括本人单独实施的行为，也包括与他人共同实施的行为。

2.保险人因投保人故意造成被保险人死亡、伤残或者疾病而免除保险责任，投保人的行为必须是违法行为，而不能是合法的行为，例如投保人为避免另一个重大利益的损失而采取紧急避险措施造成被保险人死亡、伤残或者疾病的，保险人均应承担保险责任。

（二）投保人故意造成被保险人死亡、伤残或者疾病的，如果该投保人已交足二年以上保险费，保险人应当向其他权利人退还保险单的现金价值

在适用上述法律规定时，应当结合《保险法》第27条第2款的规定，即投保人故意制造保险事故的，保险人有权解除保险合同，不承担赔偿或者给付保险金的责任。保险人因投保人故意制造保险事故而退还保险单的现金价值，应当根据被保险人是否死亡而区别处理。如果投保人故意造成了被保险人死亡，保险人应当直接向有关权利人退还保险单的现金价值；如果投保人故意制造保险事故的行为并未造成被保险人死亡，而是造成被保险人伤残或者疾病，则保险人退还保险单的现金价值必须以解除合同为前提，合同如果没有解除则不能产生退还保险单现金价值的后果。保险单的现金价值原本属于投保人，鉴于投保人具有故意制造保险事故的过错，保险单的现金价值不宜退还投保人，而应当按照本条规定，由保险人按照合同的约定退还给其他权利人。

（三）受益人依法丧失受益权的具体情形

根据本条规定，受益人依法丧失受益权的具体情形有四种，即故意造成被保险人死亡；故意造成被保险人伤残；故意造成被保险人疾病；故意杀害被保险人未遂。这一规定的立法本意在于，如果允许受益人因其故意实施加害被保险人的行为而受领保险金，则存在道德风险，使被保险人处于危险状态，不利于保护被保险人的身体健康和生命安全。受益人故意造成被保险人死亡、伤残、疾病或故意杀害被保险人未遂的行为，应当是违法行为，受益人因正当防卫、紧急避险、执行公务等合法行为造成被保险人人身损害的，并不丧失受益权。受益人的故意，包括直接故意与间接故意、故意作为与故意不作为、本人

实施致害行为与通过他人实施致害行为等。

▶ 适用指引

一、"其他权利人"的确定

按照本条第1款的规定，投保人故意造成被保险人死亡、伤残或者疾病且该投保人已经交足二年以上保险费的，保险人虽然可以免除保险责任，但应当按照保险合同的约定向"其他权利人"退还保险单的现金价值。所谓"其他权利人"，首先应当排除故意制造保险事故的投保人，如果保险合同对于"其他权利人"有约定的，保险人在退还保险单现金价值时应当从其约定。如果合同对于"其他权利人"没有约定，应当区别以下情形确定"其他权利人"：（1）保险合同指定了受益人的，保险单现金价值属于受益人；（2）保险合同没有指定受益人的，保险单现金价值属于被保险人；（3）保险合同没有指定受益人且被保险人死亡的，保险单现金价值属于被保险人的继承人。

二、受益人丧失受益权后保险金的归属及保险合同的处理

（一）受益人故意造成被保险人死亡

保险合同有指定其他受益人的，由其他受益人按照受益顺序与受益份额享有受益权。保险合同没有指定其他受益人的，保险金成为被保险人的遗产，由被保险人的继承人受领，丧失受益权的受益人兼为被保险人的继承人的，丧失继承权。

（二）受益人故意造成被保险人伤残、疾病，或者故意杀害被保险人未遂

保险合同有指定其他受益人的，由其他受益人按照受益顺序与受益份额享有受益权。保险合同没有指定其他受益人的，保险金属于被保险人。在该受益人丧失受益权之后，投保人或者被保险人还可以重新指定受益人。

类案检索

陈某2、陈某3与某保险公司黔江区支公司人身保险合同纠纷案

关键词： 人身保险合同　被保险人死亡　保险人免责

裁判摘要： 本案争议焦点为投保人田某是否存在对被保险人故意杀害的情形，即被告主张的免责事由是否成立。虽然检察机关对田某以事实不清，证据不足作出不起诉决定，但是该决定依据的是刑事诉讼标准，属于存疑不起诉。而本案系保险合同纠纷，应当适用民事诉讼证明标准，在公安机关对田某的讯问笔录中，田某明确承认购买该保险就是为了孩子生活有保障，并承认其与刘某一起商量怎么杀害被保险人陈某1，亦承认跟踪、监视过陈某1，在发现陈某1行踪后，告诉刘某去实施伤害行为。刘某也向公安机关供述田某告诉其要搞死陈某1，其供述的实施过程与田某在公安机关的供述基本一致。根据民事证据证明标准，一方证据能够达到高度盖然性，即可予以采信，故本案中可以认定投保人田某对被保险人陈某1有故意杀害的行为，被告的抗辩成立。依据合同免责条款，被告不承担给付保险金的责任。

【案　　号】（2015）渝四中法民终字第00213号
【审理法院】重庆市第四中级人民法院

> 第四十四条 以被保险人死亡为给付保险金条件的合同，自合同成立或者合同效力恢复之日起二年内，被保险人自杀的，保险人不承担给付保险金的责任，但被保险人自杀时为无民事行为能力人的除外。
>
> 保险人依照前款规定不承担给付保险金责任的，应当按照合同约定退还保险单的现金价值。

▶ 关联规定

一、法律、行政法规、司法解释

1.《中华人民共和国民法典》

第二十条 不满八周岁的未成年人为无民事行为能力人，由其法定代理人代理实施民事法律行为。

第二十一条 不能辨认自己行为的成年人为无民事行为能力人，由其法定代理人代理实施民事法律行为。

八周岁以上的未成年人不能辨认自己行为的，适用前款规定。

2.《中华人民共和国保险法》

第三十四条 以死亡为给付保险金条件的合同，未经被保险人同意并认可保险金额的，合同无效。

按照以死亡为给付保险金条件的合同所签发的保险单，未经被保险人书面同意，不得转让或者质押。

父母为其未成年子女投保的人身保险，不受本条第一款规定限制。

第四十三条 投保人故意造成被保险人死亡、伤残或者疾病的，保险人不承担给付保险金的责任。投保人已交足二年以上保险费的，保险人应当按照合同约定向其他权利人退还保险单的现金价值。

受益人故意造成被保险人死亡、伤残、疾病的，或者故意杀害被保险人未遂的，该受益人丧失受益权。

3.《最高人民法院关于适用〈中华人民共和国保险法〉若干问题的解释（三）》

第二十一条 保险人以被保险人自杀为由拒绝给付保险金的，由保险人承担举证责任。

受益人或者被保险人的继承人以被保险人自杀时无民事行为能力为由抗辩的，由其承担举证责任。

二、部门规章及规范性文件

《人身保险公司保险条款和保险费率管理办法》

第八条 人寿保险是指以人的寿命为保险标的的人身保险。人寿保险分为定期寿险、终身寿险、两全保险等。

定期寿险是指以被保险人死亡为给付保险金条件，且保险期间为固定年限的人寿保险。

终身寿险是指以被保险人死亡为给付保险金条件，且保险期间为终身的人寿保险。

两全保险是指既包含以被保险人死亡为给付保险金条件，又包含以被保险人生存为给付保险金条件的人寿保险。

三、司法指导性文件

《最高人民法院关于如何理解〈中华人民共和国保险法〉第六十五条"自杀"含义的请示的答复》

江西省高级人民法院：

你院（2001）赣经请字第3号关于如何理解《中华人民共和国保险法》第六十五条"自杀"含义的请示收悉，经研究答复如下：

本案被保险人在投保后两年内因患精神病，在不能控制自己行为的情况下溺水身亡，不属于主动剥夺自己生命的行为，亦不具有骗取保险金的目的，故保险人应按合同约定承担保险责任。

此复

▶ 条文释义

一、本条主旨

本条是关于被保险人自杀,保险人是否承担保险责任的规定。

二、条文演变

1995年《保险法》在第65条第1款规定:"以死亡为给付保险金条件的合同,被保险人自杀的,除本条第二款规定外,保险人不承担给付保险金的责任,但对投保人已支付的保险费,保险人应按照保险单退还其现金价值。"第2款规定:"以死亡为给付保险金条件的合同,自成立之日起满二年后,如果被保险人自杀的,保险人可以按照合同给付保险金。"2002年修正的《保险法》在第66条对1995年《保险法》第65条的规定原文予以保留。1995年和2002年修正的《保险法》对于有关被保险人自杀的问题所作出的规定,存在一定缺陷:(1)没有根据被保险人结束自己生命时是否具有民事行为能力的不同情形作出不同的规定。(2)没有考虑人身保险合同的效力除生效外另有效力恢复的特殊情形。(3)有人认为立法使用的词语存在技术性失误,第2款中的"可以"一词应当使用"应当"。

鉴于2009年修订前的《保险法》存在上述不足,2009年修订的《保险法》对于被保险人在自杀时无民事行为能力、被保险人在保险合同效力恢复之日起二年内自杀的特殊情形作出了相应的规定,修订后的条文序号变更为第44条。修订后的第44条保留了2002年修正的《保险法》有关被保险人在保险合同成立后二年内自杀,保险人不承担保险责任的规定,同时规定了但书情形:被保险人自杀时无民事行为能力的,无论自杀行为是否发生于保险合同成立或者效力恢复之日起二年之内,保险人均应当承担保险责任。此外,2009年修正的《保险法》又新增规定了一种保险人不承担保险责任的情形,即被保险人在保险合同效力恢复之日起二年内自杀的,保险人也不承担保险责任。上述修改使我国《保险法》有关被保险人自杀后果的规定得以完善。

此后,《保险法》历经2014年、2015年两次修正,本条无变化。

三、条文解读

本条第1款规定了被保险人自杀保险人不承担保险责任的适用条件以及例外情形；第2款规定了保险人不承担保险责任但应退还保险单的现金价值。在理解该条规定时，应当把握三个方面的问题。

（一）被保险人在保险合同成立或者效力恢复之日起二年内自杀的，保险人不承担给付保险金的责任

保险合同的一个明显特征是保险事故发生的不确定性，而被保险人自杀不是不确定的事件，而是被保险人故意造成的。如果被保险人在签订合同时已有自杀意图，更是如此。在这种情况下，如果被保险人与投保人为同一人，则不排除投保人有以自杀来获取保险金的意图，就其行为性质而言属于被保险人故意制造保险事故。通常情况下，被保险人自杀是以积极的态度和行为追求保险事故发生的结果，既违背了"最大诚信原则"，又违背了保险事故应当为"意外事件"与"偶发事件"的原理，还违背了尊重生命的伦理道德观念。因此，按照保险的一般原理，世界各国保险法普遍规定保险人对于被保险人自杀事件不承担保险责任。这一规定的基本出发点，是防止被保险人以自杀为手段不恰当地获得保险金的道德危险。因此，本条第1款规定，以死亡为给付保险金条件的保险合同，被保险人自杀的，保险人不承担给付保险金的责任。

但是，如果过分强调自杀是被保险人故意制造的保险事故，也有可能在客观上产生对于被保险人过于苛刻和不公平的结果。被保险人自杀，往往起因于生活困难或者精神痛苦，并且出于一时的冲动。自杀的冲动通常不会持续很长的时间，如果被保险人在保险合同成立二年之后自杀，即可以基本排除其为了不当获得保险金而订立保险合同并且自杀的可能性，符合保险事故具有不确定性的特征，仍然可以被视为一起"特殊的意外事件"，保险人对该事件应当承担保险责任。

我国《保险法》遵循国际惯例，规定了"二年自杀缓冲期"的制度。该制度具有两方面的意义：一方面，防止被保险人为获得保险金而自杀的道德危险；另一方面，在被保险人自杀的情况下保障与被保险人关系密切的人的生活，对其给予救济。为了防止被保险人通过自杀获得保险金的道德危险，《保险法》还规定了自杀缓冲期的起算时间，即"自合同成立或者合同效力恢复之日起二年"。关于保险合同成立、效力中止和恢复条件等问题,《保险法》第13条、第36条、第37条作出了规定。

（二）被保险人自杀时无民事行为能力的,无论自杀行为是否发生于保险合同成立或者效力恢复之日起的二年之内,保险人均应当承担给付保险金的责任

所谓自杀,是行为人有意识地结束自己生命的行为,行为人只有能够准确认识自己行为的性质和结果,其结束自己生命的行为才属于自杀。无民事行为能力的人,对于自己行为的性质和结果不能够进行准确的判断,因此其实施的行为即便产生了结束自己生命的客观结果,该行为也不属于自杀,而属于意外事件。无民事行为能力人,是指先天或因疾病等原因不能辨认自己行为的成年人和不满八周岁的未成年人。

（三）被保险人在缓冲期内自杀的,保险人应当退还保险单的现金价值

现金价值是指带有储蓄性的人身保险单所具有的价值。在长期人身保险中,保险费率组成中含有储蓄因素,特别是长期性带有生存给付保险的保险费往往含有很大比重的储蓄保险费。保险单交费达到一定时间后,逐年积存相当数额的责任准备金,并随着时间的延伸而不断增加,这就形成了保险单的现金价值。因此除定期死亡保险外,每一张长期保险单在积累保险费一段时间后,都包含有现金价值。现金价值不因保险合同效力的变化而丧失。虽然现金价值由保险人所运用保管,但实际上仍为投保人、被保险人所有。投保人解除合同时,保险人应当退还保险单现金价值。即使投保人或被保险人、受益人违反合同规定的某些义务而致使保险合同解除,保险单的现金价值也不会丧失而仍属于投保人或受益人。

根据本条第2款规定,保险人可以因被保险人在缓冲期内自杀而免除保险责任,但本着公平原则,应当退还保险单的现金价值,否则该现金价值将构成保险人的不当得利。《保险法》没有明确规定保险人向谁退还保险单的现金价值,实践中对于投保人与被保险人、受益人为不同主体时,保单现金价值归谁所有存在不同认识,也引发了不少纠纷。2015年最高人民法院在制定《保险法解释（三）》过程中,对此问题进行了认真研究和论证,并在第16条对此

进行了明确:"保险合同解除时,投保人与被保险人、受益人为不同主体,被保险人或者受益人要求退还保险单的现金价值的,人民法院不予支持,但保险合同另有约定的除外。投保人故意造成被保险人死亡、伤残或者疾病,保险人依照保险法第四十三条规定退还保险单的现金价值的,其他权利人按照被保险人、被保险人继承人的顺序确定。"

▶ 适用指引

一、被保险人自杀的界定

司法实践中,在认定被保险人是否死于自杀时,除应考虑当事人所提交证据的证明力之外,还应当准确把握自杀的定义与构成要件。认定某人死于自杀必须同时满足以下条件:(1)行为人具有民事行为能力。无民事行为能力的人由于不能准确判断自己行为的性质和后果,故其结束自己生命的行为不属于自杀,而属于意外事件。(2)行为人应当处于精神自由的状态,自主决定结束自己的生命。如果行为人受他人胁迫,不得不结束自己的生命,就不是自主决定结束自己生命,其结束自己生命的行为不是自杀。例如,甲对乙怀有仇恨,甲于是绑架了乙的子女,逼迫乙自杀,声称乙若不自杀即加害乙的子女。乙在此受胁迫状态下结束自己生命的行为不构成保险意义上的自杀。

在认定行为人结束自己的生命是受到胁迫、不属于自杀时,应当注意以下几点:(1)胁迫者实施胁迫行为的目的应当是迫使受胁迫者主动结束自己的生命。(2)胁迫者的胁迫行为应当达到一定的严重程度。在某些情形下,胁迫者虽然实施了胁迫行为,但其胁迫行为的目的并非使受胁迫者自杀,或者胁迫者的胁迫行为并不严重,受胁迫者在上述情形下自杀即不能被认定为受胁迫结束自己的生命,而应当被认定为自杀。例如,甲由于与乙有纠纷而对乙进行辱骂,乙不堪忍受而服毒自尽,在此情形下甲既没有追求乙结束自己生命的主观愿望,也没有实施特别严重的胁迫行为,乙由于心理承受能力较弱而结束自己生命的行为即属于自主决定自杀,而不是受胁迫。此外,被保险人自杀未必亲自实施结束自己生命的行为。例如,甲不堪忍受病痛,请求乙结束自己的生命,乙喂食甲毒药致使甲死亡。对于乙而言,其行为构成故意杀人;对于甲而言,其行为构成保险意义上的自杀。

二、被保险人自杀的举证责任

(一)举证责任的分配

保险人规定承保风险的方式有两种:一切险与特定险。一切险承保除列明除外责任以外的一切原因给被保险人造成的保险标的的损失,在承保人承保一切险的情况下,它所承保的风险范围非常广,被保险人无须证明损失具体是由哪种风险所造成,而只要证明确有事故在保险期间发生,就已经完成了索赔项下的举证责任,保险人只有证明事故确系某种除外责任之内的原因才可拒赔。特定险保险条款对于保险责任采用的是"列明风险"(named risks insuredagainst)方式,同时列明除外责任,在保险索赔时,被保险人须首先证明其遭受的损失属于某项列明风险,在被保险人完成初步举证后,保险人必须通过举证证明该项损失属于某项除外责任来拒赔。

具体到人身保险中,以被保险人死亡作为给付保险金条件的合同主要是寿险合同与意外伤害保险合同。对于寿险合同,只要不是合同中明确规定的除外风险所造成的被保险人死亡,保险人对于其他原因造成的被保险人死亡均负有保险金给付责任,所以被视为是以一切险的方式规定承保风险的保险,因此索赔请求人只需证明被保险人死亡这个保险事故在保险责任期间内发生即可,保险人则必须证明被保险人死于自杀或属于其他除外责任方能拒绝承担给付保险金的责任。意外伤害保险则属于列明风险的合同,即不但要求有被保险人死亡的结果还要求其必须是因意外事故所致,所以索赔请求人需证明被保险人系死于合同规定的意外伤害。一般来说意外伤害应满足"外来的、突发的、非本意的、非疾病的"四个特征。对于"非本意的"由谁承担举证责任则存在不同认识:一方面"非本意"本是构成意外伤害的必备要件,似乎应由被保险人一方来证明;但从另一方面来说,强调"非本意"实际是为了排除"故意行为",而被保险人的"故意行为"通常被列为除外责任,似乎又应由保险人负举证责任。学界对此问题有两种不同的观点:[①]

主张由索赔请求人负担举证责任的理由如下:(1)合同约定的"非本意"

[①] 参见叶启洲:《猝死的认定与举证责任分配》,载谢宪、李友根主编:《保险判例百选》,法律出版社2012年版,第280页;岳卫:《人身保险中故意免责的举证责任》,载《法学》2010年第5期。

实际上意味着通过当事人之间的合意，将原本应由保险人承担的举证责任转换为由请求权人承担；（2）由保险人承担举证责任而蒙受不利裁判的结果，将会间接地助长保险金不正当请求事件的发生，危害保险制度的健康发展；（3）鉴于保险事故一般发生于被保险人的生活圈内，相对于保险人，请求权人更容易收集证据，因此由其承担举证责任更为公平合理。主张由保险人负担举证责任的理由如下：（1）故意免责条款具有决定举证责任归属的特殊法律意义。人身意外伤害保险条款于规定"非本意"之要件外，又特意设置了故意免责条款，据此将其目的解释为保险人应承担举证责任显然更为自然、更具合理性。（2）相对于保险人举证"故意"，"非本意"的证明对于索赔请求人来说属于消极事实，当事人只有通过间接证据才能完成举证。极有可能因为举证该事故"并非被保险人之故意行为所致"之困难，导致保险合同目的难以达成；对于保险人来说只要能证明被保险人自杀就可免除给付责任，属于有利于保险人的事实，因此将"非本意"的举证责任分配给保险人较为妥当。最高人民法院在制定《保险法解释（三）》的过程中，亦采纳了此种方式，在第21条规定："保险人以被保险人自杀为由拒绝给付保险金的，由保险人承担举证责任。受益人或者被保险人的继承人以被保险人自杀时无民事行为能力为由抗辩的，由其承担举证责任。"

（二）证明标准

民事诉讼采用的是"证据优势原则"。审判实务中，以被保险人自杀为争议焦点的案件，核心问题是证明责任的负担和证明标准。在通常情况下，如果保险人以被保险人自杀为由拒绝承担保险责任，其应当就被保险人自杀事实的存在承担证明责任。一般而言，被保险人的遗书对于认定其自杀具有明显的证明作用。但是行为人在自杀之前未必都留有遗书，此时法官的内心确认对于案件事实的认定将发挥重要作用。法官在认定被保险人是否死于自杀时，应当综合审查案件全部证据，以确定各份证据证明力的大小或者有无，并且结合生活经验与逻辑推理，认定被保险人是否死于自杀。例如，被保险人坠楼身故，如其坠楼时正在从事清洗房间窗户的工作，即可以排除自杀的可能。反之，如果该被保险人有犯罪行为被他人揭发，侦查机关正在对其进行调查，其畏罪自杀的可能性就很大。再如，被保险人陷入了严重的家庭矛盾，大量服用了其明知不能大量服用的药物（如安眠药），也可以认定该被保险人死于自杀。总之，在认定被保险人是否死于自杀时,应当尽力探求该被保险人死亡前的生活状态与精神状态,探求其死亡是否具有明显的"意外"情节,探求其是否具有自杀的动机,进而得出该被保险人是否死于自杀的结论。如果保险人向法院提交的证据足以使法官形成被保险人自杀的初步认识,举证责任即相应发生转移,转而由保险金请求权利人承担举证责任,以打消或逆转法官已经初步形成的有关被保险人死于自杀的认识。如保险金请求权利人不能实现上述证明目的,法官即可以认定被保险人死于自杀,并且依据《保险法》的相关规定对案件作出裁判。

类案检索

一、前海联合财保公司、前海联合财保广东分公司与陈某某等意外伤害保险合同纠纷案

关键词:自杀 无民事行为能力 保险责任

裁判摘要:《保险法》第44条规定:"以被保险人死亡为给付保险金条件的合同,自合同成立或者合同效力恢复之日起二年内,被保险人自杀的,保险人不承担给付保险金的责任,但被保险人自杀时为无民事行为能力人的除外。"《保险法解释(三)》第21条规定:"保险人以被保险人自杀为由拒绝给付保险金的,由保险人承担举证责任。受益人或者被保险人的继承人以被保险人自杀时无民事行为能力为由抗辩的,由其承担举证责任。"首先,根据前海联合财保公司、前海联合财保广东分公司提供的现场勘察照片显示,事发现场有众多晾衣绳,不存在陈某某等所述需自行接拉晾衣绳的情形,而且相关人员在公安机关的询问笔录及公安机关的勘查记录均未提及被保险人坠落处有接拉晾衣绳的迹象。其次,事发现场为楼顶,周边围栏高度超过160cm,正常的行为及活动没有导致坠落的可能,即便接拉晾衣绳也仅需手部触摸到围栏即可,没有攀爬并超越围栏高度的必要。最后,被保险人在死亡前向其妹妹提过不想活了,在事发前给其女儿留了一封遗书,公安勘验时发现有一架子新移动至围栏边,表明被保险人主观上有企图剥夺自己生命的故意。综上,根据《最高人民法院关于适用〈中华人民共和国民事诉讼法〉的解释》第108条第1款"对负有举证证明责任的当事人提供的证据,人民法院经审查并结合相关事实,确信待证事实的存在具有高度可能性的,应当认定该事实存在"的规定,前海联合财保公司、前海联合财保广东分公司提供的证据能够相互印证,形成完整的证据链,一审法院认定被保险人是自杀,并非意外坠亡,具有事实和法律依据。陈某某等主张被保险人属于意外坠亡,依据不足,法院不予采纳。虽然被保险人患有精神疾病,但患有精神疾病不等同于无民事行为能力,陈某某等并未举证证明被保险人自杀时为无民事行为能力人,且从陈某某陈述被保险人在坠亡前已停药一个多月,精神无异常,能帮助家人做家务,以及李某某陈述在事发前一天与黄某通过电话,并未发现异常等事实,可排除被保险人在坠亡时为无民事行为能力人的情形。因此,一审法院认定保险人是自杀且不属于无民事行为能力人,前海联合财保公司、前海联合财保广东分公司不承担给付保险金的责任,认定并无不当,予以维持。

【案　　号】(2021)粤01民终20270号
【审理法院】广东省广州市中级人民法院

二、江某1、李某某等人身保险合同纠纷案

关键词: 自杀　合同成立之日起二年内　免责

裁判摘要: 根据涉案保险合同中的约定,被保险人因遭受意外伤害或其他原因导致身故或全残,保险公司应按约支付相应保险金,但合同同时约定了"被保险人自本合同成立或合同效力恢复之日起2年内自杀,但被保险人自杀时为无民事行为能力人的除外"这一免赔情形。江某2身故系双方均认可的事实,但双方对该身故的性质是否属于自杀及被上诉人是否能免予赔偿发生了争议。

首先,现无证据证明江某2系他杀或意外坠落等意外情形导致身故,根据事发时唯一目击证人、江某2之夫也是本案上诉人之一的陈某某在公安机关的询问笔录关于江某2系跳楼的语言描述可知,江某2系自行跳楼而亡而非意外坠落。上诉人现认为江某2系晾衣服时意外坠落死亡,未提交证据推翻陈某某在公安机关的陈述,对其该项主张不予采信。其次,被上诉人在投保单、保险合同回执和保险条款中通过加黑加粗字体、特别提醒、反复提醒等方式提醒投保人江某2注意前述免责条款的法律后果,已尽到法定的提示告知义务。且江某2本身即涉案保险的业务员,在投保的保险合同中身兼数个身份,其知道或应当知道涉案免责条款的内容及法律后果。根据《保险法》第17条中关

于"对保险合同中免除保险人责任的条款，保险人在订立合同时应当在投保单、保险单或者其他保险凭证上作出足以引起投保人注意的提示，并对该条款的内容以书面或者口头形式向投保人作出明确说明；未作提示或者明确说明的，该条款不产生效力"的规定，被上诉人依法依约不应承担涉案保险的理赔责任。最后，根据《保险法》第44条第1款关于"以被保险人死亡为给付保险金条件的合同，自合同成立或者合同效力恢复之日起二年内，被保险人自杀的，保险人不承担给付保险金的责任，但被保险人自杀时为无民事行为能力人的除外"的规定，即便上诉人认为被上诉人未尽到提示告知义务，因江某2在2019年9月27日投保后于2020年8月30日跳楼自杀身亡，自杀时间符合前述法律规定的涉案保险合同成立的二年内，故被上诉人依法亦不应承担本案保险金的赔偿责任。

【案　　号】（2021）黔03民终7542号

【审理法院】贵州省遵义市中级人民法院

> **第四十五条** 因被保险人故意犯罪或者抗拒依法采取的刑事强制措施导致其伤残或者死亡的,保险人不承担给付保险金的责任。投保人已交足二年以上保险费的,保险人应当按照合同约定退还保险单的现金价值。

▶ 关联规定

法律、行政法规、司法解释

《最高人民法院关于适用〈中华人民共和国保险法〉若干问题的解释（三）》

第二十二条 保险法第四十五条规定的"被保险人故意犯罪"的认定,应当以刑事侦查机关、检察机关和审判机关的生效法律文书或者其他结论性意见为依据。

第二十三条 保险人主张根据保险法第四十五条的规定不承担给付保险金责任的,应当证明被保险人的死亡、伤残结果与其实施的故意犯罪或者抗拒依法采取的刑事强制措施的行为之间存在因果关系。

被保险人在羁押、服刑期间因意外或者疾病造成伤残或者死亡,保险人主张根据保险法第四十五条的规定不承担给付保险金责任的,人民法院不予支持。

▶ 条文释义

一、本条主旨

本条是关于被保险人故意犯罪或者抗拒依法采取的刑事强制措施导致自身伤残或者死亡时,保险人免除保险责任的规定。

二、条文演变

1995年《保险法》第66条规定:"被保险人故意犯罪导致其自身伤残或者死亡的,保险人不承担给付保险金的责任。投保人已交足二年以上保险费的,保险人应当按照保险单退还其现金价值。"2002年修正的《保险法》在第67条对上述规定原文保留。

2009年修订的《保险法》对上述条文进行了修改完善,保留了2002年《保险法》有关被保险人因故意犯罪造成其自身死亡或者伤残,保险人免除保险责任的规定,同时增加规定,如果被保险人因抗拒依法采取的刑事强制措施而造成其自身死亡或者伤残的,保险人也不承担保险责任,使保险人在被保险人具有违法犯罪行为的情况下更为有效地获得了法律救济。此外,对于保险人在前述情形下退还保险单现金价值的规定也进行了完善。

此后,《保险法》历经2014年、2015年两次修正,本条无变化。

三、条文解读

按照保险原理,保险人所承保的是由于外来因素造成的保险事故。被保险人因故意犯罪或者抗拒依法采取的刑事强制措施导致发生保险事故,不属于这种情况。因此,保险人不应当承担给付保险金的责任。由于人身保险的保险单具有现金价值,故本条规定,有上述情形,如果投保人已交足二年以上保险费的,保险人应当按照合同约定退还保险单的现金价值。在理解该条规定时,应当把握三个方面。

(一)人身保险的被保险人因故意犯罪导致其自身死亡或者伤残的,保险人不承担给付保险金的责任

1. 被保险人所实施的犯罪行为,必须是故意犯罪

被保险人因过失犯罪导致其自身伤残或者死亡的,保险人不能免除给付保险金的责任。例如,被保险人无证驾驶机动车辆发生交通事故过失造成他人死亡并造成自身伤残,即属于此种情形。此外,被保险人因一般性违法行为导致其死亡或者伤残的(例如被保险人驾驶机动车辆违反交通管理法规闯红灯或者超速行驶发生交通事故导致其自身死伤),保险人也不能免除保险责任。

2. 被保险人因故意犯罪而导致其死亡或者伤残，是指犯罪实施阶段发生的死亡或者伤残

死亡或者伤残的结果不能发生在犯罪预备阶段、犯罪中止阶段或者犯罪行为结束后。例如，被保险人欲抢劫银行，在前往银行的途中发生车祸或者在抢劫得手后返回住所的途中发生车祸，导致其死亡或者伤残的，保险人均应当承担保险责任。

3. 被保险人因故意犯罪而导致其死亡或者伤残，具体包括三种情形

（1）被保险人所实施的犯罪行为，由于具有高度危险性，直接造成其死亡、伤残结果的发生。例如，被保险人在高楼破窗入室盗窃，不慎坠楼致死或致残。（2）被保险人实施犯罪行为，被害人正当防卫，将被保险人致死或致残。例如，被保险人欲杀害他人，被害人奋起反抗，将被保险人杀死或者打伤。（3）被保险人因犯罪被判处并执行死刑。上述几种情形，均属于被保险人因故意犯罪而导致其自身死亡或者伤残的事件，保险公司均不承担保险责任。

在判定保险人是否因被保险人故意犯罪而免除保险责任时，尤其要强调被保险人实施的犯罪行为与其自身死伤结果之间因果关系的直接性和必然性。如果被保险人虽然实施了故意犯罪行为，但是该犯罪行为与其自身死伤结果之间没有直接的、必然的因果关系，则不能认定被保险人的死伤结果是由于其实施犯罪行为所造成。例如，某犯罪团伙共同实施盗窃犯罪之后，团伙内部由于分赃不均发生争执，甲将乙殴打致死。如果乙是被保险人，保险公司即不能以乙因故意犯罪导致其死亡为由拒绝承担保险责任。再如，被保险人杀害他人后被制服，随后被害人亲友将被保险人殴打致死，保险公司也应当承担保险责任。

（二）被保险人因抗拒依法采取的刑事强制措施导致其死亡或者伤残的，保险人不承担给付保险金的责任

依照《刑事诉讼法》的规定，刑事强制措施包括拘传、取保候审、监视居住、拘留和逮捕。刑事强制措施是国家法律赋予有权机关对被告或犯罪嫌疑人采取的必要措施，被保险人抗拒依法采取的刑事强制措施，其行为本身必然具有社会危害性，如果要求保险人对于被保险人因实施具有社会危害性的行为所造成的自身死亡或者伤残承担保险责任，显然违背了正常的价值观与善良风俗。因此《保险法》规定，被保险人因抗拒依法采取的刑事强制措施而造成其自身死亡或者伤残的，保险人不承担保险责任。

所有抗拒依法采取的刑事强制措施的行为必定为故意行为，但是抗拒依法采取的刑事强制措施的行为未必都构成犯罪。只有那些达到一定严重程度、造成一定危害结果的抗拒依法采取的刑事强制措施的行为才构成犯罪。例如，被保险人被公安人员抓捕过程中驾车逃跑，车辆翻入悬崖造成其伤残，该逃跑行为虽然不构成犯罪，但其伤残结果是由于抗拒依法采取的刑事强制措施所造成，故保险人对该伤残结果不承担给付保险金的责任。

在认定被保险人因抗拒依法采取的刑事强制措施而造成其自身死亡或者伤残时，也应当着重考虑被保险人的死亡、伤残结果与其抗拒行为之间是否具有直接的、必然的因果关系。如果被保险人虽然实施了抗拒行为，但该抗拒行为与死伤结果之间并不存在直接的、必然的联系，即不宜认定被保险人因抗拒依法采取的刑事强制措施而造成其自身死亡或者伤残。例如，被保险人逃避公安人员的抓捕、藏匿于深山之中，遇到山体崩塌而死亡，该死亡结果与抗拒行为之间即不存在必然关系，不能认定被保险人因抗拒抓捕而造成其死亡。

（三）在前述保险人不承担给付保险金责任的情况下，如投保人已交足二年以上保险费，保险人应当按照保险合同的约定退还保险单的现金价值

《保险法》规定保险人在不承担保险责任的情形下仍要退还保险单的现金价值，主要是为了避免保险人的不当得利。应当强调的问题是，如果保险合同对于保险人退还保险单的现金价值有约定的，应当从其约定。所谓"约定"应当包含两方面的内容：一是现金价值的计算方式及金额；二是有权领取现金价值的人员。如果保险合同没有明确约定现金价值的归属，鉴于现金价值来源于投保人交纳的保险费，应当将现金价值退还给投保人。投保人兼为被保险人且已经死亡的，保险人应当将保险单的现金价值退还给投保人的继承人。

▶ 适用指引

一、"被保险人故意犯罪"的认定

"被保险人故意犯罪"的认定，应当以刑事侦查机关、检察机关和审判机关的生效法律文书或者其他结论性意见为依据。

"由于该规定中所采'故意犯罪'一词本身含义太广，使得司法认定易流

于形式乃至泛滥，有遭保险人滥用而推卸给付责任之弊，广受质疑。"① 理论界与实务界就该条产生了三方面的质疑：（1）对被保险人犯罪免责的正当性提出质疑。传统观点认为，暴力犯罪是现代人最痛恨的。公众利益强烈要求阻止这类犯罪。② 所以基于公共政策，"被保险人一般不能从自己的犯罪行为的后果中得到保险补偿"。③ 反对者则认为，受被保险人抚养之遗属不应受到被保险人犯罪的"惩罚"，基于"优先保护受被保险人抚（扶）养之遗属"理论，罪犯的遗属可以获得保险金给付，应当缩限本条适用范围。④（2）对本条所指犯罪含义提出质疑。传统观点认为，《保险法》本条所指的犯罪行为不限于经过刑事诉讼程序判决，构成犯罪的行为，还应包括虽未被刑事诉讼程序认定为犯罪行为，但事实上明显构成犯罪的行为。⑤ 反对者则主张，基于"无罪推定"原则，必须区分"犯罪"与"涉嫌犯罪"，未经刑事审判程序认定被保险人有罪的即不属于故意犯罪，保险人不得免责。所以，犯罪嫌疑人已经死亡、无刑事责任能力者犯罪、尚未被判决有罪等均不能适用本条。⑥（3）对"导致"一词所指因果关系的质疑。传统观点认为，本条所指的伤残、死亡结果的产生只要具有犯罪因素即可适用。因犯罪被执行死刑、攀爬高楼盗窃坠楼死亡、盗窃后分赃不均殴打致残、盗窃后被赶来群众殴打致残等皆应免责。

《保险法解释（三）》制定过程中，部分法院和多数保险业界人士则认为对"导致"应采用《保险法》上的因果关系理论加以解释，即被保险人的死亡、伤残结果与其实施的故意犯罪或者抗拒依法采取的刑事强制措施之间不存在直接因果关系的，保险人不能适用本条拒赔。经过认真论证，《保险法解释（三）》第22条规定："保险法第四十五条规定的'被保险人故意犯罪'的认定，应当以刑事侦查机关、检察机关和审判机关的生效法律文书或者其他结论性意见为依据。"第23条规定："保险人主张根据保险法第四十五条的规定不

---

① 樊启荣：《保险法诸问题与新发展》，北京大学出版社2015年版，第395页。
② ［英］Malcolm A.Clarke：《保险合同法》，何美欢等译，北京大学出版社2002年版，第656页。
③ ［英］约翰·伯茨：《现代保险法》，陈丽洁等译，河南人民出版社1987年版，第162页。
④ 樊启荣：《在公益与私益之间寻求平衡——〈中华人民共和国保险法〉第45条规定之反思与重构》，载《法商研究》2010年第5期。
⑤ 陈璟菁：《论被保险人故意犯罪行为致死致残的免责》，载《中国保险管理干部学院学报》2004年第1期。
⑥ 王静：《保险类案裁判规则与法律适用》，人民法院出版社2013年版，第273页。

承担给付保险金责任的，应当证明被保险人的死亡、伤残结果与其实施的故意犯罪或者抗拒依法采取的刑事强制措施的行为之间存在因果关系。被保险人在羁押、服刑期间因意外或者疾病造成伤残或者死亡，保险人主张根据保险法第四十五条的规定不承担给付保险金责任的，人民法院不予支持。"

（一）保险法上的犯罪认定

基于对犯罪概念的不同认识，相应的就谁有权认定犯罪也产生了两种对立的观点。第一种观点基于单义性犯罪概念和无罪推定原则认为，只有法院依据《刑事诉讼法》以作出判决的方式才能认定某人有罪。审理保险合同纠纷的法院依民事诉讼程序无权认定是否构成犯罪。第二种观点则认为，法院在审理保险合同纠纷中可以通过民事诉讼程序来认定被保险人的行为是否构成犯罪。

上述两种观点和做法都有一定合理性与不足。比如，被保险人故意绑架他人，警察解救人质时将其击毙。由于犯罪嫌疑人已经死亡，刑事诉讼程序不再展开以追究其刑责。如依前一种观点，由于没有法院作出刑事有罪判决，即不属于《保险法》第45条之故意犯罪。而依后一观点，民事诉讼程序中查明被保险人的行为构成犯罪的，保险人仍可以免责。后一种观点显然更容易获得认同。但在一些罪与非罪界定困难，证据缺失的案件中，后一种观点也会出现明显不当。比如甲当面侮辱乙系私生子并且乱搞男女关系，乙愤然出手殴打甲，致甲死亡。甲之受益人丙要求保险公司给付保险金，而保险公司却主张甲的行为触犯《刑法》规定的侮辱罪，并因此犯罪行为而致死，故主张免责。① 在保险合同纠纷案中，依刑事诉讼程序或民事诉讼程序，就甲有无犯罪进行认定都会出现困难。

《保险法解释（三）》采纳的观点是，否定法院在审理民事案件时有权独立依据证据认定是否构成犯罪的做法。

1. 民事诉讼程序不适合认定犯罪

民事诉讼的具体原则、制度不适合对行为是否符合犯罪的全部构成要件进行认定。《民事诉讼法》是为了解决当事人之间的权利义务关系而设计，《刑事诉讼法》是为惩罚犯罪、保护人民的刑事实体法提供组织上的保障而设立。诉讼目的的差异决定了两者在性质、模式、制度、原则上存在巨大不同。

---

① 陈璟菁：《论被保险人故意犯罪行为致死致残的免责》，载《中国保险管理干部学院学报》2004年第1期。

2. 贯彻刑事诉讼法的基本原则

我国《刑事诉讼法》虽并未明确规定无罪推定原则，但多数学者认为，该原则已被吸收入《刑事诉讼法》。《刑事诉讼法》第 12 条规定："未经人民法院依法判决，对任何人都不得确定有罪。"该条规定"所强调的是人民法院的定罪权，即强调只有法院有权对被告人进行定罪。"这表明我国《刑事诉讼法》吸收了无罪推定的核心内容。① 要求法院于民事诉讼程序中对犯罪进行判断的观点，严重违背了上述刑事诉讼法的基本原则。基于人权保障理念的内在要求，践行现代民主、法治、人权等价值理念，我们反对采用该观点。

3. 遵从既往的司法经验

除保险纠纷案件，其他民事、行政案件也存在如何认定犯罪的问题。法院通常不会独立依据证据判定是否构成犯罪，而是以生效刑事判决或有关机关有罪认定的法律文件为依据。最高人民法院在总结各地法院审判经验的基础上，就工伤保险行政案件中故意犯罪的认定作有具体规定，可以借鉴。《工伤保险条例》第 16 条规定："职工符合本条例第十四条、第十五条的规定，但是有下列情形之一的，不得认定为工伤或者视同工伤：（一）故意犯罪的；……"就工伤中的故意犯罪应如何认定的问题，《最高人民法院关于审理工伤保险行政案件若干问题的规定》第 1 条第 3 款明确规定："《工伤保险条例》第十六条第（一）项'故意犯罪'的认定，应当以刑事侦查机关、检察机关和审判机关的生效法律文书或者结论性意见为依据。"该条规定既否定了犯罪概念单义性解释的观点，也否定了犯罪的认定仅能依据生效刑事判决的做法，认为其他构成犯罪的结论性意见也可以作为认定依据。但该条也没有完全接纳犯罪概念多义说，否定了行政诉讼中法院可以独立依据有罪证据认定故意犯罪。该条规定在两种观点之间采取了折中的做法，将是否构成故意犯罪的认定权限于《刑事诉讼法》规定的相关部门，但同时将认定依据从生效刑事判决扩张至生效法律文书和结论性意见。

我们认为，工伤保险和人身保险的故意犯罪认定没有本质上的差异，基于法律适用标准统一的考虑，应当采用相同的认定标准。比如 2002 年 5 月 7 日的坠机事件，公安机关侦查结论为乘客郑某在飞机上故意纵火造成包括其本人在内共计 112 人死亡的严重的人为破坏事件。郑某在乘机当日向六家保险公司

---

① 陈光中、张佳华、肖沛权：《论无罪推定原则及其在中国的适用》，载《法学杂志》2013 年第 10 期。

购买了七份航空意外险。事故发生后,其母持保单起诉保险公司要求赔偿保险金。如果采用单义说,由于犯罪嫌疑人已经死亡,依法不再追究其刑事责任,也就不会有认定犯罪的刑事判决书。但如果此种情形也要求保险人全额予以赔偿,有悖于我国当前的公共政策。因此,《保险法解释(三)》第22条规定,公安机关的结论性意见可以作为认定故意犯罪的依据,免除保险人的赔偿,符合当前的国情民意,较为合理。

(二)正确认识几对关系

1. 正确认识畏罪自杀与犯罪不赔的关系

被保险人于实施故意犯罪后,因畏惧刑罚处罚自杀,保险人是否可以依据《保险法》第45条免责?对此实务中有两种观点:一种是认为被保险人的死亡结果是由前一犯罪行为所导致,适用《保险法》第45条。[①]另一种则认为,自杀与之前的故意犯罪之间没有法律上的因果关系,应适用《保险法》第44条有关自杀的规定处理。[②]

我们倾向于后一种观点。《保险法》第45条规定的"导致",不仅要求犯罪行为本身与保险事故的发生存在法律上的因果关系,还要求其行为本身从客观事实上判断,具有足致发生死亡或伤害之高度危险可能性。前一种观点对"导致"一词所包含的因果关系的理解,属于社会观念的因果关系,不是法律上的因果关系。如甲向乙投放毒物,乙中毒后不至于死亡,但因中毒疼痛难忍,便上吊自杀。刑法学认为,由于介入了被害人对结果起决定性作用的异常行为,甲的行为与死亡结果之间没有因果关系。[③]

被保险人实施犯罪后自杀的处理,原则上也应当遵循上述因果关系的基本判断方法,寻找死亡在法律上的真正原因。不能简单将犯罪后畏罪自杀均归为犯罪行为的结果。比如被保险人甲因琐事争吵误推妻子撞桌角死亡,后悔不已,挥刀自刎。甲的行为可能属于过失犯罪(还可能属于意外),但自杀却属于甲死亡的原因,保险人可以援引《保险法》第44条免责。又如,被保险人在公共交通工具上引燃身上爆炸物导致死亡,其点燃的行为在刑法上评价为犯

---

① 中国保险行业协会:《保险诉讼典型案例年度报告(第6辑)》,法律出版社2014年版,第118~121页。
② 张亚芳、聂华元:《"湖南畏罪自杀索赔案"评析——以〈保险法〉第六十七条为中心》,载《贵州警官职业学院学报》2007年第5期。
③ 刘凤科:《刘凤科讲刑法》,中国政法大学出版社2015年版,第36页。

罪，同时在保险法上也可评价为自杀行为和故意制造保险事故行为。保险人可以选择适用何种法定免责条款进行拒赔。当然在审查是否属于自杀时，法院还应当进一步审查被保险人于自杀时是否具有民事行为能力，保险合同成立或复效是否已经超过两年，最终依据《保险法》第44条作出判断。

2. 正确认识合同约定条款与犯罪不赔的关系

实践中，保险合同的责任免除条款通常包括犯罪不赔，而且部分保险公司的条款表述与《保险法》第45条存在一定差异。比如有的合同约定将犯罪或者抗拒依法采取的刑事强制措施，"直接或间接造成被保险人身故、残疾的"均列入免赔范围。① 有的合同将"拒捕"导致身故作为免责情形。② 有的合同约定"不法"或"非法"活动导致身故属于免赔情形。③ 这些条款或者将"导致"一词的因果关系扩大至间接导致，或者将故意犯罪扩大至不法行为、违法行为，实际上使得保险人免除责任的情形大于《保险法》第45条。在审判实务中，当保险人依据此类约定拒赔时，法院应当如何处理？

我们认为，保险条款中的此类条款属于责任减免条款。在具体处理时，应当根据约定内容分别处理。首先，条款中有关故意犯罪或抗拒依法采取的刑事强制措施导致其伤残或者死亡的内容，如与《保险法》第45条一致的，属于保险合同重述法定免责条款。此种约定条款不论保险人有无履行提示和明确说明义务，均当然发生法律效力。其次，保险合同将不法、违法行为导致的死亡、伤残列入保险责任免责事由的，法院应当根据《保险法》第17条审查该条款是否产生效力。最后，条款就《保险法》第45条"导致"一词进行扩大性解释，将故意犯罪间接导致也列入免赔范围的，法院也应当依据《保险法》第17条审查该条款是否产生效力。

3. 正确认识故意犯罪与故意制造保险事故的关系

保险法所指的故意犯罪与故意制造保险事故是两种完全不同的情形，法律后果也不相同。被保险人实施一行为时，可能同时具有制造保险事故和犯罪的故意，也可能只有犯罪故意，或者只有制造保险事故的故意。两者之间不存在必然的排斥或包含关系。不论被保险人的行为是否构成故意犯罪，只要属于故

---

① 中国太平洋财产保险股份有限公司《个人意外伤害保险条款》第6条。
② 《泰康吉祥两全保险（分红型）条款及附加险条款》第2.4条。
③ 中国太平洋财产保险股份有限公司《个人意外伤害保险条款》第6条、《友邦金泰年金保险条款》第14条。

意制造保险事故，保险人可以解除合同并拒赔。发生纠纷时，保险人如基于证据认为不足以认定为构成故意犯罪，但属于故意制造保险事故而拒赔的，法院应当依据《保险法》第 27 条审查保险人的解除是否发生终止合同的效力。

总之，在审理人身保险案件中，法院首先需要审查被保险人是否因承保风险导致的死亡或伤残，而后审查保险人的拒赔理由是否成立。在一些复杂案件中，不能仅考虑被保险人不构成故意犯罪即得出保险人应当赔付的结论，还需要考虑保险人的其他拒赔理由是否成立。

二、保险人主张依据本条规定不承担给付保险金责任的，应当证明被保险人的死亡、伤残结果与其实施的故意犯罪或者抗拒依法采取的刑事强制措施的行为之间存在因果关系

《保险法》第 45 条在适用过程中，有保险人主张只要存在被保险人故意犯罪或者抗拒依法采取的刑事强制措施等情形的，即应不承担给付保险金的责任。实际上，该条规定是明确的，即必须是因为被保险人故意犯罪或者抗拒依法采取的刑事强制措施导致其伤残或者死亡的，保险人才无须承担给付保险金的责任。这既是对近因原则的落实，也体现了法律对故意犯罪或者抗拒依法采取的刑事强制措施的否定态度。然而，实务中仍有保险人援引该条规定，主张无须判断因果关系，均需免除其承担给付保险金的责任的情形，故《保险法解释（三）》第 23 条对此从相反的角度再次予以明确。

因果关系是判断保险人是否承担保险责任的重要标准。民法上的因果关系作为损害赔偿之债是否成立的构成要件，不论是侵权行为还是违约不履行，损害发生的原因事实和损害之间，必须有因果关系存在。如果损害和某一行为或事实之间并无任何因果关系，则对此行为或事实本应负责的人，即无须负担损害赔偿责任。① 而在保险法上，因果关系"旨在解决保险人填补责任的有无，所以侧重于危险（承保危险和免责危险）与损害（金钱损害）之间的因果关系有无的判断。② 而有关被保险人所受损害和应由保险人补偿的范围确定问题，则不属于因果关系解决的范畴。被保险人为防范可能发生的事故，弥补因不确定的事故发生而可能招致的不利益，向保险人投保；保险事故发生后，保险人

---

① 参见江朝国：《保险法基础理论》，我国台湾地区瑞兴书局 2009 年版，第 415 页。
② ［英］Maloclm A.Clarke：《保险合同法》，何美欢等译，北京大学出版社 2002 年版，第 694~695 页。

对"因"承保的事故所产生的财产损失承担赔偿保险责任。因此《保险法》第2条规定:"……保险人对于合同约定的可能发生的事故因其发生所造成的财产损失承担赔偿保险金责任……"但是,所发生的事故是否是合同所约定的事故,或者说所发生的事故与损失之间是否有"因果关系",是在保险理赔中需要认定的一个重要问题。换言之,保险人承担保险金赔偿的前提是承保的事故与损失之间存在"因果关系",两者无因果关系时,保险人不负赔偿责任,这是保险法上因果关系意义最重要所在。①

合同是双方当事人经过协商达成的协议,即所谓的"合意原则"。法庭有义务执行当事人在合同中的约定,除非涉及欺诈或者是公共政策需要介入。如果当事人在案涉合同中的约定是明确的,法庭应当执行。如若保险人认为只要被保险人存在故意犯罪或者抗拒依法采取的刑事强制措施的行为时,其必然无须承担赔付保险金的责任的,即应在保险合同中作出明确的约定,并按照法律的要求对该免责条款进行提示和说明,并据此厘定合理的保险费率。如果保险合同并无这样的明文约定,则应按照保险法的基本原理进行判断,即如果被保险人故意犯罪或者抗拒依法采取的刑事强制措施的行为同其死亡、伤残的保险事故之间存在因果关系时,保险人无须承担赔付保险金的责任,如果该行为同其死亡、伤残的保险事故之间不存在因果关系时,仍由保险人承担赔付保险金的责任。

因果关系是否存在、免责条款的效力等都是人民法院在审理保险合同纠纷中经常需要审查的内容,事关保险人是否需要承担保险责任,对于保险合同纠纷而言至关重要。保险合同是投保人、保险人之间达成的合意,合同各方当事人均应予以履行。具体到《保险法解释(三)》第23条,保险人如果认为被保险人只要出现故意犯罪或者抗拒依法采取的刑事强制措施的行为,其即不承担给付保险金责任的,则保险人必须在保险合同中作出明确规定,并按照法律的规定予以说明和提示,并据此厘定合理的保险费率。即我们应当允许保险人根据市场需求,设计不同的保险产品,厘定不同的保险费率,同时,由保险消费者根据各自的不同需求,选择不同的保险产品,一旦发生纠纷,由人民法院根据不同保险产品的内容,在不同合同当事人之间划分权利、义务和责任,这才是保险市场正常运营的模式。所谓合同是当事人之间的法律,保险人不应在

---

① 江朝国:《保险法论文集(一)》,我国台湾地区瑞兴图书股份有限公司2007年版,第260页。

一款保险产品中主张另一款保险产品中其享有的抗辩权,保险消费者在投保时要认真阅读保险合同条款,人民法院也应注意避免在不涉及公共利益的情形下,不当干预保险产品自身所设置的规则。

三、在被保险人已经死亡、无法追究其刑事责任的情况下,如何认定被保险人是因故意犯罪或抗拒依法采取的刑事强制措施而造成自身死亡

被保险人因故意犯罪或者因抗拒依法采取的刑事强制措施而导致其伤残,如果该被保险人因实施犯罪行为而受到了刑事处罚,鉴于刑事判决书所具有的证明力,使被保险人实施的故意犯罪或抗拒依法采取的刑事强制措施的行为比较容易被认定。但是,如果被保险人因其故意犯罪或者因抗拒依法采取的刑事强制措施而导致死亡,由于不能对已经死亡的人追究刑事责任,故不存在依照生效判决书确认被保险人有罪的可能性。在此情形下,认定被保险人是否因其故意犯罪或者抗拒依法采取的刑事强制措施而造成其死亡,即成为相对困难的问题。在上述情形下,保险金请求权利人往往以"无罪推定""未经审判程序不得认定被保险人有罪"为由,否认被保险人具有故意犯罪或者抗拒依法采取的刑事强制措施的行为。下列证据,可以作为认定已经死亡的被保险人实施了故意犯罪行为或抗拒依法采取的刑事强制措施的依据:

(一)公安机关侦查案卷所反映的事实

公安机关作为行使侦查权的行政机关,其在侦查过程中收集到的各种证据以及依据这些证据所作出的侦查结论,就其性质而言,虽然不是生效的刑事判决,但是公安机关的侦查结论以及刑事侦查案卷中的其他证据,同样可以作为民事诉讼中的证据使用,审理保险合同纠纷这一民事案件的法院虽然不能凭借上述证据作出被保险人有罪的结论,但可以凭借这些证据认定被保险人实施了某个(故意犯罪或抗拒依法采取的刑事强制措施)行为。

(二)检察机关对与被保险人有关的其他犯罪嫌疑人进行侦查和起诉的案卷所反映的事实

例如,甲为保险合同的被保险人。检察院向法院起诉乙涉嫌刑事犯罪,公诉书及有关证据表明,甲曾经与乙共同实施故意犯罪行为,且甲因该犯罪行为而造成其自身死亡。法院在审理保险合同纠纷案件时，可以采纳检察院的诉讼文书及相关证据，认定甲曾经实施了故意犯罪行为。当然，如果审理该刑事案件的法院在刑事判决书中，明确排除了甲实施故意犯罪行为的可能性，检察院的有关诉讼文书即不能作为认定甲曾经实施犯罪行为的依据。

（三）法院针对与被保险人有关的刑事案件的被告作出的刑事判决书所反映的事实

例如，甲为保险合同的被保险人。法院对于乙作为被告的刑事案件所作出的刑事判决书中，明确认定甲曾经与乙共同实施故意犯罪行为，且甲因该犯罪行为而导致其自身死亡。法院在审理保险合同纠纷案件时，即可以凭借该刑事判决书，认定甲曾经实施了故意犯罪行为，且该故意犯罪行为导致其自身死亡，进而作出保险人免除保险责任的判决。

四、本条与第 44 条竞合时如何处理

综合分析《保险法》第 44 条和第 45 条的规定，可以发现在某些情形下，被保险人自杀与被保险人因故意犯罪而造成其自身死亡存在竞合现象。例如，被保险人因对生活失去信心而决定自杀，为扩大影响，该被保险人在乘坐公共汽车过程中引燃汽油自焚，除导致自身死亡外还造成大量人员伤亡。一般而言，保险人的自杀行为，虽然不符合社会道德的通常要求，但尚不构成犯罪。不过，如果被保险人在实施自杀行为时造成其他严重危害社会的结果，该自杀行为即构成犯罪。在此情形下，不能认定该被保险人死于自杀，进而依据该自杀行为是否发生于保险合同成立或者效力恢复之日起二年之内，判断保险人是否应当承担保险责任。正确的审判思路是，应当认定该被保险人因故意犯罪导致其自身死亡，进而判定保险人免除保险责任。

▶ 类案检索

阳光财产保险股份有限公司白城中心支公司与陈某、矫某、矫某 1、张某某人身保险合同纠纷案

关键词：醉酒驾车　死亡　故意犯罪

裁判摘要：《保险法》第45条规定："因被保险人故意犯罪或者抗拒依法采取的刑事强制措施导致其伤残或者死亡的，保险人不承担给付保险金的责任。投保人已交足二年以上保险费的，保险人应当按照合同约定退还保险单的现金价值。"《保险法解释（三）》第22条规定："保险法第四十五条规定的'被保险人故意犯罪'的认定，应当以刑事侦查机关、检察机关和审判机关的生效法律文书或者其他结论性意见为依据。"结合本案，被保险人李某某驾车发生交通事故死亡后，经通化市公安司法鉴定中心检测，李某某静脉血中的乙醇含量为189.6mg/100ml，远超《最高人民法院、最高人民检察院、公安部关于办理醉酒驾驶机动车刑事案件适用法律若干问题的意见》中关于构成危险驾驶罪血液酒精含量入刑标准。因李某某已死亡，无法追究其刑事责任，但不能认为其行为不构成犯罪。危险驾驶罪是行为犯，应认定李某某为故意犯罪。此次事故后果特别严重，李某某又涉嫌犯交通肇事罪，根据相关法律规定，在处罚上依照处罚较重的规定定罪处罚，这一规定是运用重罪吸收轻罪的原则，但不能否定李某某的行为构成危险驾驶罪。综上，二审判决认定事实清楚，但适用法律错误，导致判决结果错误。人寿保险公司的申请再审理由成立，二审判决应予改判。

【案　　号】（2018）吉民再192号

【审理法院】吉林省高级人民法院

> **第四十六条** 被保险人因第三者的行为而发生死亡、伤残或者疾病等保险事故的，保险人向被保险人或者受益人给付保险金后，不享有向第三者追偿的权利，但被保险人或者受益人仍有权向第三者请求赔偿。

关联规定

法律、行政法规、司法解释

1.《中华人民共和国保险法》

第六十条 因第三者对保险标的的损害而造成保险事故的，保险人自向被保险人赔偿保险金之日起，在赔偿金额范围内代位行使被保险人对第三者请求赔偿的权利。

前款规定的保险事故发生后，被保险人已经从第三者取得损害赔偿的，保险人赔偿保险金时，可以相应扣减被保险人从第三者已取得的赔偿金额。

保险人依照本条第一款规定行使代位请求赔偿的权利，不影响被保险人就未取得赔偿的部分向第三者请求赔偿的权利。

第六十一条 保险事故发生后，保险人未赔偿保险金之前，被保险人放弃对第三者请求赔偿的权利的，保险人不承担赔偿保险金的责任。

保险人向被保险人赔偿保险金后，被保险人未经保险人同意放弃对第三者请求赔偿的权利的，该行为无效。

被保险人故意或者因重大过失致使保险人不能行使代位请求赔偿的权利的，保险人可以扣减或者要求返还相应的保险金。

2.《中华人民共和国社会保险法》

第三十条 下列医疗费用不纳入基本医疗保险基金支付范围：

（一）应当从工伤保险基金中支付的；

（二）应当由第三人负担的；

（三）应当由公共卫生负担的；

（四）在境外就医的。

医疗费用依法应当由第三人负担，第三人不支付或者无法确定第三人的，由基本医疗保险基金先行支付。基本医疗保险基金先行支付后，有权向第三人追偿。

第四十二条 由于第三人的原因造成工伤，第三人不支付工伤医疗费用或者无法确定第三人的，由工伤保险基金先行支付。工伤保险基金先行支付后，有权向第三人追偿。

3.《最高人民法院关于适用〈中华人民共和国保险法〉若干问题的解释（三）》

第十八条 保险人给付费用补偿型的医疗费用保险金时，主张扣减被保险人从公费医疗或者社会医疗保险取得的赔偿金额的，应当证明该保险产品在厘定医疗费用保险费率时已经将公费医疗或者社会医疗保险部分相应扣除，并按照扣减后的标准收取保险费。

第十九条 保险合同约定按照基本医疗保险的标准核定医疗费用，保险人以被保险人的医疗支出超出基本医疗保险范围为由拒绝给付保险金的，人民法院不予支持；保险人有证据证明被保险人支出的费用超过基本医疗保险同类医疗费用标准，要求对超出部分拒绝给付保险金的，人民法院应予支持。

▶ 条文释义

一、本条主旨

本条是关于保险代位权不适用人身保险的规定。

二、条文演变

1995年《保险法》第67条规定："人身保险的被保险人因第三者的行为而发生死亡、伤残或者疾病等保险事故的，保险人向被保险人或者受益人给付保险金后，不得享有向第三者追偿的权利。"明确禁止人身保险中保险人行使代位追偿权。

2002年修正的《保险法》增加规定了被保险人或受益人在获得保险金后仍有权向侵权第三人请求赔偿，在第68条规定："人身保险的被保险人因第三者的行为而发生死亡、伤残或者疾病等保险事故的，保险人向被保险人或者受益人给付保险金后，不得享有向第三者追偿的权利。但被保险人或者受益人仍有权向第三者请求赔偿。"

2009年修订的《保险法》对于该问题的规定并无大的修改，只是在文字上略作调整，将原规定第一句中的"人身保险的被保险人"改为"被保险人"，文字上更加简练。第46条规定："被保险人因第三者的行为而发生死亡、伤残或者疾病等保险事故的，保险人向被保险人或者受益人给付保险金后，不享有向第三者追偿的权利，但被保险人或者受益人仍有权向第三者请求赔偿。"

此后，《保险法》历经2014年、2015年两次修正，均未涉及本条。

三、条文解读

（一）保险代位求偿权不适用于人身保险

依据保险人给付保险金的目的不同，保险合同可分为损失填补保险合同与定额给付保险合同。损失填补保险合同，是指在保险事故发生时，由保险人评估被保险人所遭受的实际损失，并在保险金额限度内给付保险金，以弥补被保险人所受实际损失的保险合同。财产保险合同都属于损失填补保险合同，部分健康保险合同、意外伤害保险合同亦具有损失填补的性质。定额给付保险合同，又称定额保险合同，是指当事人双方预先约定一定数额保险金额于保险事故发生（或约定期限届满）时，保险人即按该保险金额给付保险金，既不得增减，也无须重新计算的保险合同。①在定额给付保险合同中，保险人确定的保险金标准，是当事人双方约定的保险金额，而与保险价值及实际损失无涉。人寿保险合同和大部分健康保险合同、意外伤害保险合同为定额给付保险合同。

保险代位追偿权，是指因第三人对保险标的的损害而造成保险事故，保险人向被保险人赔付保险金后，在赔偿金额范围内享有的代位行使被保险人对第三人请求赔偿的权利。保险代位追偿制度派生于损害填补原则。所谓损害填补原则，是指在补偿性保险合同中，被保险人因保险事故遭受的损失，应如数获得补偿，以使被保险人在经济上恰好能恢复至保险事故发生以前的状态。②该原则要求被保险人获得赔偿不得超过其遭受的损失。保险法上损失补偿原则的

---

① 温世扬主编：《保险法》，法律出版社2003年版，第56页。
② 覃有土、樊启荣：《保险法学》，高等教育出版社2003年版，第218页。

目的和功能，在于通过不当得利之禁止以防止道德风险。财产保险合同为典型的损失补偿保险合同，适用保险代位权，自不待言。由于人身保险的保险标的是人的寿命和身体，其价值无法用金钱衡量，具有不可估价性。因此，人身保险合同多为定额给付合同，不存在获得保险金超过实际损失的问题，所以，保险代位求偿制度不适用于人身保险合同。

（二）被保险人或者受益人获得保险金赔付后，仍有权向侵权第三人请求赔偿

被保险人因第三人的行为而发生死亡、伤残或者疾病等保险事故时，也就拥有了对保险人的保险金给付请求权和对第三人的侵权损害赔偿请求权。人身保险的保险事故发生后，保险人向被保险人或者受益人给付保险金后，不享有向第三者追偿的权利。但被保险人或者受益人获得保险金后，仍有权向第三者请求赔偿。由于被保险人的生命、健康遭到损害，其损失是无法用金钱衡量和弥补的，因此被保险人或受益人可获得双重赔偿，并不会产生所获赔偿额超过所受损失的问题。并且，侵权人造成他人人身伤害，具有道德上的可谴责性和法律上的可非难性，应对自己给他人造成的损失负责。

问题是，法律规定了保险人支付保险金后，被保险人或受益人仍有权向侵权人请求赔偿，但如果被保险人、受益人通过和解、诉讼等方式先自侵权人处获得赔偿后，是否仍有权请求保险人支付保险金？对此，法律未作明确规定。但是，根据立法目的，应当可以作出肯定的推论。

▶ 适用指引

一、健康险与意外伤害险中的医疗费用保险是否适用于损害填补原则

根据保险标的性质，保险合同可分为财产保险合同与人身保险合同。财产保险合同属于损害填补型保险，人身保险合同通常属于定额给付型保险，但存在例外。保险业的发展催生了一种新型的保险，亦即中间性保险，其内涵是当被保险人发生人身意外伤害或疾病等保险事故后，保险公司通过给付一定金额的保险金，对当事人由此遭受的医疗、护理、丧葬等费用损失予以补偿。从理

论上看，该类保险在于填补被保险人因保险事故发生支出的费用，故属于损害填补型保险。

鉴于人身保险也可能是损害填补保险，对于健康险和意外伤害险中的医疗费用部分是否适用损害填补原则，理论界存在不同观点。肯定说认为，医疗费用保险目的仅在于补偿被保险人因治疗疾病或医治伤害所发生的费用损失，被保险人不得因伤病或受伤治疗而获利，应当适用损失补偿原则和保险代位制度。否定说认为，医疗费用保险属于人身险，根据《保险法》的规定，不适用补偿原则和保险代位制度。折中说则认为，应当根据保险合同条款的具体约定，区分医疗费用保险的不同性质从而确定是否适用损失补偿原则。对于被保险人请求保险人支付医疗费用保险金，保险人主张扣减被保险人从公费医疗或社会医疗保险取得的赔偿金额的，是否应予支持的问题，亦相应存在肯定说、否定说以及折中说等不同观点。《保险法解释（三）》最终采纳了折中的观点，即区分费用补偿型医疗费用保险和定额给付型医疗费用保险进行规定。该解释第18条规定："保险人给付费用补偿型的医疗费用保险金时，主张扣减被保险人从公费医疗或者社会医疗保险取得的赔偿金额的，应当证明该保险产品在厘定医疗费用保险费率时已经将公费医疗或者社会医疗保险部分相应扣除，并按照扣减后的标准收取保险费。"该规定采取该立场主要基于以下几方面理由：

第一，符合保险原理。虽然根据我国《保险法》规定，人身保险不适用保险代位追偿制度。但费用补偿型医疗保险具有特殊性，属于中间性保险，该保险产品开发设计的目的在于补偿被保险人因治疗疾病或医治伤害所发生的费用，应当适用损害填补原则。允许保险人扣减被保险人从公费医疗或社会医疗保险取得的赔偿金额，可避免被保险人因伤病或受伤治疗而获得不当得利。否则，少数被保险人因可获得重复赔偿，可能会进行过度或者不合理治疗，引发道德风险，背离保险制度初衷。

第二，符合对价平衡原则，有利于医疗保险市场的健康发展。随着保险技术的日益发展和险种的日益丰富，我国保险业在开发医疗费用的有关险种时，为满足投保人不同的保障需求，分别设计了不同类型的医疗费用保险，以期通过充分的市场竞争为保险消费者提供个性化的选择。根据《健康保险管理办法》第2条、第5条的规定，保险监管部门允许保险公司销售两种不同性质的医疗费用保险：一种是适用损失补偿原则和保险代位制度的费用补偿型医疗保险，另一种则是不适用损失补偿原则和保险代位制度的定额给付型医疗保险。

《健康保险管理办法》第 24 条进一步对费用补偿型医疗保险产品作了规定："保险公司设计费用补偿型医疗保险产品，必须区分被保险人是否拥有公费医疗、基本医疗保险、其他费用补偿型医疗保险等不同情况，在保险条款、费率或者赔付金额等方面予以区别对待。"保险消费者可根据被保险人是否具有公费医疗或者基本医疗保险等情况，自主选择适合的保险产品。司法解释采取的立场尊重保险市场的发展以及保险消费者的多样化需求，符合对价平衡原则。

第三，是对国外立法例的适当借鉴。德、日大陆法系国家在修订保险法时，均摒弃了依保险标的性质来划分人身保险与财产保险的传统分类方法，而是将保险合同分为补偿保险与定额保险。在有关医疗费用的保险中，《德国保险合同法》明确禁止不当得利，适用损害填补原则。在美国，健康保险和意外伤害保险约定有保险代位权的，可以适用约定保险代位权。《保险法解释（三）》第 18 条规定并未对所有健康保险和意外伤害保险作出规定，仅对补偿性医疗费用保险进行规定，是对国外立法例的适当借鉴。

第四，部分地方法院已进行了探索。如《山东省高级人民法院关于审理保险合同纠纷案件若干问题的意见（试行）》第 18 条规定：投保人投保多份商业医疗费用报销型保险的，因同一保险事故被保险人要求各保险人支付的保险金超过实际发生的医疗费用的，人民法院不予支持。除保险合同另有约定外，各保险人按照其保险金额与保险金额总和的比例承担支付保险金的责任。

第五，可有效遏制销售误导的情况。为协调商业医疗保险与公费医疗、社会医疗保险的关系，原保监会要求保险公司开发的医疗保险应区分费用补偿型医疗保险与定额给付型医疗保险，前者不能在公费医疗、社会医疗保险之外重复给付，后者可以在公费医疗、社会医疗保险之外重复给付；原保监会还要求保险公司开发医疗费用补偿性医疗保险时应区分被保险人是否存在公费医疗、社会医疗保险，有公费医疗或者社会医疗保险的被保险人因仅在公费医疗、社会医疗保险范围之外赔偿，保险费较低，没有公费医疗或者社会医疗保险的被保险人可以获得全部赔偿，保险费较高。但实践中有些保险公司的展业人员，明知被保险人属于社会保险的保障对象，却依据不享受社会保险的被保险人标准收取保险费，此时被保险人获得社会保险赔付后是否仍可获得商业保险赔偿存在争议。如果支持被保险人要求给付保险金的主张，则违反损害填补原则；如果不支持被保险人要求给付保险金的主张，则无异于鼓励个别保险公司的不诚信行为。减少和预防此类销售误导情形，引导保险市场健康发展，是解释第

18条规定制定的另一重要目的。

第六，举证责任分配符合《民事诉讼法》相关规定。根据《民事诉讼法》"谁主张、谁举证"的原则，被保险人主张保险人给付费用补偿型医疗费用保险金，保险人主张扣减被保险人从公费医疗或社会医疗保险取得的赔偿金额的，对自己的主张负有举证责任。并且，该保险产品设计时已经将公费医疗或者社会医疗保险部分作相应的扣除，保险精算十分复杂，应当由保险人承担该举证责任。

二、人身保险合同中约定类似"保险人赔付保险金后获得向第三人追偿的权利"或者"被保险人、受益人自侵权人处获得赔偿后不再享有保险金给付请求权"的格式条款，效力如何

对于类似条款，应当分别情况讨论。具有"保险人赔付保险金后，取得向第三人追偿的权利"类似内容的条款，由于《保险法》明确规定，人身保险禁止追偿，该类条款违反了法律禁止性规定，应为无效。

"被保险人、受益人自侵权人处获得赔偿后不再享有保险金给付请求权"类似内容的条款，在保险实务中最为常见，比如某保险公司的附加住院费用医疗保险合同条款规定："本附加险合同属于费用补偿型医疗保险合同，若被保险人从任何其他途径取得医疗费用补偿或赔偿，我们给付保险金以扣除上述所得医疗费用补偿或赔偿后的剩余医疗费用中符合保单签发地政府基本医疗保险管理规定的费用金额为限。"对此，有两种观点，一种观点认为，根据立法目的被保险人自第三人处获赔后仍有权请求保险金，该类格式条款免除了保险人的法定责任，应为无效。另一种观点认为，法律未明确规定被保险人自第三人处获赔后仍有权请求保险金，因此，此类条款并未违反法律禁止性规定，如果保险人对于该条款已尽到相应说明义务，且投保人未表示反对的，应当认可该类约定的效力。

第二种观点似乎更加合理，此类保险的目的在于补偿被保险人的医疗费用，此类约定不违反法律强行性规定，应当认可该类约定的效力。但是，如果保险合同未作类似约定，应当根据立法目的以及保护投保人利益的原则，保险人仍应当进行赔付。

▶ 典型案例

一、冯某某与光大永明人寿保险有限公司保险合同纠纷案

关键词： 意外伤害保险　损失补偿原则

裁判摘要： 意外伤害保险属于人身保险，不适用财产保险中的"损失补偿原则"。被保险人或者受益人从实施致害行为的第三者处获得侵权赔偿后，仍然可以向保险人主张保险理赔，保险人不得以被保险人或者受益人已经获得侵权赔偿为由拒绝履行保险理赔责任。本案中，冯某某与光大永明人寿保险有限公司（以下简称光大永明）之间签订的个人意外伤害保险合同合法有效，冯某某因涉案交通事故受伤后，在已经获得交通事故肇事司机赔偿损失的情况下，仍然可以再向光大永明主张保险理赔，光大永明应当给予保险理赔。首先，"永宁康顺综合个人意外伤害保险（精英计划）"属于人身保险，不属于财产保险。意外伤害保险，是指当被保险人遭受意外伤害时，保险人给予保险金的保险。意外伤害保险具有一些类似于财产保险的特点，例如意外伤害造成医疗费用的支出是一种经济损失，这种损失的数额可以确定等。但是，意外伤害保险从根本上讲是基于人身发生意外伤害而形成的保险，不能仅因涉及财产损失而将其归属于财产性质的保险。其次，作为人身保险的个人意外伤害保险不适用损失补偿原则。《保险法》第68条规定："人身保险的被保险人因第三者的行为而发生死亡、伤残或者疾病等保险事故的，保险人向被保险人或者受益人给付保险金后，不得享有向第三者追偿的权利。但被保险人或者受益人仍有权向第三者请求赔偿。"明确限制保险人行使代位追偿权，同时赋予被保险人或者受益人另外向实施致害行为的第三者主张侵权赔偿的权利。而且，《保险法》对人身保险并无重复投保的限制。因此，"损失补偿原则"不适用于人身保险，当然也不适用于本案中属于人身保险的个人意外伤害保险。意外伤害保险的被保险人或受益人依保险合同取得赔偿系基于保险合同关系，这与意外伤害保险的被保险人作为受害人，因侵害人的过错获取赔偿属于不同的法律关系。因此，保险人不能以实施致害行为的第三人已经向被保险人、受益人给予赔偿为由拒绝保险理赔。本案是基于冯某某与光大永明签订的个人意外伤害保险合同所发生的纠纷，涉案交通事故属于该险种保险条款所规定的保险事故，光大永明对此也不存异议，故光大永明应承担相应的保险责任，给付冯某某

保险金。

基本案情：2005年1月20日，原告冯某某向被告光大永明提交投保书，申请投保光大永明"永宁康顺综合个人意外伤害保险（精英计划）"，并预交了保险费388元。光大永明于2005年1月27日向冯某某出具保单，确定：光大永明承保冯某某投保的"永宁康顺综合个人意外伤害保险（精英计划）"，保险期间为2005年1月26日至2006年1月25日，意外伤害医疗保险金为5000元，每日住院给付金额为每天20元。该保险合同第15条第7项第1款规定："被保险人因遭受本合同认定的意外事故，需经医院进行必要的治疗，本公司对其自事故发生之日起180日内支出的必须且合理的实际医疗费用100元以上部分向被保险人给付意外伤害医疗保险金。被保险人意外伤害医疗保险金的累计给付以保险单载明的意外伤害医疗保险金金额为限。"

2005年6月24日，原告冯某某因交通事故受伤住院治疗，至同年7月28日出院，其间共计发生住院医疗费用6690.41元，门诊医疗费用491.6元。天津市公安交通管理局河西支队于2005年7月13日就此次交通事故出具公交西（2005）第384号《交通事故认定书》，认定肇事司机黄某某对此次交通事故负全部责任，冯某某不负责任。

原告冯某某于2005年8月1日向被告光大永明提交保险理赔给付申请书以申请保险理赔，并于2005年9月14日就保险理赔资料事项出具声明，表示不能提供其与肇事司机签订的交通事故损害赔偿调解协议、费用收据和诊断证明，也不能提供肇事司机赔偿的金额。光大永明分别于2005年9月21日、11月7日两次向冯某某出具保险理赔通知书，明确表示冯某某需提供涉案交通事故损害赔偿调解书以及相关治疗费的原件，否则暂不予保险理赔。光大永明于2005年10月24日向冯某某出具保险理赔批单，表明光大永明已赔付冯某某每日住院给付金额600元。

2005年12月7日，经天津市公安交通管理局河西支队主持调解，原告冯某某与肇事司机黄某某达成交通事故损害赔偿调解协议，该调解协议约定：冯某某因涉案交通事故受伤所花费的前期治疗费（凭票据）由黄某某承担，黄某某一次性赔偿冯某某误工6个月（凭证明）、陪伴第1个月2人、第2个月1人（凭证明）的相关经济损失，以及冯某某因涉案交通事故受伤所必需的后期治疗费、交通费、车款费、营养费等所有损失，以上共计18 500元。该款项黄某某已给付冯某某。

【审理法院】天津市和平区人民法院

【来　　源】《最高人民法院公报》2007年第11期（总第133期）

二、李某某与西陵人保公司人身保险合同纠纷案

关键词：意外伤害保险　损失补偿原则　责任免除条款

裁判摘要：《保险法》对于人身保险并不限制重复投保，也不适用"损失补偿原则"。作为人身保险的一种，意外伤害医疗保险的被保险人或受益人依保险合同取得赔偿是一种合同法律关系，是约定之债。意外伤害医疗保险的被保险人因侵害人的过错获取赔偿是一种侵权法律关系，是法定之债。根据债之相对性原理，法定之债和约定之债之间、数个约定之债之间均是不同的法律关系。同时，保险合同是最大诚信合同，保险人往往还是格式合同的提供方。因此，保险人若是认为被保险人获得理赔后仍可能从第三人处获得赔偿，从而"获得额外的不当利益，违反公平原则，引发道德风险"，则应当在保险免责事项中，明确规定在何种情形下、何种范围内免除自己的责任，并对自己尽到此说明义务负有举证责任。《中国保险监督管理委员会关于商业医疗保险是否适用补偿原则的复函》第2条规定："根据《中华人民共和国保险法》第十七条'保险合同中规定有关于保险人责任免除条款的，保险人在订立保险合同时应当向投保人明确说明，未明确说明的，该条款不产生效力，对于条款中没有明确说明不赔的保险责任，保险公司应当赔偿。"在保险人尽到了明确说明关于保险人责任免除条款义务的情形下，民事主体作为自己利益的最佳判断者，可以在综合考虑缴纳保险金的数额、可得赔偿数额、风险及收益之后，决定自己是否投保，是否重复投保。保险人以不重复赔偿为由拒绝理赔，又不能证明自己已经明确向被保险人声明此免责事项的，人民法院不予支持。

基本案情：2003年5月7日，原告李某某之母所在单位宜昌市职业教育中心在被告西陵人保公司为原告购买"学生、幼儿平安保险"一份（该保险附加意外伤害医疗保险，保险期间为1年），并按规定交纳了保险费。2004年1月7日，原告乘坐李某驾驶的二轮摩托车在本市城区发生交通事故，致使原告受伤，经宜昌市第一人民医院门诊治疗，用去医疗费1313.90元。因原告另在泰康保险公司购买四季长乐终生分红人身保险，该保险亦附加意外伤害医疗保险，事故发生后，原告持医疗费发票原件等相关资料到泰康保险公司要求理赔，该公司依保险合同为原告赔付医疗保险金1263.90元（实际支付的医疗费

1313.90元减去免赔额50元）。之后，原告持医疗费发票复印件等相关资料到被告处要求理赔，被告拒绝赔付。

【审理法院】 湖北省宜昌市中级人民法院

【来　　源】《最高人民法院公报》2006年第7期（总第117期）

> **第四十七条** 投保人解除合同的,保险人应当自收到解除合同通知之日起三十日内,按照合同约定退还保险单的现金价值。

关联规定

法律、行政法规、司法解释

1.《中华人民共和国保险法》

第十五条 除本法另有规定或者保险合同另有约定外,保险合同成立后,投保人可以解除合同,保险人不得解除合同。

第十六条 订立保险合同,保险人就保险标的或者被保险人的有关情况提出询问的,投保人应当如实告知。

投保人故意或者因重大过失未履行前款规定的如实告知义务,足以影响保险人决定是否同意承保或者提高保险费率的,保险人有权解除合同。

前款规定的合同解除权,自保险人知道有解除事由之日起,超过三十日不行使而消灭。自合同成立之日起超过二年的,保险人不得解除合同;发生保险事故的,保险人应当承担赔偿或者给付保险金的责任。

投保人故意不履行如实告知义务的,保险人对于合同解除前发生的保险事故,不承担赔偿或者给付保险金的责任,并不退还保险费。

投保人因重大过失未履行如实告知义务,对保险事故的发生有严重影响的,保险人对于合同解除前发生的保险事故,不承担赔偿或者给付保险金的责任,但应当退还保险费。

保险人在合同订立时已经知道投保人未如实告知的情况的,保险人不得解除合同;发生保险事故的,保险人应当承担赔偿或者给付保险金的责任。

保险事故是指保险合同约定的保险责任范围内的事故。

第三十二条 投保人申报的被保险人年龄不真实,并且其真实年龄不符合合同约定的年龄限制的,保险人可以解除合同,并按照合同约定退还保险单的现金价值。保险人行使合同解除权,适用本法第十六条第三款、第六款的规定。

投保人申报的被保险人年龄不真实，致使投保人支付的保险费少于应付保险费的，保险人有权更正并要求投保人补交保险费，或者在给付保险金时按照实付保险费与应付保险费的比例支付。

投保人申报的被保险人年龄不真实，致使投保人支付的保险费多于应付保险费的，保险人应当将多收的保险费退还投保人。

第三十七条 合同效力依照本法第三十六条规定中止的，经保险人与投保人协商并达成协议，在投保人补交保险费后，合同效力恢复。但是，自合同效力中止之日起满二年双方未达成协议的，保险人有权解除合同。

保险人依照前款规定解除合同的，应当按照合同约定退还保险单的现金价值。

第四十三条 投保人故意造成被保险人死亡、伤残或者疾病的，保险人不承担给付保险金的责任。投保人已交足二年以上保险费的，保险人应当按照合同约定向其他权利人退还保险单的现金价值。

受益人故意造成被保险人死亡、伤残、疾病的，或者故意杀害被保险人未遂的，该受益人丧失受益权。

第四十四条 以被保险人死亡为给付保险金条件的合同，自合同成立或者合同效力恢复之日起二年内，被保险人自杀的，保险人不承担给付保险金的责任，但被保险人自杀时为无民事行为能力人的除外。

保险人依照前款规定不承担给付保险金责任的，应当按照合同约定退还保险单的现金价值。

第四十五条 因被保险人故意犯罪或者抗拒依法采取的刑事强制措施导致其伤残或者死亡的，保险人不承担给付保险金的责任。投保人已交足二年以上保险费的，保险人应当按照合同约定退还保险单的现金价值。

2.《最高人民法院关于适用〈中华人民共和国保险法〉若干问题的解释（三）》

第十六条 保险合同解除时，投保人与被保险人、受益人为不同主体，被保险人或者受益人要求退还保险单的现金价值的，人民法院不予支持，但保险合同另有约定的除外。

投保人故意造成被保险人死亡、伤残或者疾病，保险人依照保险法第四十三条规定退还保险单的现金价值的，其他权利人按照被保险人、被保险人继承人的顺序确定。

第十七条 投保人解除保险合同，当事人以其解除合同未经被保险人或者受益人同意为由主张解除行为无效的，人民法院不予支持，但被保险人或者受益人已向投保人支付相当于保险单现金价值的款项并通知保险人的除外。

▶ 条文释义

一、本条主旨

本条是关于投保人解除合同，保险人应退还保险单现金价值的规定。

二、条文演变

1995 年《保险法》第 68 条、2002 年修正的《保险法》第 69 条都规定："投保人解除合同，已交足二年以上保险费的，保险人应当自接到解除合同通知之日起三十日内，退还保险单的现金价值；未交足二年保险费的，保险人按照合同约定在扣除手续费后，退还保险费。"1995 年《保险法》根据投保人交纳保险费时间的长短，对于投保人解除合同时保险人退还保险单现金价值或者保险费作出了不同区分。

但在保险实务中，保险公司都会采用表格形式在保险合同中载明现金价值并且在相关的条款中明确现金价值的计算方法以及所采用的利率。针对这一情况，2009 年《保险法》修订时摒弃了旧法根据时间不同作出区分的做法，规定无论投保人交纳保险费的时间长短，保险人应当一律退还保险单的现金价值。这样更符合我国保险实务的实际情况。《保险法》于 2014 年、2015 年两次修正时，未对本条内容作出修改。

三、条文解读

本法第 15 条规定，除本法另有规定或者保险合同另有约定外，保险合同成立后，投保人可以解除保险合同。依照本条规定，投保人解除保险合同时，保险人应当按照合同约定退还保险单的现金价值。为了防止保险人在退还保险单的现金价值时发生拖延，本条规定了退还期限，即自保险人接到投保人解除合同的通知之日起 30 日内退还。

（一）本条规定的保险学原理

保险费，是指保险人为履行保险责任向投保人收取的实际金额。保费的支付方式通常有以下三种：一是一次性付清，这种保费被称为"趸缴保费"；二是定期缴纳—固定款额，这种周期性的保费被称为"定期缴纳均衡保费"；三是定期缴纳—可变款额，这种周期性的保费被称为"定期缴纳非均衡保费"。① 人寿保险根据实际需要大多采用"均衡保险费"的方法收取保险费。在投保初期，实交保险费势必高于根据生命表等计算得到的危险保险费，超出的部分由保险人代为保管，通过对保险基金的投资运作生息增值，用于以后危险发生时的保险给付或直接弥补投保后期均衡保险费的不足，这一部分保险费称为储蓄保险费。储蓄保险费是投保人存于保险人处的一部分资金，在此期间保险人对之进行管理和运用，因此应当对该笔资金给予利息或分红。保险人一般都将储蓄保险费和利息、分红提存起来形成责任准备金。② 就其实质而言，该种责任准备金就是投保人在保险人处的储蓄存款。不丧失价值条款，是指当投保人无力或者不愿意继续交纳保费维持合同效力时，由其选择如何处理保单项下积存的责任准备金。一般有以下几种办法可供选择：（1）自动垫缴。即投保人因故未能在宽限期内按时交费，可利用保单已产生的现金价值来垫缴所欠保费，使保单继续有效。（2）退保。根据投保人申请，按照现金价值退还所得进行退保。（3）减额交清。将已产生的现金价值转换为一次性趸缴的保费，重新计算出一个新的保额。简单地说，就是不再交费，但是保障相应变低，保险期限与保险责任不发生变化。需要说明的是，即使办理了减额交清，仍旧可以退保，因为保单并不因此而丧失现金价值。（4）展期保险。即将保单的现金价值作为一次交清的保费，据此数额改变原保单的保险期限，而原保单的保险金额不发生变化。与减额交清相同，办理此手续后，不需要再交纳保费。③ 所谓保险单的现金价值，是指投保人退保或保险公司根据保险人要求解除保险合同时，由保险人退还投保人的该部分金额。我国对于投保人选择减额缴清等权利未作规定，但在保险实务中，保险合同大多规定了投保人的选择权。

---

① 张洪涛、庄作瑾主编：《人身保险》，中国人民大学出版社2008年版，第62页。
② 张洪涛、庄作瑾主编：《人身保险》，中国人民大学出版社2008年版，第120页。
③ 詹昊编著：《新保险法实务热点详释与案例精解》，法律出版社2010年版，第311页。

除本条外,我国《保险法》中涉及退还保单的现金价值还有以下几个条文:(1)第32条,投保人申报的被保险人年龄不真实,并且其真实年龄不符合合同约定的年龄限制的,保险人可以解除合同,并按照合同约定退还保险单的现金价值。(2)第37条,合同效力依照本法第36条规定中止的,经保险人与投保人协商并达成协议,在投保人补交保险费后,合同效力恢复。但是自合同效力中止之日起满二年双方未达成协议的,保险人有权解除合同。此种情形下保险人解除合同的,应当按照合同约定退还保险单的现金价值。(3)第43条第1款,投保人故意造成被保险人死亡、伤残或者疾病的,保险人不承担给付保险金的责任。投保人已交足二年以上保险费的,保险人应当按照合同约定向其他权利人退还保险单的现金价值。(4)第44条,以被保险人死亡为给付保险金条件的合同,自合同成立或者合同效力恢复之日起二年内,被保险人自杀的,保险人不承担给付保险金的责任,但应当按照合同约定退还保险单的现金价值。(5)第45条,因被保险人故意犯罪或者抗拒依法采取的刑事强制措施导致其伤残或者死亡的,保险人不承担给付保险金的责任。投保人已交足二年以上保险费的保险人应当按照合同约定退还保险单的现金价值。

由于保险合同系格式合同,投保人一方处于弱势地位,为了更好地达到双方当事人利益实质公平,我国《保险法》赋予了投保人解除合同的充分自由,以可以解除合同为原则,以不得解除为例外。这样,投保人虽在签约时无法与保险人处于平等地位,协商保险条款,但在合同订立后,投保人有充分的回旋余地,可以在利益权衡之后解除合同。如前所述,即使保险合同效力提前终止,但由投保人交纳的保费形成的保险单上的现金价值,仍应当退还投保人,本条规定的即投保人选择解除合同后的处理。

(二)保险人应一律退还保险单现金价值

1995年和2002年修正的《保险法》根据投保人交纳保费的时间长短不同而区分是返还保险费还是保险单的现金价值,之后修订的《保险法》规定无论交纳保费的时间长短,投保人解除保险合同的,保险人应一律返还保险单的现金价值。保险单的现金价值自投保人交纳保费之时起,即开始形成责任准备金。由于长期人身保险多采用"均衡交费"方式,无论保险合同成立时间长短,投保人交纳保费时间长短,均会形成一定的责任准备金,只是随着时间的长短不同,数额会发生变化。实践中大多遵循以年为核算周期的习惯,以满一年为单位，核算保险单的现金价值。虽然无论时间长短，均按保险单现金价值核算退还权利人较为烦琐，但更符合保险原理。

（三）保险人退还保单现金价值的时间限制

为避免保险人拖延支付保险单现金价值，法律规定保险人应当自收到解除合同通知之日起30日内，按照合同约定退还保险单的现金价值。投保人通常因急需资金解除保险合同，该规定有利于保护投保人利益。

▶ 适用指引

一、投保人解除保险合同是否需要经过被保险人、受益人同意

人身保险合同属继续性合同，除法律另有规定外，自无理由限制当事人任意终止合同。所以，《保险法》第15条规定："除本法另有规定或者保险合同另有约定外，保险合同成立后，投保人可以解除合同。"理论界将上述法律规定的投保人权利称为"投保人任意解除权"，保险实务界则通常称之为"退保"。投保人"退保"之后，保险合同即不再存在（不溯及既往），被保险人丧失保险保障，保险人无须继续承担保险风险；人身保险之保险人则应当依据《保险法》第47条的规定，"自收到解除合同通知之日起三十日内，按照合同约定退还保险单的现金价值"。从《保险法》条文规定来看，其未就投保人行使任意解除权设置任何例外或强制性限制条件，看似简单明了，但在理论界和实务界也产生了一些争议。

《保险法》第15条、第47条适用于解除为自己利益的保险合同时，因解除权的行使不会直接影响投保人以外的第三人，故无不合理之处。但为他人利益保险合同的投保人行使任意解除权时，保险合同的终止将导致他人（投保人以外之人）本享有的保险给付请求权不再可能行使，使他人基于保险合同的经济上之期待落空。特别是合同已长期存在，被保险人、受益人因确信约定给付保险赔偿金的时间或条件即将成就，对应作出了财务安排时，投保人突然解除保险合同，此种期待的落空，对被保险人、受益人有时影响甚巨。由此，产生了是否应当限制投保人行使解除权的思考和争议。如认为投保人之任意解除权行使无须获得被保险人、受益人的同意，即可以发生解除效力的，被保险人、

受益人因解除所生损失应由谁负担？反之，如认为投保人行使解除权必须以取得被保险人、受益人同意为前提，否则即不得行使，任意解除权行使具体程序应当如何设计？为保障被保险人、受益人之利益不受损失，收到投保人解除通知的保险人应承担何种程度的义务，应如何应对投保人的解除通知，以及如何处理被保险人、受益人对解除权行使的异议？由于对投保人解除权和被保险人、受益人"期待"利益存在不同的认识，实务界出现了不同的观点和做法。一种观点认为，投保人解除为他人利益的保险合同时必须征得第三人同意。理由是，为他人利益保险合同的目的在于保护保险金受领人的利益，投保人尽义务但不享有合同权利，不是合同的保护对象。因此投保人不能随意解除合同，除非保险合同另有约定或者法律有特殊规定。另一种观点则认为，在为他人利益保险合同中，投保人是保险合同当事人，合同关系如何发展，应由投保人决定，第三人因投保人解除合同所生损害，应由内部解决。

在《保险法解释（三）》起草过程中，就为他人利益保险合同中投保人任意解除权的制度安排发生了重大争议。最终采纳了折中的方案，即投保人原则上享有任意解除权，但该解除权的行使又受到一定的限制。该解释第17条规定："投保人解除保险合同，当事人以其解除合同未经被保险人或者受益人同意为由主张解除行为无效的，人民法院不予支持，但被保险人或者受益人已向投保人支付相当于保险单现金价值的款项并通知保险人的除外。"主要考虑是，其一，我国《保险法》第15条明确赋予了投保人任意解除权，且并未就利他保险作出任何例外规定。如要求投保人解除合同需征得被保险人或受益人同意，不符合立法精神。而且从保险行业发展来看，保险单转让与质押是人身保险未来发展的方向之一，这些业务的开展是以投保人能够随时解除保险合同并取得保险单现金价值为条件的。如投保人解除合同需要经过被保险人和受益人同意，则可能限制保险单转让与质押业务的开展。甚至大量已经开展的保险单质押业务将面临系统性金融风险。所以，该解释在肯定投保人依法享有人身保险合同的任意解除权的前提下，原则上对其行使不加任何限制。其二，被保险人、受益人保险金给付请求权是其于保险事故发生后实际享有的财产权利，但在保险事故发生前则属于他们享有的期待权。[①] 法律对权利和期待的保护力

---

① 李玉泉：《保险法》，法律出版社2003年版，第256页；羊焕发、吴兆祥：《保险法》，人民法院出版社2000年版，第134页；覃有土、樊启荣：《保险法学》，高等教育出版社2003年版，第355页。

度是不同的，在两者出现冲突时，应当优先保护法定权利。基于上述认识，司法解释强调了投保人的任意解除权行使原则上不受任何限制。被保险人、受益人不能仅以合同解除导致自己的利益受损为由，阻却投保人行使法定任意解除权。唯一例外在于赎买，即被保险人、受益人通过支付等同于解除后退还的现金价值为对价，取得变更合同投保人的权利；同时，可以阻止已经获得资金补偿的投保人行使解除权。但必须指出，被保险人、受益人阻却的权利来源并非直接来源于期待或期待权，而是因为其支付了合理的对价，已经实质上具备了概括受让保险合同的条件。这样一方面保护投保人对保单现金价值的权利，另一方面，也照顾被保险人、受益人的合理期待。其三，转让保险合同对投保人不会产生不利益。从经济收益的角度而言，投保人解除人身保险合同获得的只有按约退还的现金价值。如果被保险人、受益人已经向投保人给付了等同于退保可能获得的现金价值，则投保人将合同概括转让给被保险人、受益人与解除后的经济收益就完全相等。相反，如果被保险人、受益人愿意支付相当于退还的现金价值，而不允许其变更合同投保人，则该合同因投保人解除而终止，被保险人、受益人就需要重新投保。由于年龄、身体状况的变化，被保险人、受益人既不能享有原合同的利益，还可能需要支付更为高昂的保险费。两者相较，投保人的经济收益不会发生变化，而被保险人、受益人的收益为负。从保险人的角度去看，被保险人、受益人变更为投保人并不会提高承保风险，由于重新投保有一定的经营成本，所以基本也不会有多少收益。从经济分析角度出发去审视两种做法，解除对各参与方只有负收益，而变更投保人则不会给任何一方带来不利益，显然后者更有利于各参与方，有利于节约社会的经济成本。

二、投保人与被保险人、受益人为不同主体时，保单现金价值归谁所有

保险单现金价值又称为保单现金价值，是人身保险合同较为特殊的一个问题。前已述及，《保险法》保险合同章人身保险部分多处提到保险单现金价值，如第32条第1款、第37条、第43条第1款、第44条、第45条、第47条等等。实践中，对于投保人与被保险人、受益人为不同主体时，保单现金价值归谁所有存在不同认识，引发不少纠纷，所以《保险法解释（三）》第16条对此进行了明确。第16条第1款规定："保险合同解除时，投保人与被保险人、受益人为不同主体，被保险人或者受益人要求退还保险单的现金价值的，人民

法院不予支持,但保险合同另有约定的除外。"第2款规定:"投保人故意造成被保险人死亡、伤残或者疾病,保险人依照保险法第四十三条规定退还保险单的现金价值的,其他权利人按照被保险人、被保险人继承人的顺序确定。"

关于保险单现金价值的归属,理论界存在多种不同观点。据学者考察,有学者总结了三种观点:一是认为,人身保险单的现金价值由保险费及其增值形成,具有储蓄性,现金价值的所有权归投保人或被保险人;二是认为,由投保人交纳的保险费形成的保险责任准备金(保险单的现金价值),虽由保险人保管运用,但实际上仍应为投保人所有;三是认为,保险单现金价值应归保险单持有人所有。① 还有学者认为,投保人作为赠与人不是寿险保单现金价值的所有者,被保险人作为受赠人应该享有寿险保单现金价值,对保单现金价值具有支配权。② 经过仔细研究和充分论证,根据保险运行机理、保险合同法基本原理,充分考察保险实践,并借鉴域外相关经验,《保险法解释(三)》第16条规定明确保险单现金价值应归属于投保人,而不是被保险人。

但是在投保人故意造成被保险人死亡、伤残或者疾病的场合,保险人不承担给付保险金的责任,投保人当然也丧失要求返回现金价值的权利。关于在此情况下保险人是否仍需返回现金价值,我国《保险法》第43条第1款规定:"投保人故意造成被保险人死亡、伤残或者疾病的,保险人不承担给付保险金的责任。投保人已交足二年以上保险费的,保险人应当按照合同约定向其他权利人退还保险单的现金价值。"对于此处的"其他权利人"如何确定并不明确。有观点认为,所谓其他权利人,合同有约定的从约定,合同没有约定的依次为合同指定的受益人、被保险人、被保险人的继承人。③《保险法解释(三)》中采被保险人说。在投保人指定受益人的情况下,受益人的指定体现了投保人的意志,如认为保险单现金价值仍由受益人享有,不能体现对投保人的惩罚,故由被保险人或者其继承人享有更为妥当。

---

① 左雅华、张念:《人身保险单现金价值权属问题研究》,载《广东金融学院学报》2007年第4期。
② 张春红:《寿险保单现金价值权属探析》,载《时代金融》2013年第7期。
③ 最高人民法院保险法司法解释起草小组编著:《〈中华人民共和国保险法〉保险合同章条文理解与适用》,中国法制出版社2010年版,第291页。

三、正确区分现金价值与保险费

保险单现金价值虽然来源于保险费，但并不等同于保险费。根据保险精算原理，保险单的现金价值是投保人所交保险费，在扣除保险人各种经营费用后所剩余额，按照预定利率计算出的现值。保险单现金价值的计算，除了要考虑投保人交了多少保险费，还应考虑得到的保障的成本、保险公司建立和处理保单中发生的费用等因素。形象一点看，保险单现金价值用公式表示为：现金价值＝责任准备金－退保手续费。① 从合同法角度来看，保险合同无效时，保险人返还的保险费，不是保险单现金价值；保险合同解除或者保险人依法不承担给付保险金责任时，保险人返还的是保险单现金价值，而不是退还保险费。实践中，在保险合同早期，保险公司在承保制单、结算保险代理人手续费、员工工资等各项管理费用上开支较大，责任准备金扣除这些管理手续费用后所剩不多，因此，保险单现金价值与投保人已经交纳的保险费数额差距较大，容易引发争议。保险合同纠纷案件审理中，一定要注意区分保险合同无效与保险合同解除，准确认定保险人应当返还的是保险费还是保险单现金价值。

实践中，附有现金价值的保险产品通常都附带死亡险，因各方面原因，死亡险需要经过被保险人同意并认可保险金额并没能得到切实落实，很多附带死亡险的保险产品并没有得到被保险人的同意并认可保险金额，保险合同效力认定存在隐患，给投保人和保险人的逆向选择留下空间，投保人以及保险人均可根据保险事故是否发生作出对自己有利的选择：保险事故发生前，投保人可以选择主张保险合同无效，要求保险人返回全部保险费而不是保险单现金价值；保险事故发生后，保险人可以选择主张保险合同无效，拒绝给付保险金，仅退还全部保险费。对于实践中投保人主张合同无效要求返回全部保险费的案件，法院应严格依照法律规定作出裁判，一方面，审查所涉保险合同是否存在无效事由，如死亡险是否经被保险人同意并认可保险金额；如确实存在无效事由，则应认定保险合同无效，保险人退还全部保险费，而不是保险单现金价值；另一方面，应注意考察保险合同无效存在的原因，考察投保人与保险人在合同无效中存在的过错，并让双方根据过错承担合同无效造成的损失，既不能让不按

---

① 陈天翔：《保费和现金价值的差距到底有多大》，载《第一财经日报》2006年9月29日，第B07版。

照法律规定认真核保的保险人逃避保险责任,也不能让违法投保的投保人规避退保费用。在此过程中如何认定双方过错尤为重要,需要结合案件具体情况进行认定。

四、正确区分现金价值与保险金

现金价值是保险期间内保险合同提前终止或者保险人依法不承担给付保险责任时需要向投保人返回的责任准备金。保险金是保险事故发生时保险人根据保险合同应当向受益人支付的金额。现金价值与保险金均是保险人根据保险合同应当支付的款项,但其产生基础、给付条件、给付对象以及计算方法均不一致:现金价值源于投保人在保险期间早期多交付的保险费的积累,保险金是保险人基于保险合同产生的主给付义务,是其收取保险费的对价;现金价值以保险合同提前终止或者保险人依法不承担给付保险责任为给付条件,保险金则以保险事故发生为给付条件;现金价值归属于投保人,保险金则应支付给投保人或者被保险人指定的受益人;现金价值是为了保障保险人未来支付保险金的准备金,保险金的数额通常高于现金价值。实践中,现金价值与保险金归属于不同主体,在投保人与受益人存在利益冲突时,对于保险人应该支付现金价值还是保险金可能会存在争议。

现金价值来源于准备金,而准备金在保险原理上是保险人对有效义务的负债,其与未来保险费及利息所得一起,用于支付那些保单项下的未来给付。①因此,在死亡险中,如被保险人在保险期间内死亡,保险事故发生,现金价值应全部转化为保险金。该原理反映到保险合同上来看,保险事故发生后,现金价值转化为保险金,属于受益人,投保人不再享有现金价值。②因此,一般而言,保险事故发生前,投保人有权解除保险合同取得现金价值,受益人无权要求解除合同取得现金价值,但在保险事故发生后,投保人不得再解除合同取得现金价值,而受益人可以基于保险合同约定要求保险人给付保险金。实践中,有投保人与受益人的利益不完全一致,在明知保险事故发生的情况下,未向保险人告知保险事故发生的事实,仍要求保险人解除保险合同并返回现金价

---

① [美]肯尼斯·布莱克、[美]哈罗德·斯基博:《人寿与健康保险》,孙祁祥、郑伟等译,经济科学出版社2003年版,第757页。
② 生存保险与年金保险中,现金价值与保险金的关系取决于保险事故的界定,如何更好地理顺二者关系需要进一步研究。

值。此时如保险人可能因未审查到保险事故已经发生的事实，为投保人办理退保手续并返回现金价值，如受益人依据保险合同要求保险人给付保险金的，保险人仍需要给付保险金，不能以保险合同已经解除为由作为抗辩。保险人因不当解除保险合同支出的现金价值，只能通过不当得利向投保人主张返还。在这类案件审理中，投保人解除保险合同的时点判断尤为重要，如解除保险合同是在保险事故发生前，投保人可取得现金价值，保险人不承担给付保险金责任；如解除在保险事故发生后，投保人无权取得现金价值，保险人承担给付保险金责任。

五、保险单现金价值的规范

保险单现金价值的确定涉及保险精算原理，具有相当的专业性和技术性。虽然保险人都会在保险合同中约定现金价值计算方法，但一般投保人还是难以理解现金价值如何确定。实践中，因现金价值与投保人已经交纳的保险费数额差距过大，引发不少纠纷，这也提出关于现金价值如何规范的问题。我国《保险法》对于现金价值如何确定没有规范。早期审判实践中，对于保险单没有列明现金价值表的，投保人解除保险合同要求退还全部保险费而保险人仅同意返还现金价值的，有法院将该合同视为可撤销合同，允许投保人撤销合同，返还全部保险费。如在罗某与某保险公司保险合同纠纷一案中，罗某于1998年9月在某保险公司投保了6份终身寿险。2000年9月，罗某因家庭收入锐减，要求退保。保险公司按《保险法》和合同条款规定，认为投保两年以上的退保，应退还保单现金价值，于是根据该险种现金价值表确定退保金应为2723元。但是，罗某声称自己的保单中无现金价值表，签订合同时保险公司及其代理人也未解释条款中现金价值的意义，自己对保单现金价值的理解为已交全部保费，因此主张保险公司应退还已交的全部保费7300元。双方由此发生纠纷。罗某不服，在2001年3月将该保险公司告上法庭。法院经过审理作出以下判决：（1）该合同应予以撤销，因投保人在订立合同时存在重大误解。（2）造成投保人重大误解的直接原因是保险公司未尽如实告知义务，因此保险公司负有过错责任，应退还其所交的全部保费7300元。对于依据撤销合同来解决该问题是否合适，见仁见智，众说纷纭。持否定意见者认为，现金价值是保险人在发生退保时应退还给投保人的利益，并非保险人承担的主要合同义务，更重要的是投保人将现金价值的意思理解为已交的全部保费并非影响其决定是否投保的关键因素，所以投保人对现金价值含义的误解不能算是"重大"，合同不应被撤销。① 持肯定意见者认为，由于保险公司未能提供现金价值表，造成了投保人的"意思表示不真实"或"重大误解"，依据相关法律规定，该行为或合同是可以撤销的。② 返还现金价值虽不是合同主义务，但关系到投保退保的权利以及违约责任，对投保人订立合同有重要影响，故保险人不提供现金价值表，投保人可以基于重大误解要求撤销。③

基于以上争议，有观点认为，保险人应该对现金价值承担说明义务。许多投保人不完全了解保险，对诸如保单现金价值等专业术语更是置若罔闻，不利于保险合同双方签订合同时遵循意思表示真实、自愿订立的原则，进而会阻碍保险活动的顺利进行和业务的进一步开展。因此，强调保险人必须解释保险条款中涉及的专业术语，让投保人能够有一般的了解，避免因投保人误解而产生法律纠纷。④ 也有观点认为，现金价值只能通过保险公司作口头解释，在保户未曾提出询问的情况下，保险法规并未作出必须告知清楚的硬性规定，不存在明确说明之义务。⑤

现金价值是投保人在保险合同早期支付的超过自然保险费的积累，属于投保人的财产，不容侵害。但实践中，现金价值的确定具有相当专业性，且通常是根据保险人单方提供的现金价值表计算，如何确保保险人在计算现金价值时不侵害投保人的合法利益是保险立法无法回避的问题。鉴于现金价值的技术性和专业性，由监管机构确定现金价值的计算原理和方法，要求保险人按照其所确定的原理和方法计算保险金，是较为可行的规制途径。现金价值是资本性保险产品的组成部分，最终要以保险合同条款的形式出现，作为投保人取得现金价值的依据，在此过程中如何确保保险人完全按照监管部门的要求确定现金价

---

① 陈洪清：《缺少一张现金价值表能否说明保险公司没有履行如实告知义务吗？》，载《上海保险》2001年第11期；张敏、汪春慧：《现金价值表应成为保险合同的组成部分》，载《保险研究》2002年第6期。

② 参见曹乾：《罗某人寿保单现金价值归还案：法院判决错了吗？》，载《上海保险》2002年第8期。

③ 王敬华、邓念武：《保险单现金价值条款纠纷案的相关分析》，载《特区经济》2006年第10期。

④ 张敏、汪春慧：《现金价值表应成为保险合同的组成部分》，载《保险研究》2002年第6期。

⑤ 陈洪清：《缺少一张现金价值表能否说明保险公司没有履行如实告知义务吗？》，载《上海保险》2001年第11期。

值以及如何保证投保人是在真正理解现金价值的情况下订立合同,仍是保险合同立法需要面对的问题。从我国现有立法来看,《保险法》保险合同章对于投保人的保护,主要体现在以下几个方面:一是保险人明确说明义务;二是疑义不利解释原则;三是无效格式条款。根据《保险法》第17条,保险人明确说明义务适用于"免除保险人责任的条款",现金价值不涉及免除保险人责任问题,不属于保险人明确说明的对象;根据《保险法》第30条,疑义不利解释原则适用于格式条款,且以合同条款经通常理解存在两种以上争议为适用条件,虽可将现金价值纳入格式条款,但在投保人对现金价值有不同理解时即认为应适用不利解释原则似不符合法律规定;① 根据《保险法》第19条,保险人提供的格式条款存在违法或者违反公平、诚信原则等情形时,才可认定相关条款无效,现金计算如符合保险精算原理,认定其无效显然不妥。至于能否根据《民法典》第147条关于重大误解的相关制度允许投保人撤销保险合同,因现金价值确实不是保险合同的主义务,尤其是我们所理解的传统保险合同,将现金价值的不知情作为决定投保人订立保险合同的因素,并允许投保人基于现金价值的不理解撤销合同,确实存在可商榷之处。而且,笼统允许投保人基于重大误解解除合同返还保险费而不是现金价值,对保险人不公,且将直接影响保险行业的发展。

  以上问题的产生源于附有现金价值的保险产品已经超越了传统保险产品的范畴,在保险合同的保障内容外增加了储蓄、投资内容。传统的保险合同立法针对的是保险合同的保障内容进行规范,围绕风险的评估以及保险金的给付制定相应规则,平衡各方利益。现金价值属于保险合同中的储蓄、投资,已经脱离原有保险产品的保障范畴,难以通过传统的保险合同立法予以规范。因此,从立法论上,需要在传统保险合同立法之上,针对现金价值的储蓄、投资特性,增加相应法律制度。② 2009年,原保监会针对投资型保险产品的销售,制定了《人身保险新型产品信息披露管理办法》,如何将该管理办法中对于保险人的要求转化为保险合同法上的内容,需要研究。从解释论上,我们只能在

---

① 实践中,对于投保人要求根据不利解释原则,请求保险人退还全部保险费而不是现金价值的主张,法院认为不适用不利解释原则。参见欣子弦:《现金价值属于格式条款吗》,载《中国保险报》2007年4月30日,第6版。
② 实际上,具有储蓄、投资性的保险产品在现金价值上类似于存款或者委托理财,可否借鉴相关规定予以规范值得研究。

现有法律框架下适用法律。目前看，似可依据《保险法》第 17 条第 1 款关于"订立保险合同，采用保险人提供的格式条款的，保险人向投保人提供的投保单应当附格式条款，保险人应当向投保人说明合同的内容"之规定，要求保险人对包括现金价值在内的格式条款承担一般说明义务。此外，如实践中现金价值确实与保险费存在较大差距，投保人提出异议的，可以要求保险人对现金价值的计算合理性提供证据。

▶ 类案检索

中国人寿保险股份有限公司辽宁省分公司与孙某、张某某保险纠纷案

关键词： 解除合同　现金价值

裁判摘要： 本案的争议焦点为合同解除后投保人缴纳的保费应如何退还。《保险法》第 47 条规定："投保人解除合同的，保险人应当自收到解除合同通知之日起三十日内，按照合同约定退还保险单的现金价值。"根据该规定，投保人解除合同的，合同解除后保险公司应按照合同约定的内容和标准退还现金价值，本案的上诉人亦主张按照保险合同附带的现金价值表计算应退还的现金价值。由于合同系双方当事人意思表示一致的结果，双方达成一致的内容方可作为合同的一部分，故本案应审查保险合同附带的现金价值表是否经双方一致认可而订入合同，是否对双方具有约束力。

《保险法》第 17 条第 1 款规定："订立保险合同，采用保险人提供的格式条款的，保险人向投保人提供的投保单应当附格式条款，保险人应当向投保人说明合同的内容"，该规定意即为了使投保人明确知晓合同内容后作出是否投保的意思表示，保险公司应当就格式条款的内容负有说明义务，且保险公司的说明义务并不因给了投保人犹豫期而免除。本案中，首先，虽然上诉人保险公司形式上已将保险合同、保险单、现金价值表送达给了被上诉人张某某，但根据保险公司工作人员苏某某的《情况说明》记载的内容，投保时双方对合同缴费期限、总缴费金额、收益率的理解和真实意思表示并不一致；其次，基于合同双方对缴费期限、缴费总额的不一致理解，保险公司向被上诉人提供的基于缴费期限 5 年、总缴费金额 100 万元而精算出的现金价值表与被上诉人所理解

的缴费期限3年、总缴费金额60万元的保险合同不相匹配,上诉人提供的现金价值表不宜直接套用到张某某真实意思表示的投保方式上;最后,案涉合同为分红型保险,现金价值表和分红测算情况系合同最为基本、最为重要的内容,也是上诉人单方提供的内容,上诉人对上述内容负有说明义务,以使投保人真正了解退保的后果以及收益的不确定性。现上诉人未提交证据证明已就现金价值的计算方式进行了说明,且从被上诉人提出的根据该现金价值表计算的现金价值应为 $1206.60 \times 600 = 723\,960$ 元的主张看,其并未理解现金价值表的使用方式和现金价值的计算方法,亦佐证了上诉人对其交付给被上诉人的现金价值表未尽到应有的说明义务。综上,上诉人提供给被上诉人的现金价值表不应认定为经合同双方一致同意已被订入合同,该现金价值表对被上诉人不具有约束力,若仍按上诉人提交给对方的现金价值表计算应退还的现金价值,将超出被上诉人作为普通投保人在订立合同时对案涉保险合同的合理预见范围,上诉人主张按保险合同中提供的此份现金价值表退还现金价值缺乏依据。另,关于上诉人工作人员苏某某出具的《情况说明》的认定问题,苏某某认可其签字的真实性,参照《最高人民法院关于民事诉讼证据的若干规定》第3条关于当事人陈述的于己不利的事实的规定和第9条关于撤销自认的规定,虽然苏某某解释称其系为了配合被上诉人而签字,但未提供任何证据证明其签字非真实意思表示,原审对《情况说明》予以认定并无不当。

就合同双方的缔约能力而言,上诉人作为专业的保险机构和合同文本的提供者,对格式合同条款内容负有说明义务,对合同解除时现金价值的计算方式亦有说明义务,现由于上诉人未完全尽到其说明义务,造成被上诉人缔约时对保险合同重要条款的理解与上诉人不一致;就合同解除的原因而言,由于订立合同时上诉人未完全履行其说明义务,对被上诉人造成误导,进而导致合同解除。鉴于保险合同中的现金价值表无法作为退还现金价值的依据,原审法院依据《合同法》的规定,认定由上诉人退还全部保费及相应利息并无不当。

【案　　号】(2021)辽01民终2227号

【审理法院】辽宁省沈阳市中级人民法院

第三节 财产保险合同

第四十八条 保险事故发生时，被保险人对保险标的不具有保险利益的，不得向保险人请求赔偿保险金。

▶ 关联规定

一、法律、行政法规、司法解释

1.《中华人民共和国保险法》

第十二条 人身保险的投保人在保险合同订立时，对被保险人应当具有保险利益。

财产保险的被保险人在保险事故发生时，对保险标的应当具有保险利益。

人身保险是以人的寿命和身体为保险标的的保险。

财产保险是以财产及其有关利益为保险标的的保险。

被保险人是指其财产或者人身受保险合同保障，享有保险金请求权的人。投保人可以为被保险人。

保险利益是指投保人或者被保险人对保险标的具有的法律上承认的利益。

2.《最高人民法院关于适用〈中华人民共和国保险法〉若干问题的解释（二）》

第一条 财产保险中，不同投保人就同一保险标的分别投保，保险事故发生后，被保险人在其保险利益范围内依据保险合同主张保险赔偿的，人民法院应予支持。

二、司法指导性文件

1.《最高人民法院关于济宁九龙国际贸易有限公司与永安财产保险股份有限公司济宁中心支公司海上保险合同纠纷一案的请示的复函》

山东省高级人民法院：

你院〔2012〕鲁民四终字第7号《关于济宁九龙国际贸易有限公司与永安财产保险股份有限公司济宁中心支公司海上保险合同纠纷一案的请示》收悉。

经研究，同意你院审判委员会认为济宁九龙国际贸易有限公司（以下简称九龙公司）具有保险利益的少数意见。理由如下：依照《中华人民共和国保险法》（2002年）第十二条第三款的规定，保险利益是指投保人对保险标的具有的法律上承认的利益。只要投保人对保险标的具有法律上的经济利害关系，即可认定其具有保险利益。虽然九龙公司与国外买方口头约定货物出口的价款条件为FOB，但涉案货物买卖双方并没有严格按照FOB价格条件履行，主要表现为：货物运输险实际由卖方九龙公司投保；货物在运输途中发生损失后，九龙公司接受国外买方从货款中扣除货物损失，即实际承担了货物运输途中的损失。涉案货物买卖双方的实际履行表明其已经变更了FOB价格条件下由买方投保运输险和货物在装运港越过船舷后风险转移给买方的做法。九龙公司实际承担了货物运输途中的风险与损失，与货物具有法律上经济利害关系，因此应当认定其对货物具有保险利益。

至于保险人永安财产保险股份有限公司济宁中心支公司最终是否应当承担保险赔付责任，请你院在查明事实后依法认定。

此复

2.《第二次全国涉外商事海事审判工作会议纪要》

十、关于海上保险合同纠纷案件

（三）保险利益

123. 订立保险合同时被保险人对保险标的不具有保险利益但发生保险事故时被保险人对保险标的具有保险利益的，保险人应当对被保险人承担保险赔偿责任；订立保险合同时被保险人对保险标的具有保险利益但保险事故发生时不具有保险利益的，保险人对被保险人不承担保险赔偿责任。

▶ 条文释义

一、本条主旨

本条是关于财产保险的保险利益判断时点的规定。

二、条文演变

原《财产保险合同条例》第 3 条规定："财产保险的投保方（在保险单或保险凭证中称被保险人），应当是被保险财产的所有人或者经营管理人或者是对保险标的有保险利益的人。投保方向保险方申请订立保险合同，负责交纳保险费的义务。"该条规定并未明确判断"投保方"对保险标的具有保险利益的时间节点。1995 年《保险法》第 11 条规定："投保人对保险标的应当具有保险利益。投保人对保险标的不具有保险利益的，保险合同无效。保险利益是指投保人对保险标的具有的法律上承认的利益。保险标的是指作为保险对象的财产及其有关利益或者人的寿命和身体。"该条规定仍未明确财产保险利益的判断时点。2002 年修正的《保险法》与 1995 年《保险法》相关规定保持一致，只是将条文序号调整为第 12 条。2009 年修订的《保险法》第 12 条规定："人身保险的投保人在保险合同订立时，对被保险人应当具有保险利益。财产保险的被保险人在保险事故发生时，对保险标的应当具有保险利益。人身保险是以人的寿命和身体为保险标的的保险。财产保险是以财产及其有关利益为保险标的的保险。被保险人是指其财产或者人身受保险合同保障，享有保险金请求权的人。投保人可以为被保险人。保险利益是指投保人或者被保险人对保险标的具有的法律上承认的利益。"第 48 条规定："保险事故发生时，被保险人对保险标的不具有保险利益的，不得向保险人请求赔偿保险金。"即 2009 年修订的《保险法》第 12 条和第 48 条从正反两个方面明确，财产保险的被保险人对保险标的具有保险利益的判断时间节点是保险事故发生时，与人身保险不同。《保险法》于 2014 年、2015 年修正时，上述条文保持不变。

三、条文解读

本法第 12 条和本条从正反两个方面明确，财产保险的被保险人对保险标的具有保险利益的判断时间节点是保险事故发生时。如若保险事故发生时被保险人对保险标的不具有保险利益，则其不会因为保险事故而遭受损失，故不得向保险人请求赔偿保险金。

（一）保险利益原则

保险利益原则是保险法的基本原则之一。保险利益又称可保利益，是投保人或被保险人对保险标的所具有的法律上承认的利益，是由投保人或被保险人同保险标的之间所存在的利害关系产生的，[①] 包括财产利益和人身利益。[②]

投保人必须对保险标的具有保险利益是一项非常古老的法律原则，其源头可以追溯至18世纪的英国法。此前的保险并没有保险利益的要求，任何愿意缴付保费的人都可以买到保单。这样不仅致使赌博盛行，而且还导致了诸多的谋财害命。1746年，英王乔治二世指出，"实践证明，没有任何利益就可以投保的做法引发了很多恶劣行为……投机和赌博行为借保障船舶和贸易之名大行其道，使得助人向善的保险业蒙羞"。乔治二世在其颁布实施的法律里首次规定在海上保险中强制实行保险利益制度："如果不能证明保险利益的存在，任何自然人或法人都不得为英王陛下或其子民所拥有的船舶投保，也不得为已经装运或将要装运到这些船舶上的货物和商品投保。违反本条规定而购买的保险绝对无效。"1774年，英王又颁布了另一部法律将保险利益的要求从海上保险扩展到人身保险和整个财产保险领域。[③]

保险利益原则要求该利益必须是法理所保护的合格利益，并且投保人与保险标的之间的关系合法，"无保险利益即无保险"；该利益必须是现实中已经存在的确定的利益，现在尚未确定但是可以在将来确定的预期利益也符合保险利益原则；保险利益可以是经济利益，或者可以以某种方式通过货币来计量、

---

① 黎建飞、王卫国：《保险法教程》，北京大学出版社2009年版，第45页。
② 王卫国：《我国的保险法律制度——在十一届全国人大常委会第七次专题讲座上的讲稿》，载杨华柏主编：《保险业法制年度报告2008》，法律出版社2009年版，第8页。
③ 参见黄勇、李之彦编著：《英美保险法经典案例评析》，中信出版社2007年版，第92页。

补偿①。保险利益原则的确立有利于消除赌博，②可以限制保险的赔偿额等于或低于保险利益，有利于预防道德风险的发生。③

保险的目的不在于让没有损失的人得利，更不是鼓励人们利用于己无关的偶然事件侥幸发财。没有保险利益，拿别人的人身或财产投保的人，很可能为了获取保险赔偿金而毁损他人财产、恶意伤害他人身体甚至生命。这不仅有违保险制度的宗旨，而且有害于公共秩序和善良风俗。④

（二）判断财产保险的被保险人对保险标的是否具有保险利益的时间节点是保险事故发生时

财产保险的发展趋势是，只要在损失发生时具有保险利益即可，我国《保险法》亦采用了这样的标准。第12条第2款明确规定，财产保险的被保险人在保险事故发生时，对保险标的应当具有保险利益；本条则从反面明确，保险事故发生时被保险人对保险标的不具有保险利益的，不得向保险人请求赔偿保险金。

之所以作出这样的规定，是因为财产保险是补偿性保险，损失填补是其基本原则。如若被保险人在保险事故发生、损失发生时对保险标的没有保险利益，则其不会遭受损失，根据损失填补原则，即无须对其进行赔偿。这既有利于防止投保人、被保险人将保险作为赌博的工具，对自己毫无利益的财产进行

---

① 保险合同的目的是弥补被保险人或受益人因为保险标的的出险所遭受的经济损失，如果该损失无法用货币计量，保险人的赔偿或给付义务就无法履行。参见黎建飞、王卫国：《保险法教程》，北京大学出版社2009年版，第49页。

② 如前所述，赌博和保险有着显著区别，其显著不同在于保险有保险利益的要求，没有保险利益的保险就是赌博。保险利益原则的确立，将保险与赌博或者类似赌博的行为严格区分开来。一方面，由于投保人对于保险标的具有保险利益，保险事故的发生使得被保险人遭受了事实上的损失，因此，保险的给付只是对被保险人提供一种保险保障，而不是一种额外的获利；另一方面，坚持保险合同的效力必须以保险利益的存在为前提，可以消除投保人、被保险人、受益人侥幸获利的心理。参见黎建飞、王卫国：《保险法教程》，北京大学出版社2009年版，第47页。

③ 如果不以投保人对保险标的具有保险利益为前提条件，将诱发道德风险、犯罪动机和犯罪行为的发生。有了保险利益的要求，将投保人利益与保险标的的安全紧密相连，保险事故发生后，给投保人的保险赔偿仅为其原有的保险利益，保险事故发生后的赔付额不得超出被保险人的保险利益的额度，使保险人对被保险人的赔偿是其实际经济利益损失的全部或部分补偿，就可以防止道德风险，维护社会的安定和善良风俗。参见黎建飞、王卫国：《保险法教程》，北京大学出版社2009年版，第48页。

④ 王卫国：《我国的保险法律制度——在十一届全国人大常委会第七次专题讲座上的讲稿》，载杨华柏主编：《保险业法制年度报告2008》，法律出版社2009年版，第8页。

投保，以期"以小博大"，甚至引发故意毁损保险标的的道德风险，又有利于引导投保人、被保险人谨慎保管投保财产，因为保险事故发生后，被保险人通常无法获得超过甚至完全等于损失的补偿，这有利于防止浪费，对于资源的有效利用和整个社会的良性发展也是有利的。

（三）保险事故发生时被保险人对保险标的不具有保险利益的，保险人不承担赔偿保险金的责任

如前所述，财产保险是补偿性保险，损失填补是其基本原则，如若被保险人在保险事故发生时对保险标的没有保险利益，则其不会因为保险事故而遭受损失，保险人也无须对其进行赔偿。如若保险标的因为保险事故而消灭，保险合同终止。如若保险标的在事故之后仍然存续，此次事故之后再次发生保险事故，且发生事故时被保险人对保险标的具有保险利益的，保险人仍需依照保险合同的约定，承担赔偿保险金的责任。

▶ 适用指引

关于保险标的转让中保险标的风险已发生转移但所有权尚未发生变动时，受让人是否具有保险利益并可依照保险合同向保险人主张保险金的问题。对此，《保险法解释（四）》第1条规定："保险标的已交付受让人，但尚未依法办理所有权变更登记，承担保险标的毁损灭失风险的受让人，依照保险法第四十八条、第四十九条的规定主张行使被保险人权利的，人民法院应予支持。"根据《保险法》第49条关于"保险标的转让的，保险标的的受让人承继被保险人的权利和义务"的规定，如果在保险合同有效期间内，保险标的发生了转让，保险标的的受让人可以取得出让人对保险人的权利和义务，当保险事故发生时，可以根据保险合同向保险人主张保险金。然而对于该条规定的"转让"，究竟是指保险标的的所有权发生转移（特别是那些以办理登记为所有权变更要件的），还是指保险标的的毁损、灭失的风险实际发生了转移，实务中争议颇多，尤其是保险公司经常以尚未完成登记手续，所有权尚未发生转移，受让人不具有保险利益为由拒赔。由于保险利益原则旨在保护对保险标的物具有真正利害关系、因保险事故真正受有损害的当事人，因此在保险标的所有权变动尚未完成，但风险已实际转由受让人承担时，对保险标的的毁损、灭失真正受有损失的

是受让人，其具有保险利益，有权根据保险合同向保险人主张保险金。

随着保险利益的基础从所有权逐渐扩大到各项法律上所保护的利益，各国保险法理论上都认为，保险标的转让时，保险利益应当随着风险的转移而转移，而不是所有权。当保险标的交付给受让人实际占有和使用后，风险转由受让人负担，当标的物因不可归责于双方当事人的原因毁损、灭失后，受让人仍有义务支付价金。出让人此时所享有的，不过是一个形式上的、空洞的所有权，于保险标的已经丧失了利害关系，就经济上观点而言，真正与保险标的具有利害关系的是承担价金风险的受让人，因此具有保险法上的保险利益，应当继受出让人在保险合同中的地位。

《保险法》第49条并未对保险标的的类型作物权法意义上的区分，如不动产和动产，也没有明确转让的含义，是否是指保险标的应当完成法律规定的物权变动要件。《保险法解释（四）》第1条适用的保险标的类型是法律规定的物权变动需要办理登记的物，包括以登记为生效要件的不动产和以登记为对抗要件的特殊动产。一般动产的转让不涉及登记的问题，完成交付即发生所有权转移，自然不存在我们讨论的问题。

另外，此处所指的风险，应当是指"不可归责于双方当事人的原因"导致保险标的发生毁损、灭失。如果是因出让人或受让人其中一方的过错导致保险标的毁损、灭失，应当具体考察双方当事人的约定，根据合同法上的违约责任制度和保险法上的保险代位权制度进行处理。另外应注意考察受让人是否真正已经承担了标的物毁损灭失的风险。现实交易中，很多情况下保险标的的转让人和受让人特别约定，即使交付后，风险仍由转让人承担，此时受让人没有事实上承担风险，从而不具有保险利益，不能向保险人主张赔偿。

当然，保险标的转让后，被保险人和受让人应当及时通知保险人，使保险人有机会评估保险标的是否因此次转让危险显著增加，作出增加保费或解除保险合同的决定。如果因未能履行通知义务，因转让导致保险标的危险程度显著增加而发生的保险事故，受让人仍不能向保险人请求支付保险金。

类案检索

刘某与中华联合财产保险股份有限公司城阳支公司财产损失保险合同纠纷案

关键词： 保险事故发生时　保险利益　举证证明责任

裁判摘要： 一般只要投保人或者被保险人对保险标的具有合法的所有、占有、使用等利益关系的，均可以认定投保人或者被保险人对保险标的具有保险利益。就本案而言，根据已查明的事实，刘某以其名义为涉案机动车投保时，虽然其主张的与登记车主李某某之间存在车辆买卖合同关系缺乏必要的证据证明，但是，刘某投保时已实际占有、使用涉案被保险机动车，且被保险车辆已经中华联合保险公司工作人员现场查验，涉案保险单中约定的被保险人为刘某，在保险单中明确注明行驶证载明车主为李某某，对此事实中华联合保险公司是明知的，被保险车辆发生交通事故后，所有交通事故的处理都是由刘某负责处理的。上述已查明的事实可以确认刘某在涉案保险事故发生时已合法实际占有、使用涉案机动车，因而刘某因合法占有、使用涉案被保险车辆而获得涉案保险合同项下的保险利益。中华联合保险公司仅是质疑刘某对涉案车辆享有的权利不合法，但没有提供充分的反驳证据加以证明，故二审判决认定刘某不具有涉案保险利益缺乏事实和法律依据。

【案　　号】（2021）鲁民再142号
【审理法院】山东省高级人民法院

第四十九条 保险标的转让的，保险标的的受让人承继被保险人的权利和义务。

保险标的转让的，被保险人或者受让人应当及时通知保险人，但货物运输保险合同和另有约定的合同除外。

因保险标的的转让导致危险程度显著增加的，保险人自收到前款规定的通知之日起三十日内，可以按照合同约定增加保险费或者解除合同。保险人解除合同的，应当将已收取的保险费，按照合同约定扣除自保险责任开始之日起至合同解除之日止应收的部分后，退还投保人。

被保险人、受让人未履行本条第二款规定的通知义务的，因转让导致保险标的的危险程度显著增加而发生的保险事故，保险人不承担赔偿保险金的责任。

▶ 关联规定

法律、行政法规、司法解释

1.《最高人民法院关于适用〈中华人民共和国保险法〉若干问题的解释（一）》

第五条 保险法施行前成立的保险合同，下列情形下的期间自 2009 年 10 月 1 日起计算：

（一）保险法施行前，保险人收到赔偿或者给付保险金的请求，保险法施行后，适用保险法第二十三条规定的三十日的；

（二）保险法施行前，保险人知道解除事由，保险法施行后，按照保险法第十六条、第三十二条的规定行使解除权，适用保险法第十六条规定的三十日的；

（三）保险法施行后，保险人按照保险法第十六条第二款的规定请求解除合同，适用保险法第十六条规定的二年的；

（四）保险法施行前，保险人收到保险标的的转让通知，保险法施行后，以保险标的转让导致危险程度显著增加为由请求按照合同约定增加保险费或者解除合同，适用保险法第四十九条规定的三十日的。

2.《最高人民法院关于适用〈中华人民共和国保险法〉若干问题的解释（四）》

第二条 保险人已向投保人履行了保险法规定的提示和明确说明义务，保险标的受让人以保险标的转让后保险人未向其提示或者明确说明为由，主张免除保险人责任的条款不成为合同内容的，人民法院不予支持。

第四条 人民法院认定保险标的是否构成保险法第四十九条、第五十二条规定的"危险程度显著增加"时，应当综合考虑以下因素：

（一）保险标的用途的改变；

（二）保险标的使用范围的改变；

（三）保险标的所处环境的变化；

（四）保险标的因改装等原因引起的变化；

（五）保险标的使用人或者管理人的改变；

（六）危险程度增加持续的时间；

（七）其他可能导致危险程度显著增加的因素。

保险标的危险程度虽然增加，但增加的危险属于保险合同订立时保险人预见或者应当预见的保险合同承保范围的，不构成危险程度显著增加。

第五条 被保险人、受让人依法及时向保险人发出保险标的转让通知后，保险人作出答复前，发生保险事故，被保险人或者受让人主张保险人按照保险合同承担赔偿保险金的责任的，人民法院应予支持。

▶ 条文释义

一、本条主旨

本条是关于保险标的转让的规定。

二、条文演变

1995年《保险法》第33条规定："保险标的的转让应当通知保险人，经保险人同意继续承保后，依法变更合同。但是，货物运输保险合同和另有约定的合同除外。"2002年修正的《保险法》与此保持一致，仅将条文序号调整为第34条。2009年修订的《保险法》则对此作了大幅度修订，在第49条对保险标的转让作出了更为具体的规定。此后，本条在《保险法》于2014年、2015年修正时未发生变化。

三、条文解读

（一）保险标的受让人承继被保险人的权利和义务

根据本条第1款规定，保险标的转让的，保险标的的受让人承继被保险人的权利和义务，即当保险标的转让给受让人后，保险合同的权利义务也随之移转给保险标的受让人。这一规定在理论上属于债权债务的概括转移，或合同权利义务的概括转移。合同权利义务的概括移转，指合同当事人一方的权利义务一并转移给第三人，由该第三人取而代之成为合同当事人的现象，又称为合同地位的移转。合同权利义务的概括移转，在于使合同当事人所有的权利义务一并移转，与以移转单个的债权或债务为目的的债权让与或债务承担有所不同，债权债务的承受人完全取代原当事人的法律地位，成为合同关系的当事人，因此，依附于原当事人的全部权利义务均移转于承受人。①

我国保险法上的保险合同可以让与，合同的让与也不必取得保险人的同意，只需在转让后履行及时通知义务。这与普通合同权利义务的概括移转需要对方当事人的同意这一要件不同。《民法典》第555条规定："当事人一方经对方同意，可以将自己在合同中的权利和义务一并转让给第三人。"在近现代社会，经济交易客观化，与注重合同债权人、债务人个人特质的时代相比，更多的时候则是注重由合同发生的经济方面的基础，因而就合同上的地位，只要不给对方造成不当的利益，便允许自由地移转，而为了防范上述不当的利益，要求须经对方同意，即为已足。②

《保险法》之所以作出这一不同于普通合同权利义务概括移转的规定，是为了防止在保险标的转让后和保险人同意继续对保险标的的承保的时间内出现"保险空档期"，从而充分发挥财产保险对于保险标的的保障功能。

---

① 韩世远：《合同法总论（第三版）》，法律出版社2011年版，第495页。
② ［日］我妻荣：《新订债法总论》，日本岩波书店1964年版，第581页。转引自韩世远：《合同法总论（第三版）》，法律出版社2011年版，第496页。

(二)被保险人或者受让人应当及时通知保险人保险标的转让,货物运输保险合同和另有约定的合同除外

根据本条第2款的规定,保险标的转让的,被保险人或者受让人不仅应当通知保险人,而且应当及时通知保险人。对于何为"及时通知",应当结合案件具体情况综合判断:如果保险合同中有约定,按合同约定;如果保险合同中未明确约定,被保险人或者受让人从发现危险增加开始就应遵循最大诚信原则,在合理必要的期间内或尽可能短的时间内通知保险人。

货物运输保险是对货物在运输过程中因自然灾害或意外事故等遭受损失提供补偿的保险,其保险标的是运输途中的货物。由于货物如何运输、起点和终点等影响保险风险的因素通常在投保时已确定,且该保险标的的转让一般不会导致危险程度的增加,且在国际交易中,为了提高交易效率和充分延续保险的保障功能,货物运输保险的保单通常会随货物的转移而背书转让,受让人会自然承继被保险人的权利和义务,而不必通知保险人。此外,如果保险合同明确约定保险标的转让无须通知保险人的,被保险人或者受让人也不必履行及时通知保险人保险标的转让的义务。

(三)因保险标的转让导致危险程度显著增加的,保险人自收到通知之日起30日内,可以依约增加保险费或者解除合同

第一,危险增加的概念。保险是集众人之资金来分担个体发生保险事故时之风险。因此,保险人必须有完善的风险防控体系,来维持资金运转以保证赔付。在投保人投保之初,保险人对保险标的进行风险评估,根据危险发生率、经营成本、预期营业利润等确定费率,依据最大诚信原则以及对价平衡原则,确定相应的保费。当危险增加时,且风险增加至保险事故发生概率较之前高出许多之程度,在此时还要求保险人按照原先的保费超负荷承担增大的风险,对保险人来说极为不公,违反对价平衡原则,不利于保险业的健康长久稳定发展。何谓危险增加,是指"保险合同基础之原危险状况改变,且为订约时所未曾预料或未予以估计之危险可能性增加,而产生对保险人不利的状态"。[1]

第二,危险程度显著增加的构成要件。通说认为构成危险程度显著增加须

---

[1] 江朝国:《论危险增加之规定及相关问题之探讨》,载我国台湾地区《保险专刊》1994年第38期。

具备重要性、持续性、不可预见性三个要件。(1)重要性。此特征在危险增加中特别显要，如仅是轻度或一般的危险，并未威胁到保险合同基础或现有保险合同的保障承受范围，那么不应认定为危险增加。必须是达到需提高保费或解除合同的程度，才能认定为危险增加。因此危险增加，应是危险的增加达到某质变程度，构成法律或合同基础所不能容忍的质变状态。(2)持续性。"所谓持续性，即保险契约订立后，原危险状况因某种特定情事之发生而变换成另一新的状况，且此新发生之状况继续不变地持续一段时间。"[1] 危险变大存在时间短暂，增加后随即恢复原状，不具有持续性，并未违反对价平衡原则，不能认定为危险增加。此外，另外一种情形，危险变大后立刻引起保险事故，亦不能认定为危险增加。持续性在时间上是相对于"瞬间性"而言，即危险程度显著增加后，在极短的时间内即导致保险事故的发生，不涉及危险增加后的通知义务。[2] (3)不可预见性。"即危险状况之改变须订约当时所未曾预料而未予估计者，若其危险状况已经计算在内，则不影响对价平衡，故非属此所谓之危险增加。"[3] 危险增加需为保险合同订立之初无法预见之危险。保险合同订立之初，投保人与保险人依据所承保的保险标的危险发生率等因素确定保费，因此可以说保费与危险程度相对应，应依据危险程度高、保费高，危险程度低、保费低的原则确定保费。当危险发生率增大到超过合同订立之初所确定保费的承受范围，还让保险人以低的保费来承保，违反了对价平衡原则。

第三，因保险标的转让导致危险程度显著增加且保险人主张解除合同的，应当将已收取的保险费，按照合同约定扣除自保险责任开始之日起至合同解除之日止应收的部分后，退还投保人。

从合同法原理来说，非继续性合同的解除原则上有溯及力，继续性合同的解除原则上无溯及力。[4] 保险合同为典型的继续性合同，自不例外。即保险人对于保险合同解除前发生的保险事故通常需承担保险责任，或者仅退还合同解除之日起至保险期限结束的保险费。但是，法律规定此种解除具有溯及效力的除外，即对于解除前发生的保险事故不承担保险责任，或者退还全部保险

---

[1] 樊启荣：《保险法》，北京大学出版社2011年版，第91页。
[2] 参见崔吉子、黄平：《韩国保险法》，北京大学出版社2013年版，第63页。
[3] 江朝国：《保险法基础理论》，中国政法大学出版社2002年版，第244页。
[4] 崔建远：《合同法》，法律出版社1998年版，第178~181页。

费。① 比如《保险法》第 16 条第 2 款规定：投保人因故意或者重大过失未履行如实告知义务，保险人有权解除合同。同时该条第 4 款和第 5 款规定了对于合同解除前发生的保险事故不承担保险责任的条件，属于法律明确规定合同解除具有溯及力的情形。

第四，保险标的转让后，被保险人、受让人履行了法律规定的通知义务，在保险人行使合同解除权之前，保险合同依然有效。对于合同解除前的"空档期"发生的保险事故，保险人主张不承担保险责任，缺乏明确法律依据。但由于保险费和保险标的发生保险事故的危险程度正相关，故因保险标的转让导致危险程度显著增加的，保险人自收到通知之日起 30 日内，可以按照合同约定增加保险费，以实现合同权利与义务的平衡。

（四）被保险人、受让人未履行通知义务的，因转让导致保险标的危险程度显著增加而发生的保险事故，保险人不承担赔偿保险金的责任

关于保险标的转让后的保险责任承担问题，大致可以分为以下两种情况：

1. 保险标的转让未导致危险程度显著增加或者虽然导致危险程度显著增加但保险事故并非因此发生的，此种情况下，无论被保险人或受让人是否向保险人发出转让通知，保险人均应承担保险金赔偿责任。

2. 因转让导致保险标的危险程度显著增加并因此发生保险事故的，包括以下几种情况：（1）保险标的转让后，被保险人、受让人未履行《保险法》第 49 条第 2 款规定的通知义务的，对于因转让导致保险标的危险程度显著增加而发生的保险事故，保险人不承担保险金赔偿责任；（2）保险标的转让后，被保险人、受让人履行了《保险法》第 49 条第 2 款规定的通知义务的，保险人自收到通知之日超过 30 日，未行使合同解除权，发生保险事故的，保险人应当承担保险金赔偿责任。

▶ 适用指引

第一，若保险标的转让导致危险程度显著增加，在被保险人或者受益人发出保险标的转让的通知后，保险人回复解除合同前，发生保险事故的，保险人

---

① 马宁主编：《保险法理论与实务》，中国政法大学出版社 2010 年版，第 176 页。

是否需要承担赔偿保险金的责任?

从法律条文的规定来看,如前所述,保险人拒绝承担"空档期"保险责任,缺乏明确法律依据。保险契约乃典型的附合契约,在保险实务上,保险公司大多以定型化契约条款与投保人订定保险契约。虽然,定型化契约条款减少了当事人间磋商的时间,符合处理大量保险契约之需求,促进保险业的发展。唯保险业者常挟其雄厚之经济基础订立不利于要保人或被保险人之条款,使长居于经济上弱势之投保人或被保险人蒙受不利。① 针对保险合同这一特性,域外规定常对保险合同作出特别约束。比如《德国保险合同法》第98条、第112条、第129条等均规定了保险合同的约定不得低于法律对被保险人保护程度的内容。学理上亦将保险法强制性规定分为绝对强制性规定和相对强制性规定,就绝对强制性规定而言,保险契约当事人无论如何不得以契约方式变更,纵使其变更对被保险人更为有利,亦为无效。相对强制性规定,系为保护要保人或被保险人所设,原则上亦不得以契约方式变更之,但若有利于被保险人或要保人者不在此限。② 我国《保险法》虽然未作此类规定,但对于保险合同内容的效力认定方面,也应当把握不得低于法律保护限度的精神。同时,被保险人或受让人已经尽到法定的及时通知义务,其对于转让后保险标的是否仍符合承保条件,保险人是否行使解除权等,很难作出判断,在保险人作出答复前,其对于保险标的仍享有保险保障具有合理期待。如果保险人对此期间的保险事故不承担保险责任,则使得被保险人以及受让人在此期间处于无保险保障状态。在保险合同解除前,保险合同存续并继续有效,在"空档期"发生保险事故的,风险由被保险人或受让人承担,并不妥当。另外,从保险精算的角度讲,在"空档期"发生保险事故为小概率事件,故在保险标的仍符合承保条件的情况下,由保险人承担"空档期"保险责任,并不会明显增加保险人经营成本。

虽然保险标的的转让导致了危险程度显著增加,但在保险标的转让通知发出后,保险人回复解除合同前,保险合同仍为继续有效的状态,各方当事人仍需依约履行合同义务,且原被保险人的权利义务由保险标的受让人承继,故在

---

① 江朝国:《保险法逐条释义》(第二卷),我国台湾地区元照出版有限公司2012年版,第266页。

② 江朝国:《保险法逐条释义》(第二卷),我国台湾地区元照出版有限公司2012年版,第270~278页。

此期间发生保险事故的,保险人应当向受让人承担赔偿保险金的责任。

第二,在被保险人或者受益人发出保险标的转让的通知后,保险人不解除合同而是选择增加保险费的,投保人尚未交纳增加的保险费,即因保险标的危险程度显著增加而发生保险事故的,保险人是否应当承担赔偿保险金的责任呢?

我们认为,因此时保险合同尚未解除,且保险人已经选择行使要求增加保险费的权利,故保险人应当对已经发生的保险事故承担保险责任,但同时投保人应当及时交纳增加的保险费。

▶ 类案检索

谢某某与中国太平洋财产保险股份有限公司成都中心支公司财产保险合同纠纷案

关键词: 赔偿金额　保险合同当事人

裁判摘要: 谢某某受让保险车辆后,即承继了被保险人张某某在保险合同中的权利和义务,谢某某与中国太平洋财产保险股份有限公司成都中心支公司(以下简称太平洋财保)之间的权利义务关系应当适用张某某与太平洋财保之间的保险合同条款。张某某与太平洋财保签订了车辆全车盗抢损失险保险合同(不计免赔),约定保险金额为购车价,张某某据此支付了保险费。发生保险事故后,太平洋财保应按车辆出险时的实际价值赔偿,而合同约定的实际价值是指新车购置价减去折旧后的价值。谢某某以低于新车购置价的金额购买保险车辆,该差额不是通过保险事故获得的利益,不构成不当得利。

【案　　号】(2019)川民再 178 号

【审理法院】四川省高级人民法院

第五十条 货物运输保险合同和运输工具航程保险合同，保险责任开始后，合同当事人不得解除合同。

关联规定

法律、行政法规、司法解释

1.《中华人民共和国保险法》

第十五条 除本法另有规定或者保险合同另有约定外，保险合同成立后，投保人可以解除合同，保险人不得解除合同。

第十六条 订立保险合同，保险人就保险标的或者被保险人的有关情况提出询问的，投保人应当如实告知。

投保人故意或者因重大过失未履行前款规定的如实告知义务，足以影响保险人决定是否同意承保或者提高保险费率的，保险人有权解除合同。

前款规定的合同解除权，自保险人知道有解除事由之日起，超过三十日不行使而消灭。自合同成立之日起超过二年的，保险人不得解除合同；发生保险事故的，保险人应当承担赔偿或者给付保险金的责任。

投保人故意不履行如实告知义务的，保险人对于合同解除前发生的保险事故，不承担赔偿或者给付保险金的责任，并不退还保险费。

投保人因重大过失未履行如实告知义务，对保险事故的发生有严重影响的，保险人对于合同解除前发生的保险事故，不承担赔偿或者给付保险金的责任，但应当退还保险费。

保险人在合同订立时已经知道投保人未如实告知的情况的，保险人不得解除合同；发生保险事故的，保险人应当承担赔偿或者给付保险金的责任。

保险事故是指保险合同约定的保险责任范围内的事故。

第二十七条 未发生保险事故，被保险人或者受益人谎称发生了保险事故，向保险人提出赔偿或者给付保险金请求的，保险人有权解除合同，并不退还保险费。

投保人、被保险人故意制造保险事故的，保险人有权解除合同，不承担赔偿或者给付保险金的责任；除本法第四十三条规定外，不退还保险费。

保险事故发生后，投保人、被保险人或者受益人以伪造、变造的有关证明、资料或者其他证据，编造虚假的事故原因或者夸大损失程度的，保险人对其虚报的部分不承担赔偿或者给付保险金的责任。

投保人、被保险人或者受益人有前三款规定行为之一，致使保险人支付保险金或者支出费用的，应当退回或者赔偿。

第三十二条 投保人申报的被保险人年龄不真实，并且其真实年龄不符合合同约定的年龄限制的，保险人可以解除合同，并按照合同约定退还保险单的现金价值。保险人行使合同解除权，适用本法第十六条第三款、第六款的规定。

投保人申报的被保险人年龄不真实，致使投保人支付的保险费少于应付保险费的，保险人有权更正并要求投保人补交保险费，或者在给付保险金时按照实付保险费与应付保险费的比例支付。

投保人申报的被保险人年龄不真实，致使投保人支付的保险费多于应付保险费的，保险人应当将多收的保险费退还投保人。

第三十七条 合同效力依照本法第三十六条规定中止的，经保险人与投保人协商并达成协议，在投保人补交保险费后，合同效力恢复。但是，自合同效力中止之日起满二年双方未达成协议的，保险人有权解除合同。

保险人依照前款规定解除合同的，应当按照合同约定退还保险单的现金价值。

第四十七条 投保人解除合同的，保险人应当自收到解除合同通知之日起三十日内，按照合同约定退还保险单的现金价值。

第四十九条 保险标的转让的，保险标的的受让人承继被保险人的权利和义务。

保险标的转让的，被保险人或者受让人应当及时通知保险人，但货物运输保险合同和另有约定的合同除外。

因保险标的转让导致危险程度显著增加的，保险人自收到前款规定的通知之日起三十日内，可以按照合同约定增加保险费或者解除合同。保险人解除合同的，应当将已收取的保险费，按照合同约定扣除自保险责任开始之日起至合同解除之日止应收的部分后，退还投保人。

被保险人、受让人未履行本条第二款规定的通知义务的，因转让导致保险标的危险程度显著增加而发生的保险事故，保险人不承担赔偿保险金的责任。

第五十一条 被保险人应当遵守国家有关消防、安全、生产操作、劳动保护等方面的规定，维护保险标的的安全。

保险人可以按照合同约定对保险标的的安全状况进行检查，及时向投保人、被保险人提出消除不安全因素和隐患的书面建议。

投保人、被保险人未按照约定履行其对保险标的的安全应尽责任的，保险人有权要求增加保险费或者解除合同。

保险人为维护保险标的的安全，经被保险人同意，可以采取安全预防措施。

第五十二条 在合同有效期内，保险标的的危险程度显著增加的，被保险人应当按照合同约定及时通知保险人，保险人可以按照合同约定增加保险费或者解除合同。保险人解除合同的，应当将已收取的保险费，按照合同约定扣除自保险责任开始之日起至合同解除之日止应收的部分后，退还投保人。

被保险人未履行前款规定的通知义务的，因保险标的的危险程度显著增加而发生的保险事故，保险人不承担赔偿保险金的责任。

第五十四条 保险责任开始前，投保人要求解除合同的，应当按照合同约定向保险人支付手续费，保险人应当退还保险费。保险责任开始后，投保人要求解除合同的，保险人应当将已收取的保险费，按照合同约定扣除自保险责任开始之日起至合同解除之日止应收的部分后，退还投保人。

第五十八条 保险标的发生部分损失的，自保险人赔偿之日起三十日内，投保人可以解除合同；除合同另有约定外，保险人也可以解除合同，但应当提前十五日通知投保人。

合同解除的，保险人应当将保险标的未受损失部分的保险费，按照合同约定扣除自保险责任开始之日起至合同解除之日止应收的部分后，退还投保人。

2.《中华人民共和国海商法》

第二百二十七条 除合同另有约定外，保险责任开始后，被保险人和保险人均不得解除合同。

根据合同约定在保险责任开始后可以解除合同的，被保险人要求解除合同，保险人有权收取自保险责任开始之日起至合同解除之日止的保险费，剩余部分予以退还；保险人要求解除合同，应当将自合同解除之日起至保险期间届满之日止的保险费退还被保险人。

第二百二十八条 虽有本法第二百二十七条规定，货物运输和船舶的航次保险，保险责任开始后，被保险人不得要求解除合同。

3.《最高人民法院关于适用〈中华人民共和国保险法〉若干问题的解释（二）》

第六条 投保人的告知义务限于保险人询问的范围和内容。当事人对询问范围及内容有争议的，保险人负举证责任。

保险人以投保人违反了对投保单询问表中所列概括性条款的如实告知义务为由请求解除合同的，人民法院不予支持。但该概括性条款有具体内容的除外。

第七条 保险人在保险合同成立后知道或者应当知道投保人未履行如实告知义务，仍然收取保险费，又依照保险法第十六条第二款的规定主张解除合同的，人民法院不予支持。

第八条 保险人未行使合同解除权，直接以存在保险法第十六条第四款、第五款规定的情形为由拒绝赔偿的，人民法院不予支持。但当事人就拒绝赔偿事宜及保险合同存续另行达成一致的情况除外。

第九条 保险人提供的格式合同文本中的责任免除条款、免赔额、免赔率、比例赔付或者给付等免除或者减轻保险人责任的条款，可以认定为保险法第十七条第二款规定的"免除保险人责任的条款"。

保险人因投保人、被保险人违反法定或者约定义务，享有解除合同权利的条款，不属于保险法第十七条第二款规定的"免除保险人责任的条款"。

▶ 条文释义

一、本条主旨

本条是关于货物运输保险合同和运输工具航程保险合同不得解除的规定。

二、条文演变

原《财产保险合同条例》第10条规定："保险合同一经成立，保险方不得在保险有效期内终止合同。如果按法律或者保险合同的协议，保险方提前终止保险合同时，则应将按日计算的未到期的保险费，退还投保方。投保方要求终止合同时，保险方有权按照国家保险管理机关规定的短期费率表的规定，收取自保险生效日起至终止合同日为止的保险费，退还投保方原已交付的保险费。但货物运输和运输工具的航程保险，保险责任一经开始，除非保险合同另有规定，投保方不能要求终止合同，也不能要求退还保险费。"1995年《保险法》第34条即是现行规定的内容，此后修正、修订只是条文序号发生变化。2002年修正的《保险法》为第35条，2009年修订的《保险法》为第50条，2014年、2015年《保险法》两次修正条文序号未发生变化。

三、条文解读

除法律另有规定或者保险合同另有约定外，一般情况下，保险合同成立后，投保人随时可以解除合同。保险人在投保人、被保险人违反法定或者约定义务时，也依法或者依约享有解除合同的权利。货物运输保险合同和运输工具航程保险合同具有特殊性，在保险责任开始后，合同当事人均不得解除合同。

（一）一般情况下投保人有随时解除合同的权利

《保险法》第15条明确规定，除了本法另有规定或者保险合同另有约定外，保险合同成立后，投保人随时可以解除合同，保险人则不得解除合同。对合同解除权如此规定，目的在于给投保人充分的自由选择是否继续参与保险的权利，同时限制保险人解除保险法律关系的权利，维持投保人一方对于保险合同预期利益的合理信赖。

（二）保险人有法定或约定解除权

基于对价平衡原则的考虑，《保险法》赋予了保险人在特定条件下的法定解除权，较为典型的有如下几种：第16条所规定的投保人违反如实告知义务以至于影响保险人是否决定承保情形下的法定解除权、第49条所规定的因保险标的物转让危险显著增加情形下保险人所享有的法定解除权、第51条所规定的投保人违反安全维持义务时的法定解除权、第52条所规定的危险增加情形下保险人享有的法定解除权等。①

（三）货物运输保险和运输工具航程保险保险责任开始后，合同当事人均不得解除合同

货物运输保险是以被运输货物作为保险标的，保险人按照合同对货物在运输过程中可能遭受的各种意外事故或自然灾害所造成的损失承担赔偿责任的保险。② 运输工具航程保险是以运输工具为保险标的，保险人依约对保险工具在航程中遭受的损失承担赔偿责任。货物运输保险合同和运输工具航程保险合同的保险期间通常是货物和运输工具的在途期间，保险责任一旦开始，货物和运输工具通常已经在运输或航行／行驶途中，保险人已经开始承担货物和运输工具受损的风险。

货物运输保险和运输工具航程保险在保险责任开始后，无论是投保人抑或保险人均不得解除合同，这是由货物运输保险合同和运输工具航程保险合同的特殊性决定的。货物运输保险合同和运输工具航程保险合同涉及重大国计民生问题。我国国内水路、铁路货物运输占国内运输总量的 70% 以上，尤其是大宗货物的运输，几乎全都是靠铁路或水路运输来完成的。而且我国幅员辽阔，国内各省、市、区的横向联系日益加强，与世界的贸易往来日渐增加，因此，铁路运输保险必然很重要。任何一方任意解除合同都将导致经济利益的损失，甚至危及国计民生。我国江河湖泊众多、海岸线长、船舶工具的保险十分重要。船舶在航行中难免遭到不可抗拒的自然灾害或各种意外事故，如搁浅、触礁、失踪或碰撞他人的船舶、货物、码头及其他固定建筑物等。船舶所有者或经营管理者参加了国内或国际运输工具航程保险后，在遇到自然灾害或意外事故时，将能及时得到补偿，从而重振其业。若保险人可以任意解除合同，将使船舶所有者或经营者面临灭顶之灾。同时保险人承保这些业务存在很大风险的同时，也会收取相当大的利益。如果投保人一方可以任意解除合同，保险人将丧失这部分利益。法律鉴于此，采取强制规定，即保险责任开始后，合同当事

---

① 武亦文、杨勇：《保险法对价平衡原则论》，载《华东政法大学学报》2018 年第 2 期。
② 武利海：《承运人作为货物运输保险的被保险人研究》，载《中国海商法研究》2015 年第 4 期。

人不得解除合同。①

适用指引

保险人已经签发了可转让的海上货物运输保险单,但投保人、被保险人未支付保险费,在保险责任开始前,保险人有无解除保险合同的权利

海上保险合同,是指被保险人支付保险费,保险人按照约定,对被保险人遭受保险事故造成保险标的的损失和产生的责任负责赔偿的合同。《海商法》作为调整海上运输关系和船舶关系的特别法,应当适用于海上保险合同纠纷案件的审理。《保险法》作为规范保险活动的法律,在《海商法》没有规定的情况下应当适用于海上保险合同纠纷案件的审理,如《保险法》关于保险合同的总体要求、保险合同的一般原则以及财产保险合同的规定等。

《最高人民法院关于审理海上保险纠纷案件若干问题的规定》第5条规定:"被保险人未按照海商法第二百三十四条的规定向保险人支付约定的保险费的,保险责任开始前,保险人有权解除保险合同,但保险人已经签发保险单证的除外;保险责任开始后,保险人以被保险人未支付保险费请求解除合同的,人民法院不予支持。"保险费的支付是海上保险合同中被保险人的一项重要义务。依照《海商法》的规定,除保险合同另有约定外,被保险人应当在合同订立后立即支付保险费。但《海商法》没有规定被保险人违反此项规定后保险赔偿责任的承担,只是规定在被保险人支付保险费之前,保险人可以拒绝签发保险单证。尽管保险人有权拒绝签发保险单证,但此时保险合同已经成立,保险责任也可能已经开始,因为保险人的责任开始时间是在保险合同中约定的。海上保险合同的成立、保险费的支付以及保险责任开始的时间可以是不同的。依照《海商法》的规定,一旦保险责任开始,保险人不得解除合同。保险责任开始之前如果被保险人未履行支付保险费的义务,应当赋予保险人解除合同的权利。但海上货物运输保险与船舶保险的情况不同,海上货物运输保险中的保险单是可以转让的,有权向保险人要求赔偿的被保险人可能不是与保险人签订保

---

① 唐德华、高圣平主编:《保险法及配套规定新释新解》,人民法院出版社2000年版,第286页。

险合同的人，如果保险人已经签发了可转让的保险单，即使被保险人（签订保险合同的人）未支付保险费，在保险责任开始前保险人也无权解除保险合同。因此被保险人未按照《海商法》第234条的规定向保险人支付约定的保险费的，保险责任开始前，保险人有权解除保险合同，但保险人已经签发保险单证的除外；保险责任开始后，保险人以被保险人未支付保险费请求解除合同的，人民法院不予支持。这样既强调了被保险人支付保险费的义务，也考虑到海上货物运输保险的特殊性，维持了保险单证依法可以转让的性质。

▶ 类案检索

太平财产保险有限公司唐山中心支公司与吉某某财产保险合同纠纷案

关键词：运输工具　财产保险合同纠纷　管辖　事故发生地

裁判摘要：货物运输保险合同和运输工具航程保险合同，保险责任开始后，合同当事人不得解除合同。《保险法》该条规定未将财产保险合同中运输工具限定为营运运输过程使用的交通工具，故保险公司关于小型机动车系非营运交通工具，不应视为运输工具，本案不应适用该条规定的理由不能成立。《最高人民法院关于适用〈中华人民共和国民事诉讼法〉的解释》第21条第1款规定，因财产保险合同纠纷提起的诉讼，如果保险标的物是运输工具或者运输中的货物，可以由运输工具登记注册地、运输目的地、保险事故发生地人民法院管辖。

【案　　号】（2015）唐民终裁字第317号

【审理法院】河北省唐山市中级人民法院

第五十一条　被保险人应当遵守国家有关消防、安全、生产操作、劳动保护等方面的规定，维护保险标的的安全。

保险人可以按照合同约定对保险标的的安全状况进行检查，及时向投保人、被保险人提出消除不安全因素和隐患的书面建议。

投保人、被保险人未按照约定履行其对保险标的的安全应尽责任的，保险人有权要求增加保险费或者解除合同。

保险人为维护保险标的的安全，经被保险人同意，可以采取安全预防措施。

关联规定

法律、行政法规、司法解释

《中华人民共和国保险法》

第五十二条　在合同有效期内，保险标的的危险程度显著增加的，被保险人应当按照合同约定及时通知保险人，保险人可以按照合同约定增加保险费或者解除合同。保险人解除合同的，应当将已收取的保险费，按照合同约定扣除自保险责任开始之日起至合同解除之日止应收的部分后，退还投保人。

被保险人未履行前款规定的通知义务的，因保险标的的危险程度显著增加而发生的保险事故，保险人不承担赔偿保险金的责任。

条文释义

一、本条主旨

本条是关于维护保险标的安全义务的规定。

二、条文演变

原《经济合同法》第 25 条第 3 款规定:"投保方应当维护被保险财产的安全。保险方可以对被保险财产的安全情况进行检查,如发现不安全因素,应及时通知投保方加以消除。"第 46 条规定:"违反财产保险合同的责任。一、保险方的责任:对于保险事故造成的损失和费用,在保险金额的范围内承担赔偿责任。被保险方为了避免或减少保险责任范围内的损失而进行的施救、保护、整理、诉讼所支出的合理费用,根据合同规定偿付。如果不及时偿付,应承担违约责任。二、投保方的责任:投保方如隐瞒被保险财产的真实情况,保险方有权解除合同或不负赔偿责任。投保方对被保险的财产发现有危险情况,不采取措施消除,由此发生事故造成的损失由自己负责,保险方不负赔偿责任。"原《财产保险合同条例》第 13 条规定:"投保方应当遵守国家有关部门制订的关于消防、安全、生产操作和劳动保护等有关规定,维护劳动者和保险财产的安全。保险方可以对被保险财产的安全情况进行检查,如发现不安全因素,应及时向投保方提出消除不安全因素的合理建议,投保方应及时采取措施消除。否则,由此引起保险事故造成的损失,由投保方自己负责,保险方不负赔偿责任。"1995 年《保险法》第 35 条、2002 年修正的《保险法》第 36 条均规定:"被保险人应当遵守国家有关消防、安全、生产操作、劳动保护等方面的规定,维护保险标的的安全。根据合同的约定,保险人可以对保险标的的安全状况进行检查,及时向投保人、被保险人提出消除不安全因素和隐患的书面建议。投保人、被保险人未按照约定履行其对保险标的安全应尽的责任的,保险人有权要求增加保险费或者解除合同。保险人为维护保险标的的安全,经被保险人同意,可以采取安全预防措施。"2009 年修订的《保险法》第 51 条对前述规定的个别字词进行了修改,《保险法》于 2014 年、2015 年修正时本条内容保持不变。

三、条文解读

保险是针对未来可能发生的保险事故进行风险分配。合同是关于未来的交易,在保险合同下这个未来针对的是保险事故是否发生的偶然性。虽然投保人、被保险人可以通过签订保险合同、缴纳保险费将保险事故发生给保险标的造成损失的风险转移给保险人,但其未必能够通过保险获得全额赔偿,并且,保险标的的损失对于整个社会的资源来说，无疑是一种浪费。因此，本条明确规定，被保险人有维护保险标的安全的义务，保险人可依约检查并向投保人、被保险人提出消除安全隐患的建议或经被保险人同意采取安全预防措施，投保人、被保险人未依约履行保护保险标的安全责任时保险人可要求增加保险费或者解除合同。

（一）被保险人负有维护保险标的安全的法定义务

从保险制度的价值功能来看，保险不应当只是一种灾后补偿的消极手段，还应当具有防灾防损的积极效果。维护保险标的的安全，有助于减少甚至避免保险事故的发生，这对于被保险人、保险人和整个社会而言均十分有益。购买财产保险后，被保险人虽然可以在财产受到损失时获得保险人赔偿的保险金，但是，财产受到损害，一般会对被保险人正常的生产和生活带来不便，保险赔偿并不能完全消除灾害事故的发生给被保险人生产生活带来的干扰，因为有的损失是无法用金钱来弥补的。就整个社会而言，灾害事故的发生会使得社会财富减少，有的损失甚至永远无法挽回。因此，赋予被保险人维护保险标的安全的法定义务很有必要。在消防、安全、生产操作、劳动保护等方面，国家制定了一系列法律，如《消防法》《安全生产法》《矿山安全法》等；国务院和有关部门还制定了很多法规、规章和操作规程。这些规定通常是生产劳动和生活实践经验的总结，是防止灾害事故发生行之有效的方法，被保险人严格遵守这些规定，可以最大限度地防止灾害事故的发生，达到维护保险标的安全的目的。①

（二）保险人为维护保险标的安全享有一定的权利

既然维护保险标的的安全具有多方面的价值，而且保险标的安全与否直接关系到保险人的利益，那么立法者应当赋予保险人相应的权利，以利于调动各利害关系方的积极性，进一步维护保险标的的安全。本条分两款就此作了规定。其中，第2款规定了保险人的检查权和建议权，在理解时需要注意以下三点：一是保险人对保险标的的安全状况进行检查必须"按照合同约定"进行；二是保险人向投保人、被保险人提出消除不安全因素和隐患的建议，应当采用

---

① 最高人民法院保险法司法解释起草小组编著：《〈中华人民共和国保险法〉保险合同章条文理解与适用》，中国法制出版社2010年版，第336页。

"书面形式";三是投保人、被保险人应当按照保险人的建议,及时采取措施进行改正。第4款规定了保险人采取安全预防措施的权利。为了维护保险标的的安全,在经被保险人同意的情况下,保险人可以采取一些安全预防措施以降低保险事故的发生概率,比如增加安全设施、改造现有设施或者改变保险标的存放位置等。保险人采取安全预防措施必须得到被保险人的同意,因此,本条第4款的规定主要是一种倡导性规范。①

（三）特定情况下保险人享有增加保险费或者解除合同的权利

根据本条第3款的规定,投保人、被保险人未按照约定履行其对保险标的的安全应尽责任的,保险人有权要求增加保险费或者解除合同。为了促使投保人、被保险人维护保险标的安全,预防保险事故的发生,一般情况下,在订立保险合同时都约定投保人、被保险人对保险标的的安全应尽的责任。保险合同的成立以及保险费的计算均建立在投保人、被保险人承诺履行其维护保险标的安全的基础之上。如果投保人、被保险人不按照合同约定履行其对保险财产安全应尽的责任,意味着保险事故发生的可能性大大增加,当初保险合同缔结的基础及保险费计算的基础均发生变化。这种情况下,为实现保险人和投保人、被保险人之间权利义务的平衡,应当赋予保险人要求增加保险费或者解除合同的权利。②

▶ 适用指引

是否只要投保人、被保险人未按约履行其对保险标的的安全应尽的责任,保险人即有权要求增加保险费或者解除合同

一种意见认为,《保险法》第51条第3款的规定并未就投保人、被保险人未按约定履行其对保险标的的安全应尽的责任作进一步的限制性规定,故依照该条义,只要投保人、被保险人未按约履行其对保险标的的安全应尽的责任,

---

① 最高人民法院保险法司法解释起草小组编著:《〈中华人民共和国保险法〉保险合同章条文理解与适用》,中国法制出版社2010年版,第336页。
② 最高人民法院保险法司法解释起草小组编著:《〈中华人民共和国保险法〉保险合同章条文理解与适用》,中国法制出版社2010年版,第337页。

保险人即有权要求增加保险费或者解除合同。

我们倾向于认为，在适用《保险法》第51条第3款时应当作限缩解释，将投保人、被保险人违反维护保险标的安全的义务与保险事故有无因果关系以及投保人、被保险人违反维护保险标的安全义务的主观状态作为重要因素纳入考量范围。具体而言，如果投保人、被保险人违反劳动保护或安全生产的行为并非造成保险事故的直接原因，甚至与保险事故没有任何联系，则对保险公司以投保人或被保险人违反劳动保护或安全生产等合同约定的义务为由拒绝赔偿的请求，不应支持；如果投保人、被保险人违反劳动保护或安全生产的行为就是保险事故发生的直接原因，则应区分投保人、被保险人的主观状态。对于投保人、被保险人因过失造成的保险事故仍应赔偿。否则，属于保险责任范围的事故微乎其微。当事人之所以参加保险，就在于防止或减少生产、生活及其他过程中因自己或他人的过错而致自己、他人人身及财产的损失，且绝大多数保险事故的发生总是建立在当事人有可能违反了相关规定的基础之上，这也就使得保险制度有了建立的必要，如果均以当事人是否违反劳动及消防等方面的规定作为火灾事故赔付的依据，有悖保险设立的初衷，其结果必将不利于保险事业的健康发展。当事人除了小心谨慎之外，参加保险，对可能发生的危险分散其风险的合理期望几乎不可能实现。这样，也有悖当事人参加保险的目的。①

▶ 类案检索

南通长江农工贸投资开发有限公司与中国人民保险公司通州市支公司财产保险合同纠纷案

关键词：维护保险标的安全　增加保险费　解除合同　未行使权利

裁判摘要：被保险人应当遵守国家有关消防、安全、生产操作、劳动保护等方面的规定，维护保险标的的安全，投保人、被保险人未按照约定履行其对保险标的安全应尽责任的，保险人有权要求增加保险费或者解除合同。投保人和被保险人不履行上述义务，保险人未提出上述两项要求的，保险合同继续

---

① 最高人民法院保险法司法解释起草小组编著：《〈中华人民共和国保险法〉保险合同章条文理解与适用》，中国法制出版社2010年版，第341页。

有效，出现保险事故，保险人不能以投保人和被保险人未履行上述义务拒绝赔偿。

【案　　号】（2002）苏民二终字第66号

【审理法院】江苏省高级人民法院

第五十二条　在合同有效期内，保险标的的危险程度显著增加的，被保险人应当按照合同约定及时通知保险人，保险人可以按照合同约定增加保险费或者解除合同。保险人解除合同的，应当将已收取的保险费，按照合同约定扣除自保险责任开始之日起至合同解除之日止应收的部分后，退还投保人。

被保险人未履行前款规定的通知义务的，因保险标的的危险程度显著增加而发生的保险事故，保险人不承担赔偿保险金的责任。

▶ 关联规定

法律、行政法规、司法解释

1.《中华人民共和国保险法》

第四十九条　保险标的转让的，保险标的的受让人承继被保险人的权利和义务。

保险标的转让的，被保险人或者受让人应当及时通知保险人，但货物运输保险合同和另有约定的合同除外。

因保险标的转让导致危险程度显著增加的，保险人自收到前款规定的通知之日起三十日内，可以按照合同约定增加保险费或者解除合同。保险人解除合同的，应当将已收取的保险费，按照合同约定扣除自保险责任开始之日起至合同解除之日止应收的部分后，退还投保人。

被保险人、受让人未履行本条第二款规定的通知义务的，因转让导致保险标的危险程度显著增加而发生的保险事故，保险人不承担赔偿保险金的责任。

2.《最高人民法院关于适用〈中华人民共和国保险法〉若干问题的解释（四）》

第四条　人民法院认定保险标的是否构成保险法第四十九条、第五十二条规定的"危险程度显著增加"时，应当综合考虑以下因素：

（一）保险标的用途的改变；

（二）保险标的的使用范围的改变；

（三）保险标的所处环境的变化；

（四）保险标的因改装等原因引起的变化；

（五）保险标的使用人或者管理人的改变；

（六）危险程度增加持续的时间；

（七）其他可能导致危险程度显著增加的因素。

保险标的危险程度虽然增加，但增加的危险属于保险合同订立时保险人预见或者应当预见的保险合同承保范围的，不构成危险程度显著增加。

▶ 条文释义

一、本条主旨

本条是关于危险程度增加通知义务的规定。

二、条文演变

原《财产保险合同条例》第14条规定："保险标的如果变更用途或者增加危险程度，投保方应当及时通知保险方，在需要增加保险费时，应当按规定补交保险费。投保方如不履行此项义务，由此引起保险事故造成的损失，保险方不负赔偿责任。"1995年《保险法》第36条规定："在合同有效期内，保险标的危险程度增加的，被保险人按照合同约定应当及时通知保险人，保险人有权要求增加保险费或者解除合同。被保险人未履行前款规定的通知义务的，因保险标的危险程度增加而发生的保险事故，保险人不承担赔偿责任。"2002年修正的《保险法》，对本条内容无改变，仅将条文序号调整为第37条。2009年《保险法》修订，对此条规定的内容进行了部分修改，第52条规定："在合同有效期内，保险标的的危险程度显著增加的，被保险人应当按照合同约定及时通知保险人，保险人可以按照合同约定增加保险费或者解除合同。保险人解除合同的，应当将已收取的保险费，按照合同约定扣除自保险责任开始之日起至合同解除之日止应收的部分后，退还投保人。被保险人未履行前款规定的通知义务的，因保险标的的危险程度显著增加而发生的保险事故，保险人不承担赔偿保险金的责任。"将"危险程度增加"修改为"危险程度显著增加"，强调"显著"一词。同时增加了保险人解除合同时保险费退还方法的具体规定。

2015年修正的《保险法》保持该规定不变。

三、条文解读

在保险标的遭遇保险事故的概率明显上升的情况下，保险合同当事人缔结合同的基础发生重大变化，此时，被保险人应当依约及时通知保险人，同时，法律赋予保险人相应的救济权以实现权利义务的公平。

（一）危险程度显著增加的具体因素

根据《保险法解释（四）》第4条的规定，人民法院可依据实际情况综合考量保险标的是否存在危险程度显著增加的情形，认定构成危险程度显著增加的因素主要包括7项内容。

1. 保险标的用途的改变

如投保人对于家庭自家用车进行投保，投保时明确承保车辆的用途是家庭日常出行，后该车辆转让给出租车公司，出租车公司将此车用于载客。此种情形属于保险标的的用途改变，而这种改变使保险标的所面临的风险极大增加。在此种情形下，被保险人或受让人将车辆转让给出租公司用于载客应告知保险公司，让保险公司来选择增加保险费或解除合同。

2. 保险标的使用范围的改变

如投保人对在工厂厂区、旅游景区、游乐场所等特定区域使用的专用机动车辆投保，在保险公司承保时，保险合同中明确此类车辆在相应区域行驶。如果此类车辆驶出相应区域时，属于保险标的使用范围的改变。

3. 保险标的所处环境的变化

如某公司对其拥有的原本存放在黑龙江的仓库的货物进行投保，后移到广东的仓库。但这批货物对于温度的变化非常敏感，此种情形可能导致危险程度增加。

4. 保险标的因改装等原因引起的变化

在实务中，涉及危险程度显著增加认定的纠纷主要为机动车交通事故责任纠纷，投保人与保险公司签订的保险合同一般为格式合同。在提供的格式条款中常会载明：被保险机动车因改装、加装等导致被保险机动车危险程度显著增加的，应当及时书面通知保险人，否则，因被保险机动车危险程度显著增加而发生的保险事故，保险人不承担赔偿保险金的责任。如对车辆进行加长，小卡车改成厢式货车等，将车辆本身构造进行改变，属于对车辆进行改装等原因导致保险标的自身变化，在运输过程中会加大运输风险，按照合同约定应将车辆改装告知保险公司。

5. **保险标的使用人或者管理人的改变**

如城市公交车需持有 A 类驾驶证人员驾驶，当持有 C 类驾驶证的人员驾驶城市公交车时，无疑增大驾驶风险，置公交车内乘客的人身安全于不顾，是法律严格禁止的行为。

6. **危险程度增加持续的时间**

如某房主对其居住的房屋进行投保。在保险期间，房屋里放进几个液化气罐，此时会存在三种情形：一是液化气罐放进房屋里即发生爆炸，不涉及危险增加持续时间，保险公司在承保范围内支付保险金；二是液化气罐放进房屋后，没过多久就被搬走，危险显著增加后随即消失，被保险人无须通知保险公司；三是液化气罐在此房屋内长时间存放，液化气罐爆炸引起火灾的风险持续存在，此时被保险人应通知保险公司。概而言之，导致危险程度显著增加的因素需持续一段时间，否则不能认定为构成危险程度显著增加。

7. **其他可能导致危险程度显著增加的因素**

本项为兜底条款，除上述六项因素之外所未涉及之因素，在本条款中予以囊括。

上述几项常见因素可单一、叠加或此消彼长地作用于保险标的，当这种影响达到足以影响保险人继续承保或提高保险费率时，可最终认定为构成危险程度显著增加。

（二）不能认定为危险程度显著增加的事由

保险标的危险程度虽然增加，但增加的危险属于保险合同订立时保险人预见或者应当预见的保险合同承保范围的，不构成危险程度显著增加。如在投保时，保险公司已经发现车辆进行改装还以未改装车辆的保险费率承保，一旦发生交通事故，不能以车辆进行过改装作为免责的抗辩。

▶ 适用指引

一、危险程度显著增加的通知义务主体

根据《保险法》第 49 条第 2 款规定，保险标的转让时，被保险人或者受

让人应当及时通知保险人，因为此时可能会存在保险标的因转让而危险程度显著增加的情形。本条则规定当保险标的危险程度显著增加时，被保险人应按合同约定及时通知保险人。应当注意，这两条规定的通知义务主体存在差异，第49条规定的通知义务主体是被保险人以及受让人，本条规定的通知义务主体是被保险人，但都明确规定需及时通知保险人。如果怠于通知，保险人不需承担因危险程度显著增加导致保险事故支付保险金的责任。

二、危险程度显著增加与保险事故发生存在因果关系

保险公司只对承保危险造成的损失承担赔偿责任，这是保险公司控制风险的一种基本做法，也是保险法的基本要求。被保险人未履行通知义务的情况下，只有危险程度显著增加与保险事故发生存在因果关系时，保险人才不需为危险程度显著增加造成的损失支付保险金。如投保人对车辆投保后，发现车辆刹车系统存有问题，没有修理车辆的刹车系统，也没有告知保险公司，而是继续放任开车上路，因刹车不灵，导致交通事故的发生，保险公司不需支付保险金。但若交通事故的发生并不是由于刹车失灵所致，而是因驾驶人员的违法驾驶行为所致，保险公司仍需支付保险金。

三、危险程度显著增加后保险人可采取的措施

关于危险程度显著增加后保险人可采取的措施，我国《保险法》参考国外立法经验，规定保险人在获知危险程度显著增加后，既可以提高保费，也可以解除合同，根据情况进行选择，最大程度维持保险费率与风险相一致。

▶ 典型案例

程某某与张某某、中国人民财产保险股份有限公司南京市分公司机动车交通事故责任纠纷案

关键词： 家庭自用　网约车　商业三者险　危险程度

裁判摘要： 在合同有效期内，保险标的的危险程度显著增加的，被保险人应当及时通知保险人，保险人可以增加保险费或者解除合同。被保险人未作通知，因保险标的危险程度显著增加而发生的保险事故，保险人不承担赔偿责

任。以家庭自用名义投保的车辆从事网约车营运活动，显著增加了车辆的危险程度，被保险人应当及时通知保险公司。被保险人未作通知，因从事网约车营运发生的交通事故，保险公司可以在商业三者险范围内免赔。

在当前车辆保险领域中，保险公司根据被保险车辆的用途，将其分为家庭自用和营运车辆两种，并设置了不同的保险费率，营运车辆的保费接近家庭自用的两倍。这是因为，相较于家庭自用车辆，营运车辆的运行里程多，使用频率高，发生交通事故的概率也自然更大，这既是社会常识也是保险公司对风险的预估，车辆的危险程度与保险费是对价关系，家庭自用车辆的风险小，支付的保费低；营运车辆风险大，支付的保费高。以家庭自用名义投保的车辆，从事营运活动，车辆的风险显著增加，投保人应当及时通知保险公司，保险公司可以增加保费或者解除合同并返还剩余保费，投保人未通知保险公司而要求保险公司赔偿营运造成的事故损失，显失公平。

基本案情： 2015年7月28日下午，被告张某某通过打车软件接到网约车订单一份，订单内容为将乘客从南瑞集团送至恒大绿洲小区。张某某驾驶其自有轿车至南瑞集团，接到网约车乘客。17时05分许，张某某驾车搭载网约车乘客，沿前庄路由西向东行驶至清水亭东路丁字路口往南右转弯过程中，遇原告程某某驾驶电动自行车沿清水亭东路由北向南通过该路口，两车碰撞，致程某某受伤、车辆损坏。南京市公安局江宁分局交通警察大队以无法查清程某某遵守交通信号灯的情况为由，出具宁公交证字〔2015〕第0018号道路交通事故证明。

被告张某某驾驶的轿车行驶证上的使用性质为"非营运"。2015年3月27日，张某某在被告人保南京分公司为该车投保了交强险、保额为100万的商业三者险，保险期间均自2015年3月28日起至2016年3月27日止。保单上的使用性质为"家庭自用汽车"。

【案　　号】（2016）苏0115民初5756号
【审理法院】江苏省南京市江宁区（县）人民法院
【来　　源】《最高人民法院公报》2017年第4期（总第246期）

▶ 类案检索

一、魏某与楚某某等机动车交通事故责任纠纷案

关键词： 交通事故责任强制保险　商业三者险　非营业车辆　营业性运输

裁判摘要： 案涉投保人驾驶的车辆在保险公司投保了机动车交通事故责任强制保险和商业三者险，发生交通事故后，保险公司不得以涉事车辆为非营业车辆但从事营业性运输为由拒绝在交强险限额内承担赔偿责任。

对于超出交强险限额部分，根据保险单中免责条款的规定，被保险车辆从事营业运输且未提前通知保险人的，发生保险责任范围内的事故，保险公司不负责赔偿。

【案　　号】（2018）京0108民初8269号

【审理法院】北京市海淀区人民法院

二、张某某与中国太平洋财产保险股份有限公司清远中心支公司财产保险合同纠纷案

关键词： 顺风车　非营运　危险程度显著增加

裁判摘要： 危险程度是否显著增加应综合考虑危险的持续性、可预估性等因素，如车辆使用的频率、范围、用途等。顺风车以既定目的地为终点，行驶范围、行驶路线均在合理可控范围内，则车上是否有乘客搭乘客观上不会导致车辆使用频率增加，也不会增加危险程度。本案中，事故发生时，张某某以既定目的地为终点，按照既定路线行驶，车上是否搭乘乘客不影响保险车辆危险程度，且其事故原因系转弯操作不当，亦与是否搭乘乘客无关。太平洋财保清远支公司亦未举证证明张某某将保险车辆用于顺风车行程造成车辆危险程度显著增加而引起事故，应承担赔偿责任。

【案　　号】（2018）粤民再232号

【审理法院】广东省高级人民法院

第五十三条　有下列情形之一的，除合同另有约定外，保险人应当降低保险费，并按日计算退还相应的保险费：

（一）据以确定保险费率的有关情况发生变化，保险标的的危险程度明显减少的；

（二）保险标的的保险价值明显减少的。

▶ 关联规定

法律、行政法规、司法解释

《中华人民共和国保险法》

第三十二条　投保人申报的被保险人年龄不真实，并且其真实年龄不符合合同约定的年龄限制的，保险人可以解除合同，并按照合同约定退还保险单的现金价值。保险人行使合同解除权，适用本法第十六条第三款、第六款的规定。

投保人申报的被保险人年龄不真实，致使投保人支付的保险费少于应付保险费的，保险人有权更正并要求投保人补交保险费，或者在给付保险金时按照实付保险费与应付保险费的比例支付。

投保人申报的被保险人年龄不真实，致使投保人支付的保险费多于应付保险费的，保险人应当将多收的保险费退还投保人。

▶ 条文释义

一、本条主旨

本条是关于保险人降低保险费的规定。

二、条文演变

1995年《保险法》第37条、2002年修正的《保险法》第38条均规定："有下列情形之一的，除合同另有约定外，保险人应当降低保险费，并按日计算退还相应的保险费：（一）据以确定保险费率的有关情况发生变化，保险标的危险程度明显减少；（二）保险标的的保险价值明显减少。"2009年修订的《保险法》第53条对前述规定两种情形的具体表述进行了修改：将"保险标的危险程度明显减少"修改为"保险标的的危险程度明显减少的"，将"保险标的的保险价值明显减少"修改为"保险标的的保险价值明显减少的"，从立法技术上进行了完善。《保险法》于2014年、2015年修正时，本条内容未修改。

三、条文解读

（一）明了保险费的计算方法

保险费是投保人向保险人交付的费用，作为保险人根据保险合同承担赔偿或者给付保险金责任的代价。交纳保险费是投保人的基本义务，本法第14条明确规定，保险合同成立后，投保人应按照合同约定交纳保险费。保险费是以保险金额乘以保险费率计算得出的，因此，保险费的多少，取决于保险金额的大小和保费费率的高低。保险金额由保险人和投保人根据保险标的的价值约定，保险金额是由保险价值决定的。保险费率是保险人以保险标的的损失率为计算基础而规定一定时期（通常为一年）内一定保险金额收取保险费的比例，是由保险人根据具体保险险种发生保险事故的可能性，按照大数法则厘算出来的，即保险标的危险程度越高，发生保险事故的可能性越大，则保险费率就越高。保险金额和保险费率，一般由投保人和保险人在订立保险合同时约定，并记载在合同中。

（二）降低保险费的本质在于实现当事人双方权利义务的对等

财产保险合同生效后，决定保险金额和保险费率的一些因素可能发生变化，如保险标的的价值增加或减少、危险程度提高或降低等。在保险标的的危险程度显著增加的情况下，依据本法第52条的规定，保险人可以按照合同约定增加保险费或者解除合同。同理，在保险标的的危险程度降低的情况下，保险人的保险责任随之减轻，应相应地降低保险费。因保险金额由保险价值决定，而保险金额系计算保险费的依据，所以保险价值的高低对投保人应交的保险费有决定作用。如果保险合同订立后保险价值明显减少，意味着发生保险事故时的财产损失必然会减少，保险人承担的保险责任必然会减少，则为了保证保险合同的公平合理，实现当事人双方权利义务的对等，自然也应当相应地降低保险费。①

▶ 适用指引

保险人能否通过合同约定排除法定情形下降低保险费规定的适用

仅从本条的文义分析，可以明确得出如下结论：本条规定的两种降低保险费的情形，是在财产保险合同没有约定的情况下适用。如果投保人和保险人事先对相关问题作了另外的约定，则应按合同约定执行。可是，问题在于，本条规定是否与本法第19条"采用保险人提供的格式条款订立的保险合同中的下列条款无效：……（二）排除投保人、被保险人或者受益人依法享有的权利"的规定存在内在冲突？

我们倾向于认为，在"据以确定保险费率的有关情况发生变化，保险标的的危险程度明显减少，以及保险标的的保险价值明显减少"的情况下，保险人必须相应降低保险费，以实现当事人权利义务的对等。保险人通过保险条款免除自身降低保险费的义务的，同时构成排除投保人依法享有的权利，这样的保险条款应当被认定为无效。②

---

① 最高人民法院保险法司法解释起草小组编著：《〈中华人民共和国保险法〉保险合同章条文理解与适用》，中国法制出版社2010年版，第349~350页。
② 最高人民法院保险法司法解释起草小组编著：《〈中华人民共和国保险法〉保险合同章条文理解与适用》，中国法制出版社2010年版，第350页。

典型案例

"东方海"轮船舶险案

关键词： 停泊期间　退还　保险费

裁判摘要： 承保船舶因保险事故导致停航且保险人已就保险事故进行赔付的，在保险合同未明确此种情形不适用退保费条款时，保险人应向被保险人退还停泊期间的相应保险费。

基本案情： 原告就其所有的"东方海"轮投保船舶险。保险人分别于2009年12月30日和2012年12月30日向原告签发保单，载明被保险人为原告，险种为一切险（碰撞、触碰责任险除外），保险金额为2200万美元。保险单背面载明"退保费条款"，约定"全部保费在承保时付清。如保险人同意，保费也可分期交付，但保险船舶在承保期限内发生全损时，未交付的保费要立即付清。本保险在下列情况下可以办理退费：（1）被保险船舶退保或保险终止时，按净保费的日比例计算退还给被保险人。（2）无论是否在船厂修理或装卸货物，在保险人同意的港口或区域内停泊超过30天时，停泊期间的保费按净保费的日比例的50%计算，但本款不适用船舶发生全损。如果本款超过30天的停泊期分属两张同一保险人的连续保单，停泊退费应按两张保单所承保的天数分别计算"。

2010年11月29日，"东方海"轮与"阿里"轮发生碰撞事故，"东方海"轮进入船厂修理。双方确认停航期间为自2010年12月2日10时40分起至2011年9月9日17时00分止。2011年8月5日，原告与保险人签订保险赔偿协议，确认由保险人向原告赔付600万美元，作为该碰撞事故所引发的修理费索赔全部和最终的解决。原告确认已收到上述赔款。

原告主张，依据涉案保险合同约定，停泊期间的保费应按净保费日比例的50%计算，故请求判令保险人就两份保险单分别退还保险费9493.15美元和91 134.25美元。

法院经审理认为，从条款文义出发，退保费条款并未对导致停航的原因予以区分，亦并未将因保险事故导致的修理停航排除在退保费条款的适用范围之外；从条款整体出发，保单中先规定了申请退费的前提条件，即"在保险人同意的港口停航超过30天"，然后规定了不予退费的例外情形，即"船舶全损除外",可见保险人制作条款时已对何种情形下不适用该条款的问题予以考虑,并不包括本案情形。而且,保险人作为条款的提供方与制作方,如其认为涉案情形应排除在退保费条款的适用范围之外,其完全可以、也应该事先在条款中予以明确,并向被保险人予以告知,而不应在事后针对条款作出与通常理解相悖、甚至不利于条款接受方的解释。据此,法院在对退还保费金额重新作出认定的同时判决支持原告诉请。

一审宣判后,保险人提起上诉。二审调解结案。依据调解书,保险人有义务退还保费,同时原告在退还金额上作了让步。

【来　　源】《上海海事法院海事审判情况通报(2014年度)中英文对照本》之"上海海事法院十起海上保险纠纷典型案例"案例三。

> 第五十四条　保险责任开始前，投保人要求解除合同的，应当按照合同约定向保险人支付手续费，保险人应当退还保险费。保险责任开始后，投保人要求解除合同的，保险人应当将已收取的保险费，按照合同约定扣除自保险责任开始之日起至合同解除之日止应收的部分后，退还投保人。

▶ 关联规定

法律、行政法规、司法解释

1.《中华人民共和国保险法》

第十五条　除本法另有规定或者保险合同另有约定外，保险合同成立后，投保人可以解除合同，保险人不得解除合同。

第四十七条　投保人解除合同的，保险人应当自收到解除合同通知之日起三十日内，按照合同约定退还保险单的现金价值。

2.《机动车交通事故责任强制保险条例》

第十七条　机动车交通事故责任强制保险合同解除前，保险公司应当按照合同承担保险责任。

合同解除时，保险公司可以收取自保险责任开始之日起至合同解除之日止的保险费，剩余部分的保险费退还投保人。

▶ 条文释义

一、本条主旨

本条是关于投保人要求解除合同时如何退还保险费的规定。

二、条文演变

关于投保人要求解除合同时如何退还保险费的规定,我国最早的相关立法可以追溯至1983年9月1日起实施的原《财产保险合同条例》,第10条规定:"保险合同一经成立,保险方不得在保险有效期内终止合同。如果按法律或者保险合同的协议,保险方提前终止保险合同时,则应将按日计算的未到期的保险费,退还投保方。投保方要求终止合同时,保险方有权按照国家保险管理机关规定的短期费率表的规定,收取自保险生效日起至终止合同日为止的保险费,退还投保方原已交付的保险费……"

1993年7月1日起施行的《海商法》第227条规定:"除合同另有约定外,保险责任开始后,被保险人和保险人均不得解除合同。根据合同约定在保险责任开始后可以解除合同的,被保险人要求解除合同,保险人有权收取自保险责任开始之日起至合同解除之日止的保险费,剩余部分予以退还;保险人要求解除合同,应当将自合同解除之日起至保险期间届满之日止的保险费退还被保险人。"但《海商法》的规定仅适用于海上保险合同。

1995年《保险法》第38条就投保人要求解除合同时如何退还保险费作了规定。该条规定在2002年修正的《保险法》中得以完整保留,条文顺序被调整为第39条。

2002年修正的《保险法》第39条规定:"保险责任开始前,投保人要求解除合同的,应当向保险人支付手续费,保险人应当退还保险费。保险责任开始后,投保人要求解除合同的,保险人可以收取自保险责任开始之日起至合同解除之日止期间的保险费,剩余部分退还投保人。"

2009年修订的《保险法》第54条未就2002年修正的《保险法》第39条作出实质性修改,仅从立法技术上进行了完善,体现在文字表述上的两处变化:一是将原条文第一句的"应当向保险人支付手续费"修改为"应当按照合同约定向保险人支付手续费",强调了尊重当事人自治的立场;二是将原条文第二句"保险人可以收取自保险责任开始之日起至合同解除之日止期间的保险费,剩余部分退还投保人"修改为"保险人应当将已收取的保险费,按照合同约定扣除自保险责任开始之日起至合同解除之日止应收的部分后,退还投保人",强调保险人退费系义务而非权利,更好地体现了立法本意。①

三、条文解读

按照本法第15条的规定,在本法或者保险合同没有另外约定的情况下,保险合同成立后,投保人可以随时解除合同。在保险合同中,投保人和保险人履行合同义务的时间是不一样的:投保人的主要义务即交付保险费的义务,通常在合同成立后即已履行,而保险人履行其主要义务即承担保险责任通常都是在投保人按照约定交付保险费之后一段时间才开始进行。本条区分保险责任开始前与开始后的不同情况,对投保人要求解除合同时如何退还保险费作了规定。②

（一）保险责任开始前解除合同的后果

保险责任开始前,投保人要求解除合同的,因为此时保险人尚未开始履行合同约定的义务,保险人应当将已经收取的保险费全部退还给投保人。考虑到保险人为合同的订立也付出了一定的成本,如工本费、人工费或者支付给保险代理人的代理费等,从公平原则出发,保险人的这部分费用应当从退还的保险费中扣除。

（二）保险责任开始后解除合同的后果

保险责任开始后,投保人要求解除合同的,此时保险人已经开始履行其合同义务,承担起了保障保险财产风险损失的责任。保险人收取的保险费与其承担的保险责任是相对应的。因此,保险人有权按约扣除自保险责任开始之日起至合同解除之日止应收的部分,同时有义务将剩余部分退还投保人。③

---

① 最高人民法院保险法司法解释起草小组编著：《〈中华人民共和国保险法〉保险合同章条文理解与适用》,中国法制出版社2010年版,第351~352页。
② 安建主编：《中华人民共和国保险法（修订）释义》,法律出版社2009年版,第90页。
③ 最高人民法院保险法司法解释起草小组编著：《〈中华人民共和国保险法〉保险合同章条文理解与适用》,中国法制出版社2010年版,第352页。

▶ **适用指引**

保险合同解除之法律后果

关于合同解除的法律效果,大陆法系把合同关系的消灭分为合同解除和合同终止。合同解除具有溯及力,适用于非继续性合同;合同终止没有溯及力,适用于继续性合同。在我国,合同解除的有关条款是放在合同权利义务终止一章,合同终止在我国等同于合同消灭,是合同解除的上位概念,合同解除是合同终止的一种情形。

关于保险合同解除是否具有溯及力,我国理论界存在肯定说、否定说以及折中说三种观点。肯定说认为,保险合同法定解除的效力亦如一般合同,具有溯及力。保险合同依法解除后,视为自始未成立,合同双方当事人承担恢复原状和赔偿损失的责任。① 否定说认为,按照合同法理论,继续性合同的解除原则上没有溯及力,因为继续性合同已经进行的使用和收益不具有返还性,而保险合同属于继续性合同的一种,其解除自无溯及力。② 折中说认为,不同保险合同的解除具有不同的法律效力,保险合同解除是否具有溯及力应具体考察,不能一概而论。这也是当前理论界的通说。

保险合同主要权利义务是投保人交付保险费,保险人承担风险并在保险事故发生时承担保险责任,给付保险金,故对于保险合同来说,合同解除的溯及力更多体现在保险费和保险金的支付与返还上:如果保险合同的解除有溯及力,则保险人解除合同要将收取的保险费返还,被保险人不得就合同解除前发生的保险事故主张保险责任,如已经受领保险金的,还应将该保险金返还;如果没有溯及力,则保险人无须退还保险费,被保险人可以要求保险人就合同解除前发生的保险事故承担保险责任,已经受领的保险金可以保留。保险人因义务人违反告知义务解除保险合同也不例外,其法律后果主要涉及保险费的返还与保险责任的承担问题。③

关于保险费的返还,大陆法系不少国家和地区的规定认为,保险人对合同

---

① 邹芳:《试论保险合同的解除》,载《河北法学》2000年第4期。
② 徐卫东:《商法基本问题研究》,法律出版社2002年版,第457页。
③ 最高人民法院民事审判第二庭编著:《最高人民法院关于保险法司法解释(二)理解与适用》,人民法院出版社2015年版,第198~201页。

解除之前所收取的保险费不予返还，但对保险合同解除之后的保险费应予返回。关于保险人为何可以不退还保险合同解除前的保险费，理论上存在赔偿说、报酬说和惩罚说。①赔偿说认为，告知义务为先合同义务，义务人违反如实告知义务，导致保险人在订立保险合同时未能依实际存在的危险因素计算保险费，应当承担相应赔偿责任。报酬说认为，保险人在保险合同中所承担的义务并非给付保险金，而是危险承担，②保险人所承担的义务并非开始于保险事故发生之时，而是整个保险期间，合同解除前的保险费即为保险人承担该期间危险相对应的报酬。惩罚说认为，告知义务并非真正义务，不能强制履行，如义务人违反该义务的，保险人可以不返还保险费以体现对义务人的惩罚。从当前各国立法来看，主要采报酬说。

关于保险人对合同解除前发生的保险事故是否承担保险责任，一般认为，保险人只有在未告知的事项与保险事故发生存在因果关系的情况下才能拒赔。保险告知义务的目的在于追求保险制度中对价平衡和诚信原则的实现。如果只要义务人违反告知义务，无论告知义务的违反与保险事故的发生是否关联，保险人均可以解除合同并不承担保险责任，则损害了对价平衡原则，也为保险人滥用解除权开启方便之门。

当然，因果关系原则也并非完美。根据学者梳理，因果关系原则存在以下两个方面的弊端：（1）投保人或被保险人的投机行为将导致对保险人不公。依照因果关系原则，投保人或被保险人可能心存侥幸，尽量隐瞒应当告知的事项以期使保险人原本将拒绝承保或者将以较高的保险费承保的事项以较低保险费获得承保。若保险事故发生与违反告知之间有因果关系，投保人只是损失了保险费；若保险事故与违反告知之间并无因果关系，则投保人以较低的保险费获得理应以更高的保险费才能获得承保或保险人根本不会承保的保险并获得保险金给付。（2）因果关系的确定并非易事，尤其是疾病保险中疾病之间的关联性很难判断。③

---

① 樊启荣：《保险契约告知义务制度论》，中国政法大学出版社2004年版，第263～265页。
② 江朝国：《保险法基础理论》，中国政法大学出版社2002年版，第281页。
③ 肖和保：《保险法诚实信用原则研究》，法律出版社2007年版，第189页。

类案检索

一、中国人民财产保险股份有限公司庆阳市分公司与徐某某财产保险合同纠纷案

关键词： 保险责任　合同的解除　保险费的退还　财产保全　责任保险

裁判摘要： 徐某某向中国人民财产保险股份有限公司庆阳市分公司投保诉讼财产保全责任险的目的在于为法院采取的保全措施提供保全担保，但徐某某申请保全的土地最终未能被查封，中国人民财产保险股份有限公司庆阳市分公司的保全责任并未开始，徐某某有权要求中国人民财产保险股份有限公司庆阳市分公司解除合同，并由保险人按照合同约定退还保险费。

【案　　号】（2019）甘 10 民终 1194 号

【审理法院】 甘肃省庆阳市中级人民法院

二、欧某某公司与人民财险公司保险纠纷案

关键词： 保险合同的解除　保险合同当事人　医疗责任保险

裁判摘要： 保险责任开始时间应当根据合同约定确定。在保险责任开始后，欧某某公司是否以及何时申报诊断清单，人民财险公司无法预料。但人民财险公司已开始承担潜在风险，欧某某公司未按约申报诊断清单系其自身原因造成，不能以欧某某公司未申报诊断清单为由否定人民财险公司已开始承担保险责任的事实。保险责任开始后，欧某某公司有权要求解除合同，并由人民财险公司按照合同约定退还剩余部分保费。

【案　　号】（2019）粤 01 民终 12500 号

【审理法院】 广东省广州市中级人民法院

第五十五条　投保人和保险人约定保险标的的保险价值并在合同中载明的，保险标的发生损失时，以约定的保险价值为赔偿计算标准。

投保人和保险人未约定保险标的的保险价值的，保险标的发生损失时，以保险事故发生时保险标的的实际价值为赔偿计算标准。

保险金额不得超过保险价值。超过保险价值的，超过部分无效，保险人应当退还相应的保险费。

保险金额低于保险价值的，除合同另有约定外，保险人按照保险金额与保险价值的比例承担赔偿保险金的责任。

▶ 关联规定

法律、行政法规、司法解释

《中华人民共和国海商法》

第二百一十九条　保险标的的保险价值由保险人与被保险人约定。保险人与被保险人未约定保险价值的，保险价值依照下列规定计算：

（一）船舶的保险价值，是保险责任开始时船舶的价值，包括船壳、机器、设备的价值，以及船上燃料、物料、索具、给养、淡水的价值和保险费的总和；

（二）货物的保险价值，是保险责任开始时货物在起运地的发票价格或者非贸易商品在起运地的实际价值以及运费和保险费的总和；

（三）运费的保险价值，是保险责任开始时承运人应收运费总额和保险费的总和；

（四）其他保险标的的保险价值，是保险责任开始时保险标的的实际价值和保险费的总和。

第二百二十条　保险金额由保险人与被保险人约定。保险金额不得超过保险价值；超过保险价值的，超过部分无效。

▶ 条文释义

一、本条主旨

本条是关于保险价值、保险金额与赔偿数额如何确定的规定。

二、条文演变

关于保险金额,我国最早的相关立法可以追溯至1982年7月1日起实施的原《经济合同法》。该法第25条第2款规定:"保险合同中,应明确规定保险标的、座落地点(或运输工具及航程)、保险金额、保险责任、除外责任、赔偿办法、保险费缴付办法以及保险起迄期限等条款。"第41条第1款规定:"对于保险事故造成的损失和费用,在保险金额的范围内承担赔偿责任。"

1983年9月1日起实施的原《财产保险合同条例》第16条第2款规定:"除另有协议者外,保险方的赔偿责任是对投保方在发生事故当时实际遭受的损失负责赔偿,但最高以保险标的的保险金额为限。如有分项保险金额的,最高以各该分项保险标的保险金额为限。"

1993年7月1日起施行的《海商法》首次在立法的层面上出现了"保险价值"的概念,该法第219条对保险值确定作了规定,并在第220条规定了保险金额与保险价值的关系,即"保险金额不得超过保险价值;超过保险价值的,超过部分无效"。但《海商法》的规定仅适用于海上保险合同。

1995年10月1日起实施的原《保险法》就保险金额和保险价值作了规定。该法第23条第4款规定:"保险金额是指保险人承担赔偿或者给付保险金责任的最高限额。"第39条规定了保险价值的确定方式及保险金额与保险价值的关系,该条的规定在2002年原《保险法》修正时得以完整保留,条文顺序被调整为第40条。

2002年原《保险法》第40条分三款作了规定。第1款规定了保险价值的两种确定方式:"保险标的的保险价值,可以由投保人和保险人约定并在合同中载明,也可以按照保险事故发生时保险标的的实际价值确定。"第2款就禁止超额保险作了规定:"保险金额不得超过保险价值;超过保险价值的,超过的部分无效。"第3款就不足额保险的处理作了规定:"保险金额低于保险价值的,除合同另有约定外,保险人按照保险金额与保险价值的比例承担赔偿责任。"

2009年《保险法》第55条就2002年《保险法》第40条作出实质性修改，主要从立法技术上进行了完善。体现在两个方面：第一，将原条文的第1款拆分成两款，整个条文从原来的三款变更为四款，文字表述上也作了一定的调整。第二，原条文规定保险金额超过保险价值的部分无效，新条文在此基础上进一步明确"保险人应当退还相应的保险费"。2014年、2015年《保险法》修正时，该条未作实质性改动。

三、条文解读

（一）关于保险价值的确定方式

所谓保险标的的保险价值，是指保险标的的价格，是确定保险金额从而确定保险人所承担的赔偿责任的依据。确定保险价值对于履行财产保险合同具有重要意义。根据本条的规定，确定保险价值有两种方式。

1. 定值保险

财产保险合同当事人双方基于共同的意思表示，对保险标的的保险财产的约定具有法律效力。在这里，"约定"的含义不仅仅指当事人主观约定，也包含合同当事人根据保险财产在订立合同时的市场价格估定。保险价值由投保人和保险人在订立合同时约定，并在合同中明确作出记载。这种事先约定保险标的价值的保险为定值保险。凡属定值保险，发生保险责任范围内的损失时，无论所保财产当时的实际价值是多少，保险人都要按保险合同上订明的保险价值计算赔款。一般对货物运输保险、船舶保险以及飞机保险等多采用定值保险。[①]

2. 不定值保险

如果在保险合同中不记载当事人事先确定的保险标的价值，这种保险就是不定值保险。不定值保险发生保险责任范围内的损失时，以保险事故发生时保险标的的实际价值为赔偿计算标准。具体操作时，可以按照保险事故发生时保险标的的市场价值确定，也可以通过委托资产评估机构进行评估确定，还可以由当事人协商确定。

---

① 唐德华、高圣平主编：《保险法及配套规定新释新解》，人民法院出版社2000年版，第618~622页。

（二）保险金额的确定

财产保险合同的保险金额，是指投保人在订立保险合同之时针对具体的保险标的，根据其保险价值而实际投保的货币金额。

财产保险合同的补偿性及其他性质，决定了保险金额只能根据保险标的的实际价值来确定。而财产保险有定值保险和不定值保险两种，因此，财产保险合同的保险金额，大致可以通过以下方法予以确定。

1. 定值保险的确定

由于定值保险在订立财产保险合同之时就已经以保险标的的实际价值而确定了保险金额，所以保险人在保险标的的受损之时不必考虑保险事故发生之时其实际价值，这样就简化了索赔、理赔的程序。目前我国财产保险合同中的企业财产保险合同，一般都是按照保险财产在资产负债表上的固定资产原值或流动资金金额来确定保险金额。很明显，这也是采用定值保险的方法来确定保险金额的。

2. 不定值保险的确定

因为商品的市场价格总是随着供求关系及其他因素的变化而不断地发生着变化，所以，保险合同中所载明的保险标的的实际价值有可能发生变动，而不定值保险其赔偿数额是根据保险事故发生之时的实际价值来计算赔偿数额。如果此时保险标的的实际价值低于财产保险合同所列的保险金额，那么保险人就按照保险标的的实际价值赔付。如果保险标的此时的价值高于财产保险合同所载明的保险金额，那么就按该保险金额与保险标的实际价值的比例来计算赔偿金额。

3. 重置价值保险

重置价值保险，是指在财产保险合同中，按照保险标的的重置价值来确定保险金额的一种保险方法。对于保险标的而言，重置价值可能高于该保险标的的实际价值，所以重置价值保险也属于超额保险。例如，重置一间新的房屋的价值远远高于以一间年久失修的老房屋作为保险标的的标的物价值。

4. 第一危险保险

第一危险保险其实就是保险人只对被保险人在保险责任范围内保险标的物的损毁以保险金额为限给予赔偿，而该保险金额则是根据推测，确定以保险标的在未来的第一次保险事故中可能造成的最高损失金额为保险金额的。对于第一次保险事故发生之后的其余财产价值,则被视为第二危险,如果再发生损失,由被保险人自行承担其责任。①

(三)关于超额保险的禁止

保险金额是保险人在保险事故发生时应由保险人赔偿的最高限额。对于财产保险来说,保险人的赔偿责任以保险标的的实际损失为限,而保险标的的实际损失最多不会超过保险标的的实际价值,也即不会超过保险标的的保险价值,因此,保险人赔偿的最高限额——保险金额,不应该超过保险价值。如果允许按照高于保险价值的保险金额进行索赔,则被保险人可在保险事故发生时因取得的赔偿金额大于实际损失而获利,从而增加道德风险。②保险金额超过保险价值的,被称为超额保险。除此之外,保险金额与保险价值的关系还存在着足额保险、不足额保险两种情形。足额保险,是指保险金额与保险价值相等。对于足额保险而言,如果保险标的发生保险事故而受到损失,被保险人可以得到与实际损失价值相等的保险金赔偿。就超额保险而言,由于直接违反了财产保险坚持的损失补偿规则,不管是什么原因造成的超额保险,保险金额超过保险价值的部分无效,被保险人不能获得额外利益,但保险人应将超过部分(即其未承担保险责任的部分)对应的保险费退还投保人。这就是说,如果合同中记载的保险金额超过了保险价值,当保险事故发生时,保险人可以只按保险标的的实际价值损失支付保险赔偿金,支付的保险金额最多等于保险价值。

(四)关于不足额保险的按比例赔付规则

保险金额低于保险价值的,被称为不足额保险。保险金额低于保险价值的情形有两种,一是投保人仅以保险标的的部分价值投保,这就是较为常见的不足额保险;二是投保人在投保时本以足额保险,但在保险期间内因保险标的的价值增高(如房屋因物价上涨而增值等),从而使原来的足额保险变为不足额保险。保险金额低于保险价值的保险即不足额保险不会导致合同无效的法律后果,但是,在发生保险事故时被保险人只能得到部分赔偿。

---

① 唐德华、高圣平主编:《保险法及配套规定新释新解》,人民法院出版社2000年版,第618~622页。
② 唐德华、高圣平主编:《保险法及配套规定新释新解》,人民法院出版社2000年版,第618~622页。

依本条第 4 款的规定，保险金额低于保险价值时，除合同另有约定外，保险人应采取比例赔偿方式承担赔偿责任。一般财产保险的赔偿都存在一个损失估定后如何计算赔偿金额的问题。计算赔偿金额的方式就是财产保险的赔偿方式，财产保险的赔偿方式主要有三种，即第一责任赔偿方式、比例赔偿方式和限额责任赔偿方式。其中比例责任赔偿方式，是指按照保险金额与保险事故发生时保险标的的实际价值的比例计算赔偿金额的一种方式。国外保险公司普遍采用这种赔偿方式，我国的货物运输保险、涉外财产保险等也采用这种赔偿方式。本条第 4 款规定的保险人按照保险金额与保险价值的比例承担赔偿责任，就是要求赔偿金额和损失数额的比例等于保险金额与保险价值的比例。这叫实值比例赔偿方式。这种赔偿方式，赔偿金额不仅与损失数额有关，而且也同保险金额和保险价值有关。保险金额越接近保险价值，赔偿金额也越接近损失金额，相反，保险金额小于保险价值时，赔偿金额必须小于实际损失的金额。只有保险金额与保险价值相等（即足额投保）时，赔偿金额与损失数额才有可能相等，取得十足赔偿。采用这种赔偿方式在于使赔偿金额尽量接近实际损失金额，同时鼓励投保人尽量按财产的实际价值办理足额投保。[①]

这种情况下采用比例赔偿的方式赔付保险金，即保险人按照保险金额与保险价值的比例承担赔偿责任。比如，保险价值 10 万元，保险金额 6 万元，若保险标的发生全部损失，保险人的赔偿责任就是保险金额的数额即 6 万元；保险标的发生部分损失的，如损失 5 万元，则保险人按照保险金额与保险价值的比例承担 3 万元的赔偿责任。

▶ 适用指引

一、当事人约定的保险价值属于变量时，如何计算赔付额

企业财产保险中，按保险原理及实务，流动资产的保险金额一般约定为投保当月的账面余额，保险价值一般约定为出险时的账面余额。因企业流动资产为变量，故当事人约定的保险价值就为一变量。流动资产全部灭失且损失数额大于约定的保险价值时，保险人应当全部赔偿被保险人，还是按约定的保险价

[①] 唐德华、高圣平主编：《保险法及配套规定新释新解》，人民法院出版社 2000 年版，第 618~622 页。

值数额来赔，抑或是视为不足额投保，按照约定的保险价值与实际损失价值之比例乘以约定的保险价值计算赔偿额？

举例说明：保险合同约定以投保人3月份的流动资产账面余额作为保险金额，以出险时的账面余额作为保险价值。投保人3月份的流动资产账面余额为100万元，保险金额100万元，投保人据此交纳了相应的保费。因流动资产始终处于变动之中，至10月份发生保险事故（火灾），烧光了投保人全部的流动资产400万元。投保人要求保险人赔付全部流动资产损失，保险人则认为只应赔25万元。存在以下三种意见：

第一种意见：支持投保人的诉求。理由：足额投保，且保险价值为400万元。

第二种意见：支持保险人的抗辩。理由：不足额投保，保险金额为100万元，而保险价值为400万元，保险金额低于保险价值的，保险人按照保险金额与保险价值的比例承担赔偿责任。

现有意见倾向于认为，保险人应当赔付100万元。理由如下：当发生全部损失时，受损财产的保险金额等于或高于出险时账面余额时，即保险价值低于保险金额时，其赔偿金额以不超过出险时账面余额为限，即以保险价值为限；受损财产的保险金额低于出险时账面余额时，即保险金额低于保险价值时，其赔款不得超过该项财产的保险金额。公式为：赔款＝保险金额÷出险时账面余额（即保险价值）×实际损失（即出险时账面余额），此公式推导出，此种情况下，赔款＝保险金额。该公式即为不足额投保时赔款的计算公式。

当发生部分损失，受损财产的保险金额等于或高于出险时账面余额时，即保险价值低于保险金额时，按实际损失计算赔偿金额。受损财产的保险金额低于出险时账面余额时，即保险金额低于保险价值时，同样以上述公式计算赔偿金额，即赔款＝保险金额÷出险时账面余额（即保险价值）×实际损失。

综上，当保险金额低于保险价值时，应按不足额投保的原理计算赔款。赔款应为100万元（保险金额）÷400万元（保险价值）×400万元（实际损失）=100万元。

二、保险价值能否随意约定

本条规定授权财产保险合同当事人约定保险标的的保险价值，问题在于，是否允许投保人与保险人约定保险标的的保险价值超过其实际价值？对此，存在三种不同意见：

第一种意见认为，《保险法》第55条明确规定当事人可以约定保险标的的保险价值，且并未作出限制性规定，应当认为法律允许当事人约定的保险价值超过其实际价值。

第二种意见认为，《保险法》虽然允许当事人约定保险价值，但对相关条款应作限缩解释，约定的保险价值不得超过其实际价值。否则，意味着被保险人可以通过保险事故的发生而获得利益，违反了损失补偿这一财产保险的基本原则。

现有意见倾向于认为，应当区别保险标的的实际价值是否可以确定，分别作出不同的处理。对于那些容易判断实际价值的保险标的，以其实际价值为保险价值的上限。否则，意味着被保险人可以通过保险事故的发生而获得利益，违反损失补偿这一财产保险的基本原则。对于那些不容易判定实际价值的保险标的，如文物、集装箱内的整箱货物等，则应允许当事人约定保险标的的保险价值。但约定的保险价值在保险事故发生时显著高于保险标的物之实际价值的，为贯彻保险的补偿原则，仍不能以约定价值为赔偿标准。

三、部门规范性文件的指引

保险法系实用性较强的学科，在法律的具体适用中应高度重视监管部门对于行业的规范与指引。如《中国保险监督管理委员会关于保险价值确定等问题的复函》指出："一、关于保险价值，目前在立法上没有明确定义。根据全国保险业标准化技术委员会制定的《保险术语》的解释，保险价值是经保险合同当事人约定并记载于保险合同中的保险标的的价值，或保险事故发生时保险标的的实际价值。根据《保险法》第四十条规定，确定保险标的保险价值的方式有两种，一是由投保人和保险人约定并在合同中载明，二是按照保险事故发生时保险标的的实际价值确定。前者是指定值保险，后者是指不定值保险。在实务中，要注意区分合同载明的是保险标的的保险金额还是保险价值。二、重置价值，是指以同一或类似的材料和质量重新置换受损财产的价值或费用，为财产保险中确定保险价值的一种方法。'固定资产的保险价值是出险时的重置价值'是指人保财产保险基本险条款规定的以重置价值方式确定固定资产的保险价值。三、以估价方式确定保险金额投保的，发生保险事故后，保险价值应当按照发生保险事故时保险标的的实际价值确定。"

同时，原保监会就如何理解保险价值和重置价值曾出具《中国保险监督管理委员会关于解释保险价值和重置价值问题的复函》，规定："根据《保险法》第三十九条规定，保险标的的保险价值，可以由投保人和保险人约定并在合同中载明，也可以按照保险事故发生时保险标的的实际价值确定。重置价值是指投保人和保险人约定以重新购置或重新建造保险标的所需支付的全部费用作为保险标的的保险价值，并据以确定保险金额。因此，保险价值和重置价值并非同一法律概念，重置价值仅仅是确定保险价值的一种形式。"

另外，原保监会曾先后出具《中国保险监督管理委员会关于如何理解和适用保险法第三十九条问题的复函》《中国保险监督管理委员会关于太原市中级人民法院咨询保险法律问题的复函》《中国保险监督管理委员会关于机动车辆保险条款相关问题的复函》等文件，在司法实务中亦可对照理解。

▶ 类案检索

涂某与某保险公司武昌支公司保险合同纠纷案

关键词： 保险价值　保险金额　超额保险

裁判摘要： 本案涉及的焦点问题在于保险车辆究竟是按照投保时双方约定的保险金额赔付还是按照车辆购买时车辆的实际价值赔付。保险公司认为投保时协商的保险金额为250 000元，但此车购买时实际价值只有30 000元。因此本案车辆构成超额保险。此案体现了财产保险的目的是补偿性质的概念，即保险金额不得超过保险价值。本案中，在投保时因业务员的疏忽或责任心不强未对其车辆实际价值进行核实，超额投保造成不必要的合同纠纷，反映出承保部门在核保上的漏洞。如果此案中保险公司不能举出被保险人的二手车销售发票以证明标的车的实际价值，那本案可能就有不同的诉讼结果了。

2002年《保险法》第40条明确规定，保险金额不得超过保险价值；超过保险价值的，超过部分无效。《中国保险监督管理委员会关于机动车辆保险条款相关问题的复函》中称，"机动车辆保险条款"第7条虽然规定了保险价值的确定方式，但根据该条，保险价值仅是进一步确定保险金额的三种基准之一。同时，该条款第12条的规定表明，无论对全部损失还是对部分损失，其规定的赔偿计算方式均与定值保险不同，因此，来函所涉保险合同应认定为非定值保险合同。投保车辆出险时实际价值的确定,应根据保险合同约定的方式计算,合同未作约定的,应根据国家关于机动车使用、折旧的相关规定或当地市场公允价格确定。此函明确了应按照保险标的实际价值进行认定,这是对保险人和被保险人合法利益的维护。

现行《保险法》作了更明确、更具有实际操作性的规定。该法第55条规定:"投保人和保险人约定保险标的的保险价值并在合同中载明的,保险标的发生损失时,以约定的保险价值为赔偿计算标准。投保人和保险人未约定保险标的的保险价值的,保险标的发生损失时,以保险事故发生时保险标的的实际价值为赔偿计算标准。保险金额不得超过保险价值。超过保险价值的,超过部分无效,保险人应当退还相应的保险费。保险金额低于保险价值的,除合同另有约定外,保险人按照保险金额与保险价值的比例承担赔偿保险金的责任。"

超额保险是当事人约定的保险金额超过保险价值的保险。当事人对超额保险的产生主观上有善意与恶意之分,如错误估价即属善意,如投保人图谋不当得利,而保险人意在获取高额保费,即属恶意。有些国家及地区对超额保险的法律效力作了区别规定:对于善意超额保险,当事人可按照保险标的的价值降低保险金额并相应减少保险费;对于恶意超额保险,则规定保险合同无效。我国现行《保险法》不区分当事人的主观状态,统一规定保险金额超过保险价值的部分无效,且保险人应退还超过部分保险金额所对应的保险费,从而有利于保护投保人利益。

【案　　号】(2008)武区民二初字第249号
【审理法院】湖北省武汉市武昌区人民法院

> 第五十六条　重复保险的投保人应当将重复保险的有关情况通知各保险人。
>
> 　　重复保险的各保险人赔偿保险金的总和不得超过保险价值。除合同另有约定外，各保险人按照其保险金额与保险金额总和的比例承担赔偿保险金的责任。
>
> 　　重复保险的投保人可以就保险金额总和超过保险价值的部分，请求各保险人按比例返还保险费。
>
> 　　重复保险是指投保人对同一保险标的、同一保险利益、同一保险事故分别与两个以上保险人订立保险合同，且保险金额总和超过保险价值的保险。

关联规定

法律、行政法规、司法解释

《中华人民共和国海商法》

第二百二十五条　被保险人对同一保险标的就同一保险事故向几个保险人重复订立合同，而使该保险标的的保险金额总和超过保险标的的价值的，除合同另有约定外，被保险人可以向任何保险人提出赔偿请求。被保险人获得的赔偿金额总和不得超过保险标的的受损价值。各保险人按照其承保的保险金额同保险金额总和的比例承担赔偿责任。任何一个保险人支付的赔偿金额超过其应当承担的赔偿责任的，有权向未按照其应当承担的赔偿责任支付赔偿金额的保险人追偿。

▶ 条文释义

一、本条主旨

本条是关于重复保险的规定。

二、条文演变

我国 1995 年颁布实施的《保险法》第 40 条规定："重复保险的投保人应当将重复保险的有关情况通知各保险人。重复保险的保险金额总和超过保险价值的，各保险人的赔偿金额的总和不得超过保险价值。除合同另有约定外，各保险人按照其保险金额与保险金额总和的比例承担赔偿责任。重复保险是指投保人对同一保险标的、同一保险利益、同一保险事故分别向二个以上保险人订立保险合同的保险。"2002 年修正的《保险法》将其规定为第 41 条，即"重复保险的投保人应当将重复保险的有关情况通知各保险人。重复保险的保险金额总和超过保险价值的，各保险人的赔偿金额的总和不得超过保险价值。除合同另有约定外，各保险人按照其保险金额与保险金额总和的比例承担赔偿责任。重复保险是指投保人对同一保险标的、同一保险利益、同一保险事故分别向二个以上保险人订立保险合同的保险"。如上所述，上述关于重复保险的概念采取广义上的概念，即无论数个保险的金额是否超过保险价值均为重复保险。而我国《海商法》第 225 条规定："被保险人对同一保险标的就同一保险事故向几个保险人重复订立合同，而使该保险标的的保险金额总和超过保险标的的价值的，除合同另有约定外，被保险人可以向任何保险人提出赔偿请求……"由此可以看出，我国《海商法》采用的是狭义的概念。基于上述不统一，在 2009 年《保险法》修正过程中，学者们关于应采用广义上的概念还是狭义上的概念存在争议。有观点认为，应采用广义的概念。这是因为，第一，重复保险的立法所要解决的问题主要有两个：一是贯彻保险损失补偿原则，防止不当得利及道德风险；二是实现各保险人对损失的合理分摊。因此，采用广义的概念更能全面体现重复保险的立法意旨和目的。第二，在我国采用广义的重复保险概念，更符合我国的语言表达习惯，让人顾名即可思义。因为根据我国的语言表达习惯，"重复保险"一词，就是表达"投保人对同一保险标的、同一保险利益、同一保险事故分别向二个以上保险人订立保险合同的保险"，它既包括保险金额的总和大于保险价值的重复保险，也包括金额的总和小于或者等于保险价值的重复保险。第三，采用广义的重复保险概念也符合立法简约原则。另有观点认为，应采用狭义上的概念。因为，重复保险派生于保险法上的损失填补原则，法律之所以规范重复保险，并课以当事人通知义务，在于避免因超额保险违反损失补偿原则，使投保人获取非法利益并引发道德风险。若投保人对同一保险标的、同一保险利益、同一保险事故向两个以上保险人订立保险合同，保险金额的总和小于或者等于保险标的的实际价值，当发生保险事故时除另有约定外，各保险人仅根据各自所承保的金额分摊保险赔款，保险人赔款总和并不会超过损失总和，因而不会产生超额赔偿问题，此种保险为复合保险，又称保险合同并存，而不是重复保险。若采用广义的重复保险立法，显然不能很好地体现重复保险的立法意旨和目的。2009年修正后的《保险法》第56条采用了狭义上的重复保险概念。此外，还增加了关于重复保险的投保人返还保费的一款规定。

相较于2002年的修改，2009年的修改主要存在以下三点不同：

第一，第2款关于重复保险赔偿金总和不得超过保险价值及重复保险人承担责任范围的表述不同。关于重复保险赔偿金总和不得超过保险价值的规定，2002年《保险法》规定为"重复保险的保险金额总和超过保险价值的，各保险人的赔偿金额的总和不得超过保险价值"；而2009年《保险法》将其简略规定为"重复保险的各保险人赔偿保险金的总和不得超过保险价值"。关于重复保险人承担责任的范围，2002年《保险法》规定为"除合同另有约定外，各保险人按照其保险金额与保险金额总和的比例承担赔偿责任"；而2009年《保险法》将赔偿责任明确规定为"除合同另有约定外，各保险人按照其保险金额与保险金额总和的比例承担赔偿保险金的责任"。

第二，增加了关于重复保险的投保人返还保费的规定作为第3款，即："重复保险的投保人可以就保险金额总和超过保险价值的部分，请求各保险人按比例返还保险费。"

第三，对重复保险的概念进行了进一步的界定，将"向二个以上保险人订立保险合同的保险"修改为"与两个以上保险人订立保险合同，且保险金额总和超过保险价值的保险"。

三、条文解读

保险制度的功能在于分散风险、填补损害。基于分散风险的功能，允许善意投保人对同一保险标的、同一保险利益、同一保险事故分别向两个以上的保险人投保，可以防止单一保险人发生履行不能、投保人利益无法得到充分保护的危险，增加保险保障作用。基于填补损害的基本功能，保险法禁止被保险人获得超过其损害额度的保险金额，此为一项基本原则。在重复保险的情形下，虽然每一份保险合同中的保险金额不超过保险标的的保险价值，但由于各个保险合同的保险标的都相同，各个保险合同的保险金额累计的总和可能会超过保险价值，违反了前述财产保险赔偿金额不超过实际损失的原则，否则，被保险人可以利用重复保险获取超过保险标的实际损失的补偿金，此为不当得利，不应得到保护。作此禁止性规定，也有助于避免引发道德危险。

（一）重复保险的概念界定及构成条件

作为保险法律中一项防范投保人道德危险的基本制度，重复保险制度对保险功能的发挥具有重要意义，各国均对其进行了规定。综观世界各个国家和地区的规定，关于重复保险的界定，有广义和狭义说两种。广义说的代表国家和地区是意大利、我国澳门特别行政区，其认为，所谓重复保险，是指重复保险投保人就同一保险标的、同一保险利益、同一保险事故，在同一期间与数个保险人订立数份保险合同的保险。狭义说的代表国家是日本、德国、法国及美国，其认为，重复保险，是指投保人就同一保险标的、同一保险利益、同一保险事故，在同一期间与两个以上保险人分别订立数个保险合同，且各保险合同的保险金额总和超过保险价值的保险。两者的根本区别在于狭义说要求重复保险须具备数个保险合同总的保险金额超过保险价值这一要件。

重复保险，是指投保人对同一保险标的、同一保险利益、同一保险事故分别与两个以上保险人订立保险合同，且保险金额总和超过保险价值的保险。在我国保险法中，重复保险又被称为复保险。

构成重复保险应具备以下条件：

第一，须由同一投保人与两个以上保险人分别订立数个保险合同。重复保险是以同一投保人与两个以上保险人为保险合同当事人的。尽管我国《保险法》未明确规定投保人必须为一人，但是其在对重复保险进行界定时是以有同一保险利益为限定的，而保险利益，是指投保人对保险标的具有法律上承认的利益。因此，一般而言，对同一保险标的有同一保险利益的投保人只能为一人，当然，对同一保险标的享有同一保险利益的共有人属特殊情形。重复保险需同一投保人与两个以上保险人订立数个保险合同，如果与两个以上保险人订立一份保险合同，则是共同保险而非重复保险。重复保险与超额投保不同。两者的共同点都是保险金额超过保险价值，但不同点是前者保险人为两个以上，后者保险人只有一个。

第二，须有同一保险利益。保险利益又称可保利益，是指投保人对保险标的具有的法律上承认的利益，即在保险事故发生时，可能遭受的损失或失去的利益。各国保险法均规定，重复保险中投保人与不同保险人之间订立的保险合同的保险利益应当是同一保险利益，即投保人或被保险人对同一保险标的所具有的同样的法律上承认的利益。如果不同投保人对同一保险标的下的不同保险利益订立数个不同的保险合同，不构成重复保险。例如，货主为保障其对货物的所有权而订立火灾保险合同，同时，仓库营业者基于保管责任，为该货主的同宗货物又订立了火灾保险合同，尽管是同一标的物、同一保险事故，但由于并非同一保险利益，故不构成重复保险。

第三，须有同一保险事故。所谓同一保险事故，是指数个保险合同中约定的保险事故范围相同，并且实际发生的保险事故也是各保险合同中约定的同一保险事故。如果约定的保险事故各不相同，则不能构成重复保险。例如，投保人对同一保险标的车辆同时投保火灾保险和盗窃保险，由于两种保险险别不同，保险事故也不相同，故不构成重复保险。

第四，须数个保险合同有同一保险期间。在修改《保险法》过程中，有观点认为，对重复保险的界定应严谨，建议增加"在同一保险期间"的表述。尽管本条规定并未作此限定，但是根据重复保险的涵义，应当认定，重复保险一定是数个保险合同有同一保险期间。但应注意的是，这里的同一保险期间既包括各保险合同的保险责任期间相同，也包括有部分重合的情形，换言之，并不要求数个保险合同的保险期间的始期和终期完全一致，部分保险期间重合或保险责任起止时间存在交叉，也可以构成重复保险。例如，甲以小轿车向乙保险公司投保火灾保险，保险期间为2009年12月1日0时至2010年12月1日0时。后甲又以同一辆小轿车为保险标的向丙保险公司投保火灾险，保险期间为2009年12月31日0时至2010年12月31日0时。该两份保险的保险期间就有重合的部分。若保险事故发生在重合期间内，且保险金额总和超过保险标的的实际价值，就构成了重复保险。当然，应予注意的是，其应以数个保险合同的生效为前提。从这一意义上说，重复保险的存在与否实际是以同一保险事故发生在同一保险期间内作为一个判定标准的。

第五，须数个保险合同的保险金额总和超过保险标的的价值。因我国对重复保险采用了狭义上的概念，故构成同一保险须数个保险合同的保险金额总和超过保险标的的价值。

因此简言之，重复保险有下列特征：（1）保险标的同一；（2）保险利益同一；（3）保险事故同一；（4）保险期间同一；（5）保险人与保险合同均不同一；（6）保险金额总和超过保险标的的保险价值。

（二）重复保险投保人的权利义务

简言之，重复保险中当事人有以下权利与义务：（1）投保人的通知义务。依本条第1款规定，重复保险的投保人应当将重复保险的有关情况通知各保险人，但可不以书面的形式通知。该规定的目的在于防止投保人隐瞒已经订立保险合同的情况，又与其他保险人订立保险合同，通过重复保险谋取不正当利益，即防止道德风险的发生。（2）保险人的按比例赔偿权。依本条第2款规定，重复保险的各保险人赔偿保险金的总和不得超过保险价值。除合同另有约定外，各保险人按照其保险金额与保险金额总和的比例承担赔偿保险金的责任。（3）投保人的保费返还请求权。依本条第3款规定，重复保险的投保人可以就保险金额总和超过保险价值的部分，请求各保险人按比例返还保险费。由于投保人多支付了保险费，而没有获得约定的超额赔偿，实际上是保险人获益了，为平衡双方利益，本款规定，投保人可以请求保险人将多收取的保险费予以返还。

本条第1款规定了重复保险的投保人的通知义务。因为在每个保险人确定自己的赔偿金额时，需以了解其他重复保险人的保险金额为前提。其法理基础在于，因重复保险存在投保人利用与不同保险人分别订立保险合同的方式，谋取不正当利益的可能性，故为防止该不诚信行为的发生，法律要求投保人应将重复保险情况通知各保险人。对投保人课以重复保险的通知义务，防止投保人以不良动机分别向不同保险公司投保。因此，保险人有知情权。法律在此作的是一种强制规定。投保人不是"可以"而是"应当"尽到通知义务。

关于通知的内容，本条只概括规定为"重复保险的有关情况"，何为"重复保险的有关情况"需予明确。有学者认为，投保人履行重复保险的通知义务，应当将重复保险合同的有关情况通知各保险人，包括保险人的名称和住所、保险标的、保险价值、保险费、保险金额、保险责任范围、保险期间、保险金的给付等。我们认为，关于通知事项的确定，应结合各个国家和地区的规定以及重复保险制度的目的进行分析。关于通知事项的内容，主要有三种模式：一是概括模式，如我国澳门特别行政区商法典，规定将已有保险合同一事进行概括通知。二是告知全部保险合同内容模式，如《韩国商法》的规定。三是列举部分内容模式，如《德国保险契约法》，其只告知保险人和保险金额。既然重复保险需具备同一保险标的、同一保险利益、同一保险事故、分别与两个以上保险人订立保险合同、保险金额总和超过保险价值等要件，故为保证各个保险人明确知晓各保险合同的存在以及避免投保人超出保险价值受偿，有必要对上述内容进行通知。此外，由于责任免除内容关系到保险人实际承担保险责任与否，故还应该包括该部分内容。当然，实务中更为妥当和完善的做法是在通知的同时附上其他保险合同，以便其他保险人全面了解重复保险的情况。

关于投保人履行通知，义务的方式，本条对此未作明确规定。一般而言，投保人既可以以口头方式通知，也可以以书面方式或者其他方式通知，除非当事人有特殊约定。有学者认为，投保人在以下情形无通知义务：一是保险人已经知道或者在通常的业务活动中应当知道的重复保险；二是经保险人申明不需告知的重复保险；三是投保人按照默示或者明示担保条款不需告知的重复保险。

还应注意的是，该通知义务的履行应具主动性，并非需要保险人询问或者要求才予以通知。

（三）关于重复保险的法律效力

本条第2款对此进行了规定。这实质涉及重复保险的法律效力问题，即指超额的重复保险是否有效问题。综观各国立法例，关于重复保险人的责任承担，主要有两种立法例。第一种立法例是区分投保人的主观心理状态是否存在恶意而明确合同的效力，进而确认保险人的责任。第二种立法例是不区分投保人的主观心理状态确认合同效力，而是一概规定超过保险价值的部分无效。

多数国家和地区的保险立法采用了第一种方式，区分投保人的主观心理状态是恶意或者善意分别进行规定。所谓恶意，是指投保人意图谋取不当得利而为重复保险，或者故意不为通知义务。由于恶意重复保险的情形下，投保人意图谋取不当利益，有违保险制度分散危险、填补损失的宗旨，故大多数国家（如意大利、德国）的立法例规定，恶意重复保险无效。所谓善意，指投保人并非因谋求不当得利而进行重复保险，或者不知存在重复保险而订立保险合同。一般而言，善意重复保险的出现原因多为当事人对保险价值估计错误，或者因保险标的价格下跌，使保险金额总和超过保险标的的价值，或者在缔约之后才知道存在重复保险等。善意之重复保险，其保险金额之总额超过保险标的之价值者，除另有约定外，各保险人对于保险标的之全部价值，仅就其所保金额负比例分担之责。但赔偿总额，不得超过保险标的之价值。依据各国立法例，善意的重复保险有效，但赔偿的总额不得超过保险标的的价值。依据本条规定，我国采取的是第二种模式，即不区分投保人主观上的善意和恶意，一概认为重复保险合同的超过保险价值部分不受保护。其理由在于，在司法实务中，投保人多是基于保障安全的考虑进行投保，关于主观恶意的认定存在难度，易引发争议。本条的立法重点意在解决重复保险的具体赔付规则问题，并未对善意、恶意进行区分。

关于具体的赔付规则，综观世界各国立法例，主要有三种模式：

第一，连带赔偿模式。该模式规定，不论是同时重复保险还是异时重复保险，均属有效，各保险人在其保险金额限度内对外承担连带责任。保险人在给付保险金后就各保险合同的保险金额与保险金额总和的比例，享有对其他保险人的求偿权。德国为其典型代表。

第二，比例分担主义。该模式规定，不论是同时重复保险还是异时重复保险，各保险人均只按照其所保金额与保险金额总和的比例承担赔偿责任。意大利、法国、瑞士等均采用该模式。

第三，优先赔偿主义。该模式规定，对于异时重复保险，各保险人按照保险合同成立的先后顺序承担赔付保险金的责任，后订立的保险合同的保险人给付的保险金额超过保险标的价值部分无效，即后保险人只对不足部分承担填补损失的责任。该模式的代表国家为日本，其将重复保险分为同时重复保险与异时重复保险，同时重复保险采取按比例承担责任形式，异时重复保险则采用优先赔偿模式。也有观点将之称为顺序责任，是指由先出立保险合同的保险人首先负责赔偿，第二个保险人只负责超出第一保险人的保险金额部分，如果仍有超出部分,即由其他出立保险合同的保险人再依次序赔偿。如三家保险公司同承保一财产,承保额依次为4万元、8万元和10万元,现发生损失15万元,依顺序责任方式,则第一家保险公司赔偿4万元,第二家保险公司赔偿8万元,第三家保险公司赔偿其余3万元。

上述立法例各有优劣:连带赔偿模式有助于保护投保人的利益,但对于保险人有加重责任之嫌。优先赔偿模式中保险人的保险责任因前保险人的赔付而存在减轻的情形,但在保险合同均有效的情形下,导致各保险人之间责任范围不同,存在不公。比例分担主义模式虽然具有公平性,但被保险人需分别向各保险人为给付保险金的请求,且存在由于某一保险人给付不能而造成的被保险人的利益无法全部实现的问题。

在2009年修订《保险法》过程中,关于重复保险条款的效力,有观点认为,为最大限度地保护被保险人的利益,在重复保险时,除合同另有约定外,被保险人可自行选择次序向保险人请求赔偿,故建议规定投保人将重复保险事由告知保险人,除合同另有约定外,各保险人在各自承保金额范围内,由各保险人负担保险金给付的连带赔偿责任,保险人承担责任超过其收取保险费比例的,可以享有对其他保险人的追偿权。现行《保险法》规定:"除合同另有约定外,各保险人按照其保险金额与保险金额总和的比例承担赔偿保险金的责任。"由此看来,现行《保险法》采比例分担模式。我国《海商法》的规定与《保险法》的规定不尽相同。《海商法》第225条规定:"被保险人对同一保险标的就同一保险事故向几个保险人重复订立合同,而使该保险标的的保险金额总和超过保险标的的价值的,除合同另有约定外,被保险人可以向任何保险人提出赔偿请求。被保险人获得的赔偿金额总和不得超过保险标的的受损价值。各保险人按照其承保的保险金额同保险金额总和的比例承担赔偿责任。任何一个保险人支付的赔偿金额超过其应当承担的赔偿责任的,有权向未按照其应当承担的赔偿责任支付赔偿金额的保险人追偿。"由上可见,《海商法》采连带赔偿模式。

依据《保险法》的本条规定,在确定重复保险各保险人责任时应遵循两个原则:第一,合同有约定的,从其约定。第二,无约定的,各保险人按照其保险金额与保险金额总和的比例承担赔偿保险金的责任。

关于保险费的退还,各个国家和地区的规定各不相同,我国《保险法》未作详细划分,而是基于重复保险时保险责任的承担方式是按照比例承担,故本条第 3 款也规定了按比例退还的方式,即重复保险的投保人可以就保险金额总和超过保险价值的部分,请求各保险人按比例返还保险费。

▶ 适用指引

一、关于重复保险中合同另有约定条款的适用及其效力问题

根据《保险法》规定,《保险法》允许保险人与投保人约定其承担保险责任的比例以及顺序。在司法实务中的表现主要有:一是完全免除自己责任条款。二是减轻其给付比例条款,约定其承担的保险责任的比例少于其签订合同的保险金额与总保险金额的比例。三是补充责任条款,约定本保险人仅承担其他保险赔付之后的差额赔付责任。《保险法》的该项规定体现了对意思自治原则的尊重,因此,在当事人的约定不损害社会公共利益、国家利益以及他人合法利益的情形下,应认定其有效性。在司法实务中,应当说,在各个保险人和投保人之间有约定的情形下,不存在对其他未作特殊约定的保险人不公的问题。但如果只是某一份保险合同中的投保人和保险人作出上述约定,该约定是否能够对抗其他保险人,是否存在不公平的问题,值得进一步研究。而且,司法实务中还可能存在不同保险合同中约定的保险责任承担比例和顺位存在冲突的问题,也需要进一步进行研究和解决。

二、关于未尽保险通知义务的法律后果问题

关于该问题,本条并未进行规定。依据前述关于恶意重复保险的认定,投保人故意不履行保险通知义务,构成恶意重复保险。关于恶意重复保险的效力,主要有三种立法例。第一种立法例是规定重复保险中恶意订立的保险合同无效,如《德国保险契约法》第 59 条第 3 款规定,投保人意图借由重复保险的订立而获取财产上的不法利益者,以该意图而订立的保险契约无效。详言之,成立于后的保险契约无效,但先成立的保险契约仍有效,因为成立在先的保险契约不属于重复保险的形态。第二种立法例是恶意重复保险合同全部无效,如《意大利民法典》第 1910 条第 2 款规定,如果被保险人对发出通知有恶意懈怠,诸保险人不承担支付保险金的责任。应区分同时的恶意重复保险和异时的恶意重复保险进行认定。第三种立法例认为,重复保险的保险金额总和

超过保险价值的,各保险人的赔偿金额的总和不得超过保险价值。正如前文所述,我国《保险法》并未区分恶意重复保险还是善意重复保险而对保险合同的效力和保险人的责任作出不同的规定,其立法目的在于简化处理方式,避免司法实务中出现争议。但投保人的通知义务系法定义务,对于其故意违反该义务的行为如果没有相应的制裁措施,对相关利害关系人保护不利。司法实务中倾向性认为,应区分司法实务中的不同情形对其法律后果进行规定。例如,应考虑未履行通知义务是否给其他保险人造成损失、其他保险人若知晓重复保险的事实是否会签订保险合同或是否会作特殊约定等事实明确投保人的责任以及保险合同的效力等。

▶ 类案检索

某科技公司与某电气公司保险求偿案

关键词: 重复保险 同一保险标的 构成要件

裁判摘要: 本案现有证据能够证明科技公司并未就电器公司存放在科技公司仓库中的货物向保险公司投保,本案不存在投保人就同一保险标的分别与两个保险人订立保险合同的情形,不符合重复保险的保险标的必须是同一保险标的的构成要件,故本案不构成重复保险。

【案　　号】(2015)川民终字第831号

【审理法院】四川省高级人民法院

第五十七条 保险事故发生时，被保险人应当尽力采取必要的措施，防止或者减少损失。

保险事故发生后，被保险人为防止或者减少保险标的的损失所支付的必要的、合理的费用，由保险人承担；保险人所承担的费用数额在保险标的损失赔偿金额以外另行计算，最高不超过保险金额的数额。

▶ 关联规定

法律、行政法规、司法解释

1.《中华人民共和国民法典》

第五百九十一条 当事人一方违约后，对方应当采取适当措施防止损失的扩大；没有采取适当措施致使损失扩大的，不得就扩大的损失请求赔偿。

当事人因防止损失扩大而支出的合理费用，由违约方负担。

2.《中华人民共和国海商法》

第二百五十五条 发生保险事故后，保险人有权放弃对保险标的的权利，全额支付合同约定的保险赔偿，以解除对保险标的的义务。

保险人行使前款规定的权利，应当自收到被保险人有关赔偿损失的通知之日起的七日内通知被保险人；被保险人在收到通知前，为避免或者减少损失而支付的必要的合理费用，仍然应当由保险人偿还。

第二百五十六条 除本法第二百五十五条的规定外，保险标的发生全损，保险人支付全部保险金额的，取得对保险标的的全部权利；但是，在不足额保险的情况下，保险人按照保险金额与保险价值的比例取得对保险标的的部分权利。

3.《最高人民法院关于适用〈中华人民共和国保险法〉若干问题的解释（四）》

第六条 保险事故发生后，被保险人依照保险法第五十七条的规定，请求保险人承担为防止或者减少保险标的的损失所支付的必要、合理费用，保险人以被保险人采取的措施未产生实际效果为由抗辩的，人民法院不予支持。

▶ 条文释义

一、本条主旨

本条是关于被保险人减损义务的规定。

二、条文演变

关于被保险人减损义务的规定，我国最早的相关立法可以追溯至1982年7月1日起实施的原《经济合同法》。该法第46条规定：被保险方为了避免或减少保险责任范围内的损失而进行的施救、保护、整理、诉讼所支出的合理费用，根据合同规定偿付。如果不及时偿付，应承担违约责任。

1983年9月1日起实施的原《财产保险合同条例》第15条规定："在发生保险事故后，投保方有责任采取一切必要措施，避免扩大损失，并将事故发生的情况及时通知保险方。如果投保方没有采取措施，保险方对由此而扩大的损失，有权拒绝赔偿。"第17条进一步规定："投保方为了避免或者减少保险责任范围内的损失而进行施救、保护、整理以及诉讼所支出的必要的合理费用，以及为了确定保险责任范围内的损失所支付的对受损标的检验、估价、出售的合理费用，按保险合同的规定，由保险方负责偿还，但最高以保险金额为限。"

1993年7月1日起施行的《海商法》第236条就被保险人的减损义务作了详细规定："一旦保险事故发生，被保险人应当立即通知保险人，并采取必要的合理措施，防止或者减少损失。被保险人收到保险人发出的有关采取防止或者减少损失的合理措施的特别通知的，应当按照保险人通知的要求处理。对于被保险人违反前款规定所造成的扩大的损失，保险人不负赔偿责任。"但《海商法》的规定仅适用于海上保险合同。

1995年10月1日起实施的《保险法》第41条分两款就被保险人的减损义务作了规定。该条的规定在2002年《保险法》中得以完整保留，条文顺序被调整为第42条。

2002年《保险法》第42条规定："保险事故发生时，被保险人有责任尽力采取必要的措施，防止或者减少损失。保险事故发生后，被保险人为防止或者减少保险标的的损失所支付的必要的、合理的费用，由保险人承担；保险人所承担的数额在保险标的损失赔偿金额以外另行计算，最高不超过保险金额的数额。"2009年《保险法》第57条未就前述第42条作出实质性修改，仅从立法技术上进行了完善，体现在文字表述上的两处细小变化：一是将原条文第1款的"有责任"修改为"应当"，用语更加规范；二是将原条文第2款"保险人所承担的数额"修改为"保险人所承担的费用数额"，用语更为精确，避免了可能产生的歧义。2014年、2015年《保险法》修正时，该条文未作修改。

三、条文解读

（一）本条规定的相关基础理论

根据《保险法》第57条的规定，保险事故发生时，被保险人应当尽力采取必要的措施，防止或者减少损失。保险法将是否采取施救措施明确为在保险事故发生以后被保险人"应当尽力"的义务，这种法定义务法理依据何在？

1. 诚信原则

（1）诚信原则引领所有民事活动。原《民法通则》第4条规定："民事活动应当遵循自愿、公平、等价有偿、诚实信用的原则。"原《民法总则》第7条规定："民事主体从事民事活动，应当遵循诚信原则，秉持诚实，恪守承诺。"《民法典》第7条同样规定："民事主体从事民事活动，应当遵循诚信原则，秉持诚实，恪守承诺。"诚信原则是最具道德内涵的法律规范，是社会活动的基本道德准则，是现代法治的基本规则。从基本法对诚信原则的表述变化看出，诚信原则在当代法律中的作用呈不断加强的趋势。简而言之，其内涵有两点：一是对待他人要诚实守信；二是要恪守自己的诺言。之所以被当代民法尤其是商法奉为"帝王原则"，是因其伦理道德的思想和公平正义的内涵可弥补其他法律制定与适用中出现的逻辑不周延与时空的局限。诚信原则要求一切社会活动参与者符合一般社会人的道德标准，在不损害他人利益和社会公益的前提下追求自己的利益，方可实现当事人之间利益与社会利益的平衡，并以此维持市场秩序和社会秩序。

（2）诚信原则是保险合同的最大原则。保险合同是一种射幸合同。偶发事故发生概率的计算更多地依赖于被保险人诚实陈述和忠实履诺。早在《1906

年英国海上保险法》第17条中就规定：海上保险合同是一种建立在最大诚信基础之上的合同，如果一方当事人没有遵守最大诚信，对方当事人可以主张合同无效。《保险法》第5条亦规定："保险活动当事人行使权利、履行义务应当遵循诚实信用原则。"可见，诚信原则在保险活动中的地位和作用尤为重要。

（3）诚信原则是法定施救义务的理论基础。一方面，在保险活动中，存在信息不对称，当保险事故发生时，保险人对保险标的物受损的实际情况知之甚少，不能及时采取有效措施防止或减少保险标的损失的扩大。这时就要依靠被保险人尽力遵从最大诚信原则，以此来保证对保险标的进行必要合理的施救。被保险人在有能力对保险标的实施救助措施的时候，积极采取各种必要合理措施避免损失的扩大，这就是对最大诚信原则的遵守。另一方面，当保险事故发生以后，一般人基于道德要求也会尽量对保险标的物进行积极施救，如果被保险人为了避免自身麻烦而消极不作为，无故放任保险标的损失的持续与扩大，这就是对保险最大诚信原则的违背。

2. 防范道德风险

《民法典》吸收采纳原《民法总则》第8条，规定："民事主体从事民事活动，不得违反法律，不得违背公序良俗。"尽管施救义务中道德风险防范有心理说、危险说、行为说等各种学说，但均认为而不作为防范道德风险，是指防止被保险人主观上因故意或者重大过失，应当作为而不作为或者应当不作为而作为导致损失发生扩大的可能性。保险事故发生后是否采取施救措施的道德风险有"积极"和"消极"两种情形，例如：被保险人为获取保险金而故意促使危险发生的种种行为或企图，为积极的道德危险，之所以"积极"，是因为被保险人对保险事故的发生、保险标的的损失会怀有热切期待的心意；被保险人因有保险而怠于保护或疏于施救被保险标的而造成或扩大的危险，为消极的道德危险，"消极"之意是因为被保险人在依靠自身投保的情况下，消极偷懒怠于保护或者是听之任之疏于施救导致保险标的损害的发生或者是损失的肆意扩大。被保险人因违反施救义务而造成的损失，正是道德风险的一种，不仅包括"作为或不作为导致的损失"，也包括"作为或不作为扩大的损失"。若被保险人因不作为而造成损失扩大，则基于不作为行为正是对施救义务的违反，而其结果必然导致保险参与人及社会财富的损害。因此，对施救义务有必要以法律的形式予以明文规定。

3. 社会公共利益原则

原《民法总则》第 9 条规定："民事主体从事民事活动，应当有利于节约资源、保护生态环境。"《民法典》对此亦予以吸收采纳。《保险法》第 4 条规定："从事保险活动必须遵守法律、行政法规，尊重社会公德，不得损害社会公共利益。"保险事故发生后被保险人的施救义务正是前述两条法律所规定的社会公共利益原则的具体体现。危险事故发生后，被保险人固然可以从保险人处获得补偿，但是，保险标的发生损失必然会给被保险人的生产或生活造成诸多不便，此种负面影响不会因保险人理赔而径直消除。对保险人来说，被保险人的积极施救行为如能防止或减少损失，保险人承担的赔偿或者给付责任便可降低。就社会公益而言，随着保险人赔偿或者给付责任在整体上的降低，投保人一方支付的保费便可相应降低，危险共同团体内的所有成员因此间接获益。而且，施救行为还可以减少社会财富的净损失，其社会公益色彩相当明显。防止社会财富减少理论认为，社会财富是在人们追求个人财富的同时产生的，在一定的时期就会表现为一定的社会价值总量。在保险事故发生后，即使保险标的的损失会有保险合同来保障，保险人会按照保险合同对保险标的受到的损失予以赔偿，但最终还是会导致社会总体财富数量的减少。换句话说，保险合同的存在并不能使保险事故减少的社会财富复归于先前的总量。《保险法》第 57 条规定的被保险人施救义务，其目的是确保将保险事故发生以后保险标的所遭受的损失降到最低，尽量不减少社会财富的总量。这一理论认为施救义务体现出保险的经济性，无论是保险人还是被保险人受到的损失，所有的结果都是要由社会承担最终的经济损失或者不利后果，所以在保险标的受到危险、损害之时被保险人要尽到一个善良管理人的义务来尽量避免危害的扩大。站在社会财富总量的角度审视被保险人施救义务的规定，与其说它是对施救义务规定的原旨，不如将其解释为对被保险人施救义务履行与否的社会价值评定。结合保险合同的特殊性以及保险标的在发生危险时处于被保险人掌控之下的现实情况，《保险法》第 57 条的立法宗旨应当是通过保险相对人积极主动地实施对保险标的的救援活动，防止保险标的损失的不断蔓延与扩大而导致的社会财富总量的降低。此外，如火灾等保险事故，如果不积极采取施救措施而放任其继续蔓延，还将造成生态环境的破坏，给社会公共利益带来更大的损害。

简要而言，社会财富在一定时期总是表现为一定的价值量，尽管保险标的有保险合同的保障，造成损失可以由保险人依法或依照合同予以补偿，但社会财富的总量总是表现为减少。即便是保险合同存在，也不能使已减少的社会财富总量在数量上复归。本条规定被保险人履行防止或减少损失的义务，目的在于确保保险标的不至于因保险事故而发生损失，或将这种损失降到最低限度。

4. 效率原则

在绝大多数情况下，保险标的由被保险人一方直接控制，保险事故发生时其和保险标的距离最近，由其实施救助行为通常最为有效。相反，由于保险人通常只有在被保险人一方履行出险通知义务后方知保险事故的发生，且保险人和保险标的的距离较远，这一时间和空间上的限制决定了保险人的施救行为一般不是最有效率的。体现施救效率原则的除前述被保险人在保险事故发生后是否采取施救措施存在主观意识上的积极与消极外，最终在采取措施上也分积极的施救行为和消极的施救行为。保险标的受损时被保险人对保险标的施救行为是积极还是消极，主要是看其采取施救措施是自己积极主动还是听从保险人或是第三人的指示。按照《保险法》第57条规定，在保险事故发生时为防止或者减少损失，被保险人应当"尽力"采取必要的措施，据此，被保险人采取施救措施应当是积极的义务。积极施救既包括在发生保险事故以后被保险人为维护保险标的的安全、控制保险标的受到损失的扩大而自行积极采取措施，也包括积极主动向保险人报告情况并按其指示及时采取相应的施救措施。消极施救，是指在发生保险事故后，被保险人只是被动听从保险人之指示或者是协助保险人对受损的保险标的的施救。在保险事故发生以后，投保人或被保险人既不主动采取防止保险标的损失扩大的措施，也未及时主动向保险人报告情况并按其指示采取相应措施，就是对积极施救义务的违反。积极施救虽然会在某些情况下对保险标的造成二次伤害，但是根据一般理性人的客观判断标准是可以对普通的保险事故作出理性的判断的，所以一般的保险事故发生以后，投保人或被保险人的及时施救还是很必要的。但是也不得不考虑特殊的保险标的在遭遇损害时需要专业的施救才可以保护其不受损害。例如，厂房里的设备起火，一般人第一反应都是用水扑灭，但一旦用水扑灭后，整个设备也就不能用了，施救行为就完全没有了意义。相反，若是有专业指示可能只需要断开电源就能保护该设备不受损伤。

（二）规定被保险人减损义务的必要性及减损行为的表现形式

大多数国家的保险法之所以均规定了被保险人的减损义务，主要基于两方面考虑：一是一般而言，被保险人对保险财产的性能、保险事故现场及其周围情况比较了解，如果被保险人尽力采取措施，通常情况下能够防止损失扩大，对于被保险人和保险人来说都是有利的，而且可以避免社会财富的浪费。二是保险合同系最大诚信合同，各相关当事人不论在保险合同缔结过程中，还是在合同履行过程中，抑或是保险事故发生后，均应本着最大诚信行事，赋予被保险人减损义务体现了最大诚信原则的要求。

被保险人防止、减少损失行为有以下两种表现形式：

一是防止保险标的发生损失，即在保险事故已发生但未造成保险标的损失时，被保险人应尽力采取一切必要的措施，阻止保险标的遭受损失。如投保火灾险的房屋的某一部位刚刚着火，在未导致该房屋遭受损失时被保险人发现这一危险，则应将该火种扑灭。

二是减少保险标的的损失，即在保险事故已经发生并已造成保险标的损失时，被保险人应当采取一切必要和可能的措施，避免损失继续扩大。如前例中的火势已蔓延并烧毁了部分房屋，被保险人发现这一情况后，应当报警或采取一切可能的灭火措施，而不是被动地放任火灾继续发展。

（三）促使被保险人履行减损义务的激励性安排

被保险人为防止或者减少保险财产损失而采取施救、保护、整理等措施，通常会有一定的费用支出。由于被保险人的财产已经投保，从某种意义上说，被保险人的这些费用是为保险人的利益而支出的。因此，为鼓励被保险人积极减损，被保险人为防止或者减少保险标的损失而支付的必要的、合理的费用，应当由保险人来承担。

关于保险人应当承担的费用问题，以下四点值得注意：一是被保险人采取的减损措施应当是必要的措施，但被保险人毕竟不是专业的减损机构，其注意义务应该是一般注意义务。二是被保险人支出的费用应该是必要的、合理的费用。三是是否真正起到减损的效果，不是保险人承担费用的前提。不能要求被保险人采取的措施一定起到减损效果，只要被保险人采取了必要的措施，合理、必要的费用应由保险人承担。四是鉴于被保险人的这种费用支出与保险财产因保险事故发生所遭受的损失不属同一性质，应在保险标的损失赔偿额以外另行计算，但最高不超过保险金额的数额。也就是说，如果被保险人在保险事故发生后，为减少保险标的的损失而支付了必要的、合理的费用，被保险人最高可以获得相当于两倍保险金额数额的赔偿。

（四）关于减损施救费用承担的争论与规定

保险人应当承担被保险人为防止或者减少保险标的的损失所支付的必要的、合理的费用，但施救费用的承担是否要以施救措施产生实际效果为前提，在实务中存在不同的认识。一种观点认为，应该作扩大解释，应当要求施救措施有实际效果，否则不应赔偿；另一种观点认为，应当作限缩解释，保险人的赔偿责任与施救措施是否有实际效果无关。《保险法解释（四）》第6条对此作出明确规定：一是保险人施救费用的承担与被保险人施救措施是否有实际减损效果无关；二是被保险人为防止或者减少损失所采取的必要的施救措施而发生的合理减损费用，保险人均应当赔付。

施救费用是否要以有实际效果为前提，由于《保险法》未作明确规定，理论研究和司法实务中对此颇有争议，最高人民法院在制定《保险法解释（四）》过程中经认真调查研究后最终确定，不将减损实际效果作为是否承担减损费用的考量因素。以下就被保险人请求保险人赔付施救费用补偿的要件、施救费用的范围、赔付施救费用不以施救措施产生实际效果为要件三个方面予以解读。

1. 被保险人请求保险人赔付施救费用补偿的要件

（1）施救对象为保险标的物。保险事故发生后，保险人所施救的对象必须为保险合同项下的保险标的物，即保险标的所遭受之损失必须在保险责任范围内。被保险人为防止或减少保险责任范围外的损失所支出之费用与保险人无涉，不得要求保险人承担费用补偿责任。如保险标的为仓库中存储的车辆，而保险事故发生时仓库中还存有轮胎，被保险人在火灾发生过程中请第三人为搬运轮胎发生的费用，因其不是保险合同项下的标的，搬运轮胎所发生之费用不得请求保险人赔付。

（2）施救主体必须为被保险人。按照《保险法》第57条的规定，施救义务主体为被保险人，施救费用支出仅限于被保险人或受其指示的代理人、雇佣人等因直接救助行为所产生的费用，而与合同无关的第三方救助所产生的费用不应纳入施救费用范畴而请求保险人补偿。施救义务主体是被保险人并非说施救行为只能由被保险人本人实施，而是按照有关法律规定他人与被保险人之间建立了一定法律关系后，他人的行为后果归于被保险人，如代理人的行为后果归于被代理人、雇员的行为后果归于雇主；在未建立法律关系的情况下，他人的行为属于善意救助，不应有报酬费用，善意救助人遭受的损失按照《民法典》第183条的规定处理。

（3）时间必须为保险事故发生时。若保险事故尚未发生，被保险人不具有采取必要施救措施之前提，当然不能向保险人主张施救费用；若保险事故已经结束，被保险人亦无采取施救措施之必要，就无从谈起请求保险人补偿其施救费用了。如保险标的为仓库中的粮食，火灾发生之前被保险人将仓库中的粮食运出晾晒，则该搬运费不应由保险人承担；同理，如火灾已经扑灭，被保险人将未涉火灾仓库中的粮食运出晾晒，被保险人也不能向保险人主张相应的搬运费，但是如系因灭火而将相邻部分的粮食浇湿，属于火灾损失，及时晾晒产生的搬运费则属于被保险人为防止或减少损失采取必要措施而发生的合理费用。

（4）施救支出产生目的是防止或减少保险标的损失。施救费用支出须是为避免损失或减少标的损失继续扩大而发生，即该施救费用之支出必须以防止损失进一步扩大为直接目的。与该目的无关之费用须排除在保险人施救费用补偿义务范围之外。如汽车发生事故翻下路侧山沟但尚能行驶，需要吊车将车从山沟吊到路面，这部分费用属于施救费用，如果被保险人租用吊车一直吊到修理厂，则后面路段租用吊车就不是基于减少保险标的损失的施救目的，相关的租赁费用就不属保险人应当负担的施救费用。

2. 施救费用的范围是被保险人采取必要措施而发生的合理费用

施救费用的范围，是指在保险事故发生以后，被保险人或投保人采取的为防止或减少保险标的受损的必要且合理措施之费用。鉴于施救义务人对于施救行为的非专业性，因此在认定费用的合理性时不宜过分苛刻，只要不是明显不合理费用的支出，即便未能实现减损目的，也应当由保险人负担。施救主体在义务履行过程中应当秉持诚信原则对保险标的进行维护，不能为了较小的利益保护而产生大额费用的支出，因此《保险法》第57条规定保险人负担的施救费用不得超过保险金额。施救费用一般包括三个部分：一是为抢救保险标的或者防止事故损失的进一步扩大而采取必要措施时所造成的保险标的损失；二是为施救、保护、整理保险标的所支出的合理费用；三是为执行保险人的特别通知而支出的费用。

"必要的措施、合理的费用"要根据不同保险事故面临的不同危险作出具体的判断，按照在保险事故发生时的时空环境下一般被保险人通常可能作出的判断这一标准来认定。在认定"必要且合理"时应当充分考虑施救义务主体的行为所带来的费用是否是基于诚信原则之必要支出、是否为非明显不合理支出、是否系为减少损失的目的等具体因素。例如,某工厂投保了企业财产保险后,在某车间发生火灾时,为了避免火势蔓延扩大,被保险人将车间周围附属建筑物拆除,并将车间内生产资料迁往最近的安全场所,由此而发生的费用即为必要合理的费用。因为,首先,施救义务主体的行为减少了车间可能遭受的损失;其次,施救义务主体将车间周围附属建筑物拆除,并将车间内生产资料迁往最近的安全场所带来的费用是符合诚信原则的诚信费用支出;最后,施救义务主体采取的施救行为在当时的环境下最大程度实现了对保险标的的保护。该被保险人的施救行为产生的费用就是必要且合理的费用。"必要且合理的费用"要受保险金额的限制。《保险法》第57条第2款规定,保险人所承担的费用数额在保险标的损失赔偿金额以外另行计算,最高不超过保险金额的数额。也就是说,当发生保险事故以后,施救义务人对保险标的采取施救措施而产生的费用,保险人需要买单,但这笔费用不能计算在保险标的的损失之内而是应当另行计算,且最后保险人所支出的施救费用不能超过保险金额的数额。否则对保险人而言就承担了与其承保之初的风险不匹配的对价。一旦承担了超出最高限额的赔偿金,保险人就会期待被保险人在保险事故发生之时就不要采取施救行为,因而也不用承担超过保险金额的风险。虽然保险人对被保险人的施救行为所产生的施救费用负有补偿的义务,但同时又按照法律规定或以合同约定的方式对补偿的范围进行规制。

3. 赔付施救费用不以施救措施是否产生实际效果为要件

在保险事故发生后,被保险人采取了施救措施,但是由于种种原因,并没有起到防止或减少保险标的损失的作用,保险人也应当承担施救费用。

(1)在保险事故发生以后,被保险人采取的施救措施能否对保险标的产生有效的结果,这在施救过程中往往是很难预见的。如果只有被保险人作出有效的措施才能获得保险人对该项费用的认可,就可能使得被保险人进退维谷。若施救,则很有可能自己要承担该项费用,但若不施救,又会违反法律规定的施救义务。显然,这样的做法无形中增加了被保险人的负担。

(2)一般而言,在发生保险事故时,善意被保险人均会想方设法防止保险标的的损害以及损失的扩大,该种行为不仅对被保险人有益,同时保险人也会从中受益。《保险法》第57条规定的施救义务,不仅是基于被保险人在面对保险事故时的善良心理，更是防止被保险人因恃其有保险保障而袖手旁观，进而造成保险标的更大损失，最终损害到保险人、被保险人、其他人，甚至社会的利益。规定施救费用应由保险人负责赔付，也是对被保险人在保险事故发生时尽其所能地防止或减少保险标的损失的一种保护和鼓励。

（3）履行施救义务的直接作用在于避免或减少保险事故造成的损失。一般而言，保险人基于被保险人施救义务的履行而减少赔付数额，因此由保险人负担"合理的费用"为普遍原则。

适用指引

一、从司法实践的情况来看，被保险人履行这一义务具有主观与客观两方面的条件

（一）主观条件

即被保险人在主观上知道保险事故已发生。如被保险人当时不在保险事故发生地，或在保险事故发生地，但因为其他合理原因，未能采取措施防止或减少保险标的的损失，则不能认为被保险人违反了这一义务。

（二）客观条件

即被保险人在客观上能够采取一定措施防止或减少保险标的损失。如果火灾已无法控制，或被保险人当时的客观条件已无法采取措施防止或减少保险标的损失，则不能认为被保险人违反了这一义务。

凡被保险人具备采取措施防止或减少保险标的损失的主观与客观条件而未采取措施，以致保险标的发生损失或损失扩大的，均构成对其防止或减少保险标的损失义务的违反。

二、被保险人未尽减损义务的，就扩大的损失部分保险人是否应当承担保险责任

《保险法》第 57 条仅规定"保险事故发生时，被保险人应当尽力采取必要的措施，防止或者减少损失"，但未规定被保险人未尽减损义务的法律后果，

实践中引发争议。

一种意见认为,《保险法》第57条未就保险人未尽减损义务的法律后果作出规定,并非立法漏洞。保险施救取决于被保险人的施救能力大小,个体差异很大,且实践中施救行为作用于损失的比例关系恐难以界定,如果立法明确了未尽施救义务导致扩大的损失不赔,容易造成保险人动辄以此为由拒赔。

另有意见认为,由于施救措施取决于被保险人的施救能力大小,且不同保险事故环境中个体差异很大,实践中施救行为作用于损失的比例关系难以界定清楚。《保险法》第57条对被保险人违反保险法施救义务时应当承担的法律后果未作明确规定,但亦可依据现有法律规则和理论作出相应的认定。根据《民法典》第591条的相关规定,当事人一方违约后,对方应当采取适当措施防止损失的扩大;没有采取适当措施致使损失扩大的,不得就扩大的损失请求赔偿。当事人因防止损失扩大而支出的合理费用,由违约方负担。由此,被保险人违背施救义务而导致保险标的损失扩大的,保险人就有权对扩大的损失部分不予赔偿。因此,当被保险人违反施救义务而导致损失扩大,该损失扩大的部分与被保险人违反施救义务有因果关系,保险人则有权不予赔偿。当然,若是该损失扩大的部分与被保险人违反施救义务无因果关系,那么保险人就必须予以赔偿。因被保险人多数没有施救经验,而保险人处理危险的经验丰富,其指示多为合理指示,在保险事故发生后,被保险人要及时报告保险人并按其指示进行施救,应认定为被保险人尽到施救义务。在被保险人按照保险人的指示进行施救的情况下,被保险人成为保险人的代理人,即使该指示施救未产生救助效果,其法律后果应归于保险人,由保险人承担责任。

需要注意的是,《海商法》第236条规定:"一旦保险事故发生,被保险人应当立即通知保险人,并采取必要的合理措施,防止或者减少损失。被保险人收到保险人发出的有关采取防止或者减少损失的合理措施的特别通知的,应当按照保险人通知的要求处理。对于被保险人违反前款规定所造成的扩大的损失,保险人不负赔偿责任。"据此可见,在《海商法》适用规则下,如果投保人和被保险人违背了保险人的指示而造成保险标的损失额的扩大,保险人也是不负赔偿责任的。

在研究制定《保险法解释(四)》时,倾向性意见认为,《保险法》关于被保险人减损义务的规定属于强制性规范,被保险人必须遵守,否则应当承担不利的法律后果，即被保险人未尽及时施救义务且存在过错的，就由此扩大的损失部分保险人不承担保险责任。至于过错的程度，应当将轻微过失排除在外。值得注意的是，原《合同法》第119条规定："当事人一方违约后，对方应当采取适当措施防止损失的扩大；没有采取适当措施致使损失扩大的，不得就扩大的损失要求赔偿。当事人因防止损失扩大而支出的合理费用，由违约方承担。"《民法典》第591条对此予以吸纳延续，规定"当事人一方违约后，对方应当采取适当措施防止损失的扩大；没有采取适当措施致使损失扩大的，不得就扩大的损失请求赔偿。当事人因防止损失扩大而支出的合理费用，由违约方负担"。尽管原《合同法》及《民法典》的该条规定不能直接套用到保险人与被保险人的关系中，但相关规定所体现的合同双方当事人均应遵守诚信原则的精神值得借鉴。

三、"必要且合理费用"的举证证明责任如何分配

在本条基础上，《保险法解释（四）》第6条进一步规定："保险事故发生后，被保险人依照保险法第五十七条的规定，请求保险人承担为防止或者减少保险标的的损失所支付的必要、合理费用，保险人以被保险人采取的措施未产生实际效果为由抗辩的，人民法院不予支持。"在司法解释论证过程中，有观点认为，保险事故发生以后，采取防止或减少保险标的损失的施救行为往往是比较危急的情形，基于被保险人在遇到事故时候的慌乱心理，且不具有专业施救知识，其对施救措施是否"必要且合理"难以作出正确的判断，故应适用举证责任倒置规则由保险人承担举证责任。司法解释起草小组认为，第一，按照《民事诉讼法》规定的"谁主张、谁举证"的一般举证原则，应由被保险人就其施救费用的主张先行承担举证责任，既要证明采取了什么样的措施、产生了多少费用，又要证明在当时的事故环境其作为一般被保险人采取措施和发生费用的必要性、合理性，这是因为保险人不在当时的事故环境，也不处于被保险人的状态，无法描述和证明其采取措施的必要性和支出费用的必要性。第二，保险人抗辩认为被保险人采取的措施不必要或发生的费用不合理的，应当从这两个方面承担相应的反证责任，只要其反驳的证据和理由不足以推翻被保险人主张的，就应承担相应的施救费用。

四、施救造成的其他损失是否由保险人承担

被保险人在实施施救行为过程中不仅会因施救行为本身产生费用,而且有可能给保险标的以外的其他财产造成损失。保险人是否应当对其他财产损失承担赔偿责任,《保险法》对此并无规定。在《保险法解释(四)》研究论证过程中,多数意见认为,保险事故发生时,被保险人为防止或减少保险标的损失而采取必要且合理的措施造成其他财产损失的,保险人应当承担赔付责任。如果保险人对由此造成的其他损失不予补偿,就会导致被保险人在施救过程中消极施救,而对保险标的造成更大的损害。比如,保险标的为仓库中存放的棉花,仓库发生火灾时,为了达到更好的灭火效果而拆除仓库的外墙等损失。当然,这种损失的判断也须按照必要且合理的标准。

▶ 类案检索

一、薛某某与某保险公司保险合同赔偿纠纷案

关键词: 责任保险 扩大损失 合理费用

裁判摘要: 薛某某作为一名完全民事行为能力人,其在将马撞倒后未立即停车,保护现场,设立安全警示标志,使马躺在高速公路行车道内形成路障。其明知自己的行为可能导致后面的车辆发生交通事故,而放任这种结果的发生。其主观上具有明显的过错是导致发生第二次交通事故的主要原因之一。虽然薛某某在保险事故发生后48小时内通知了保险公司,但其行为不仅违反了《道路交通安全法》第70条第1款"在道路上发生交通事故,车辆驾驶人应当立即停车,保护现场……"之规定,同时也未尽《保险法》规定的投保人、被保险人应尽的防止或减少损失的义务。保险人并不是对发生的一切事故均应承担赔偿责任。薛某某在第二次交通事故中承担的民事赔偿责任,系对损失扩大的部分承担责任,因此保险人不承担该赔偿责任。

【案 号】(2007)西民四终字第020号

【审理法院】陕西省西安市中级人民法院

二、某公司与某人保公司财产保险合同纠纷案

关键词： 施救财产　合理费用　比例分担

裁判摘要： 本案主要裁判要点有二，一是判断施救措施及费用是否必要合理，应按照在保险事故发生的时空环境下一般被保险人通常可能作出的判断这一标准来认定；二是被施救的财产中含有保险合同未承保财产的，按被保险财产与被施救财产价值的比例分摊施救费用。

【案　　号】（2012）徐商终字第243号

【审理法院】江苏省徐州市中级人民法院

第五十八条 保险标的发生部分损失的,自保险人赔偿之日起三十日内,投保人可以解除合同;除合同另有约定外,保险人也可以解除合同,但应当提前十五日通知投保人。

合同解除的,保险人应当将保险标的未受损失部分的保险费,按照合同约定扣除自保险责任开始之日起至合同解除之日止应收的部分后,退还投保人。

▶ 关联规定

法律、行政法规、司法解释

《中华人民共和国民法典》

第五百六十二条 当事人协商一致,可以解除合同。

当事人可以约定一方解除合同的事由。解除合同的事由发生时,解除权人可以解除合同。

第五百六十三条 有下列情形之一的,当事人可以解除合同:(一)因不可抗力致使不能实现合同目的;(二)在履行期限届满前,当事人一方明确表示或者以自己的行为表明不履行主要债务;(三)当事人一方迟延履行主要债务,经催告后在合理期限内仍未履行;(四)当事人一方迟延履行债务或者有其他违约行为致使不能实现合同目的;(五)法律规定的其他情形。

以持续履行的债务为内容的不定期合同,当事人可以随时解除合同,但是应当在合理期限之前通知对方。

第五百六十四条 法律规定或者当事人约定解除权行使期限,期限届满当事人不行使的,该权利消灭。

法律没有规定或者当事人没有约定解除权行使期限,自解除权人知道或者应当知道解除事由之日起一年内不行使,或者经对方催告后在合理期限内不行使的,该权利消灭。

第五百六十五条 当事人一方依法主张解除合同的,应当通知对方。合同自通知到达对方时解除；通知载明债务人在一定期限内不履行债务则合同自动解除，债务人在该期限内未履行债务的，合同自通知载明的期限届满时解除。对方对解除合同有异议的，任何一方当事人均可以请求人民法院或者仲裁机构确认解除行为的效力。

当事人一方未通知对方，直接以提起诉讼或者申请仲裁的方式依法主张解除合同，人民法院或者仲裁机构确认该主张的，合同自起诉状副本或者仲裁申请书副本送达对方时解除。

第五百六十六条 合同解除后，尚未履行的，终止履行；已经履行的，根据履行情况和合同性质，当事人可以请求恢复原状或者采取其他补救措施，并有权请求赔偿损失。

合同因违约解除的，解除权人可以请求违约方承担违约责任，但是当事人另有约定的除外。

主合同解除后，担保人对债务人应当承担的民事责任仍应当承担担保责任，但是担保合同另有约定的除外。

▶ 条文释义

一、本条主旨

本条是关于保险财产损失获得赔偿后终止保险合同的规定。

二、条文演变

关于保险财产损失获得赔偿后终止保险合同的规定，我国最早的相关立法是 1995 年 10 月 1 日起实施的《保险法》第 42 条。该条的规定在 2002 年《保险法》中得以完整保留，条文顺序被调整为第 43 条。

2002 年《保险法》第 43 条规定：保险标的发生部分损失的，在保险人赔偿后 30 日内，投保人可以终止合同；除合同约定不得终止合同的以外，保险人也可以终止合同。保险人终止合同的，应当提前 15 日通知投保人，并将保险标的未受损失部分的保险费，扣除自保险责任开始之日起至终止合同之日止期间的应收部分后，退还投保人。

2009 年《保险法》第 58 条未对 2002 年《保险法》第 43 条作出实质性修

改，仅从立法技术上进行了完善，体现在以下两方面：一是将原条文拆分为两款，将合同解除后保险人退还保险费的规定作为第 2 款，层次更加清晰；二是文字方面作了几处修改，比如，将"在保险人赔偿后三十日内，投保人可以终止合同"修改为"自保险人赔偿之日起三十日内，投保人可以解除合同"，立法用语更为规范。

2014 年、2015 年《保险法》修正时，该条文未作修改。

三、条文解读

保险标的损失一般分为两种，全部损失和部分损失。全损之后，即保险事故之后，被保险人获得约定保险金，此合同因保险合同的履行而终止。而在保险标的部分损失时，因保险人支付保险金只是全部保险金额的一部分，此时涉及保险合同的终止。保险合同的终止，是指当事人之间根据合同确定的权利义务关系因法律规定的原因出现时而不复存在。能够引起保险合同终止的原因较多，主要有因期限届满、解除、违约失效、履行而终止。本条属于因解除而终止合同的情形。

本条规定，投保人和保险人在部分损失后都可解除合同，只不过保险人解除合同的条件和程序较投保人严格。对本条的理解应该注意三个方面。

（一）保险标的发生损失后保险合同的效力状况存在四种情形

保险事故发生后，作为保险标的的财产可能全部灭失，也可能只发生部分损毁或灭失。保险标的发生损失时，被保险人可以根据保险合同的约定，要求保险人履行赔偿责任。保险人按照保险财产的实际损失支付保险赔偿金后，保险合同的效力根据损失程度和保险金额的多少会出现以下四种情形：（1）足额保险的保险标的发生了全损的，保险合同因其保险标的的不存在，效力自然终止。（2）不足额保险的保险标的发生了全损的，保险合同因其保险标的的不存在，效力自然终止。（3）不足额保险的保险标的发生了部分损失，但保险人按约根据实际损失程度支付了保险金，并且保险金达到了保险金额的数额的，尽管保险标的仍然存在，但在以后再发生保险事故时保险人没有赔偿保险金的义务，保险合同也应终止。（4）足额保险或者不足额保险的保险标的发生损失，而保险人赔偿的保险金未达到保险金额的数额，保险标的仍然存在的，因保险人对保险标的未受损失的部分仍然承担保险责任，在以后发生保险事故时保险人仍有赔偿保险金的义务，故保险合同的效力仍然维持。

（二）投保人和保险人均有机会解除合同但行使权利的要求不同

在保险标的发生部分损失、保险合同效力仍然维持的情况下，本条对投保人和保险人是否解除合同提供了选择的机会，但双方行使权利的要求不同。（1）就投保人而言，若认为没有继续保险的必要，可以自保险人赔偿之日起30日内解除合同。在这种情况下，投保人只需向保险人作出解除合同的意思表示而无须征得保险人的同意，合同效力即依投保人的意思而终止。（2）就保险人而言，如果合同中没有不得终止合同的条款，保险人在履行了赔偿保险金责任后，也有权解除合同，但应当提前15日通知投保人。

简言之，投保人解除合同的法律要件有：（1）是法律允许解除的保险合同。（2）在保险人赔偿之日起30日内，过此期间，投保人将丧失此项权利。

保险人解除合同的法律要件有：（1）是法律允许解除的保险合同。（2）提前15日通知投保人。（3）合同并未约定不得终止合同。

（三）保险人在合同解除后的退费规则

如果投保人已经履行了支付整个保险期间的保险费的义务，那么在保险期限届满前解除合同的，根据公平原则，保险人应将保险标的未受损失部分即保险人未承担保险责任部分的保险费退还给投保人。对于发生损失的部分，保险人已经赔偿了相应的保险金，承担了保险责任，因而不存在退还保险费的问题；对于未受损失的部分，在自保险责任开始之日起至保险合同解除之日止的期间内，保险人也承担了保险责任，对于这一期间的保险费，投保人应当支付，亦不存在退还保险费的问题。此时，保险合同的终止是在原保险合同没有全部履行完毕之时的合同终止，因此应向投保人退还一部分保险费。这部分的保险费，指保险标的未受损失的保险费，扣除自保险责任开始之日起至终止合同之日止期间的应收部分。

▶ 适用指引

保险标的发生部分损失，自保险人赔偿之日起超过30日的，投保人还能否解除合同？

根据本条第1款规定，保险标的发生部分损失的，自保险人赔偿之日起30日内，投保人可以解除合同。该条规定是否意味着，投保人超过上述30日期间的，丧失请求解除保险合同的权利？

单纯从条文表述的文义分析，似乎可以得出肯定性的结论。但司法实务中倾向性认为，本条的规定如果作此理解，则与《保险法》第15条、第54条的规定相冲突，不利于保护投保人的合法权益。综合分析《保险法》相关条文的规定，应当理解为，除非保险合同约定不允许投保人解除保险合同，否则，即便投保人违反了本条第1款规定的期间规定，其仍可依《保险法》第15条、第54条的规定解除合同。

> **第五十九条** 保险事故发生后,保险人已支付了全部保险金额,并且保险金额等于保险价值的,受损保险标的的全部权利归于保险人;保险金额低于保险价值的,保险人按照保险金额与保险价值的比例取得受损保险标的的部分权利。

▶ 关联规定

法律、行政法规、司法解释

《中华人民共和国海商法》

第二百五十六条 除本法第二百二十五条的规定外,保险标的发生全损,保险人支付全部保险金额的,取得对保险标的的全部权利;但是,在不足额保险的情况下,保险人按照保险金额与保险价值的比例取得对保险标的的部分权利。

▶ 条文释义

一、本条主旨

本条是关于保险标的发生损失后残值所有权归属的规定。

二、条文演变

关于保险标的发生损失后残值所有权归属的规定,我国最早的相关立法可以追溯至1983年9月1日起实施的原《财产保险合同条例》第16条。该条第3款规定:"保险方在赔偿保险财产的损失时,应当将损余物资的价值和投保方从第三者取得的赔偿,在保险赔偿金额中扣除。"该规定将保险标的的残值所有权赋予被保险人,并从保险金额中预先扣除保险标的的残值。应当说,这样的规定对被保险人利益的维护不够周全。

1993年7月1日起施行的《海商法》第256条规定："除本法第二百五十五条的规定外，保险标的发生全损，保险人支付全部保险金额的，取得对保险标的的全部权利；但是，在不足额保险的情况下，保险人按照保险金额与保险价值的比例取得对保险标的的部分权利。"该条规定将保险标的残值所有权根据是否为足额保险而全部或部分赋予保险人。立法价值取向与原《财产保险合同条例》相反。但《海商法》的规定仅适用于海上保险合同。

1995年10月1日起实施的《保险法》第43条就保险标的发生全损后残值所有权归属作了类似于《海商法》第256条的规定。该条的规定在2002年《保险法》中得以完整保留，条文顺序被调整为第44条。

2002年《保险法》第44条规定："保险事故发生后，保险人已支付了全部保险金额，并且保险金额相等于保险价值的，受损保险标的的全部权利归于保险人；保险金额低于保险价值的，保险人按照保险金额与保险价值的比例取得受损保险标的的部分权利。"

2009年《保险法》第59条未就2002年《保险法》第44条作出实质性修改，仅从立法技术上进行了完善，体现在将"保险金额相等于保险价值"修改为"保险金额等于保险价值"，删除了一个"相"字，文字上更为精简和准确。2014年、2015年《保险法》修正时未作修改。

三、条文解读

（一）本条规定的内在机理在于维护损失补偿规则

财产保险的目的在于弥补被保险人因保险事故的发生而遭受的损失，被保险人最多只能获得相当于保险标的的实际价值的保险赔偿金，而不能通过参加财产保险获得额外利益，此即财产保险所坚持的损失补偿规则。保险事故发生后，保险标的因事故的发生而全部灭失的情况较少，多数情形下受损的保险标的还会留有残值。在被保险人获得保险人支付的保险金额后，被保险人的损失已经得到全部或部分弥补，不应再拥有受损保险标的的残值的全部的所有权，否则被保险人就会获得部分残值财产的双重利益，有违损失补偿规则。至于保险人，因其赔偿了保险金，作为对价，应有权取得受损保险标的的残值相应部分的所有权。

（二）保险人能否取得保险标的残值的全部所有权取决于是否为足额保险

保险人取得保险标的残值所有权的情况因保险金额与保险价值的关系不同而有两种情形：一是在足额保险即保险金额等于保险价值的情况下，保险事故发生后，保险人支付了全部保险金额的，受损保险标的的全部价值归属于保险人。此时受损保险标的全部权利移转于保险人。这种移转不是约定的，而是法定的，不是"可以"移转，而是"应当"移转。二是在不足额保险即保险金额低于保险价值的情况下，因保险人支付的全部保险金仅弥补了被保险人的部分损失，按照权利义务对等的原则，保险人按照保险金额与保险价值的比例取得受损保险标的的部分权利。此时转移的权利不是全部权利，而是部分权利。即按照保险金额与保险价值的比例转移保险标的部分权利。

保险标的权利范围很广，主要指财产权，包括自物权和他物权。如所有权、抵押权、留置权、用益物权，更重要的是还包括债权。

▶ 适用指引

值得一提的是，本条规定的是受损保险标的权利转移制度，与委付不同。委付，是指投保人（被保险人）以保险标的物的一切权利移转于保险人，从而行使请求支付全部保险金额的权利。委付制度是海上保险的特殊制度之一，一般不适用于其他保险。且委付制度与推定全损制度结合在一起，一般须经保险人同意。本条规定的不是委付。第一，本条规定适用于所有财产保险。第二，当保险事故发生后，保险人已支付全部保险金额后，受损保险标的全部权利或部分权利即法定移转，而无须征得哪一方当事人的同意。第三，转移的权利可以是全部转移，也可部分转移，而委付所要求的是投保人应就保险标的物的全部提出请求，而不能仅就一部分标的物请求委付，另一部分标的物不委付。也就是说，转移的权利必须是全部转移。

需要注意的是，实务中，曾有保险条款约定，无论何种情形，保险标的残值均归被保险人，并在保险赔款中扣减相应金额。此类约定不符合本条规定，且被保险人虽名义上获得合同约定的全部保险赔偿金，但囿于相关知识、技能及资源的欠缺，其很难将保险标的残值变现，因此对被保险人也有失公平。为此，原中国保监会曾在 2005 年 12 月 2 日下发《中国保监会关于认真解决保险条款中存在问题的通知》，要求保险公司修改此类条款约定。

▶ 类案检索

某保险公司营销服务部与石某财产保险合同纠纷案

关键词： 保险残值　保险标的灭失　损失赔偿

裁判摘要： 投保人投保了车辆损失险，车辆肇事后被鉴定为报废。在保险人并未对保险标的物损失全赔，且其赔偿并未包含保险标的残值的情况下，该保险标的残值的权利仍属被保险人享有，保险人诉请取得保险物或残值所有权，不符合《保险法》的规定，不予支持。

【案　　号】（2009）梅中法民二终字第 87 号

【审理法院】广东省梅州市中级人民法院

> **第六十条** 因第三者对保险标的的损害而造成保险事故的,保险人自向被保险人赔偿保险金之日起,在赔偿金额范围内代位行使被保险人对第三者请求赔偿的权利。
>
> 前款规定的保险事故发生后,被保险人已经从第三者取得损害赔偿的,保险人赔偿保险金时,可以相应扣减被保险人从第三者已取得的赔偿金额。
>
> 保险人依照本条第一款规定行使代位请求赔偿的权利,不影响被保险人就未取得赔偿的部分向第三者请求赔偿的权利。

▶ 关联规定

一、法律、行政法规、司法解释

1.《中华人民共和国保险法》

第四十六条 被保险人因第三者的行为而发生死亡、伤残或者疾病等保险事故的,保险人向被保险人或者受益人给付保险金后,不享有向第三者追偿的权利,但被保险人或者受益人仍有权向第三者请求赔偿。

2.《中华人民共和国海商法》

第二百五十二条 保险标的发生保险责任范围内的损失是由第三人造成的,被保险人向第三人要求赔偿的权利,自保险人支付赔偿之日起,相应转移给保险人。

被保险人应当向保险人提供必要的文件和其所需要知道的情况,并尽力协助保险人向第三人追偿。

3.《中华人民共和国海事诉讼特别程序法》

第九十四条 保险人行使代位请求赔偿权利时,被保险人未向造成保险事故的第三人提起诉讼的,保险人应当以自己的名义向该第三人提起诉讼。

第九十五条 保险人行使代位请求赔偿权利时,被保险人已经向造成保险事故的第三人提起诉讼的,保险人可以向受理该案的法院提出变更当事人的请求，代位行使被保险人对第三人请求赔偿的权利。

被保险人取得的保险赔偿不能弥补第三人造成的全部损失的，保险人和被保险人可以作为共同原告向第三人请求赔偿。

4.《最高人民法院关于适用〈中华人民共和国保险法〉若干问题的解释（二）》

第十六条 保险人应以自己的名义行使保险代位求偿权。

根据保险法第六十条第一款的规定，保险人代位求偿权的诉讼时效期间应自其取得代位求偿权之日起算。

5.《最高人民法院关于适用〈中华人民共和国保险法〉若干问题的解释（四）》

第七条 保险人依照保险法第六十条的规定，主张代位行使被保险人因第三者侵权或者违约等享有的请求赔偿的权利的，人民法院应予支持。

第八条 投保人和被保险人为不同主体，因投保人对保险标的的损害而造成保险事故，保险人依法主张代位行使被保险人对投保人请求赔偿的权利的，人民法院应予支持，但法律另有规定或者保险合同另有约定的除外。

第十二条 保险人以造成保险事故的第三者为被告提起代位求偿权之诉的，以被保险人与第三者之间的法律关系确定管辖法院。

第十三条 保险人提起代位求偿权之诉时，被保险人已经向第三者提起诉讼的，人民法院可以依法合并审理。

保险人行使代位求偿权时，被保险人已经向第三者提起诉讼，保险人向受理该案的人民法院申请变更当事人，代位行使被保险人对第三者请求赔偿的权利，被保险人同意的，人民法院应予准许；被保险人不同意的，保险人可以作为共同原告参加诉讼。

二、司法指导性文件

《最高人民法院关于当前商事审判工作中的若干具体问题》

四、关于保险合同纠纷案件的审理问题

……

第三，区分不同法律关系，正确审理保险代位求偿权纠纷案件。审理保险人向第三者主张权利的保险代位求偿权纠纷案件时，应正确区分保险合同法律关系与被保险人对第三者损害赔偿法律关系。

1.有证据证明保险人已向被保险人赔偿保险金的,法院应仅就被保险人与造成保险人事故的第三者之间的法律关系进行审理。保险人是否应当赔偿保险金以及赔偿金额是否有误,属于被保险人与保险人之间的保险合同纠纷,无须审理。

2.在保险人向第三者行使保险代位求偿权的损害赔偿纠纷案件中,保险人在理赔中委托保险公估机构作出的公估报告属于认定第三者应承担的赔偿数额的证据。保险人未经第三者同意单方委托作出的公估报告,属于保险人自行委托作出的鉴定意见。第三者有证据足以反驳并申请重新鉴定的,应予准许。

3.注意审查被保险人在保险代位求偿权纠纷案件中所作陈述的真实性,防止被保险人取得保险金后又与第三者串通来对抗保险人,防止骗保发生。

▶ 条文释义

一、本条主旨

本条是关于保险人代位求偿权的规定。

二、条文演变

保险代位权是保险法中古老而独具特色的一项制度。它是保险法的核心内容之一,各国立法均规定了该项制度,我国也不例外。

1995年实施的《保险法》第44条规定:"因第三者对保险标的的损害而造成保险事故的,保险人自向被保险人赔偿保险金之日起,在赔偿金额范围内代位行使被保险人对第三者请求赔偿的权利。前款规定的保险事故发生后,被保险人已经从第三者取得损害赔偿的,保险人赔偿保险金时,可以相应扣减被保险人从第三者已取得的赔偿金额。保险人依照第一款行使代位请求赔偿的权利,不影响被保险人就未取得赔偿的部分向第三者请求赔偿的权利。"

上述规定明确了代位求偿权行使的范围、行使的方式以及代位求偿权与被保险人保险金请求权竞合的情形下的处理方式,具有积极意义。

2002年修正的《保险法》,对该条内容未作修改,只是将其变更为第45条。2009年修订的《保险法》对该条规定也基本没有变动,只是在第3款作了部分文字修改,即将"依照第一款"修改为"依照本条第一款规定",并将其变更为第 60 条。此后的修正未涉及该条文。

三、条文解读

（一）法理基础

保险代位求偿权，又称"代位追偿"或"权益转让"，是指保险标的因第三人的责任发生保险事故而导致损失，保险人向被保险人支付保险赔偿金后，依法取得对第三人的损害赔偿请求权。保险代位求偿权制度最早见于英国法官在 Randal V.Caxkanyian 一案中的阐释：如果补偿人已经支付了补偿金，有关减少损失的收益落入被补偿人手中，衡平法的要求是，已经履行全部补偿义务的补偿人有权收回相应的款项，或权利可得的限度内，免除其自己的补偿义务。①

保险代位求偿权存在的理论基础在于：

第一，保险补偿功能的体现和禁止不当得利。保险的主要功能在于填补损害，即使被保险人因保险事故所遭受的损失全部得到补偿。如果在因第三者对保险标的的损害造成保险事故的情形下，被保险人既可以从保险人处获得赔偿金，又可以从第三者处获得赔偿，则会双重受偿，使其获得超过其损失的补偿，违反公平原则，也易滋生道德风险。"代位求偿权制度是保险补偿功能在保险赔偿中的具体反映，也是世界各国保险法共同承认的债权转移制度。根据合同性质，财产保险合同为损失补偿合同，被保险人不能通过保险而获得额外利益，损失发生后，如果被保险人已从不法侵权人那里得到了赔偿，就不应再向保险人提出索赔要求；如果被保险人先从保险人那里获得了补偿，那么就要将其享有的向侵权方索赔的权益转让给保险人。"②

第二，实现对造成损害的第三者进行民事惩罚的目的，避免其因保险人承担保险责任而免除民事责任，实现民事责任的目的和功能。

第三，合理平衡保护保险人的权利。因直接责任方是第三者，故规定了保险人在先承担保险赔付责任后享有代位求偿权，可以较好平衡保险人与第三者之间的利益关系，确定责任的范围。

---

① ［英］约翰·T·斯蒂尔：《保险的原则与实务》，孟兴国译，中国金融出版社1992年版，第 79 页。

② 孙积禄：《保险法论》，中国法制出版社1997年版，第 117 页。

第四,有利于更好地保护投保人的利益。保险人通过行使代位权,可以降低保险给付的实际数额,而保险给付的实际数额是保险公司核定保费的主要因素,该数额的降低将使保险费率减低,最终减轻投保人的负担。

(二)保险代位求偿权的性质以及概念理解

关于保险代位求偿权的性质。存在两种不同观点:一种观点认为,保险代位求偿权是约定取得权利。若当事人未约定保险代位求偿权的,则保险人在赔付后,不能行使代位权。另一种观点认为,保险代位求偿权是法定权利。其权利来源是法律的明确规定,世界各国的立法均规定了这一制度。我们赞同第二种观点。正如前文所述,保险代位求偿权有其理论基础和现实需求,各国家也均在保险法中进行了规定,我国《保险法》也不例外。通说认为,保险代位求偿权来源于合同法上的代位权理论和债权转让理论的结合。但应注意的是,保险代位求偿权制度与合同法上的代位权制度和债权转让制度并不完全相同,下详述之。

1. 与合同法中债权人代位权的关系

两者具有共同点,主要表现在:一是在性质上均属于法定权利;二是均存在两种法律关系、三方当事人;三是权利人均可向第三人主张权利。但两者也存在不同,主要表现在:第一,两者的目的、功能不同。合同法上的代位权制度是合同保全制度,目的在于保全合同债权,避免债权人的债权因债务人不作为或者放弃行为而受损害。保险代位求偿权制度的目的功能前文已述,其并非为保全保险人的债权。第二,两者的行使方式不同。合同法上的代位权必须通过诉讼方式行使,而保险法上的代位权并非必须以诉讼的方式主张,允许当事人自助行使。

2. 与债权让与的关系

两者的相同点在于保险人或者债权受让人取得的债权均来源于原债权人的让与。两者的不同在于:第一,转让的原因不同,合同法上的债权让与既可以是法定转让也可以是约定转让。而保险代位求偿权制度具有法定性,故为法定转让。第二,生效的时间不同。依据原《合同法》的规定,债权让与对债务人发生效力是以通知为必要要件的,《民法典》通过后,延续了原《合同法》的规定。而关于保险代位求偿权的生效时间,应区分是当然代位方式还是请求代位方式而予以确定。所谓当然代位,是指不需被保险人明示转让债权给保险人，只需保险人履行了赔付义务即可自动取得代位求偿权。所谓请求代位，则指保险人履行了赔付义务外，还需有被保险人明示转让债权给保险人凭证，保险人才可以行使代位求偿权。世界大多数国家或地区采用了当然代位的方式，依据本条规定，我国也采用了当然代位的方式。其优点在于，可以简化保险人向第三者求偿的程序，提高理赔和求偿效率，也避免实务中就保险人是否取得代位求偿权的证据发生争议。当然，在司法实务中，如果保险人要行使保险代位求偿权，则必然要向第三者提出请求，从这意义上说，其也必然要告知第三者债权转让的事实。在司法实务中，为妥当起见，一些保险人在保险金给付前要求被保险人签发"权益转让书"，以此作为保险人理赔的必经程序。基于前述分析，签发"权益转让书"可以有效避免当事人间对保险人是否取得保险代位求偿权的争议，具有积极意义。但其并非我们认定取得代位权的必然要件，其要件应为保险人履行了给付保险赔偿金的义务，因此，在该义务履行后，即使被保险人拒绝签署"权益转让书"，也不应该影响保险人行使代位求偿权。

（三）关于保险代位求偿权的构成要件

第一，需因第三者对保险标的的损害而造成保险事故，且被保险人因此享有对第三者的赔偿请求权。关于何为"第三者对保险标的的损害"，存在争议。有观点认为，此专指第三者对保险标的以侵权方式造成的损害，另有观点认为，其既应包括侵权损害，也应包括因违反合同约定造成的损害。还有观点认为，其不仅包括因第三者的不法行为而受到的损害，也包括因第三者的适法行为而受到的损害，如共同海损中的弃货行为，当保险人赔付后，有权向其他共同海损债务人行使分摊请求权。我们认为，这里，"第三者对保险标的的损害"是使被保险人享有向第三者请求赔偿的法律事实，而基于该法律事实产生的法律关系究竟是合同法律关系还是侵权法律关系抑或其他法律关系，并不应进行限定。正如前文所述，设立代位赔偿请求权制度的法理基础之一是禁止双重受偿、产生不当得利，实现保险的补偿功能，故被保险人对第三者债权的发生原因为何并不能影响保险代位求偿权的行使。只要该保险事故的发生也使被保险人享有对第三者赔偿请求权，则保险人均可向第三者行使代位权。

第二，需保险人已赔偿被保险人保险金。在保险人未向被保险人给付保险金的情形下，保险填补被保险人损害的功能并未发挥，保险人并未给付对价，故其也无权行使代位权，换言之，其取得代位权的对价是给付保险金。依据当然代位主义，在保险人向被保险人给付保险金之后，其方可以代位行使被保险人对第三者请求赔偿的权利。

（四）关于保险代位求偿权以谁的名义行使的问题

在司法实务中，由于没有法律的明确规定，故各保险公司往往视具体情况选择以自己的名义或以被保险人的名义向第三人求偿。在学理上，主要有两种观点。第一种观点认为，应以被保险人的名义行使。理由在于：保险人赔付保险金后，仅在其赔付范围内享有代位求偿权，并非直接受让被保险人对第三人的所有权利。除非被保险人授权，否则，保险人无权改变、参与被保险人与第三人的法律关系。代位求偿权与被保险人享有的针对第三者责任方的权利并不完全相同。代位求偿权的产生并不使被保险人完全丧失向第三者责任方追偿的权利。在不足额保险及保险人限制赔偿责任的案件中，保险人获得的代位求偿权并非涵盖整个被保险人针对第三者责任方的全部权利。第二种观点认为，应以保险人的名义行使代位求偿权。理由在于：究其本质，保险代位求偿权是合同法上代位权制度和债权转让制度结合的产物，而依据上述两种制度，均为代位权求偿人或者债权受让人以自己的名义行使债权。我们认为，尽管《保险法》与《海商法》并未明确对以谁的名义行使代位求偿权作出规定，但关于该问题的分析，主要应结合其法理进行分析。既然代位权制度的基本法理在于发挥民事责任的作用、使保险人通过代位求偿权的行使最终达到降低赔偿数额、减低投保人负担的目的，因此，其参照了债权转让制度以及合同法上代位权制度的法理，将代位行使的权利直接归属于保险人，基于此，认定以保险人自己的名义行使代位求偿权更为适宜。

《保险法解释（二）》第16条第1款对此问题已经予以明确，保险人应以自己的名义行使保险代位求偿权。

（五）关于保险代位求偿权和对第三者的赔偿请求权行使顺位问题

在被保险人对保险人的赔偿请求权和对第三人的赔偿请求权发生重合时，被保险人是需先行向第三人主张权利，然后保险人再予理赔，还是给予被保险人自由选择权，由其决定权利保障的方式，在讨论过程中曾存在争议。而根据本条规定，其实质赋予了被保险人自由选择权，保险事故发生后，其可以先请求第三人赔偿，也可以先请求保险人补偿，但基本原则是其获得的补偿不能超过其损失的范围。

（六）关于被保险人先从第三者取得损害赔偿情形下，保险人减少赔偿金的问题

本条第2款对此进行了规定，即保险事故发生后，被保险人已经从第三者处取得损害赔偿的，保险人赔偿保险金时，可以相应扣减被保险人从第三者处已取得的赔偿金额。基于保险的损失填补原则，既然被保险人已经从第三者取得损害赔偿，那么，其该部分损失已经得到补偿。保险法意义上的"保险标的损失"，应该是指被保险人在通常意义上的损失额扣减其已从责任第三人得到的补偿之后剩余的损失额，保险人应在未获得的赔偿损失范围内承担赔偿责任，因此，本条第2款作出了扣减被保险人从第三者已取得的赔偿金额的规定。如果不予扣减，则会出现被保险人在已获赔偿的部分双重受偿的问题。

（七）关于保险人的代位求偿权与被保险人向第三者请求赔偿的赔偿请求权发生冲突时的解决原则

本条第3款对保险人的代位求偿权与被保险人向第三者请求赔偿的赔偿请求权发生冲突时的解决原则进行了规定，即"保险人依照本条第一款规定行使代位请求赔偿的权利，不影响被保险人就未取得赔偿的部分向第三者请求赔偿的权利"。在不足额保险的情形下，被保险人不能从保险人处获得足额赔偿，抑或在足额保险的情形下，由于免责条款等内容的存在，被保险人也不能从保险人处获得足额赔偿，这样就可能产生保险人的代位求偿权与被保险人向第三者请求赔偿的赔偿请求权发生冲突的情形（在第三人的赔偿能力不足以同时满足代位求偿权和赔偿损失请求权时）。关于该问题的处理原则，主要有两种模式：第一种模式被称为被保险人优先原则，即在被保险人就保险标的财产损失得到全部补偿之前，保险人不得对第三人行使代位求偿权。该原则在英美保险法上被称为"完全补偿原则"。大陆法系国家也多采取此原则。第二种模式为平等原则，即被保险人对第三人的赔偿损失请求权不影响保险人行使代位求偿权。详言之，既然保险人行使代位权的实质为被保险人对第三人的赔偿请求权，故两者居于平等地位，应依债权额比例行使对于加害第三人的请求权。我国《保险法》采取了被保险人优先原则，该模式对于实现保险的弥补损失功能和保护被保险人的利益具有积极意义。

▶ 适用指引

一、第三者对保险标的损害并非基于故意,而是由于过失,保险人能否行使代位权

一种观点认为,保险法明确保险人行使代位权的前提是第三人造成损害,也就是说要第三者有侵权行为。侵权行为的过错责任原则不同于合同法上的违约责任原则。合同法上违约实行推定过错责任原则和公平责任原则。两者责任原则的不同决定了保险人承担保险赔付责任后,并不必然取得被保险人的合同上的权利,即对被保险人合同上的权利不能代位行使。另一种观点认为,第三者一般因侵权行为或合同违约造成保险标的损害。只要是第三者原因造成,保险人均可以行使代位求偿权。我们认为,正如前文所述,所谓代位权的构成要件之一是指第三者对保险标的的损害,且第三者应对被保险人承担赔偿责任,至于该赔偿责任的法律关系基础以及过错形态,并不影响代位权的行使。因此,如果是基于第三者的过失行为而致保险标的物损害,且第三者应对保险人承担赔偿责任的,保险人仍享有代位求偿权。

《保险法解释(四)》第7条对此问题已经予以明确,保险人依照《保险法》第60条的规定,主张代位行使被保险人因第三者侵权或者违约等享有的请求赔偿的权利的,人民法院应予支持。

二、保险人与被保险人关于"代位权可以在保险赔偿前行使"的约定是否有效

在保险实践中,保险人与被保险人在保险单中约定,代位权可以在保险赔偿前行使。关于该约定是否有效的问题,存在争议。一种观点认为,保险法系私法,在权利的行使上可以尊重当事人的自主约定。该约定也不损害第三者的利益,因为,该约定方式与保险人先履行赔付保险金的义务,再行使代位求偿权的方式相比,第三者也应在其责任范围承担赔偿责任,而未加重其赔偿责任。因此,应认定其效力。另一种观点认为,该约定是否有效问题,实质上取决于对保险代位求偿权的性质认定以及其行使时间点的确认问题。正如前文所述,保险代位求偿权是法定权利,该权利的行使,应符合法定的要件和功能。保险代位求偿权的构成要件是保险人已经履行了赔偿保险金义务,保险代位求偿权自向被保险人赔偿保险金之日起方得行使。在保险人未向被保险人履行赔付求偿保险金义务时不应享有保险代位求偿权。如果认可该约定的效力，由于在保险人未赔付保险金前，保险人的赔付义务存在尚未确定的可能性，可能会加重第三者的责任。综上，不应认定该约定的效力。

三、关于保险人的代位求偿权的诉讼时效起算点和时效期间的确定

关于起算点问题，有两种争议观点。第一种观点认为，应从保险人履行保险给付义务开始起算，因为保险人只有在给付保险赔付时，才取得实体权利，此时应作为其诉讼时效起算点。第二种观点认为，从法理上说，代位求偿权是基于被保险人对第三者的损害赔偿请求权产生的，两个权利的范围、时间应当完全一致，故应当从被保险人知道或应当知道其权利受到损害之日起算。

《保险法解释（二）》第16条第2款对此问题已经予以明确，根据《保险法》第60条第1款的规定，保险人的代位求偿权的诉讼时效期间应自其取得代位求偿权之日起算。

《民法典》第188条第1款规定，向人民法院请求保护民事权利的诉讼时效期间为3年。法律另有规定的，依照其规定。关于保险代位求偿权诉讼时效期间问题，有两种观点：第一种观点认为，保险代位权属普通债权，应确定为3年。第二种观点认为，保险人的代位权在性质上是继受被保险人对第三人的请求权而来，其时效长短应以被保险人对第三人请求权的种类为依据，不能仅限定为3年。两种观点认为均应适用《民法典》第188条的规定，分歧点在于是否存在可能适用"法律另有规定的"情形。是一律为3年，还是根据权利性质还可能确定为其他诉讼时效期间。在《保险法》没有专门规定的情形下，应当适用《民法典》的规定。我们认可第二种观点。

四、关于第三者对保险人的抗辩权的行使问题

在保险人向第三者主张赔偿请求权时，第三者有权对保险人提出抗辩，其抗辩事由主要为第三者对抗被保险人的事由以及被保险人对抗保险人的事由。

五、对于不应赔偿或者有争议的损失，保险人"自愿"赔偿后是否可以行使保险代位求偿权的问题

如果第三人认可并不予抗辩，愿意满足保险人的代位求偿权，或者保险人

与第三人均确认此系保险人的自愿给付,保险人不行使代位求偿权,则自无争议。但在保险人主张代位求偿权而第三人不予认可,并据此抗辩的情形下,如何处理呢?有观点认为,应区分情况处理。在对保险责任范围没有争议的情形下,保险人超出其应赔偿的范围但未超出损失范围自愿给付的,因保险人的给付未超出第三者应承担的赔偿责任范畴,故基于对第三人应处以民事责任的处罚功能,保险人应享有代位求偿权。但保险人自愿赔偿的范围超出了第三者的责任范围,则不能行使代位求偿权,否则,加重了第三者的民事责任。也就是说,在当事人对赔偿范围存在争议的情形下,保险人自愿给付的,应属于其对自身权利的处分,如其加重了第三者的赔偿责任,则不应行使代位求偿权。另有观点认为,如果对保险给付是否超出应理赔范围有争议,保险人给付的,可以行使保险代位求偿权。原因在于,保险人对是否属保险事故可以作出专业判断,且保险人理赔时一般较为谨慎,在争议时其仍愿意赔偿,表明该部分损失应属赔偿范围。保险人自愿给付并不说明保险人放弃了保险代位求偿权。对于该问题,值得进一步研究。

六、保险人能否向投保人行使代位求偿权

《保险法》第60条规范的第三者,是指因损害保险标的造成保险事故的人,其必定是保险人与被保险人之外的一方。从文义上理解,投保人并不应被排除在"第三者"之外。从理论上而言,除被保险人和保险人之外的任何一方都有可能成为损害保险标的的"第三者",之所以理论界和实务界对于保险人能否向投保人行使代位求偿权产生争议,其原因主要在于投保人身份的特殊性。

有观点认为,投保人是保险合同的当事人,是与保险人订立保险合同,并负有交付保险费义务的人。允许保险人可向投保人追偿,投保人交付保险费用以规避风险的保险目的即不能实现,有违保险的损失填补原则。还有观点认为,投保人并不当然因其身份的特殊性而被排除在"第三者"之外。主要理由如下:其一,投保人是不同于被保险人的保险法律关系主体,其不受损失填补原则的限制。尽管大陆法系和英美法系在保险合同当事人的问题上存在差异,但结合现有研究资料可以看出,大陆法系通说认为保险合同的当事人应为投保人和保险人,而被保险人和受益人则属于保险合同关系人的范畴。投保人虽然系订立保险合同的当事人,但在投保人与被保险人并非同一主体时,系由被保

险人享有保险利益，亦是由被保险人享有保险金的请求权。此时，投保人签订的是典型的为第三人利益的保险合同，被保险人是保险利益受该保险合同保护的人，故保险人代位求偿在于填补被保险人的损失，损失填补原则应适用于被保险人而非投保人。其二，将投保人排除在保险代位求偿的对象范围之外，无明确法律依据且有失公允。依照我国《保险法》第62条之规定，对"第三者"的限制仅为被保险人的家庭成员或者其组成人员，此外，被保险人之外的主体均为第三者。因此，除非出现投保人与被保险人为同一主体或者为前述法条中所规定的限制人员，其余人员皆应属于《保险法》第60条中规定的"第三者"，属于保险人可代位求偿的对象。民事责任的免除必须于法有据，即便投保人与被保险人之间或存有利益关系，只要不符合《保险法》第62条规定之情形，即不能以此否定由于投保人的原因致保险标的损害，引发保险事故的情形下，保险人可以向其行使代位求偿权。因投保人并非为保险保障的对象，针对投保人的代位求偿，并不会导致保险保障机制的重大破坏，但若仅因投保人替被保险人投保并缴纳保费，即可使作为致害人的投保人避免成为保险代位的对象，并由此免除应承担的民事责任，显然并无法律依据，亦有违保险代位求偿制度制裁责任者的立法目的。其三，若将投保人从追偿对象范围中不合理地排除，可能会滋生道德风险，有损被保险人利益。① 当然，实践中一般情形下，投保人如以他人为被保险人投保，此时的他人与投保人一般会具有一定的身份关系或经济联系，否则难以解释投保人以保险形式给予他人利益，但是此种"具有一定的利益关系"并不一定等同于"形成了利益共同体"，在双方利益关系解除或遭遇危机时，难以保证投保人不会因自身免于被追偿的特殊性而对被保险人利益带来损害。其四，可以作为参考的是，《最高人民法院关于审理道路交通事故损害赔偿案件适用法律若干问题的解释》第14条的规定，即投保人允许的驾驶人驾驶机动车致使投保人遭受损害，当事人请求承保交强险的保险公司在责任限额范围内予以赔偿的，人民法院应予支持，但投保人为本车上人员的除外。该条主要解决投保人能否成为第三者从而获得交强险赔偿的问题，虽然与本条文的适用范围有所不同，但其基本原理亦属相通，可资借鉴。由该条文可得出的解读是，在交强险中，如本车的实际驾驶人并非为投保人时（如投保人允许的合法驾驶人），被保险人就不是投保人而是本车的实际驾驶

---

① 参见武亦文：《保险代位求偿对象的类型化分析——以特殊主体为研究对象》，载《法学评论》2013年第3期。

人，此时的投保人与其他普通第三者一样，对机动车的危险失去控制力，当然也可以成为"交强险"赔偿的受害人。如是，在投保人与被保险人实际分离的情况下（"被保险人"在交通事故发生时才最终确定），投保人亦可成为交强险中的受害人得到赔偿，则亦应借鉴并延续此立法精神，规定在投保人与被保险人非同一主体之情形下，投保人与广义的其他普通第三者并无二致，亦须对其损害保险标的造成保险事故的损害行为承担赔偿责任。综上，从法条文义、现有立法依据以及保险法基本原理等各个方面考量，将投保人排除在保险人行使代位求偿权范围之外均无充分依据。

《保险法解释（四）》第8条对此问题已经予以明确，投保人和被保险人为不同主体，因投保人对保险标的的损害而造成保险事故，保险人依法主张代位行使被保险人对投保人请求赔偿的权利的，人民法院应予支持，但法律另有规定或者保险合同另有约定的除外。

七、保险代位求偿权之诉的管辖

保险代位求偿权纠纷存在一些区别于普通民事纠纷案件的特征，这些特征对保险代位求偿权的行使和诉讼存在影响，甚至引发了一些争议。保险代位求偿权是保险人给付保险金后取得的被保险人对第三者的损害赔偿请求权，涉及保险人与被保险人之间的保险合同、被保险人与第三者之间的损害赔偿两个不同性质的法律关系，如何在相互交织的法律关系中合理界定保险代位求偿权，直接影响保险代位求偿权法律制度的设计，包括管辖的确定。如保险代位求偿权被定性为是保险人基于保险合同的法律关系，依据保险合同确定管辖更便于案件审理；如保险代位求偿权被定性为保险人受让的被保险人对第三者的赔偿请求权，法院审理虽需审查保险人是否给付保险金，进而判断保险人是否取得保险代位求偿权，但无须审查保险人给付保险金是否合理等涉及保险合同的法律关系，审理重点在于被保险人对第三者的损害赔偿请求权是否成立以及损害赔偿数额的确定等问题，故依据被保险人对第三者的法律关系确定管辖更为合理。

《保险法解释（四）》第12条对此问题已经予以明确，保险人以造成保险事故的第三者为被告提起代位求偿权之诉的，以被保险人与第三者之间的法律关系确定管辖法院。

八、保险代位求偿权纠纷诉讼程序

代位求偿权机制的设立,使得保险人支付保险金后,有权申请参加被保险人提起的诉讼。对此,可能发生以下两种情况:第一种情况是保险人和被保险人可以作为共同原告向第三人请求赔偿。第二种情况是保险人完全替代被保险人,继续进行由被保险人已经提起的诉讼。

当保险赔付能够完全弥补被保险人的损失时,被保险人对第三者的损害赔偿请求权即依法全部转移于保险人处,保险人自然应以自己的名义单独向第三者代位追偿,只是可能需要被保险人提供必要的协助。这是依据实体法所作出的认定,然而在程序法上,又必须依据被保险人是否在保险代位求偿之前已向第三者提起诉讼作出进一步的区分。

当保险人的赔付仅补偿了被保险人部分损失时,保险人和被保险人各自拥有部分对第三者的损害赔偿权利,保险人和被保险人都可以以自己的名义追偿。然而此时如果让保险人和被保险人分头追偿,则可能未必妥当。首先,分别追偿将导致多重诉讼。保险代位求偿权完全是被保险人对第三者损害赔偿请求权的衍生物,其与被保险人权利的区分仅在于它的名称是"保险代位求偿权"。保险人和被保险人的请求基于同样的事实,两人承担同样的表面证据证明责任,将受到的被请求人的抗辩也是一致的。假如第三者先后受到被保险人和保险人就其应有部分所作出的追偿,事实上其就将作为被告针对同一请求事实作两次辩解。这无疑造成了第三者不必要的讼累,也不当地增加了司法机关的案件受理压力。其次,若分别诉讼,一方权利的行使就有可能对他方造成不利影响。被保险人有可能在保险代位求偿之后因"一事不再理"的拘束而无法就未获满足部分的损害向第三者求偿,而且保险人基于同一事实而对第三者所提起的代位求偿之诉若遭败诉判决,对被保险人的求偿必然产生不利影响。再次,保险代位求偿权和被保险人损害赔偿请求权的协调问题也需要在同一诉讼中一并解决。由于不足额保险及第三者资力不足等情形的存在,保险代位求偿权的权利范围不一定与保险赔付的数额完全一致,甚至对第三者的追偿所得在补偿保险人之前,必须先行给付被保险人,并致其获得完全满足。而且由于保险代位求偿权的存在,被保险人原本正常的权利处分行为也极易因沦为代位妨碍行为而影响其实际效力。也正因为此,在保险人没有参与的情形下,第三者不能随意地与被保险人达成和解。最后,保险代位求偿权和被保险人损害赔偿请求权之间存在着事实上的牵连关系，如不在同一诉讼中一并解决，则很可能引发矛盾判决，又或者在分别提起的两次诉讼之外，还要再有一个处理保险人和被保险人就权利数额分配所引发争议的诉讼，会令当事人各方不堪其扰，徒增追偿成本。由于分别诉讼可能引发的种种问题，实现诉的合并是一种更好的选择。

《保险法解释（四）》第13条对此问题已经予以明确，保险人提起代位求偿权之诉时，被保险人已经向第三者提起诉讼的，人民法院可以依法合并审理。保险人行使代位求偿权时，被保险人已经向第三者提起诉讼，保险人向受理该案的人民法院申请变更当事人，代位行使被保险人对第三者请求赔偿的权利，被保险人同意的，人民法院应予准许；被保险人不同意的，保险人可以作为共同原告参加诉讼。

▶ 指导案例

一、指导案例25号：华泰财产保险有限公司北京分公司与李某某、天安财产保险股份有限公司河北省分公司张家口支公司保险人代位求偿权纠纷案

（最高人民法院审判委员会讨论通过　2014年1月26日发布）

关键词： 民事诉讼　保险代位求偿权　管辖

裁判要点： 因第三者对保险标的的损害造成保险事故，保险人向被保险人赔偿保险金后，代位行使被保险人对第三者请求赔偿的权利而提起诉讼的，应当根据保险人所代位的被保险人与第三者之间的法律关系，而不应当根据保险合同法律关系确定管辖法院。第三者侵害被保险人合法权益的，由侵权行为地或者被告住所地法院管辖。

相关法条：

1. 《中华人民共和国民事诉讼法》第二十八条
2. 《中华人民共和国保险法》第六十条第一款

基本案情： 2011年6月1日，华泰财产保险有限公司北京分公司（以下简称华泰保险公司）与北京亚大锦都餐饮管理有限公司（以下简称亚大锦都餐饮公司）签订机动车辆保险合同，被保险车辆的车牌号为京A8XXX8，保险期间自2011年6月5日0时起至2012年6月4日24时止。2011年11月18日，陈某某驾驶被保险车辆行驶至北京市朝阳区机场高速公路上时，与李某某驾驶的车牌号为冀GAXXX0的车辆发生交通事故，造成被保险车辆受损。经交管部门认定，李某某负事故全部责任。事故发生后，华泰保险公司依照保险合同的约定，向被保险人亚大锦都餐饮公司赔偿保险金83 878元，并依法取得代位求偿权。基于肇事车辆在天安财产保险股份有限公司河北省分公司张家口支公司（以下简称天安保险公司）投保了机动车交通事故责任强制保险，华泰保险公司于2012年10月诉至北京市东城区人民法院，请求判令被告肇事司机李某某和天安保险公司赔偿83 878元，并承担诉讼费用。

被告李某某的住所地为河北省张家口市怀来县沙城镇，被告天安保险公司的住所地为张家口市怀来县沙城镇燕京路东108号，保险事故发生地为北京市朝阳区机场高速公路上，被保险车辆行驶证记载所有人的住址为北京市东城区工体北路新中西街8号。

裁判结果： 北京市东城区人民法院于2012年12月17日作出（2012）东民初字第13663号民事裁定：对华泰保险公司的起诉不予受理。宣判后，当事人未上诉，裁定已发生法律效力。

裁判理由： 法院生效裁判认为：根据《中华人民共和国保险法》第六十条的规定，保险人的代位求偿权是指保险人依法享有的，代位行使被保险人向造成保险标的损害负有赔偿责任的第三者请求赔偿的权利。保险人代位求偿权源于法律的直接规定，属于保险人的法定权利，并非基于保险合同而产生的约定权利。因第三者对保险标的的损害造成保险事故，保险人向被保险人赔偿保险金后，代位行使被保险人对第三者请求赔偿的权利而提起诉讼的，应根据保险人所代位的被保险人和第三者之间的法律关系确定管辖法院。第三者侵害被保险人合法权益，因侵权行为提起的诉讼，依据《中华人民共和国民事诉讼法》第二十八条的规定，由侵权行为地或者被告住所地法院管辖，而不适用财产保险合同纠纷管辖的规定，不应以保险标的物所在地作为管辖依据。本案中，第三者实施了道路交通侵权行为，造成保险事故，被保险人对第三者有侵权损害赔偿请求权；保险人行使代位权起诉第三者的，应当由侵权行为地或者被告住所地法院管辖。现二被告的住所地及侵权行为地均不在北京市东城区，故北京市东城区人民法院对该起诉没有管辖权，应裁定不予受理。

二、指导案例74号：中国平安财产保险股份有限公司江苏分公司与江苏镇江安装集团有限公司保险人代位求偿权纠纷案

（最高人民法院审判委员会讨论通过 2016年12月28日发布）

关键词： 民事 保险代位求偿权 财产保险合同 第三者对保险标的的损害 违约行为

裁判要点： 因第三者的违约行为给被保险人的保险标的造成损害的，可以认定为属于《中华人民共和国保险法》第六十条第一款规定的"第三者对保险标的的损害"的情形。保险人由此依法向第三者行使代位求偿权的，人民法院应予支持。

相关法条：

《中华人民共和国保险法》第六十条第一款

基本案情： 2008年10月28日，被保险人华东联合制罐有限公司（以下简称华东制罐公司）、华东联合制罐第二有限公司（以下简称华东制罐第二公司）与被告江苏镇江安装集团有限公司（以下简称镇江安装公司）签订《建设工程施工合同》，约定由镇江安装公司负责被保险人整厂机器设备迁建安装等工作。《建设工程施工合同》第二部分"通用条款"第38条约定，"承包人按专用条款的约定分包所承包的部分工程，并与分包单位签订分包合同，未经发包人同意，承包人不得将承包工程的任何部分分包"；"工程分包不能解除承包人任何责任与义务。承包人应在分包场地派驻相应管理人员，保证本合同的履行。分包单位的任何违约行为或疏忽导致工程损害或给发包人造成其他损失，承包人承担连带责任"。《建设工程施工合同》第三部分"专用条款"第14条第（1）项约定"承包人不得将本工程进行分包施工"。"通用条款"第40条约定，"工程开工前，发包人为建设工程和施工场地内的自有人员及第三人人员生命财产办理保险，支付保险费用"；"运至施工场地内用于工程的材料和待安装设备，由发包人办理保险，并支付保险费用"；"发包人可以将有关保险事项委托承包人办理，费用由发包人承担"；"承包人必须为从事危险作业的职工办理意外伤害保险，并为施工场地内自有人员生命财产和施工机械设备办理保险，支付保险费用"。

2008年11月16日，镇江安装公司与镇江亚民大件起重有限公司（以下简称亚民运输公司）签订《工程分包合同》，将前述合同中的设备吊装、运输

分包给亚民运输公司。2008年11月20日,就上述整厂迁建设备安装工程,华东制罐公司、华东制罐第二公司向中国平安财产保险股份有限公司江苏分公司(以下简称平安财险公司)投保了安装工程一切险。投保单中记载被保险人为华东制罐公司及华东制罐第二公司,并明确记载承包人镇江安装公司不是被保险人。投保单"物质损失投保项目和投保金额"栏载明"安装项目投保金额为177 465 335.56元"。附加险中,还投保有"内陆运输扩展条款A",约定每次事故财产损失赔偿限额为200万元。投保期限从2008年11月20日起至2009年7月31日止。投保人附有被安装机器设备的清单,其中包括SEQUA彩印机2台,合计原值为29 894 340.88元。投保人所附保险条款中,对"内陆运输扩展条款A"作如下说明:经双方同意,鉴于被保险人已按约定交付了附加的保险费,保险公司负责赔偿被保险人的保险财产在中华人民共和国境内供货地点到保险单中列明的工地,除水运和空运以外的内陆运输途中因自然灾害或意外事故引起的损失,但被保险财产在运输时必须由合格的包装及装载。

2008年12月19日10时30分许,亚民运输公司驾驶员姜玉才驾驶苏L06069、苏L003挂重型半挂车,从旧厂区承运彩印机至新厂区的途中,在转弯时车上钢丝绳断裂,造成彩印机侧翻滑落地面损坏。平安财险公司接险后,对受损标的确定了清单。经镇江市公安局交通巡逻警察支队现场查勘,认定姜玉才负事故全部责任。后华东制罐公司、华东制罐第二公司、平安财险公司、镇江安装公司及亚民运输公司共同委托泛华保险公估有限公司(以下简称泛华公估公司)对出险事故损失进行公估,并均同意认可泛华公估公司的最终理算结果。2010年3月9日,泛华公估公司出具了公估报告,结论:出险原因系设备运输途中翻落(意外事故);保单责任成立;定损金额总损1 518 431.32元、净损1 498 431.32元;理算金额1 498 431.32元。泛华公估公司收取了平安财险公司支付的47 900元公估费用。

2009年12月2日,华东制罐公司及华东制罐第二公司向镇江安装公司发出《索赔函》,称"该事故导致的全部损失应由贵司与亚民运输公司共同承担。我方已经向投保的中国平安财产保险股份有限公司镇江中心支公司报险。一旦损失金额确定,投保公司核实并先行赔付后,对赔付限额内的权益,将由我方让渡给投保公司行使。对赔付不足部分,我方将另行向贵司与亚民运输公司主张"。

2010年5月12日,华东制罐公司、华东制罐第二公司向平安财险公司出具赔款收据及权益转让书,载明:已收到平安财险公司赔付的1 498 431.32

元。同意将上述赔款部分保险标的的一切权益转让给平安财险公司，同意平安财险公司以平安财险公司的名义向责任方追偿。后平安保险公司诉至法院，请求判令镇江安装公司支付赔偿款和公估费。

裁判结果： 江苏省镇江市京口区人民法院于2011年2月16日作出（2010）京商初字第1822号民事判决：一、江苏镇江安装集团有限公司于判决生效后10日内给付中国平安财产保险股份有限公司江苏分公司1498431.32元；二、驳回中国平安财产保险股份有限公司江苏分公司关于给付47900元公估费的诉讼请求。一审宣判后，江苏镇江安装集团有限公司向江苏省镇江市中级人民法院提起上诉。江苏省镇江市中级人民法院于2011年4月12日作出（2011）镇商终字第0133号民事判决：一、撤销镇江市京口区人民法院（2010）京商初字第1822号民事判决；二、驳回中国平安财产保险股份有限公司江苏分公司对江苏镇江安装集团有限公司的诉讼请求。二审宣判后，中国平安财产保险股份有限公司江苏分公司向江苏省高级人民法院申请再审。江苏省高级人民法院于2014年5月30日作出（2012）苏商再提字第0035号民事判决：一、撤销江苏省镇江市中级人民法院（2011）镇商终字第0133号民事判决；二、维持镇江市京口区人民法院（2010）京商初字第1822号民事判决。

裁判理由： 法院生效裁判认为，本案的焦点问题是：（1）保险代位求偿权的适用范围是否限于侵权损害赔偿请求权；（2）镇江安装公司能否以华东制罐公司、华东制罐第二公司已购买相关财产损失险为由，拒绝保险人对其行使保险代位求偿权。

关于第一个争议焦点。《中华人民共和国保险法》（以下简称《保险法》）第六十条第一款规定："因第三者对保险标的的损害而造成保险事故的，保险人自向被保险人赔偿保险金之日起，在赔偿金额范围内代位行使被保险人对第三者请求赔偿的权利。"该款使用的是"因第三者对保险标的的损害而造成保险事故"的表述，并未限制规定为"因第三者对保险标的的侵权损害而造成保险事故"。将保险代位求偿权的权利范围理解为限于侵权损害赔偿请求权，没有法律依据。从立法目的看，规定保险代位求偿权制度，在于避免财产保险的被保险人因保险事故的发生，分别从保险人及第三者获得赔偿，取得超出实际损失的不当利益，并因此增加道德风险。将《保险法》第六十条第一款中的"损害"理解为仅指"侵权损害"，不符合保险代位求偿权制度设立的目的。故保险人行使代位求偿权，应以被保险人对第三者享有损害赔偿请求权为前提，这里的赔偿请求权既可因第三者对保险标的实施的侵权行为而产生,亦可基于第三者的违约行为等产生,不应仅限于侵权赔偿请求权。本案平安财险公司是基于镇江安装公司的违约行为而非侵权行为行使代位求偿权,镇江安装公司对保险事故的发生是否有过错,对案件的处理并无影响。并且,《建设工程施工合同》约定"承包人不得将本工程进行分包施工"。因此,镇江安装公司关于其对保险事故的发生没有过错因而不应承担责任的答辩意见,不能成立。平安财险公司向镇江安装公司主张权利,主体适格,并无不当。

关于第二个争议焦点。镇江安装公司提出,在发包人与其签订的建设工程施工合同通用条款第40条中约定,待安装设备由发包人办理保险,并支付保险费用。从该约定可以看出,就工厂搬迁及设备的拆解安装事项,发包人与镇江安装公司共同商定办理保险,虽然保险费用由发包人承担,但该约定在双方的合同条款中体现,即该费用系双方承担,或者说,镇江安装公司在总承包费用中已经就保险费用作出了让步。由发包人向平安财险公司投保的业务,承包人也应当是被保险人。关于镇江安装公司的上述抗辩意见,首先,《保险法》第十二条第二款、第六款分别规定:"财产保险的被保险人在保险事故发生时,对保险标的应当具有保险利益";"保险利益是指投保人或者被保险人对保险标的具有的法律上承认的利益"。据此,不同主体对同一保险标的可以具有不同的保险利益,可就同一保险标的投保与其保险利益相对应的保险险种,成立不同的保险合同,并在各自的保险利益范围内获得保险保障,从而实现利用保险制度分散各自风险的目的。因发包人和承包人对保险标的具有不同的保险利益,只有分别投保与其保险利益相对应的财产保险类别,才能获得相应的保险保障,二者不能相互替代。发包人华东制罐公司和华东制罐第二公司作为保险标的的所有权人,其投保的安装工程一切险是基于对保险标的享有的所有权保险利益而投保的险种,旨在分散保险标的的损坏或灭失风险,性质上属于财产损失保险;附加险中投保的"内陆运输扩展条款A"约定"保险公司负责赔偿被保险人的保险财产在中华人民共和国境内供货地点到保险单中列明的工地,除水运和空运以外的内陆运输途中因自然灾害或意外事故引起的损失",该项附加险在性质上亦属财产损失保险。镇江安装公司并非案涉保险标的的所有权人,不享有所有权保险利益,其作为承包人对案涉保险标的享有责任保险利益,欲将施工过程中可能产生的损害赔偿责任转由保险人承担,应当投保相关责任保险,而不能借由发包人投保的财产损失保险免除自己应负的赔偿责任。

其次，发包人不认可承包人的被保险人地位，案涉《安装工程一切险投保单》中记载的被保险人为华东制罐公司及华东制罐第二公司，并明确记载承包人镇江安装公司不是被保险人。因此，镇江安装公司关于"由发包人向平安财险公司投保的业务，承包人也应当是被保险人"的答辩意见，不能成立。《建设工程施工合同》明确约定"运至施工场地内用于工程的材料和待安装设备，由发包人办理保险，并支付保险费用"及"工程分包不能解除承包人任何责任与义务，分包单位的任何违约行为或疏忽导致工程损害或给发包人造成其他损失，承包人承担连带责任"。由此可见，发包人从未作出在保险赔偿范围内免除承包人赔偿责任的意思表示，双方并未约定在保险赔偿范围内免除承包人的赔偿责任。再次，在保险事故发生后，被保险人积极向承包人索赔并向平安财险公司出具了权益转让书。根据以上情况，镇江安装公司以其对保险标的也具有保险利益，且保险标的所有权人华东制罐公司和华东制罐第二公司已投保财产损失保险为由，主张免除其依建设工程施工合同应对两制罐公司承担的违约损害赔偿责任，并进而拒绝平安财险公司行使代位求偿权，没有法律依据，不予支持。

▶ 典型案例

东京海上日动火灾保险（中国）有限公司上海分公司与新杰物流集团股份有限公司保险人代位求偿权纠纷案

关键词：代位求偿　责任竞合　诚信原则　赔偿范围

裁判摘要：货物运输合同履行过程中托运人财产遭受损失，在承运人存在侵权与合同责任竞合的情形下，允许托运人或其保险人依据《合同法》第122条选择侵权诉讼或合同诉讼。但是，托运人要求承运人承担侵权责任的，承运人仍然可以依据货物运输合同的有关约定进行抗辩。法院应依据诚实信用原则，综合考虑合同条款效力、合同目的等因素确定赔偿范围。

基本案情：2011年11月11日，富士通先端科技有限公司（以下简称富士通公司）与新杰物流集团股份有限公司（以下简称新杰物流公司）签订《货物运输服务合同书》，约定富士通公司委托新杰物流公司运输发往全国各地的货物，在合同书的责任与赔偿一节中约定：甲方未委托乙方办理运输保险的，对于货物不能修复的：……铁路和公路运输的货物的实际损失价值最高按损失货物对应运费的 3 倍赔偿；货物能修复的：按接近市场价的修理费赔偿，但最高不超过 20 元/千克。甲方未委托乙方办理货物运输保险的，乙方协助甲方索赔，按照保险定损金额赔偿。

2012 年 3 月，涉案车辆载运富士通公司的 ATM 柜员机模块从上海运往深圳。同年 3 月 21 日，涉案车辆在 G60 沪昆高速发生交通事故。根据《道路交通事故认定书》，涉案车辆驾驶员高某由于未按操作规程驾驶，存在过错，负事故的全部责任。货物遭受严重撞击后损坏严重，造成货物损失金额 1 464 745 元，根据富士通公司与东京海上日动火灾保险（中国有限公司）（以下简称东京保险上海分公司）之间的货物运输保险合同约定，东京保险上海分公司于 2012 年 7 月 27 日向富士通公司进行了赔偿，并依法取得代位权。新杰物流公司主张根据货物运输合同中有关赔偿的约定，按照货物重量 5775 公斤，赔偿 115 500 元。东京保险上海分公司主张按照侵权实际损失赔偿 1 464 745 元。本案存在合同责任和侵权责任竞合的情形，双方就此产生纠纷。

【案　　号】（2017）沪 02 民终 6914 号

【审理法院】上海市第二中级人民法院

【来　　源】《最高人民法院公报》2019 年第 12 期（总第 278 期）。

▶ 类案检索

青岛金世纪实业有限公司与华安财产保险股份有限公司青岛分公司保险代位求偿权纠纷案

关键词：再保险　保险代位求偿权

裁判摘要：再保险是原保险人在原保险合同的基础上将其所承保的风险和责任向其他保险人进行分保的行为。虽然再保险与原保险具有关联性，但两者系不同的法律关系，当事人、标的、法律性质各不相同。再保险合同的当事人是再保险接受人和原保险人，而原保险的投保人是与原保险人成立保险合同法律关系。根据合同的相对性，保险代位求偿权也应发生在承担保险金赔付责任的原保险人与第三者之间，再保险接受人不直接向第三者行使代位求偿权。

【案　　号】（2019）最高法民终 299 号

【审理法院】最高人民法院

> **第六十一条** 保险事故发生后，保险人未赔偿保险金之前，被保险人放弃对第三者请求赔偿的权利的，保险人不承担赔偿保险金的责任。
>
> 保险人向被保险人赔偿保险金后，被保险人未经保险人同意放弃对第三者请求赔偿的权利的，该行为无效。
>
> 被保险人故意或者因重大过失致使保险人不能行使代位请求赔偿的权利的，保险人可以扣减或者要求返还相应的保险金。

关联规定

法律、行政法规、司法解释

《最高人民法院关于适用〈中华人民共和国保险法〉若干问题的解释（四）》

第九条 在保险人以第三者为被告提起的代位求偿权之诉中，第三者以被保险人在保险合同订立前已放弃对其请求赔偿的权利为由进行抗辩，人民法院认定上述放弃行为合法有效，保险人就相应部分主张行使代位求偿权的，人民法院不予支持。

保险合同订立时，保险人就是否存在上述放弃情形提出询问，投保人未如实告知，导致保险人不能代位行使请求赔偿的权利，保险人请求返还相应保险金的，人民法院应予支持，但保险人知道或者应当知道上述情形仍同意承保的除外。

第十条 因第三者对保险标的的损害而造成保险事故，保险人获得代位请求赔偿的权利的情况未通知第三者或者通知到达第三者前，第三者在被保险人已经从保险人处获赔的范围内又向被保险人作出赔偿，保险人主张代位行使被保险人对第三者请求赔偿的权利的，人民法院不予支持。保险人就相应保险金主张被保险人返还的，人民法院应予支持。

保险人获得代位请求赔偿的权利的情况已经通知到第三者，第三者又向被保险人作出赔偿，保险人主张代位行使请求赔偿的权利，第三者以其已经向被保险人赔偿为由抗辩的，人民法院不予支持。

▶ 条文释义

一、本条主旨

本条是关于因被保险人的原因影响保险人行使代位求偿权的法律后果的规定。

二、条文演变

1995年颁布实施的《保险法》第45条对该问题进行了规定，即"保险事故发生后，保险人未赔偿保险金之前，被保险人放弃对第三者的请求赔偿的权利的，保险人不承担赔偿保险金的责任。保险人向被保险人赔偿保险金后，被保险人未经保险人同意放弃对第三者请求赔偿的权利的，该行为无效。由于被保险人的过错致使保险人不能行使代位请求赔偿的权利的，保险人可以相应扣减保险赔偿金"。2002年修正的《保险法》对其内容未作修改，只是将其变更为第46条。2009年修订的《保险法》将其变更为第61条，并对第3款进行了两处修改：第一，2002年修正的《保险法》将被保险人的主观心理界定为"过错"，2009年修订的《保险法》则将其限定为"故意或重大过失"。第二，2002年修正的《保险法》将前述行为的法律后果规定为"扣减保险赔偿金"。考虑到可能在保险理赔后出现上述行为，故2009年修订的《保险法》将行为后果修订为"扣减或者要求返还相应的保险金"。

三、条文解读

保险人的代位求偿权属于法定权利，因此，被保险人未经保险人同意处分其对第三者的赔偿请求权势必影响到保险人代位求偿权的行使。在被保险人因故意或者重大过失影响保险人行使代位求偿权的情形下，也必然给保险人权利造成损害，因此，本条针对由于被保险人的原因损害保险人代位求偿权的行为以及法律后果进行了规定。

（一）保险事故发生后，保险人未赔偿保险金之前，被保险人放弃对第三者请求赔偿的权利的法律后果

依据《保险法》第60条的规定，保险事故发生后，保险人未赔偿保险金之前，保险人尚不享有代位求偿权，但在被保险人向保险人提出索赔请求的情形下，保险人将赔偿保险金，进而享有保险代位权。因此，尽管保险人在该时尚不享有代位求偿权，但如果被保险人在该时放弃对第三者的请求赔偿的权利，势必影响保险人代位求偿权的行使，损害保险人利益。如果一方面保险人需向被保险人赔偿保险金，另一方面却任由被保险人放弃其对第三者的赔偿请求权而使保险人无法行使代位求偿权以减少其实际赔偿数额，则难以实现保险人代位求偿权制度的目的和功能，也有失公平。此外，在该情形下，保险人受偿比例降低，保险人责任相对加大，这相当于保险合同成立后保险危险增大，如被保险人未尽如实告知义务，保险人可以在相应范围内免除保险责任。基于上述理由，为实现代位求偿权制度的目的功能，更好地保护保险人利益，本条第1款规定，保险事故发生后，保险人未赔偿保险金之前，被保险人放弃对第三者请求赔偿的权利的，保险人不承担赔偿保险金的责任。这里应注意的是，由于被保险人放弃对第三者请求赔偿的权利既可以是全部放弃也可以是部分放弃，故保险人不承担赔偿保险金的范围也应视被保险人放弃的赔偿权利的范围而定。

（二）保险人向被保险人赔偿保险金后，被保险人未经保险人同意放弃对第三者请求赔偿的权利的法律后果

依据《保险法》第60条的规定，保险人向被保险人赔偿保险金后，保险人即可以行使代位求偿权，在保险人赔付金额范围内，被保险人对第三人的赔偿请求权转让给保险人，被保险人无权处分该部分赔偿请求权。由于我国采用当然代位主义，故保险人行使代位求偿权的时间为其履行了赔偿保险金义务之时，故在保险人向被保险人赔偿保险金后，被保险人再处分其对第三者的债权的，构成无权处分，应认定无效，除非保险人同意。因此，本条第2款规定，保险人向被保险人赔偿保险金后，被保险人未经保险人同意放弃对第三者请求赔偿的权利的法律后果，该行为无效。

（三）被保险人故意或者因重大过失致使保险人不能行使代位请求赔偿的权利的法律后果

这里，应注意的是，修订后的《保险法》将被保险人的主观心理状态限定为故意或者重大过失，而非所有过错形态。所谓过错，是指行为人在实施不正当、违法行为时的某种应受非难的主观状态。过错分为故意和过失。凡是明知其行为将损害他人权利却仍为该行为的，为故意。凡是应加以注意但却怠于注意而为行为的，为过失。过失分为重大过失和轻微过失。绝大多数国家均采用了重大过失等同于故意的原则，将重大过失视为准故意。轻过失又分为抽象轻过失和具体轻过失。所谓抽象轻过失，是指欠缺交易上所必须的注意。所谓具体轻过失，是指欠缺与处理自己事务相同的注意。《保险法》对此进行修改的原因在于：保险代位权制度的目的之一是保障被保险人充分受偿，因此，尽管被保险人基于诚信义务应负有保障和协助保险人行使代位求偿权的注意义务，但由于被保险人的智识能力、专业知识、法律意识的有限性，该注意义务不应过重，应限于故意以及重大过失。

关于处理后果，修改后的《保险法》增加了"要求返还相应的保险金"的规定，其主要适用于保险人已经理赔后才发现违法事实的情形。

▶ 适用指引

一、保险合同签订之前被保险人放弃对第三者请求权的，保险人应否承担保险责任的问题

该情形与本条第1款的规定适用情形并不相同。本条第1款规定适用的条件是保险合同已经签订且保险事故已经发生的情形，而本处所涉问题是并未签订保险合同，因此，该情形不能适用本条第1款的规定。在保险合同签订之前，应当说，被保险人放弃对第三者赔偿损失请求权的行为并不会对保险人造成损害，但是，在签订保险合同时，该事实是足以影响保险人是否接受投保以及确定保险费高低的主要因素。因此，在签订保险合同之时，如果保险人对该事项提出询问的，投保人必须如实告知，否则保险人不承担保险责任。在保险人对该事项提出询问、投保人如实告知后保险人同意承保的情形下，因保险人

明知且不可能行使代位求偿权而仍然接受投保，应认定其认可第三人的放弃行为，故发生保险事故后，保险人应赔付保险金，并无权向第三者行使代位求偿权。

《保险法解释（四）》第9条对此问题已经予以明确，在保险人以第三者为被告提起的代位求偿权之诉中，第三者以被保险人在保险合同订立前已放弃对其请求赔偿的权利为由进行抗辩，人民法院认定上述放弃行为合法有效，保险人就相应部分主张行使代位求偿权的，人民法院不予支持。保险合同订立时，保险人就是否存在上述放弃情形提出询问，投保人未如实告知，导致保险人不能代位行使请求赔偿的权利，保险人请求返还相应保险金的，人民法院应予支持，但保险人知道或者应当知道上述情形仍同意承保的除外。

二、保险合同签订之后被保险人放弃对第三者的请求权，保险人同意继续承保的，保险人赔付后是否有权行使代位求偿权的问题

该情形下，应认定保险人对被保险人放弃对第三者请求权的行为予以认可，故发生保险事故后，保险人赔付保险金后，无权向第三者行使代位求偿权。

三、保险合同订立后，保险事故发生前，被保险人放弃对第三人的赔偿请求权的法律后果问题

此情形不属于本条第1款、第2款规定的情形。关于该问题，有观点认为，尽管其不属于本条第1款规定的情形，但其法理应与第1款规定的法理相同。因保险合同已经签订，在保险事故发生的情形下，保险人若理赔，则依法享有代位求偿权，因此，被保险人放弃对第三人赔偿请求权的行为损害了保险人的利益，故在其放弃权利的范围内保险人不承担赔偿保险金的责任，除非保险人同意。

四、保险人赔偿后第三者仍向被保险人作出赔偿的法律后果的问题

该后果应视其通知情况而有所区分。保险人获得代位求偿权的情况通知到达第三者前，第三者对被保险人所作赔偿，可以发生债务消灭的法律后果。保险人向第三者主张行使代位求偿权的，不予支持，但是保险人有权就相应保险金主张被保险人返还。当通知已经到达第三者后，第三者又向被保险人进行清偿的，不属于债务履行，第三者不得以此为由抗辩保险人代位求偿权的行使。

在第三者没有收到通知时，其对于是否存在保险人以及保险人是否获得代位求偿权是不知情的。出于保护债务人的目的，未通知第三者或者通知到达第三者前，保险人获得代位求偿权的情况对第三者不发生效力，第三者仍然可以向被保险人履行债务，且这种履行在法律上产生消灭债务的效力。如果保险人仍向第三者行使代位求偿权，则因第三者债务已经消灭，代位求偿权作为债权请求权亦不复存在，故人民法院不再支持保险人行使代位求偿权。被保险人在获得保险赔偿后，其实际损失已经得到补偿，其损害赔偿请求权已经转移至保险人，若接受第三者履行的债务，则构成不当得利，保险人有权请求被保险人返还不当得利。

《保险法解释（四）》第10条对此问题已经予以明确，因第三者对保险标的的损害而造成保险事故，保险人获得代位请求赔偿的权利的情况未通知第三者或者通知到达第三者前，第三者在被保险人已经从保险人处获赔的范围内又向被保险人作出赔偿，保险人主张代位行使被保险人对第三者请求赔偿的权利的，人民法院不予支持。保险人就相应保险金主张被保险人返还的，人民法院应予支持。保险人获得代位请求赔偿的权利的情况已经通知到第三者，第三者又向被保险人作出赔偿，保险人主张代位行使请求赔偿的权利，第三者以其已经向被保险人赔偿为由抗辩的，人民法院不予支持。

第六十二条　除被保险人的家庭成员或者其组成人员故意造成本法第六十条第一款规定的保险事故外，保险人不得对被保险人的家庭成员或者其组成人员行使代位请求赔偿的权利。

关联规定

法律、行政法规、司法解释

《中华人民共和国民法典》

第一千零四十五条　亲属包括配偶、血亲和姻亲。

配偶、父母、子女、兄弟姐妹、祖父母、外祖父母、孙子女、外孙子女为近亲属。

配偶、父母、子女和其他共同生活的近亲属为家庭成员。

条文释义

一、本条主旨

本条是关于限制保险代位求偿权对象的规定。

二、条文演变

本条源于1995年《保险法》第46条，2002年《保险法》修正时将序号调整为第47条，2009年《保险法》修订时，对引用条款的序号进行了调整，另有一处文字修改，但其实质内容并无变化。

《保险法》第60条规定了保险人代位求偿权，代位求偿权是财产保险中损失填补原则的体现，其作用在于防止被保险人对保险人和第三者同时享有请求权获得双重赔偿而不当得利，还可以防止第三者逃脱本应承担的赔偿责任，而且有利于弥补保险人的财力，从而维护公共利益。但是，代位求偿权的行使要受到一定的限制,一是《保险法》第60条规定的"赔偿金额范围",二是本条规定的保险代位求偿对象的限制。按照本条规定,保险人不得对被保险人的家庭成员或者其组成人员行使代位求偿权。

三、条文解读

通常情况下,被保险人的家庭成员或者其组成人员对保险标的具有与被保险人共同的利益。如家庭财产遭受损失,不仅被保险人的利益受损害,所有家庭成员的生活及工作都会受到影响;企业的财产遭受损失,企业的生产和效益以及职工的利益也会受到影响。同时,即使在被保险人的家庭成员或者其组成人员造成保险标的损失的情况下,实践中被保险人一般也不会追究其责任:对于家庭成员追究其财产责任与传统的伦理道德观念也不相符;对于组织的员工,一般通过纪律处分解决,也很少会要求其按照实际损失承担赔偿责任。因此,被保险人的家庭成员或者组成人员造成保险事故的,一般情况下被保险人不会行使损害赔偿请求权;随之而来,对保险人行使代位求偿权也应有所限制。①

本条有两层含义:(1)只有被保险人的家庭成员或者组成人员故意对保险标的的损害造成保险事故的,保险人才可以按照本法第60条的规定向被保险人的家庭成员或者组成人员行使代位求偿权。本法第27条规定了投保人、被保险人故意制造保险事故的法律后果。第27条是保险合同一般规定的条款之一,适用于财产保险合同,因此财产保险的投保人和被保险人如果故意制造保险事故,其法律后果是保险人有权解除合同,不承担赔偿责任或者给付保险金的责任。而按照本条的规定,被保险人的家庭成员或者组成人员故意制造财产保险事故的,保险人首先要正常承担对被保险人的保险责任,然后才能行使对被保险人的家庭成员或者组成人员享有的代位求偿权。也就是说,保险人不能因为保险事故是被保险人的家庭成员或者组成人员故意制造的,就免除保险责任。被保险人故意制造保险事故与被保险人的家庭成员或者组成人员故意制造保险事故的法律后果不同,不能混淆。财产保险中的这一规定和本法第43条规定的人身保险合同中被保险人的家庭成员故意制造保险事故的法律后果是不同的。按照本法第43条的规定,无论投保人与被保险人之间是否为家庭成员

---

① 安建主编:《〈中华人民共和国保险法(修订)〉释义》,法律出版社2009年版,第103页。

关系,只要投保人故意造成被保险人死亡、伤残或者疾病的,保险人就不承担给付保险金的责任。(2)本法第61条第3款规定,被保险人"故意或因重大过失"致使保险人不能行使代位请求赔偿的权利的,保险人可以扣减或者要求返还相应的保险金,而本条规定的主观状态仅是"故意",这两条的对比是很鲜明的。

▶ 适用指引

一、关于家庭成员的界定

在《民法典》施行以前,"近亲属"与"家庭成员"在我国的法律、法规和司法解释中均有使用,二者有密切的联系,但内涵和外延不完全一致。本法第31条和第39条用了"近亲属"的概念,第31条同时还用了"家庭其他成员"的概念。本条未用"近亲属"而用"家庭成员",其中的区别值得注意。原《最高人民法院关于贯彻执行〈中华人民共和国民法通则〉若干问题的意见(试行)》第12条规定:"民法通则中规定的近亲属,包括配偶、父母、子女、兄弟姐妹、祖父母、外祖父母、孙子女、外孙子女。"但是对"家庭成员",包括原《婚姻法》和相关司法解释在内的法律和司法解释均未作出明确的界定。

婚姻法学者认为,按照比较公认的见解,婚姻家庭的一般概念可以表述如下:婚姻,是为当时社会制度所确认的,男女两性互为配偶的结合。家庭,是以婚姻、血缘关系和共同经济为纽带而组成的亲属团体。首先,家庭是一个亲属团体,同一家庭的成员是被婚姻和血缘纽带联结在一起的。此外,收养也可以成为家庭关系的发生根据。其次,家庭须有共同经济,如以家庭为单位组织生产,组织消费等,具体情况因不同的社会经济结构而异。最后,由于家庭既是亲属团体又是经济单位,所以家庭成员一般均为近亲属,而亲属(包括某些近亲属)并非都是家庭成员,他们是分属于不同家庭的。①

按照《辞海》的解释,家庭是由婚姻、血缘或收养而产生的亲属间的共同生活组织,有广义和狭义之分。狭义指一夫一妻制个体家庭(单偶家庭)。广义泛指群婚制出现后的各种家庭形式,包括血缘家庭、亚血缘家庭、对偶家庭

---

① 杨大文主编:《婚姻家庭法》,中国人民大学出版社2006年版,第2页。

与一夫一妻制个体家庭。当代主要在狭义上使用。①《现代汉语词典》对家庭的解释是"以婚姻和血缘关系为基础的社会单位，包括父母、子女和其他共同生活的亲属在内"。②

在《民法典》施行以后，该法第1045条关于亲属和近亲属及家庭成员范围的问题作出了规定。亲属的范围包括配偶、血亲和姻亲，在自然人的社会关系中配偶或者有血缘关系的或者有姻亲关系的人均为亲属。在亲属当中配偶、父母、子女、兄弟姐妹、祖父母、外祖父母、孙子女、外孙子女这八种关系人为近亲属；上述近亲属中在一起共同生活的人组成家庭成员。《民法典》对亲属、近亲属、家庭成员各自的内涵和外延进行了清晰的界定。

《民法典》对家庭成员进行了明确规定，即配偶、父母、子女和其他共同生活的近亲属为家庭成员。我国古代提倡几代同堂的大家庭，家庭成员往往由血缘关系较为密切的近亲属以及其配偶组成。我国现代家庭成员一般由配偶及父母子女等血缘关系极为密切的近亲属组成。随着社会发展，家庭规模日益缩小，由父母和未成年子女构成的核心家庭日趋增多。可见，近亲属与家庭成员的区别是，家庭成员仅是近亲属中的一部分，因此，家庭成员一定是近亲属，而近亲属不一定是家庭成员。

关于家庭成员如何认定的问题。第一，按照《民法典》婚姻家庭编的规定，第一层意思，配偶、父母、子女是家庭成员，其并不以共同生活为前提，比如现在很多成年子女结婚成家后并不与父母共同生活，但父母仍然属于家庭成员；第二层意思，其他共同生活的近亲属也是家庭成员，也就是说，在一起共同生活的兄弟姐妹、祖父母、外祖父母、孙子女、外孙子女属于家庭成员。第二，《反家庭暴力法》第2条规定："本法所称家庭暴力，是指家庭成员之间以殴打、捆绑、残害、限制人身自由以及经常性谩骂、恐吓等方式实施的身体、精神等侵害行为。"有观点认为，《反家庭暴力法》规定的家庭成员，并不需要以共同生活为必要条件，只要其具有法律确认的亲属关系，就可以认定为家庭成员。③我们认为，现在《民法典》婚姻家庭编已经明确规定了家庭成

---

① 辞海编辑委员会编：《辞海》，上海辞书出版社1999年版，第2094页。
② 中国社会科学院语言研究所词典编辑室编：《现代汉语词典》，商务印书馆2002年版，第606页。
③ 阚珂、谭琳主编：《中华人民共和国反家庭暴力法释义》，中国民主法制出版社2016年版，第17页。

员的范围，在处理具体案件时应当以《民法典》的规定为准。第三，有观点认为，在家庭成员范围界定上应当以"同居同财"作为根本的判断依据，家庭成员应限于将经济收入作为家庭共同财产的共同生活并具近亲属关系的人。我们认为，从目前《民法典》婚姻家庭编的规定来看，仅仅强调的是"共同生活"，并没有将收入作为家庭共同财产的要求。

二、关于组成人员的界定

从文义解释的角度，对"被保险人的家庭成员或者其组成人员"中的"其"可以有两种理解：一是指"被保险人"；二是指"被保险人的家庭"。相应地，"被保险人的家庭成员或者其组成人员"也可以有两种理解：一是指"被保险人的家庭成员"或者"被保险人的组成人员"；二是指"被保险人的家庭成员"或者"被保险人的家庭组成人员"。尽管单纯从字面理解，后者似乎也是正确的，但是，如果按照后者的理解，又产生了一个"被保险人的家庭组成人员"应该如何界定的问题，而且，对非自然人被保险人的利益保护不利。目前比较一致的认识为家庭成员是就自然人而言，组成人员是就非自然人而言，我们也支持这种观点。有些认识一旦形成共识后，参与者共同遵守，就会形成一种秩序，除非有更充足的理由，不宜打破，否则会把一些问题复杂化。

关于被保险人组成人员的范围，有人认为是指法人或其他组织的被保险人的内部工作人员。① 还有人认为是指被保险人内部与其存在共同经济利害关系的人员，实践中包括被保险人的雇佣人员、合伙人等。② 考虑到非自然人民事主体的多样性，是否可把与被保险人有无劳动关系作为判断是否是被保险人的组成人员的一个原则？可以在实践中探讨。

---

① 安建主编：《〈中华人民共和国保险法（修订）〉释义》，法律出版社2009年版，第103页。
② 吴定富主编：《〈中华人民共和国保险法〉释义》，中国财政经济出版社2009年版，第154页。

▶ 典型案例

杨某某与中国平安财产保险股份有限公司天津市宝坻支公司保险合同纠纷案

关键词： 家庭成员　明确说明　免责条款　损失赔偿

裁判摘要："家庭成员""直系血亲""亲属"等均为法律概念，经营保险业务的保险公司无权对上述法律概念随意进行解释。"家庭成员"与"直系血亲""亲属"并非同一概念，具有直系血亲关系的人不一定互为家庭成员。

基本案情： 2006年1月20日，杨某某向中国平安财产保险股份有限公司天津市宝坻支公司（以下简称平安保险公司）投保机动车辆第三者综合责任险。同日，平安保险公司接受杨某某投保，并为杨某某出具保单。保险合同约定，杨某某为被保险人，平安保险公司为保险人，保险期间为2006年1月21日至2007年1月20日，保险费为1386.60元，保险金额为50 000元。保险合同第二部分第二章第三条规定："保险车辆造成下列人身伤亡，不论在法律上是否应当由被保险人承担赔偿责任，保险人均不负责赔偿：（一）被保险人或其允许的驾驶员及他们的家庭成员……"保险合同第四部分释义第22条规定："家庭成员包括被保险人的直系血亲和在一起共同生活的其他亲属。"保险合同第三部分车上人员责任险条款第四条第（二）项规定："根据保险车辆驾驶员在事故中所负责任，车上人员责任险在符合赔偿规定的金额内实行事故责任免赔率，负全部责任的免赔20%……" 2006年3月17日21时左右，杨某某驾驶被保险车辆不慎将墙撞倒，致其母张某某死亡。同年3月28日，天津市公安局宝坻分局交通警察大队出具交通事故认定书一份，认定杨某某对此次交通事故负全部责任。同年4月11日，经天津市公安局宝坻分局交通警察大队调解，杨某某对此次交通事故损害作出相应赔偿，并于事故调解解决后向平安保险公司提出保险理赔，遭平安保险公司拒绝。

【案　　号】（2006）一中民二终字第527号

【审理法院】天津市第一中级人民法院

【来　　源】《最高人民法院公报》2007年第11期（总第133期）

第六十三条　保险人向第三者行使代位请求赔偿的权利时，被保险人应当向保险人提供必要的文件和所知道的有关情况。

关联规定

法律、行政法规、司法解释

1.《中华人民共和国海商法》

第二百五十一条　保险事故发生后，保险人向被保险人支付保险赔偿前，可以要求被保险人提供与确认保险事故性质和损失程度有关的证明和资料。

第二百五十二条第二款　被保险人应当向保险人提供必要的文件和其所需要知道的情况，并尽力协助保险人向第三人追偿。

第二百五十三条　被保险人未经保险人同意放弃向第三人要求赔偿的权利，或者由于过失致使保险人不能行使追偿权利的，保险人可以相应扣减保险赔偿。

2.《最高人民法院关于适用〈中华人民共和国保险法〉若干问题的解释（四）》

第十一条　被保险人因故意或者重大过失未履行保险法第六十三条规定的义务，致使保险人未能行使或者未能全部行使代位请求赔偿的权利，保险人主张在其损失范围内扣减或者返还相应保险金的，人民法院应予支持。

条文释义

一、本条主旨

本条是关于被保险人在保险人行使代位求偿权时的协助义务的规定。

二、条文演变

本条源于1995年《保险法》第47条，2002年《保险法》修正时将其变为第48条，2009年《保险法》修订时，另有一处文字修改，其实质内容无变化。

三、条文解读

《保险法》第63条规定了被保险人应尽的协助义务。为保障保险人顺利行使代位求偿权，被保险人获得保险人的理赔后，具有积极配合保险人，向保险人提供必要的文件和所知道的有关情况的义务，否则，将可能造成保险人不能行使部分甚至全部代位求偿权利。学界和实务中往往将本条所规定的协助义务不被履行理解为消极妨碍代位行为的一种表现形式；对不履行协助义务的法律后果，一般认为，应当适用《保险法》第61条第3款的有关规定。

（一）协助义务的具体内容

被保险人得到保险人的先行补偿后，将向第三者追偿的权利转移给保险人，但此后被保险人亦非置身事外，为确保保险人代位求偿权的实现，有必要对被保险人设置相应的义务。此时，被保险人对保险人的协助义务是一种法律上额外设置的、作为对保险人的代位求偿权的一种保障的义务。根据本条规定，这一义务即指被保险人向保险人提供必要的文件和所知道的有关情况，其原因在于，第三者对保险标的的损害而造成保险事故，保险人因向被保险人支付了保险金而取得代位求偿权，该代位求偿权成立的要件是第三者的损害与保险事故的发生具有因果关系，则保险人主张并实现该代位求偿权须证明这一因果关系。保险人完成这一证明责任，有赖于被保险人的积极配合。作为保险事故的直接当事人，被保险人对保险标的、保险事故发生的时间、原因和过程了解具有明显优势，基于保险合同的最大诚信原则，被保险人应当客观真实地向保险人提供其所知道的与保险事故发生以及第三者责任有关的一切情况，并尽量全面地提供相关证据材料和文件，不得虚假陈述和有所隐瞒，以使保险人尽快实现代位求偿权。

如何判断被保险人所提供的文件是否是必要的，一方面，证明和资料不应当超过保险人为确定保险事故发生及赔偿范围或为行使代位求偿权所必须。事实上，如船舶发生保险事故时，并不一定需要所有证书和文件，保险事故发生后，保险人会主动参与到事故的调查、勘验、处理以及调解和裁决程序中，因此事故责任调解书、裁决书等资料，保险人本身就有，无须被保险人提供。说明这一要求可以根据实际情况缩限，但不能凭空增补。另一方面，被保险人有义务提供的证明和资料必须以被保险人依一般情形的获得者为限，避免被保险人因无法达成保险人的要求而遭不利。①

诸多文献对实务中符合《保险法》第63条所规定的必要的文件和所知道的有关情况情形进行总结归纳，一般认为应当包括以下文件和情况：（1）能够证明保险标的损害系第三者造成的文件和情况；（2）能够证明保险人和被保险人之间存在保险合同关系的文件和情况；（3）能够证明保险人已经向被保险人赔偿保险金的文件和情况。

我们认为，必要文件的范围可以根据本法第60条确定，包括三方面的文件：一是能证明保险标的损害系第三者造成的文件；二是能证明保险人和被保险人间存在财产保险合同关系的文件；三是保险人已经向被保险人赔偿保险金的文件。对于协助义务的具体内容，在不同保险事故中，被保险人对保险人行使代位求偿权的协助义务完全可能具有不同的内容和表现形式。因此，不宜作出具体的限制，除了上述文件资料以外，保险人要求被保险人提供其持有并能够提供的有关保险代位求偿权的行使的其他文件的，被保险人也应当积极配合，予以提供。

（二）被保险人未履行协助义务的法律后果

如果被保险人因故意或者重大过失未向保险人提供必要的文件或者所知道的情况，致使保险人不能行使或者不能全面行使代位请求赔偿的权利的，保险人可以依据本法第61条第3款的规定，扣减或者要求被保险人返还相应的保险金。但如果被保险人不是因故意或者重大过失未向保险人提供必要的文件或者所知道的情况，致使保险人不能行使或者不能全面行使代位请求赔偿的权利的，保险人是否可以扣减或者要求被保险人返还相应的保险金。如果合同有约定，应当按照合同约定，如果合同没有约定，因为被保险人的协助义务应属于保险合同的附随义务，不宜要求过严，保险人不能扣减或者要求被保险人返还

---

① 初北平：《船舶保险下被保险人的列明义务》，载《中国船检》2017年第3期。

相应的保险金。

《保险法解释（四）》第 11 条对此问题已经予以明确，被保险人因故意或者重大过失未履行《保险法》第 63 条规定的义务，致使保险人未能行使或者未能全部行使代位请求赔偿的权利，保险人主张在其损失范围内扣减或者返还相应保险金的，人民法院应予支持。

▶ 适用指引

一、被保险人不履行协助义务的过错类型

被保险人不履行或不完全履行代位求偿权协助义务时，其心理状态必须为故意或者重大过失，而非一般过失，从而限制了保险人滥用该项权利。

协助义务作为对被保险人设置的一种额外的义务，属于不真正义务的范畴，基于诚信原则，应对被保险人规定普通人的注意义务，来保障保险人代位求偿权的实现。但是，我们始终要注意到，保险人代位求偿权的前提仍是保障被保险人的损失能获得充分补偿。《保险法解释（四）》第 11 条将被保险人因违反协助义务而承担法律后果严格限定于被保险人存在故意或重大过失的情形，具有以下几点考虑：第一，保险具有专业性。这使得被保险人作为普通人不可能完全领会并注意保险的全过程所涉及的事项。被保险人处分其对第三者的赔偿请求权，固然应注意保护保险人之代位求偿利益，但基于被保险人的认知能力有限，该注意义务不应过重。在此意义上，被保险人仅就其故意或重大过失所致保险人代位求偿权行使不能承担不利后果，对于一般过失行为不承担责任，事实上更为公平。[①] 第二，从常理上说，保险事故一旦发生，被保险人为了更快地获得赔偿金，一般会将主要精力放在向保险人的理赔上，对侵权或违约的第三者不会花太多的精力，这就有可能影响保险人将来的代位求偿权的实现。因此，《保险法解释（四）》第 11 条将被保险人因故意和重大过失导致妨碍保险人行使代位求偿权的法律后果加以明确，一方面可以促进保险公司积极理赔，另一方面也提醒被保险人在办理理赔的同时做好对第三者追偿的证据固定等事项的准备工作，据此对保险人、被保险人、第三者三方的利益加

---

① 吴定富主编：《〈中华人民共和国保险法〉释义》，中国财政经济出版社 2009 年版，第 152 页。

以平衡。例如,实务中存在被保险人在财产受到陌生人的损害后,认为可以由保险公司赔偿,不记录陌生人的姓名、地址就放走了陌生人,导致损害者难以确定,又如被保险人因重大过失丢失能够证明第三者损害事实的证据和证明材料,便应当承担相应不利的法律后果。第三,保险人获得代位求偿权之后,第三者可以用对被保险人的抗辩权来抗辩保险人,如果只要被保险人因过错造成保险人的代位求偿权不能实现,就赋予保险人可以扣减或要求返还相应的保险金,这样明显有失公平,不利于对被保险人损失的充分补偿。据此,对被保险人的一般过失,保险人不得以此为抗辩而不予赔偿。

二、协助义务的存续期间

保险金赔付之后,保险人才能取得原本属于被保险人的损害赔偿请求权。那么如何理解被保险人履行协助义务的时间状态"保险人向第三者行使代位请求赔偿的权利时",是否只有在保险人实际赔付被保险人保险金、取得行使代位求偿权的权利之后,被保险人才具有协助义务?保险人是否必须在赔付保险金取得行使代位求偿权后,才能主张在其损失范围内扣减或者返还相应保险金?

为此,我们需要探讨代位求偿权何时成立的问题。理论界对此存在不同见解,大致有保险合同订立说、保险事故发生说、保险金给付说等几种观点。一般认为,代位求偿权成立于合同订立时。代位求偿权源自法律的直接规定,是保险人固有的合同权利,其成立不以是否给付保险金为条件,保险合同成立,保险代位求偿权即同时成立,但取得和行使该权利的条件尚未完全成就。保险人履行补偿义务前的代位求偿权是期待权。保险事故发生,被保险人因此对第三者享有债权,保险人履行了补偿义务后,其行使条件完全具备,代位求偿权成为既得权。①据此,有必要界分代位求偿权成立和行使的概念及其时间节点。依法定债权转移理论,保险事故发生时,被保险人对第三者有损失赔偿请求权的,在保险人依保险契约给付保险赔偿金之前,该对第三者的损失赔偿请求权仍未转移于保险人,一方面以避免被保险人因损失赔偿请求权已转移而无法向第三者求偿;另一方面以避免被保险人将来因故未获保险赔偿,而产生未得先失、两俱落空之处境。故保险人须先给付保险赔偿金之后,才可以方便取得代

---

① 程兵:《保险损失补偿原则研究》,法律出版社2015年版,第163~164页。

位权。① 即便在保险事故发生之前，事故发生与否和是否存在第三者都处于不确定的状态，被保险人也不得实施妨碍代位求偿权的行为，妨碍行为也并非仅仅针对既存行为而存在，完全可能针对的是一项潜在的正当权益，因此，代位求偿权保护仍可以及于保险事故发生前。这样的理解，有利于避免被保险人在保险事故发生之前实施积极的或消极的妨碍行为，来排除或阻碍未来保险代位权的行使。由此可见，对于妨碍代位行为的认定，应持最广义的见解，亦即对"保险人向第三者行使代位请求赔偿的权利"时间状态，应当作较为宽泛的理解。

《保险法解释（四）》第11条在规定协助义务时并未在语义上简单重复本条所设置的条件状语，而是完善了两个新的规定：一是将《保险法》第61条第3款"致使保险人不能行使代位请求赔偿的权利"作为结果条件并进一步作出"未能行使或未能完全行使"的具体化规定；二是保留了《保险法》第61条第3款关于"扣减"的法律后果规定，均体现了上述观点和主张。

当然，协助义务作为一种消极妨碍行为，保险事故发生时和保险金给付时这两个判定基准时点同样非常重要。只有在保险事故发生之后，被保险人才可能拥有一项对第三人的请求权，被保险人便具有履行该请求权的保全义务而令其后保险人代位求偿权不会受到妨碍。而保险人实际给付保险金的这一时点前后，消极妨碍行为的类型和效力虽无本质区别，但也有一些表现形式上的不同。例如，就类型而言，在保险给付之前，消极妨碍行为是不履行权利保全义务，而在保险给付之后，消极妨碍行为则是在保险人第三人代位追偿时不履行必要的协助义务。②

三、扣减或返还相应保险金的损失范围限定

（一）保险人的损失应当客观存在

所谓损失的客观存在，是指保险人因未能行使或者未能全部行使代位求偿权而遭到了损失。损失必须是实际发生的且可以确定的，而不是保险人主观臆测和设想的。保险人主张扣减或者返还相应的保险金，必须要证明损失的实际

---

① 江朝国：《保险法基础理论》，我国台湾地区瑞兴图书股份有限公司1995年版，第404页。

② 武亦文：《保险代位制度的构造研究》，法律出版社2013年版，第166页。

存在。

(二)被保险人未履行协助义务与损失之间应存在因果关系

所谓因果关系,是指一方或双方的过错与另一方或双方遭受损失之间的前因后果联系。被保险人未履行协助行为与保险人损失存在因果关系是《保险法解释(四)》第11条的应有之义。违反协助义务的行为是原因,保险人受到损失是结果,两者之间存在因果关系。如果不存在因果联系,即使被保险人存在过错,保险人也不能对保险金进行扣减或主张返还。因果关系的判断,在认定损失范围方面也具有一定意义。也就是说,根据被保险人的过错程度难以判断其造成保险人的损失范围,就可以根据被保险人的过错行为在造成损失方面所起的作用来决定损失范围。实践中,被保险人的行为虽违反协助义务,但该行为未导致保险人未能行使或未能全部行使代位求偿权,或者该行为并未造成保险人的损失,即在被保险人部分免责而没有对保险代位权的行使造成实质妨碍的情形下,保险仍须依约赔付。比如,保险人向第三者行使代位求偿权时,被保险人没有向保险人提供必要的文件和知道的所有情况,但保险人诉讼后发现第三者已经丧失清偿能力而无法履行赔偿责任,此时保险人的损失就不应由被保险人承担。

(三)保险人的损失范围不得超过代位求偿权的主张范围

学界有观点认为,保险的代位求偿权的范围一是不得超过被保险人对第三者享有的赔偿额;二是不得超过保险人的补偿额。国外立法大多数依据妨碍程度确定减轻责任或免责。损失补偿原则的适用,既要确保被保险人在保险责任范围内获保险人补偿,又要防止被保险人获得不当得利。第三者的赔偿责任超过保险人的补偿责任时,被保险人仅放弃超过部分,不构成代位妨碍行为,保险人的补偿额不应被扣减或免除,仍应承担依保险合同约定的补偿责任。若被保险人对第三者的债权小于保险补偿额,如果因此完全免除保险人之补偿责任,势必造成保险人和被保险人权利义务失衡。依妨碍之程度确定减轻责任或免责之规定较为合理,将被保险人放弃的权利视为被保险人已经获得第三者的赔偿,保险人从应付的保险金中扣除。如果保险人不知情而向被保险人给付保险金的，有权请求被保险人返还已经给付的相应的保险金。①

实践中，在保险人核保或者保险金部分给付的情况下，如果发现被保险人不履行协助义务，保险人可对未支付的保险金进行扣减。在保险金已经现实给付的情况下，保险人应依不当得利的规定请求返还相应的保险金。还存在着其他可能，如保险人与被保险人除了保险合同之外，还存在其他的债权债务关系，保险金与其他债权债务存在抵扣的情形，又或者存在保险事故发生后被保险人下落不明，保险人将保险金进行提存的情形，此时保险人也可以对损失范围内的保险金进行扣减。

四、如何认定被保险人具有故意或重大过失

首先，过错一般分为故意和过失，故意是指行为人预见到自己行为的后果，仍然希望或放任结果的发生。过失在程度上有若干分类，重大过失为行为人欠缺一般人应具有的注意程度，是指当法律对某种行为人于某种情况下应当注意和能够注意的程度有较高要求时，行为人不但没有遵守法律对其较高的要求，甚至连人们都应注意并能注意的一般标准也未达到，因此轻信不会发生而造成事故或损失的一种主观心态。其次，将被保险人不履行协助义务的过错形式限定于故意或者重大过失，是其应有之义，如果是不可抗力或者不能归责于被保险人的原因影响了保险人代位求偿权的行使，被保险人不应承担责任。最后，从举证责任分配上看，应当由保险人对被保险人不履行协助义务具有故意或者重大过失承担举证责任。

五、被保险人未履行协助义务，保险人能否主张损害赔偿责任

被保险人未履行协助义务，究竟应当在保险人损失范围内负损害赔偿责任，还是在保险人损失范围内免除保险人的责任？由于协助义务是一种不真正义务，保险人可以依此主张减免理赔责任，而不能适用民法侵权行为的规定，即不能将被保险人不履行协助义务视为一种侵权行为，而使保险人获得损害赔偿的权利。从另一角度来说，损失补偿原则也要求保险人必须先行赔付被保险人的投保损失。损失补偿原则是保险利益原则的最核心原则之一，在代位求偿权制度中主要表现为防止被保险人不当得利。如果被保险人的投保损失没有获

---

① 程兵：《保险损失补偿原则研究》，法律出版社2015年版，第233页。

得充分的补偿，就不存在获得超额补偿的可能，也就不存在代位求偿权的根基。只有在被保险人获得充分补偿的前提下，才存在其获得超额补偿之不当得利的结果，保险人才可以适用代位求偿权制度。而保险人行使代位求偿权时，被保险人才应当配合其履行协助义务，因此，保险人不得以被保险人未履行协助义务作免除保险金赔偿的抗辩理由。

六、《保险法解释（四）》第 11 条与《保险法》第 61 条第 3 款的关系

《保险法》第 61 条第 1 款、第 2 款的规定通常被认为是保险人积极妨碍代位求偿行为，而该条第 3 款作为兜底条款将其他有可能妨碍代位求偿权行使的行为包括以消极方式妨碍代位求偿权的行为纳入规制之中。此前，学界和实务中往往将《保险法》第 63 条所规定的不履行协助义务理解为消极妨碍代位求偿行为的一种表现形式；对不履行协助义务的法律后果，一般认为应当适用《保险法》第 61 条第 3 款的有关规定。《保险法司法解释（四）》第 11 条对此加以明确之后，关于妨碍代位求偿权行使的行为模式及其法律后果便有了完整和独立的规定，被保险人的协助义务应严格限定于《保险法》第 63 条规定的情形。同时，《保险法解释（四）》第 11 条的适用不影响《保险法》第 61 条第 3 款作为第 61 条的兜底条款在其他情形下的适用，实践中，还有可能出现其他积极或消极的妨碍代位行为，需要以《保险法》第 61 条第 3 款进行规制。

> **第六十四条** 保险人、被保险人为查明和确定保险事故的性质、原因和保险标的的损失程度所支付的必要的、合理的费用，由保险人承担。

▶ 关联规定

法律、行政法规、司法解释

《中华人民共和国海商法》

第二百四十条 被保险人为防止或者减少根据合同可以得到赔偿的损失而支出的必要的合理费用，为确定保险事故的性质、程度而支出的检验、估价的合理费用，以及为执行保险人的特别通知而支出的费用，应当由保险人在保险标的损失赔偿之外另行支付。

保险人对前款规定的费用的支付，以相当于保险金额的数额为限。

保险金额低于保险价值的，除合同另有约定外，保险人应当按照保险金额与保险价值的比例，支付本条规定的费用。

▶ 条文释义

一、本条主旨

本条是关于保险人承担保险事故损失相关费用的规定。

二、条文演变

本条是由 2002 年《保险法》第 49 条修订而来，除条文序号有变化外，无其他任何变化。

三、条文解读

查明和确定保险事故的性质、原因和保险标的的损失程度是保险人理赔工作的一部分,是理赔所必需的,本应保险人承担。且被保险人对于保险事故的性质、原因和保险标的的损失程度没有调查的义务,但被保险人的协助有利于提高理赔的效率、降低理赔的成本。为了鼓励被保险人帮助进行调查,本条作出了这样的规定。①

适用指引

何为"必要的、合理的费用"的问题

本条规定的必要的、合理的费用一般应包括勘验和评估费用,其他费用是否属于必要的、合理的费用,可根据具体案件判断。判断费用是否必要、合理的前提条件是该费用是为了查明和确定保险事故的性质、原因和保险标的的损失程度而产生。查明事故的性质,是为了确认事故是否为合同中载明的保险责任范围内的事故,对于保险责任范围以外的事故造成的损失,保险人不承担赔偿责任。查明事故的原因,可以确定保险人的除外责任。查明保险标的的损失程度,是为了确定保险人应当支付的保险赔偿金的数额,以使保险人承担赔偿责任。

典型案例

王某 1 与中国人寿财产保险股份有限公司芜湖市中心支公司财产保险合同纠纷案

关键词: 保险人代位求偿权 定损 必要合理的费用

裁判摘要: 被保险人起诉要求侵权人赔偿损失获生效判决支持但未实际执

---

① 安建主编:《〈中华人民共和国保险法(修订)〉释义》,法律出版社2009年版,第105页。

行到位的,有权要求保险人承担赔偿责任,并不违反"一事不再理"原则,保险人履行保险赔偿责任后依法获得保险代位求偿权。保险事故发生后,被保险人怠于通知致使保险人未能参与定损的,损害了保险人的知情权和参与定损权,其依据侵权生效判决所确认的损失金额主张保险理赔的,保险人有权申请重新鉴定。评估费作为查明和确定事故的性质、原因和保险标的的损失程度所支付必要的、合理的费用,应由保险人承担。

基本案情: 原告王某1于2016年11月10日就保险车辆向被告中国人寿财产保险股份有限公司芜湖市中心支公司(以下简称人寿财保)投保机动车损失险、第三者责任险及不计免赔,保险期间为2016年12月7日至2017年12月6日,机动车损失险保险金额341 174元。《中国人寿财产保险股份有限公司家庭自用汽车损失保险条款》第4条载明:"保险期间内,被保险人或其允许的合法驾驶人在使用被保险机动车过程中,因下列原因造成被保险机动车的损失,保险人依照本保险合同的约定负担赔偿:(1)碰撞、倾覆、坠落;……"第18条载明:"发生保险事故时,被保险人应当及时采取合理的、必要的施救和保护措施,防止或减少损失,并在保险事故后48小时内通知保险人。因故意或因重大过失未及时通知,致使保险事故的性质、原因、损失程度等难以确定的,保险人对无法确定的部分不承担赔偿责任,但保险人通过其他途径已经及时知道或者应当知道保险事故发生的除外。"

2017年4月16日,案外人周某某驾驶浙CQxxxx小型普通客车在闵行区S20外60K处与案外人王某2驾驶的保险车辆发生碰撞,造成保险车辆受损,交警部门认定周某某负事故全部责任。因浙CQxxxx小型普通客车在中国平安财产保险股份有限公司天津分公司(以下简称平安财保)投保交强险,原告遂将周某某与平安财保一并诉至上海市闵行区人民法院,要求平安财保在交强险范围内承担损失赔偿责任,不足部分由周某某赔偿。上海市闵行区人民法院于2018年1月19日作出(2017)沪0112民初23597号民事判决,认定保险车辆因前述交通事故导致的损失包括修理费316 673元、评估费5660元,共计322 333元,该款由平安财保在交强险范围内赔偿2000元,由周某某赔偿320 333元。案件受理费由周某某负担3067.50元。上述判决生效后,原告向上海市闵行区人民法院申请强制执行,平安财保履行了判决义务,但周某某未履行判决义务,且无财产可供执行,故上海市闵行区人民法院裁定终结执行程序。

被告对保险车辆发生保险事故及责任认定无异议，但认为法院已判决案外人周某某承担赔偿责任，故原告不可重复主张权利，因此拒绝理赔。

据此，上海市闵行区人民法院于2019年1月24日作出判决：被告人寿财保于判决生效之日起十日内支付原告王某1理赔款314 673元。

上海金融法院经二审，确认了一审查明的事实。

另查明，在（2017）沪0112民初23597号案件审理过程中，王某1提供了上海道路交通物损评估中心出具的《物损评估意见书》，用以证明被保险车辆的损失金额。周某某申请对车损重新进行鉴定，但未缴纳鉴定费，上海市闵行区人民法院遂根据王某1单方委托评估结论认定车损金额。二审审理中，人寿财保申请对涉案车辆重新评估，并申请由上海达智资产评估有限公司作为重新评估的机构。王某1不同意重新评估，但表示如果法院准许对涉案车辆重新评估，则同意由上海达智资产评估有限公司作为重新评估的机构。上海金融法院委托上海达智资产评估有限公司对系争车辆进行重新评估。2019年5月27日，上海达智资产评估有限公司出具《委托司法鉴定报告》［沪达资评报字（2019）第F612号］，其中"十、评估结论"载明：沪GAxxxx车辆维修费用在评估基准日2017年4月16日的评估价值为人民币：222 900.00元（大写人民币：贰拾贰万贰仟玖佰元整），详见评估明细表。人寿财保向上海达智资产评估有限公司垫付了重新评估费用5200元。人寿财保、王某1均表示认可《委托司法鉴定报告》的评估结论及评估费用的金额，但认为应由对方承担。

《中国人寿财产保险股份有限公司家庭自用汽车损失保险条款》第24条载明：因保险事故损坏的被保险机动车，应当尽量修复。修理前被保险人应当会同保险人检验，协商确定修理项目、方式和费用。否则，保险人有权重新核定；无法重新核定的，保险人有权拒绝赔偿。

据此，上海金融法院依照《保险法》第64条，《民事诉讼法》第170条第1款第（2）项规定，于2019年6月21日作出判决：（1）撤销上海市闵行区人民法院（2018）沪0112民初34823号民事判决；（2）上诉人人寿财保于本判决生效之日起十日内支付被上诉人王某1保险理赔款220 900元；（3）驳回上诉人人寿财保的其他上诉请求。

【案　　号】（2019）沪74民终238号

【审理法院】上海金融法院

【来　　源】《最高人民法院公报》2021年第7期（总第297期）

第六十五条 保险人对责任保险的被保险人给第三者造成的损害,可以依照法律的规定或者合同的约定,直接向该第三者赔偿保险金。

责任保险的被保险人给第三者造成损害,被保险人对第三者应负的赔偿责任确定的,根据被保险人的请求,保险人应当直接向该第三者赔偿保险金。被保险人怠于请求的,第三者有权就其应获赔偿部分直接向保险人请求赔偿保险金。

责任保险的被保险人给第三者造成损害,被保险人未向该第三者赔偿的,保险人不得向被保险人赔偿保险金。

责任保险是指以被保险人对第三者依法应负的赔偿责任为保险标的的保险。

▶ 关联规定

一、法律、行政法规、司法解释

1.《中华人民共和国民用航空法》

第一百六十八条 仅在下列情形下,受害人可以直接对保险人或者担保人提起诉讼,但是不妨碍受害人根据有关保险合同或者担保合同的法律规定提起直接诉讼的权利:

(一)根据本法第一百六十七条第(一)项、第(二)项规定,保险或者担保继续有效的;

(二)经营人破产的。

除本法第一百六十七条第一款规定的抗辩权,保险人或者担保人对受害人依照本章规定提起的直接诉讼不得以保险或者担保的无效或者追溯力终止为由进行抗辩。

2.《中华人民共和国海事诉讼特别程序法》

第九十七条 对船舶造成油污损害的赔偿请求,受损害人可以向造成油污损害的船舶所有人提出,也可以直接向承担船舶所有人油污损害责任的保险人或者提供财务保证的其他人提出。

油污损害责任的保险人或者提供财务保证的其他人被起诉的，有权要求造成油污损害的船舶所有人参加诉讼。

3.《最高人民法院关于适用〈中华人民共和国保险法〉若干问题的解释（四）》

第十四条 具有下列情形之一的，被保险人可以依照保险法第六十五条第二款的规定请求保险人直接向第三者赔偿保险金：

（一）被保险人对第三者所负的赔偿责任经人民法院生效裁判、仲裁裁决确认；

（二）被保险人对第三者所负的赔偿责任经被保险人与第三者协商一致；

（三）被保险人对第三者应负的赔偿责任能够确定的其他情形。

前款规定的情形下，保险人主张按照保险合同确定保险赔偿责任的，人民法院应予支持。

第十五条 被保险人对第三者应负的赔偿责任确定后，被保险人不履行赔偿责任，且第三者以保险人为被告或者以保险人与被保险人为共同被告提起诉讼时，被保险人尚未向保险人提出直接向第三者赔偿保险金的请求的，可以认定为属于保险法第六十五条第二款规定的"被保险人怠于请求"的情形。

第十六条 责任保险的被保险人因共同侵权依法承担连带责任，保险人以该连带责任超出被保险人应承担的责任份额为由，拒绝赔付保险金的，人民法院不予支持。保险人承担保险责任后，主张就超出被保险人责任份额的部分向其他连带责任人追偿的，人民法院应予支持。

第十七条 责任保险的被保险人对第三者所负的赔偿责任已经生效判决确认并已进入执行程序，但未获得清偿或者未获得全部清偿，第三者依法请求保险人赔偿保险金，保险人以前述生效判决已进入执行程序为由抗辩的，人民法院不予支持。

第十八条 商业责任险的被保险人向保险人请求赔偿保险金的诉讼时效期间，自被保险人对第三者应负的赔偿责任确定之日起计算。

第十九条 责任保险的被保险人与第三者就被保险人的赔偿责任达成和解协议且经保险人认可，被保险人主张保险人在保险合同范围内依据和解协议承担保险责任的，人民法院应予支持。

被保险人与第三者就被保险人的赔偿责任达成和解协议，未经保险人认可，保险人主张对保险责任范围以及赔偿数额重新予以核定的，人民法院应予支持。

第二十条 责任保险的保险人在被保险人向第三者赔偿之前向被保险人赔偿保险金，第三者依照保险法第六十五条第二款的规定行使保险金请求权时，保险人以其已向被保险人赔偿为由拒绝赔偿保险金的，人民法院不予支持。保险人向第三者赔偿后，请求被保险人返还相应保险金的，人民法院应予支持。

二、司法指导性文件

《全国法院民商事审判工作会议纪要》

99.【直接索赔的诉讼时效】商业责任保险的被保险人给第三者造成损害，被保险人对第三者应当承担的赔偿责任确定后，保险人应当根据被保险人的请求，直接向第三者赔偿保险金。被保险人怠于提出请求的，第三者有权依据《保险法》第 65 条第 2 款的规定，就其应获赔偿部分直接向保险人请求赔偿保险金。保险人拒绝赔偿的，第三者请求保险人直接赔偿保险金的诉讼时效期间的起算时间如何认定，实务中存在争议。根据诉讼时效制度的基本原理，第三者请求保险人直接赔偿保险金的诉讼时效期间，自其知道或者应当知道向保险人的保险金赔偿请求权行使条件成就之日起计算。

▶ 条文释义

一、本条主旨

本条是关于责任保险的规定。

二、条文演变

本条源于1995年《保险法》第49条，2002年《保险法》修正时将其条文序号改为第50条。2009年《保险法》在其基础上，增加了两款。增加的两款明确了责任保险的保险人根据被保险人的请求，应当直接向第三者赔偿保险金，并赋予了第三者直接向保险人请求赔偿的权利；还规定了被保险人未向该第三者赔偿的，保险人不得向被保险人赔偿保险金。

三、条文解读

关于本条第 1 款。该款从保险人履行合同义务的角度,规定保险人可以依照法律的规定或者合同约定,以直接向第三者赔偿保险金的方式履行合同义务。在 2009 年《保险法》修订的过程中,曾有建议将本条第 1 款中的"可以"改为"应当",理由是更有利于对第三者的保护,但是立法并未采纳该建议。原则上保险人还是要向被保险人履行合同,但是在法律有规定或合同有约定的情况下,可以直接向第三者履行合同。

除本条外,目前规定保险人可以直接向第三者赔偿保险金的法规有《交强险条例》,该法第 31 条规定:"保险公司可以向被保险人赔偿保险金,也可以直接向受害人赔偿保险金。但是,因抢救受伤人员需要保险公司支付或者垫付抢救费用的,保险公司在接到公安机关交通管理部门通知后,经核对应当及时向医疗机构支付或者垫付抢救费用。"《民用航空法》第 168 条①和《海事诉讼特别程序法》第 97 条②规定赋予了第三者保险赔偿请求权,而不是规定保险人可以直接向第三者赔偿保险金。

关于本条第 2 款。以句号为标志,可以把本款分为前后两部分。前半部分规定在一定条件下,责任保险的保险人应当直接向第三者赔偿保险金。条件之一是"被保险人对第三者应负的赔偿责任确定",条件之二是"根据被保

---

① 该法第 166 条规定:"民用航空器的经营人应当投保地面第三人责任险或者取得相应的责任担保。"该法第 167 条规定:"保险人和担保人除享有与经营人相同的抗辩权,以及对伪造证件进行抗辩的权利外,对依照本章规定提出的赔偿请求只能进行下列抗辩:(一)损害发生在保险或者担保终止有效后;然而保险或者担保在飞行中期满的,该项保险或者担保在飞行计划中所载下一次降落前继续有效,但是不得超过二十四小时;(二)损害发生在保险或者担保所指定的地区范围外,除非飞行超出该范围是由于不可抗力、援助他人所必需,或者驾驶、航行或者领航上的差错造成的。前款关于保险或者担保继续有效的规定,只在对受害人有利时适用。"该法第 168 条规定:"仅在下列情形下,受害人可以直接对保险人或者担保人提起诉讼,但是不妨碍受害人根据有关保险合同或者担保合同的法律规定提起直接诉讼的权利:(一)根据本法第一百六十七条第(一)项、第(二)项规定,保险或者担保继续有效的;(二)经营人破产的。除本法第一百六十七条第一款规定的抗辩权,保险人或者担保人对受害人依照本章规定提起的直接诉讼不得以保险或者担保的无效或者追溯力终止为由进行抗辩。"

② 该法第 97 条规定:"对船舶造成油污损害的赔偿请求,受损害人可以向造成油污损害的船舶所有人提出,也可以直接向承担船舶所有人油污损害责任的保险人或者提供财务保证的其他人提出。油污损害责任的保险人或者提供财务保证的其他人被起诉的,有权要求造成油污损害的船舶所有人参加诉讼。"

险人的请求",二者必须兼备。这可以说是第 1 款规定的"法律规定"情形之一。后半部分赋予了责任保险的第三者向保险人主张保险赔偿请求的权利,但也附加了一定的条件,就是"被保险人怠于请求的"。"被保险人对第三者应负的赔偿责任确定"实际上也是责任保险的第三者向保险人请求保险赔偿的条件之一。

2009 年修订过程中,对本款的争议较大。有人认为,本款作出这样的规定违反了合同的相对性原则,建议删除。但更多的人认为不应删除,认为这样有利于对第三者的保护,符合责任保险制度设计的目的,而且这样规定解决了困扰法院的实际问题,为交通事故损害赔偿案件追加保险人为共同被告和直接判令保险人承担赔偿责任提供了法律依据。还有人建议,不应附加"根据被保险人的请求"和"被保险人怠于请求"的限制,以对第三者提供更为有利的保护,也方便司法。

关于本条第 3 款。根据该款规定,被保险人未向第三者赔偿的,保险人不得向被保险人赔偿保险金,是对保险人履行对象或者说被保险人合同权利的限制。本条款具有很强的现实意义。

关于本条第 4 款。本款明确了责任保险的标的。现代责任保险的理论和实务,承认责任保险的标的可以为侵权责任,亦可以为契约责任。非民事责任不得作为责任保险的标的。例如被保险人致人损害而应当承担的刑事责任,或者应被追究的行政责任,不得作为责任保险的标的。[①]2005 年《保险法》修正时,《民法典》尚未施行,依照当时适用的原《民法通则》第 106 条的规定,公民、法人违反合同或者不履行其他义务的,应当承担民事责任。原《民法通则》第 134 条规定了 10 种承担民事责任的方式。《民法典》施行后,该法第 176 条取代了原《民法通则》第 106 条的规定,民事主体依照法律规定或者按照当事人约定,履行民事义务,承担民事责任。另外,该法第 179 条与原《民法通则》第 134 条相比,增加了继续履行这一承担民事责任的方式,共计 11 种民事责任。但并不是所有民事责任都可以成为责任保险的标的。例如消除影响、恢复名誉和赔礼道歉明显不是赔偿责任,还有停止侵害、排除妨碍、消除危险、返还财产、恢复原状及修理、重作、更换,如果不涉及财产利益,也不能被认为是赔偿责任。而赔偿损失和支付违约金两种属于损害赔偿责任。继续

---

① 邹海林:《责任保险论》,法律出版社 1999 年版,第 62 页。

履行不是赔偿责任，但是可以转换为赔偿责任。被保险人对第三者承担的民事责任不以损害赔偿为直接内容，而责任的履行得以转化为损害赔偿或得以用金钱计算的，可以为责任保险的标的。由于该保险标的的特殊性，导致责任保险法律关系比其他财产保险的法律关系更为复杂。

▶ 适用指引

一、如何理解"被保险人对第三者应负的赔偿责任确定"的问题

《保险法解释（四）》第14条对此问题已经予以明确，通过列举的方式规定了"被保险人对第三者应负的赔偿责任确定"的几种情形，同时作出兜底性规定。值得注意的是，被保险人对第三者应负的赔偿责任，并不一定属于保险责任范围，保险责任的承担仍需要审查是否属于保险责任范围以及是否存在免赔额、免赔率等情况。为避免歧义，该条同时明确保险人有权按照保险合同确定保险赔偿责任。

（一）经人民法院生效裁判、仲裁裁决确认的情形

生效裁判和仲裁裁决系对民商事主体之间权利义务的判定，其中对责任认定的内容，可以作为确定被保险人对第三者所负赔偿责任的依据。本项明确的情形为实体性条件，被保险人据此依《保险法》第65条第2款请求保险金，保险人即应予赔偿。

就确认赔偿责任的人民法院生效裁判范围而言，第一，生效判决、调解文书的主文。人民法院作出的发生法律效力的判决文书包括上诉期届满当事人未上诉的判决和不能上诉的判决，前一类是地方各级法院作出的、依法可以上诉而当事人在上诉期内没有上诉且上诉期届满的一审判决，后一类包括二审判决、最高人民法院作出的一审判决以及依法不得上诉的一审判决（如适用特别程序作出的判决）。发生法律效力的民事调解书，包括了人民法院依法应当进行调解的案件，或者当事人在诉讼中申请人民法院进行调解以及当事人达成调解协议后申请人民法院确认后，人民法院依法作出的民事调解书，经双方当事人签收后，即具有法律效力。第二，生效判决或者裁定中人民法院审理认定部分的内容，如果能够据此确定被保险人对第三者所负赔偿责任的，应予以认

定。第三，其他人民法院依法作出的除生效判决、裁定之外其他裁判文书，如果能够据此确定被保险人对第三者所负赔偿责任的，亦应予以认定。第四，仲裁裁决主文。根据《仲裁法》第9条第1款的规定，仲裁实行一裁终局的制度。裁决作出后，当事人就同一纠纷再申请仲裁或者向人民法院起诉的，仲裁委员会或人民法院不予受理。第57条规定，裁决书自作出之日起发生法律效力。据此，仲裁裁决应当具有与生效裁判既判力同等的效力，如果能够据此确定被保险人对第三者所负赔偿责任的，应予以认定。

需要注意的是，判决适用于对实体事项的终局判断，裁定则适用于程序事项、临时救济事项以及部分特殊实体事项的判断，虽然裁定生效后也产生拘束力，但并非所有裁定都产生实质法律效力，处理临时救济事项的裁定具有临时性和附属性，存在被变更或撤销的可能。此外，实务中，对于人民法院生效裁判、仲裁裁决范围的把握上，应更多地限定在判决主文、仲裁裁决主文之上。

（二）被保险人对第三者所负赔偿责任经被保险人与第三者协商一致

被保险人与第三者协商一致，其内在核心是二者就被保险人对第三者所负的赔偿责任达成合意，形成一致的意思表示。从合同的理论角度，可将本项情形理解为被保险人与第三者达成一个新的合同或协议，以确定前者对后者所负的赔偿责任。

应当注意的是，被保险人与第三者的意思表示只是二者自身意图的表达和反映，外化成的协商或合同行为是一种法律行为，可以设立双方之间的权利义务关系，但不能等同于事实。因此，仅凭被保险人与第三者协商一致，不足以认定责任保险事故已实际发生即被保险人对第三者所负的赔偿责任实际存在。因此《保险法》第65条赋予被保险人和第三者的给付赔偿金请求权，应理解为被保险人或第三者向保险人请求赔偿保险金的程序性条件，保险人与第三者达成一致后只是产生了请求的权利，保险人仍可主张进行实质审查后决定是否赔偿。

（三）被保险人对第三者应负的赔偿责任能够确定的其他情形

本项属于兜底条款，目的是弥补前两项具体列举情形不周延的缺陷。在司法实践中具体适用时，需要结合具体实际案情，对何种情形属于"其他情形"作出判断，予以适用。从立法技术的角度来讲，兜底条款的功能在于弥补溢出前两项所能涵盖的范围之外的问题,可以将本项所规定的其他情形理解为与前两项情形具有同质性的情形。责任保险实务中情形复杂,大量纠纷不具备前述两项列举的情形,如存在其他能够确定赔偿责任的情形,则被保险人亦可据此向保险人提出请求。比如,被保险人给第三者造成损害形成财产损失,能够确定维修、恢复费用的;造成人身健康损害有明确医疗费用的;第三者的损失由其他行政决定或公证文件确定的;等等。

对于其他情形,一般也要有相应证据足以证明赔偿责任能够确定。这就涉及举证义务和证明标准。举证义务一般是指诉讼中的一方具有的证明其诉讼主张和诉讼争议中的事实是真实的义务,我国民事诉讼的举证原则为谁主张谁举证。《保险法》第65条第2款规定赋予了被保险人请求保险人直接向第三者赔偿保险金的权利,而被保险人只有达成其对第三者所负的赔偿责任确定这一前提条件,才能行使请求权,因此,证明该前提条件达成的责任应由拟向保险人提出请求的被保险人承担。但在《保险法》第65条第2款后半段规定的"保险人怠于请求"的情况下,第三者为行使向保险人直接请求赔偿保险金的权利,则需要承担证明被保险人对其所负赔偿责任确定这一前提条件达成的举证责任。关于证明标准,当事人提交的证据必须达到足以认定赔偿责任确定的程度;虽有证据,但不足以使赔偿责任得以确定,则不属于被保险人对第三者应负的赔偿责任确定。实务中仍应依照民事证据相关规定予以综合认定。

（四）保险人有权主张按照保险合同确定保险赔偿责任

《保险法》第18条第4款规定:"保险金额是指保险人承担赔偿或者给付保险金责任的最高限额。"据此,保险合同中约定的保险金额只是保险责任的上限,保险人实际承担的给付责任尚需视保险事故的实际情况,以保险合同的具体约定来确定。在保护被保险人和第三者利益的同时,为保障保险人利益不受额外损害,《保险法》赋予保险人对保险请求进行核定的权利。《保险法》第23条第1款规定:"保险人收到被保险人或者受益人的赔偿或者给付保险金的请求后,应当及时作出核定;情形复杂的,应当在三十日内作出核定,但合同另有约定的除外。保险人应当将核定结果通知被保险人或者受益人;……"有学者将此"核定"称为"损失调查勘估","即调查保险事故的性质、原因,勘估保险标的之损失程度，确定保险人应负给付责任之范围"。① 也有观点认为，"查明和确定保险事故的性质、原因以及保险标的的损失程度，在保险中称之为审核责任"。② 核定的意义主要在于确定保险事故造成的损失。损失金额的确定，是保险人履行保险金给付义务的先决条件；如果损失金额不确定，保险人也就无从履行给付义务。③ 在保险合同的履行过程中，对于被保险人的赔付请求，保险人在给付保险金之前，有权依照合同约定进行核定，确定保险事故是否真实发生、损失程度、是否存在免赔情形等情况，以保障自身利益。同时，对于被保险人存在的欺诈性索赔等道德风险，通过保险人的核定，可有效防范。

二、如何理解"被保险人怠于请求"的问题

《保险法解释（四）》第15条对此问题已经予以明确，被保险人对第三者应负的赔偿责任确定后，被保险人不履行赔偿责任，且第三者以保险人为被告或者以保险人与被保险人为共同被告提起诉讼时，被保险人尚未向保险人提出直接向第三者赔偿保险金的请求的，可以认定为属于《保险法》第65条第2款规定的"被保险人怠于请求"的情形。

审判实践中应如何判断被保险人是否构成"怠于请求"？有观点主张，应明确在赔偿责任确定后15日或者30日内不向保险人请求赔偿的，为"怠于请求"。但是由于审判实践中，案件情况复杂多样，以确定的时间作为判断标准不具有可操作性。结合审判实践需要，将第三者以保险人为被告或者以保险人与被保险人为共同被告提起诉讼时，被保险人尚未向保险人提出直接向第三者支付保险金请求的，视为"被保险人怠于请求"，能够解决实际问题，有利于保护受害第三人，也便于实践操作。

（一）"怠于请求"的外在表现

提出请求是一种作为行为，不提出请求是一种不作为状态。"怠于请求"虽带有不确定性的主观意味，是一种难以认定的主观意愿行为，但仍然可以通过行为人的具体行为和客观表现予以推定。"怠于请求"一般表现为不作为，

---

① 樊启荣：《保险法》，北京大学出版社2011年版，第105页。
② 温世扬主编：《保险法》，法律出版社2003年版，第129页。
③ 江朝国：《保险法基础理论》，中国政法大学出版社2002年版，第374页。

即虽然明知第三人因其行为受损且应负的赔偿责任已经确定,却仍不履行赔偿责任,并且在第三人以保险人为被告或者以保险人及被保险人为共同被告提起诉讼时,尚未向保险人提出直接向第三人支付保险金的请求。不作为的"怠于请求",一般表现为被保险人对于其应负赔偿责任的漠不关心、消极抵触、推诿拖延,包括:(1)不赔偿,被保险人在保险事故发生后,不积极以自身财产向受害第三人进行赔偿;(2)不索赔,被保险人在保险事故发生后,不主动请求保险人对受害第三人进行赔偿;(3)不协助,被保险人在保险事故发生后,对保险人的理赔或受害第三人行使直接请求权不予配合,不提供保险人或受害第三人的信息以及不出具保险合同、事故证明等文件材料。实践中,"怠于请求"也可表现为作为。作为的"怠于请求",主要表现为有意逃避责任的行为。

(二)认定"怠于请求"是否审查被保险人的主观过错

《保险法解释(四)》第15条明确了认定"怠于请求"的具体情形,构成要件为赔偿责任确定、被保险人未自行赔偿、第三人起诉时被保险人未提出请求,均具有客观、明确、具体的特性,目的在于最大限度增强可操作性。实践中对于主观状态的认定,较为复杂,纳入主观因素必然降低实际可操作性。从《保险法》第65条的规定来看,责任保险事故发生后,被保险人虽然有责任赔偿第三人所受损失,但对于赔偿的方式具有选择权:被保险人可以选择直接赔偿第三人的损失,之后请求保险人向自己赔付;也可以选择请求保险人直接向第三人赔付。从合同的角度来看,保险事故发生后,请求保险人依约赔付系被保险人的合同权利。所以,请求保险人直接向第三人赔付,系被保险人的权利,而非义务。虽然被保险人对受害第三人应负的赔偿责任可以是侵权责任,但被保险人并不因"怠于请求"而侵权,无须进行过错评价。《保险法》第65条第2款将"怠于请求"作为受害第三人行使直接请求权的条件之一,并非为被保险人的"怠于请求"设定责任。即便构成"怠于请求",对于被保险人来讲,并不因此而产生新的责任,自然无须考虑责任归属。

(三)认定"怠于请求"事实的举证证明责任

在未获被保险人赔偿的情况下,受害第三者行使直接请求权的对象是保险人,保险人收到请求后,无异议即可向第三者赔付,如有异议,认为第三者已获被保险人赔偿,或保险事故超出责任保险合同约定范围等,可进行抗辩,这就存在举证证明责任的承担问题。从诉讼和举证能力来看，在保险人和第三者之间，第三者并非责任保险合同当事人，对于是否存在责任保险合同以及被保险人是否已向保险人索赔等情况无从知晓，更不可能获得保险人的名称、保单编号、保险类型、保险标的、保险金额等证明和材料进行举证。并且，《保险法》对责任保险受害第三者直接请求权规定源于合同法中关于债权人代位权的规定。因此，为确保受害第三者利益得到保护，在赔偿责任已确定且第三者未获赔偿的情况下，举证责任分配应向保险人倾斜，由保险人就被保险人不构成"怠于请求"情形，承担举证责任。

（四）依法不应认定为"怠于请求"的情形

首先，认定"怠于请求"以被保险人对第三人依法应负的赔偿责任确定为前提，如司法机关对被保险人对第三人应负的赔偿责任尚无定论，或者保险人、被保险人、第三人或其他相关方对该赔偿责任是否成立、责任划分存在争议，则赔偿责任尚未确定，被保险人向保险人提出请求并无依据，故其不予请求具有正当理由。

其次，被保险人提出请求的内容须为保险人直接向第三者支付保险金，如被保险人请求保险人向自己赔付，不足以构成对"怠于请求"的抗辩。如果被保险人之前已自行赔偿受害第三者，自然无须触发直接请求权的行使，更无须考虑是否构成"怠于请求"；如果被保险人之前未赔偿受害第三者，则符合《保险法》第65条第3款规定的情形，保险人不得向被保险人赔付。

最后，实践中不排除出现不可抗力等非人为因素介入产生的阻碍，一旦被保险人不具有向保险人提出请求的实际可能性，或被保险人没有能力或机会去向保险人请求赔付，是否应将此情况排除在认定"怠于请求"之外？《保险法》设置第三人直接请求权制度的目的在于加强对受害第三人的保护，《保险法解释（四）》第15条明确认定标准亦是为了增加第三人行使直接请求权的可操作性，从立法目的和价值保护的角度出发，在被保险人确因客观不能而无法向保险人提出请求的情况下，单纯依靠被保险人对第三人利益进行救济已无可能性，更应该促成第三人行使直接请求权的条件，达到其通过自力行为及时自救的效果。因此，不可抗力等客观因素，也可能不影响对"怠于请求"事实的认定。

（五）"怠于请求"与类似概念的区别

本条关于受害第三者直接请求权的规定，源于债权人代位权的规定。根据合同法中关于因债务人怠于行使其到期债权，对债权人造成损害的，债权人可以以自己的名义代位行使债务人的债权的规定，《保险法》新增加了第三者直接请求权的规定，以更好地保护第三者的利益。① 对比本条中的"怠于请求"与原《合同法》中债务人"怠于行使"到期债权，二者虽然都以诉讼或仲裁的存在为构成要件，但"怠于请求"只是以诉讼作为划分时点，而"怠于行使"要求以诉讼或仲裁为行为方式。对于"怠于行使"，系以债务人是否通过诉讼或仲裁的方式进行主张为标准，构成"怠于行使"要求债务人在行使方式上未以诉讼或仲裁的方式向次债务人主张，如果以口头或者书面形式主张，甚至通过调解机构或行政机关寻求救济，仍可能构成"怠于行使"。而对于"怠于请求"，只是以第三者提起诉讼为时点，构成"怠于请求"要求在第三者提起诉讼时被保险人尚未请求，至于请求的方式，并不要求被保险人必须通过诉讼或仲裁的方式向保险人提出，只要被保险人能够采取而没有采取合理方式向保险人提出请求，均可构成"怠于请求"。可见，"怠于请求"在行为方式的要求上比"怠于行使"更加宽松。从反面排除适用的角度看，被保险人只要在第三人起诉之前通过口头或书面方式向保险人提出请求，即可阻碍"怠于请求"的成立，而债务人必须向次债务人提起诉讼或仲裁，才能避免构成"怠于行使"。

三、责任保险中的第三者已另行投保的情况下，第三者行使直接请求权是否影响其行使另行投保形成的保险合同权利的问题

责任保险中的第三者因被保险人的损害而发生人身或财产损失时，存在以下几项权利：第三者对责任保险人的直接请求权；第三者对被保险人即损害行为人的损害赔偿请求权；如第三者自身还加入了社会保险或投保商业保险，则还拥有基于社会保险和商业保险的保险金给付请求权。我们认为，第三者直接请求权的独立性不仅体现在独立存在，不受其他权利的制约，还体现在第三者可以自由选择行使上述任一权利，选择由保险人直接支付保险金或由被保险人进行损害赔偿，除非发生重复填补，上述任一请求权的行使均不影响其他。具

---

① 安建主编：《中华人民共和国保险法（修订）释义》，法律出版社2009年版，第107页。

体理由包括：（1）第三者直接请求权与第三者对被保险人的损害赔偿请求权。前者的义务主体为保险人，请求内容是支付保险金，属于法定或约定的权利；后者的义务主体为被保险人，请求内容是损害赔偿，请求基础是侵权或违约而产生的赔偿责任，属于救济性权利。以禁止双重支付为原则，在责任保险人支付的赔偿金范围内免除被保险人的赔偿责任，但第三者可就超出责任保险金额的部分继续向被保险人主张损害赔偿请求权。对一方的请求权实现后，则在相应的实现范围内丧失对另一方的请求权。（2）第三者直接请求权与被保险人的保险金赔付请求权。后者的基础是保险合同的约定，被保险人对保险合同具有直接的保险利益。保险人向第三者支付赔偿金后免除保险人对被保险人的赔偿责任，但在被保险人未赔偿第三者时，保险人不得向被保险人支付赔偿，且不得以已向被保险人支付赔偿为由对抗第三者的直接请求权。（3）第三者直接请求权与社会保险、商业财产保险请求权。以禁止重复填补即不因受损而受益的原则，不论第三者先主张哪一个请求权，均须在保险限额范围内，对其中一个赔偿不足的部分才能向另一个主张，赔偿总额不得超出总的损失。（4）第三者直接请求权与商业人身保险请求权。生命和身体无价，商业人身保险中不存在保险价值，亦不存在保险人代位求偿和超额保险的问题，故第三者可分别行使两种请求权。

四、责任保险纠纷中第三者请求保险人直接赔付的权利，可否理解为以保险人为被告或者以保险人与被保险人为共同被告提起诉讼的权利的问题

从权利性质来讲，第三者直接请求权为实体权利，源于法律规定或合同约定，一旦取得，即在保险人和第三者之间形成实体权利义务关系，保险人即产生直接支付保险赔偿金的义务，不履行或不适当履行则承担相应责任。第三者直接请求权不等同于起诉权，起诉权只是其内容之一，即通过行使起诉权启动诉讼程序，请求公权力强制保险人履行给付保险赔偿金义务。

五、如何理解"被保险人对第三者依法应负的赔偿责任"的问题

《保险法解释（四）》第16条对此问题已经予以明确，被保险人因构成共同侵权对外承担连带责任，被保险人承担责任后，向保险人主张保险金时，保险人以该连带责任超出被保险人应承担的责任份额为由，拒绝赔付保险金的，人民法院不予支持,保险人承担责任后,有权就超出被保险人责任份额的部分向其他连带责任人追偿。

(一)保险人不得拒绝赔付的理由

责任保险,是指以被保险人对第三者依法应负的赔偿责任为保险标的的保险。在被保险人承担单独责任的情况下,保险责任的承担是清晰的。但司法实践中,存在大量被保险人与其他人构成共同侵权,依法应当对第三者承担连带责任的情况,这种情况在多车碰撞造成他人损害的保险事故中尤为突出。车辆第三者责任保险合同普遍约定"保险人依据被保险人车辆驾驶人在事故中所负的事故责任比例,承担相应的赔偿责任"。责任险保险人应当先承担连带责任再向其他责任人追偿,还是仅就被保险人在事故中所负责任的比例承担赔偿责任?遂产生争议。

《保险法解释(四)》第16条明确规定,被保险人因共同侵权依法承担连带责任,责任保险的保险人以连带责任超出被保险人依法应承担部分为由,拒绝赔付保险金的,人民法院不予支持。主要理由如下:

第一,该立场符合立法目的。《保险法》第65条第4款规定:"责任保险是指以被保险人对第三者依法应负的赔偿责任为保险标的的保险。"被保险人因侵权行为对第三者所负的赔偿责任须依法确定,可以是根据被保险人过错大小而确定的按份责任,还可以是共同侵权中依法确定的连带责任,也可能是补充责任以及不真正连带责任,均属于被保险人对第三者依法应负的赔偿责任。连带责任属于责任保险保障范围,符合立法原意。

第二,该立场符合责任保险的功能定位和被保险人的合理期待。从责任保险制度设立的目的来看,是以填补和分散被保险人的责任风险为目的,投保人投保的目的亦在于此。投保人签订保险合同时,保险事故尚未发生,是否发生处于不确定状态,更无法得知将来其可能承担多少责任,承担的是按份责任还是连带责任。其投保的目的是转移其将来可能对第三者承担的全部责任,从繁重的赔偿责任中解脱出来。有学者提出,责任保险的赔偿内容为"脱离不利请求权",也即"责任免除请求权"的观点。① 如果被保险人对受害人应当承担连带责任,假如保险人只支付被保险人在连带责任中的自己应分担的份额,则被

---

① 韩长印:《责任保险中的连带责任承担问题——以机动车商业三者险条款为分析样本》,载《中国法学》2015年第2期。

保险人对受害人的赔偿责任实际上并未被免除,保险人因责任保险合同所负担的义务也就没有完全履行,不能实现投保人的投保目的,不利于对被保险人的保护,不符合被保险人合理期待原则。长远来看,则会大大削减责任保险的功能,不利于责任保险制度的发展。

第三,该立场有利于对受害人的救济。责任保险并非纯粹为被保险人的利益而存在,其在为被保险人分散、转移赔偿责任的同时,客观上也增加了被保险人的赔偿能力,为第三者获得及时、有效的赔偿创造了条件,第三者因此间接从中获益,故责任保险在一定意义上具有第三者利益属性,事实上发挥了被保险人赔偿责任替代和第三者保障的功能。[①] 为了更好地保护受害第三者的利益,《保险法》规定在符合法定条件的情况下,第三者拥有向保险人的直接请求权。有利于受害人获得更充分的救济,减少受害人因侵权人无清偿能力或者怠于清偿遭受的不利,也节约了受害人的维权成本。

第四,该立场能够避免保险人拖延赔付。《保险法》第 65 条第 2 款规定:"责任保险的被保险人给第三者造成损害,被保险人对第三者应负的赔偿责任确定的,根据被保险人的请求,保险人应当直接向该第三者赔偿保险金。被保险人怠于请求的,第三者有权就其应获赔偿部分直接向保险人请求赔偿保险金。"根据该条规定,被保险人对第三者应负的赔偿责任确定,是保险人承担保险责任的前提条件。在侵权纠纷中,如果基于当事人的诉讼等案件具体情况,人民法院判令当事人承担连带责任的同时并未直接认定各责任人之间的责任份额,连带责任人需要另行提起诉讼认定责任份额并追偿。如果允许保险人只支付被保险人在连带责任中的应分担的份额部分的保险金,在人民法院判令当事人承担连带责任但并未直接认定各责任人之间的责任份额的情况下,则不排除保险人会以赔偿责任尚未确定为由拒绝赔付,进而导致大量拖延赔付的情况,背离立法初衷。

第五,该立场并不会导致利益失衡。其一,保险人就被保险人承担的连带责任进行赔偿后,依法取得向其他连带责任人追偿的权利,保险人并非连带责任的终局责任承担者,其他责任人依法应当承担的民事责任并未被免除。其二,《保险法》修订时,《民法典》尚未施行,依照当时适用的原《侵权责任法》的规定,二人以上共同实施侵权行为,以及在二人以上分别实施侵权行为

---

① 吴定富主编:《〈中华人民共和国保险法〉释义》,中国财政经济出版社 2009 年版,第 156 页。

造成同一损害,每个人的侵权行为都足以造成全部损害的情况下,即构成并发侵权行为时,行为人方承担连带责任;在二人以上分别实施侵权行为造成同一损害,即构成竞合侵权行为时,行为人承担的是按份责任。《民法典》施行后,条文仅在文字上发生变化,但上述裁判规则并未改变。在实践中,大量情况属于竞合的侵权行为,因此,并不会造成连带责任泛滥的情况。其三,保险金额是保险理赔的最高额,保险人并非就被保险人的全部责任承担无限制的责任,其可以通过保险金额的方式控制经营和理赔成本。

值得指出的是,"拒绝赔付保险金",包括拒绝赔付全部保险金和拒绝赔付连带责任与被保险人依法应自行承担部分之间的差额部分两种情况。实践中,后一种情况较多,保险人通常拒绝赔付差额部分。保险人以连带责任超出被保险人依法应自行承担部分为由,拒绝赔付全部保险金,不应予以支持,自不待言。

(二)保险人向其他连带责任人追偿的法定条件

《民法典》施行前,当时适用的原《民法总则》第178条第2款规定:"连带责任人的责任份额根据各自责任大小确定;难以确定责任大小的,平均承担责任。实际承担责任超过自己责任份额的连带责任人,有权向其他连带责任人追偿。"而《民法典》施行后,该条文无变化。在一个或者数个连带责任人清偿了全部责任后,实际承担责任的人有权向其他连带责任人追偿。连带责任中的追偿权在连带责任的内部关系中处于重要地位,能保障连带责任人内部合理分担风险。通过行使追偿权,实际承担民事责任的连带责任人也完成了角色的转化。从对外以侵权人的身份承担赔偿责任转化为对内以债权人的身份请求公平分担责任。行使追偿权的前提是连带责任人实际承担了超出自己责任的份额,没有超出自己责任的份额,不得追偿。①

追偿权,在连带责任的内部关系中处于核心地位,是内部关系和外部关系的连接点。某个或者某些连带责任人在向被侵权人承担责任后,从债务人身份转化为债权人身份,就超出被保险人责任份额的部分产生了对其他共同侵权人的债权。责任保险是否适用保险代位求偿权制度的问题,虽然存在争议,但我们认为,责任保险的功能在于转移和分散被保险人的责任风险,同时救济被侵

---

① 李适时主编:《中华人民共和国民法总则释义》,法律出版社2017年版,第553页。

权人,并非免除其他共同侵权人的侵权责任。在被保险人与其他侵权人对第三者构成共同侵权的情况下,保险人承担责任后,在其已经承担的超出被保险人责任份额的范围内应当有权行使被保险人对其他共同侵权人的追偿权,这一立场也符合公平原则。

六、责任保险是否应当以保险合同约定的赔偿限额为限的问题

《保险法》第55条规定:"投保人和保险人约定保险标的的保险价值并在合同中载明的,保险标的发生损失时,以约定的保险价值为赔偿计算标准。投保人和保险人未约定保险标的的保险价值的,保险标的发生损失时,以保险事故发生时保险标的的实际价值为赔偿计算标准。保险金额不得超过保险价值。超过保险价值的,超过部分无效,保险人应当退还相应的保险费。保险金额低于保险价值的,除合同另有约定外,保险人按照保险金额与保险价值的比例承担赔偿保险金的责任。"保险金额指保险合同项下保险人承担赔偿或给付保险金责任的最高限额,即投保人对保险标的的实际投保金额,同时也是保险人收取保险费的计算基础。[1]

责任保险所承保的是被保险人依法对他人所负的损害赔偿责任。这种责任是无形的、无法用价值衡量,因此,责任保险无所谓保险价值的概念。责任保险也就不存在一般财产保险中可能出现的超额保险问题。在签订责任保险合同时,保险人往往无法事先预料所承担的赔偿责任的大小。因此,在责任保险中,保险人通常要事先约定赔偿的最高限额,对超过限额部分仍需由被保险人自己承担。[2] 故而保险人与被保险人往往约定每次保险事故的赔偿限额或保险期间内的累计赔偿限额,作为责任限额,即无论保险期间发生多少次保险事故,保险人赔付保险金均以约定的最高赔偿限额为限。[3] 该赔偿限额是保险费率确定的重要因素。司法实践中,保险人就被保险人所负连带责任承担保险金赔偿责任,应当以该约定的赔偿限额为限。否则,保险人将无法控制其经营风险和成本。当然,保险合同关于该赔偿限额的约定应当以合法有效为前提。

---

[1] 吴定富主编:《〈中华人民共和国保险法〉释义》,中国财政经济出版社2009年版,第54页。
[2] 温世扬主编:《保险法》,法律出版社2003年版,第240页。
[3] 吴定富主编:《〈中华人民共和国保险法〉释义》,中国财政经济出版社2009年版,第156页。

七、被保险人对第三者的赔偿责任已经生效判决确认且进入执行程序，保险人能否以此为由对抗第三者保险金请求权的问题

被保险人对第三者的赔偿责任已经生效判决确认且进入执行程序时，但未获得清偿或者未获得全部清偿，第三者依据《保险法》第65条规定请求保险人支付保险金，保险人能否以前述生效判决已进入执行程序为由抗辩，实践中存在争议。《保险法》第65条规定了第三者向保险人的直接请求权，目的是使受害第三者获得及时救济。《保险法解释（四）》第17条对此问题已经予以明确，只要第三者的请求符合法定条件，即可直接请求保险人支付保险金，保险人不得以前述生效判决进入执行程序为由予以拒绝。否则，有违《保险法》第65条的立法目的。

（一）前提——符合《保险法》第65条规定

《保险法解释（四）》第17条是对《保险法》第65条第2款中关于责任保险第三者对保险金的直接请求权的解释，换言之，适用该司法解释的前提即为该请求必须符合《保险法》第65条的规定。而按照《保险法》第65条的规定，责任保险中第三者直接请求权的适用条件有两个：（1）被保险人对第三者应负的赔偿责任确定；（2）被保险人怠于请求。

（二）条件——生效判决虽进入执行程序但未获执行

虽然《保险法》第65条赋予了责任保险中第三者对保险人的直接请求权，但该请求权并非无条件的，必须在符合法律规定的条件下方能行使。而除了"被保险人对第三者应负的赔偿责任确定""被保险人怠于请求"之外，鉴于该请求权设立的目的是确保被保险人对第三者赔偿责任的实现，而非使第三者获得额外的损失救济，故可以推定，《保险法》第65条对第三者直接请求权的规定，仅限于第三者未能就被保险人对其造成的损害获得全部赔偿的情形。但在第三者就被保险人对其应负的损害赔偿责任先行起诉的情况下，如果该责任经生效判决确认并进入执行程序，保险人是否可以此为由进行抗辩？此种情况，人民法院对于保险人关于第三者起诉被保险人并经生效判决确认的金钱债权进入执行程序的抗辩应不予支持。

1. 生效判决进入执行程序并不等同于第三者实际获得全部赔偿

《保险法》第 65 条赋予第三者直接请求权的立法目的是"为了使被加害人对加害人的损害赔偿请求权得以迅速实现"。在法律规定的条件之外，为保护责任保险中的第三者利益，司法实践中不应额外设置"生效判决未进入执行程序"这一条件，否则会有违《保险法》第 65 条的立法目的。即使第三者起诉被保险人并经生效判决确认的金钱债权进入执行程序，但在第三者获得清偿或者未获得全部清偿的情况下，只要符合法律规定的条件，第三者仍然享有直接请求保险人支付保险金的权利。但不得就其从被保险人处获得的赔偿重复请求保险人赔偿。

2. 保险人承担的不是被保险人损害赔偿责任的补充责任

有观点认为，第三者起诉被保险人并经生效判决确认的金钱债权进入执行程序的情况下，只有人民法院裁定中止执行或终结执行的情况下，第三者才能按照《保险法》第 65 条的规定请求责任保险的保险人支付保险金。对此，我们认为，《保险法》第 65 条仅规定了责任保险的被保险人给第三者造成损害的，在被保险人未向第三者赔偿的情况下，保险人不得向被保险人赔偿保险金。即被保险人向第三者赔偿，是被保险人获得保险人赔偿的保险金的前提，而第三者在符合特定条件下即可行使其对保险人的直接请求权，此种情况下，保险人承担的并非被保险人的补充责任。第三者也无须在人民法院裁定中止执行或终结执行的情况下方能就被保险人不能偿付部分对保险人行使权利。

3. 第三者的直接请求权不能通过执行程序实现

有观点认为，在此种情况下，可以通过执行程序，将保险人列为被执行人的方式，行使第三者对保险人的直接请求权，而无须通过第三者以保险人为被告提起诉讼的方式解决。而且，此种情况下，既然被保险人对第三者应负的赔偿责任已经通过生效判决予以确认，通过执行程序行使第三者的直接请求权，相对于另行起诉的方式，有利于节约第三者的诉讼成本。对此，我们认为，《保险法》第 65 条规定的"被保险人对第三者应负的赔偿责任确定""被保险人怠于请求"两项条件，是第三者对保险人的直接请求权的行使条件。但责任保险的被保险人对第三者应负的赔偿责任，并不等同于保险人的保险金赔偿责任。在符合"被保险人对第三者应负的赔偿责任确定""被保险人怠于请求"两项条件的情况下，保险人对第三者的保险金赔偿责任的有无及数额大小，仍需依据法律的规定和保险合同的约定进行认定，而不能通过将被保险人直接列为被执行人的方式实现。

（三）限制——限于金钱债权

责任保险，是指以被保险人对第三者依法应负的赔偿责任为保险标的的保险，属财产保险的一种。学者间将广义上的财产保险分为三类：（1）对于特定标的物的灭失、损毁之保险，即有形财产保险；（2）对于将来可取之利益的丧失之保险，即无形财产保险；（3）对于发生事故而须由其财产中支出之保险，责任保险即属于第三类型的财产保险。① 与一般的财产保险不同，责任保险的保险标的是保险人对第三者应负的赔偿责任。但是，并非所有法律上的民事责任形式都能成为责任保险的标的，责任保险人所承保的只能是在实际履行时能够转化为以金钱计算的赔付内容即金钱债权。而对于停止侵害、赔礼道歉等民事责任，既不能成为责任保险的保险标的，也不能成为第三者直接请求的对象。

（四）延伸——保险人的抗辩权

《保险法解释（四）》第17条的规定，并不意味着保险人在第三者行使直接请求权的情况下，不能进行任何抗辩。

就责任保险的原理而言，责任保险中保险人既未给第三者造成损害，亦不负有对第三者的损害赔偿责任。第三者对保险人的直接请求权，虽是一项独立的权利，但其权利的基础即在于保险人与被保险人之间的保险合同法律关系。保险人依据其与被保险人之间的责任保险合同，在符合特定条件的情况下，负有通过赔偿保险金的方式，填补被保险人因对第三者承担赔偿责任所造成的损失的义务。因此，保险人当然可以对第三者主张其对被保险人所享有的抗辩权，如违反如实告知义务等。

为保护第三者利益，《民用航空法》第168条在赋予第三者直接请求权的同时，亦规定了保险人除享有与经营人相同的抗辩权以及对伪造证件进行抗辩的权利外，不得以保险或者担保的无效或者追溯力终止为由进行抗辩，这也是我国法律中对于保险人抗辩权的特殊规定。

---

① 郑玉波：《保险法论》，我国台湾地区三民书局1984年版，第132页。

八、责任保险诉讼时效起算的问题

《保险法》第 26 条规定了被保险人或者受益人保险金请求权诉讼时效期间自其知道或者应当知道保险事故发生之日起计算。但在责任保险中，如何确定该诉讼时效起算点，存在颇多争议。《保险法解释（四）》第 18 条对此问题已经予以明确，商业责任保险的保险金请求权诉讼时效自被保险人对第三者应负的赔偿责任确定之日起算。

被保险人对第三者应负的赔偿责任要经过诉讼、仲裁、和解、协商等方式予以确定，被保险人对此在主观上绝大多数是知道或者应当知道赔偿责任确定，因此在司法解释中并未强调"知道或者应当知道"这一要件。如果在极端个例中存在被保险人不知道或者不应当知道的情况，那么要根据案件具体情况，本着保护权利人的原则，从被保险人知道或者应当知道责任确定之时起算。

九、保险人的和解参与权问题

在责任保险纠纷中，被保险人与受害第三者达成和解的，和解协议对于保险人是否有约束力？《保险法解释（四）》第 19 条对此问题已经予以明确，区分和解协议是否经保险人认可，对两种情形作出规定。

（一）和解协议经保险人认可的法律后果

保险人已参与到和解中并且同意和解协议的，保险人应受其约束。通过调解方式解决保险纠纷，成本低，效率高，更有利于化解矛盾。除非和解协议存在无效或可撤销等情形，协议对各方当事人均有约束力。保险人认可和解协议，明确表示愿意承担和解协议确定的义务和责任，各方就此达成一致意思表示，保险人应当受其约束。该同意不限于书面形式，如果被保险人能够证明保险人通过其他方式对调解协议予以了认可，对保险人同样产生约束力。但在实践中，当事人应当尽量采用书面的方式明确意见，以避免或减少争议。

值得注意的是，保险人虽然因认可被保险人与第三者就被保险人的赔偿责任达成和解协议而受其约束，但其保险责任仍是在保险合同范围内承担。原因在于，此时存在两个法律关系，被保险人与第三者之间的损害赔偿法律关系以及被保险人与保险人之间的保险合同法律关系。保险合同约定保险金额是保险责任的最高限额，保险人在保险金额的范围内承担责任。当然，保险人明确表示其放弃依据保险合同进行抗辩，即在和解过程中保险人不但表达了认可被保险人与第三者就被保险人的赔偿责任达成的和解协议的意思表示，还表达了与被保险人就保险责任达成让步的意思表示。此种情况下，是保险人对自己权利的处分，应予认可。因此，具体到案件中，保险责任的承担要结合协议条款的文义等确定各方的真实意思。在实践中，各方当事人均应当就保险责任的承担予以明确，避免将来产生争议。

（二）未经保险人认可情形下的保险人的权利

根据合同相对性原则，合同只能约束合同当事人，除法律和合同另有规定以外，第三人不承担合同上的义务和责任。除非第三人明确表示同意承担义务和责任。被保险人与第三者就被保险人的责任达成和解协议未经保险人认可，包括两种情况：一种是保险人未参与和解的，保险人不受和解协议的约束。责任保险事故发生后，有些被保险人为了减轻处罚或者出于其他目的，在保险人未参与的情况下，与受害人通过协商就被保险人对受害人承担的赔偿责任达成协议，其赔偿数额、范围等可能不符合保险合同约定，赋予该等协议对保险人强制执行力，不符合合同法的基本原理。因此，在此种情况下，保险人不受此种协议的约束。另一种情况是保险人已参与到和解中但明确表示不同意和解方案的，保险人不受和解协议的约束。对于被保险人已参与到和解中但保险人明确表示不同意和解方案的情况，保险人不受和解协议的约束。此时，保险人可建议通过诉讼解决问题，如果被保险人仍坚持达成和解，保险人仍有权主张另行核保。

值得注意的是，保险人不受和解协议的约束，并不意味着保险人免除了保险责任。只是在此种情况下，保险人有权请求依法确定被保险人对第三者依法所负的赔偿责任并依据保险合同对保险责任进行核定。

（三）责任保险的保险人参与权的适用范围

人民法院出具的调解书与判决书具有同样的强制执行力，由此容易引起争议的一个问题是，责任保险的保险人参与权的适用范围是仅限于被保险人与第三人进行的诉讼外和解，还是同样适用于诉讼中的和解以及法院主持下达成的和解。被保险人与第三人达成的和解协议，经法院审查确认并出具调解书，在本质上仍是被保险人与第三人两方之间达成的合意,在第三方保险人未经参与并认可的情况下,对保险人不能发生拘束力。司法实务中,多数地方法院亦采纳该观点。

（四）保险合同中保险人参与条款的效力认定

一般而言,要结合具体内容对合同条款效力予以认定。在实践中,有保险条款约定:"未经保险人书面同意,被保险人对受害人及其代理人作出的任何承诺、拒绝、出价、约定、付款或赔偿,保险人不受其约束。对于被保险人自行承诺或支付的赔偿金额,保险人不受其约束。对于被保险人自行承诺或支付的赔偿金额,保险人有权重新核定,不属于本保险责任范围或超出应赔偿限额的,保险人不承担赔偿责任。"该条款是对保险人参与权的约定,并未加重被保险人责任、减轻保险人义务或排除被保险人权利。但有些保险合同约定"被保险人未经保险人同意进行承认、和解或赔偿的,保险人不承担或免除保险责任",该类条款因排除或减轻了保险人的法定义务,应被认定为无效。

十、保险人向被保险人支付保险金给第三者造成损害法律责任的问题

第三者依据《保险法》第 65 条第 2 款规定,向保险人直接行使保险金请求权时,保险人应当将保险金支付给第三者。若此时保险人已经支付给了被保险人,是否还应支持第三者的请求,是否会对保险人不公平。《保险法解释（四）》第 20 条对此问题已经予以明确,即使保险人已经将保险金支付给了被保险人,仍应"重复"支付给第三者,不得以已经将保险金支付给了被保险人为由进行抗辩。为维护保险人合法权益,保险人向第三者赔偿后,可以主张被保险人返还相应保险金。

责任保险的基本原则是被保险人先行赔付,同时保险人有审查义务,也就是说责任保险赔付的基本流程是依法应当对第三者负赔偿责任的被保险人先行赔付遭受损害的第三者之后,由被保险人向保险人提出索赔的请求,保险人审查该请求并向被保险人支付保险赔偿金。根据合同关系的相对性以及责任保险合同的约定,保险人只需向被保险人支付保险金,而被保险人只需向第三者支付损害赔偿金,保险人与第三人之间没有任何权利义务关系,一般情况下保险人不需要向第三者支付保险金以填补第三者的损害,因此第三者就应获赔偿部分直接向保险人请求赔偿属于例外规定。采取这种例外规定的主要意义是便于尽快结束当事人之间不稳定的关系，降低履行成本，更好地对第三者的利益予以保护。

第三者对保险人的直接请求权，性质上是债权，其内容包括给付请求权、给付受领权以及债权保护请求权。作为在保险事故中遭受损害的第三者如果直接向保险人提出请求保险金的主张，则法院需要审查第三者的主张是否符合《保险法》第65条第2款中第三者直接请求权的构成要件。《保险法》第65条第2款的规定系完全法条，由假设和法律后果两部分组成，规定了第三者直接请求权的两种情形，第一种情形的假设是"被保险人对第三者应负的赔偿责任确定"+"根据被保险人的请求"；第二种情形的假设是"被保险人对第三者应负的赔偿责任确定"+"被保险人怠于请求的"。只有满足其中一种假设的构成要件，才能发生保险人直接向该第三者赔偿保险金的法律后果。

保险人赔付第三者的基础是第三者的代位求偿权，虽然《保险法》中并未对代位求偿权予以直接规定，但保险合同作为合同的一种类型，原《合同法》（现《民法典》合同编）中有关合同订立、履行的基本原则和制度，在《保险法》没有特别规定的情况下，在保险合同中当然应予以适用。而且在责任保险合同中赋予第三者的代位权，对切实保护在保险事故中遭受损害的第三者的合法权益具有重要意义，同时《保险法》第65条第1款"保险人对责任保险的被保险人给第三者造成的损害，可以依照法律的规定或者合同的约定，直接向该第三者赔偿保险金"的规定也从结果意义上对责任保险合同中第三者的代位求偿权予以了认可，此时第三者业已代位取得保险合同中被保险人的地位。这里需要注意的是，根据《保险法》第65条第3款规定，被保险人未向该第三者赔偿的，保险人不得向被保险人赔偿保险金。即保险人向被保险人支付赔偿金以被保险人已赔偿第三者为必要条件，被保险人只有在向第三者赔偿以后才有权以自己名义向保险人领取赔偿的保险金。这意味着保险人即使已实际向被保险人赔偿保险金，也不构成拒绝第三者根据《保险法》第65条第2款的规定行使保险金请求权的合法理由。

《保险法解释（四）》第20条的最后为平等保护保险人、被保险人和第三者的合法权益，对保险人双重支付保险金的损失予以救济，同时规定保险人在向第三者赔偿后，可以通过主张不当得利要求被保险人返还相应的保险赔偿金。

十一、机动车责任保险实务问题

目前我国机动车责任保险主要包括商业三者险、机动车交通事故责任强制保险（以下简称交强险）和车上人员责任险三种。

（一）机动车责任保险事故的构成要件

保险事故的发生是保险人承担保险责任的前提。探讨保险事故的构成要件，对于确定保险人是否需要对事故承担责任，确定诉讼时效的起算点，都有重要的意义。机动车责任保险事故的构成要件应有三个。

1. 被保险机动车发生意外事故

机动车责任保险的被保险人如果驾驶其他车辆而不是被保险车辆发生意外事故致第三者损失的，该机动车责任保险的保险人不需要承担保险责任，这是一个显而易见的道理。形成对比的是，商业三者险一般约定的保险责任为，"保险期间内，被保险人或其允许的合法驾驶人在使用被保险机动车过程中发生意外事故，致使第三者遭受人身伤亡或财产直接损毁……"；可见，即使被保险车辆不是由被保险人使用而是由"被保险人允许的合法驾驶人"使用过程中发生的事故，保险人也应该承担保险责任。交强险则更明确地规定，保险公司对"被保险机动车"发生道路交通事故造成本车人员、被保险人以外的受害人的人身伤亡、财产损失，在责任限额内予以赔偿。无论被保险机动车由谁使用，保险人均应承担保险责任。如果不是被保险机动车发生的事故，则保险人无须承担保险责任。

2. 被保险人因为被保险机动车意外事故的发生依法应对第三者负赔偿责任

第一，责任保险的保险人只对被保险机动车意外事故造成的被保险人因赔偿第三者而造成的损失承担赔偿责任，对于被保险人的其他损失，诸如车辆损失，不是责任保险事故，责任保险的保险人不承担责任保险的赔偿责任。第二，如果第三者的损失虽然是被保险机动车意外事故造成，但是，被保险人依法并不应对第三者承担赔偿责任的，不是保险事故。例如受害人故意或者是其他原因导致的被保险机动车意外事故，只要被保险人依法不应对第三者承担赔偿责任，该事故就不是被保险机动车的责任保险事故。反之，无论被保险人对机动车事故导致的第三者的损害有无过错，只要被保险人依法需要对第三者承担赔偿责任，就可以成为保险事故。即被保险人对第三者依法负有赔偿责任是保险人对被保险人承担保险赔偿责任的基础,如果被保险人依法对第三者不负有赔偿责任,保险人对被保险人当然不承担保险赔偿责任。二者的关系可以用"皮之不存,毛将焉附"这个成语来概括,被保险人对第三者的赔偿责任为"皮",保险人对被保险人的责任为"毛"。在审理责任保险纠纷中,首先要对责任保险涉及的基础法律事实和责任作出正确的认定及判断;在机动车责任保险案件中,首先要对侵权事实和责任作出正确的认定。

3. 被保险人依法应对第三者负有的赔偿责任属于责任保险合同约定的责任

如果该赔偿责任不属于责任保险合同约定的责任,也不能构成保险事故。如,甲为其车辆投保了商业三者险,但是未投保车上人员险,被保险车辆发生事故致车上乘客乙受伤,甲因此对乙负有赔偿责任,但该赔偿责任不在商业三者险的约定范围内,所以该事故不属于保险事故。

以上三个因素应属于机动车责任保险事故的构成要件,但交强险的构成要件较为特殊,需要专门讨论。机动车责任保险事故是否还有其他构成要件,值得探究。

《最高人民法院关于审理保险纠纷案件若干问题的解释(征求意见稿)》第 18 条规定,责任保险的保险事故发生之日是指依法确定被保险人的民事责任之日。如果把"依法确定被保险人的民事责任"作为责任保险事故的构成要件,那么产生的问题是,基础事故发生在合同约定的保险期间,而依法确定被保险人的民事责任时,保险期间已经届满,保险人是否需要承担保险责任?如果承担责任,明显违背保险合同的一般原则,保险人要因不是保险期间发生的事故承担责任;如果不承担责任,对于被保险人是不公平的,因为导致其承担责任的基础事实发生于保险期间。

有学者认为,被保险人受第三者之请求是责任保险成立的要件之一,责任保险之保险事故只有在第三者向被保险人行使请求权时才发生。[①] 如果以此为构成要件,可能会导致两个问题:一是被保险人丧失主动向第三者赔偿的动力,需待第三者向其请求后才会赔偿,否则其会面临保险人以第三者尚未请求,不符合保险事故构成要件而拒赔的风险。二是如果第三者在事故中死亡,因为其身份不明或者是其他原因其权利承继者不能确定,势必导致确定保险事故的拖延,相关事实很可能无法查明,不利于社会关系的稳定。

---

① 刘宗荣:《新保险法:保险契约法的理论与实务》,中国人民大学出版社 2009 年版,第 319 页。

被保险人已经实际向第三者履行了损害赔偿债务不能作为责任保险事故的构成要件。如果把被保险人已经实际向第三者履行了义务作为构成要件，那么会产生两个问题。一是如果被保险人不向第三者履行赔偿义务，则保险事故尚未发生，第三人也就无权向保险人请求赔偿，这与本条规定是冲突的。二是如果在被保险人缺乏履行能力或履行能力不足的情况下，要求被保险人向受害人实际履行或者足额履行后才能要求保险人承担保险责任，就会把被保险人置于两难的境地。

综上，我们认为，被保险机动车发生意外事故、被保险人因为被保险机动车意外事故的发生依法应对第三者负赔偿责任、被保险人依法应对第三者负有的赔偿责任属于责任保险合同约定的责任，为机动车责任保险事故的构成要件。

（二）商业三者险和交强险的关系

商业三者险和交强险均属于责任保险，但是二者间不仅有强制保险与非强制保险的差别，至少还有三个方面的差别。

1. 第三者的范围不同

《交强险条例》第 3 条、第 21 条规定的第三者均是"本车人员、被保险人以外的受害人"，《机动车交通事故责任强制保险条款》第 5 条规定，交强险合同中的受害人是指因被保险机动车发生交通事故遭受人身伤亡或财产损失的人，但不包括被保险机动车本车车上人员、被保险人。商业三者险第三者的范围是通过合同约定的，一般会约定被保险人和驾驶人以及保险事故发生时被保险机动车本车上的人员不属于第三者，还有的商业三者险合同会以免责条款的形式约定被保险人和驾驶人的家庭成员不属于第三者。交强险与商业三者险的第三者范围不同，不同的商业三者险对第三者的约定也不同，在审理案件时，应注意这方面的差别，还要注意商业三者险中对第三者范围的约定是否有效。

2. 免责范围不同

《交强险条例》第 21 条第 2 款规定，道路交通事故的损失是由受害人故意造成的，保险公司不予赔偿。第 22 条规定，有驾驶人未取得驾驶资格或者醉酒、被保险机动车被盗抢期间肇事、被保险人故意制造道路交通事故等情形之一，发生道路交通事故的，造成受害人的财产损失，保险公司不承担赔偿责任。《机动车交通事故责任强制保险条款》第 9 条规定，被保险机动车在驾驶人未取得驾驶资格、驾驶人醉酒、被保险机动车被盗抢期间肇事、被保险人故意制造交通事故之一的情形下发生交通事故，对于符合规定的抢救费用，保险人在医疗费用赔偿限额内垫付，对于其他损失和费用，保险人不负责垫付和赔偿。《机动车交通事故责任强制保险条款》第10条规定，因受害人故意造成的交通事故的损失交强险不负责赔偿和垫付。

商业三者险约定的免责范围一般大于交强险的免责范围。例如，交强险规定醉酒后驾车免责，而商业三者险一般会约定驾驶人饮酒驾车即免责。

3. 投保人的合同解除权不同

按照本法第15条的规定，商业三者险保险合同的投保人可以根据合同约定和《保险法》规定解除合同，但是，根据《交强险条例》第16条的规定，投保人只有在被保险机动车被依法注销登记、被保险机动车办理停驶和被保险机动车经公安机关证实丢失三种情形下才可以解除交强险合同。

（三）商业三者险中第三者的界定

商业三者险保险合同对保险责任的一般约定为，"保险期间内，被保险人或其允许的合法驾驶人在使用被保险机动车过程中发生意外事故，致使第三者遭受人身伤亡或财产直接损毁，依法应当由被保险人承担的损害赔偿责任，保险人依照本保险合同的约定，对于超过机动车交通事故责任强制保险各分项赔偿限额以上的部分负责赔偿"。同时，有些商业三者险合同又会约定，被保险人或其允许的驾驶人以及他们的家庭成员的人身伤亡及其所有或者保管的财产损失、车上人员的人身伤亡或本车上的财产损失，保险公司不负责赔偿。

一般情况下，机动车意外事故通常发生在机动车在道路上正常行驶期间，这时的受害人多数情况下是与被保险人或者驾驶人素不相识的陌生人，但是在修理车辆或者一些特定情况下，被保险人或者驾驶人的亲属，原车上人员甚至是驾驶人本人都会成为机动车意外事故的受害人。

1. 关于家庭成员的约定

关于把家庭成员列入免责范围的原因，概括起来有两个理由，一个理由是为了防范道德风险，具体地说就是因为家庭成员之间更容易串通起来骗保；另一个理由是家庭成员彼此间造成损害的，互相不用承担责任，而责任保险的保险标的是被保险人对第三者的赔偿责任，家庭成员间损害的风险需要另外设计一个险种来承保。但是，这些理由似乎不足。为了防范道德风险，要求被保险人对保险标的有保险利益,在人身保险中,规定只有一定亲属关系的人之间才具有保险利益,《保险法》未禁止把家庭成员列入责任保险的第三者范围内,而且认为家庭成员之间更容易串通起来骗保也缺乏事例和统计数据的支持。另一个理由似乎有些道理,但是,这种理由缺乏法律依据,没有任何一部法律规定家庭成员之间造成人身或者财产损害后相互间不必承担赔偿责任。虽然家庭成员损失列入免责条款缺乏充足的理由,但该条款尚不属于《保险法》第19条规定的"排除投保人、被保险人或者受益人依法享有的权利的"无效格式条款。如果保险人按照《保险法》第17条的规定对该条款尽到了提示和明确说明义务,该条款应属有效。但是,由于把家庭成员损失列入免责条款缺乏充足的理由,所以,保险人对家庭成员损失免责条款和保险合同释义对家庭成员的界定的提示和明确说明义务要更严格。

2. 被保险人能否成为第三者

同一被保险人的不同车辆相撞发生事故时,受损害一方能否构成相对的第三者?一种意见认为,从防止道德风险的角度出发,同一投保人的车辆之间发生事故,相对方均不应当构成第三者。而且,同一被保险人的车辆之间发生事故,因造成的均是同一被保险人的损失,不属于第三者责任赔偿的范围。另一种意见认为,同一投保人的车辆相撞发生事故时,投保人相对可以作为"第三者"。同一投保人的车辆相撞发生事故时,投保人是被保险人,同时也是受害人。将投保人排除在第三者责任赔偿的范围之外,不符合投保的目的和三者险的立法本意。我们认为,因为被保险人不能成为自己的侵权人,也就是构成责任保险事故基础的侵权法律关系并不存在,所以,因被保险人被保险的机动车事故导致的被保险人人身或者财产损失,不能作为该车的机动车责任保险受害人向保险人请求赔偿,否则就违反了责任保险的最基本原则。在同一个责任保险事故中,被保险人不能成为第三者。被保险人的人身伤亡或者财物损失风险可以通过人身意外险或者是其他的非责任保险予以化解。

3. 车辆驾驶人是否可以作为商业三者险的第三者

需要说明的是,驾驶人是车上人员责任险当然的第三者,在这里讨论的是车辆驾驶人是否可以称为商业三者险的第三者。一种意见认为,车辆驾驶人和第三者身份的确定,主要应依照其对车辆的操作和控制状况来进行,驾驶人身份的判定,应依事故发生时其是否实际操作和控制保险车辆或者有能力操作和控制保险车辆来确定。在事故发生时未实际操作和控制车辆的驾驶人可以成为第三者。另一种意见认为，保险合同一般会约定把驾驶人排除在第三者之外，而且为了防范道德风险的发生，驾驶人也不能成为第三者。我们认为，首先要明确，如果驾驶人同时又是被保险人，那么，根据前面的分析，就不能成为本车的第三者。如果驾驶人不是被保险人，需要区别把驾驶人排除在第三者之外的合同约定是否产生效力。如果该约定有效，则驾驶人即使符合第三者的全部特征，也不能作为本车商业三者险的第三者。如果约定不产生效力，驾驶人在事故发生时又符合第三者的特征，即可以作为本车商业三者险的第三者。

4.车上人员能否成为第三者

车上人员在一定条件下可以转化为商业三者险中的第三者。第一，第三者是指除投保人、被保险人、保险人以外的，因保险车辆发生意外事故遭受人身伤亡或财产损失的保险车辆下的受害者。即符合该条件的人均可成为第三者，但是投保人、被保险人和保险人无论是否在保险车辆上还是保险车辆下，均不能成为第三者，其他人可以。第二，第三者和车上人员均为在特定时空条件下的临时性身份，即第三者与车上人员均不是永久的、固定不变的身份，二者可以因特定时空条件的变化而转化。判断的时点是保险事故发生时，即受害人在保险事故发生时相对于被保险车辆的位置，此前或者此后受害人的位置对受害人是否系第三者的身份判断没有影响。

（四）关于《交强险条例》第22条的理解问题

《交强险条例》第22条规定："有下列情形之一的，保险公司在机动车交通事故责任强制保险责任限额范围内垫付抢救费用，并有权向致害人追偿：（一）驾驶人未取得驾驶资格或者醉酒的；（二）被保险机动车被盗抢期间肇事的；（三）被保险人故意制造道路交通事故的。有前款所列情形之一，发生道路交通事故的，造成受害人的财产损失，保险公司不承担赔偿责任。"在该条列明的驾驶人未取得驾驶资格等四种情形下，受害人的人身伤亡损害赔偿责任是否在交强险合同保险人的免责范围内？

各地法院对此认识并不一致。第一种意见认为，保险人免责的部分不仅包括财产损失，还包括人身损害部分，保险人仅就抢救费用承担垫付责任。其主要理由包括：（1）交强险承保的是机动车在道路上正常行驶时，被保险人给机动车外的第三者的人身及财产造成损害所应承担的责任风险。《交强险条例》第22条所列四种并非机动车正常行驶的情形，故应该把机动车一方的责任风险排除在保险公司的承保责任范围之外。①（2）《交强险条例》第21条与第22条的关系，就是普通条款与特别条款的关系。第21条第1款规定了一般情形下发生道路交通事故时保险公司的赔偿范围，第22条则规定了醉酒驾驶等四种情形下发生道路交通事故时保险公司的责任范围。同一部法律、法规中，在对特定情形下的当事人责任有特别条款规定的，应该适用特别条款的规定。②第9条作为保险合同格式条款。按照约定优于法定的原则，应该按照约定确定当事人的权利义务。第二种意见认为，保险人免责的部分仅是财产损失，对人身损害部分仍需承担赔偿责任。第三种意见认为，保险人对财产损失部分不承担任何责任，就抢救费用和人身损害部分均需承担垫付责任。

　　本书支持第二种意见。我们认为，产生意见分歧的主要原因在于相关法律法规对交强险合同条款及其相互之间的关系理解不一致。涉及该问题的法律法规和交强险合同的主要条款包括《道路交通安全法》第76条、《交强险条例》第3条、第21条、第22条和《机动车交通事故责任强制保险条款》第9条。

　　《道路交通安全法》第76条规定，机动车发生交通事故造成人身伤亡、财产损失的，由保险公司在机动车第三者责任强制保险责任限额范围内予以赔偿。《交强险条例》第21条规定："被保险机动车发生道路交通事故造成本车人员、被保险人以外的受害人人身伤亡、财产损失的，由保险公司依法在机动车交通事故责任强制保险责任限额范围内予以赔偿。道路交通事故的损失是由受害人故意造成的，保险公司不予赔偿。"按照《道路交通安全法》第76条和《交强险条例》第21条的规定，受害人的人身伤亡和财产损失属于保险人赔偿责任的范围，但是因受害人故意造成的除外。《交强险条例》第22条进一步规定了保险人的免责范围，属于醉酒等几种情形发生道路交通事故的，保险公司在机动车交通事故责任强制保险责任限额范围内垫付抢救费用，并有权向致害人追偿，但是对造成受害人的"财产损失"，保险公司不承担赔偿责任。仅从第22条的规定看，保险人对人身伤亡是否承担责任似乎是没有规定，但是如果结合第21条来理解，我们可以得出驾驶人未取得驾驶资格等四种情形导致

---

　　① 湖南省高级人民法院民一庭：《关于涉交强险法律问题的调研报告》，载最高人民法院民事审判第一庭编：《民事审判指导与参考（总第41集）》，法律出版社2010年版，第107页。

　　② 蔡晖：《交强险条例第二十二条施行中的争议与辩证》，载《人民法院报》2009年10月22日，第6版。

的人身损害不在保险人免责范围内,保险人应对人身伤亡承担责任的结论。按照第21条和第22条的逻辑关系,第21条首先明确了保险人对受害人的人身伤亡是需要赔偿的,其次明确保险人对因受害人故意导致的人身伤亡不需要赔偿。第22条进一步明确的免责范围中并未规定其他原因导致的人身伤亡可以免责。这表明,《交强险条例》规定的保险人对受害人人身伤亡免责的唯一原因是受害人故意,驾驶人未取得驾驶资格等四种情形不在《交强险条例》规定的保险人对受害人人身伤亡免责的范围内。

综上,对驾驶人未取得驾驶资格或者醉酒、被保险机动车被盗抢期间肇事、被保险人故意制造道路交通事故导致的受害人人身伤亡,保险人应当承担赔偿责任。

▶ 指导案例

指导案例24号:荣某某与王某、永诚财产保险股份有限公司江阴支公司机动车交通事故责任纠纷案

(最高人民法院审判委员会讨论通过 2014年1月26日发布)

关键词:民事 交通事故 过错责任

裁判摘要:交通事故的受害人没有过错,其体质状况对损害后果的影响不属于可以减轻侵权人责任的法定情形

相关法条:

1.《中华人民共和国侵权责任法》第二十六条

2.《中华人民共和国道路交通安全法》第七十六条第一款第(二)项

基本案情:原告荣某某诉称:被告王某驾驶轿车与其发生刮擦,致其受伤。该事故经江苏省无锡市公安局交通巡逻警察支队滨湖大队(以下简称滨湖交警大队)认定:王某负事故的全部责任,荣某某无责。原告要求下述两被告赔偿医疗费用30 006元、住院伙食补助费414元、营养费1620元、残疾赔偿金27 658.05元、护理费6000元、交通费800元、精神损害抚慰金10 500元,并承担本案诉讼费用及鉴定费用。

被告永诚财产保险股份有限公司江阴支公司(以下简称永诚保险公司)辩称:对于事故经过及责任认定没有异议,其愿意在交强险限额范围内予以赔

偿；对于医疗费用30 006元、住院伙食补助费414元没有异议；因鉴定意见结论中载明"损伤参与度评定为75%，其个人体质的因素占25%"，故确定残疾赔偿金应当乘以损伤参与度系数0.75，认可20 743.54元；对于营养费认可1350元，护理费认可3300元，交通费认可400元，鉴定费用不予承担。

被告王某辩称：对于事故经过及责任认定没有异议，原告的损失应当由永诚保险公司在交强险限额范围内优先予以赔偿；鉴定费用请求法院依法判决，其余各项费用同意保险公司意见；其已向原告赔偿20 000元。

法院经审理查明：2012年2月10日14时45分许，王某驾驶号牌为苏MTXXX8的轿车，沿江苏省无锡市滨湖区蠡湖大道由北往南行驶至蠡湖大道大通路口人行横道线时，碰擦行人荣某某致其受伤。2月11日，滨湖交警大队作出《道路交通事故认定书》，认定王某负事故的全部责任，荣某某无责。事故发生当天，荣某某即被送往医院治疗，发生医疗费用30 006元，王某垫付20 000元。荣某某治疗恢复期间，以每月2200元聘请一名家政服务人员。号牌苏MTXXX8轿车在永诚保险公司投保了机动车交通事故责任强制保险，保险期间为2011年8月17日0时至2012年8月16日24时。原、被告一致确认荣某某的医疗费用为30 006元、住院伙食补助费为414元、精神损害抚慰金为10 500元。

荣某某申请并经无锡市中西医结合医院司法鉴定所鉴定，结论为：（1）荣某某左桡骨远端骨折的伤残等级评定为十级；左下肢损伤的伤残等级评定为九级。损伤参与度评定为75%，其个人体质的因素占25%。（2）荣某某的误工期评定为150日，护理期评定为60日，营养期评定为90日。一审法院据此确认残疾赔偿金27 658.05扣减25%为20 743.54元。江苏省无锡市滨湖区人民法院于2013年2月8日作出（2012）锡滨民初字第1138号判决：一、被告永诚保险公司于本判决生效后十日内赔偿荣某某医疗费用、住院伙食补助费、营养费、残疾赔偿金、护理费、交通费、精神损害抚慰金共计45 343.54元；二、被告王某于本判决生效后十日内赔偿荣某某医疗费用、住院伙食补助费、营养费、鉴定费共计4040元；三、驳回原告荣某某的其他诉讼请求。宣判后，荣某某向江苏省无锡市中级人民法院提出上诉。无锡市中级人民法院经审理于2013年6月21日以原审适用法律错误为由作出（2013）锡民终字第497号民事判决：一、撤销无锡市滨湖区人民法院（2012）锡滨民初字第1138号民事判决；二、被告永诚保险公司于本判决生效后十日内赔偿荣某某52 258.05元；

三、被告王某于本判决生效后十日内赔偿荣某某4040元；四、驳回原告荣某某的其他诉讼请求。

裁判理由： 法院生效裁判认为：《中华人民共和国侵权责任法》第二十六条规定："被侵权人对损害的发生也有过错的，可以减轻侵权人的责任。"《中华人民共和国道路交通安全法》第七十六条第一款第（二）项规定，机动车与非机动车驾驶人、行人之间发生交通事故，非机动车驾驶人、行人没有过错的，由机动车一方承担赔偿责任；有证据证明非机动车驾驶人、行人有过错的，根据过错程度适当减轻机动车一方的赔偿责任。因此，交通事故中在计算残疾赔偿金是否应当扣减时应当根据受害人对损失的发生或扩大是否存在过错进行分析。本案中，虽然原告荣某某的个人体质状况对损害后果的发生具有一定的影响，但这不是侵权责任法等法律规定的过错，荣某某不应因个人体质状况对交通事故导致的伤残存在一定影响而自负相应责任，原审判决以伤残等级鉴定结论中将荣某某个人体质状况"损伤参与度评定为75%"为由，在计算残疾赔偿金时作相应扣减属于适用法律错误，应予纠正。

从交通事故受害人发生损伤及造成损害后果的因果关系看，本起交通事故的引发系肇事者王某驾驶机动车穿越人行横道线时，未尽到安全注意义务碰擦行人荣某某所致；本起交通事故造成的损害后果系受害人荣某某被机动车碰撞、跌倒发生骨折所致，事故责任认定荣某某对本起事故不负责任，其对事故的发生及损害后果的造成均无过错。虽然荣某某年事已高，但其年老骨质疏松仅是事故造成后果的客观因素，并无法律上的因果关系。因此，受害人荣某某对于损害的发生或者扩大没有过错，不存在减轻或者免除加害人赔偿责任的法定情形。同时，机动车应当遵守文明行车、礼让行人的一般交通规则和社会公德。本案所涉事故发生在人行横道线上，正常行走的荣某某对将被机动车碰撞这一事件无法预见，而王某驾驶机动车在路经人行横道线时未依法减速慢行、避让行人，导致事故发生。因此，依法应当由机动车一方承担事故引发的全部赔偿责任。

根据我国道路交通安全法的相关规定，机动车发生交通事故造成人身伤亡、财产损失的，由保险公司在机动车第三者责任强制保险责任限额范围内予以赔偿。而我国交强险立法并未规定在确定交强险责任时应依据受害人体质状况对损害后果的影响作相应扣减，保险公司的免责事由也仅限于受害人故意造成交通事故的情形，即便是投保机动车无责，保险公司也应在交强险无责限额内予以赔偿。因此，对于受害人符合法律规定的赔偿项目和标准的损失，均属交强险的赔偿范围，参照"损伤参与度"确定损害赔偿责任和交强险责任均没有法律依据。

类案检索

陈某、刘某、严某、卢某、赵某与某保险公司道路交通事故人身损害赔偿纠纷案

关键词： 受害第三者　实际赔偿　注意义务

裁判摘要： 根据合同相对性原则，作为责任保险合同当事人之外的第三者，就其损害不得依据保险合同向保险人主张权利，仅可向被保险人行使赔偿请求权。但从国外相关立法看，责任保险保护第三者利益的发展趋势，已缓和了合同相对性原则在责任保险合同中的适用。我国于2009年修订《保险法》时，借鉴国外经验，开始淡化合同相对性立场，注意发挥责任保险对第三者的保障功能，尝试赋予第三者对保险人有条件的赔偿请求权。该法第65条规定："保险人对责任保险的被保险人给第三者造成的损害，可以依照法律的规定或者合同的约定，直接向该第三者赔偿保险金。责任保险的被保险人给第三者造成损害，被保险人对第三者应负的赔偿责任确定的，根据被保险人的请求，保险人应当直接向该第三者赔偿保险金。被保险人怠于请求的，第三者有权就其应获赔偿部分直接向保险人请求赔偿保险金。责任保险的被保险人给第三者造成损害，被保险人未向该第三者赔偿的，保险人不得向被保险人赔偿保险金。"

依照上述规定，保险人对第三者获偿利益有注意义务，即保险人在向被保险人给付保险赔偿金时，有照顾第三者获偿利益的注意义务，在被保险人实际赔偿受害第三者之前，保险人不得向被保险人支付保险赔偿金。保险人的此项义务也可称为保险赔偿金的留置义务。如保险人违反该规定，直接向未履行赔偿责任的被保险人给付全部或部分保险赔偿金，而第三者最终并未获得被保险人赔偿的，第三者有权以违反注意义务为由向保险人主张损害赔偿。

《保险法》的规定对经营交强险的保险公司具有现实意义。保险公司在交强险赔付中要规范业务流程，切实履行照顾第三者获偿利益的注意义务，当被

保险人未向受害第三者赔偿时，保险公司不得向被保险人赔偿保险金。

【案　　号】（2008）荆民初字第516号

【审理法院】湖北省荆州市荆州区人民法院

> 第六十六条　责任保险的被保险人因给第三者造成损害的保险事故而被提起仲裁或者诉讼的，被保险人支付的仲裁或者诉讼费用以及其他必要的、合理的费用，除合同另有约定外，由保险人承担。

条文释义

一、本条主旨

本条是关于责任保险诉讼及仲裁费用的负担原则的规定。

二、条文演变

本条源于 1995 年《保险法》第 50 条，2002 年《保险法》修正时将其序号变为第 51 条，2009 年《保险法》修订时将其变为第 66 条，此后两次修正，实质内容无变化。

三、条文解读

本法第 64 条规定财产保险合同的保险人承担被保险人为查明和确定保险事故的性质、原因和保险标的的损失程度所支付的必要的、合理的费用，并未规定当事人可以另行约定。责任保险合同在性质上属于财产保险合同，本条规定是本法第 64 条在责任保险中的适用。被保险人因给第三者造成损害的保险事故而被提起仲裁或者诉讼的，被保险人支付的仲裁或者诉讼费用以及其他必要的、合理的费用，在性质上属于本法第 64 条规定的查明和确定保险事故的性质、原因和保险标的的损失程度所支付的必要的、合理的费用，按照本法第 64 条的规定，这部分费用应该由保险人承担。

但与本法第 64 条规定不同的是，本条允许当事人可以通过合同另行约定本条规定费用的承担。因为责任保险是以被保险人对第三者依法应负的赔偿责任为保险标的的保险，被保险人参加有关仲裁或者诉讼程序所支出的费用，也可以算作保险责任的范围之内，而保险人和被保险人是可以对保险责任的范围进行约定的。[1]

适用指引

关于"必要的、合理的费用"的问题

《最高人民法院关于审理保险纠纷案件若干问题的解释（征求意见稿）》第32条认为，《保险法》第51条中规定的"费用"包括合理的律师费用。在2009年《保险法》修订的过程中，有建议为更充分地保护第三者的利益，本条应增加规定：法律规定或者合同约定保险人直接向责任保险的被保险人给第三者造成的损害赔偿保险金的，第三者因保险人拒赔或者不同意赔偿数额提起仲裁或诉讼的，诉讼费用以及其他必要的、合理的费用由保险人承担。我们认为，当事人可以在合同中对必要的、合理的费用作出约定，如约定有效，即可按约定处理。如果约定无效或者未作约定，因保险人的过错导致的费用支出属于必要的、合理的费用，应当由保险人承担。

---

[1] 安建主编：《〈中华人民共和国保险法（修订）〉释义》，法律出版社2009年版，第108页。

索 引

一、关键词索引

B

保险标的　65，67-73，75，143，144
保险标的残值所有权　473，474
保险标的转让　388，389，391-398
保险代位求偿权　477-482，484-486，488-490
保险单　80-84，92，126，169，281，292
保险公司　24-29
保险合同　42，57，65，77，97，107，126，140，150，166，186，192，239
保险价值　51，147，421，422，432-448，450，451，472-474
保险金额　50-52，431-450
保险理赔　194，195
保险利益　3，49，65，67-73，75，252-258，383-390
保险凭证　77，80-82，92，126
保险欺诈　223-225
保险人　42，97，118，192
保险人不得解除合同　97，107，263，405
保险业监督管理机构　14，37
保险责任　85，91-96，143，206-208
被保险人减损义务　453，457
被保险人年龄不真实　260，261
被保险人自杀　331-341，354
必要的、合理的费用　519-521，559，560
变更受益人　168，314-318
不利解释原则　240-242，244-247
不退还保险费　107，110，191
部分损失　467-471

C

诚实信用原则　18，19，22，45，153，160，225-227，455
出险通知　178-182

催告 284-286

重复保险 441-451

D

地域效力范围 13，15

F

分保 228-231，233-235，

分期支付 277-280，284-286

分业管理 32-35

分业经营 32-36

复效 292-298

G

格式条款的提示与说明义务 121

格式条款无效 151，154，156-158

公平原则 57，61-63，122，152，153，156，157，208，335，427，470，479

公序良俗 16，17，157，225，323，455

故意犯罪 342-355

故意或者重大过失 513，517

故意制造保险事故 223-225，327-329

H

合同变更 166-169

合同成立 77，82，85，87-89，91-93

合同生效 88，89，95

合同效力中止 284-286，290-294

合同形式 81，82

核定 192-203

货物运输保险合同 399，402-404，

J

家庭成员 504-509，550-551

降低保险费 420-422

交付保险费 85，87-89，91-93

解除合同 97-111，113，114，260，261，290-292，367-369，391，394-411，413-415，425-430

境内保险 30-31

拒绝给付 206-209

拒绝赔偿 206-208

K

抗拒依法采取的刑事强制措施导致自身伤残或者死亡 342

宽限期 285-288

M

免除保险责任 225，327-329，342-344，354，500

Q

其他保险组织 24，26

S

施救费用 459-462

受益份额 310-313

受益人 53，140，142-144，146

索引 | 一、关键词索引 |

受益人丧失受益权 321，326，327，329

受益顺序 310-312

书面通知 168，187，314，315

书面同意 271-275

死亡险 266-270，376，377

索赔时效 217-220

T

提供保险事故证明和资料的义务 187-191

投保人 42，65，77，85，97，107，118，140，150

投保人的如实告知义务 110，115

退还保险费 107，110，114，221，223，224，260-262，425-428，469，470

W

危险程度显著增加 391，392，394-398，413-417

维护保险标的安全 407，409-411

无民事行为能力人 266，267，303，305

X

先行赔付 210，211，545

协助义务 511-518

Y

一次支付 277，279

遗产 319-323，329

运输工具航程保险合同 399，402-404，406

Z

再保险 228-238

责任保险 523-530，532-551，559，560

增加保险费 391，394，396，407-411，413-415，

支付手续费 425，426

指定受益人 301-309，315，321

自愿原则 16，62-64，300

最大诚信原则 19，20，22，23，153，394，455

二、条文索引

《中华人民共和国保险法》(部分)

第一条　1	第二十五条　210
第二条　6	第二十六条　215
第三条　11	第二十七条　221
第四条　16	第二十八条　228
第五条　18	第二十九条　236
第六条　24	第三十条　239
第七条　30	第三十一条　252
第八条　32	第三十二条　260
第九条　37	第三十三条　266
第十条　42	第三十四条　271
第十一条　57	第三十五条　277
第十二条　65	第三十六条　284
第十三条　77	第三十七条　290
第十四条　85	第三十八条　299
第十五条　97	第三十九条　301
第十六条　107	第四十条　310
第十七条　118	第四十一条　314
第十八条　140	第四十二条　319
第十九条　150	第四十三条　326
第二十条　166	第四十四条　331
第二十一条　177	第四十五条　342
第二十二条　186	第四十六条　356
第二十三条　192	第四十七条　367
第二十四条　206	第四十八条　383

索 引 | 二、条文索引 |

第四十九条 391	第五十八条 467
第五十条 399	第五十九条 472
第五十一条 407	第六十条 476
第五十二条 413	第六十一条 498
第五十三条 420	第六十二条 504
第五十四条 425	第六十三条 510
第五十五条 431	第六十四条 519
第五十六条 441	第六十五条 523
第五十七条 452	第六十六条 559

三、案例索引

（一）指导案例

指导案例 52 号：海南丰海粮油工业有限公司与中国人民财产保险股份有限公司海南省分公司海上货物运输保险合同纠纷案 247

指导案例 25 号：华泰财产保险有限公司北京分公司与李某某、天安财产保险股份有限公司河北省分公司张家口支公司保险人代位求偿权纠纷案 490

指导案例 74 号：中国平安财产保险股份有限公司江苏分公司与江苏镇江安装集团有限公司保险人代位求偿权纠纷案 492

指导案例 24 号：荣某某与王某、永诚财产保险股份有限公司江阴支公司机动车交通事故责任纠纷案 554

（二）典型案例

刘某某与安邦财产保险公司保险合同纠纷案 21

江苏外企公司与上海丰泰保险公司海上货物运输保险合同纠纷案 22

云南福运物流有限公司与中国人寿财产保险股份公司曲靖中心支公司财产损失保险合同纠纷案 55

广东琪田农药化工有限公司与中国人民财产保险股份有限公司深圳市分公司等保险合同纠纷案 72

中国太平洋财产保险股份有限公司宁夏分公司与贺兰九天源橡胶有限公司财产保险合同纠纷案 94

吴某某、毛某1等与中国太平洋人寿保险股份有限公司人身保险合同纠纷案 103

陆某某与泰康人寿保险股份有限公司上海分公司人身保险合同纠纷案 116

段某某与中国人民财产保险股份有限公司南京市分公司保险合同纠纷案 135

吴某某与某保险公司财产保险合同纠纷案 137
王某某与中国人寿保险公司淮安市楚州支公司保险合同纠纷案 163
刘某某与某保险股份有限公司人寿保险合同纠纷案 173
张某某与新华人寿保险股份有限公司北京分公司人身保险合同纠纷案 175
清西大道建设工程指挥部与中国人民财产保险股份有限公司清远市分公司、清远市清新区清西道路工程建设有限公司责任保险合同纠纷案 182
杨某某与太平财产保险有限公司阳江中心支公司财产损失保险合同纠纷案 184
纪某某与中国人寿保险股份有限公司徐州市分公司解除合同纠纷案 282
陆某某与中国人寿保险股份有限公司太仓支公司保险合同纠纷案 286
邹某某与中国人寿保险股份有限公司扬中支公司保险合同纠纷案 296
蒋某等五人与中国平安财产保险股份有限公司淮安中心支公司保险合同纠纷案 307
王某某、李某与众安在线财产保险股份有限公司意外伤害保险合同纠纷案 323
冯某某与光大永明人寿保险有限公司保险合同纠纷案 363
李某某与西陵人保公司人身保险合同纠纷案 365
程某某与张某某、中国人民财产保险股份有限公司南京市分公司机动车交通事故责任纠纷案 417
"东方海"轮船舶险案 423
东京海上日动火灾保险（中国）有限公司上海分公司与新杰物流集团股份有限公司保险人代位求偿权纠纷案 496
杨某某与中国平安财产保险股份有限公司天津市宝坻支公司保险合同纠纷案 509
王某1与中国人寿财产保险股份有限公司芜湖市中心支公司财产保险合同纠纷案 520

（三）类案检索

某某与中国船东互保协会、交通运输部北海救助局保赔保险合同纠纷案 9
杨某某与中国保险公司人保乌苏支公司保险合同纠纷案 15

吴某与某保险公司江苏省分公司、第三人沈某人身保险合同纠纷案……………… 56

中国人民财产保险股份有限公司南昌市分公司、周某某机动车交通事
　故责任纠纷案………………………………………………………………………… 64

烟台宏辉食品有限公司与中国平安财产保险股份有限公司莱阳支公司
　财产保险合同纠纷案………………………………………………………………… 75

秦某与某财产保险股份有限公司保险合同纠纷案……………………………………… 83

谢某与信诚保险公司人寿保险合同纠纷案……………………………………………… 95

中国太平洋财产保险股份有限公司深圳分公司与郑某某财产保险合同案…… 105

王某与中国平安人寿保险股份有限公司人身保险合同纠纷案……………… 105

森勃运输公司与阳光财险重庆分公司财产保险合同纠纷案………………… 139

中国人民财产保险股份有限公司项城支公司与项城市城市管理局保险
　纠纷案……………………………………………………………………………… 149

王某某与泰康人寿保险股份有限公司北京分公司人身保险合同纠纷案……… 164

中国太平洋财产保险股份有限公司、中国太平洋财产保险股份有限公
　司厦门分公司与图途（厦门）户外用品有限公司财产保险合同纠纷案…… 204

樊某某与中国平安财产保险股份有限公司北京分公司财产损失保险合
　同纠纷案…………………………………………………………………………… 213

中国大地财产保险股份有限公司天津分公司与苏黎世财产保险（中
　国）有限公司财产保险合同纠纷案…………………………………………… 220

中国人民财产保险股份有限公司北京市大兴支公司与孙某某保险纠纷案…… 225

中国平安财产保险股份有限公司贵港中心支公司与梁某某等人身保险
　合同纠纷案………………………………………………………………………… 258

陆某1与中国人寿保险股份有限公司无锡市分公司人身保险合同纠纷案…… 270

刘某、余某等与某保险公司人身保险合同纠纷案………………………………… 275

王某某与中国人寿保险股份有限公司光山支公司保险合同纠纷案…………… 288

冯某某与泰康人寿保险有限责任公司北京分公司人身保险合同纠纷案……… 312

辜某某与中国人寿保险股份有限公司上海市分公司等人身保险合同
　纠纷案……………………………………………………………………………… 318

余某某等与中国人寿保险股份有限公司江苏省分公司保险合同纠纷案……… 324

陈某2、陈某3与某保险公司黔江区支公司人身保险合同纠纷案……………… 330

前海联合财保公司、前海联合财保广东分公司与陈某某等意外伤害保
　　险合同纠纷案 ………………………………………………………… 339
江某1、李某某等人身保险合同纠纷案 ……………………………… 340
阳光财产保险股份有限公司白城中心支公司与陈某、矫某、矫某1、
　　张某某人身保险合同纠纷案 ………………………………………… 354
中国人寿保险股份有限公司辽宁省分公司与孙某、张某某保险纠纷案 …… 381
刘某与中华联合财产保险股份有限公司城阳支公司财产损失保险合同
　　纠纷案 ………………………………………………………………… 390
谢某某与中国太平洋财产保险股份有限公司成都中心支公司财产保险
　　合同纠纷案 …………………………………………………………… 398
太平财产保险有限公司唐山中心支公司与吉某某财产保险合同纠纷案 …… 406
南通长江农工贸投资开发有限公司与中国人民保险公司通州市支公司
　　财产保险合同纠纷案 ………………………………………………… 411
魏某与楚某某等机动车交通事故责任纠纷案 ………………………… 419
张某某与中国太平洋财产保险股份有限公司清远中心支公司财产保险
　　合同纠纷案 …………………………………………………………… 419
中国人民财产保险股份有限公司庆阳市分公司与徐某某财产保险合同
　　纠纷案 ………………………………………………………………… 430
欧某某公司与人民财险公司保险纠纷案 ……………………………… 430
涂某与某保险公司武昌支公司保险合同纠纷案 ……………………… 439
某科技公司与某电气公司保险求偿案 ………………………………… 451
薛某某与某保险公司保险合同赔偿纠纷案 …………………………… 465
某公司与某人保公司财产保险合同纠纷案 …………………………… 466
某保险公司营销服务部与石某财产保险合同纠纷案 ………………… 475
青岛金世纪实业有限公司与华安财产保险股份有限公司青岛分公司保
　　险代位求偿权纠纷案 ………………………………………………… 497
陈某、刘某、严某、卢某、赵某与某保险公司道路交通事故人身损害
　　赔偿纠纷案 …………………………………………………………… 557

四、参考文献

（一）图书

安建主编：《〈中华人民共和国保险法（修订）〉释义》，法律出版社 2009 年版。

程兵：《保险损失补偿原则研究》，法律出版社 2015 年版。

辞海编辑委员会编：《辞海》，上海辞书出版社 1999 年版。

崔建远：《合同法》，法律出版社 1998 年版。

法律出版社法规中心编：《中华人民共和国保险法注释本》，法律出版社 2012 年版。

法律出版社法规中心编：《中华人民共和国保险法注释本》，法律出版社 2014 年版。

樊启荣：《保险法》，北京大学出版社 2011 年版。

樊启荣：《保险法诸问题与新发展》，北京大学出版社 2015 年版。

樊启荣：《保险契约告知义务制度论》，中国政法大学出版社 2004 年版。

国务院法制办公室编：《中华人民共和国保险法注解与配套》，中国法制出版社 2014 年版。

韩世远：《合同法总论（第三版）》，法律出版社 2011 年版。

湖南省高级人民法院民一庭：《关于涉交强险法律问题的调研报告》，载最高人民法院民事审判第一庭编：《民事审判指导与参考（总第 41 集）》，法律出版社 2010 年版。

黄薇主编：《中华人民共和国民法典释义（中）》，法律出版社 2020 年版。

黄薇主编：《中华人民共和国民法典总则编释义》，法律出版社 2020 年版。

阚珂、谭琳主编：《中华人民共和国反家庭暴力法释义》，中国民主法制出版社 2016 年版。

黎建飞、王卫国：《保险法教程》，北京大学出版社 2009 年版。

李国光主编：《合同法解释与适用（上）》，新华出版社 1999 年版。

李适时主编：《中华人民共和国民法总则释义》，法律出版社2017年版。

李玉泉：《保险法》，法律出版社2003年版。

刘凤科：《刘凤科讲刑法》，中国政法大学出版社2015年版。

马宁主编：《保险法理论与实务》，中国政法大学出版社2010年版。

马永伟主编：《保险知识读本》，中国金融出版社2000年版。

孙积禄：《保险法论》，中国法制出版社1997年版。

孙玉荣、李记华：《保险理赔法定程序解构》，载贾林青主编：《海商法保险法评论》（第三卷），知识产权出版社2010年版。

覃有土、樊启荣：《保险法学》，高等教育出版社2003年版。

唐德华、高圣平主编：《保险法及配套规定新释新解》，人民法院出版社2000年版。

王静：《保险类案裁判规则与法律适用》，人民法院出版社2013年版。

王静：《人身保险合同解除所引起的若干问题解析——以投保人死亡后其继承人的解除为中心》，载李劲夫主编：《保险法评论》（第一卷），中国法制出版社2008年版。

王卫国：《我国的保险法律制度——在十一届全国人大常委会第七次专题讲座上的讲稿》，载杨华柏主编：《保险业法制年度报告2008》，法律出版社2009年版。

温世扬主编：《保险法》，法律出版社2003年版。

吴定富主编：《〈中华人民共和国保险法〉释义》，中国财政经济出版社2009年版。

武亦文：《保险代位制度的构造研究》，法律出版社2013年版。

肖和保：《保险法诚实信用原则研究》，法律出版社2007年版。

徐卫东：《商法基本问题研究》，法律出版社2002年版。

杨大文主编：《婚姻家庭法》，中国人民大学出版社2006年版。

叶启洲：《猝死的认定与举证责任分配》，载谢宪、李友根主编：《保险判例百选》，法律出版社2012年版。

詹昊编著：《新保险法实务热点详释与案例精解》，法律出版社2010年版。

张洪涛、庄作瑾主编：《人身保险》，中国人民大学出版社2008年版。

中国保险行业协会：《保险诉讼典型案例年度报告（第6辑）》，法律出版社2014年版。

中国保险学会《中国保险史》编审委员会编：《中国保险史》，中国金融出版社1998年版。

中国社会科学院语言研究所词典编辑室编：《现代汉语词典》，商务印书馆2002年版。

周玉华编著：《最新保险法条文释义与案例解析》，人民法院出版社2009年版。

邹海林：《责任保险论》，法律出版社1999年版。

最高人民法院保险法司法解释起草小组编著：《〈中华人民共和国保险法〉保险合同章条文理解与适用》，中国法制出版社2010年版。

最高人民法院民事审判第二庭编：《保险案件审判指导》，法律出版社2015年版。

最高人民法院民事审判第二庭编著：《最高人民法院关于保险法司法解释（二）理解与适用》，人民法院出版社2015年版。

最高人民法院民事审判第二庭编著：《最高人民法院关于保险法司法解释（四）理解与适用》，人民法院出版社2018年版。

（二）期刊、报纸

蔡晖：《交强险条例第二十二条施行中的争议与辩证》，载《人民法院报》2009年10月22日，第6版。

曹乾：《罗某人寿保单现金价值归还案：法院判决错了吗？》，载《上海保险》2002年第8期。

陈光中、张佳华、肖沛权：《论无罪推定原则及其在中国的适用》，载《法学杂志》2013年第10期。

陈洪清：《缺少一张现金价值表能否说明保险公司没有履行如实告知义务吗？》，载《上海保险》2001年第11期。

陈璟菁：《论被保险人故意犯罪行为致死致残的免责》，载《中国保险管理干部学院学报》2004年第1期。

陈天翔：《保费和现金价值的差距到底有多大》，载《第一财经日报》2006年9月29日，第B07版。

初北平：《船舶保险下被保险人的列明义务》，载《中国船检》2017年第

3 期。

樊启荣：《在公益与私益之间寻求平衡——〈中华人民共和国保险法〉第45条规定之反思与重构》，载《法商研究》2010年第5期。

韩长印：《责任保险中的连带责任承担问题——以机动车商业三者险条款为分析样本》，载《中国法学》2015年第2期。

韩世远：《民法基本原则：体系结构、规范功能与应用发展》，载《吉林大学社会科学学报》2017年第6期。

韩永强：《保险合同法"最大诚信原则"的祛魅》，载《甘肃政法学院学报》2011年第2期。

任自力：《保险法最大诚信原则之审思》，载《法学家》2010年第3期。

宋逢明、杜莘：《关于商业银行和投资银行分业经营制度的再思考》，载《金融研究》2000年第1期。

王敬华、邓念武：《保险单现金价值条款纠纷案的相关分析》，载《特区经济》2006年第10期。

吴思麒：《从分业经营到混业经营：对金融监管组织机构模式的研究》，载《经济研究参考》2004年第35期。

武利海：《承运人作为货物运输保险的被保险人研究》，载《中国海商法研究》2015年第4期。

武亦文：《保险代位求偿对象的类型化分析——以特殊主体为研究对象》，载《法学评论》2013年第3期。

武亦文、杨勇：《保险法对价平衡原则论》，载《华东政法大学学报》2018年第2期。

欣子弦：《现金价值属于格式条款吗》，载《中国保险报》2007年4月30日，第6版。

许崇苗、李利：《人身保险合同转让有关法律问题探析》，载《保险研究》2001年第6期。

杨临萍、刘竹梅、林海权：《关于适用〈中华人民共和国保险法〉若干问题的解释（三）的理解与适用》，载《人民司法·应用》2016年第1期。

岳卫：《人身保险中故意免责的举证责任》，载《法学》2010年第5期。

张春红：《寿险保单现金价值权属探析》，载《时代金融》2013年第7期。

张敏、汪春慧：《现金价值表应成为保险合同的组成部分》，载《保险研究》2002 年第 6 期。

张绍阳：《保险公司"指定行为"之法律性质研究》，载《保险研究》2003 年第 6 期。

张亚芳、聂华元：《"湖南畏罪自杀索赔案"评析——以〈保险法〉第六十七条为中心》，载《贵州警官职业学院学报》2007 年第 5 期。

邹芳：《试论保险合同的解除》，载《河北法学》2000 年第 4 期。

最高人民法院保险法司法解释起草小组：《解读关于适用〈中华人民共和国保险法〉若干问题的解释（二）》，载《人民司法·应用》2013 年第 13 期。

左稚华、张念：《人身保险单现金价值权属问题研究》，载《广东金融学院学报》2007 年第 4 期。

（三）电子文献

《我国金融业分业经营、分业监管的格局应予以坚持》，载中国政府网，http：//www.gov.cn/xinwen/2020–09/14/content_5543303.htm。

后 记

2022年10月22日胜利闭幕的中国共产党第二十次全国代表大会,是在全党全国各族人民迈上全面建设社会主义现代化新征程、向第二个百年奋斗目标进军的关键时刻召开的一次十分重要的大会,大会制定的行动纲领和大政方针为新时代人民法院审判执行工作指明了方向。编辑出版《中国民法典适用大全》,是最高人民法院深入学习贯彻党的二十大精神,全面贯彻习近平新时代中国特色社会主义思想,全面把握新时代新征程党和国家事业发展新要求、人民群众新期待,助力民法典统一正确实施的有力举措。

习近平总书记指出:"民法典实施水平和效果,是衡量各级党和国家机关履行为人民服务宗旨的重要尺度。"[1] 学习好、贯彻好、实施好民法典是人民法院的重要职责和光荣使命。最高人民法院党组深入学习贯彻习近平法治思想,认真贯彻落实党中央决策部署,围绕切实实施民法典这一工作重心,采取系列举措把民法典贯彻实施工作不断引向深入,有效提升了民商事司法审判工作质效。为帮助广大法官牢固树立法典化思维,全面认识民法典各编和谐统一的体系关系,确立以民法典为中心的民事实体法律适用理念,确保民法典在各级人民法院统一正确实施,同时向社会公众宣传普及民法典司法适用知识,最高人民法院民法典贯彻实施工作领导小组组织力量编写了本套丛书。本套丛书以民法典的统一正确适用为中心,结合我国民商合一的立法模式,将有关的商事、

---

[1] 习近平:《充分认识颁布实施民法典重大意义 依法更好保障人民合法权益》,载《求是》2020年第12期。

知识产权等法律的适用问题一并纳入编辑范围，形成完整体系，旨在凸显民法典在民商事实体法中的基本法地位，进一步统一民商事裁判尺度，更好地辅助司法办案、便利社会生活。

为贯彻落实习近平总书记关于推动媒体融合发展重要讲话精神，人民法院出版社依托"法信"平台，把《中国民法典适用大全》作为重点融媒体出版项目进行编辑加工，在出版纸质书和手机阅读版的同时，配套推出《中国民法典适用大全》专题库，为读者提供民法典、知识产权与竞争、生态环境、商事、涉外商事海事等审判数字资源检索服务，并推出图书的电子书和"民法典适用大全"小程序，满足读者在各种数字化场景下的阅读需求。

本册为商事卷保险法册。金融制度是经济社会中重要的基础性制度，保险业作为现代金融体系的重要组成部分，对国家改革发展具有独特作用。作为保险业最重要的基本法，保险法为金融业的健康发展奠定了坚实的法治基础。《中国民法典适用大全（商事卷·保险法）》的编辑工作紧扣保险法的适用，突出以下特点：一是权威性。在立法机关有关权威释义、最高人民法院民事审判第二庭编著的有关保险法司法解释理解与适用等著作基础上，结合司法实践优秀成果和最新裁判规则，吸收立法机关、专家学者有关意见，重点对保险法的具体司法适用进行详细阐述。二是全面性。对涉及保险法的有关法律、行政法规、司法解释、部门规章和司法指导性文件进行了系统梳理，就有关法律法规与民法典条文的衔接适用问题作了系统论述。三是实用性。紧密结合审判实践，对近年来尤其是民法典实施后保险法有关指导性案例、典型案例和相关类案进行了系统检索和整理，为准确适用相关条文提供了鲜活参照。

参与商事卷保险法册编写和审核的人员主要是最高人民法院、有关地方法院的资深法官或业务骨干。编写人员有（按照条文顺序）刘崇理、李晓云、唐荣娜、汪自洁、卞杰、梅芳、苏蓓、张颖、辛野。核稿人员有林文学、郭锋、杨永清、刘崇理。案例审核人员有陈志远、石磊、张乐园、梁颖、唐世银。

《中国民法典适用大全》的编辑出版是有关各方共同努力的结果。感谢全国人大常委会法工委等单位一直以来对人民法院工作的有力指导和大力支持！感谢积极支持人民法院民事审判执行工作的专家学者和其他法律从业人员！感谢有关地方法院对《中国民法典适用大全》编写工作提供的大力支持、所提出的宝贵意见建议！感谢人民法院出版社的各位编辑对本套丛书出版的辛苦付出和不懈努力！

疏漏不周之处在所难免，敬请各位读者批评指正。

编　者

二〇二二年十一月